L'ART DE VÉRIFIER LES DATES.

CHRONOLOGIE HISTORIQUE

DES ÉVÊQUES ET ARCHEVÊQUES DE RIGA (*).

Des marchands du nord de l'Allemagne (les uns disent de Brême, et d'autres de Lubeck), abordèrent, vers le milieu du douzième siècle, en Livonie, à l'embouchure de la Dwina, et firent un commerce avantageux avec les habitants du pays; ce qui les engagea à revenir souvent dans ces contrées, où ils se formèrent un établissement. Quelque tems après, Meinard, moine de Segeberg (maison de l'ordre de Saint-Augustin dans le Holstein), accompagna les marchands allemands dans le dessein de porter la foi aux Livoniens. Comme les habitants des rives de la Dwina étaient tributaires de Woldemar, ou Wladimir, roi ou prince de Prosecke (aujourd'hui Polotsk), il en obtint la permission de bâtir une église sur la rive droite de la Dwina. L'endroit fut nommé Ykeskole, aujourd'hui Uxkul. Après avoir converti un grand nombre de Païens des environs, Meinard retourna en Allemagne et fut sacré évêque de Livonie par Hartwic, archevêque de Brême.

(*) D'après les Mémoires de M. le baron de Wal.

I. MEINARD.

Meinard, premier évêque de Livonie, qu'on trouve aussi nommé évêque d'Ykeskole, travailla avec zèle à la conversion des Païens. Outre Ykeskole qu'il fit fortifier, Holm, aujourd'hui Kirchholm, et Dalen, lui doivent leur fondation. Les sentiments sont si partagés sur la date de l'érection de cet évêché, qu'il est impossible de la déterminer. On n'est pas plus instruit de l'époque de la mort de Meinard, qui paraît cependant être arrivée en 1196. Il fut inhumé à Ykeskole; mais ses os furent dans la suite transportés à Riga, et enterrés dans l'église cathédrale, où on lui érigea un mausolée.

II. BERTHOLD.

Berthold, abbé de Luc, ou Lockum, monastère de l'ordre de Cîteaux, à cinq milles de Hanovre, fut sacré évêque de Livonie par l'archevêque de Brême; mais à peine fut-il arrivé à Ykeskole, que les Livoniens projetèrent de le tuer. Berthold, s'étant sauvé en Allemagne, porta ses plaintes à l'archevêque de Brême, ainsi qu'au pape, et ce dernier accorda une indulgence plénière en faveur de ceux qui prendraient la croix pour défendre la nouvelle église. L'évêque étant retourné en Livonie avec quelques troupes de la Saxe, on combattit le 24 juillet 1198, et les Chrétiens remportèrent une victoire complète: mais l'évêque, emporté par son cheval au milieu des fuyards, fut tué d'un coup de lance dans les reins, et inhumé à Ykeskole.

III. ALBERT I.

1198. Albert, chanoine de l'église de Brême, succéda à Berthold, et se rendit en Livonie avec une flotte de vingt-trois voiles et quelques troupes. Il eut de la peine à gagner Ykeskole, et, peu de tems après, il se vit assiéger dans le château de Holm par les Livoniens. L'an 1200, ou au plus tard l'an 1201, Albert fonda la ville de Riga, qui ne fut entourée de murs qu'en 1206: il y fixa son siège et y transporta le chapitre, qui était un couvent de chanoines réguliers de Saint-Augustin, établi à Ykeskole. Vers la fin de 1201, Albert fonda l'ordre des chevaliers de Christ, plus connu sous le nom de chevaliers Porte-Glaives de Livonie, et leur céda, en 1206, la troisième partie de la Livonie, avec les mêmes droits qu'il prétendait avoir reçus de l'empire. On fit dans la suite de nouvaux partages des terres, et celui de l'autorité entre les évêques et les maîtres des chevaliers occasiona de grands maux à cette province. Albert, les chevaliers de Christ et les croisés firent de grands progrès en Livonie, où ceux de la religion furent proportionnés à l'étendue des conquêtes. Le pape Innocent III déclara, par une bulle de l'an 1213, que l'église de Riga n'était soumise à aucun métropolitain. Honorius III donna, l'an 1217, à Albert le pouvoir d'établir de nouvelles églises et de sacrer des évêques ; et comme l'archevêque de Brême prétendait soumettre à sa juridiction l'église de Riga, le même pape lui défendit sérieusement d'inquiéter l'évêque sur cet objet. Albert mourut en 1229, et fut inhumé dans l'église cathédrale qu'il avait bâtie à Riga. L'auteur de l'ancienne chronique de Livonie rapporte que Philippe de Suabe, roi des Romains, avait donné la Livonie à Albert en 1205; mais il n'existe aucun monument de cette donation. On voit encore la copie de l'investiture de la Livonie, donnée à Albert, en 1224, par Henri, roi des Romains ; mais cet acte porte tant de caractères de fausseté, qu'on ne peut pas douter qu'il ne soit controuvé, quoiqu'il ait été confirmé par l'empereur Charles IV en 1356.

IV. NICOLAS.

1229. A la mort d'Albert, le chapitre de Riga élut un chanoine de cette église, nommé NICOLAS, de Magdebourg. Mais Gérard II, archevêque de Brême, qui prétendait avoir le droit de donner un évêque à Riga, parce que son prédécesseur avait effectivement nommé les trois premiers, choisit, pour remplir cette dignité, Albert Suerbéer, écolâtre de l'église de Brême. Grégoire IX chargea le cardinal Otton, légat en Danemarck, de connaître de cette affaire; celui-ci nomma Baudouin de Laune pour administrer l'évêché de Riga, en attendant une décision qui fut favorable à Nicolas. Le pape confirma le jugement d'Otton, et imposa silence à l'archevêque de Brême sur cette affaire. Grégoire mit le chapitre de Riga sous la règle des Prémontrés : quoique la copie de cette bulle soit sans date, il est vraisemblable qu'elle fut donnée du tems de l'évêque Nicolas. Innocent IV réunit, en 1251, l'évêché de Sémigalle à celui de Riga, et Henri de Lucelbourg, évêque de Sémigalle, fut transféré à l'évêché de Curlande. On ne sait pas l'époque précise de la fin de Nicolas de Magdebourg. Ce fut en 1253, ou dans les trois premiers mois de l'année 1254, qu'il mourut.

V. ALBERT II, PREMIER ARCHEVÊQUE DE RIGA.

Quand le légat Otton eut adjugé l'évêché de Riga à Nicolas

de Magdebourg, Albert Suerbéer, son compétiteur, fut fait archevêque d'Armach et primat d'Irlande. Le 28 novembre 1245, Innocent IV tira d'Irlande Albert pour le faire légat du saint siége en Prusse et en Livonie, et, peu de tems après, il le fit métropolitain des églises de ces deux provinces, avec ordre à tous les évêques de le reconnaître en cette qualité. Le pape lui accorda en même tems le droit de choisir celui des évêchés de la Prusse ou de la Livonie qu'il voudrait, lorsqu'il viendrait à vaquer, pour y établir son siége archiépiscopal. Albert, ne trouvant pas l'occasion de faire son choix, s'établit à Lubeck, dont il administra l'évêché, comme on le voit par deux chartes des années 1247 et 1252, parce que les chanoines désunis n'avaient pu s'accorder sur le choix d'un évêque. Nicolas, évêque de Riga, étant mort, Albert abandonna Lubeck pour prendre possession de Riga, en vertu de la concession du pape, et cette église devint la métropole de toutes celles de la Livonie et de la Prusse. On ne sait pas précisément l'époque de la mort de Nicolas, ni par conséquent du choix que fit Albert; mais on voit par une charte, où il se qualifie archevêque de Livonie, d'Estonie, de Prusse et de l'église de Riga, qu'il était en possession de ce siége au printems de l'an 1254, puisqu'elle est datée du mois d'avril de cette même année, et qu'il ajoute que c'est la première de son pontificat. Alexandre IV confirma, le 20 janvier 1255, le choix d'Albert et l'érection qu'Innocent IV avait faite de l'église de Riga en archevêché. La même année, le pape, par une bulle du 31 mars, accorda le *pallium* à Albert et lui confirma le droit de métropolitain sur les évêchés d'Oésel, de Derpt, de Curlande et de Wirie en Livonie, sur ceux de Culm, de Warmie, de Pomésanie et de Sambie en Prusse, sur celui de Russie, de même que sur celui de Verfane, situé probablement aussi en Russie. Il paraît que ces deux derniers n'existèrent pas long-tems, non plus que celui de Wirie; et l'évêché de Warmie fut soustrait, dans la suite, à la juridiction de Riga, pour être soumis immédiatement au saint siége. L'opinion la plus commune est qu'Albert mourut en 1272. Il fut inhumé sous le maître autel de l'église de Riga.

VI. JEAN I.

JEAN DE LUNEN fut le successeur d'Albert; mais on ignore l'époque précise de son élévation. Ce prélat, qui n'est guère connu dans l'histoire que par quelques priviléges qu'il accorda aux Lubeckois et à la ville de Riga, mourut en 1286, et fut inhumé devant l'autel de Sainte-Catherine dans son église cathédrale.

VII. JEAN II.

1286. JEAN DE FECHTEN fut le successeur de Lunen. L'an 1289, la noblesse de l'archevêché ayant conçu quelque soupçon contre ce prélat, le retint prisonnier jusqu'à ce qu'il se fût justifié. Les divisions entre les chevaliers Teutoniques et le clergé de la Livonie, commencèrent à se manifester du tems de cet archevêque, qui obligea Bernard, évêque de Derpt, de rompre un accord qu'il avait fait avec le maître provincial, et fit un traité d'alliance avec les Païens de la Lithuanie contre l'ordre Teutonique. Jean II mourut en 1294, et fut inhumé devant le maître autel de l'église de Riga. Ce prélat avait fait commencer, en 1293, la forteresse de Marienhausen.

VIII. JEAN III.

1294. JEAN, fils de Gunzelin III, comte de Schwerin, et de Marguerite, princesse de Mecklenbourg, fut le successeur de Jean de Fechten. Le maître provincial de Livonie ayant voulu se mêler, mal à propos, de cette élection, ne fit que hâter la nomination de Jean de Schwerin, et augmenter l'animosité qui existait déjà entre l'ordre et le clergé. L'an 1297, la guerre civile éclata avec une fureur sans exemple. Le maître provincial de Livonie se saisit de la personne de l'archevêque, et celui-ci fit un traité contre l'ordre avec le grand-duc de Lithuanie. On se battit neuf fois en dix-huit mois. Les habitants de Riga, qui soutenaient le parti de l'archevêque, eurent le dessous dans les sept premiers combats; mais ceux-ci ayant été secondés puissamment par Vithenès, grand-duc de Lithuanie, les Teutoniques furent battus le 1er. juin de l'an 1298, et perdirent quinze cents hommes avec leur maître provincial et beaucoup de chevaliers. Le 12 du même mois, le chapitre de Riga conclut un traité avec Eric, roi de Danemarck, et lui abandonna, pour en obtenir du secours, ce qu'il possédait dans la Sémigalle et d'autres districts considérables. Le 29 du même mois, les habitants de Riga et les Lithuaniens, occupés à faire le siége de Neumuhl, furent défaits complètement par les chevaliers Teutoniques, et perdirent plus de quatre mille hommes. Aussitôt que l'archevêque Jean fut sorti de prison, il se rendit à Rome, où il paraît qu'il était mandé par le pape. Il mourut, suivant quelques écrivans, en 1299; et selon d'autres, en 1300, opinion qui est bien plus probable que la première.

IX. ISARN.

1300. Le pape Boniface VIII nomma à l'archevêché de Riga,

Isarn, son chapelain, et légat du saint siége en Danemarck, et le confirma en cette qualité le 19 décembre de l'an 1300. Vers la fin de 1302, ou au commencement de l'an 1303, le pape ayant entrepris de faire un échange, transféra Isarn sur le siége de Lunden, en Danemarck, et nomma Jean Grand à l'archevêché de Riga. Grand, archevêque de Lunden, qui avait eu de fâcheuses affaires en Danemarck, ne voulut pas de l'archevêché de Riga, et fut, par la suite, pourvu de celui de Bremen. Les écrivains sont peu d'accord sur les époques du pontificat d'Isarn; mais voilà celles qui paraissent les plus certaines. (Gadebusch, *Ann. Livoniæ*.)

X. FREDERIC.

1304. Le 19 mars, le pape Benoît XI nomma Frédéric, fils d'un chevalier banneret de la Bohême, et religieux de l'ordre des Frères-Mineurs, à l'archevêché de Riga. Frédéric, qui se tenait presque toujours à la cour du pape, ne cessa d'y travailler contre l'ordre Teutonique, en quoi il fut secondé par les Polonais, qui avaient aussi intenté divers procès à l'ordre. Les Livoniens, partisans de l'archevêque, ayant persuadé à Jean XXII que les chevaliers Teutoniques étaient les seuls qui empêchassent Gédimin, grand-duc de Lithuanie, d'embrasser le Christianisme, le pape envoya des nonces, en 1324, pour vérifier cette accusation; mais la manière dont Gédimin désavoua les lettres qu'on prétendait qu'il avait écrites, et les sanglantes expéditions qu'il fit contre les Chrétiens de la Livonie et de la Pologne, dévoilèrent la calomnie, en couvrant de honte ses auteurs. L'an 1329, les chevaliers Teutoniques entreprirent le siége de Riga, dont les habitants avaient recommencé les hostilités. Ils prirent cette ville le 17 mars de l'année suivante; ce qui donna l'occasion à l'archevêque de former de nouvelles plaintes. Frédéric, ayant passé presque tout le tems de son épiscopat à la cour du pape, pour solliciter ses procès contre l'ordre Teutonique, mourut à Avignon l'an 1340.

XI. ENGELBERT.

1340. Engelbert de Dahlen fut nommé archevêque de Riga par le pape, et abandonna l'évêché de Derpt, dont il jouissait depuis quatorze ans. Ce prélat ayant sollicité, en vain, le maître de Livonie d'abandonner la ville de Riga, prit le parti d'aller solliciter ce procès à Avignon, où il mourut en 1348.

XII. VROMOLD.

1348. Vromold de Vyfhusen rendit aux chanoines de

Riga quelques biens que l'évêque Nicolas et l'archevêque Jean leur avaient donnés, et dont Engelbert, son prédécesseur, les avait privés. L'an 1352, Vromold prit le parti d'aller à Avignon, solliciter ses procès contre l'ordre Teutonique. Le 12 août de l'année suivante, le pape Innocent VI chargea plusieurs évêques de faire rendre Riga à Vromold. L'évêque de Westeras, commissaire du pape, se rendit en Livonie l'an 1354, d'où il ordonna à tous les archevêques et évêques de la chrétienté de dénoncer le maître, le maréchal et les commandeurs de Livonie pour excommuniés, parce qu'ils ne voulaient pas rendre les biens de l'archevêché de Riga. On ne peut pas douter que les archevêques de Riga n'aient été très-anciennement au nombre des vassaux de l'empire. Mais nous avons observé plus haut qu'on ne pouvait pas se fonder sur la copie d'une prétendue investiture de l'an 1224, donnée par Henri, roi des Romains. Malgré cela, l'empereur Charles IV renouvela et confirma cette investiture à la demande de Vromold, qu'il qualifie de prince de l'empire par un diplôme du 1er septembre 1356. L'an 1360, nouvelle sentence qui ordonne de rendre Riga à l'archevêque. L'an 1363, Vromold et le maître de Livonie firent un accord à Dantzick, par lequel Riga devait retourner sous la juridiction de l'archevêque, qui affranchissait, en revanche, les maîtres de Livonie du serment qu'ils devaient lui prêter à leur avènement. L'an 1366, nouvel accord qui achevait ce qui n'avait été qu'ébauché à Dantzick. Le maître de Livonie remettait aux habitants de Riga le serment qu'ils lui avaient prêté, et abandonnait la juridiction de cette ville à l'archevêque, en se réservant le commandement des armées, mais avec le consentement de l'archevêque. D'un autre côté, le prélat renonçait à toute prétention sur les forteresses que l'ordre possédait, et délivrait les maîtres de Livonie du serment qu'ils devaient prêter à leur avènement, pour les domaines qu'ils tenaient de l'église de Riga. La même année, l'empereur chargea les rois de Danemarck et de Suède, de Norwège et de Pologne, ainsi que les ducs de Stettin et de Mecklenbourg, de prendre en son nom la défense de l'église de Riga. Vromold mourut à Rome en 1369, et fut inhumé dans l'église de la Sainte-Vierge, au-delà du Tibre.

XIII. SIGEFROI.

1369. SIGEFROI DE BLOMBERG, gentilhomme livonien et chanoine de l'église de Riga, succéda à Vromold. Quoique le pape Grégoire IX eût déjà soumis les chanoines de Riga à la règle des Prémontrés, cette ordonnance n'avait probablement pas eu d'effet, puisque Grégoire XI la renouvela, en 1371, à la prière de l'archevêque. Cette ordonnance fut un nouveau sujet de difficultés, parce que les chevaliers prétendaient que les évêques de Livonie devaient porter l'habit de leur ordre; et comme on était fort animé de part et d'autre, ils s'emparèrent d'une partie des biens de l'archevêché. Blomberg, voyant cela, prit le parti d'aller à Avignon, où il mourut en 1373. Il y fut inhumé dans l'église des Dominicains.

XIV. JEAN IV.

1374. JEAN DE SINTEN, qui avait fait les fonctions d'administrateur, ou de grand-vicaire, pendant l'absence de Blomberg, lui fut donné pour successeur, et ne cessa d'avoir des difficultés pendant son épiscopat avec le maître de Livonie. On voit, par une bulle de Martin V (*Cod. Polon.*, tom. V, pag. 113), que Boniface IX soumit l'église de Riga à la règle de l'ordre Teutonique, de sorte que les chanoines et autres personnes de cette église devaient en porter l'habit; que personne ne pouvait être pourvu d'une prébende ni d'aucune dignité, sans l'approbation du maître de Livonie, comme cela se pratiquait dans les diocèses de Culm, de Pomésanie et de Sambie, qui étaient soumis au grand-maître, et que les chevaliers Teutoniques avaient le droit de visiter l'église de Riga. Le pape Martin V ne marque pas la date de la bulle de Boniface IX. Krantz (Wandal., *lib. IX, cap.* 28) rapporte que l'archevêque, pressé par les chevaliers d'embrasser leur règle, se sauva de la Livonie, et que ce ne fut qu'après sa fuite, que le pape soumit à l'ordre l'église de Riga; mais il est plus vraisemblable que cette bulle, émanée auparavant, occasiona la fuite de l'archevêque, qui ne voulait pas s'y soumettre. Jean de Sinten se retira, l'an 1391, à Lubeck, où il demeura au moins pendant un an. L'an 1392, il alla trouver, à Prague, l'empereur Wenceslas, et l'engagea d'écrire au pape en sa faveur. Wenceslas, l'année suivante, prit l'archevêque et l'église de Riga sous sa protection : mais cela ne leur servit de rien ; car le pape nomma, en 1394, Jean de Sinten patriarche titulaire d'Antioche, et donna un autre chef à l'église de Riga. On croit que Jean de Sinten mourut à Stettin la même année, ou la suivante.

XV. JEAN V.

1394. JEAN DE WALLENROD, religieux de l'ordre Teutonique et frère du grand-maître, Conrad de Wallenrod, fut nommé par le pape à l'archevêché de Riga. Les chanoines, mécontents d'être obligés d'embrasser la règle de l'ordre, et se doutant bien que Wallenrod ne leur ferait pas grâce sur ce point, postulèrent le prince Otton pour leur archevêque, avec le consentement de Jean de Sinten, qui ne se regardait pas pour dépossédé. Gadebusch (*Ann. Livoniæ.*) donne Otton pour un bâtard de l'empereur Wenceslas; d'autres écrivains en font un duc de Stettin; et si l'on était certain qu'il n'y a pas de fautes dans les copies de deux chartes du code diplomatique de Pologne (tom. V, pag 108., n°. 68 et 69), où Wenceslas le nomme *illustrem Ottonem seniorem natum nostrum*, on ne pourrait se dispenser de reconnaître Otton pour un fils légitime de l'empereur, quoique les écrivains assurent que ses deux mariages furent stériles, parce que cette expresion n'annonce pas une naissance illégitime; mais il est plus vraisemblable que les copistes, ou l'imprimeur, auront substitué le mot de *natum* à celui de *cognatum*, que l'empereur pouvait donner à Otton de Stettin, qui était effectivement son cousin. Comme le maître de Livonie tenait le siège de Riga pour vacant, par la fuite de Jean de Sinten, il s'était emparé de l'administration des biens de l'archevêché; mais l'empereur Wenceslas, qui protégeait Otton, manda, le 9 novembre 1394, à Swantibor, duc de Stettin, de mettre ce prince en possession des biens de l'archevêché, requérant toutes les puissances, et ordonnant aux sujets de l'empire de lui donner main-forte à cet effet. Le 28 mars 1396, l'empereur renouvela la même commission au duc de Swantibor et dans les mêmes termes, mais avec aussi peu de succès. Ce ne fut qu'en 1397, que Wallenrod fut paisible possesseur de l'archevêché, parce que le maître de Livonie menaça d'employer ses forces contre le chapitre de Riga; ce qui détermina enfin les chanoines à reconnaître le chef que le pape leur avait donné. Wallenrod rendit d'abord de grands services à l'ordre Teutonique, et fut nommé dans le traité de paix que le grand-maître, Henri de Plauen, fit à Thorn, le 1er. de février 1411, avec Jagellon, roi de Pologne. L'archevêque assista au concile de Constance, où il jouit d'une grande considération; mais il se brouilla avec l'ordre Teutonique, dont il avait quitté l'habit. Wallenrod et Jean Habundi, évêque de Coire, avaient un grand crédit parmi les prélats de leur nation, et beaucoup d'ascendant sur l'esprit de l'empereur Sigismond. Les cardinaux, qui voulaient élire un pape avant de travailler à la réformation de l'église, cherchèrent à les détacher du parti de l'empereur, qui voulait faire précéder la réformation. Ils y réussirent en promettant l'évêché de Liége à Wallenrod, qui craignait de retourner à Riga à cause des difficultés qu'il avait avec les chevaliers Teutoniques; et comme l'évêque de Coire était très-mal avec Frédéric, duc d'Autriche, ils lui promirent l'archevêché de Riga. Ces deux prélats ainsi gagnés, le reste de la nation allemande suivit; et l'empereur, abandonné de tout le monde, consentit à l'élection d'un pape. Wallenrod fut un des prélats qui, par l'ordre et le choix du concile, avaient été joints aux cardinaux pour l'élection; ainsi il contribua à l'élévation de Martin V. Jean de Bavière, élu évêque de Liége, ayant obtenu dispense pour épouser une parente de l'empereur, on tint parole à Wallenrod, qui prit possession de cet évêché au mois de juillet ou d'août 1418. Ainsi c'est de cette époque qu'on peut dater l'abandon qu'il fit de l'archevêché de Riga.

XVI. JEAN VI.

1418. JEAN HABUNDI, évêque de Coire, fut placé sur le siége de Riga, comme on le lui avait promis à Constance. L'an 1421, il confirma tous les priviléges de la ville de Riga. Le 22 décembre 1423, le pape Martin V annula, à sa demande, la bulle de Boniface IX, qui avait soumis l'archevêque et l'église de Riga à la règle et à la juridiction de l'ordre Teutonique. Jean Habundi mourut dans son château de Ronnebourg, l'an 1424, et fut inhumé dans l'église de Riga. Le 17 mai de la même année, l'empereur Sigismond adressa un rescrit fulminant à l'archevêque et aux évêques, tant de la Livonie, que de la Prusse, pour leur défendre de troubler l'ordre Teutonique dans ses droits et priviléges, sous peine de son indignation, ajoutant que si le contraire arrivait, il saurait bien trouver le moyen de mettre le clergé hors d'état de nuire à l'ordre. Quoiqu'on ne sache pas l'époque précise de la mort d'Habundi, on ne peut pas douter que ce fut à lui que l'empereur adressa ce rescrit.

XVII. HENNING.

1424. HENNING, ou HENRI DE SCHARFENBERG, prévôt de l'église de Riga, quoiqu'il ne fût encore que sous-diacre, fut élu par le chapitre, et confirmé par le pape, le 15 octobre de cette même année. On voit, par cette bulle de confirmation, que Martin V s'était réservé, pour cette fois seulement, la nomination de l'archevêque de Riga, et que par conséquent cette élection lui déplut; cependant Henning était un homme de mérite, et il confirma l'élection, ou plutôt il nomma le même Henning de son autorité; ce qui prouve qu'il n'y avait encore rien de stable sur la nomination des archevêques, dont plusieurs ont été élus par le chapitre, et les autres, nommés par le pape. Henning, qui était de l'ordre Teutonique, en ayant quitté l'habit lorsqu'il devint archevêque, s'embarqua dans de nouvelles difficultés avec l'ordre. L'an 1426 ou, selon d'autres, en 1428, ce prélat assembla les évêques de la Livonie, et envoya des députés au pape, pour faire ses plaintes; mais ces députés furent arrêtés sur la frontière par le commandeur de la forteresse de Grubin, et noyés dans un lac. Sur ces entrefaites, Martin V donna une bulle toute opposée à celle de l'an 1423; car il ordonnait que tous les ecclésiastiques de la Livonie porteraient à l'avenir l'habit de l'ordre Teutonique. En conséquence, on s'assembla à Walk, le 15 d'août 1428, où l'on régla que l'archevêque et son clergé demanderaient pardon à l'ordre d'avoir changé d'habit. Le chapitre de Riga s'obligeait de célébrer, tous les ans, un service solennel, avec vigiles pour le repos des ames des maîtres de Livonie et des chevaliers, en réparation des désordres qu'ils avaient occasionés en changeant de vêtement. Quant aux députés noyés, on ne devait s'en prendre ni au grand-maître, ni à celui de Livonie, parce qu'ils avaient prouvé qu'ils n'avaient aucune part à ce forfait; et, si l'on pouvait se saisir du commandeur fugitif, les chevaliers promettaient de le laisser juger comme il le méritait. On ajouta, dans cet accord, que le procès pour l'habillement du clergé de la Livonie, serait continué à Rome, où chacune des parties pouvait faire valoir les bulles ou réglements qu'elle avait obtenus; ce qui prouve que la bulle de Martin V n'était qu'un décret provisionnel. Les difficultés au sujet de l'habit de l'ordre, ne furent pas terminées par-là, et de plus, les chevaliers retenaient quelques biens de l'archevêque, dont ils s'étaient saisis : le concile de Bâle écrivit, le 24 avril 1435, à l'archevêque, pour l'exhorter à s'accommoder; ce qui eut effectivement lieu pour quelques points, à Walk, le 4 décembre suivant. Par cet accord, l'ordre rendit les biens saisis de l'archevêché, et compta vingt mille marcs, monnaie de Riga, pour un certain canton que l'archevêque lui céda sur la rive gauche de la Dwina. Henning de Scharfenberg mourut en 1448.

XVIII. SILVESTRE.

1448. Le 24 juin, le chapitre élut SILVESTRE STOBWASSER, natif de Thorn; il était membre de l'ordre Teutonique, et chancelier du grand maître. Le pape, qui avait le projet de nommer d'autorité un archevêque, ne voulut pas d'abord confirmer cette élection; mais enfin il se rendit aux pressantes sollicitations du grand-maître, Conrad d'Erlichshausen, qui craignait que ce refus n'occasionât de nouvelles difficultés. L'an 1449, le nouvel archevêque s'engagea par un acte à porter toujours l'habit de l'ordre Teutonique, et à le faire porter par son clergé. Il promit, en outre, d'être fidèle au grand-maître, à celui de Livonie et à l'ordre entier, et de faire son possible pour accommoder toutes les difficultés qui existaient entre les chevaliers et le chapitre de Riga. D'après le plan que l'archevêque avait proposé lui-même, on fit un accord à Wolmar, le 6 juillet 1451, par lequel l'ordre et l'archevêque renonçaient aux bulles qu'ils avaient obtenues respectivement des papes Boniface IX et Martin V. On abolissait toute procédure en cour de Rome. L'accord fait à Walk, en 1435, était confirmé; l'ordre renonçait au droit de visite sur les ecclésiastiques, et promettait de ne pas empêcher l'élection des archevêques. Le prévôt Adrien de Riga était nommé conseiller intime du maître de Livonie, et le clergé s'obligea de porter l'habit et de reprendre la règle de l'ordre Teutonique; ce qui fut confirmé, en 1452, par le pape. Le 30 novembre de la même année, traité solennel, à Kirchholm, entre l'archevêque et le maître de Livonie, qui reconnaissent enfin qu'ils ont un droit égal sur la ville de Riga, et qui conviennent qu'elle leur appartiendra en commun à l'avenir. Ce traité fut confirmé par le pape Nicolas V, le 18 mars 1453. L'archevêque fit un acte avec son chapitre, par lequel il prétendait casser le traité de Kirchholm, et ne négligea rien pour persuader au maître qu'il doit être annulé.

L'an 1454, pendant que les états de la Livonie étaient assemblés à Walk, pour tâcher de mettre fin à toutes les difficultés, l'archevêque, qui avait promis de s'y rendre, profita de l'occasion pour entrer à Riga à main armée, et travailla à détruire le château des Teutoniques; après quoi il demanda et obtint le secours de Charles Canut-son, roi de Suède, et voulut engager les habitants de Riga à chasser les chevaliers Teutoniques. Malgré ces excès, on s'accommoda, le 23 septembre de la même année, à Wolmar, où l'on renouvela le traité de Kirchholm. L'archevêque ayant encore travaillé depuis à le rompre, on fit une espèce de trève, ou d'accord, à Berkenbomen, en 1473, par lequel on s'engagea de part et d'autre à rester tranquille pendant soixante ans; ce qui n'empêcha pas que le prélat ne fît, la même année, un traité contre l'ordre Teutonique, avec l'évêque de Derpt. L'an 1474, il fit confirmer par le pape Sixte IV, le décret d'Innocent VI et de Martin V, qui avaient attribué la ville de Riga à l'archevêque, en excluant les chevaliers Teutoniques. Après avoir envoyé des députés pour engager les Danois, les Suédois, les Polonais, les Lithuaniens et les Samogites à venir ravager la Livonie, l'archevêque jeta un interdit sur la ville de Riga, le mercredi-saint 1477. Ce turbulent prélat fit, l'an 1479, un traité contre l'ordre, avec Stenon-Sture, administrateur de Suède, et quelques évêques du royaume; ce qui détermina le maître de Livonie à le jeter dans une prison, où il mourut de chagrin, le 12 juillet de la même année.

XIX. ETIENNE.

1479. ETIENNE DE GRUBEN, né à Leipsick, évêque de Troja, dans le royaume de Naples, et procureur du défunt archevêque à la cour de Rome, fut nommé par le pape, pour le remplacer sur le siége de Riga. Comme le choix ne pouvait manquer de déplaire aux chevaliers Teutoniques, le pape ordonna, en 1480, aux évêques d'Wladislau, de Derpt et d'Oésel, de mettre Etienne en possession des biens de l'archevêché. L'empereur ayant pris vivement le parti du maître de Livonie, le pape ne négligea rien pour soutenir celui d'Etienne et ordonna, le 11 septembre 1481, à la ville de Riga, de le reconnaître pour seul maître. L'archevêque, de son côté, défendit, sous peine d'excommunication, à tous les Livoniens de secourir le maître des Teutoniques; ce qui détermina la ville de Riga à se ranger de son côté. L'an 1482, le pape nomma Etienne légat *a latere* et commissaire-général pour la levée des deniers qu'on devait payer à l'église, dans les diocèses de Riga et de Revel. L'archevêque étant allé à Riga malgré la défense du maître de Livonie, la garnison du château l'en chassa, même ignominieusement, suivant quelques écrivains. Etienne eut tant de chagrin du mauvais états de ses affaires, qu'il en mourut le 22 septembre 1483.

XX. MICHEL.

1484. Les chanoines de Riga postulèrent Henri, comte de Schwarzbourg, et lui envoyèrent une députation pour le prier d'accepter l'archevêché; mais le comte, qui connaissait les difficultés qui agitaient la Livonie depuis long-tems, demanda du tems pour délibérer. Les chevaliers Teutoniques, de leur côté, jetèrent les yeux sur MICHEL HILDEBRAND, chanoine de l'église de Revel et natif de la même ville, et l'envoyèrent à Rome. Le pape, ayant égard aux recommandations de l'ordre et de plusieurs princes qui lui avaient écrit, nomma Michel archevêque de Riga, le 4 juin, et le manda au chapitre. Dans ce bref, le pape Sixte IV dit, en termes exprès, que le chapitre de Riga était de l'ordre Teutonique; ainsi tous les efforts que le défunt archevêque et les chanoines avaient faits pour s'en soustraire avaient été inutiles. Le nouvel archevêque, ayant fait son entrée à Riga en habit de l'ordre, se rendit suspect aux habitants, qui s'étaient brouillés avec les chevaliers. L'an 1492, l'archevêque fit un accommodement avec la ville de Riga. Michel se trouva à l'armée le 7 septembre 1501, et suivit partout le maître de Livonie, qui défit complètement une armée de quarante mille russes. Le 5 avril 1508, le pape Jules II assura le droit d'élection au chapitre de Riga, conformément aux concordats germaniques, à condition que l'élu se fasse confirmer à Rome. L'archevêque Michel mourut le 5 février 1509, et fut inhumé à Riga. Jusqu'au tems de cet archevêque, les chanoines de Riga avaient toujours vécu en commun; ce fut lui qui divisa les biens du chapitre; mais on n'en sait pas l'époque précise.

XXI. JASPAR, ou GASPARD.

1509. Les chanoines de Riga élurent, le 18 février, JASPAR ou GASPARD LINDE, leur doyen : il était né en Westphalie, de parens de basse extraction; mais c'était un homme vertueux et pacifique, qui vécut dans la meilleure intelligence avec le maître de Livonie. Jaspar se rendit à Rome, aussitôt après son élection, pour en demander la confirmation, qu'il obtint le 23 mai. Le pape confirma, le 9 juin suivant, à la demande de l'archevêque et du chapitre, le partage que Michel Hildebrand avait fait des biens de l'église de Riga. Jaspar fit quelques changements à ce partage, le 6 octobre 1522; et l'on voit, par cet acte, que le chapitre de Riga était composé d'un prévôt, d'un doyen et de sept chanoines, dont deux étaient curés, l'un de l'église de Saint-Pierre, et l'autre de celle de Saint-Jacques. La même année, Knopken, chassé de la Poméranie par l'évêque Camin, vint se réfugier à Riga, où il avait un frère, chanoine de la cathédrale, et y apporta les premières semences du Luthéranisme. Le 29 juin 1524, mourut Jaspar Linde, qui n'avait rien négligé pour confirmer les Livoniens dans la foi catholique. Cet archevêque avait rebâti, de fond en comble, le château de Marienhausen, qui avait été ruiné, et fortifia les autres places de l'archevêché; il avait aussi fait fondre beaucoup de pièces d'artillerie.

XXII. JEAN VII.

1524. Les chanoines de Riga élurent JEAN BLANKENFELD, évêque de Derpt et de Revel : il quitta ce dernier siége, et conserva celui de Derpt avec l'archevêché. La ville de Riga n'ayant pas voulu ouvrir ses portes à l'archevêque, il se rendit à Kokenhausen, d'où il chassa plusieurs luthériens qui dogmatisaient. L'an 1525, les Luthériens dévastèrent les églises de Riga; mêmes désordres à Derpt et à Revel, où l'on dévasta les églises grecques aussi bien que celles des Catholiques, comme on avait fait à Riga. Albert de Brandebourg, qui venait récemment d'abandonner la religion catholique et la grande-maîtrise de l'ordre Teutonique, pour devenir duc héréditaire de Prusse, sollicita en vain la coadjutorerie de l'archevêché de Riga, pour son frère Guillaume de Brandebourg, chanoine de Mayence et de Cologne. L'archevêque ayant été accusé d'entretenir des intelligences avec les Russes pour les armer contre les Luthériens, la noblesse de l'évêché de Derpt s'empara de ses châteaux, et celle de l'archevêché de Riga se saisit de sa personne, le 22 décembre 1525. Guillaume de Brandebourg, qui était en Livonie, commença à vouloir se mêler des affaires de l'archevêché, quoiqu'il ne fût pas encore coadjuteur. Le 22 juin 1526, on tira l'archevêque du château de Ronnebourg ; il se rendit à l'assemblée des états à Wolmar, où il tâcha de s'excuser, et se soumit avec tous ses évêques au maître de Livonie. L'archevêque, qui avait déjà eu recours à la protection de la Pologne, partit aussitôt, selon les uns pour aller trouver l'empereur à Madrid, et selon d'autres, pour aller à Rome, ce qui est plus vraisemblable ; mais il mourut en chemin. Le zèle de cet archevêque pour le maintien de la religion catholique, fait son éloge, et lui attira la haine des Luthériens. Avant de quitter la Livonie, Jean de Blankenfeld avait conseillé aux chanoines de Riga, de lui donner pour successeur Georges de Brunswick, grand-prévôt de Cologne, s'il venait à mourir pendant son voyage.

XXIII. THOMAS.

1527. Les chanoines postulèrent effectivement Georges de Brunswick : mais le maître de Livonie s'y opposa, prétendant que le choix d'un étranger était directement contraire aux lois ou aux réglements qui avaient été faits ; ce qui les détermina à élire THOMAS SCHONING, leur doyen et fils d'un bourgmestre de Riga. L'an 1530, l'archevêque alla trouver le duc de Prusse, et se laissa persuader de prendre son frère Guillaume pour coadjuteur, dans l'espérance d'être protégé par la maison de Brandebourg. Le maître de Livonie, ayant appris cette nouvelle, ainsi que l'arrivée d'un rescrit de l'empereur, qui ordonnait à la ville de Riga de reconnaître l'archevêque pour son seigneur, et d'abandonner le Luthéranisme, renonça volontairement à l'obéissance que le défunt archevêque lui avait promise dans l'assemblée de Wolmar de 1526, et travailla à rompre la coadjutorerie du margrave de Brandebourg. La même année, assemblée de Dalen, où la ville de Riga reconnut la supériorité de l'archevêque pour le temporel, mais où elle déclara en même tems qu'elle n'abandonnerait pas le Luthéranisme. On y convint aussi d'une espèce de trève ou de délai pour deux ans, après lesquels on devait reprendre les négociations. Le maître de Livonie et les évêques cherchèrent, en 1531, les moyens d'annuler la coadjutorerie de Guillaume, qui prit possession, cette année, de plusieurs places de l'archevêché. Le 4 mai 1532, l'archevêque exigé l'hommage de la ville de Riga, qui le refuse jusqu'à ce qu'on lui ait donné des sûretés pour le libre exercice du Luthéranisme. Les habitants de Riga, la même année, s'emparèrent de la partie de la ville qui appartenait à l'archevêque et au chapitre, et travaillèrent à se fortifier. Plaintes portées à la chambre impériale, où ceux de Riga s'appuient sur la paix de religion faite à Nuremberg. Le 29 septembre 1537, l'archevêque, le coadjuteur et les évêques assemblés avec le maître de Livonie, firent un recès, où l'on régla, entr'autres articles, de garder la paix entre soi, et de laisser à chaque corps le choix de son chef; de maintenir en vigueur la *kleider-bulle*, c'est-à-dire la bulle qui soumettait tous les ecclésiastiques de la Livonie à la règle et à porter l'habit de l'ordre Teutonique. On confirma encore le traité fait à Kirchholm, en 1452, qui réglait que l'archevêque et le maître de Livonie gouverneraient en commun la ville de Riga, chacun ayant un droit égal. Le 10 août 1539, l'archevêque mourut dans son château de Kokenhausen, et fut inhumé dans l'église paroissiale.

XXIV. GUILLAUME.

1539. GUILLAUME, margrave de Brandebourg, né au mois de juin 1498, et coadjuteur depuis 1530, prit possession de l'archevêché, à la mort de Thomas. Quoique le chapitre cathédral fût inquiet de la façon de penser de Guillaume, sur la religion, il ne laissa pas de le reconnaître pour son chef l'année suivante. Le 28 juillet 1546, assemblée de Wolmar, où l'archevêque, le maître de Livonie et les évêques s'engagent à ne pas prendre d'étrangers pour coadjuteurs, et surtout des princes. Guillaume, l'année suivante, assure à Riga, la liberté de religion, y fait son entrée avec le maître de Livonie, et reçoit l'hommage des habitants. Cette ville, puissante par son commerce, était entrée dans la ligue de Smalkalde. L'archevêque voulut prendre, en 1553, pour coadjuteur Christophe, duc de Mecklenbourg, jeune prince âgé de seize ans, et administrateur de l'évêché de Ratzebourg; ce qui était contraire à l'accord de Wolmar, et alarma la Livonie. Christophe de Mecklenbourg arrive, l'an 1556, en Livonie, et fait son entrée à Kaukenhausen, le 25 novembre. L'an 1556, guerre civile à l'occasion du coadjuteur, protégé par le roi de Pologne, le duc de Prusse et toute la maison de Brandebourg. Les chevaliers de Livonie, avec qui les évêques faisaient cause commune, prirent plusieurs places de l'archevêché, et mirent le siége devant Kokenhausen, le 28 juin. Le 30, l'archevêque est obligé de se rendre prisonnier avec son coadjuteur; le premier fut conduit à Adzel, et le second dans le château de Treyden. Le 5 septembre 1557, traité de Poswal, entre le roi de Pologne, qui était venu au secours des princes avec cent mille hommes, et le maître de Livonie, par lequel ce dernier s'engageait de leur rendre la liberté; de remettre Guillaume en possession de l'archevêché, et de reconnaître Christophe pour son coadjuteur. Le 5 octobre suivant, l'archevêque et le duc de Mecklenbourg furent remis en liberté. Le czar Ivan IV commença, le 25 janvier 1558, à attaquer la Livonie, et ne cessa d'envoyer de nouvelles armées pour ravager ce malheureux pays. Le 15 septembre 1559, l'archevêque se mit sous la protection du roi de Pologne, qui s'obligea de le défendre, et qui n'en fit rien. Guillaume lui cédait plusieurs places pour les frais de la guerre, en se réservant le pouvoir de les retirer à la paix. L'archevêque, en 1560, se trouva tellement ruiné par les ravages des Russes, que le roi de Pologne lui accorda, sa vie durant, la jouissance de la forteresse de Léenward, que Guillaume lui avait engagée l'année précédente. L'an 1561, le 28 novembre, le maître de Livonie trahit son ordre, en livrant à la Pologne le reste de ses domaines, et fut fait duc de Curlande. Guillaume fit aussi un serment de fidélité personnel au roi; mais il demanda un délai pour le faire au nom de l'archevêché, s'excusant de ce qu'il n'était pas autorisé par les vassaux. La sujétion de l'archevêché n'en fut pas moins réelle. Le roi ayant nommé administrateur de la Livonie le duc de Radziwil, ce dernier fit un acte, le 17 mars 1562, à la demande de la noblesse de l'archevêché, par lequel il promettait, entr'autres articles, de maintenir le chapitre et la noblesse de Riga dans l'exercice du Luthéranisme. Guillaume de Brandebourg, dernier archevêque de Riga, y mourut le 4 février 1563. S'il n'est pas mort luthérien, il avait au moins du penchant pour cette secte, puisqu'on voit par une charte (*Cod. Polonic.*, tom. V, pag. 266), qu'il avait plusieurs fois demandé, avec son chapitre, au roi de Pologne, la sécularisation de l'archevêché.

Christophe, duc de Mecklenbourg, coadjuteur de Guillaume, s'était opposé à la soumission de l'archevêché à la Pologne, et s'était jeté dans le parti d'Éric XIV, roi de Suède.

À la mort de Guillaume, il s'empara de quelques places de l'archevêché ; mais il fut assiégé et pris à Dalen par le duc de Curlande, et conduit en prison à Rawa dans la grande Pologne. Jean Albert, duc de Mecklenbourg, et frère de Christophe, demanda l'archevêché au roi de Pologne pour Sigismond-Auguste, son fils, encore enfant, le jeune prince étant né en 1560. Le roi promit au duc, en 1564, l'administration de l'archevêché jusqu'à ce que son fils eût atteint l'âge de quinze ans, en réservant à la Pologne la forteresse de Kokenhausen et la ville de Riga, sous prétexte d'éviter des difficultés. Deux ans après, le roi nomma Jean Chodkiewicz, seigneur polonais, administrateur de l'archevêché de Riga ; et enfin, le 26 décembre 1566, il donna trois diplômes relatifs à la Livonie. Par le premier, il sécularisait l'archevêché de Riga ; par le second, il unissait héréditairement la Livonie au-delà de la Dwina à la Lithuanie, promettant d'y maintenir la confession d'Augsbourg ; et, par le troisième, il érigea la Livonie, au-delà de la Dwina, en duché.

Christophe de Mecklenbourg, qui avait été en prison six ans, en sortit en 1569, après avoir renoncé à toutes prétentions sur l'archevêché de Riga. Le roi de Pologne lui donna une pension de mille écus, à condition qu'il servirait dans ses armées quand il en serait requis. Ce prince garda toute sa vie l'administration de l'évêché de Ratzebourg, et fut marié d'abord avec DOROTHÉE, fille de Frédéric I, roi de Danemarck ; et, l'an 1581, avec ÉLISABETH de Suède, qui lui donna une fille du même nom, mariée à Jean Albert II, duc de Mecklenbourg. Christophe mourut à Schwerin, le 4 mars 1592.

CHRONOLOGIE HISTORIQUE

DES MARGRAVES,

DUCS ET ARCHIDUCS D'AUTRICHE.

L'Autriche, anciennement comprise dans le Norique, faisait partie de la Pannonie, lorsqu'elle devint la proie des Huns et des Abares. Son nom particulier fut en latin *Austria*, et plus anciennement *Ostericcha* et *Osterlandia*, qui signifie *pays du midi*. La rivière d'Ens la divise en deux parties. Celle qui est en deçà dépendait autrefois des ducs de Bavière, et celle qui est au-delà était comprise dans la Pannonie. Charlemagne, après avoir déposé Tassillon, duc de Bavière, subjugua la partie de la Pannonie qui s'étend depuis la rivière de Raab jusqu'à l'Ens; et, l'ayant jointe à la Bavière, il y établit margraves, consécutivement, Gontran, Werinhaire, Albéric, Godefroi et Gérold, qui prenaient le titre de marquis de la Bavière orientale. Louis le Germanique, troisième fils de Louis le Débonnaire, eut en partage, l'an 817, la France orientale avec le titre de roi. Il régna en Bavière, et Ratbod, margrave d'Autriche, lui fut soumis, de même que les margraves qui lui succédèrent. En 883, les fils des margraves d'Autriche excitèrent une guerre civile en Bavière, contre l'empereur Charles le Gros, qui les avait privés de la dignité de leurs pères. Ils s'y maintinrent à la faveur des troubles, et leurs successeurs, après avoir été confirmés dans cette dignité, furent déclarés princes immédiats de l'empire.

LÉOPOLD, DIT L'ILLUSTRE.

Léopold, surnommé l'Illustre, que D. Jérôme Pez donne pour la tige des margraves héréditaires d'Autriche, fut revêtu de cette dignité, l'an 928, suivant l'anonyme de Zwetl, par Henri l'Oiseleur, roi de Germanie. Léopold descendait d'un comte Poppon, qui fut père de Henri, duc de Thuringe et de Saxe, mort l'an 886, en défendant Paris contre les Normands, et de Poppon, successeur de son frère en Thuringe, puis déposé l'an 892. Ce duc Henri eut de BRUNHILDE, son épouse, trois fils : Adelbert, comte de Bamberg, qui fut décapité, l'an 908, pour crime de rebellion ; Adhébald, qui périt, en 902, dans la guerre contre la maison de Worms ; et Henri, tué dans la même guerre, laissant de Barbe, son épouse, fille d'Otton, duc de Saxe, deux fils, le comte Berthold et le comte Otton, dont l'aîné fut père d'Adalbert, comte de Mertal, mort en 954, de Poppon, évêque de Wurtzbourg, décédé l'an 961, et de Henri, archevêque de Trèves, mort en 964. D'Adalbert sortirent trois fils : Léopold *l'Illustre*, dont il s'agit ici ; Berthold, établi margrave de Franconie contre les Bohémiens ; et Poppon II, évêque de Wurtzbourg. Telle est, suivant M. Eccard (*Origin. Saxon. præf.*), la descendance des premiers margraves d'Autriche ; système avec lequel ne s'accorde pas entièrement celui de M. le comte du Buat, que nous avons rapporté ci-dessus. Léopold défendit la Marche qui lui était confiée, et ne souffrit pas qu'on l'attaquât impunément. Geiza, roi de Hongrie, s'étant emparé de la forteresse de Melck, Léopold se mit en marche contre lui avec une puissante armée, le battit sur les bords du Danube, et reprit la place. Il remporta d'autres avantages sur les Hongrois, au dépens desquels il recula les limites de l'Autriche vers l'Orient. Sa piété ne le cédait point à sa valeur. Il fonda, au château de Melck, un chapitre de douze chanoines, où il fut, dans la suite, inhumé avec sa femme. Sa mort fut l'effet d'un accident tragique. Ayant été invité par l'évêque de Wurtzbourg à la fête de saint Kilien, patron de cette ville, il s'y rendit avec Henri, son fils. Mais tandis qu'il regardait d'une fenêtre les exercices militaires de ses soldats qui l'avaient accompagné, il fut frappé mortellement d'une flèche tirée au hasard, et n'eut que le tems de recevoir les derniers secours de l'église. Sa mort est rapportée au 10 juillet 994, par Ditmar, évêque de Mersbourg et le chronographe saxon, tous deux auteurs contemporains, qu'il faut suivre préférablement à d'autres écrivains postérieurs, qui ont placé cet événement, les uns en 983, et les autres en 988. On n'est pas d'accord touchant l'origine de la femme de Léopold. Sur le tombeau des margraves d'Autriche, tous enterrés à Melck, elle est simplement nommée KIHKART, sans aucun nom de famille. Les tables du monastère de Closter-Neubourg, et une ancienne chronique d'Autriche, l'appellent REICHART, ou RICHILDE, et quelques auteurs prétendent qu'elle était fille d'Otton, duc de Saxe, et sœur de Henri *l'Oiseleur*. Mais les contemporains, ainsi que Witikinde et Otton de Frisingue, ne donnent à Henri que deux sœurs sans les nommer. De son mariage, Léopold eut Henri, qui suit; Ernest, duc de Suabe; et Poppon, archevêque de Trèves. (Hieron. Pez, *Rerum Austriac*, t. I. *præf*, p. cvij.)

HENRI I.

994. HENRI, successeur de Léopold au margraviat d'Autriche, était son fils. Ce point est constaté par un diplôme de l'empereur Otton III, de l'an 996, où il est nommé *fils du margrave Léopold*. Quelques historiens le surnomment *le Querelleur*, en le confondant avec un autre Henri, son contemporain, dit aussi Hézelon, duc de Bavière. Le margrave d'Autriche n'eut de commun avec lui que le nom. Il faisait sa demeure au château de Melck. Ce fut là qu'il fit transporter le corps de saint Coloman, martyr, pour être déposé dans l'église de Saint-Pierre, où il lui fit construire, l'an 1016, un magnifique tombeau. Henri, étant mort le 23 juin de l'an 1018, fut enterré au même lieu que SWANHILDE, sa femme, dont il laissa un fils, qui suit; et une fille, N., mariée, suivant Otton de Frisingue, à Pierre, dit *l'Allemand*, roi de Hongrie.

ALBERT I, DIT LE VICTORIEUX.

1018. ALBERT, surnommé LE VICTORIEUX, avait déjà mérité ce titre par divers exploits avant de succéder à Henri, son père, dans le margraviat d'Autriche. Les Hongrois, sous leur roi Aba, ou Owon, s'étant emparés, dans la suite, de la haute Pannonie, Albert, à la tête d'une forte armée et soutenu de Léopold, son fils aîné, surnommé *le fort Guerrier*, compté pour le deuxième de son nom, reprit tout le pays qu'ils avaient enlevé, après les avoir battus l'an 1042. Pour sa récompense, l'empereur Henri III déclara cette conquête héréditaire dans la maison d'Albert. Le roi André, successeur d'Aba, s'étant avisé de renouveler la guerre, s'en trouva aussi mal que son prédécesseur. Albert remporta sur lui divers avantages qui l'obligèrent à demander la paix. Albert mourut, le 24 juin 1056, à Melck, où il fut inhumé dans le tombeau de ses ancêtres. Il avait épousé ADÉLAÏDE, sœur de Pierre, dit *l'Allemand*, roi de Hongrie, qui lui survécut jusqu'au 26 janvier 1071, et fut enterrée auprès de lui. De ce mariage, Albert eut deux fils, Léopold, dont on vient de parler, mort le 10 décembre 1043, et Ernest, qui suit.

ERNEST LE VAILLANT.

1056. ERNEST, à qui ses beaux faits d'armes méritèrent le surnom de VAILLANT, succéda au margraviat d'Autriche après la mort d'Albert, son père. Les guerres où il se distingua le plus, furent celles qu'il soutint contre les Hongrois, pour les empêcher de pénétrer dans l'empire, dont l'Autriche était le boulevard du côté de la Hongrie. L'empereur Henri IV, ou plutôt Agnès, sa mère, lui donna, l'an 1058, l'avouerie de l'archevêché de Salzbourg et celle de l'évêché de Passaw. Mais il ne demeura pas fidèle à ce prince. Il se déclara pour les Saxons rebelles, et eut le sort que méritait une pareille cause. Il périt à la bataille qu'ils livrèrent à l'empereur, le 9 juin 1075, sur les bords de la rivière d'Unstrut. Il avait épousé ADÉLAÏDE (et non pas Mathilde), fille de Dédon, marquis de Lusace, qui fut inhumée à Melck auprès de son époux, après lui avoir donné Léopold, qui suit; Albert *le Léger*; et Judith, morte dans le célibat. (Eccard, *Orig. Saxon.*, p. 64.)

LÉOPOLD II, DIT LE BEAU.

1075. LÉOPOLD, à qui sa bonne mine fit donner le surnom de BEAU, fut le successeur d'Ernest, son père, au margraviat d'Autriche, dont il partagea le gouvernement avec ALBERT, son frère. Un historien du treizième siècle rapporte qu'Albert viola la femme de Léopold, qui s'en vengea, dit-il, sur la princesse de Pologne, qu'Albert avait fiancée. Les derniers historiens ont entièrement détruit la fable de ce double inceste. Léopold fut attaché, comme son père, au parti des Saxons. L'empereur Henri IV, pour le punir, lui ôta le margraviat d'Autriche, et le donna à Wratislas II, roi de Bohême. Léopold prit les armes pour se défendre. On en vint à une bataille qui se donna près d'un lieu nommé Moriberch, dans la vie de saint Altmann, le 12 mai 1082. La partie n'était pas égale. Wratislas avait avec lui son frère, marquis de Moravie, et les troupes du duc de Bavière. La supériorité du nombre le rendit vainqueur. Mais Léopold, malgré cet échec, ne laissa pas de se maintenir. Il paraît même qu'il força le roi de Bohême à renoncer au don que l'empereur lui avait fait. Les Hongrois, toujours avides d'empiéter sur l'Autriche, vinrent aussi l'inquiéter. Léopold repoussa leurs incursions et ne laissa point entamer son pays. L'an 1089, les mœurs déréglées des chanoines de Melck le déterminèrent à les supprimer et à mettre des moines en leur place. Il mourut dans cette ville le 12 octobre 1096, et y fut inhumé dans le tombeau de ses ancêtres. ITHA, son épouse, fille, suivant plusieurs historiens, de l'empereur Henri III, mais plus vraisemblablement, selon la conjecture de D. Jérôme Pez, de Welphe I, duc de Bavière, lui donna Léopold, qui suit, et Albert, avec six filles, dont les principales sont Elisabeth, femme d'Ottocare III, margrave de Stirie; Hilberge ou Helberge, femme de Borzivoi II, roi de Bohême; et N., femme de Leutolde, marquis de Moravie. Itha, mère de ces enfants, survécut à son époux, et suivit à la Terre-Sainte le duc de Bavière et l'archevêque de Salzbourg avec d'autres princes, dont la plupart périrent dans cette expédition. Itha fut prise par un prince sarrasin, et l'on ignore ce qu'elle devint par la suite.

LÉOPOLD III, DIT LE PIEUX.

1096. LÉOPOLD III, successeur de Léopold II, son père, mérita le surnom de *Pieux* par ses vertus. Entre les bonnes œuvres qu'elles produisirent, on remarque ses libéralités envers les églises. Il augmenta les biens de celle de Melck, et obtint, l'an 1113, de Rome, une bulle qui exemptait ce monastère de la juridiction de l'évêque de Passaw, et le soumettait immédiatement au saint siège. L'année suivante, il fonda une église à Neubourg, où il établit d'abord des chanoines séculiers, puis, en 1133, des réguliers de l'ordre de Saint-Augustin. L'an 1136, autre fondation de Léopold; ce fut celle de Sainte-Croix pour l'ordre de Cîteaux. Loin de prendre sur ses sujets de quoi fournir à ces établissements, il diminua les impôts, et versa d'abondantes aumônes dans le sein des pauvres. Il mérita la reconnaissance de tous les gens de bien par son exactitude à rendre la justice, et la sévérité avec laquelle il punissait le crime, lorsque la prudence et l'intérêt public ne permettaient pas de le pardonner. Il adoucit les mœurs féroces des Autrichiens par de sages réglements, et épura leur religion en abolissant plusieurs superstitions auxquelles ils étaient livrés. Nous ne dissimulerons pas, néanmoins, une tache de sa vie, qu'il effaça ensuite par la pénitence : ce fut d'avoir embrassé le parti du jeune Henri, révolté contre l'empereur Henri IV, son père. Après la mort de ce fils dénaturé, qui régna depuis sous le nom de Henri V, il eut des voix pour l'empire; mais voyant que le plus grand nombre était pour Lothaire, il se fit un devoir de lui céder. Le caractère pacifique de ce margrave n'excluait point la valeur. Il en avait fait preuve, l'an 1114, contre Etienne, roi de Hongrie, dont il repoussa les attaques avec le secours du duc de Bohême, et ravagea ensuite les états par représailles ; après quoi il revint triomphant chez lui (*Chron: Mellic.*) On parle encore d'une autre victoire qu'il remporta sur le même. Léopold mourut, comme le prouve Lambécius, le 15 novembre de l'an 1136, et fut inhumé au monastère de Neubourg, qu'il avait fondé, à deux lieues de Vienne, pour des chanoines réguliers. Le pape Innocent VIII le mit au nombre des saints, par sa bulle du 6 juin 1485. Léopold avait épousé, l'an 1106, AGNÈS, fille de l'empereur Henri IV, et veuve de Frédéric I, duc de Suabe, qu'elle avait fait père d'un fils de même nom que lui, et de Conrad, duc de Franconie, depuis empereur, troisième du nom. Léopold eut d'elle dix-huit enfants, dont sept moururent en bas âge. Les onze restants sont Albert, qui suit; Henri, dit *Jochsamergott*, duc de Bavière; Léopold, dit *le Libéral*, dont nous parlerons avant Henri; Ernest, dit *le Jeune*, mort à dix-huit ans; Otton, moine de Morimond, puis évêque de Frisingue en 1138, mort le 22 septembre 1158 (ce prélat suivit, en 1147, l'empereur Conrad à la Terre-Sainte, fonda, dans son diocèse, deux abbayes de Prémontrés, et se rendit célèbre par sa chronique et son histoire de l'empereur Frédéric I); Conrad, évêque de Passaw en 1148, puis archevêque de Salzbourg en 1164, mort en 1168; Berthe, femme de Henri, burgrave de Ratisbonne; Agnès, femme, suivant l'histoire de la fondation de l'abbaye de Melck, de Boleslas, duc de Pologne, dit *le Frisé*, qui, par conséquent, a dû être marié deux fois; Gertrude, femme de Wladislas III, roi de Bohême; Elisabeth, mariée à Herman, landgrave de Thuringe; et Judith, femme de Rainier, marquis de Montferrat. (Hieronym. Pez, *Rerum Austriac.* t. I, pp. 299 *et seq.*) La mère de ces enfants termina ses jours en 1143.

ALBERT II, SURNOMMÉ LE DÉVOT.

1136. ALBERT, fils aîné de Léopold, était, avant de lui succéder, avoué de l'église de Neubourg et de toutes celles de sa Marche; emploi dont il s'acquitta si bien, qu'il lui valut le surnom de *Dévot*. Ayant épousé N., sœur de Bela II, roi de Hongrie, il défendit son beau-frère contre le prince Borich, fils du roi Coloman, qui lui disputait le trône, et le fit triompher de ce rival. Il survécut très-peu de tems à son père, étant mort sans postérité le 10 novembre 1136. Il fut inhumé dans l'église de Neubourg.

LÉOPOLD IV, DIT LE LIBÉRAL.

1136. LÉOPOLD IV, troisième fils de Léopold *le Pieux*,

succéda au margraviat d'Autriche, après la mort d'Albert, son frère, par préférence à son autre frère, Henri, plus âgé que lui. L'empereur Conrad, son frère utérin, ayant privé de la Bavière le duc Henri *le Superbe*, en 1138, donna ce gouvernement à Léopold, qui en jouit jusqu'à sa mort, arrivée le 18 octobre 1142. Il ne laissa point d'enfants de MARIE, son épouse, fille de Sobieslas I, duc de Bohême, et fut inhumé à l'abbaye de Sainte-Croix, en Autriche. (Voy. *les ducs de Bavière*.)

HENRI II, SURNOMMÉ DE JOCHSAMERGOTT,
PREMIER DUC D'AUTRICHE.

1142. HENRI, surnommé DE JOCHSAMERGOTT, frère aîné de Léopold, le remplaça dans le margraviat d'Autriche et dans le duché de Bavière. L'empereur Conrad, son frère utérin, avant de lui donner ce duché, lui avait déjà fait épouser GERTRUDE, veuve de Henri *le Superbe*. Mais il la perdit l'an 1143, la seconde année de son mariage, sans en avoir eu d'enfants. L'an 1147, il accompagna l'empereur à la croisade. A son retour, il contracta, en repassant par Constantinople, une seconde alliance avec THÉODORA, nièce de l'empereur Manuel. Les différents subsistant toujours pour la Bavière, entre lui et Henri *le Lion*, fils de Henri *le Superbe*, il abandonna ce duché, l'an 1154, voyant l'empereur Frédéric I disposé à l'adjuger à son antagoniste. Mais, pour l'indemniser, Frédéric obligea Henri *le Lion*, l'an 1156, de lui céder la haute Autriche en-deçà de l'Ens, qui, jusqu'alors, avait relevé de la Bavière; après quoi, il érigea ce margraviat en duché héréditaire, par lettres données, le 17 septembre 1156, à Ratisbonne, en présence des principaux seigneurs de l'empire, qu'il nomme dans sa bulle *principes electores*. (Du Mont, *Corps Diplom.*, tom. I, part. 1, pag. 81.) Le nouveau duc d'Autriche accompagna, l'an 1158, l'empereur dans son expédition d'Italie. Il revint avec lui dans ce pays en 1162, et eut part à la prise de Milan. Henri fixa sa demeure à Vienne, dont il fit la capitale de l'Autriche. C'était peu de chose avant lui; mais le soin qu'il prit d'étendre et de décorer cette ville, en fit une des principales villes d'Allemagne. Il eut différentes guerres, dont on ignore le détail, avec Geisa, roi de Hongrie; avec Welphe, duc de Bavière; avec Conrad, marquis de Moravie; et le jeune Ottocare, margrave de Styrie. Tout ce que nous en savons, c'est que son pays souffrit beaucoup des incursions de ses voisins. Il mourut d'une chute de cheval, le 13 janvier 1177, et fut inhumé à l'abbaye des Bénédictins écossais de Vienne, qu'il avait fondée. Théodora, sa veuve, lui survécut jusqu'en 1184, suivant la critique de Neubourg, ou 1185, selon celle de Melck. Elle fut inhumée auprès de son époux, qu'elle avait fait père de Léopold, qui suit; de Henri, dit *l'Ancien*, duc de Medling, mort en 1223; d'Agnès, femme d'Etienne III, roi de Hongrie.

LÉOPOLD V.

1177. LÉOPOLD V, fils aîné de Henri II et son successeur, fut attaché à l'empereur Frédéric I, et le suivit dans toutes ses expéditions. Il fut présent, l'an 1177, à la réconciliation de ce prince avec le pape Alexandre III, qui se fit à Venise le 24 juillet. L'an 1182, il fit un voyage à la Terre-Sainte, d'où il rapporta un morceau de la vraie croix, qu'il déposa dans l'abbaye de Sainte-Croix, près de Vienne. Léopold était lié d'amitié avec Ottocare I, duc de Styrie. Celui-ci n'ayant point d'enfants, lui assura la Styrie, l'an 1186, par son testament auquel il survécut encore six ans. L'an 1189, Léopold accompagna l'empereur à la croisade, où il se distingua dans toutes les occasions. A la prise de Ptolémaïs, ou de Saint-Jean d'Acre, il eut son habit tellement couvert de sang, qu'il ne resta de blanc que ce qui était couvert par son baudrier. Le duc de Suabe, qui remplaçait l'empereur, son père, mort dans la route, changea, par cette considération, les armes d'Autriche, et lui donna un écu de gueules à la face d'argent. La mort ayant aussi enlevé, dans cette expédition, le duc de Suabe, les troupes allemandes refusèrent de continuer le service, et reprirent la route de leur patrie. Léopold, ne pouvant les retenir, demeura au siége avec une partie des siennes. L'arrivée successive des armées de France et d'Angleterre, sous la conduite de leurs rois, Philippe Auguste et Richard I, ranima le courage des assiégeants, qui se rendirent enfin maîtres de la place. Dans un des assauts qui furent donnés, Léopold s'étant rendu maître d'une tour, y fit planter sa bannière. Le monarque anglais, piqué de cet acte d'autorité, fait arracher et fouler aux pieds le drapeau par ses gens. Léopold sentit vivement cet affront et résolut de s'en venger un jour, s'il en trouvait l'occasion. Elle se présenta, contre son attente, lorsqu'il était déjà de retour en son pays. Richard, en voulant regagner le sien, prit sa route par l'île de Corfou, et essuya sur la route une violente tempête qui le jeta sur les côtes de l'Istrie, où son bâtiment échoua. Obligé de continuer son voyage par terre et de traverser l'Allemagne, en passant par l'Autriche, il prit le parti de se déguiser en templier, pour n'être point reconnu. Mais il le fut près de Vienne, le 20 décembre, et aussitôt arrêté par ordre de Léopold. L'empereur Henri VI, instruit de cette prise, acheta du duc d'Autriche, pour une somme d'argent, son prisonnier, qu'il retint en captivité l'espace de onze mois. Le pape, la reine, mère du monarque anglais, et d'autres princes, sollicitèrent si vivement sa délivrance, qu'à la fin elle fut accordée, au commencement de février 1194, dans la diète de Haguenau, moyennant une rançon de quinze mille marcs d'argent, dont un tiers pour Léopold. Ce duc ne jouit pas long-tems du fruit de sa vengeance. Sur la fin de la même année, étant monté à cheval dans le dessein de retourner pour la troisième fois en Palestine, il fit, près du château de Gratz, une chute si violente, qu'il en mourut le 21 décembre. Ce prince, dans ses derniers moments, témoigna un grand regret, suivant le P. Barre, de la conduite qu'il avait tenue envers le roi Richard. Il fut inhumé à Sainte-Croix. Léopold avait épousé, le 12 mai 1174, HÉLÈNE, fille de Geisa II, roi de Hongrie, morte en 1199, dont il eut Frédéric, qui suit; Léopold, qui viendra ensuite; et Cunégonde, femme d'Ottocare, margrave de Styrie.

FRÉDÉRIC I, DIT LE CATHOLIQUE.

1194. FRÉDÉRIC, fils aîné de Léopold V, partagea la succession paternelle avec Léopold, son frère, auquel il laissa la Styrie, en retenant l'Autriche. L'an 1195, il partit, avec plusieurs princes allemands, pour aller faire la guerre aux Sarrasins d'Espagne. Cette expédition ne fut pas heureuse, et quantité de chrétiens y périrent. Ce mauvais succès ne l'empêcha pas de partir, l'an 1197, pour la Terre-Sainte. Il y mourut, le 11 août de l'année suivante, sans avoir pris d'alliance. Son corps, rapporté en Autriche, fut inhumé à Sainte-Croix de Vienne.

LÉOPOLD VI, DIT LE GLORIEUX,
DUC D'AUTRICHE ET DE STYRIE.

1198. LÉOPOLD VI, dit LE GLORIEUX et LE PÈRE DES CLERCS, joignit au duché de Styrie, dont il était pourvu, celui d'Autriche, après la mort de Frédéric, son frère. L'an 1199, il fut attaqué par Eméric, roi de Hongrie, qui porta le fer et le feu dans l'Autriche. Ces hostilités finirent, l'année suivante, par un traité de paix conclu le jour de la Pentecôte. L'an 1208, il prit la croix pour la Terre-Sainte, d'où il paraît qu'il revint, l'année suivante, sans y avoir rien fait de mémorable. Il partit, l'an 1211, avec le comte de Juliers, et d'autres seigneurs allemands, pour la croisade contre les Albigeois. L'an 1213, il conduisit des troupes en Espagne, pour faire la guerre aux Sarrasins d'Afrique, qui avaient fait une décente en ce pays. Il eut part à une grande victoire remportée par les Chrétiens sur ces Infidèles, le 28 juin de la même année. C'est ce qu'assurent les chroniques d'Autriche; mais les historiens espagnols gardent le silence sur cet événement. L'an 1217, il se remit en route avec André II, roi de Hongrie, pour la Palestine, d'où, s'étant rendus avec les autres croisés en Egypte, ils attaquèrent, au mois d'août 1218, la tour du Phare, qui défendait le port de la ville de Damiette. Le duc d'Autriche eut, dans cette expédition, le commandement de l'armée, après le comte de Berg que la mort enleva, et réussit, le 25 du même mois, à se rendre maître de la tour, malgré la brave résistance de la garnison. Encouragé par ce succès, il entreprit, au mois d'octobre suivant, le siége de Damiette; mais il n'eut pas la patience d'en attendre la fin. L'an 1219, après une victoire remportée sur les Infidèles, le jour des Rameaux, il se rembarqua, avec une partie des Teutons et des Frisons, pour l'Allemagne. Olivier, qui était alors sur les lieux, dit que, pendant dix-huit mois qu'il resta parmi les croisés, il se distingua constamment par sa piété, par sa modestie, par les dépenses qu'il fit pour les expéditions militaires, et par ses aumônes. Il donna, ajoute-t-il, à la milice des chevaliers Teutoniques, cinq mille marcs d'argent pour être employés à l'acquisition d'une terre, et cinquante marcs d'or aux Templiers, que le comte de Chester gratifia en même tems de cinq cents marcs d'argent. (*Apud* Eckard, *Corp. Hist. med. ævi*, tom. II, pag. 1410-1411.) L'an 1226, Henri, dit *l'Impie*, fils de Léopold, se révolta contre son père, qui l'avait fait duc de Medling, chassa sa mère du château de Haimbourg, et ne craignit pas même d'attenter à la vie de l'un et de l'autre. Mais, l'année suivante, ce fils dénaturé mourut, laissant, de sa femme Richende, sœur de Louis, landgrave de Thuringe, une fille nommée Gertrude, dont il sera parlé ci-après. L'an 1230, Henri, roi des Romains, fils aîné de l'empereur Frédéric II, et gendre de Léopold, confirma les priviléges du duché d'Autriche, avec le consentement des princes à qui appartenait l'élection du roi des Romains : *Beneplacitum principum quorum juris quemque Romanorum regem eligere* (Pfeffel). Léopold, cette même année, s'étant mis en route pour l'Italie, avec plusieurs princes et prélats, dans le dessein de travailler à la réconciliation de l'empereur avec le pape Grégoire IX, meurt à San-Germano, le 26 juillet. Ses entrailles furent inhumées au Mont-Cassin, et son corps rapporté à l'abbaye cistercienne de Lilienfel, qu'il avait fondée. Il avait épousé, l'an 1203, THÉODORA, de la maison de Comnènes, morte en 1246, et enterrée à l'abbaye de Neubourg. De ce mariage, Léopold eut un fils, de même nom que lui, mort en 1216, à l'âge de dix ans, d'une chute; Henri, dont on vient de parler; Frédéric, qui suit; Marguerite, femme, 1°. de Henri, roi des Romains, fils aîné de l'empereur Frédéric II, dont elle eut deux fils jumeaux, qui furent, dit-on, empoisonnés, dans un âge tendre, par Mainfroi, leur oncle, dans la Pouille où ils étaient élevés; 2°. d'Ottocare, ou Przémislas-Ottocare II, roi de Bohême; Constance, femme de Henri *l'Illustre*, marquis de Misnie, qu'elle épousa l'an 1234; et Gertrude, mariée, en 1241, à Henri Raspon, landgrave de Thuringe.

FREDERIC II, DIT LE BELLIQUEUX.

230. FRÉDÉRIC, à qui ses exploits méritèrent le surnom de *Belliqueux*, succéda, l'an 1230, à Léopold, son père, dans les duchés d'Autriche et de Styrie, et fut le dernier de sa maison. Léopold, en mourant, avait laissé un trésor considérable : ses officiers, s'en étant saisis, refusèrent de le rendre sur la sommation que l'héritier leur en fit. Poursuivis pour ce sujet, ils prirent les armes pour défendre leur proie et mirent tout à feu et à sang; mais Frédéric vint à bout de les dompter. L'an 1232, il étendit ses possessions en Carniole, dont il se qualifia seigneur (Busching); mais, la même année, il eut guerre avec Wenceslas III, roi de Bohême, qui le battit deux fois dans le cours de cette année, et fit de grands ravages dans l'Autriche. La campagne suivante fut plus heureuse pour Frédéric. Il entra dans la Moravie, où il prit diverses places sans que Wenceslas pût s'y opposer. André II, roi de Hongrie, excité par ce dernier, entra dans l'Autriche, pour obliger Frédéric à quitter la Moravie. Il y réussit; mais les forces que Frédéric lui opposa ne lui permirent pas de continuer la guerre. Il se hâta de faire la paix, et se retira. Frédéric, invité par ce prince, vint quelque tems après en Hongrie, où il fut magnifiquement reçu. Mais la réconciliation de ces deux princes ne fut pas durable. Comme le duc d'Autriche continuait de faire la guerre en Moravie, André, toujours attaché au roi de Bohême, fit en sa faveur, l'an 1235, une diversion dans la Styrie, tandis que Wenceslas

attaquait l'Autriche. Frédéric, pressé de deux côtés, n'eut pas de meilleur parti à prendre que de demander la paix. Elle lui fut accordée à des conditions qu'on ignore. Frédéric n'était nullement réglé dans ses mœurs : ayant fait violence à plusieurs femmes de Vienne, il souleva contre lui les habitants de cette ville, qui le contraignirent d'en sortir et de se retirer parmi ses troupes, campées à quelque distance de là. Cet affront ne le rendit pas plus sage. Au libertinage, il joignit l'avarice, et pilla les monastères de ses états pour avoir de quoi fournir à ses plaisirs. Sur les plaintes qui furent portées contre lui à l'empereur Frédéric II, il fut cité, l'an 1236, à la diète d'Augsbourg, où il refusa de comparaître. La diète procéda contre lui, et le déclara déchu de ses duchés par contumace. Ce jugement fut applaudi par les principales villes d'Autriche et de Styrie, qui secouèrent le joug de leur duc. L'empereur, étant venu avec une armée, l'an 1237, en Autriche, accompagné du roi des Romains, du roi de Bohême, du duc de Bavière, et d'autres princes, entra sans résistance dans Vienne, où il resta l'espace de trois mois. Pendant le séjour qu'il y fit, il mit cette ville au rang des villes impériales, y fonda une université, et, en partant, il y laissa un gouverneur pour la défendre. Réduit à l'état d'un particulier et d'un proscrit, Frédéric se retira à Neustadt. Il y passa environ quatre ans; après quoi, profitant de l'absence de l'empereur, qui était en Pouille, il leva des troupes, livra bataille aux Impériaux qui étaient dans Vienne, et remporta la victoire. Il fit ensuite le siège de cette ville, qu'il contraignit à lui ouvrir ses portes. D'autres succès firent rentrer sous sa puissance la Styrie et la Carniole. Pour demeurer paisible possesseur, il ne lui restait, à ce qu'il semblait, qu'à faire sa paix avec l'empereur. Il alla, dans ce dessein, le trouver à Vérone, et vint à bout de le fléchir par ses soumissions. Mais, pendant son absence, le roi de Bohême, par les intelligences qu'il avait dans Vienne, trouva moyen de s'y introduire et de s'en rendre maître. Le duc Frédéric, à son retour, plutôt que de hasarder un siège, aima mieux composer avec son ennemi, en lui offrant une somme d'argent, moyennant laquelle il se retira. Pour cimenter la paix qu'il venait de conclure, Frédéric mena sa nièce Gertrude en Bohême, au jeune Uladislas, fils de Wenceslas et marquis de Moravie, qui l'avait demandée en mariage.

L'an 1243, la guerre s'alluma entre l'Autriche et la Hongrie. Ce fut le roi Béla IV qui la déclara pour venger l'affront que Frédéric avait fait à sa seconde femme, cousine du roi de Hongrie, en la répudiant. Elle dura trois campagnes, à la dernière desquelles le duc Frédéric étant sorti de Neustadt à la tête de son armée, combattit victorieusement contre les Hongrois. Mais, dans l'action, il fut blessé d'un coup de flèche à l'œil, et tomba sous son cheval qui l'étouffa le 15 juin 1246. Ce malheur jeta la consternation dans son armée, dont le roi de Hongrie emmena plusieurs milliers de prisonniers en son pays. Quelque tems avant sa mort, il avait fait ériger sa province de Carniole en duché, et l'Autriche en royaume; mais cette dernière faveur n'eut point d'effet. Frédéric, le dernier mâle de l'ancienne maison de Bamberg, fut inhumé à l'abbaye de Sainte-Croix, sans laisser d'enfants de ses deux femmes, GERTRUDE, de la maison de Brunswick, suivant Arnpech (*Chron. Austr.*), qu'il avait épousée en 1226, et AGNÈS, fille d'Otton, duc de Méranie, dont il se fit séparer en 1243. Théodora, mère de Frédéric, ne lui survécut que huit jours, le chagrin de la mort de son fils ayant causé la sienne.

1246. GERTRUDE, fille de Henri, dit *l'Impie*, duc de Medling, nièce de Frédéric par son père, et femme d'UDALISLAS, marquis de Moravie, fils de Wenceslas III, roi de Bohême, prétendit aux duchés d'Autriche et de Styrie, comme héritière, après la mort de son oncle, attendu que ces fiefs étaient nuement féminins. Ses tantes, sœurs de Frédéric, desquelles on a parlé ci-dessus, voulurent lui disputer cet héritage; mais l'empereur Frédéric, jaloux de s'approprier une si riche succession, la mit en séquestre, et en confia le gouvernement, au nom de l'empire, à Otton, comte d'Eberstein. Uladislas n'en poursuivit pas avec moins d'ardeur les droits de sa femme. Les conjonctures étaient favorables. Le comte d'Eberstein, abandonné en quelque sorte par l'empereur, que les troubles de l'Italie avaient obligé d'y transporter toutes ses forces, ne put empêcher Udalislas de subjuguer l'Autriche. Mais celui-ci mourut sans enfants l'an 1247. Alors HERMAN VI, margrave de Bade, neveu, par sa mère, de la duchesse de Bavière, engagea sa tante à demander pour lui Gertrude en mariage, et l'obtint sans difficulté. A la faveur de cette alliance, il se mit en possession de l'Autriche, dont il reçut l'investiture de l'anti-césar Guillaume, roi des Romains, à la recommandation du pape Innocent IV. Les partisans que l'empereur Frédéric avait en Autriche, refusèrent au nouveau duc l'obéissance, et furent appuyés par les princes voisins. Herman prouva qu'il était capable de faire tête à ses ennemis. Mais la mort l'enleva le 4 octobre 1250. De son mariage, il laissa un fils d'un an, nommé Frédéric, qui périt, avec l'infortuné Conradin, sur un échafaud à Naples l'an 1268; et une fille, nommée Agnès, qui devint femme de Meinhard, ou Mainard, comte de Tyrol.

Otton, duc de Bavière, ayant appris la mort d'Herman, envoya son fils, Louis, avec une armée en Autriche, dont il conquit rapidement la meilleure partie. Les états de la province s'assemblèrent à Crems, où l'on prit la résolution d'envoyer une députation à Meissen, pour offrir le duché au margrave de Misnie, ou à l'un de ses fils. Mais les députés s'étant arrêtés sur leur route à Prague, le roi Wenceslas, dont ils furent magnifiquement reçus, les empêcha d'aller plus loin, et les pressa d'accepter pour duc son fils Ottocare, ou Przémislas-Ottocare, marquis de Moravie.

Cependant Gertrude avait contracté une troisième alliance avec Romain, fils d'un prince de Russie; mais incapable de défendre l'héritage de sa femme, il la laissa enceinte d'une fille, et retourna dans son pays pour ne plus revenir en Autriche. Le marquis de Moravie, arrivé dans ce duché, chassa Gertrude, qui se retira à Meissein chez Constance, sa tante, d'où elle alla ensuite finir ses jours dans un cloître. OTTOCARE, après l'expulsion de Gertrude, chercha, pour colorer son usurpation, à s'allier avec Marguerite, fille de Léopold, duc d'Autriche, veuve, pour lors, de Henri, roi des Romains. Elle y consentit, quoique fort âgée, et le mariage se fit à Hainbourg l'an 1252. Ce ne fut néanmoins qu'avec peine qu'il obtint le duché d'Autriche, que Béla, roi de Hongrie dévastait depuis deux ans. La Styrie, qui était pareillement en proie aux ravages de ce dernier, demandait pour son souverain le duc de Bavière; mais le Hongrois s'opposait à ce vœu. On en vint à un traité, par lequel Béla eut la Styrie, et Ottocare fut maintenu dans le duché d'Autriche.

L'an 1257, Przémislas-Ottocare, sans déclaration de guerre, fait une irruption subite dans la basse Bavière. Surpris de cet acte d'hostilité, le duc Henri fait venir à son secours, Louis, son frère, comte palatin. Leurs forces réunies obligent l'ennemi à se retirer avec une perte considérable.

Ottocare avait toujours à cœur la cession qu'il avait faite de la Styrie. L'an 1260, il fit éclater son regret en conduisant une armée de cent mille hommes en Hongrie. Béla, qui avait prévu son dessein, lui en opposa une plus forte. Les Hongrois furent néanmoins battus au mois de juillet, et le prix de la victoire fut la Styrie, qu'ils furent obligés de rendre.

L'an 1261, dégoûté de Marguerite, sa femme, et ne pouvant plus la souffrir, Ottocare demande au pape la permission de s'en séparer et de contracter un autre mariage. Malgré le refus qu'il essuie, il relègue Marguerite à Crems, et épouse Cunégonde, nièce de Béla IV, roi de Hongrie.

Le roi de Bohême hérita, l'an 1269, de la Carinthie, par le testament du dernier duc, Ulric III, qui, n'ayant point d'enfants, lui fit ce legs en 1268, au préjudice de Philippe, son frère. Celui-ci, après quelques efforts impuissants pour empêcher l'effet du testament, est forcé de se contenter d'une pension viagère. (*Voy.* Philippe, *duc de Carinthie.*)

Ottocare, l'an 1271, porte la guerre en Hongrie, où il fait la conquête de plusieurs places. Etienne, roi de Hongrie, lui rend la pareille dans les incursions qu'il fait en Autriche et en Moravie. Les hostilités réciproques cessent au bout de deux années, sans aucun avantage ni pour l'une ni pour l'autre des parties. L'empire, cependant, était sans chef depuis environ deux ans. Les grands de la nation germanique, touchés des maux qu'entraînait cette vacance du trône impérial, jettent les yeux sur Ottocare pour le remplir. Il rejette avec dédain l'offre qui lui en est faite, satisfait de ses vastes domaines, qui s'étendaient depuis la mer Baltique jusqu'à la mer Adriatique. Enfin RODOLPHE ou Rodolfe (IIe. du nom dans la généalogie de sa maison) landgrave d'Alsace, comte de Habsbourg, et de Kibourg en Suisse, avec leurs dépendances, qui faisaient une grande partie de cette contrée (1), est élu roi des Romains,

---

(1) La maison de Rodolphe tirait son origine d'ADALRIC, ou ATHIC, plus connu sous le nom tudesque d'ETHICON, duc d'Alsace, mort vers l'an 690. (*Voyez* les ducs d'Alsace.)

ADALBERT, fils aîné d'Ethicon, et son successeur au duché d'Alsace, mourut l'an 722. Il avait un frère puîné, nommé comme son père, d'où l'on fait descendre la maison de Lorraine. (*Ibid.*)

LUITFRID I, fils aîné d'Adalbert, lui ayant succédé au duché d'Alsace, mourut avant l'an 769.

LUITFRID II, fils puîné de Luitfrid I, mourut, vers l'an 800, avec le titre de comte de Sundgaw. (*Voyez* Luitfrid, *duc d'Alsace*; et Luitfrid I, *comte de Sundgaw.*)

HUGUES, fils puîné du duc Luitfrid II, et son successeur au comté de Sundgaw, mourut l'an 837.

LUITFRID III, fils puîné de Hugues, lui ayant succédé au comté de Sundgaw, mourut en 864.

LUITFRID IV, second fils de Luitfrid III, et comte, après lui, de Sundgaw, mourut vers l'an 910.

LUITFRID V, second fils de Luitfrid IV, était comte de Sundgaw en

le 1er. octobre 1273, par Louis *le Sévère*, électeur palatin, entre les mains duquel tous les autres électeurs et princes, qui étaient présents, avaient compromis. Rodolphe faisait le siége de la ville de Bâle, révoltée, lorsqu'il apprit son élection. A cette nouvelle, il part et se rend en diligence à Francfort, où il est reçu avec applaudissement de toute l'assemblée. Ottocare, dont il avait été maréchal, c'est-à-dire préfet de ses écuries, fut le seul des princes qui refusa de rendre hommage à sa nouvelle dignité. Rodolphe lui avait rendu néanmoins des services importants dans la guerre qu'il avait eue avec la Hongrie. Le nouveau césar ayant convoqué une diète à Augsbourg, y fit

---

912 et 925. Il eut deux fils, Luitfrid VI, son successeur en Sundgaw, et Gontran, qui suit.

GONTRAN, dit *le Riche*, deuxième fils de Luitfrid V, était comte en Argeu, dans la Suisse, et possesseur de terres considérables en Alsace et en Brisgaw. Il laissa un fils, qui suit.

KANZELIN, ou LANTOLD, fils de Gontran *le Riche*, et comte d'Altenbourg, mourut le 25 mai 990.

RADEBOTON, second fils de Kanzelin, mourut le 30 juin de l'année 1027.

WERNER I, dit *le Pieux*, troisième fils de Radeboton, fut le premier comte de Habsbourg, en Argeu, dont le château avait été fondé par Werner, son oncle, évêque de Strasbourg. Il mourut le 11 novembre 1096.

OTTON, successeur de Werner I, son père, au comté de Habsbourg, et landgrave d'Alsace, fut tué le 8 novembre 1111.

WERNER II, fils aîné d'Otton, et son successeur au comté de Habsbourg et d'Adalbert, son oncle, au landgraviat d'Alsace, vivait encore le 23 avril 1167.

ADALBERT, ou ALBERT, dit *le Riche*, successeur de Werner, son père, au comté de Habsbourg et au landgraviat d'Alsace, mourut le 25 novembre 1199.

RODOLPHE I, dit *l'Ancien* et *le Paisible*, fils aîné d'Adalbert, ou d'Albert I, et son successeur au comté de Habsbourg, comme au landgraviat d'Alsace, mourut en 1232.

ALBERT II, dit *le Sage*, fils aîné de Rodolphe I, et son successeur, mourut en Syrie vers l'an 1240. De son mariage avec HEDWIGE, fille d'Ulric, comte de Kibourg, il eut trois fils et trois filles. Les fils sont : Rodolphe, qui devint empereur, Ier. du nom ; Albert, chanoine de Bâle et de Strasbourg, mort le 1 janvier 1256, et Hartman : les filles, Elisabeth, femme de Frédéric, comte de Zollern et burgrave de Nuremberg ; Cunégonde ; et N..., qui fut dominicaine.

citer Ottocare, sur les plaintes que les états d'Autriche lui avaient portées de la tyrannie qu'il exerçait en ce pays. Le roi de Bohême, dédaignant d'assister à cette assemblée, y envoya ses ambassadeurs, qui, non contents de protester en son nom, contre l'élection de Rodolphe, se répandirent en propos outrageants contre sa personne. La diète, indignée, les chasse ignominieusement, déclare Ottocare rebelle à l'empire, et autorise Rodolphe à lever des troupes pour le poursuivre comme usurpateur de l'Autriche.

L'an 1275, le nouveau césar marche à la tête d'une armée contre Ottocare, après l'avoir inutilement sommé de se dessaisir de l'Autriche, de la Carinthie et de la Styrie. La fierté du roi de Bohême tombe à la vue des forces de l'empire prêtes à l'écraser. Dans la crainte de perdre son patrimoine, il consent de rendre les provinces qu'il y a réunies. La paix qui suit cet accommodement, est cimenté par un double mariage entre les enfants d'Ottocare et ceux de Rodolphe; mais elle n'en fut pas plus durable. Le roi de Bohême, à l'instigation de sa femme, recommence la guerre en 1278. Bataille donnée entre lui et Rodolphe, le 26 août de cette année, près de Marchfeld, sur la rivière de March, au-delà du Danube. Ottocare y périt. Wenceslas, son fils aîné, travaille en diligence à s'accommoder avec l'empereur. Le vainqueur se met incontinent en route, pour aller mettre la main sur les trésors d'Ottocare, renfermés dans le château de Prague, et s'emparer même de ses états; mais il est arrêté par l'opposition d'Otton, marquis de Brandebourg, nommé tuteur, par le feu roi, de Wenceslas, son fils aîné. Par le traité d'Iglau, qu'ils firent ensemble, Wenceslas obtint l'investiture de la Bohême et de la Moravie, en renonçant aux prétentions de son père. Rodolphe avait encore à satisfaire deux compétiteurs pour l'Autriche, savoir, Mainard, comte de Tyrol, époux d'Agnès, sœur de Frédéric de Bade, duc d'Autriche, décapité, en 1268, avec Conradin, dernier rejeton de la maison de Suabe, et Henri *l'Illustre*, margrave de Misnie, qui avait épousé la princesse Constance, sœur de Frédéric *le Belliqueux*, dernier duc d'Autriche de la maison de Bamberg. Le premier obtint, pour compensation de ses droits, le duché de Carinthie avec la Marche de Tarvis, et stipula en même tems le mariage de sa fille Elisabeth avec Albert, à qui Rodolphe, son père, destinait l'Autriche. L'empereur s'accommoda avec le second, en lui engageant la ville impériale de Mulhausen en Thuringe, et lui confirmant la possession de la province domaniale, appelée le pays de la Pleisse, qui comprenait la plus grande partie de la principauté d'Altenbourg. Ces arrangements faits, l'empereur demande à la diète d'Augsbourg, son agrément pour conférer à ses deux fils, Albert et Rodolphe, les duchés d'Autriche, de Styrie, et la seigneurie de Carniole; ce qui lui fut accordé par acclamation. (*Voy.* ci-dessus *les landgraves de la haute Alsace.*)

L'empereur Rodolphe termina ses jours, comme on l'a dit ci-devant, en 1291. On a donné les noms de ses deux femmes, les dates de leurs mariages et celles de leurs morts, sur quoi nous n'avons rien à corriger; mais ce qu'on a dit sur le nombre de ses enfants et sur celle de ses deux femmes à laquelle chacun d'eux appartient, a besoin de quelque correctif. M. Pfeffel en compte quatorze, et M. le baron de Zurlauben, seulement dix, qu'il fait tous sortir du premier lit. Ce sont, 1°. Albert, qui suit; 2°. Hartman, comte de Habsbourg et de Kibourg, landgrave d'Alsace, qui se noya, le 20 décembre 1282; 3°. Rodolphe, duc d'Autriche et de Styrie, comte de Habsbourg, landgrave d'Alsace, mort l'an 1290, (*voyez* son article); 4°. Charles, mort enfant ; 5°. Mathilde, femme de Louis *le Sévère*, comte palatin du Rhin, et duc de Bavière, morte en 1323, (et non 1303); 6°. Catherine, mariée, en 1276, à Otton, quatrième fils d'Albert II, duc de Saxe, morte en 1285; 7°. Agnès, mariée, en 1273, à Albert II, duc de Saxe, dont on vient de parler, morte en 1322; 8°. Hedwige, femme, 1°. de Henri, duc de Breslaw, 2°. d'Otton, marquis de Brandebourg, morte en 1303; 9°. Judith, femme de Wenceslas IV, roi de Bohême, décédée en 1297; 10°. Clémence, mariée à Charles-Martel, roi de Hongrie.

DUCS D'AUTRICHE ET DE STYRIE,

DE LA MAISON DE HABSBOURG.

ALBERT I.

1282. ALBERT I (IIIe. du nom dans la généalogie de sa maison), fils aîné de l'empereur Rodolphe, fut investi, avec Rodolphe, son frère, des duchés d'Autriche, de Styrie, de Carinthie et de la Carniole, le 27 décembre 1282, à la diète d'Augsbourg; après quoi, il se rendit, au commencement de l'année suivante, en Autriche, où il fut reçu avec de grandes acclamations. L'un de ses premiers soins fut de recouvrer les portions de l'Autriche qui en avaient été distraites. Albert, duc de Saxe, avait obtenu, par engagement, la haute Autriche, et Otton, son fils, avait reçu quelques villes situées sur les bords de l'Inn, pour la dot de Catherine, sa femme, sœur d'Albert d'Autriche. Mais l'empereur Rodolphe, pour punir le duc de Saxe d'avoir eu part aux troubles excités par Ottocare, l'avait condamné à rendre les terres de son engagement, avec perte de la somme qui en était le prix; et Catherine étant morte, l'an 1285 ou 1286 (n. st.), sans enfants, sa dot, suivant son contrat de mariage, devait retourner à sa maison. Le duc d'Autriche somme vainement le père et le fils de lui faire droit sur ces deux objets. La guerre, en conséquence, leur fut déclarée. L'archevêque de Salzbourg et le duc d'Autriche s'étant confédérés, rassemblèrent leurs troupes auprès de Wels en haute Autriche. Le duc de Saxe, de son côté, divisa les siennes en deux corps, dont il donna l'un à son fils Otton, pour entrer dans l'Autriche, et conduisit l'autre à la rencontre de l'ennemi. Mais ce grand appareil du saxon ne fut qu'une bravade, que la vue du danger auquel il s'exposait ne tarda pas à réprimer. Ce fut Mainart, comte de Tyrol, qui le lui fit apercevoir, et par sa médiation, Albert de Saxe consentit à rendre la dot de sa bru avec cent marcs d'argent pour les frais de la guerre, en attendant que l'électeur palatin, choisi pour arbitre de la question de droit sur la restitution de la haute Autriche, eût rendu son jugement. L'électeur prononça en faveur d'Albert d'Autriche, qui par là devint pleinement possesseur de son duché. L'an 1289, il entra dans la Hongrie, à main armée, pour se venger des incursions qu'un comte, nommé Ivan, avait faites dans l'Autriche. Il y prit quelques places, et échoua devant d'autres qu'il assiégea. De retour de cette expédition la même année, il fut attaqué par Rodolphe, archevêque de Salzbourg, qui revendiquait, comme appartenantes à son église, quelques terres de l'Autriche, qu'Albert s'était appropriées à titre de fiefs vacants. La mort du prélat, arrivée l'année suivante, mit fin aux hostilités. (*Fast. Campilienses*, pag. 1180-1182.)

L'an 1291, après la mort de l'empereur Rodolphe, la ville de Vienne se révolte contre Albert et lui ferme ses portes. Le duc la réduit, au bout de quelques mois, en lui coupant les vivres. Albert, l'an 1292, concourt, avec Adolphe de Nassau, pour l'empire, et n'épargne ni sollicitations ni argent pour acquérir les suffrages des électeurs. Mais sa hauteur, sa puissance qui donnait de l'ombrage aux électeurs, et son empressement, trop marqué, de monter sur le trône, l'en firent exclure. Peu de tems après, il reçoit d'Adolphe, à Oppenheim, une nouvelle investiture de l'Autriche, avec la confirmation de tous les priviléges que les empereurs précédents avaient accumulés sur ce duché. Albert, la même année, conduit une armée contre l'évêque de Constance, qui avait fait, de concert avec les Zuricois, des usurpations dans les terres d'Alsace et de Suabe. Les premières hostilités furent suivies d'un traité de paix, qui fit rentrer dans la main d'Albert ce qui lui avait été enlevé. L'an 1294, des salines qu'il avait établies dans la vallée de Rucheln, près de celles de l'archevêque de Salzbourg, occasionent des plaintes et des menaces de la part de ce prélat. Albert n'en tient compte. L'empereur Adolphe, prenant le parti de l'archevêque, ordonne au duc de détruire ses salines, et n'est pas plus écouté. Albert, pour se maintenir dans son refus, fait alliance avec Philippe le Bel, roi de France, ennemi déclaré d'Adolphe. L'archevêque, de son côté, travaille à soulever les Autrichiens et les Styriens contre leur duc. En 1295, au commencement de novembre, Albert, au retour des noces d'Anne, sa fille, avec Herman *le Long*, marquis de Brandebourg, est empoisonné dans un repas à Vienne. Il s'en tire avec la perte d'un œil. Cependant, au bruit qui se répandit de sa mort, l'archevêque de Salzbourg, ayant assemblé des troupes, détruit les salines d'Albert avec la petite ville de Tronau, qui rendait à ce duc trois mille marcs par an. Albert, après le rétablissement de sa santé, ne tarda pas à se venger de cette levée de bouclier. La paix se fit enfin, l'an 1297, entre lui et le prélat. Albert revenait alors de Prague, où il avait assisté le jour de la Pentecôte, avec les électeurs de Saxe et de Brandebourg, au couronnement de Gutte, ou Judith, sa sœur, et de Wenceslas IV, roi de Bohême, son époux. Ce fut, comme on l'a déjà dit ailleurs, aux fêtes qui suivirent cette cérémonie, dont Gérard d'Eppenstein, archevêque de Mayence, avait été le ministre, que fut concertée la déposition de l'empereur Adolphe entre ces princes et le prélat. Le roi de Bohême se déclara chef de ce noir complot, et l'on y mit la dernière main dans une assemblée secrète des ligués, qui se tint à Chadam. L'an 1298, nouvelle assemblée à Vienne des électeurs et des princes ligués contre Adolphe. Ils arrêtent définitivement le projet de déposer ce prince et de porter le duc d'Autriche sur le trône. Ce dernier leur assure d'avance le prix de la lâche complaisance qu'il attendait d'eux. La révolte éclate. Les électeurs de Mayence, de Saxe et de Brandebourg, avec les ambassadeurs du roi de Bohême et de l'électeur de Cologne, s'assemblent à Mayence. Adolphe y est solennellement déposé le 23 juin, et le duc d'Autriche élu en sa place. Bataille entre ces deux rivaux, donnée, le 2 juillet suivant, à Gelheim, près de Worms. Adolphe y perd la vie, et laisse Albert en pleine jouissance du trône impérial. Albert, durant son règne, ne fut occupé que de projets d'agrandissement pour sa maison. Il voulut, mais en vain, réunir la Hollande, l'an 1299, à ses états patrimoniaux, après la mort du comte Jean I, décédé sans laisser de lignée. L'an 1308, il échoua pareillement dans le dessein qu'il avait d'envahir la Thuringe et la Misnie. Le projet qu'il se mit en tête d'asservir une partie des Helvétiens lui fut encore plus funeste. Il trouva la mort dans cette expédition, ayant été assassiné le 1er. mai 1308, à l'âge de soixante ans, en passant la Reuss dans un bateau près de Windisch, par Jean d'Autriche, son neveu, fils de Rodolphe, son frère, landgrave d'Alsace, et quelques gentilshommes qui s'étaient joints à lui. Ce fut l'avarice d'Albert qui occasiona cet attentat. Jean, son neveu, dont il était devenu tuteur après la mort de Rodolphe, son frère, arrivée le 27 avril 1290, étant parvenu à l'âge de majorité, ne cessait de lui redemander son patrimoine. Ne pouvant obtenir cette justice, le désespoir où le jeta ce refus persévérant, en fit un parricide. Jean d'Autriche et ses complices (à l'exception d'un seul qui fut roué vif) échappèrent, par la fuite, à la vengeance d'Agnès, fille d'Albert et reine de Hongrie, qui se dédommagea cruellement sur les familles innocentes de ces assassins. (Jean d'Autriche finit ses jours à Pise, le 13 avril 1313, dans un monastère où l'empereur Henri VII l'avait fait enfermer; et Walter d'Eschenbach, l'un de ses complices, passa trente-cinq ans à garder les bœufs pour n'être point reconnu.) Albert avait épousé, l'an 1283, ELISABETH, fille de Mainart, duc de Carinthie et comte de Tyrol, décédée le 28 octobre 1313, dont il eut vingt et un enfants, parmi lesquels on distingue six fils et cinq filles. Ceux-là sont, 1°. Rodolfe, né l'an 1284, roi de Bohême en 1306, mort de la dysenterie le 4 juillet 1307, sans laisser de postérité de ses deux femmes, Blanche, fille de Philippe le Hardi, roi de France, mariée l'an 1300, morte en 1306, et Elisabeth de Pologne, veuve de Wenceslas IV, roi de Bohême; 2°. Frédéric I, qui suit; 3°. Léopold, dit *le Glorieux*, mort à Strasbourg le 28 février 1326, à trente-neuf ans, laissant de sa femme Catherine, fille d'Amédée V, comte de Savoie, qu'il avait épousée en 1305, deux filles, Catherine, femme d'Enguerrand de Couci, puis de Conrad de Magdebourg, en Autriche, et Agnès, mariée, en 1338, à Boleslas IV, duc de Schweidnitz, en Silésie, morte le 1er. février 1392; 4°. Albert, qui viendra ci-après; 5°. Henri, dit *le Paisible*, mort, le 3 février 1327, sans lignée de sa femme Elisabeth, fille de Rupert, comte de Wurtzbourg, morte en 1343; 6°. Otton, dit *le Hardi*, ou *le Joyeux*, mort le 17 février 1339, ayant épousé, 1°. l'an 1312, Elisabeth, fille d'Etienne duc de la basse Bavière, morte le 31 mars 1331; 2°. en 1335, Anne, fille de Jean, roi de Bohême, morte le 3 septembre 1338. Il eut deux fils de sa première femme (1) : Léopold, mort en 1344, et Frédéric, mort la même année. Les filles d'Albert sont, 1°. Agnès, mariée, en 1296, avec André III, roi de Hongrie ; 2°. Élisabeth, femme de Ferri IV, duc de Lorraine ; 3°. Anne, mariée, 1°. à Herman, margrave de Brandebourg, mort en 1308, 2°. en 1318, à Henri IV, duc de Breslaw, mort en 1335 ; 4°. Gutta, ou Judith, mariée, en 1315, à Louis, comte d'Oettingen, morte le 19 mars 1329 ; 5°. Catherine, laquelle épousa, l'an 1313, Charles, duc de Calabre, fils de Robert, roi de Naples, décédée le 15 janvier 1323. (Voy. *l'empereur Albert I.*)

FREDERIC I, DIT LE BEAU.

1308. FRÉDÉRIC, second fils d'Albert I, né l'an 1290, lui succéda au duché d'Autriche, ainsi qu'au comté de Habsbourg et au duché de Styrie. Il se mit aussi sur les rangs pour lui succéder à l'empire ; mais le souvenir des mauvaises qualités du père, et le ressentiment des maux que son avarice avait causés à l'Allemagne, l'emportèrent, dans l'esprit des électeurs, sur les espérances que donnait le caractère aimable et généreux du fils, et Henri de Luxembourg lui fut préféré. Ce même Henri, ayant investi, l'an 1310, Jean, son fils, du royaume de Bohême, fait sommer le duc d'Autriche de restituer son duché à ce nouveau roi, qui le réclamait en vertu de l'investiture que le roi Richard en avait donnée au roi Ottocare, aïeul de sa femme. Mais Frédéric répond fièrement que le duché d'Autriche avait coûté, depuis cinquante ans, la vie à cinq princes souverains qui l'avaient attaqué, et que Henri pourrait bien être le sixième, s'il osait l'inquiéter. Une transaction termina ce différent. Frédéric et ses frères promirent au roi des Romains, de l'assister dans ses entreprises, contre le duc de Carinthie et contre le margrave de Misnie, comme aussi de le suivre dans l'expédition d'Italie qu'il méditait. A ces conditions, Frédéric et ses frères reçurent, du consentement de la diète, où cet acte fut passé, l'investiture de leurs biens patrimoniaux. (Pfeffel.) L'an 1313, après la mort de l'empereur Henri, Frédéric brigua de nouveau l'empire, et eut pour concurrent Louis, duc de Bavière. Rodolfe, électeur palatin, frère de Louis, et son ennemi déclaré, se mit

---

(1) L'ancienne édition porte qu'il ne laissa point d'enfants. Mais on peut voir, pour cette erreur, l'Histoire de la maison d'Autriche, par William Coxe, tome I, pp. 201, 207, et Hubner, tome I, tab. 125. (*Note de l'Editeur.*)

à la tête de la faction autrichienne ; et, ayant assemblé à Sachsenhausen, près de Francfort, l'électeur de Saxe, Henri, duc de Carinthie, ancien roi de Bohême, et Henri, margrave de Brandebourg, frère de l'électeur, il fait élire le duc d'Autriche roi des Romains, le 19 octobre. Mais le lendemain, Louis de Bavière est élevé, dans Francfort, à la même dignité, par les autres princes qui avaient droit de suffrage. (Voyez *les empereurs.*) L'an 1315, Frédéric est mis au ban de l'empire, avec ses frères, dans la diète de Nuremberg. La guerre commence alors entre les deux rivaux. Frédéric et ses frères ayant mis le siége devant la ville impériale d'Eslingen en Suabe, pour s'assurer d'un poste sur le Nècre, Louis de Bavière vole au secours de la place, et les force, après les avoir battus, de lever le siége. L'an 1322, les mêmes compétiteurs se livrent, le 28 septembre, une nouvelle bataille en Bavière, près d'Ampfingen, à quelques lieues de Muldorff sur l'Inn. Frédéric, l'ayant perdue, y est fait prisonnier avec Henri, son frère. Le premier est conduit au château de Trausnitz, dans le haut Palatinat, et le second remis entre les mains de Jean de Luxembourg, roi de Bohême, qui avait combattu pour Louis à cette journée. Frédéric, l'an 1325, est remis en liberté à deux conditions, signées de sa main : 1°. qu'il renoncera à la dignité de roi des Romains; 2°. que lui et ses frères restitueront à l'empire tous les pays, villes et territoires immédiats qu'ils possédaient sans en être formellement investis. Léopold et les autres frères de Frédéric s'opposent à l'article de cette convention, qui les concerne, et obtiennent du pape Jean XXII la cassation du traité de Frédéric avec Louis, comme ayant été extorqué par la crainte et la force. Frédéric, ne pouvant s'acquitter de sa parole, se constitue lui-même de nouveau prisonnier de son rival. Louis, désarmé par cette générosité, fait à Munich, le 5 septembre, avec le duc d'Autriche, un autre traité moins onéreux que le premier. Par celui-ci, ils conviennent de gouverner ensemble l'empire ; mais les électeurs et les états trouvèrent tant de difficultés dans l'exécution de cet accommodement, qui leur donnait deux chefs, qu'on fut obligé de l'abandonner. Frédéric, les ayant senties lui-même, se contenta, pour le bien de la paix, du titre de roi des Romains, dont il ne fit usage qu'en quelques occasions rares et de peu d'importance, et de quelques droits honorifiques, desquels il jouit jusqu'à sa mort, arrivée le 13 janvier 1330, au château de Guttenstein, dans le territoire de Vienne. Quelques écrivains prétendent qu'il mourut de poison. Quoi qu'il en soit, la chartreuse de Maurbach, dont il était le fondateur, fut le lieu de sa sépulture. Il avait épousé, l'an 1315, ISABELLE, fille de Jacques, roi d'Aragon, morte le 20 juillet 1330. Cette princesse, vrai modèle d'amour conjugal, vécut dans le plus grand deuil pendant la prison de son époux, et, après sa mort, elle le pleura tant qu'elle en perdit la vue. De leur mariage, ils eurent deux fils morts en bas âge, et deux filles, Anne, mariée à Louis, dit *le Romain*, électeur de Brandebourg, fils de l'empereur Louis de Bavière, et Elisabeth, morte le 23 octobre 1336. (*Voy.* l'article de l'empereur Frédéric III.)

ALBERT II, DIT LE SAGE ET LE CONTRACT, ET OTTON, DUC D'AUTRICHE, DE CARINTHIE, etc.

1330. ALBERT II, quatrième fils d'Albert I, et d'Elisabeth de Tyrol, né au château de Habsbourg, destiné à l'état ecclésiastique par son père, fut d'abord pourvu d'un canonicat à Passaw, et ensuite ordonné sous-diacre. Mais ses frères aînés étant morts sans postérité mâle, il leur succéda avec OTTON, son frère, dit *le Joyeux* et *le Hardi*, l'an 1330, au duché d'Autriche et de Styrie, et obtint, peu de tems après, dispense pour se marier (1). Albert était contrefait et avait tous les membres rétrécis, ce qu'on attribuait à du poison qu'on prétendait lui avoir été donné au sortir de l'enfance ; mais cet accident n'altéra point les facultés de son âme. Malgré ses infirmités, il montra tant d'habileté, de prudence et d'équité dans toute sa conduite, qu'il en mérita le surnom de *Sage*. L'attachement d'Albert et d'Otton, son frère, pour l'empereur Louis de Bavière, les avait rendus ennemis de Jean de Luxembourg, roi de Bohême. Ce prince, après avoir battu Frédéric, duc de Thuringe et marquis de Misnie, tourna ses armes, l'an 1331, contre les ducs d'Autriche. Otton, le seul capable d'agir en campagne, était préparé à le recevoir. Il avait reçu de l'empereur un corps de troupes hongroises et polonaises qu'il envoya dans la Bohême pour faire diversion. Mais l'irruption du roi Jean dans l'Autriche, l'obligea bientôt de les rappeler. Il n'en tira aucun avantage, parce que, s'étant soulevées, elles reprirent la route de leur pays. Otton, forcé par cette retraite d'aller se retrancher sous Vienne, sa capitale, laissa au roi de Bohême

---

(1) C'est à tort que les Bénédictins, d'après le P. Barre et plusieurs autres historiens, placent le mariage d'Albert II après la mort de ses frères aînés. La date de ce mariage, rapportée plus bas, rectifie cette erreur. (*Note de l'Editeur.*)

la liberté de ravager le pays, où il prit environ quarante châteaux, dont il donna le pillage à ses soldats. (Dubrav., liv. 21.)

L'an 1336, après la mort de Henri, duc de Carinthie, Albert et Otton, son frère, se font adjuger la Carinthie par l'empereur Louis de Bavière, contre Marguerite Maultasch, fille de Henri. Otton étant mort le 16 février 1339, Albert prit soin de ses deux fils, Frédéric et Léopold, qu'il laissait en bas âge, et les associa à ses duchés. Mais ils suivirent d'assez près leur père au tombeau. (Leur mère Elisabeth, de la maison de Bavière, y avait précédé son époux le 31 mars 1331; Anne, fille de Jean, roi de Bohême, seconde femme d'Otton, finit ses jours, sans lui avoir donné d'enfants, le 3 septembre 1338.) L'an 1348, Albert obtint, le 28 mai, de Charles IV, nouvel empereur, des lettres par lesquelles ce prince lui confirmait et à ses fils, les droits qu'ils avaient à leurs duchés (1). Albert finit ses jours à Vienne le 20 juillet 1358, à l'âge de soixante-dix ans, et fut inhumé à la chartreuse de Gemnitz, en Autriche, qu'il avait fondée avec JEANNE, fille et héritière d'Ulric IV, comte de Ferrette. Cette princesse, qu'il avait épousée l'an 1324, mourut le 15 novembre 1351, et fut enterrée dans la même église. De ce mariage, il laissa quatre fils et deux filles. Les fils sont Rodolfe, qui suit; Frédéric, Albert et Léopold : les filles, Marguerite, alliée, 1°. l'an 1363, à Mainard, comte de Tyrol, mort la même année; 2°. à Jean-Henri, marquis de Moravie, frère de l'empereur Charles IV, morte le 14 janvier 1366, et inhumée à Brinn, dans l'église des Augustins; et Catherine, abbesse de Sainte-Claire de Vienne, décédée le 10 janvier 1381.

L'auteur de l'*état et des délices de la Suisse* atteste qu'on conserve au trésor de l'abbaye de Muri le cor de chasse d'Albert *le Sage*, qu'on croit être une dent d'éléphant. L'inscription latine dont cet instrument est chargé, fait connaître le prince auquel il avait appartenu (2).

---

(1) Une époque des plus remarquables du règne d'Albert II, et que les Bénédictins ont passée sous silence, c'est la guerre infructueuse qu'il fit aux Suisses. On en peut voir les détails intéressants dans Will. Coxe, tome I, pp. 207 à 218. (*Note de l'Editeur.*)

(2) Il y a erreur dans ce fait; et l'on a confondu Albert le Sage, archiduc d'Autriche, avec Albert le Riche, comte de Habsbourg, qui a fait présent de ce cor de chasse à l'abbaye de Muri, et l'inscription latine dont il est ici mention rétablit ce fait. La voici :

NOTUM SIT OMNIBUS *cornu Istud. Aspicientibus. quod. comes. Albertus. Alsaliensis, landgravis de Habispurc, Natus. Sacris. Reliquiis. Cornu. Istud. Ditavit. Hec. Acta. sunt. anno. MCXCVIIII.* (*Note de l'Editeur.*)

RODOLFE IV, DIT L'INGÉNIEUX, DUC D'AUTRICHE ET DE CARINTHIE.

1358. RODOLFE, fils aîné d'Albert *le Sage*, lui succéda aux duchés d'Autriche et de Carinthie conjointement avec ses trois frères, FRÉDÉRIC, ALBERT et LÉOPOLD. Ces princes furent les premiers qui portèrent le titre d'archiducs, sans que néanmoins aucun de leurs états eut le titre d'archiduché. L'an 1359, Rodolfe transigea, le 18 août, avec Louis de Bavière, mari de Marguerite Maultasch, comtesse de Tyrol ; et, pour affermir entre eux la concorde, il traita du mariage de Marguerite, sa sœur, avec Mainard, fils de Louis. Dans l'acte qui en fut dressé, l'un et l'autre prirent le titre de duc de Carinthie. Louis de Bavière mourut le 13 septembre 1361, et son fils Mainard le suivit au tombeau le 13 janvier 1363, à l'âge de quatorze ans. Alors, Marguerite de Tyrol, sa mère, par acte passé le 26 janvier à Botzen, fit cession de ses droits sur le Tyrol et le comté de Goritz aux ducs Rodolfe, Albert et Léopold, dont le frère, Frédéric avait été tué à la chasse par le baron de Potendorf, le 10 décembre 1362. Albert IV, comte de Goërz, ayant légué, l'an 1364, aux ducs d'Autriche ses états, parmi lesquels se trouvaient quelques portions de la Carniole, ils furent totalement unis à l'Autriche, de même que l'Istrie et Moëttling, qui furent incorporés à la Carniole. (Busching.) Rodolfe ayant suivi l'empereur, son beau-père en Italie, finit lui-même ses jours à Milan, le 27 juillet 1365, à l'âge de vingt-deux ans, sans laisser de postérité de sa femme CATHERINE, fille de l'empereur Charles IV, et fut inhumé à Saint-Etienne de Vienne. Catherine lui survécut jusqu'en 1373.

ALBERT III, DIT LA TRESSE, ET LÉOPOLD II OU III, DIT LE PREUX.

1365. ALBERT III, dit LA TRESSE, et LÉOPOLD II ou III, son frère, dit LE PREUX, continuèrent, après la mort de Rodolfe, leur aîné, de gouverner en commun leurs états, dont la possession leur fut confirmée par l'empereur. L'an 1375, ils eurent une guerre très-vive à soutenir contre Enguerand VII, sire de Couci, en Picardie, lequel, au nom de Catherine, sa mère, petite-fille, par Léopold, son père, de l'empereur Albert I, et tante par conséquent d'Albert III et de Léopold III, répétaient des alleux répandus en Alsace, dans le Brisgaw et dans l'Argow, qui faisaient la dot de cette princesse, et dont ni elle ni son époux, non plus que ses enfants, n'avaient jamais joui.

Enguerand, avec une armée de quarante mille hommes, entra, au mois d'octobre, dans l'Alsace, d'où, après y avoir fait le ravage, il tourna vers la Suisse, dont l'entrée lui fut ouverte avec plus de facilité que la nature du terrain ne permettait de l'espérer. Mais Léopold, ayant fait alliance avec plusieurs cantons suisses, lui fit essuyer divers échecs qui amenèrent la paix, dont le traité fut signé le 13 janvier 1376. Les villes et seigneuries de Buren et de Nidau, que les deux frères avaient acquises, lui furent cédées pour la dot qu'il réclamait, mais à condition qu'ils pourraient y entretenir garnison ; au moyen de quoi, Enguerand se désista de toutes ses prétentions. (Voy. *les sires de Couci*.) Marguerite Maultasch étant morte le 25 septembre 1379, Albert et Léopold en vinrent à un partage. Le premier eut l'Autriche entière avec quelques villes dans la Styrie, dont le surplus échut au second avec la Carinthie et tous les domaines de sa maison, situés en Alsace, en Suabe et dans la Suisse. Nous n'avons rien de particulier sur Albert III, qui qui reviendra ci-après, jusqu'à la mort de son frère..

LE MÊME LÉOPOLD, *seul en Carinthie.*

1380. Léopold fit, le 20 septembre de cette année, un traité de défense mutuelle, pour la Carinthie et la Styrie, avec Lambert, évêque de Bamberg, qui possédait de grandes terres dans ces deux provinces. Léopold se brouilla, l'an 1383, avec les Suisses, pour avoir secouru, contre sa parole, le landgrave de Bourgogne, dans la guerre qu'il avait avec eux. Les cantons de Zurich, de Berne et de Zug, s'allièrent contre lui, en 1384, avec les villes impériales qui avaient aussi leurs griefs contre ce prince. Un péage qu'il établit, l'année suivante, à Rothenbourg, augmenta le nombre de ses ennemis. Les habitants, excités par ceux de Lucerne, auxquels cette nouveauté portait préjudice, se soulèvent, et, dans leur première fureur, démolissent les murs de leur ville et rasent le château. Léopold était pour lors en Carinthie. Ses lieutenants, pour venger cet affront, se jettent sur la ville de Richensée, qu'ils prennent d'assaut et renversent de fond en comble, après en avoir égorgé une partie des habitants et jeté l'autre dans le lac. Cette atrocité cause une indignation générale dans la Suisse. Sept cantons prennent les armes contre la maison d'Autriche. Léopold accourt à la défense de ses gens, que les Suisses harcèlent de toutes parts. Le 9 juillet 1386 (et non 1396, comme le marquent la Martinière et ses abréviateurs), bataille de Sempach, au canton de Lucerne, où treize cents suisses défont une armée de quatre mille autrichiens (1). Léopold y perd la vie avec un grand nombre de gentilshommes des premières maisons de l'Allemagne et de l'Argow. Son corps fut inhumé à Konigsfeld. De VIRIDE, fille de Bernabo Visconti, seigneur de Milan, qu'il avait épousée en octobre 1364 (morte en 1424), il laissa quatre fils, qui suivent; avec trois filles, dont la seconde, Marguerite, fut mariée à Jean de Luxembourg, fils de l'empereur Charles IV, et marquis de Moravie. (*Voy.* Léopold II, *landgrave de la haute Alsace.*)

GUILLAUME, LÉOPOLD, ERNEST, ET FRÉDÉRIC IV.

1386. GUILLAUME, dit L'AFFABLE, LÉOPOLD III ou IV, dit LE SUPERBE, ERNEST, dit DE FER, et FRÉDÉRIC IV, dit LE VIEUX, succédèrent à Léopold *le Preux*, leur père, dans ses états, qu'ils possédèrent par indivis, en laissant néanmoins à l'aîné la prééminence, que l'ordre de la naissance et l'âge de majorité, auquel il était déjà parvenu, lui assuraient. Guillaume, la même année, voulant se marier, porta ses vues sur Hedwige, héritière de la couronne de Pologne, qu'il alla trouver dans ce dessein. Au retour de ce voyage, qui n'eut pas le succès qu'il s'en était promis (2), il transporta, par un traité fait à Vienne le 8 octobre 1386, à son oncle Albert III, duc d'Autriche, du consentement de ses frères, le gouvernement de tous les domaines de la maison d'Autriche pour sa vie, à condition, 1°. qu'Albert pourvoirait au mariage de ses neveux; 2°. qu'après sa mort, le gouvernement de toutes les terres autrichiennes reviendrait à Guillaume, ou au plus ancien des agnats de la maison; 3°. que si Albert IV, fils aîné d'Albert III, voulait par force en venir à un partage, alors il n'aurait que l'héritage de son père. Le caractère hautain, jusqu'à la férocité, de Léopold lui avait mérité le surnom de *Superbe*. Bonincontrio lui impute, non sans fondement, le mauvais succès de l'expédition de l'empereur Robert en Italie, où il l'avait accompagné. Il avait été fait prisonnier, le 17 octobre 1401, dans un combat, par Charles Malatesta, seigneur de Rimini, qui l'avait emmené à Brescia. Trois jours après, l'empereur, avec un éton-

---

(1) On voit leurs noms et leurs armes dans une église qui a été bâtie au-dessus de la ville, sur le champ de bataille, et à l'endroit où l'archiduc fut trouvé mort. Tous les ans, le 9 juillet, on fait en cet endroit des processions et des réjouissances en mémoire de cet événement, qui assura la liberté des Suisses.

(2) Voyez là-dessus le tome IV de l'*Histoire de l'ordre Teutonique*, par M. le baron de Wal, pp. 14 et suiv.

nement mêlé de joie, le vit reparaître sain et libre ; mais bientôt après, il apprit qu'il n'avait été relâché que sous la promesse de trahir les Allemands. Léopold voulut en effet tenir sa parole ; mais n'y ayant point réussi, de honte et de dépit il s'en retourna en Autriche avec ses gens. Il y mourut, sans enfants, l'an 1411.

ALBERT III.

1387. ALBERT III, suivant l'arrangement fait avec ses neveux, prit en main l'administration de la Carinthie, ainsi que de tous les autres domaines de sa maison. L'un des premiers actes qu'il fit en qualité de gouverneur universel des terres autrichiennes, est la confirmation du traité de défense mutuelle, passé, l'an 1386, entre Léopold *le Preux* et Lambert, évêque de Bamberg. Elle est datée du samedi après la fête de sainte Dorothée (9 février 1387), et Albert s'y nomme duc d'Autriche, de Styrie, de Carinthie et de Carniole, comte de Tyrol, etc. La guerre durait cependant toujours entre sa maison et les Suisses. Quelques trèves mal observées l'avaient suspendue pendant quelque tems. Mais les hostilités recommencèrent avec fureur au commencement de l'année 1388. Les Autrichiens, dans le mois de février de cette année, s'étant emparés de Wesen par surprise, égorgèrent, avec sa garnison, le bailli de l'un des cantons, qui commandait dans la place. Mais, le 9 avril suivant, ayant attaqué avec une armée de quinze mille hommes, près de Nefels, trois cens quatre-vingts habitants de Glaris, ils furent défaits, avec perte, de deux mille six cents des leurs. D'autres échecs que les cantons leur firent essuyer, déterminèrent l'archiduc Albert à conclure, avec eux, une nouvelle trève pour sept ans, commencée au 1er. avril 1389. Celle-ci, plus religieusement observée, fut, à son expiration, prolongée pour douze ans, et ensuite pour cinquante. Le duc Albert mourut à Laxembourg, le 29 août 1395, et non pas l'année suivante, comme le prouve le P. Froélich. (*Archontol. Carinth.*, p. 116.) Il avait épousé, 1°. l'an 1366, ELISABETH, fille de l'empereur Charles IV, morte en 1373 ; 2°. l'an 1375, BÉATRIX, fille de Frédéric IV, burgrave de Nuremberg, morte vers l'an 1404, dont il eut Albert IV, qui suit.

LES MÊMES, GUILLAUME, LEOPOLD IV, ERNEST, DIT DE FER, FREDERIC IV, DIT LE VIEUX, AVEC ALBERT IV.

1395. GUILLAUME, fils de Léopold *le Preux*, succéda, comme le plus ancien agnat de sa maison, au duc Albert III, suivant les conventions faites entre eux, dans le gouvernement de tous les états de sa maison. Il eut aussi la tutelle d'ALBERT IV, son cousin, qui n'avait pas encore atteint l'âge de majorité. Ce jeune prince, né l'an 1377, était doué des plus rares qualités, qui le firent surnommer *la Merveille du monde*. Guillaume, lorsqu'Albert fut majeur, l'admit au gouvernement ainsi que ses frères. Car je trouve, dit le P. Froëlich, des actes rendus, tantôt au nom d'Albert seul, tantôt en celui de Léopold, tantôt en celui d'Ernest. Nous remarquerons seulement une charte du 11 juin 1399, par laquelle Guillaume et Albert IV renouvellent le pacte de défense mutuelle, pour la Carinthie, avec l'évêque de Bamberg. (Lunig, *Spicil. Ecclés.*, tom. II, pag. 54.) L'an 1400, Albert entreprit le voyage de la Terre-Sainte, malgré les représentations de sa mère et de son cousin. Ayant pris sa route par Venise, il s'y embarqua, et parvint heureusement en Palestine, où il se fit armer chevalier, dans l'église du Saint-Sépulcre, par le patriarche de Jérusalem. De retour en Autriche, il prit parti pour Josse, marquis de Moravie, dans la guerre que lui faisait Procope, son frère puîné, pour avoir sa part dans le marquisat. Sigismond, roi de Hongrie, ayant embrassé les mêmes intérêts, ils vinrent ensemble faire le siége de Znaïm, dont Procope s'était emparé. Albert y fut attaqué de la dysenterie, qui l'obligea de se faire porter à Closter-Neubourg, où il mourut le 27 août 1402, suivant Thomas Ebendorfer de Hasselbach, dans sa chronique d'Autriche. Son corps fut inhumé à Saint-Etienne de Vienne, dans le tombeau de ses ancêtres, qui se rouvrit, deux ans après, pour recevoir Béatrix, sa mère, décédée à Berchtoldorf. Il avait épousé JEANNE, fille d'Albert, duc de Bavière et comte de Hollande (morte vers l'an 1404), qui le fit père d'Albert V, qui viendra ci-après, et de Marguerite, femme de Henri *le Riche*, duc de Bavière.

GUILLAUME.

1402. GUILLAUME, après la mort d'Albert IV, prit la tutelle d'Albert V, fils de ce dernier, et continua de gouverner les pays autrichiens comme il avait fait jusqu'alors. Mais ce ne fut pas pour long-tems. Il mourut à Vienne, le 15 juillet (fête de la division des Apôtres) 1406, sans laisser de postérité de JEANNE, fille de Charles *le Petit*, roi de Naples, qu'il avait épousée en 1389, laquelle parvint, l'an 1419, à cette même couronne.

LEOPOLD IV, ET ERNEST.

1406. LÉOPOLD IV, et son frère ERNEST, dit *de Fer*, à

cause de sa force d'esprit et de corps, continuèrent, après la mort de Guillaume, leur aîné, la tutelle d'ALBERT V, qui n'était encore que dans sa dixième année. Mais bientôt la mésintelligence se mit entre ces deux frères. Elle produisit une guerre civile qui dura l'espace d'environ trois ans. La chronique de Vite d'Arnpech dit, que dans une occasion, Léopold fit trancher la tête à trente-six bourgeois de Vienne, qui avaient pris les armes contre lui. Ce prince mourut subitement à Vienne, le 3 mai 1411, à l'âge de quarante ans, sans laisser de lignée de sa femme CATHERINE, fille de Philippe *le Hardi*, duc de Bourgogne, morte à Grai-sur-Saône, le 26 janvier 1425 (v. st.), et inhumée à la Chartreuse de Dijon.

ALBERT V.

1411. ALBERT V, après la mort de Léopold IV, fut reconnu seul duc d'Autriche par les seigneurs du pays, le 6 juin 1411; ce qui mortifia ses cousins Ernest et Frédéric. Ce jeune prince montra, dès le commencement de son règne, un grand zèle pour la justice. Thomas de Haselbach raconte, sous l'an 1413, qu'un chevalier, fort chéri de ce prince, ayant falsifié un acte dans un procès qu'il avait, il le condamna, sans miséricorde, à la peine du feu. Il fit subir le même supplice, l'année suivante, à un de ses écuyers pour un pareil crime. L'an 1422, il épousa, dans l'octave de Pâques, à Vienne, la princesse ELISABETH, fille de l'empereur Sigismond, qui lui apporta en dot cinq villes de Moravie, pour lesquelles il avait néanmoins payé cent mille florins à son beau-père. Les incursions des Hussites lui donnèrent de l'exercice durant plusieurs années. Mais il veilla si bien à la défense de son pays, qu'ils ne purent jamais l'entamer. Sigismond, son beau-père, étant mort le 9 décembre 1437, il lui succéda au royaume de Bohême, et le 19 du même mois, il fut élu roi de Hongrie. Le 20 mars suivant, il parvint au trône impérial. Mais ce triple monarque ne jouit pas long-tems de sa bonne fortune, étant décédé le 27 octobre 1439. En mourant, il laissa son épouse enceinte d'un fils, qui suit. (*Voyez* Albert II, *empereur*.)

LADISLAS.

1440. LADISLAS, né posthume le 21 février 1440, héritier, par la mort d'Albert, son père, du duché d'Autriche, fut proclamé roi de Hongrie en naissant, et parvint, en 1454, à la couronne de Bohême. Ce prince mourut à Prague, le 23 novembre 1457, sans avoir été marié. En lui finit la première branche des ducs d'Autriche de la maison d'Habsbourg. (Voyez *les rois de Bohême et ceux de Hongrie*.)

DUCS DE CARINTHIE.

ERNEST, DIT DE FER ET LE CUIRASSÉ.

1411. ERNEST, privé de l'administration de l'Autriche, proprement dite, par la résolution que prirent les états du pays, de n'obéir qu'au jeune Albert, fit, l'an 1411, avec son frère Frédéric, suivant Arnpech, un partage des autres biens de leur maison, en vertu duquel Ernest eut la Carinthie, la Styrie et la Carniole; et Frédéric, le Tyrol avec le comté d'Habsbourg, le landgraviat d'Alsace, et tout ce qu'on nomme l'Autriche supérieure. Cette même année, ou la suivante, Ernest fit le pèlerinage de la Terre-Sainte, au retour duquel, s'étant rendu en Pologne, il y épousa CIMBURGE, fille de Ziémovit, duc de Mazovie. Etant passé, l'an 1414, en Styrie, il y assembla les états, dont il confirma les priviléges par des lettres données le 18 janvier de la même année. De là il alla se faire inaugurer en Carinthie. Ce fut un paysan qui fit la cérémonie, suivant l'usage; et la confirmation des priviléges de la province en fut la conclusion. Dans le diplôme donné à ce sujet et daté du 25 mars 1414, Ernest prend les qualités d'archiduc d'Autriche, de Styrie, de Carinthie, de seigneur de Carniole, de marquis des Venèdes et de Portenaw, de comte de Habsbourg, de Tyrol, de Ferrette et de Kibourg, de marquis de Burgaw, de landgrave d'Alsace, etc., par où l'on voit que les titres patrimoniaux étaient communs entre les princes de la maison d'Autriche, même depuis la séparation de leurs différentes portions. Frédéric, son frère, ayant été mis, l'an 1415, au ban de l'empire, Ernest se rend à Inspruck, et se met en possession du Tyrol, pour empêcher qu'il ne tombe en main étrangère. Mais Frédéric ayant fait sa paix, l'année suivante, avec l'empereur, il est obligé de le rendre. L'an 1423, il renouvelle, par lettres du 18 septembre, données à Neustadt, l'ancien pacte de défense mutuelle, conclu par ses ancêtres avec les évêques de Bamberg. Ce prince mourut à Gratz, en Styrie, le 10 juin, un samedi avant la fête de saint Vite (15 juin) de l'an 1424, à l'âge de quarante-six ans, et fut enterré à l'abbaye de Runa, ou de Rain. Il avait épousé, 1°. MARGUERITE, fille de Bogislas V, duc de Poméranie, morte en 1408; 2°. l'an 1412,

CIMBURGE, comme on l'a dit, fille de Ziémovit, duc de Mazovie, morte en 1429, et inhumée à l'abbaye de Lilienfeld, dont il laissa Frédéric, et Albert, qui suivent ; Marguerite, femme de Frédéric II, électeur de Saxe ; et Catherine, mariée à Charles *le Guerrier*, margrave de Bade. Spener dit que Cimburge était d'une force extraordinaire pour son sexe.

FREDERIC III ou V, ET ALBERT VI, DIT LE PRODIGUE.

1424. FRÉDÉRIC, né le 21 septembre 1415, suivant le P. Froélich, ou, selon d'autres, le 23 décembre de la même année, succéda au duc Ernest, son père, en Carinthie, et demeura sous la tutelle de Frédéric, comte de Tyrol, son oncle, avec ALBERT VI, son frère, jusqu'en 1435, qu'il prit le gouvernement de son duché. Il fit, en 1436, le pèlerinage de la Terre-Sainte, et, à son retour, il se joignit à son frère et à son cousin Albert V, pour protester contre le titre de prince d'empire, accordé, le 30 novembre de cette année, aux comtes de Cillei. De là une guerre qui s'éleva entre ces comtes et la maison d'Autriche. L'an 1438, les parties, par un compromis daté du 1er. mai, convinrent de s'en rapporter à la décision d'Albert d'Autriche, roi de Bohême et de Hongrie, qui, sur la fin du même mois, devint empereur, deuxième de son nom. Ce monarque, à ce qu'il paraît (car on n'a pas son jugement), décida en faveur des comtes de Cillei. Frédéric, l'an 1440, devint roi des Romains, troisième ou quatrième de son nom, et ne négligea pas les intérêts de sa maison. L'an 1442, par traité du 17 juin, il s'allie, comme chef de la maison d'Autriche, avec la ville de Zurich, contre les sept autres cantons helvétiques, avec lesquels elle était en guerre depuis six ans. (Voy. *la Chronol. hist. de la Suisse.*) L'an 1453, le jour des Rois, en qualité de chef de l'empire, il donna des lettres-patentes portant érection du duché d'Autriche en archiduché. (Hergott, *Généalog. Hasburg.*, tom. I, pag. 226.) Il accorda en même tems, aux archiducs, le droit de créer des comtes, des nobles, d'établir des péages, d'imposer des tailles, etc. Depuis ce tems, l'archiduc d'Autriche est devenu la première personne de l'empire après l'empereur, auquel il ne se croit pas inférieur ; quoique, comme membre de l'empire, il reçoive de lui l'investiture. L'empereur est même obligé de venir faire cette cérémonie sur les limites de l'Autriche, et l'archiduc le reçoit à cheval, vêtu à la royale, le bâton de commandement à la main, et sur la tête une couronne ducale rehaussée de fleurons, fermée d'un bonnet à deux pointes affrontées, et surmontées d'une croix semblable à celle de la couronne impériale. L'an 1457, après la mort de Ladislas le Posthume, Frédéric veut s'emparer seul de l'Autriche. Son frère Albert, et Sigismond, son cousin, comte de Tyrol, s'opposent à cette usurpation et l'obligent à partager avec eux la succession de leur parent. Mais Albert, aussi avide qu'il était prodigue, veut, à son tour, avoir tout l'archiduché, et prend les armes pour dépouiller l'empereur de la part qui lui était échue. La guerre entre les deux frères dura l'espace de six ans, et presque toujours à l'avantage d'Albert, lequel, en 1463, vint mettre le siége devant Vienne, pour achever la conquête de toute l'Autriche inférieure. Mais Georges Podiébrad, roi de Bohême, étant venu au secours de l'empereur, délivra la place, après avoir obligé, par sa seule présence, les assiégeants à se retirer. Albert, s'étant réconcilié avec son frère, mourut d'apoplexie en cette ville, le 3 décembre de la même année, sans laisser d'enfants de MATHILDE, fille de Louis III, électeur palatin, qu'il avait épousée en 1445, après la mort, dit-on, d'un premier mari dont nous ne trouvons ni le nom ni le titre. Cette princesse, étant retournée dans le Palatinat, mourut à Heidelberg, l'an 1482, et fut enterrée à Tubingen, dans l'église de Saint-Georges. L'archiduc Albert le fut à Saint-Etienne de Vienne.

Frédéric, l'an 1477, se vit encore sur le point de perdre l'Autriche, que Mathias, roi de Hongrie, avec lequel il s'était brouillé, parcourut en conquérant jusqu'aux confins de la Bavière, et que Frédéric ne sauva que par un traité de paix ignominieux. Il la perdit effectivement, en 1485, par la nouvelle conquête qu'en fit le même souverain, qui la conserva jusqu'à sa mort, arrivée l'an 1490. Alors Frédéric, qu'il avait obligé de mener une vie errante pendant cinq ans, revint dans Vienne, où son vainqueur avait terminé ses jours, et fit rentrer l'Autriche sous son obéissance, avec d'autant plus de facilité, qu'il n'avait plus d'ennemi qui lui en disputât la propriété. (*Voyez* Mathias, *roi de Hongrie.*)

Frédéric enfin termina sa longue et peu glorieuse carrière à Lintz, en Autriche, le 19 août 1493, à l'âge de soixante-dix-huit ans, et fut enterré à Vienne, dans le tombeau de ses ancêtres. Il avait épousé, le 18 mars 1452, ELÉONORE, fille d'Edouard, roi de Portugal (morte le 1er. septembre 1467, et enterrée à Neustadt), dont il laissa un fils, qui suit; et Cunégonde, mariée, en 1488, avec Albert *le Sage*, duc de Bavière. (*Voy.* Frédéric III, *empereur.*)

MAXIMILIEN I.

1493. MAXIMILIEN I, né le 22 mars 1459, de l'empereur Frédéric III, et d'Eléonore de Portugal, est le premier de sa maison qui ait été qualifié archiduc en chancellerie. Fils d'un père sordidement avare, il n'eut ni une éducation ni un entretien convenables à sa naissance. Son bonheur fut néanmoins tel, que, sans argent, et manquant même du nécessaire, il obtint la main de la plus riche héritière de l'Europe après les têtes couronnées. Nous voulons parler de MARIE, fille unique de Charles *le Téméraire*, duc de Bourgogne, tué, le 5 janvier 1477, à la bataille de Nanci. La mauvaise politique de Louis XI, roi de France, occasiona cette alliance. Marie lui avait été offerte pour le dauphin, son fils. Non-seulement il rejeta l'offre; il ne permit pas même au comte d'Angoulême de porter ses vues sur la princesse, tant il se défiait des princes de sa maison. Il s'imaginait pouvoir enlever de force à Marie son patrimoine, et satisfaire, en la dépouillant, sa haine contre la maison de Bourgogne. Mais apprenant ensuite que les Gantois, maîtres de la personne de Marie, songeaient à lui donner, dans la personne de Maximilien, un mari capable de la défendre, il voulut revenir sur ses pas. Il n'en était plus tems. Olivier le Daim, son barbier, qu'il envoya à Gand avec le titre d'ambassadeur, y fut reçu avec le mépris que méritait sa personne. On ne lui permit pas même de voir la princesse. Tout le fruit qu'il remporta de son ambassade, fut la révolte de Cambrai, qu'il excita en s'en revenant. Robert Gaguin, général des Mathurins, que Louis envoya dans le même tems à l'empereur et à son fils pour les détourner de l'alliance qu'ils projetaient, ne réussit pas mieux dans sa négociation. L'électeur de Trèves et le duc de Bavière arrivèrent à Gand, peu de tems après, pour faire la demande de la princesse au nom de l'archiduc. Marie accepta sa main par le conseil de la dame d'Halluin, sa confidente et sa dame d'honneur; et son consentement fut ratifié par les états du pays, assemblés à Louvain. Le duc de Bavière aussitôt l'épousa, par procuration de Maximilien, avec tout l'appareil de l'étiquette grossière du tems. On rapporte, en effet, qu'étant entré dans le lit nuptial, il se coucha auprès de Marie, armé de toutes pièces au bras et à la cuisse droite, après avoir placé une épée nue entre lui et la princesse. Maximilien parut enfin à Gand, le 18 août 1477, pour consommer son mariage. Mais il y était venu dans un équipage si mesquin, que son épouse fut obligée de lui fournir jusqu'aux vêtements les plus nécessaires. Ce n'est pas ici le lieu de parler des guerres que cette alliance occasiona. (*Voy.* Louis XI, Marie, *princesse des Pays-Bas*, *et l'empereur* Maximilien I.) Marie finit ses jours le 27 mars 1482, à l'âge de 25 ans, par un événement tragique, laissant de son mariage deux enfants, Philippe, dit *le Beau*, et Marguerite. A la tutelle de ces enfants, Maximilien voulut joindre la régence de leurs états. Les Flamands s'opposèrent à cette prétention, et forcèrent le prince à conclure la paix d'Arras avec le roi Louis XI. Par ce traité, l'archiduchesse Marguerite fut fiancée au dauphin, depuis le roi Charles VIII, avec les comtés d'Artois et de Bourgogne pour sa dot, et l'assurance de la succession éventuelle dans tout l'héritage de sa mère, au défaut de Philippe, son frère, et de ses descendants ; mais ce mariage n'eut point lieu. L'an 1486, Maximilien est élu roi des Romains, et, l'an 1493, il succède à l'empire. (*Voy. les empereurs*, Marie, *souveraine des Pays-Bas*, et Philippe *le Beau*, son fils.)

COMTES DE TYROL.

FREDERIC II ou IV, DIT LE VIEUX.

1411. FRÉDÉRIC, après le partage fait avec Ernest, son frère, alla s'établir à Inspruck, capitale du Tyrol. Son caractère entreprenant le compromit avec les évêques de Coire et de Trente et avec quelques abbés de ses terres, qu'il maltraita. Ces prélats l'ayant traduit, l'an 1415, au concile de Constance, il se lia, pour mettre en défaut cette assemblée, avec le pape Jean XXIII, qu'elle voulait déposer ; et, l'ayant aidé à s'évader la nuit du 20 mars, il le conduisit à Schaffhouse, d'où ils se retirèrent ensuite à Neubourg sur le Rhin. L'empereur Sigismond et les pères de Constance parurent également irrités de cette démarche de Frédéric. Le premier le mit au ban de l'empire, et le concile l'excommunia. D'après cette proscription, l'empereur s'empara de la Turgovie. La ville impériale de Schaffhouse, qui avait été engagée à la maison d'Autriche, se racheta au moyen d'une grosse somme : presque tous les vassaux du duc l'abandonnèrent. Les Suisses, pressés par Sigismond et le concile, prirent les armes pour dépouiller Frédéric, auquel ils enlevèrent, dans l'espace de six semaines, l'Argeu, les comtés de Habsbourg, de Lenzbourg, le bailliage de Diétikon, la ville de Mellingen et le comté de Bade. Frédéric, effrayé par ces pertes, et en craignant encore de plus grandes, se hâta de faire sa paix avec l'empereur. Le duc de Bavière, son parent, et le burgrave de Nuremberg, en furent les médiateurs. Ayant obtenu de Sigismond, pour lui, un sauf-conduit, ils l'amenèrent de Ratolfzell, en Suabe, à Constance, le 15 mai 1415, et le présentèrent à l'empereur, auquel il demanda pardon, prosterné à ses pieds devant une grande assemblée, promit de lui remettre toutes ses terres, s'engagea à lui livrer la personne du pape Jean, et consentit de rester en otage à Constance jusqu'à l'entier accomplissement de ses promesses. En conséquence, les archevêques de Besançon et de Riga, s'étant transportés avec une escorte de trois cents hommes à Fribourg, où le pape était retenu pour lors, sous une garde de Frédéric, le ramenèrent, le 17 mai, au concile. C'est ainsi, dit saint Antonin, que Frédéric, de protecteur devenu traître, obtint son pardon. Mais il ne recouvra point les conquêtes que les Suisses avaient faites sur lui. Ce prince termina ses jours le 25 juin 1439, à Inspruck, et fut enterré à l'abbaye de Stambs. Il avait épousé, 1°. l'an 1406, ELISABETH DE BAVIÈRE, fille de l'empereur Robert, morte en couches le 31 décembre 1409; 2°. ANNE, fille de Frédéric, duc de Brunswick, qui avait été élu roi des Romains, morte le 11 août 1432. Du second lit, il laissa Sigismond, qui suit. (Watteville, *Hist. des Suisses*, p. 173.)

SIGISMOND.

1439. SIGISMOND, né l'an 1427, succéda en bas âge à Frédéric *le Vieux*, son père, sous la tutelle de l'empereur Frédéric III. L'an 1442, Sigismond étant venu en Suisse, met pour préalable, à la confirmation des priviléges de la nation, que ses députés lui demandent, la restitution de l'Argow. Sur leur refus, il fait alliance avec la république de Zurich contre les autres cantons. Les hostilités réciproques commencent en 1443. En vain le concile de Bâle s'entremet pour les faire cesser. L'an 1444, l'empereur demande du secours à la France; et, pour l'obtenir, il propose le mariage de Sigismond avec la fille du roi Charles VII. La proposition étant agréée, le monarque français donne ordre au dauphin, Louis, son fils, qui ravageait alors l'Alsace, à la tête des grandes compagnies, de passer en Suisse. Louis rassemble son armée, composée de soixante mille hommes, autour de Bâle. Le 26 août, combat de Saint-Jacques, près de Bâle, où douze cents suisses osent se battre contre huit mille français, commandés par le comte de Dammartin, et périssent tous, à l'exception de douze, après avoir fait des prodiges de valeur. (Voyez *les Suisses*.) Le dauphin, après cette mémorable journée, repasse en Alsace, et, le 28 octobre suivant, il fait sa paix à Ensisheim, avec les Suisses. Les Autrichiens, abandonnés de cet allié, ne laissèrent pas de continuer la guerre jusqu'en 1446, qu'elle fut terminée par la médiation de l'électeur palatin, assisté des électeurs de Mayence, de Trèves, et de l'évêque de Bâle. L'an 1457, après la mort de Ladislas le Posthume, roi de Bohême et de Hongrie, et duc d'Autriche, Sigismond partage avec ses cousins, l'empereur Frédéric III et Albert *le Prodigue*, la succession de ce prince dans les provinces d'Allemagne.

Sigismond eut, en 1460, avec le cardinal Nicolas de Cusa, évêque de Brixen, un démêlé qui fut poussé vivement de part et d'autre. Ce prélat, en vertu d'une bulle de Pie II, voulait posséder en commende son évêché sans y résider. Sigismond ne voulut jamais le souffrir, et s'opposa fortement à l'établissement des commendes, qui n'étaient point d'usage en Allemagne, quoique très-communes alors en Italie, en France, en Espagne et en Angleterre. Cusa se défendait par un moyen qui acheva d'irriter Sigismond contre lui, en prétendant que son église ne relevait point du comté de Tyrol. Sigismond l'ayant poursuivi les armes à la main, le fit prisonnier, le jour de Pâques, dans le château de Prauneck, où il s'était retiré, et ne le relâcha qu'à des conditions que le cardinal jugea très-onéreuses, savoir, de lui payer une somme considérable, de lui livrer un de ses châteaux, de renoncer à toutes ses prétentions d'indépendance, et enfin de promettre qu'il ne chercherait jamais à tirer vengeance de ce traitement. Mais ce dernier article fut le plus mal exécuté. Le cardinal ayant porté ses plaintes contre le comte de Tyrol à Pie II, ce pontife cita Sigismond à Rome, et, sur le refus qu'il fit de comparaître, il déclara par sa bulle, donnée le 8 août 1460, à Sienne, qu'il avait encouru les peines de droit portées contre les réfractaires et les sacrilèges. Le jurisconsulte, Grégoire Heimberg, dressa un appel au futur concile pour le prince, qui le fit attacher aux portes de l'église de Florence. C'était piquer au vif Pie II, qui, par sa bulle du 18 janvier de cette année, avait condamné les appels du saint siège au futur concile, comme erronés, détestables et contraires aux saints canons. Heimberg publia un autre écrit pour la défense de Sigismond. Théodore Lélio, évêque de Feltri, prit la plume pour lui répondre. Heimberg répliqua. Les écrits se multiplièrent de part et d'autre. Sigismond persistant dans son opposition, Pie II publia, le jeudi-saint 1462, une nouvelle bulle par laquelle il confirmait les censures portées contre Sigismond, et proscrivait son apologiste comme un hérétique. (*Anonym. Mellic. Chron. Austr. Naucler. Genebrar. Sponde.*) Les Suisses, excités par le pontife, profitèrent de la proscription de Sigismond pour achever d'envahir les états qui restaient à sa maison dans l'étendue de leur république. Rapperschweil, qui en faisait partie, se donna volontairement à eux. Ils conquirent successivement toute la Turgovie. L'empereur Frédéric III, touché des malheurs de son cousin, qui retombaient sur toute sa maison, travailla à sa réconciliation avec le saint siége. Le pape se montra inflexible. Frédéric insista auprès du légat, et s'abaissa jusqu'à se jeter à ses genoux. Il parvint enfin à faire révoquer l'anathème dont Sigismond avait été frappé. Mais les Suisses n'en conservèrent pas moins ce qu'ils avaient conquis sur lui. Sigismond n'ayant plus en Suisse que Wintherthur, qu'il lui était impossible de conserver, l'engagea l'an 1467, puis le céda entièrement, l'an 1477, à la ville de Zurich. Cependant, il n'en était pas moins disposé à se venger des Suisses. Ce fut dans ce dessein qu'il vint, l'an 1469, à la cour de France, pour engager le roi Louis XI à faire avec lui une ligue contre cette nation. Mais, n'ayant pu faire entrer ce prince dans ses vues, il se tourna du côté de Charles, duc de Bourgogne, auquel il engagea le comté de Ferrette, le Sundgaw, l'Alsace, le Brisgaw et les quatre villes forestières, afin d'attirer aux Suisses un puissant ennemi. Mais la conduite atroce des officiers bourguignons dans ces domaines, ne tarda pas à faire repentir Sigismond de son aliénation. L'an 1474, le 11 juin, il fit la paix avec les Suisses par l'entremise du roi de France, et s'allia avec eux contre le duc de Bourgogne. La mort de ce dernier, arrivée en 1477, fit rentrer Sigismond en possession de ce qu'il lui avait engagé. (Voy. *les comtes de Ferrette.*) Sigismond se voyant sans enfants, transporta, l'an 1492, ses états héréditaires à l'archiduc Maximilien, son cousin. Il vécut encore quatre ans depuis, et mourut à Inspruck, le 4 mars 1496. L'abbaye de Stams fut le lieu de sa sépulture.

CHRONOLOGIE HISTORIQUE

DES

COMTES DE GORITZ.

~~~~~~~~~~

Goritz ou Goerz, petite, mais forte ville d'Allemagne sur le Lisonzo (*Sontius* en latin), érigée en archevêché, l'an 1751, pour les terres autrichiennes qui relevaient auparavant du patriarche d'Aquilée, est la capitale d'un comté que les géographes comprennent mal à propos dans la Carniole, dont il n'a jamais fait partie. Ses bornes sont, au nord, la sénéchaussée de Tulmino; au levant, le ban d'Idria et la Carniole; au sud, le même duché et le territoire vénitien de Mofacolner; et au couchant, le Judri, qui le sépare du Frioul vénitien.

L'origine des comtes de Goritz n'est pas encore trouvée. Celui qui a fait le plus de découvertes sur cette matière, est le P. Jean-François-Bernard-Marie *de Rubeis*, dominicain, dans son ouvrage *monumenta Ecclusiæ Aquileiensis*. Les deux premiers comtes que les chartes lui ont fournis, sont:

ENGELBERT I ET MAINHART I.

Engelbert I et Mainhart I étaient frères. Il n'est plus fait mention du premier après la mort d'Ulric, patriarche d'Aquilée, décédé en 1112; et l'on ne voit point qu'il ait laissé de postérité. Mainhart lui survécut long-tems. Outre le comté de Goritz, il jouissait, avec Henri I, son fils, de l'avouerie de l'église de Saint-Étienne d'Aquilée, à laquelle il renonça, l'an 1139, par le conseil du patriarche Pérégrin. Le père et le fils étaient morts en 1150. (*Rubeis*, col. 578.)

ENGELBERT II.

1150 au plus tard. ENGELBERT II, second fils de Mainhart I, fut son successeur au comté de Goritz. Il reprit le titre d'avoué de Saint-Etienne d'Aquilée, dont son père s'était démis, et en exerça les droits. Il cessa de vivre au plutôt en 1186. Nous avons, en effet, un acte, du 5 septembre de cette année, par lequel il donne à Witemare, abbé de Bolinio, une certaine montagne en dédommagement des torts qu'il lui avait faits. Il laissa deux fils, qui suivent. (*Ibid*, col. 553.)

MAINHART II, DIT LE VIEUX, ET ENGELBERT III.

1186 au plutôt. MAINHART II et ENGELBERT III, son frère, succédèrent à Engelbert II, leur père, au comté de Goritz. Leur règne fut long. Nous les voyons dénommés tous les deux comme témoins, le 9 juillet de l'an 1217, dans une transaction passée entre Wolchen, patriarche d'Aquilée, et Léopold, duc d'Autriche. (*Ibid.* col. 675.) Engelbert III mourut l'an 1222, avant le mois de septembre, laissant deux fils: Mainhart III, dit *le Jeune*, qui lui succéda au comté de Goritz; et Albert, ou Adelpret. Engelbert III et son frère s'étaient emparés de force de l'avouerie de l'église de Ciudad di Friuli, qu'on nommait alors *Civitas Austriæ*. Mainhart *le Vieux* et Mainhart *le Jeune*, son neveu, s'en désistèrent par une charte datée du 23 septembre 1223. (*Ibid.* col. 695.) On ignore combien de tems le premier vécut depuis.

MAINHART III, DIT LE JEUNE, ET ALBERT I.

1223 au plus tard. MAINHART III et ALBERT I, son frère, avaient succédé à leur père, Engelbert III. Ils régnèrent conjointement avec Mainhart II, leur oncle, jusqu'à la mort de celui-ci. L'an 1252, Mainhart *le Jeune*, et Albert, son frère, étant venus assiéger le château de Greifenberg, Philippe, archevêque de Salzbourg, auquel il appartenait, vint les surprendre, et, leur ayant livré bataille, il les défit, et fit prisonnier Albert. Les fils de Mainhart *le Jeune* s'offrirent pour tenir prison à la place de leur oncle, lequel, étant mort le 22 juillet de l'année suivante, ils recouvrèrent leur liberté. Albert n'ayant point laissé de lignée, Mainhart, son frère, lui succéda au Tyrol et dans ses autres domaines; mais il n'en jouit pas long-tems, étant mort, suivant le nécrologe de Diessen, en 1257. Le P. de Rubeis place sa mort en 1255. De

MATHILDE D'ANDECHS, son épouse, il laissa deux fils, qui suivent, avec une fille, nommée Adélaïs, mariée à Frédéric d'Ortenbourg, en 1258, morte en 1291.

MAINHART IV ET ALBERT II.

1255. MAINHART IV et ALBERT II, fils de Mainhart III, héritèrent, par sa mort, des comtés de Goritz et de Tyrol, qu'ils possédèrent par indivis. L'an 1259, le 19 février, les deux frères reçurent d'Egenon, évêque de Trente, l'investiture de l'avouerie de cette église. Ils avaient déjà celle de Brixen et d'Aquilée. Mainhart eut dans la suite avec l'évêque Henri, successeur d'Egenon, de grands démêlés qui furent terminés, l'an 1279, par l'empereur Rodolphe. L'an 1281, Mainhart et Albert firent un partage en vertu duquel le premier eut, pour lui et sa postérité, le Tyrol et l'autre le comté de Goritz. L'an 1284, Mainhart fit dédier, le 5 septembre, le monastère cistercien de Stams, qu'il avait fondé. L'an 1286, à Noël, il fut créé duc de Carinthie, par l'empereur Rodolphe, dans la diète d'Augsbourg. L'année suivante, Mainhart ayant convoqué une assemblée pour distribuer les fiefs qui relevaient de lui, Albert, son frère, y comparut avec deux étendards, dont l'un marquait sa qualité de comte de Tyrol, et l'autre celle de palatin de Carinthie, dont l'empereur l'avait revêtu en même tems qu'il avait conféré le duché à Mainhart. Mais, se jugeant égal à son frère, il fit difficulté de reprendre de lui les fiefs qu'il avait dans sa mouvance, pour n'être pas obligé de fléchir le genou devant lui. Cette délicatesse lui fit demander qu'ils fussent conférés à son fils Henri. Mainhart, choqué de la fierté d'Albert, voulait l'en punir en donnant ces mêmes fiefs à son propre fils. Les amis d'Albert prévinrent le coup. S'étant approchés de lui, ils vinrent à bout, par leurs remontrances, de l'engager à rendre, par lui-même, à son frère, l'hommage qu'il exigeait. La chronique de Stams met la mort de Mainhart au 31 octobre 1295, et sa sépulture dans ce monastère. (*Voy.* Mainhart, *duc de Carinthie.*) Albert, comte de Goritz, lui survécut neuf années, et termina ses jours en 1304. Il avait épousé, 1°. EUPHÉMIE DE GLOGAW, dont il ne laissa point d'enfants; 2°. EUPHÉMIE, fille d'Herman, comte d'Ortenbourg, dont il eut deux fils: Henri, qui suit, et Jean Albert, ou Albert III, mort en 1327, qui fut père d'Albert IV, de Mainhart V, qui viendront ci-après, et de Henri III, mort en 1363, sans postérité.

HENRI II.

1304. HENRI II fut le successeur d'Albert II, son père,

au comté de Goritz et dans le palatinat de Carinthie. Villani, parlant de lui, dit que *fu uomo valoroso molto in armi*. Il mourut à Trévise, le 24 avril de l'an 1323, laissant un fils, qui suit, de BÉATRIX DE BAVIÈRE, sa seconde femme. BÉATRIX DE CAMIN, la première, lui avait donné Mainhart, mort sans lignée en 1319.

JEAN-HENRI.

1323. JEAN-HENRI, successeur de Henri II, son père, épousa, 1°. BÉATRIX, fille de Pierre, roi de Sicile ; 2°. ANNE, fille de Frédéric *le Beau*, duc d'Autriche, et mourut, en 1338, sans laisser de postérité.

ALBERT IV.

1339. ALBERT IV, fils d'Albert III, ou Jean Albert, et petit-fils d'Albert II, succéda à son père dans le comté de Goritz. L'an 1342, dans un partage qu'il fit avec ses frères, Mainhart et Henri, il fut réglé que l'aîné seul porterait le titre de palatin de Carinthie. Il termina ses jours, vers l'an 1374, sans laisser de postérité de ses deux femmes, HÉLÈNE, qu'il avait épousée en 1342, et CATHERINE, fille de Frédéric, comte de Cillei.

MAINHART V.

1374. MAINHART V, frère d'Albert IV, et son successeur, fut marié deux fois, 1°. avec CATHERINE DE FLANSBERG ; 2°. avec UTEHILDE, fille d'Ulric de Métsch. Du second lit, il eut deux fils et cinq filles. Les fils sont Henri, qui suit ; et Jean Mainhart, mort sans lignée en 1430, après avoir eu consécutivement deux femmes, Madeleine, fille de Frédéric, duc de Bavière, et Agnès de Pettau. Le comte Mainhart finit ses jours en 1385.

HENRI IV.

1385. HENRI IV, né l'an 1376, succéda, sous la tutelle d'Utehilde, sa mère, au comte Mainhart, son père. Devenu majeur, il fut fiancé à ELISABETH, fille de Léopold *le Preux*, duc d'Autriche, morte le 24 juin 1391, sans avoir contracté le mariage. Il épousa ensuite, 1°. ELISABETH, fille d'Hotman, comte de Cillei ; 2°. CATHERINE DE GIARA, qui le fit père de Jean, qui suit ; de Louis, mort en 1457 ; de Léonard, qui viendra ci-après ; et de Marguerite, femme de Jean, comte d'Oëttingen. Le comte Henri se livra tellement à l'oisiveté, qu'il négligea entièrement l'administration de son comté et même l'éducation de ses enfants, qu'on fut obligé de lui enlever, pour les mettre sous la tutelle d'Ulric, comte de Cillei. Avant que l'aîné eut atteint l'âge de majorité, les vassaux du comté de Goritz lui déférèrent le gouvernement après en avoir dépouillé son père, dont la mort arriva l'an 1454.

JEAN.

1454. JEAN, fils aîné du comte Henri IV, lui succéda au comté de Goritz, après l'avoir administré plusieurs années de son vivant. Ulric, comte de Cillei, son tuteur, lui avait fait épouser sa fille ELISABETH, dont il n'eut point d'enfants. Il mourut en 1462, fort regretté de ses sujets qu'il avait gouvernés avec beaucoup de sagesse.

LÉONARD.

1462. LÉONARD, frère du comte Jean, et son successeur, épousa, 1°. N., fille de Nicolas, roi de Bosnie; 2°. PAULE, fille de Louis III, marquis de Mantoue. Ces deux mariages furent stériles. La régence de Léonard fut d'environ trente-huit ans, ce comte n'étant mort que le 12 avril de l'an 1500. En lui finirent les comtes de Goritz. Après sa mort, l'empereur Maximilien I se mit en possession du comté de Goritz, tant en vertu des anciens pactes de famille, que par la prérogative de sa dignité impériale. Depuis ce tems cette terre a toujours été affectée à la maison d'Autriche. Elle passe pour un comté princier; aussi les empereurs autrichiens, depuis Maximilien I, ont pris la qualité de comtes-princes de Goritz.

CHRONOLOGIE HISTORIQUE

DES

DUCS DE CARINTHIE.

La Carinthie faisait autrefois partie du Norique et de l'ancienne Carnie. Ses bornes sont, au levant, la Styrie; au nord, ce même pays et l'archevêché de Salzbourg; au couchant, le Tyrol, et au midi la Carniole et le Frioul. Ce duché, dont la capitale est Clagenfurt (en latin *Claudia* ou *Clagenfurtum*), renferme onze villes et vingt-un bourgs. La Carinthie fit partie du duché de Bavière, jusqu'au règne de l'empereur Otton II. Ce prince, l'an 976, en fit deux duchés séparés, et donna la Carinthie à

HENRI I, dit LE JEUNE.

976. Henri I était fils de Berthold, comte de Schyren en Bavière. Otton II lui donna, non-seulement la Carinthie, mais aussi la Marche d'Istrie et peut-être aussi le Frioul. Il reconnut mal ce bienfait; et, deux ans après l'avoir reçu, il fut assez ingrat pour se liguer avec le duc Hézelon, rebelle envers l'empereur. Cette perfidie lui valut le châtiment qu'elle méritait. Il fut défait, l'an 978, en bataille, pris et dépouillé de ses honneurs, qui furent donnés à Otton, fils et successeur de Conrad, duc de la France rhénane. Otton fut aussi pourvu de l'administration de la Marche d'Aquilée, qui fut jointe à la Carinthie, comme le prouvent des diplômes de l'an 983 et des années suivantes, cités par le P. Froélich. (*Archontol. Carint.*) L'an 982, l'empereur Otton II substitua le duc Henri, dans le duché de Bavière, à Hézelon, qu'il en avait dépouillé; mais, l'an 984, après la mort de ce prince, Hézelon rentra dans ce

pays, d'où il chassa son rival. Pour le dédommager, l'empereur Otton III, ou plutôt sa mère, en son nom, lui rendit, l'an 985, la Carinthie, qu'il continua de posséder jusqu'à sa mort, arrivée l'an 996. En mourant, il laissa un fils, qui fut l'empereur saint Henri, et une fille, qu'il avait mariée, en 992, à Sigefroi, comte de Spanheim, avec le comté de Lavant pour sa dot. La ville de Saint-André, capitale de ce comté, qui fait partie de la Carinthie, fut érigée en évêché, l'an 1226 ou 1228, par Eberhard, archevêque de Salzbourg. (*Voy.* Henri *le Jeune, duc de Bavière.*)

OTTON DE FRANCONIE.

996. OTTON, duc de la France rhénane, ou de Franconie, à qui l'empereur Otton III avait retiré la Carinthie, que son père lui avait donnée, y fut rétabli après la mort du duc Henri. Il mourut le 4 novembre 1004, laissant de JUDITH, sa femme, dont on ignore la naissance, trois fils : Henri, duc de Franconie ; Conrad, qui suit ; et Brunon, qui fut pape sous le nom de Grégoire V. (Voy. *les ducs de la France rhénane.*)

CONRAD I.

1005. CONRAD, dit LE VIEUX, successeur d'Otton, son père, au duché de Carinthie, ainsi qu'à celui de la France rhénane, n'en jouit que l'espace d'environ six ans, étant mort le 11 ou le 12 décembre de l'an 1011. De MATHILDE, son épouse, fille de Herman II, duc de Suabe et d'Alsace (mariage condamné, l'an 1003, au concile de Thionville, pour cause de parenté, et qui subsista néanmoins), il laissa Conrad ou Chunon, qui viendra ci-après, et Brunon qui fut évêque de Wurtzbourg. Mathilde survécut à Conrad, et épousa, en secondes noces, Frédéric II, duc de Lorraine. (*Voy.* Conrad de Worms, *duc de la France rhénane.*)

ADALBERON.

1011. ADALBÉRON D'EPPENSTEIN, de la maison des comtes de Muertzthal, fils de Marquard, qu'on voit décoré du titre de marquis, fut substitué, par l'empereur Henri II, à Conrad I, dans le duché de Carinthie, au préjudice du fils aîné de celui-ci, qui était encore en bas âge. L'an 1027, le roi Conrad, étant à Vérone, termina, par son jugement, un procès qui était entre Adalbéron et Popon, patriarche d'Aquilée, touchant leur juridiction respective dans l'Istrie. L'année suivante, Adalbéron consentit à la concession que le roi Conrad fit du droit de battre monnaie, à ce même patriarche, par son diplôme du 11 septembre. L'an 1029, rupture entre le roi Conrad et Adalbéron. Ce dernier soutint, pendant six ans, la guerre que le premier lui fit. A la fin, battu sans ressource, l'an 1035, il fut dépouillé de son duché, comme coupable de lèse-majesté, et condamné à l'exil avec ses fils. Il mourut dans cet état de proscription, l'an 1039, laissant de BRIGITTE, son épouse, Marquard, qui viendra ci-après ; Adalbéron, évêque de Bamberg, mort en 1060 ; et Richense, femme de Berthold I, duc de Zéringen.

CONRAD II.

1035. CONRAD II, dit LE JEUNE, fils du duc Conrad I, fut nommé duc de Carinthie, par l'empereur Conrad, après la déposition d'Adalbéron. Il était déjà pourvu du duché de la France rhénane, depuis la mort de son père. L'empereur Henri III le confirma dans ses honneurs ; mais la mort l'en dépouilla, le 20 juillet de l'an 1039. On ignore s'il fut marié. Ce qui est certain, c'est qu'il ne laissa point de postérité.

Depuis son décès, on ne voit point que le duché de Carinthie ait été rempli, jusqu'en 1047 ; on trouve seulement, en 1042, un Godefroi qui administrait une partie de la province avec le titre de margrave.

WELPHE.

1047. WELPHE, ou GUELPHE, IIIe. du nom de sa maison, comte d'Altorff, en Suabe, fils de Welphe II, comte du même lieu, fut nommé duc de Carinthie, dans la diète de Spire, par l'empereur Henri III. Cette promotion fut le prix de la valeur qu'il avait fait paraître dans la guerre de l'empereur contre Aba, roi de Hongrie. A son duché fut jointe la Marche de Vérone. Il gouverna l'un et l'autre avec modération et sagesse. Il transféra le monastère d'Altorff dans son propre palais, situé sur une montagne voisine, appelée Weingartein, ou des Vignes, à une lieue de Rasenberg. L'empereur Henri III, dans un diplôme donné, au mois de novembre 1055, en faveur de l'église de Saint-Zénon de Vérone, parle du duc Welphe avec éloge. Il ne paraît pas qu'il ait prolongé ses jours au-delà de l'année suivante. On doute s'il fut marié. Ce qui est certain, c'est qu'il mourut sans postérité. Par son testament il avait légué ses vastes domaines à différentes églises ; mais Imitza, sa mère, qui vivait encore, empêcha l'effet de cette disposition indiscrète. Elle avait une fille nommée Cuniza, ou Cunégonde, femme d'Azzon d'Est, marquis de Ligurie, un petit-fils, nommé Welphe, né de ce mariage. L'ayant fait venir auprès d'elle, Imitza le mit en possession de tous les biens de ses ancêtres maternels en Allemagne. C'est l'auteur de la maison, actuellement subsistante, de Brunswick. Il devint, par la suite, duc de Bavière. Foulques, frère consanguin de Welphe, hérita des biens de son père, et fonda la maison d'Est ou de Modène. (*Voy.* Welphe I, *duc de Bavière.*)

CONRAD III.

1057 au plus tard. CONRAD, ou CONON, parent de l'empereur, est qualifié duc de Carinthie, l'an 1057, par Lambert d'Aschaffenbourg. *Cuono*, dit-il, *cognatus regis dux factus est Carentenorum*. Le même écrivain dit qu'il mourut l'année suivante, 1058, comme il était sur le point d'entrer dans la Carinthie, qu'il n'avait pas encore vue. C'est ce que nous savons de lui.

BERTHOLD DE ZERINGEN, DIT LE BARBU, ET MARQUARD.

1060. BERTHOLD, dit LE BARBU, duc de Zéringen, Ier. de son nom, ayant perdu l'espérance d'obtenir le duché de Suabe, que l'empereur Henri III lui avait promis, reçut, de l'impératrice Agnès, en dédommagement, l'an 1060, le duché de Carinthie avec la Marche de Vérone. L'empereur Henri IV, à sa demande, lui associa, depuis, son fils de même nom que lui. Mais, l'an 1073, Henri, le voyant lié avec les Saxons rebelles, donna la Carinthie, avec ses annexes, à Marquard, fils d'Adalbéron d'Eppenstein, qui avait autrefois possédé ce duché. Pour ne pas, toutefois, jeter Berthold dans le désespoir, il lui fit entendre qu'il ne lui avait donné Marquard que pour collègue. Celui-ci finit ses jours au mois de mai 1077, laissant de LIUPIRCH, son épouse, Liutold, qui suit; Henri, qui viendra ensuite; Ulric, qui devint patriarche d'Aquilée en 1086, mort en 1121; et Herman, fait évêque de Padoue en 1085, mort en 1087. Berthold n'avait point pardonné au roi Henri sa déposition. Il lui rendit la pareille, le 13 mars 1077, à la diète de Forcheim, où il donna son suffrage pour l'élection de l'anticésar Rodolphe de Suabe. (*Lambert. Schafnab.*) Mais il ne jouit pas long-tems du plaisir de la vengeance : il suivit Marquard, son rival, au tombeau, dans le mois de juillet 1077 ou 1078. (*Voy. les ducs de Zéringen.*)

LIUTOLD.

1077. LIUTOLD, fils aîné de Marquard d'Eppenstein, lui

succéda au duché de Carinthie et dans la Marche de Vérone. Il était alors à la suite de l'empereur dans son expédition d'Italie. Il servit ce prince, avec zèle, pendant plusieurs années : mais il ne persévéra pas dans la fidélité qu'il lui devait. L'ambition, à la fin, en fit un ingrat. L'an 1090, il se joignit aux ennemis de Henri, dans l'espérance de parvenir, par sa déposition, à l'empire. Mais la mort, qui le surprit cette même année, fit évanouir ce dessein perfide.

HENRI II.

1090. HENRI, que l'empereur avait fait marquis d'Istrie, succéda, l'an 1090, à Liutold, son frère, mort sans lignée, au duché de Carinthie. L'an 1096, il acheva l'abbaye de Saint-Lambert, commencée par son père dans la haute Styrie. Il eut, comme son frère, un compétiteur de la maison de Zéringen ; c'était Berthold III, qui prenait aussi le titre de duc de Carinthie. L'an 1114, l'empereur Henri V confirma la fondation du monastère de Saint Lambert, par ses lettres datées du 16 janvier, dans lesquelles il appelle le duc Henri son neveu : *Petitione Henrici ducis Carinthiæ nepotis nostri.* (Froélich, *Archont. Carinth.*, pag. 36.) Ce terme *nepotis* ne peut être pris ici dans le sens propre, attendu que le duc Henri était beaucoup plus âgé que cet empereur. Lazius et Mégiser placent sa mort au 25 mars 1127, d'après d'anciens monuments. Il avait épousé, 1°. LIUTKARDE, 2°. BÉATRIX, 3°. SOPHIE, fille de Léopold *le Beau*, marquis d'Autriche, dont il eut une fille, mariée à Engelbert d'Ortenbourg, comte de Lavant. Par la mort de Henri II, le duché de Carinthie, au défaut d'hoirs mâles, sortit de la maison d'Eppenstein pour passer dans celle de Lavant, appelée, depuis, de Sponheim.

HENRI III, DIT LE JEUNE.

1127. HENRI, fils d'Engelbert, comte de Lavant, marquis d'Istrie, et d'Edwige de Carinthie, succéda, l'an 1127, à son aïeul maternel, Henri II, dans le duché de Carinthie. Mais il n'en jouit pas long-tems, étant mort, au mois de février 1130, sans laisser de postérité. Pendant ce court intervalle, il eut de grands démêlés avec Conrad I, archevêque de Salzbourg. Ce prélat, excédé par les violences qu'il exerçait à son égard, prit le parti de l'excommunier. Le remède produisit son effet. Henri s'humilia, et étant venu demander pardon, nu-pieds, à l'archevêque, il obtint son absolution. (Pez, *Anecd.*, tome III, part. II, pag. 242.)

ENGELBERT, ou ENGILBERT.

1130. ENGELBERT, frère de Henri III, lui succéda au duché de Carinthie, qu'il joignit au marquisat d'Istrie, dont il était pourvu dès 1128. Des réflexions qu'il fit ensuite sur la vanité des choses d'ici-bas, le déterminèrent, l'an 1135, à quitter le monde et à se retirer dans un monastère, où il finit ses jours le 28 avril 1142. UTHA, son épouse, fille d'Ulric, comte de Putten (*Monum. Boica*, tom. I, pag. 173), le fit père d'Ulric, qui suit ; d'Engelbert, marquis d'Istrie en 1138, vivant encore en 1164 ; de Rapothon, comte d'Ortenbourg ; et de Mathilde, femme de Thibaut *le Grand*, comte de Champagne.

ULRIC I.

1135. ULRIC, fils aîné d'Engelbert, devint son successeur au duché de Carinthie après son abdication. L'an 1137, il fut de l'expédition de l'empereur Lothaire en Italie. On le voit, l'année suivante, parmi les souscripteurs d'un diplôme que l'empereur Conrad donna, à Bamberg, en faveur de l'abbaye de Saint-Blaise, dans la Forêt-Noire. (Hergott, *Geneal. Domûs. Austr.*, tom. II, pag. 158.) Le P. Froélich rapporte sa mort à l'an 1143, ou à l'année suivante. Mais le P. Aquelin Jules-César prouve qu'il vivait encore le 12 mai 1144. De sa femme, dont on ignore le nom, il laissa quatre fils, Henri, qui suit ; Udalric, Bernard et Herman.

HENRI IV.

1144 au plus tard. HENRI, fils aîné du duc Ulric, et son successeur, se trouve qualifié duc de Carinthie dans un diplôme de Conrad I, archevêque de Salzbourg, en faveur de l'abbaye de Reichesperg, daté du 22 octobre 1144. (Froélich, pag. 41.) Conrad de Zéringen prenait aussi le même titre, comme on le voit dans un diplôme de l'empereur Conrad III, du 18 octobre 1145, qu'il souscrivit comme témoin. (Froélich.) L'an 1148, il perdit Bernard, son frère, qui périt dans la déroute qu'essuya, dans l'Asie mineure, l'empereur Conrad, qu'il avait accompagné à la croisade. L'an 1158, Henri servit, de sa personne, l'empereur Frédéric I dans son expédition d'Italie. L'an 1161, chargé, par ce prince, d'une ambassade à la cour de l'empereur Manuel, le vaisseau sur lequel il s'était embarqué fit naufrage, et lui-même périt dans cet accident. (*Chron. Augustense*, apud Freher., tome I, pag. 511.) Radevic le qualifie d'homme plein de valeur, et fort expérimenté au métier des armes. Nous ignorons le nom de sa femme, dont il ne laissa point d'enfants.

HERMAN.

1161. HERMAN, frère de Henri IV, lui succéda au duché de Carinthie, qu'il posséda l'espace d'environ vingt ans, étant mort le 5 octobre de l'an 1181. De son mariage avec une femme dont le nom est resté dans l'oubli, il laissa deux fils, Ulric, qui suit, et Bernard, qui viendra ensuite.

ULRIC II.

1181. ULRIC, fils aîné d'Herman, lui succéda, fort jeune, au duché de Carinthie, dont il fut solennellement investi, par l'empereur Frédéric I, à la diète d'Erfort. On le voit aussi, l'an 1192, à celle de Ratisbonne, tenue, au mois de janvier, par l'empereur Henri VI. L'an 1201, se voyant attaqué de la lèpre, il remit son duché à Bernard, son frère. Il approchait alors de sa fin, qui arriva l'année suivante. (Froélich.)

BERNARD.

1201. BERNARD, successeur d'Ulric, son frère, au duché de Carinthie, paraît, avec cette qualité, dans un acte du 27 janvier 1202, par lequel les ducs d'Autriche et de Carinthie accommodent les différents qui s'étaient élevés entre Pélegrin, patriarche d'Aquilée, et les comtes de Goritz. Bernard fut attaché successivement aux empereurs Philippe, Otton IV, et Frédéric II. Ce dernier ayant prévalu, Bernard suivit le cours de la fortune et se montra l'un des plus zélés partisans de ce prince, qu'il accompagna dans la plupart de ses expéditions. C'est ce qui paraît par sa signature, qui se rencontre dans un grand nombre de diplômes que ce prince fit expédier en divers tems et en divers lieux. L'an 1234, il fonda l'abbaye de Landestrot, aujourd'hui Landstrasse, dans la vallée de Toplitz, pour des Cisterciens. (Froélich.) L'an 1242, il s'entremit, avec succès, pour la délivrance de Frédéric Gosse de Griven, que Henri, comte d'Ortenbourg, retenait en prison, comme le prouve la charte qu'il fit expédier à ce sujet le 9 septembre de cette année. (*Ibid.*) L'an 1246, après la mort de Frédéric *le Belliqueux*, duc d'Autriche, il prétendit à la seigneurie de Carniole, dont la plus grande partie était au pouvoir des patriarches d'Aquilée, des ducs de Carinthie, des comtes de Goritz, et des évêques de Frisingue. L'an 1252, les usurpations qu'il fit sur les terres de l'évêché de Frisingue, ayant été déférées au pape Innocent IV, lui attirèrent une excommunication, dont il fut frappé le 14 août de cette année. (Froelich.) Il mourut au mois de février 1256, et fut enterré au monastère de Landestrot. (Rubeis.) De JUTTE, son épouse, de la maison royale de Bohême, il eut Ulric, qui suit; Bernard, mort avant son père, et enterré auprès de lui; Philippe, qui viendra ci-après; et Marguerite.

ULRIC III.

1256. ULRIC, fils aîné de Bernard, et son successeur au duché de Carinthie et dans le titre de seigneur de Carniole, avait été envoyé, dès l'an 1245, avec deux cents chevaux, au secours de Wenceslas III, roi de Bohême, contre Frédéric *le Belliqueux*, duc d'Autriche. Mais, avant été battu et fait prisonnier, il n'avait recouvré sa liberté que l'année suivante. Son mariage avec AGNÈS DE MÉRANIE, que le duc d'Autriche avait répudiée du consentement des évêques, fut une des conditions de son élargissement. L'an 1260, il fonda la chartreuse de Vronitz, ou Fraudenthal (en latin *Jucunda Vallis*), dont son père avait conçu le projet, que le tems et les conjonctures ne lui avaient pas permis d'exécuter. L'an 1262, il confirma et dota l'hôpital de Saint Antoine de Poksruck, fondé par Otton I, duc de Méranie, son beau-père. Devenu veuf, il épousa, en secondes noces, l'an 1263, AGNÈS, fille d'Herman VI, marquis de Bade, et de Gertrude d'Autriche. L'an 1268, il fit cette fameuse charte par laquelle, au cas qu'il mourût sans enfants, il instituait son héritier universel Przémislas-Ottocare II, roi de Bohême, son cousin, sans faire mention de Philippe, son frère, qui avait été élu archevêque de Salzbourg en 1266, et n'était pas encore sacré. Les états de Carinthie ne furent pas consultés pour ce testament. Dans la crainte que Philippe ne les fît intervenir un jour pour annuler cet acte, Ulric et Ottocare s'employèrent pour le faire substituer à Grégoire de Montelongo, patriarche d'Aquilée, mort le 8 octobre 1269; et ils y réussirent. Philippe fut élu patriarche le 24 du même mois. Ulric mourut trois jours après, sans laisser de postérité.

PHILIPPE.

1269. PHILIPPE, patriarche élu d'Aquilée, trompa les précautions qu'Ulric, son frère, avait prises pour l'exclure de sa succession. Appuyé des états de Carinthie, il se mit en possession de ce duché, et prit en même tems le titre de capitaine de Frioul, que son frère avait porté sur la fin de ses jours. Cependant Przémislas-Ottocare envoya Conrad, prévôt de Brinn, pour demander l'exécution du traité fait entre Ulric et lui. Mais Philippe eut l'adresse de gagner Conrad et de le mettre dans son parti. Le roi de Bohême, indigné de l'infidélité de son ministre, se hâta de terminer, par un accommodement, la guerre qu'il avait alors avec Etienne, roi de Hongrie; après quoi, il fit passer une armée en Carinthie, sous la conduite d'Ulric de Lichtenberg. Il y vint lui-même bientôt après, et répandit la terreur dans le pays. Les seigneurs de Carinthie et de Carniole le prièrent de suspendre les hostilités. On choisit des arbitres pour décider la querelle. Leur décision fut en faveur du roi de Bohême. Philippe, obligé de lui remettre toutes les places dont il s'était rendu maître, et de lui céder toutes ses prétentions sur la Carinthie et la Carniole, se retira dans l'Autriche, avec un modique revenu qui lui fut assigné. Mais, l'an 1274, s'étant assuré de la protection de l'empereur Rodolphe, il reprit le titre de duc de Carinthie. Rodolphe, dans le même tems, fait sommer Ottocare de se démettre de l'Autriche, de la Carinthie, de la Carniole et de la Styrie, pour s'en être emparé sans le consentement des états de l'empire. Le roi de Bohême envoie, l'an 1275, à la diète de Wurtzbourg, Bernard, évêque de Seckau, et Henri, prévôt d'Oëttingen, pour y défendre sa cause. Mais ses moyens ayant été rejetés, on en vint aux armes l'année suivante. Rodolphe, après avoir remporté quelques avantages sur Ottocare, s'avança vers Vienne, dont il forma le siège. Ottocare, alors, proposa de mettre l'affaire en arbitrage. Berthold, évêque de Wurtzbourg, Brunon, évêque d'Olmutz, et Otton, marquis de Brandebourg, choisis pour arbitres par les parties, prononcèrent leur jugement, le 10 décembre 1276, dans le camp devant Vienne, en ces termes : « Nous décidons que le seigneur Ottocare, roi de Bohême, » renoncera, simplement et sans restriction, à tout le droit » qu'il avait, ou semblait avoir, sur les terres et habitants, » de quelque condition qu'ils soient, de l'Autriche, de la » Carinthie, de la Carniole, de la Styrie, de la Marche, d'Egra » et de Naon ». (Steyrer, *Vita Alberti II*, p. 147.) Ottocare, s'étant soumis à ce jugement, reçut à Vienne, ou plutôt dans l'île de Camberg, l'investiture de la Bohême et de la Moravie; les autres provinces qu'il avait envahies, réservées à l'empire. (Froélich.) Rodolphe, presque aussitôt, fit partir le comte Mainard, avec un corps de troupes, pour aller prendre possession, en son nom, de la Styrie, de la Carinthie et des autres provinces abandonnées par Ottocare, d'où étant revenu à Vienne, il y trouva les députés de ces provinces, qui apportaient leurs hommages à l'empereur. Vers le commencement de l'an 1277, Rodolphe parcourut en personne l'Autriche, la Styrie et la Carinthie, pour s'assurer par lui-même de leur fidélité. Le 12 septembre de la même année, le roi de Bohême donna de nouvelles preuves à Rodolphe de sa fidélité, par des lettres datées de Prague, où il confirma les renonciations qu'il avait faites. Cependant la reine, son épouse, souffrait impatiemment sa conduite méticuleuse envers l'empereur. Elle fit tant, par ses reproches, qu'enfin elle détermina Ottocare à revenir contre ce qu'il avait fait. On a des lettres de ce prince à Rodolphe, datées du 11 novembre 1277, par lesquelles il se plaint d'avoir été grevé par le traité qu'il avait conclu avec lui. La guerre, en conséquence, est déclarée entre ces deux princes. L'an 1278, Ottocare ayant pénétré, avec son armée, jusqu'aux portes de Vienne, Rodolphe vient à sa rencontre, et lui livre bataille, le 26 août, à Marschfeld, où la mort du roi de Bohême lui assure la victoire qu'il avait long-tems disputée. Philippe crut, sans doute, que cet événement le rétablirait dans le duché de Carinthie; mais Rodolphe ne tarda pas à le détromper, en donnant le gouvernement de cette province et des autres, dont il avait dépouillé le roi de Bohême, à Mainard, comte de Tyrol. Philippe mourut, l'année suivante, dans l'état de simple particulier, à Krems, dans la basse Autriche, et fut inhumé aux Dominicains de cette ville, où l'on grava qu'il avait été évêque, patriarche et duc.

MAINARD.

1282. MAINARD, ou MAINHART, comte de Tyrol, après avoir administré, pendant huit ans, la Carinthie, en fut nommé duc en titre, et marquis de Tarvis, par l'empereur Rodolphe, le jour de Noël, dans la diète d'Augsbourg. Ce fut la récompense de la cession qu'il avait faite, en 1283, à l'empereur, de ses droits sur l'Autriche; droits qui lui appartenaient du chef de sa femme, sœur du malheureux Frédéric de Bade, duc d'Autriche, décapité, l'an 1268, avec Conradin. On arrêta, en même tems, le mariage de sa fille Elisabeth avec le futur duc d'Autriche, Albert de Habsbourg, fils aîné du roi des Romains; et l'on stipula, qu'à l'extinction de la postérité masculine du duc Mainard, le duché de Carinthie et ses dépendances retourneraient à la nouvelle maison d'Autriche. (Pfeffel.) Le premier septembre suivant, Mainard fut installé à Karnbourg, selon une ancienne coutume, par un paysan qui, l'ayant fait monter sur une table de pierre, le salua duc de Carinthie, au nom des états du pays. De là, le nouveau duc s'étant transporté dans la plaine de Zollfeld (*campus Soliensis*), près de Clagenfurt, il y fit, étant assis sur une chaise de pierre, la distribution de ses fiefs, et donna, entr'autres largesses, le comté palatinat de Carinthie à son frère Albert, comte de Goritz. L'an 1292, Mainard choisit pour sa capitale la ville de Saint-Veit sur le Glan, après y avoir fait bâtir un château. Il y mourut le 31 octobre 1295, et fut inhumé à l'abbaye de Stams. Il avait épousé, 1°. l'an 1259, à Munich, ELISABETH, fille d'Otton *l'Illustre*, duc de Bavière, et veuve de Conrad, roi des Romains, morte le 6 octobre 1273 ; 2°. AGNÈS, fille d'Herman VI, margrave de Bade. De ce dernier mariage, il eut, 1°. Louis, qui suit ; 2°. Albert, mort le jour de saint Georges 1292, et mari d'Agnès, fille du comte d'Harjeloch et de Hochenberg, qui le fit père de Marguerite, femme de Frédéric IV, burgrave de Nuremberg ; 3°. Otton, qui viendra ci-après ; 4°. Henri, qui fut collègue de Louis et d'Otton ; 5°. Elisabeth, femme d'Albert I, duc d'Autriche, puis empereur ; 6°. Agnès, mariée à Frédéric I, landgrave de Thuringe et marquis de Misnie, morte en 1293.

LOUIS, OTTON ET HENRI.

1295. LOUIS, OTTON et HENRI, tous trois fils de Mainard, succédèrent à leur père dans le duché de Carinthie et le comté de Tyrol. Louis mourut le 22 septembre 1305, sans avoir pris d'alliance. Otton finit ses jours à Inspruck, le 25 mai suivant, fête de saint Urbain, après avoir eu quatre filles d'EUPHÉMIE, son épouse, fille de Henri, duc de Breslaw. Henri, le dernier des trois frères, resta seul duc de Carinthie. Il avait épousé, l'an 1306, AGNÈS, fille de Wenceslas IV, roi de Bohême et de Pologne ; mariage qui, après l'assassinat de Wenceslas V, arrivé au mois d'août de la même année, donna occasion à plusieurs seigneurs de Bohême, d'appeler Henri, son beau-frère, à la couronne ; mais Rodolphe, fils de l'empereur Albert, l'emporta sur Henri, qui fut chassé de Bohême. Rodolphe étant mort au mois de juillet 1307, Henri fut rappelé en Bohême ; mais il eut un nouveau concurrent dans la personne de Philippe *le Beau*, duc d'Autriche, qui se désista néanmoins en 1308. On fut contraint aussi de rendre à Henri la Carinthie, dont on l'avait dépouillé. L'an 1309, l'empereur Henri VII, voulant faire tomber ce duché, ainsi que le royaume de Bohême, à son fils Jean, fit déclarer, à la diète de Francfort, Henri, fils de Mainard, déchu de l'un et de la Bohême, à cause de sa nonchalence, et lâcha, en conséquence, un décret de proscription contre lui. Chassé de la Bohême, Henri se retira dans la Carinthie, où il se maintint et continua de porter le titre de roi de Bohême. Il fonda l'hôpital d'Inspruck et la chartreuse de Schnals. Une maladie prompte l'enleva, le 4 avril 1335, au château de Tyrol, après avoir été marié trois fois, 1°. l'an 1306, comme on l'a dit, avec ANNE, fille de Wenceslas IV, roi de Bohême, morte le 3 septembre 1313; 2°. l'an 1315, en automne, avec ADÉLAÏDE, fille de Henri, duc de Brunswick-Grubenhagen, morte le 18 août 1320; 3°. l'an 1327, avec BÉATRIX, fille d'Amédée V, comte de Savoie, morte le 20 décembre 1331. Du second mariage, il eut Marguerite, surnommée *Maultasch*, qui viendra ci-après, et Adélaïde, née en 1317, dont il sera encore fait mention par la suite.

MARGUERITE, DITE MAULTASCH, ET JEAN-HENRI DE BOHÊME, ALBERT ET OTTON, DUCS D'AUTRICHE.

1336. MARGUERITE, dite *Maultasch* à cause de la difformité de sa bouche, fille aînée du duc Henri, mariée au prince Jean ou Jean-Henri, fils de Jean, roi de Bohême, se mit en devoir, après la mort de son père, de prendre possession de la Carinthie. Mais elle fut traversée par l'empereur Louis de Bavière, qui accorda ce duché, par lettres du 2 mai 1336, aux deux frères, Albert et Otton, ducs d'Autriche et de Styrie, à qui le droit sur la Carinthie avait été réservé dès les années 1280 et 1286. Marguerite et son époux, soutenus de Jean, roi de Bohême, prirent les armes pour soutenir leurs prétentions. Mais, n'ayant osé commettre aucune hostilité dans la Carinthie, dont le peuple n'était nullement disposé en leur faveur, ils portèrent la guerre dans le Tyrol, où ils firent des progrès assez rapides. Cependant le roi de Bohême étant en voie d'attaquer la Prusse, fit, le 10 octobre, 1336, avec les ducs d'Autriche, un traité de paix, par lequel Marguerite eut le Tyrol, avec quelques châteaux en Carinthie; et le reste de cette province fut adjugé aux ducs d'Autriche, à condition de rembourser les frais de la guerre au roi de Bohême, qui promit de faire ratifier ce traité à son fils et à sa bru. L'an 1337, nouveau prétendant au duché de Carinthie. Ce fut Jean, fils de Frédéric IV, burgrave de Nuremberg, et de Marguerite, fille d'Albert de Carinthie, et arrière-petit-fils, par sa mère, de Mainard, duc de Carinthie. Mais il s'en tint à des menaces de guerre, et mieux conseillé, il se désista de sa demande. L'année suivante, les états assemblés à Gratz, députèrent, le 12 septembre, au duc Albert, pour lui demander de nouvelles lois. Albert leur ayant laissé le choix de celles qui existaient parmi leurs voisins, ils adoptèrent celles de la Styrie, dont on fit une nouvelle constitution, qui fut disposée au château d'Ottervisch. L'an 1339, mort du duc Otton, arrivée le 16 février. Il laissa deux fils, Frédéric et Léopold, qu'il avait recommandés, par son testament, à son frère Albert. Fidèle à la mémoire d'Otton, Albert associa ses neveux au gouvernement de la Carinthie. L'an 1341, au mois de novembre, Marguerite, mécontente de son époux, sous prétexte d'impuissance, le chasse de son lit et du Tyrol. L'auteur et l'instigateur de ce divorce, était l'empereur Louis de Bavière, qui, dans l'espérance de procurer à sa maison le Tyrol et la Carinthie, avait insinué à Marguerite de quitter le prince Jean-Henri, pour épouser son fils Louis, margrave de Brandebourg. Cette nouvelle alliance se fit à Méranie, le 10 février 1342, avec dispense, non du pape, mais de l'empereur, lequel, en faveur de son fils et de sa bru, non-seulement confirma les droits et priviléges du Tyrol, mais leur conféra, de plus, le duché de Carinthie, malgré la pleine et paisible possession d'Albert d'Autriche. JEANNE, femme d'Albert, trouva moyen, l'année suivante, de gagner l'empereur et de le réconcilier avec son époux, qu'il laissa en jouissance de la Carinthie. L'an 1348, Charles IV, nouvel empereur, frère de Jean ou Jean-Henri, marquis de Moravie, confirma, le 28 mai, au duc Albert et à ses fils, Rodolphe et Frédéric, les droits qu'ils avaient à leurs duchés. Albert mourut le 20 juillet 1358, à Vienne, avec le surnom de *Sage*, que sa conduite lui avait mérité. (Voy. *les ducs d'Autriche pour la suite des ducs de Carinthie.*)

CHRONOLOGIE HISTORIQUE

DES COMTES D'ANDECHS

ET DUCS DE MÉRANIE (*).

ANDECHS, nommé aujourd'hui le *Mont-Saint*, abbaye de bénédictins, près de l'Ammersée, dans la seigneurie de Weilheim, du district de Munich, au diocèse d'Augsbourg, était autrefois le chef-lieu d'un comté dont les seigneurs furent très-célèbres dans la Bavière. Leur origine est néanmoins fort obscure, et a beaucoup exercé la critique. Lazius (*De Rep. Rom.* l. 12, p. 1213), suivi par Mégiserus, les faisait descendre de Godefroi, tué l'an 956, par les Hongrois, et issu, selon cet écrivain, d'un certain Verlin, chancelier de Charlemagne. Cette opinion destituée de preuves, a été réfutée par David Koëler, professeur de l'université d'Altorf, dans une dissertation latine, publiée en 1729. Mais, après avoir détruit le système de Lazius, il lui en oppose un autre qui n'est pas mieux établi, en donnant pour tige de la maison d'Andechs, un Rapold ou Rathold, qu'il suppose fils naturel de l'empereur Arnoul. M. le comte du Buat, dans ses *Origines Boicæ*, fait disparaître ce Rathold, avec les descendants les plus voisins qu'on lui donne, et trace des comtes d'Andechs une nouvelle généalogie, bien mieux prouvée, que nous adoptons en la remettant sous les yeux de nos lecteurs.

Arnoul, dit *le Mauvais*, duc de Bavière, mort le 11 juillet 937, laissa au moins trois fils, dont le second, nommé comme lui, fut comte palatin en Germanie, sans limitation de territoire, et fut tué en 953. Celui-ci eut un fils nommé Berthold, qui périt, en 955, dans une bataille contre les Hongrois.

(*) Article dressé en partie sur les mémoires de M. Ernst.

Berthold I fut père d'Arnoul, qui est le troisième de son nom parmi les descendants du duc Arnoul. Il fut comte en Sundgaw, et mourut vers l'an 1010, laissant d'Adélaïde, sa femme, Berthold, qui suit; Frédéric, dit Roch, ou Hock, c'est-à-dire *le Rude*; et Arnoul, qui viendra ci-après.

BERTHOLD II.

1010 ou environ. BERTHOLD II, fils d'Arnoul III, fut le premier comte d'Andechs. On ignore le tems de sa mort, ainsi que le nom de sa femme, dont il ne laissa point de postérité.

ARNOUL IV.

ARNOUL IV, frère de Berthold, lui succéda au comté d'Andechs. Il fonda, l'an 1073, au diocèse de Frisingue, le monastère d'Attila ou d'Aetle, que Frédéric Hock détruisit quelque tems après, et qui fut relevé en 1087, mais qui, depuis long-tems, ne subsiste plus. Aventin croit que c'est Altenbourg, et Velzer le prend pour Azelbourg, village près du Danube. Il mourut vers l'an 1080, après avoir eu de GISÈLE, sa femme, Arnoul, qui suit; Conrad, chanoine; et Emme, mariée à Wautier, avoué de l'abbaye d'Ebesberg.

ARNOUR V.

1080 ou environ. ARNOUL V, fils aîné d'Arnoul IV, lui succéda en bas âge dans le comté d'Andechs, auquel il joignit, l'an 1100, celui de Diessen, et la préfecture de Halle, par son mariage, contracté avec AGNÈS DE FORNBACH, fille et héritière de Henri, qui jouissait de ces deux dignités. Arnoul mourut vers l'an 1120, laissant de son mariage un fils, qui suit.

BERTHOLD III.

1120 ou environ. BERTHOLD III, successeur d'Arnoul, son père, fonda le monastère de Diessen dans le bailliage de Friedberg, et augmenta les revenus de celui d'Andechs. Il en fonda un autre, l'an 1132, pour des femmes, nommé Octelstetten, ou Edelstetten, près du lac d'Ambre, en Suabe, entre Augsbourg et Ulm, auquel saint Otton, évêque de Bamberg, donna des biens considérables. La règle de saint Benoît y fut d'abord suivie, et ensuite celle de saint Augustin, par des chanoinesses régulières. Berthold mourut l'an 1160. SOPHIE, sa femme, morte en 1156, dame, à ce qu'on prétend, d'Ammerstal, lui donna trois fils: Poppon, qui suit; Berthold, qui viendra après; et Otton, avec une fille, nommée Mathilde, qui fut abbesse, et mourut le 26 juin 1151, suivant le nécrologe de Diessen. Otton, que quelques-uns font l'aîné des trois frères, prit le parti de l'église, et devint évêque de Bamberg, deuxième de son nom, l'an 1177.

POPPON.

1160. POPPON, successeur de Berthold, son père, joignit au comté d'Andechs, dont il hérita de lui, l'avouerie de Buren. Il mourut sans enfants, on ne sait en quelle année, après avoir répudié, l'an 1142, CHUNISSE, ou CUNÉGONDE, son épouse, fille de Regimbodon, comte de Truendingen.

BERTHOLD IV.

BERTHOLD IV, frère de Poppon, et comte d'Andechs après lui, accompagna, l'an 1157, l'empereur Frédéric dans son expédition de Lombardie. (*Chron Reichersperg.*) L'an 1173, il fut pourvu, par ce prince, du marquisat d'Istrie. Il avait épousé, 1°. HEDWIGE, fille d'Ecbert, comte de Butten, mort en 1144, laquelle hérita de plusieurs terres et châteaux par la mort de son frère Ecbert III, tué, le 5 août 1158, au siége de Milan, et mourut, suivant le nécrologe de Diessen, le 15 juillet 1176, après avoir donné à son époux un fils, qui suit, et quatre filles. LUTGARDE fut la seconde femme de Berthold: elle était fille de Suenon, roi de Danemarck, ou plutôt de Séeland et de Fuhnen; et Adélaïde, fille de Barad, marquis de Wettin, dont son époux se fit séparer pour cause d'adultère, après en avoir eu Poppon, prévôt de Bamberg, et une fille, Berte, abbesse de Gerbstætten, en Misnie. Berthold finit ses jours en 1187.

BERTHOLD V.

1187. BERTHOLD V n'attendit pas la mort de son père, auquel il succéda, pour faire preuve de son attachement à l'empereur Frédéric. Dès qu'il fut en âge de porter les armes, il se dévoua à son service, et se signala pour lui dans toutes les occasions. Ce prince, après avoir dépouillé avec son aide, le duc Henri *le Lion*, lui marqua sa reconnaissance, en le créant duc de Méranie, dont le chef-lieu, Méran, est situé près du château de Tyrol. C'est en 1180, qu'il paraît pour la première fois, revêtu de ce duché, composé de plusieurs terres dans le Tyrol, possédées jusqu'alors, sous la mouvance du duché de Bavière, par la maison d'Andechs. Frédéric, en créant ce titre, rendit immédiates les terres qui y participaient, et étendit la juridiction qu'il donnait, sur une partie considérable du Tyrol, mais non pas sur la province entière, comme quelques-uns le prétendent. D'autres pensent, avec plus de vraisemblance, qu'avant l'érection de ce duché, les empereurs avaient établi les comtes d'Andechs, gouverneurs du Tyrol, sous le titre d'avoués; emploi qui leur donna occasion de s'y rendre maîtres de plusieurs villes, châteaux et domaines. Ils prirent tant de goût et d'affection pour ce pays, qu'ils y menèrent comme une nouvelle colonie de leurs sujets, et y bâtirent une nouvelle ville, sous le nom de Méranie, avec un château qui subsiste encore. Le duc Berthold ayant perdu son père, l'an 1188, lui succéda au comté d'Andechs, au marquisat d'Istrie et au duché de Dalmatie. Il partit, l'année suivante, après Pâques, avec l'empereur, à la tête de l'une des divisions de son armée, pour la Terre-Sainte. Un accident funeste ayant emporté ce prince avant d'arriver au terme, Berthold eut encore la douleur de voir, six mois après, Frédéric, son fils, périr au siége d'Acre. De retour en Allemagne, il obtint du nouvel empereur, Henri VI, l'avouerie du monastère de Tégernsée. Dans les troubles qui suivirent la mort de Henri, Berthold demeura fidèle au parti du jeune Frédéric, son fils, et de Philippe de Suabe, tuteur de ce jeune prince. Il mourut l'an 1204, suivant la chronique d'Augsbourg, laissant d'AGNÈS, son épouse, fille de Dédon, comte, à ce que l'on croit, de Rochlitz, en Misnie, quatre fils et autant de filles. Egbert, ou Erkempert, l'aîné des fils, ayant embrassé l'état ecclésiastique, fut élu pour évêque, avant l'âge compétent, le 13 janvier 1203, par le chapitre de Bamberg. Cette élection prématurée fut rejetée par le pape Innocent III, qui refusa ses bulles de confirmation. Mais Egbert, ayant été trouver le pontife à Rome, sut si bien le gagner par ses caresses, qu'il s'en revint pleinement satisfait. Innocent eut beaucoup mieux fait de persister dans son refus; car Egbert avait plus les qualités d'un guerrier que les vertus d'un évêque. Le roi Philippe de Suabe ayant été mis à mort, l'an 1208, par Otton de Wittelsbach, l'évêque de Bamberg fut violemment soupçonné d'avoir été prévenu sur cet assassinat. L'empereur Otton, en conséquence, quoique rival de Philippe, prononça contre Egbert la peine du bannissement, et le pape Innocent y ajouta celle de la déposition. Mais Egbert, dans un nouveau voyage qu'il fit à Rome, désarma le saint père et obtint son absolution. (*Alberici Chron.*) Il fit également sa paix, quelque tems après, avec l'empereur Frédéric II, qui, l'ayant rappelé, lui donna le gouvernement de l'Autriche, en considération de ses talents militaires. La mort de ce prélat est marquée à l'an 1237, dans les chroniques de Salzbourg et de Diessen. Berthold, le second fils de Berthold V, étant entré pareillement dans le clergé, fut promu à l'archevêché de Colocza, par la faveur d'André II, roi de Hongrie, dont il était parent ou allié. Mais le pape Innocent III lui refusa sa confirmation, sur son dévouement connu pour l'empereur Frédéric II. Elle lui fut enfin accordée par Honorius III, successeur d'Innocent, qui confirma même, en 1218, sa promotion faite au patriarcat d'Aquilée. Berthold transféra son siége à Udine. Ce fut un grand avantage pour cette ville, dont il releva les ruines, et qu'il décora d'aqueducs, de temples et d'autres édifices publics. Nous parlerons ci-après d'Otton, troisième fils du duc Berthold. Henri, le quatrième, eut le marquisat d'Istrie et de Carniole, avec l'avouerie de Tégernsée, qu'il défendit contre les entreprises injustes d'Otton, comte de Vales. Henri n'hérita point de l'attachement de son père à la maison de Suabe. Au lieu de se déclarer, à son exemple, pour Philippe, roi des Romains, il se tourna, de même que l'évêque Egbert, son frère, du côté d'Otton de Brunswick, son antagoniste. Philippe, étant devenu le maître de l'empire, le punit en le privant du marquisat d'Istrie. Henri, pour se venger, eut la lâcheté d'engager Otton de Wittelsbach à se défaire de Philippe, par un assassinat. (*Otto à S. Blasio.*, c. 50.) Ce crime, tout favorable qu'il était à Otton de Brunswick, auquel il procurait l'empire, excita son indignation. Il en poursuivit la vengeance avec vigueur, et fit mettre au ban de l'empire, l'assassin avec ses complices. Le château d'Andechs, où résidait Henri, fut même rasé, suivant Aventin, et Henri n'évita le supplice qu'il méritait que par la fuite. Il passa en Palestine, d'où il ne revint qu'au bout de vingt ans, après avoir obtenu sa grâce de l'empereur Frédéric II. Mais l'année même de son retour, 1228, il mourut à Gratz, sans laisser d'enfants de Sophie, sa femme, qui lui survécut. Des quatre filles du duc Berthold, Hedwige, l'aînée, épousa, l'an 1186, Henri *le Barbu*, duc de Pologne, de Wratislaw et de Silésie, après la mort duquel, arrivée l'an 1238, elle vécut dans les exercices de la plus haute piété, jusqu'au 15 octobre 1243, qui fut le terme de ses jours. Gertrude, seconde fille de Berthold, épousa André II, roi de Hongrie, et périt, en 1213, de la manière que nous le disons à l'article de son époux; Agnès, sœur de Gertrude, devint fameuse par son mariage avec Philippe Auguste, roi de France; Mathilde, quatrième fille de Berthold, fut abbesse de Lutzingen, en Franconie, pendant vingt-trois ans.

OTTON, dit LE GRAND.

1204. OTTON, dit LE GRAND, troisième fils du duc Berthold V, lui succéda au comté d'Andechs et au duché de Méranie. Non moins attaché que son père à la maison de Suabe, il signala sa valeur pour la défense de Philippe, roi des Romains, contre Otton de Brunswick, son compétiteur. Philippe récompensa son zèle en lui faisant épouser, le 22 juin 1208, BÉATRIX DE SUABE, sa nièce, héritière du comté de Bourgogne, dont il joignit le titre à ceux de duc de Méranie, de Dalmatie et de prince de Voigtland. Mais la possession de ce comté lui fut disputée par Etienne de Bourgogne, vicomte d'Auxonne qui s'en prétendait le légitime héritier, comme le plus proche en ligne masculine. La querelle ne fut entièrement terminée qu'en 1230, par le mariage d'Adélaïde, fille d'Otton, avec Hugues, petit-fils d'Etienne. (Voy. *les comtes de Bourgogne*.)

L'an 1234, Otton tint à Inspruck, qu'il avait érigé en ville, de simple marché qu'il était, les états de Tyrol, auxquels assistèrent les évêques de Brixen et de Trente et toute la noblesse du pays. (*Hundt.*, tom. I, p. 447.) Mais ce fut au nom de l'empereur qu'il présida à cette assemblée, dont tous les membres ne relevaient pas de lui. Hoffman, dans ses annales de Bamberg (liv. 4, §. 30), met en la même année la mort du duc Otton. De son mariage, il laissa deux fils et quatre filles. Les fils sont Otton, qui suit; et Poppon, qui fut, en 1238, le quatrième de sa maison, évêque de Bamberg; mais, dépourvu des vertus épiscopales, sa mauvaise administration le fit chasser la même année qu'il fut élu. Etant venu à bout de remonter sur son siége, après le court épiscopat de Sigefroi d'Oëttingen, son successeur, il mérita, par ses déportements, une seconde expulsion, qui fut suivie de l'exil, où il finit ses jours en 1245. Béatrix, l'aînée des quatre filles d'Otton, et non la troisième, comme on le suppose communément, fut alliée avec Otton, comte d'Orlamunde, en Thuringe; Alix, la seconde, donna sa main à Hugues, fils de Jean *le Sage*, comte de Châlons, qui, par elle, fit rentrer, comme on le verra plus bas, le comté de Bourgogne dans sa maison; Agnès qui suivait Alix, épousa, 1°. l'an 1230, Frédéric *le Belliqueux*, duc d'Autriche; 2°. l'an 1244, Ulric, duc de Carinthie. Elisabeth, la dernière des filles d'Otton, fut mariée, l'an 1246, à Frédéric III, burgrave de Nuremberg.

OTTON II.

1234. OTTON II, fils aîné du duc Otton *le Grand*, et de Béatrix, hérita seul du duché de Méranie, du comté de Bourgogne et des autres biens de sa maison, situés en Allemagne. Dès qu'il fut en possession de ces domaines, il fit citer ses vassaux, par son diplôme du mois de septembre 1234, pour venir lui rendre hommage. (Koeler, *de duc. Meran.*, p. 52.) Il ajouta, l'an 1247, à ses domaines la ville de Halle, en Tyrol, fameuse par ses salines, dont il se mit en possession après que l'empereur Frédéric II eut proscrit Conrad de Wasserbourg, qui en était seigneur. Otton reconnut mal cette faveur du prince, et se rangea du côté du pape Innocent IV, son ennemi déclaré. Frédéric, pour le punir, lui ôta, l'an 1247, les seigneuries de Schœrding et de Neubourg, dont il disposa en faveur du duc de Bavière, par ses lettres datées du camp de Parme, au mois de janvier 1248. (Koeler, *ibid.*, pag. 53.) M. Chasot (t. III, pag. 156), par une distraction singulière, dit précisément le contraire, et fait faire au pape le personnage que nous attribuons à l'empereur. La mort d'Otton avait précédé la donation que l'empereur fit des deux seigneuries dont on vient de parler, étant arrivée au commencement de l'an 1248, comme on le conclut d'une charte de Henri, évêque de Bamberg, datée du mois de février 1248, où il est fait mention de la mort de ce duc, comme récemment arrivée. (Koeler, pag. 78.) Cet événement fut tragique ; mais on ne convient ni du lieu de la scène ni de ses circonstances. Les uns disent qu'il fut assassiné à Plassenbourg, par un certain Hager, dont il avait violé la femme ; d'autres prétendent, d'après la chronique de Diessen, qu'il fut empoisonné par ses gens dans le château de Langkheim ; la chronique de Melk raconte qu'il fut poignardé dans le château de Niesten, et enterré à Langkheim. Mais dans son testament, dressé le 17 juin 1248, indiction VI, il dit : *Nos egritudinis molestiâ lecto decumbentes* (*monum. Boica*, tom. VIII, pag. 184) ; ce qui annonce une mort naturelle. Il fut le dernier de sa maison, n'ayant point été marié, quoi qu'en dise Koeler, qui lui fait épouser Blanche, fille de Thibaut *le Posthume*, comte de Champagne. Il est vrai qu'elle fut accordée avec Otton ; mais le mariage n'eut point lieu, puisque Blanche épousa, l'an 1236, Jean *le Roux*, duc de Bretagne.

La succession d'Otton fut partagée entre plusieurs cohéritiers. Mainard II, comte de Goritz, dans la haute Lusace, se mit en possession du duché de Méranie, du chef de Mathilde, sa mère, fille du duc Berthold III. Henri, évêque de Bamberg, s'attribua quelques châteaux et domaines qu'il réunit à son église par la charte du mois de février 1248, dont on a parlé plus haut. Béatrix, sœur aînée d'Otton, et son mari Otton d'Orlamunde, n'eurent pas une moindre part dans la succession de ce prince. Ils se saisirent, entr'autres domaines, du Voigtland, du château de Plassenbourg, de la ville de Culmbach, de Prutzendorff, de Goldernac, de Mengau et de Wertzberg. Alix, sœur puînée de Béatrix, et Hugues de Châlons, son époux, eurent, par une disposition particulière du duc Otton, le comté de Bourgogne. La ville de Baruth, en Saxe, et le château de Cadolbourg, furent le partage d'Elisabeth de Méranie et de son mari, Frédéric, burgrave de Nuremberg.

CHRONOLOGIE HISTORIQUE

DES

SUISSES ET DE LEURS ALLIÉS.

~~~~~~~~~~~~~~~~~~~~

UNE nation sans chef, composée de treize corps politiques différents entre eux par la forme du gouvernement, démocratique chez les uns, aristocratique chez les autres, également divisés par le culte religieux, ici Catholiques, là Zuingliens ou Calvinistes, mais réunis par un amour égal de la liberté, telle est en précis la république des Suisses. Celtes, ou Gaulois d'origine, ils avaient souffert que des colonies de Cimbres et de Suèves vinssent s'établir parmi eux, et leur avaient abandonné la partie septentrionale de l'Helvétie. C'est par là qu'on peut expliquer ce qui a donné naissance à la diversité de langage, qui subsiste encore entre cette partie et le reste de la Suisse. Le nom d'Helvétiens fut commun à tous, jusqu'à la grande confédération qu'ils firent au quatorzième siècle, et depuis laquelle ils ne sont plus connus que sous le nom de Suisses. Lorsque Jules César entra dans les Gaules, ils étaient partagés en quatre cantons, dont la position et l'étendue ne sont pas faciles à déterminer. La population de ce pays était telle alors, qu'on y comptait douze villes et quatre cents villages; mais le produit du sol faiblement cultivé, ne fournissait que difficilement à la subsistance de ses nombreux habitants (1). Orgetorix, le plus opulent et le plus

---

(1) Voici quelles étaient alors l'étendue et les bornes de l'Helvétie. César, dans ses commentaires, sépare les Helvétiens des Germains par le Rhin, des Séquanais par le Mont-Jura, et des Allobroges par le lac Léman et le Rhône, par où il paraît que ces peuples occupaient, outre ce qu'on appelle aujourd'hui la Suisse allemande, tout le pays de Vaud, le Valais et le pays de Gex, le long du lac Léman et du Rhône d'un côté, et du Mont-Jura de l'autre.

accrédité d'entre eux, les voyant murmurer de leur sort, proposa une invasion dans les Gaules, pour se faire donner le commandement. Ses desseins ambitieux furent découverts. La mort qu'il se donna prévint la vengeance que ses compatriotes se proposaient d'exercer sur lui. Cependant, les esprits conservèrent l'impulsion qu'il leur avait donnée, et l'entreprise fut également résolue. Pour rendre irrévocable le parti qu'ils avaient pris, ils commencèrent à mettre le feu à leurs habitations; après quoi, le 26 mars de l'an 695 de Rome, ils s'acheminèrent au nombre de quatre-vingt-douze mille hommes, sans compter les femmes, les enfants et les vieillards, vers le Rhône, où était marqué le rendez-vous général de la nation. César, alors proconsul des Gaules, apprenant leur émigration, vole à leur rencontre pour les empêcher de pénétrer sur les terres des Romains. Ils étaient près alors d'entrer dans les gorges qui séparent le lac Léman du Mont-Jura. Le général romain leur barre le chemin, par un retranchement qu'il fait élever à l'ouverture de ce défilé, après avoir fait rompre le pont de Genève qui communiquait avec leur pays. Obligés par là de revenir sur leurs pas, les Helvétiens s'adressent aux Séquanais, qui leur accordent le passage sur leurs terres, d'où ils arrivent sur les bords de la Saône, dans le pays des Eduens. Les deux tiers de leur armée avaient déjà traversé la rivière sur des traîneaux et des outres, lorsque César atteignit leur arrière-garde, composée de Tigurins, qu'il défit. Ayant fait ensuite construire un pont sur la Saône, il livre aux Helvétiens divers petits combats, qui aboutirent à une affaire générale, où il remporta une victoire complète près d'Autun, nommé alors Bibracte. Ceux qui échappèrent au carnage étant retournés dans leur patrie, s'occupèrent à réparer leurs foyers.

L'Helvétie, depuis ce tems, demeura soumise aux Romains l'espace d'environ quatre siècles. Les Bourguignons l'ayant conquise l'an 407, elle resta sous leur domination jusqu'à la destruction de leur royaume, opérée par les armes des enfants de Clovis en 532 ou 534. Dans les divers partages que les successeurs de ces princes firent entre eux de la monarchie française, l'Helvétie tomba tantôt dans le lot des rois de Bourgogne, tantôt dans celui des rois d'Austrasie. Sur le déclin de la race carlovingienne, Rodolfe, fils de Conrad et comte d'Auxerre, ayant assemblé, l'an 888, les évêques et les grands de la Bourgogne, dont il était gouverneur, les engagea à lui déférer le titre de roi. Son petit-fils, Rodolfe III, n'ayant point d'enfants, transmit ses états, par son testament, l'an 1032, à l'empereur Conrad *le Salique*. Ce fut alors que les prélats et les seigneurs du pays profitèrent de l'éloignement de ce nouveau maître, pour s'approprier et ériger, en souverainetés, les terres dont ils avaient le commandement. Une partie de l'Helvétie demeura néanmoins sous l'autorité immédiate de l'empereur; mais ce ne fut pas la plus heureuse. Des étrangers, envoyés pour la gouverner, la traitèrent en pays de conquête, et ne travaillèrent qu'à s'enrichir de ses dépouilles. Le mal fut porté à son comble pendant l'espèce d'anarchie qui régna dans l'empire depuis la déposition de Frédéric II, prononcée, en 1245, au concile de Lyon, jusqu'à l'élection, faite en 1273, de Rodolphe de Habsbourg, pour remplir le trône impérial. Dans cet intervalle de vingt-huit ans, la loi du plus fort fut presque la seule qu'on respectât dans l'empire. Les villes helvétiques, pour se mettre à l'abri de l'oppression, commencèrent à faire entre elles des confédérations; mais, voyant que cet expédient ne suffisait pas pour défendre leur liberté, elles se choisirent des protecteurs parmi les seigneurs voisins les plus puissants et les plus estimés. Celui qui l'emportait sur les autres par l'étendue de ses domaines et par sa manière de les régir, était sans contredit Rodolphe de Habsbourg, dont on vient de parler. La plupart de ces villes, s'étant mises, l'an 1257, sous la sauve-garde de ce prince, consentirent à recevoir de sa main des capitaines, ou gouverneurs, et lui assignèrent des rentes pour le prix de sa protection. Rodolphe répondit à leur confiance, et ne servit pas des ingrats. Ce furent elles qui contribuèrent le plus efficacement à lui faire obtenir la dignité impériale. La conduite d'Albert, fils et successeur de Rodolphe, à l'égard des Helvétiens, fut le contraste de celle de son père. Voulant convertir en servitude l'obéissance libre qu'ils lui rendaient, il leur envoya des officiers qui s'appliquèrent à remplir ses vues par des vexations de tous les genres. Pour ne citer qu'un exemple de leur insolence et de leur barbarie, on se contentera de rapporter le trait suivant. Geisler, bailli d'Uri, s'avisa de placer, au bout d'une perche, son chapeau, dans le marché public d'Altorff, avec ordre à tous les passants de le saluer sous peine de la vie. Guillaume Tell, fameux arbalétrier, ayant méprisé cet ordre, fut obligé, pour expier sa désobéissance, d'abattre d'assez loin, d'un coup de flèche, une pomme sur la tête de son fils; à quoi il réussit sans blesser l'enfant. Ce trait, vainement contesté, quant à la substance, par quelques modernes, est du 18 novembre 1307, et fut le signal d'une révolution préparée dans les trois cantons d'URI, de SCHWITZ et d'UNDERWALD, le 17 octobre précédent, par trois hommes déterminés à tout oser pour le salut de la patrie, Walther Furst, Werner de Stauffach, et Arnold de Melcthal. Les tyrans furent ignominieusement chassés; et l'empereur Albert, qui se disposait à les venger, périt le 1er. mai 1308, par la main de son neveu. Léopold, troisième fils d'Al-

bert, héritier du ressentiment de son père, s'étant mis en devoir de réduire les rebelles, fut mis en déroute, le 15 novembre 1315, avec une armée de neuf mille hommes, près de Morgarten, montagne de Schwitz, par un corps de treize cents hommes des trois cantons qu'on vient de nommer. Ce fut après cet événement que les vainqueurs, qui ne s'étaient unis que pour dix ans, rendirent leur confédération perpétuelle. « Elle était abso-
» lument défensive contre ceux qui entreprendraient de dépouil-
» ler ces peuples de leurs priviléges, sans qu'il y soit fait mention
» du projet de l'empereur Albert I, de réunir ces pays, avec
» une grande partie de l'Helvétie, aux fiefs et domaines de sa
» maison. Comme l'objet de leur confédération était de se main-
» tenir dans la prérogative de relever directement de l'empire,
» l'obéissance envers l'empire et son chef fut expressément
» réservée, et spécialement encore tous les droits que des sei-
» gneurs particuliers possédaient à titres légitimes dans l'en-
» ceinte des trois pays, sauf le cas où ces seigneurs se trouve-
» raient en guerre avec les communautés générales de ces pays.
» Pour prévenir leur désunion, ils se lièrent à n'entrer ni en
» engagement par serment, ni même en négociation avec
» d'autres que d'un consentement général, et à ne reconnaître
» aucun maître, c'est-à-dire aucun chef de l'empire, que d'un
» accord unanime...... » Cette première ligue est appelée *l'alliance des trois Waldstett.*, ou cantons frontières. (Tscharner, *Diction. de la Suisse*, *disc. prélim.*, pag. 3-4.)

L'exemple et les premiers succès des confédérés éveilla parmi leurs voisins l'amour si naturel de l'indépendance. Ceux de LUCERNE souffraient impatiemment le joug des Autrichiens qui leur avait été imposé contre leur gré. Soumis auparavant, pour la juridiction et la haute police, à l'abbaye de Murbach en Alsace, et relevant d'ailleurs nuement de l'empire, ils comptaient sur la foi d'un traité fait avec l'abbé, qu'il n'aliénerait jamais ses droits sur eux sans leur consentement. Mais le prélat avait ensuite eu la faiblesse de traiter, à leur insu, de ces mêmes droits avec l'empereur Rodolphe, qui cherchait à faire, à ses fils, un patrimoine digne du rang où il se voyait élevé. Après la mort de ce prince, las des hostilités auxquelles les exposait la rupture ouverte entre les pays ligués et le parti autrichien, ils conclurent avec les premiers une trêve, au grand déplaisir de leurs maîtres. Ceux-ci crurent devoir prévenir les suites de cette association. Mais les mesures qu'ils prirent sourdement pour y réussir ayant été découvertes, les Lucernois, après s'être saisis des portes, congédièrent le gouverneur, obligèrent ses partisans à vider le pays, et entrèrent dans la ligue perpétuelle des trois cantons; ce qui arriva l'an 1332. Mais au

lieu d'adopter le gouvernement démocratique, établi chez leurs
confédérés, ils préférèrent l'aristocratie avec quelques modifications. Ce furent les Lucernois qui, s'étant emparés, l'an 1352,
du château de Habsbourg, le détruisirent presque entièrement,
et réunirent le comté auquel il donnait le nom à leur canton.

ZURICH, après l'extinction de la maison de Zéringen, à qui
cette ville avait appartenu depuis l'an 1097 jusqu'en 1218, avait
fait de grands pas vers l'indépendance. L'empereur Frédéric II
lui assura, par un acte exprès, le droit de n'être jamais ni aliénée, ni hypothéquée. Son conseil aristo-démocratique était
composé de quatre nobles et de huit principaux bourgeois, qui
alternaient avec d'autres. « En 1336, cette forme fut changée,
» et on y substitua celle qui existe encore aujourd'hui. Il résulta
» de grands troubles de ce changement. En 1350, on découvrit
» une conjuration, formée contre ce gouvernement, qui alluma
» une guerre contre la maison d'Autriche et les comtes de Rap-
» perschweil, et engagea Zurich à entrer, en 1351, dans la con-
» fédération helvétique. Les trois anciens cantons lui cédèrent
» le premier rang ». (Tscharner.) Le pays de Zurich est le *pagus
Tigurinus* dont il est fait mention dans les historiens romains.

ZUG (en latin *Tugium*), que M. Tscharner donne pour une
des anciennes villes de Suisse, et dont la Martinière dit néanmoins qu'*elle ne se trouve marquée en aucun lieu avant cinq cents
ans*, est la capitale d'un canton d'environ quatre lieues en
longueur sur autant en largeur, borné à l'est et au nord par
celui de Zurich, au midi par celui de Schwitz, et à l'ouest par
le canton de Lucerne et par les bailliages qu'on nomme libres.
Après avoir fait partie, avec ses environs, du duché d'Allemanie, elle tomba, dans le onzième siècle, sous la puissance
des comtes de Lentzbourg, à l'extinction desquels elle passa
aux comtes de Habsbourg, qui la transmirent à la maison
d'Autriche, dont elle réserva les droits, lorsqu'en 1352, subjuguée par les Suisses, elle entra, avec ses dépendances, dans
leur grande confédération. Quoiqu'un peu moins ancienne dans
le corps que Glaris, on lui a néanmoins adjugé le pas sur ce
canton, en comptant celui de Zug pour le septième. Le gouvernement de Zug est démocratique et la religion catholique.
Le lac près duquel Zug est bâtie, long de trois lieues sur une
de large, abonde en poissons. Cette ville est proprement bâtie,
et son territoire fertile et agréable.

GLARIS, ou GLARUS (en latin *Glarona*), après avoir été
long-tems, avec son canton, du domaine de l'abbaye des filles

de Seckingen, était tombé sous la puissance de la maison d'Autriche, dont les ducs, nommés capitaines de ce pays par l'abbesse, avaient converti le titre qu'ils avaient reçu d'elle en fief héréditaire, et en exerçaient les droits avec la plus grande rigueur. Les Glaronais, voyant alors foulés aux pieds les priviléges qu'ils avaient obtenus sous la première domination, eurent recours aux cantons suisses, déjà confédérés, pour se tirer de l'oppression. Celui de Schwitz se montra le plus empressé à les secourir. Etant entré à main armée dans leur pays, l'an 1351, il y rétablit l'ancienne forme de l'administration publique ainsi que les droits du peuple, et se fit de ses voisins affranchis des alliés reconnaissants et utiles. « Cette première
» alliance des Glaronais avec les cantons renfermait des con-
» ditions inégales; ils ne pouvaient ni s'allier ni entrer en
» guerre sans l'aveu des confédérés. Par les services rendus à la
» ligue, ils méritèrent, qu'en 1450, cette inégalité fût levée :
» pour en effacer même la trace, et pour donner à la préro-
» gative naturelle une force rétroactive, le second traité fut
» mis sous la date du premier. » (Tscharner.)

BERNE, capitale d'un pays qui tient le second rang parmi les treize cantons helvétiques, et qui en égale à-peu-près le tiers par son étendue et ses richesses, doit sa fondation, dont la date est de 1191, à Berthold V, duc de Zéringen et recteur de la Bourgogne transjurane. Ce fut dans une péninsule, formée par la rivière d'Aar, qu'il la bâtit presque au milieu du canton, à vingt lieues sud de Bâle, autant sud-ouest de Zurich et trente nord-est de Genève. Berthold V, après avoir donné à sa ville naissante des lois et des libertés qu'il fit confirmer par l'empereur Henri VI, mourut, l'an 1218, sans postérité mâle, les fils qu'il avait eus ayant été empoisonnés, si l'on en croit Josias Simler, par la noblesse du pays, dont il avait encouru la haine. Berne alors étant rentré sous la dépendance immédiate de l'empire, Frédéric II y établit préfet Otton de Ravensberg, qu'il révoqua, quelques années après, pour laisser les Bernois en pleine jouissance de leur liberté. Le désir d'étendre leur territoire ne tarda pas à les compromettre avec leurs voisins. Hartman, comte de Kibourg, s'offensa d'un pont qu'ils avaient construit sur l'Aar, pour passer de là sur un terrain qu'ils avaient acquis près de Burgdorff, dont il était seigneur. Ayant fait une ligue avec la ville de Fribourg, il entreprit de détruire cet ouvrage. Les Fribourgeois étaient d'autant plus blâmables de s'être alliés contre Berne, avec ce comte, que Berthold, leur fondateur, avait recommandé à l'une et à l'autre ville de vivre toujours en bonne intelligence pour assurer leur tranquillité. Les Bernois trouvèrent un défenseur dans le comte de Savoie, dont ils se reconnurent vassaux. Sa protection ayant imposé à leurs ennemis, ils étendirent sans obstacle l'enceinte de leur ville qu'ils fortifièrent par de nouveaux murs. Dans la guerre qui s'éleva depuis entre la Bourgogne et la Savoie, le comte ayant besoin, à son tour, du secours des Bernois, leur promit tout ce qu'ils lui demanderaient, s'ils le servaient avec le zèle qu'il attendait de leur fidélité. L'ayant rendu victorieux, ils le prièrent de les rétablir dans leur première liberté; ce qu'il accorda sans peine. Mais la jalousie ne permit pas à leurs voisins de les laisser en paix. Pour se maintenir dans l'indépendance, et s'assurer la possession des terres qu'ils acquéraient successivement, ils eurent presque continuellement les armes à la main. Godefroi de Habsbourg, les ayant attaqués, l'an 1241, avec des forces supérieures, remporta sur eux une victoire qui fut suivie du siége de Berne, où il échoua jusqu'à deux fois. Albert, fils de Rodolphe et depuis empereur comme son père, étant venu sur les terres des Bernois, on ne dit pas en quelle année, leur fit essuyer un autre échec dans un combat qu'il leur livra sous les murs de leur ville. Une ligue plus formidable, composée des comtes de Savoie, de Neubourg, de Gruyères, de l'évêque de Lausanne, du seigneur de Tarre et de la noblesse de plusieurs cantons, se forma, l'an 1291, contre Berne. Mais, s'étant munis de l'alliance des comtes de Kibourg et d'Arberg et de la ville de Soleure, les Bernois, sous la conduite d'Ulric, seigneur d'Erlac, battirent les confédérés, qui se retirèrent avec une perte considérable. Ce succès ayant relevé leur ardeur, ils entreprirent, dans les années suivantes, diverses conquêtes qui reculèrent à une longue distance les bornes de leur pays. Pour arrêter les progrès de leurs armes, plusieurs comtes, avec grand nombre de nobles, rassemblèrent une armée, qu'on fait monter, pour le moins, à seize mille hommes de pied, et trois mille cinq cents cavaliers, avec laquelle ils vinrent assiéger la petite ville de Laupen, appartenante aux Bernois. Ceux-ci, renforcés par les troupes que les cantons d'Uri, de Schwitz et d'Underwald, leur fournirent, ayant mis à leur tête Rodolphe d'Erlac, engagèrent, devant la place, le 21 juin 1339, une bataille où le plus grand nombre des ennemis perdirent la vie. On compte parmi ceux-ci les comtes de Nidau, d'Arberg et de Wellensted, quatre-vingts gentilshommes des meilleures maisons, quinze cents cavaliers et plus de trois mille hommes de pied. Les vainqueurs marchèrent de là contre les Fribourgeois, qui s'étaient rendus vassaux du duc d'Autriche, et les ayant défaits près de Schonenberg, ils s'approchèrent de Fribourg, dont ils brûlèrent les faubourgs ; après quoi ils ravagèrent Signau, Lagnau, Arberg, Nidau, Burgdorff et d'autres lieux, dont une partie fut réunie à leur domaine. Les progrès de leurs armes furent arrêtés, l'an 1343, par une trève qu'Agnès d'Autriche, veuve d'André III, roi de Hongrie, avait eu l'adresse de ménager. (Josias Simler, de Rep. helvet., liv. I.) Mais l'antipathie des Bernois et des partisans de la maison d'Autriche fit bientôt revivre les hostilités. Elles tournèrent presque toujours à l'avantage des premiers, qui, l'an 1353, prirent le parti d'accéder à la confédération helvétique, dont ils firent le huitième canton, qui est en même tems le second dans le rang d'honneur (1). « On » distingue encore de nos jours, dit M. de Watteville, les » huit anciens cantons, comme on les appelle, des Suisses en » général, parce que, pendant cent vingt-cinq ans (M. Tscharner » dit 130), ils composaient seuls le corps helvétique » (2). Dans cet intervalle de tems, il se passa bien des événements relatifs à la Suisse, dont il est important de toucher, au moins rapidement, les plus remarquables.

Albert, duc d'Autriche, après avoir mis, le 15 juillet 1352, le siège devant Zurich, désespérant du succès de son entreprise, s'était prêté à un accommodement ménagé par le margrave de Brandebourg. Le traité portait que le duc reconnaîtrait l'alliance

---

(1) « La république de Berne, dit M. le comte d'Albon, a de » grandes possessions, des revenus considérables, et un trésor dont les » épargnes de chaque année augmentent les fonds. Elle a placé en » Angleterre et en Hollande plus de huit millions; et l'on assure que » ce n'est là tout au plus que la sixième partie de la somme totale » qu'elle tient en réserve. Tous les autres cantons, sans en excepter » même les Protestants, craignent cette république, ou la jalousent, » et croient de leur intérêt de la voir moins riche, moins puissante, » se rapprocher de leur médiocrité, et perdre cette énorme disproportion qui se trouve entr'elle et les autres membres du corps helvétique. »

(2) L'an 1415, dans le tems que les huit anciens cantons s'emparèrent du comté de Bade, dont nous parlerons ci-après, sept de ces mêmes cantons se rendirent maîtres de la Turgovie, province d'une assez grande étendue, des Frey-Ambter, ou Francs-Bailliages qui n'ont qu'un petit territoire, pays peu considérable, et de Rhinthal, qui s'étend le long du Rhin, depuis le comté de Werdenberg jusqu'au lac de Constance. Ces conquêtes furent toutes des démembrements des états possédés par la maison d'Autriche. Sargans, comté d'un revenu médiocre, fut acquis, peu de tems après, à prix d'argent par ces mêmes cantons. La ville de Rapperschweil, sur le lac de Zurich, fut prise en 1458, par les cantons d'Uri, de Schwitz, d'Underwald et de Glaris.

de Glaris et de Zug avec les Suisses; que cependant il serait maintenu dans la jouissance des rentes et des *droitures* qu'il y possédait; et enfin que les Zuricois remettraient en liberté le comte de Habsbourg, qu'ils avaient fait prisonnier, la veille de saint Mathias 1350 (v. st.), dans une expédition nocturne, où il était sur le point d'escalader leur ville, à la tête de plusieurs autres comtes et d'autres nobles (Simler, *Chronol. Helvet.*) Mais on s'aperçut bientôt que cette paix n'était que simulée de la part des Autrichiens. Albert, ayant mis dans ses intérêts l'empereur Charles IV et plusieurs villes impériales, recommença les hostilités le 18 juillet 1354, et dix jours après, il vint mettre de nouveau le siége devant Zurich. L'empereur le joignit, le 20 août suivant, avec les troupes de plusieurs villes de l'empire. Mais fléchi par les remontrances des Zuricois, et voyant d'ailleurs ceux qui l'avaient suivi prêts à se débander, il prit le parti de la retraite. Albert, peu de tems après, fit de même sur la nouvelle qu'il reçut d'un gros parti des confédérés, qui venait au secours de la place. (Suicer, Watteville, pag. 158.)

BIENNE (en latin *Bienna*, *Biellum*, *Bipennis*), ville située à l'extrémité d'un lac auquel elle donne son nom, s'était presque entièrement tirée de la dépendance de l'évêque de Bâle, qui en avait fait l'acquisition, lorsqu'en 1352, elle fit une alliance perpétuelle avec la ville de Berne, dont elle est éloignée de sept lieues nord-ouest. En 1367, Jean III, évêque de Bâle, s'en étant rendu maître par surprise, fit main-basse sur une partie des habitants, et livra aux flammes les maisons. Les troupes de Berne et de Soleure, également alliées à Bienne, accoururent assez tôt pour dégager les principaux bourgeois détenus dans le château, qu'elles détruisirent à leur tour par le feu; après quoi elles allèrent faire le ravage sur les terres de l'évêché. Bienne, en 1498, fit alliance avec le corps helvétique, et, depuis ce tems, elle envoie un député aux diètes de la nation. (Tscharner, Suicer.)

L'ARGEU, ou L'ARGOVIE (*Argoviæ Pagus*), est une petite province, dont la république de Berne est redevable à l'excommunication prononcée par le concile de Constance contre Frédéric, duc d'Autriche, protecteur du pape Jean XXIII. « On » le partage en haut et bas Argeu, dont la petite ville d'Ar- » bourg fait à-peu-près le point de séparation. On y compte » dix bailliages et quatre villes principales, Zoffingen, Arau, » Lentzbourg et Brouc. » (Tscharner.) C'est un pays fertile en grains, en vins et en fourrages.

Le pays de VAUD (*Vaudum*), qui s'étend depuis le lac de Genève jusqu'à ceux de Morat et d'Yverdun, sur un espace carré d'environ vingt lieues, est encore une possession de la république de Berne. On le croit le même à-peu-près que le *Pagus Urbigenus*, dont parle César, et dont la ville d'Orbe (*Urba*), à deux lieues du Mont-Jura, était la capitale. Il faisait partie du royaume de Bourgogne, après l'extinction duquel il tomba sous la puissance des empereurs d'Allemagne, qui l'inféodèrent aux ducs de Zéringen. Cette maison ayant cessé d'exister en 1218, les comtes de Savoie profitèrent des troubles de l'empire pour s'en emparer; et Amédée V, l'un de ces comtes, donna, l'an 1285, le pays de Vaud à Louis, son frère puîné, dont la postérité l'a conservé jusqu'en 1359, époque de son extinction. L'évêque de Lausanne était seigneur de sa capitale, ainsi que des paroisses de la Vaux, d'Avenche (l'ancien *Aventicum*) et de Vevay. Les cantons de Berne et de Fribourg y possédaient en commun plusieurs bailliages; le reste appartenait au comte de Savoie. C'est à Moudon que s'assemblaient les états du pays. Ils contenaient quatorze villes, ou bourgs, dont les principaux étaient Moudon, Yverdun, Morges, Noyon, Payerne et Romont. Les Bernois n'ayant pu engager, par leurs remontrances, le duc de Savoie à laisser à la ville de Genève le libre exercice de la nouvelle religion qu'elle avait embrassée, entrèrent en armes, l'an 1536, dans le pays de Vaud, dont ils sont restés maîtres jusqu'à nos jours. C'est la contrée la plus fertile, la plus riante et la plus riche de cette république.

GRUYÈRES, petite ville à six lieues ouest de Fribourg, était autrefois la capitale d'un comté qui s'étendait des frontières du Valais et de la source de la Sane, jusqu'à deux lieues, ou environ, de Fribourg. Michel, son dernier comte, se voyant accablé de dettes, abandonna tous ses biens, qui furent discutés par l'arbitrage des cantons d'Uri, de Schwitz, de Glaris, de Soleure et de Schaffhouse. Les villes de Berne et de Fribourg s'emparèrent de ses terres en 1554, seize ans avant sa mort, arrivée l'an 1570, et cela pour la somme de quatre-vingt-un mille richdales, à quoi se montaient, tant leurs prétentions, que celles des villes de Bâle et de Strasbourg, qu'elles avaient achetées, et d'autres paiements faits à divers créanciers. En conséquence, ces deux villes firent, en 1555, le partage du comté de Gruyères. Berne eut deux des quatre barrières, en quoi il était partagé, savoir, Gessenay et Château-d'Oeux, ou la province au-dessus de la Bocke, et Fribourg eut les deux autres, c'est-à-dire, Gruyères et Montsalven, ou la province au-dessous de la Bocke.

On sait la réputation qu'ont en France les fromages de Gruyères, qui font la principale richesse du pays.

Il nous reste encore à parler de l'une des possessions les plus importantes du canton de Berne, que nous aurions peut-être dû nommer avant l'acquisition de Gruyères. C'est la ville de LAUSANNE, la plus grande du pays de Vaud, nommée dans l'itinéraire d'Antonin, *Lousanna*. Quoique sujette en partie à son évêque, elle jouissait cependant de priviléges considérables que les empereurs lui avaient accordés. Ses lois furent rédigées en code, l'an 1268, sous le nom de *Placitum generale*. Elle conclut, en 1315, une alliance avec Berne et Fribourg; et, l'an 1536, elle se soumit au canton de Berne, qui, non content de lui confirmer ses anciens priviléges, lui céda plusieurs biens ecclésiastiques considérables qu'il avait confisqués après l'introduction de la prétendue réforme. L'évêque de Lausanne réside aujourd'hui à Fribourg. Son premier siége était Avenche, *Aventicum*, l'une, à ce qu'il paraît, des douze villes que les Helvétiens ruinèrent lorsqu'ils entreprirent leur malheureuse expédition dans les Gaules. Ce fut de cette ville que l'évêque Marius transporta son siége, l'an 602, à Lausanne.

Un nouveau péage que le duc Léopold d'Autriche établit, en 1385, à Rothenbourg, souleva les Lucernois, auxquels il était fort onéreux. Le peuple en fureur, s'étant attroupé à l'insu du magistrat, marcha contre Rothenbourg, démolit le château et abbatit les murs de la ville, sans toucher ni aux biens ni à la vie des particuliers. (Watteville, pag. 180.) Ce fut le signal d'une nouvelle rupture avec la maison d'Autriche. Les Lucernois, s'étant présentés successivement devant les villes de Sempach et de Richensée, les reçurent à composition avec le pays d'Entlebuch, qui, las de la domination tyrannique de Pierre de Thorberg, son seigneur, les prévint en se mettant sous leur protection. Les Autrichiens ayant pris d'assaut, l'an 1386, Richensée sur le lac de Baldeck, dont la garnison était trop faible pour leur résister, y exercèrent la plus cruelle vengeance, en égorgeant une partie des habitants, précipitant les autres dans le lac, et détruisant jusqu'aux fondements tous les édifices de la place. Après avoir menacé plusieurs autres villes, ils arrivent, le 9 juillet 1386 (Suicer), devant Sempach, sur le lac de Sursée, où le duc Léopold d'Autriche vient se mettre à leur tête le même jour. Ce fut aussi celui de l'arrivée des troupes envoyées au secours de la place, par tous les confédérés, à l'exception des Bernois, qui s'excusèrent, sous différents prétextes, de prendre part à cette expédition. L'armée autrichienne était forte de quatre mille hommes, suivant M. de Watteville, et celle des Suisses n'était que de treize cents. Dès qu'on fut en présence, le combat s'engagea. Le duc ayant été tué des premiers dans la mêlée, la déroute de son armée devint générale. Deux mille autrichiens restèrent morts sur le champ de bataille. La perte que firent les Suisses n'alla guère au-delà de deux cents hommes. La ville qui était assiégée, fut sauvée par cette victoire et prise sous la protection de Lucerne, dont elle n'est éloignée que de trois lieues nord-ouest. Les Suisses ont depuis consacré cet événement par la fondation d'une chapelle, où ils se rendent annuellement, le jour qu'il est arrivé, pour en rendre grâce à Dieu. C'est ainsi qu'ils ont érigé, dans la suite, d'autres monuments semblables, sur les champs de bataille de Morgarten, de Naefels, de Morat, d'Ornach, etc.

Les Autrichiens, après la bataille de Sempach, n'étaient pas d'humeur à rester sur leurs pertes. Léopold et Guillaume, fils du duc qui venait d'être tué, et Albert, son frère, s'étant tenus en Suisse, firent de grands préparatifs pour continuer la guerre. Berne, alors, croyant devoir se réunir aux sept autres cantons, leur fournit des troupes avec lesquelles ils réprimèrent les différentes courses des ennemis, et leur rendirent la pareille sur leurs terres. Naefels, bourg considérable du canton de Glaris, était gardé par quatre cents hommes sous les ordres de Mathis de Bublen. Les Autrichiens s'en étant approchés, le 9 avril 1388, au nombre de quinze mille hommes, suivant M. Tscharner, s'en rendirent les maîtres aisément, par la retraite de la garnison; après quoi ils y mirent le feu. Mais, étant tombés sur les Glaronois qui s'étaient rassemblés dans la vallée de Linthal, au nombre de sept cents, ils furent si vigoureusement reçus, qu'obligés de prendre la fuite après un combat de trois heures, une partie d'entre eux alla se précipiter dans la rivière de Limmat. On fait monter à deux mille cinq cents hommes la perte qu'ils firent à cette journée, et on réduit à cinquante-cinq celle des Suisses.

Les garnisons de Nidau, bourg situé sur le lac de Bienne, et de Buren sur l'Aar, désolaient le voisinage par leurs brigandages. Les villes de Berne et de Soleure, ayant réuni leurs forces, mirent le siége devant ces deux places, qu'elles emportèrent le 12 avril et le 7 mai de l'an 1388. Berne, en son particulier, s'empara, dans le mois de juillet, d'Untersèen et du haut Simmenthal, vallée fort étroite, mais longue de douze lieues dans toute son étendue. (Watteville.) M. Busching met en 1387 la conquête d'Untersèen. Les autres cantons étaient alors occupés au siége de Rapperschweil. Cette expédition ne fut point heureuse. Un assaut général, qu'ils livrèrent à la place le 1er. mai, fut repoussé avec une perte considérable pour les assiégeants, qui, le lendemain, prirent le parti de la retraite. Mais la maison d'Autriche, vers le même tems, eut le désagrément de voir les comtes de Toggenbourg se détacher de son alliance, et faire la paix avec les Suisses. Plusieurs villes impériales s'entremirent, l'année suivante, pour faire cesser les hostilités entre cette nation et les ducs, ses ennemis naturels. Elles obtinrent enfin, malgré l'opposition de Berne, une trève qui, deux fois renouvelée, fut prolongée jusqu'à soixante-quatorze ans, et fidèlement observée de part et d'autre. Les Suisses profitèrent du repos qu'elle leur procura pour perfectionner leur discipline militaire; et ils y réussirent de manière, qu'au jugement de Machiavel, ils ne furent surpassés en ce point que par les Romains.

On a parlé ci-devant de l'expédition qu'Enguérand VII, sire de Couci, fit, l'an 1375, en Alsace et dans le Sundgaw, puis dans l'Argeu, à la tête de quarante mille anglais, pour revendiquer les domaines qu'il prétendait devoir lui revenir du chef de Catherine, sa mère, fille de Léopold, duc d'Autriche, et petite-fille, par son père, de l'empereur Albert I. Léopold II ou III, son cousin, contre lequel il faisait cette répétition, s'étant muni de l'alliance des Suisses, rassembla des forces pour les opposer à celles des ennemis. Les Lucernois, les Zuricois et les Bernois se mirent en campagne pour leur fermer le passage sur leurs terres. Mais, voyant que les Autrichiens ne faisaient pas même garder leurs frontières, ils se retirèrent pour la plupart dans leurs villes. On voit seulement que la nuit du 26 au 27 décembre 1375, un corps de bernois ayant surpris les Anglais dans le couvent de Fraubrunnen, entre Berne et Soleure, leur livra un combat, où il tua près de huit cents hommes, tandis qu'il n'en perdit que vingt-cinq, y compris ceux qui étaient restés en arrière pour piller. (Watteville.) M. Tscharner dit « qu'on érigea » une colonne à l'honneur de cette victoire avec des incrip- » tions, en latin et en allemand, qui existent encore ». On a parlé de même, à l'article de Charles, dernier duc de Bourgogne, des victoires que les Suisses remportèrent à Granson et à Morat, en 1476, sur ce prince. Mais on doit regarder comme supposé, l'humble discours que plusieurs écrivains mettent dans la bouche des députés de cette nation, avant la première de ces deux batailles, pour détourner le duc de leur faire la guerre. Nous ajouterons encore que les Suisses eurent beaucoup de part au gain de la bataille de Nanci, où Charles périt le 5 janvier 1477.

Le corps helvétique ne fut pas borné pour toujours aux huit cantons dont on a parlé jusqu'ici. Cinq autres cantons y ont été ajoutés dans les quinzième et seizième siècles; et voici l'ordre chronologique dans lequel on doit les placer.

BADE, ou BADEN, ville à quatre lieues de Zurich, et douze de Bâle, fameuse par ses bains qui lui donnent son nom, est la capitale d'un comté plus étendu que la plupart des petits cantons, et plus fertile, qui fut enlevé, l'an 1415, à la maison d'Autriche, par les cantons confédérés, en vertu du ban prononcé, par le concile de Constance et l'empereur, contre l'archiduc Frédéric, pour avoir favorisé l'évasion du pape Jean XXIII. L'empereur Sigismond l'hypothéqua, la même année, à la ville de Zurich, pour la somme de quatre mille cinq cents florins. Cette ville, en faveur de la république helvétique, permit aux cantons de Schwitz, de Lucerne, d'Underwald, de Zug, et de Glaris, de prendre part à cette hypothèque : la ville de Berne y fut admise en 1426, et le pays d'Uri en 1445. « Ces huit anciennes villes » et cantons possédaient ce comté, et y établirent successi- » vement des baillis, tous les deux ans, jusqu'à l'année 1712; » mais les cantons souverains de la religion catholique, c'est- » à-dire Lucerne, Uri, Schwitz, Underwald, et Zug, ayant » occupé exclusivement la ville de Bade avec leurs troupes » dans la guerre de Toggenbourg, les villes de Zurich et de » Berne s'en emparèrent, et les cinq cantons catholiques leur » cédèrent leurs prétentions sur ce comté à la paix d'Arau; » mais Glaris conserva ses droits ». (Busching.)

FRIBOURG, ville bâtie sur la Sane, dans l'Uchtland, vers l'an 1177, par Berthod IV, duc de Zéringen, différente de Fribourg, en Brisgaw, fondée par Berthold III, père du précédent, au lieu de retourner, à l'extinction de la maison de Zéringen, sous la domination immédiate de l'empire, tomba sous celle d'Ulric, comte de Kibourg, qui lui conserva ses immunités. Rodolphe, comte de Habsbourg, qui devint empereur, premier du nom, ayant acquis Fribourg d'Eberhard, son cousin, mari d'Anne, héritière de la maison de Kibourg-Berthou, cette ville se trouva liée au parti des princes et de la noblesse, contre ces communautés naissantes qui combattaient pour la liberté. C'est ce qui l'engagea dans plusieurs guerres avec elles, et surtout avec celle de Berne. Mais, après de fréquentes hostilités réciproques, les Fribourgeois firent une paix solide avec les Bernois, en se réunissant à eux par un traité de combourgeoisie perpétuelle. Les premiers conservèrent néanmoins leur attachement pour leurs anciens maîtres ; mais l'exemple des succès des Suisses ligués pour la défense de la liberté, l'amour de l'indépendance encouragé par l'épuisement des forces et du crédit de la maison d'Autriche dans la Suisse, l'intérêt de la paix avec les voisins, tous ces motifs agirent puissamment sur une partie des Fribourgeois dont ils ébranlèrent la fidélité. La conduite indiscrète de l'archiduc Albert, surnommé *le Prodigue*, acheva d'indisposer les esprits. Informés qu'Albert songeait à vendre au duc de Savoie les droits qu'il leur avait cédés, ils résolurent de se mettre sous la sauve-garde de ce dernier. Les Fribourgeois, par-là, recouvrèrent leur tranquillité intérieure. On les vit, depuis, entretenir des liaisons plus étroites avec les huit cantons confédérés, en leur fournissant des troupes auxiliaires dans leurs diverses expéditions contre la maison d'Autriche. Les Fribourgeois partagèrent aussi avec eux les risques et la gloire des trois victoires remportées par les alliés sur Charles *le Téméraire*, duc de Bourgogne, à Granson, à Morat et à Nanci, dans les années 1476 et 1477. La duchesse de Savoie, Yolande, sœur du roi Louis XI et tutrice du duc Philibert, son fils, avait favorisé secrètement les entreprises du duc de Bourgogne. Se voyant menacée de la vengeance des Suisses, elle demanda un congrès à Fribourg, où elle obtint, à prix d'argent, de cette ville et de celle de Berne, qu'elle avait le plus à craindre, la paix pour ses fils, Philibert et Charles, la sûreté pour Genève et la restitution du pays de Vaud, dont les Suisses s'étaient saisis. Mais une des conditions de l'accommodement fut que Fribourg serait déclarée absolument libre de toute obéissance envers la Savoie.

Des désordres occasionés par les suites de la dernière guerre dans les communes de divers états libres de la Suisse, engagèrent, en 1478, les magistrats de Fribourg à former avec ceux de Zurich, de Berne, de Lucerne et de Soleure, une confédération particulière pour leur sûreté commune ; mais les cantons démocratiques s'en étant plaints, comme d'une infraction faite à la ligue, cette discorde fut étouffée, l'an 1481 (1), par une nouvelle contravention faite à Stanz dans le canton d'Underwald. Ce fut alors que Fribourg avec Soleure fut admis dans la confédération helvétique. Il occupait alors le neu-

---

(1) Et non en 1488, comme porte, par une faute typographique, le texte de M. Tscharner.

vième rang; mais Bâle étant depuis entrée dans cette union, Fribourg occupe la dixième place dans l'ordre politique. (Busching.) Fribourg a l'avantage, ainsi que toute la province, d'avoir conservé la religion catholique jusqu'à nos jours. Cette ville est, depuis l'an 1536, la résidence de l'évêque de Lausanne.

SOLEURE (*Solodurum*), ville ancienne sur l'Aar, au pied du Mont-Jura, munie, par Dioclétien, d'une forteresse dont on voit encore les ruines, ayant été détruite par les invasions des Allemands, des Huns, et d'autres barbares, dut son rétablissement, ou du moins son accroissement, à la fondation d'un monastère, faite vers l'an 930, sous l'invocation de Saint-Ours, par Berthe, femme de Rodolphe II, roi de la Bourgogne transjurane. Après l'extinction de ce royaume, Soleure étant tombé sous la domination des empereurs, Lothaire II y établit gouverneur du pays, Conrad, duc de Zéringen, qui le transmit à ses descendants. La maison de Zéringen ayant fini, l'an 1218, le pays revint à la disposition des empereurs, dont la ville de Soleure obtint divers priviléges, entr'autres celui d'élire un conseil pour l'exercice de la police municipale. L'avoyer, ou premier magistrat, y présidait à la justice criminelle au nom du chef de l'empire; mais, avant le milieu du quatorzième siècle, la ville de Soleure racheta, des comtes de Bucheg, ou Bucheck, le droit de glaive, que les empereurs leur avaient inféodé. Soleure avait dès lors acquis un territoire et plusieurs nouveaux droits, tels que celui de battre monnaie, celui de péage, et d'autres de juridiction et de police.

En 1318, Léopold, duc d'Autriche, trois ans après sa défaite à Morgarten, pour réparer ce revers, vint faire le siége de Soleure. La rivière, étant alors grossie considérablement par les pluies, entraîna le pont qui la traversait avec les soldats dont le duc avait eu l'imprudence de le charger. Les assiégés en sauvèrent un grand nombre par une générosité dont le duc leur tint compte en levant le siége. En 1382, la ville de Soleure, trahie par un chanoine, courut risque d'être surprise par les comtes de Kibourg. Le complot fut heureusement découvert au moment de l'exécution. Depuis ce tems, elle entretint de fréquentes correspondances avec les cantons ligués. Les services qu'elle leur rendit dans les différentes guerres qu'ils eurent à soutenir, lui méritèrent l'avantage de leur être associée, l'an 1481, en même tems que Fribourg, sous le titre d'onzième canton, quoique dans l'ordre chronologique elle ne forme que le dixième avec son district qu'elle a fort étendu par diverses acquisitions successives.

C'est à Soleure que réside l'ambassadeur de France auprès du corps helvétique. Le gouvernement de Soleure est démocratique, et les nouveautés en matière de religion en ont toujours été bannies. Ce canton, pour le spirituel, relève de trois évêchés. La ville et deux bailliages sont du diocèse de Lausanne. Les faubourgs de Soleure et quelques districts sont de celui de Constance. La plus grande partie du canton est du diocèse de Bâle.

BASLE ou BÂLE (en latin *Basilea* ou *Basilia*), ville fameuse du pays des Rauraques, située sur les deux bords du Rhin, près des frontières de l'Allemagne et de la France, est la capitale d'un canton de la Suisse que l'on compte dans l'ordre politique pour le neuvième, et pour l'onzième dans l'ordre chronologique. Elle était peu considérable, malgré l'avantage de sa situation, avant que celle d'Augst (*Augusta Rauracorum*), située à une lieue plus haut, eût été renversée par Attila, pour se venger de la défaite qu'il venait d'essuyer dans les champs catalauniques. Bâle profita de la ruine de cette ville, en donnant retraite à ses habitants fugitifs. Augst, depuis ce tems, n'est plus qu'un petit village, dont quantité de médailles, et d'autres antiquités que l'on y découvre, attestent la grandeur primitive. Bâle faisait partie du royaume d'Allemannie, conquis par les enfants de Clovis. Valanus, évêque d'Augst, y transféra son siége vers l'an 748. M. de Watteville pense néanmoins que Charlemagne dut avoir transféré le temporel de la ville de Bâle à l'évêché, avant l'an 813. Mais il avoue que les rois de Bourgogne, qui vinrent ensuite, le reprirent et se l'approprièrent. Bâle devint une ville impériale lorsque l'empire fut transporté en Allemagne, et ses évêques s'érigèrent depuis en souverains, à la faveur des troubles qui agitèrent l'Allemagne au treizième siècle. Les Bâlois obtinrent de ces nouveaux seigneurs divers priviléges, qui firent de leur ville et de ses dépendances une espèce de république. Les empereurs, néanmoins, avaient conservé, sur l'église de Bâle, le droit d'avouerie. Mais, en 1348, Charles IV en fit cession aux Bâlois, qui par là devinrent, en quelque sorte, les protecteurs de l'évêque et ses maîtres. Leur pouvoir s'accrut, en 1373, par le droit de battre monnaie, qu'ils obtinrent de Jean de Vienne, leur évêque. On voit qu'en 1377 ils formèrent un tribunal composé de dix nobles et de dix bourgeois, pour veiller à la conservation de la paix publique et de la liberté. Mais ils ne jouissaient point encore de la juridiction civile. Elle était possédée en fief par le prévôt du monastère de

Saint-Alban. Les Bâlois en firent l'acquisition en 1388. Enfin, en 1396, l'évêque Humbert de Naumbourg leur vendit les bailliages de Liestal, de Wallenbourg et de Homberg. Ce fut à Bâle que s'assembla, en 1431, le dix-septième concile général, dont nous avons déjà rendu compte. Æneas Sylvius, qui avait été secrétaire de cette assemblée, étant devenu pape sous le nom de Pie II, fonda une université à Bâle en 1459. Zurich ayant voulu s'emparer du Toggenbourg, en 1436, après la mort de son dernier comte, les autres cantons, qui lui disputaient cette succession, vinrent l'assiéger en 1438. Bâle se déclara pour eux, et leur fournit des troupes pour cette expédition. Elle eut aussi part, en 1444, aux exploits des Suisses contre le dauphin Louis, envoyé par le roi Charles VII au secours du duc d'Autriche, et pour disperser le concile qui continuait à se tenir dans cette ville contre le gré du pape Eugène IV. Dans la guerre des Suisses contre le dernier duc de Bourgogne, les troupes de Bâle partagèrent avec eux la gloire des journées de Granson, de Morat et de Nanci, qui furent si fatales à ce prince. Unis toujours d'intérêts aux Suisses, il ne manquait aux Bâlois que de leur être incorporés. C'est ce qu'ils obtinrent en 1501. La ville de Bâle persévéra dans l'ancienne religion jusqu'en 1529. Cette année, le 1er. avril, d'après les prédications de Jean Oecolampade, disciple de Zuingle, le sénat ou le grand-conseil abolit la messe, fit brûler les images, et interdit tout exercice de la religion catholique. Le chapitre de la cathédrale chassé, ainsi que tous les autres prêtres et les religieux de l'un et de l'autre sexe, alla s'établir à Fribourg, en Brisgaw, dans le diocèse de Constance, où il continue de faire sa résidence. L'évêque faisait dès-lors la sienne à Porentru, ville à neuf lieues de Bâle. On ne doit pas confondre son évêché, où il est comme souverain, avec le canton de Bâle, dont les terres sont entièrement indépendantes de lui, tant au temporel qu'au spirituel, la religion prétendue réformée y étant la dominante. Le gouvernement de Bâle est aristo-démocratique ; mais la noblesse n'y a aucune part, à moins qu'elle ne soit agrégée à quelque corps de la ville. Du reste, elle y est en très-petit nombre depuis qu'elle en a été chassée pour s'être opposée à la prétendue réforme. L'autorité souveraine réside dans le grand et le petit conseil réunis, qui forment ensemble un nombre de deux cent quatre-vingts personnes.

Bâle est la plus grande ville de toute la Suisse. Le Rhin la divise en grande et petite ville, qui sont jointes par un pont de six cents pieds de long.

SCHAFFHOUSE (en allemand *Schafhausen*), ville située à

une lieue au-dessus de la grande cataracte du Rhin, sur la rive droite de ce fleuve, entra, le 10 août de la même année, que Bâle dans la confédération helvétique. La nécessité de débarquer, à l'endroit où cette ville existe, les marchandises qui descendaient le Rhin, et le *transit* de la Suisse en Allemagne, ont sans doute occasioné, dit M. Tscharner, les premiers établissemens dans ce lieu. Le bourg, nommé *Scafhusitum* dans un acte du règne de Charlemagne, paraît être le même que Schaffhouse. Un monastère qu'Éberhard, comte de Nellenbourg, à qui ce terrain appartenait, y fonda l'an 1052, et où il finit ses jours après lui avoir cédé tous ses droits seigneuriaux, contribua beaucoup à l'agrandissement de Schaffhouse, par le grand nombre d'artisans qu'il y attira. Schaffhouse, dans la suite, devint ville impériale, et son administration prit alors la forme d'une aristocratie bourgeoise. Mais l'empereur Louis de Bavière restreignit sa liberté naissante, en l'engageant aux ducs d'Autriche qui en restèrent maîtres jusqu'en 1415. Six mille florins, payés alors à l'empereur Sigismond, remirent de nouveau Schaffhouse dans son premier droit, de ne relever que de l'empire. Ce fut en vain que la maison d'Autriche employa la voie des négociations et celle des hostillités pour ramener Schaffhouse sous son joug. Les diverses alliances qu'elle contracta avec d'autres villes impériales, la maintinrent dans son indépendance jusqu'en 1501, époque, ainsi qu'on l'a dit, de sa réception dans la ligue helvétique, dont elle fait le douzième canton.

APPENZEL (*Abbatis Cella*), gros bourg de la Suisse, à quatre lieues sud-est de Saint-Gall, rapporte son origine à un domaine, dont le roi Pepin fit donation à l'abbaye de ce nom. L'établissement qu'elle y forma, s'étant accru par différentes acquisitions dans le cours de plusieurs siècles, devint le chef-lieu d'un pays de dix lieues en longueur sur sept de largeur. Huit, tant bourgs que villages, avec un grand nombre d'habitations isolées répandues dans la plaine et sur les montagnes, composent ce pays distribué en vingt-trois rhodes ou compagnies, dont les chefs portent encore aujourd'hui le nom de capitaines. De ces rhodes, quatre forment les rhodes intérieurs, et les dix-neuf autres les rhodes extérieurs. Les Appenzellois, après avoir été soumis, pendant plusieurs siècles, à la loi de la servitude féodale envers l'abbé de Saint-Gall, obtinrent de lui, en 1277, la permission de se donner un chef, ou magistrat, sous le nom de Landamman. Ce premier pas vers l'indépendance, n'eut pas de suite jusqu'en 1360. Les Appenzellois, s'étant alors alliés, avec le consentement de l'abbé Herman de

Bonstellen, aux cantons de Schwitz et de Glaris, commencèrent à vouloir s'émanciper à l'exemple de leurs voisins. Mais le défaut de concert entre eux, tint en suspens cette disposition l'espace de quarante ans. Les esprits s'étant à la fin réunis, la révolution éclata subitement l'an 1400. Quatre paroisses chassèrent les officiers de l'abbé, et bientôt après tout le peuple s'engagea, par serment, à maintenir sa liberté aux dépens de son sang. Les troupes envoyées par l'abbé pour les réduire, furent repoussées ainsi que celles qu'il obtint des villes et de la noblesse de Suabe.

Frédéric, duc d'Autriche, étant venu ensuite à son secours, n'eut pas un meilleur succès. Ayant mis le siége devant la ville de Saint-Gall, également soulevée contre l'abbé, il fut obligé de se retirer avec perte. Pour se venger de ce prince, les San-Gallois, faisant désormais cause commune avec les Appenzellois, marchèrent vers le Tyrol, saccageant et rasant sur leur route tous les châteaux de leurs ennemis. Mais ils essuyèrent, dans le Tyrol, un revers considérable devant la ville de Bregentz, dont ils avaient imprudemment entrepris le siége au milieu de l'hiver avec des forces insuffisantes. Contraints de revenir sur leurs pas dans un état délabré, ils subirent après cela d'autres échecs qui les menaçaient de plus grands malheurs, dont heureusement l'empereur Robert les préserva, en leur faisant souscrire une trève l'an 1408. Tranquilles dès-lors pendant quelques années, mais toujours en garde et contre l'abbaye et contre la maison d'Autriche, ils se lièrent, en 1411, par un traité de combourgeoisie perpétuelle, avec les sept cantons les plus à portée de les secourir. L'entremise de ces alliés procura bientôt un traité définitif, par lequel il fut réglé que les Appenzellois seraient reconnus un peuple libre et indépendant, sauf néanmoins les censes et rentes de l'abbé qui lui furent conservées avec les autres contributions qu'on eut soin de fixer, au lieu qu'elles étaient auparavant indéterminées, et sous la réserve pour ce peuple de se racheter de tous les impôts et redevances. Mais cette paix ayant déplu aux esprits les plus échauffés, leur mutinerie leur attira un interdit de l'évêque de Constance. C'était le second dont ce prélat les frappait. Le comte de Toggenbourg s'étant déclaré pour l'abbé, ses troupes furent défaites dans un combat. Mais il se releva de ce revers par une victoire qu'il remporta sur eux à son tour, et dont l'effet fut tel, qu'obligés de demander la paix, ils se soumirent à une amende de deux mille florins envers l'abbé, pour obtenir la ratification du dernier traité. Ils demeurèrent tranquilles après cela, l'espace d'environ quatre-vingts ans, pendant lequel ils achetèrent des nobles de Hagenwil le bailliage de Rinthal. Mais une violence exercée trente ans après envers l'abbé de Saint-Gall, leur fit perdre cette acquisition. Ce prélat ayant besoin d'une place pour étendre ses bâtiments, en fit la demande à la ville de Saint-Gall. Sur le refus qu'il essuya, il voulut faire construire un second monastère à Rosbach, pour s'y retirer en cas de besoin. L'ouvrage étant déjà commencé, les San-Gallois craignirent que la concurrence de ce nouvel établissement ne préjudiciât à leur commerce. Dans cette appréhension, s'étant associés aux Appenzellois, ils en rasèrent les édifices. Ce fut l'occasion d'une nouvelle guerre. Les quatre cantons de Zurich, de Lucerne, de Schwitz et de Glaris, sous la protection desquels était l'abbaye, offrirent en vain leur médiation pour terminer les hostilités. Leurs bons offices ayant été rejetés, les cantons les forcèrent par les armes de se soumettre à leur jugement. Il fut sévère. Les coupables furent condamnés à des dédommagements considérables envers l'abbé et aux frais de la guerre. Mais, pour tenir lieu de ce dernier article, les cantons se saisirent du Rhinthal, à la corégence duquel ils voulurent bien néanmoins dans la suite admettre ceux qu'ils en avaient dépouillés, et cela en récompense des secours que ceux-ci leur avaient prêtés dans la guerre contre la ligue de Suabe.

En 1452, les Appenzellois resserrèrent les nœuds qui les unissaient aux cinq cantons de Lucerne, de Schwitz, d'Underwald, de Zurich et de Glaris. Le traité de combourgeoisie qu'ils avaient auparavant fait avec eux, fut converti en une alliance perpétuelle. C'était un acheminement pour entrer dans la grande confédération helvétique. Le pays d'Appenzel n'y fut cependant admis qu'en 1513, sous le nom de treizième et dernier. Son gouvernement est purement démocratique. Tout homme, au-dessus de seize ans, a droit de suffrage dans les assemblées du peuple, où l'on délibère sur les affaires de l'état. La religion est mixte dans ce canton; les rhodes intérieurs sont catholiques, et les rhodes extérieurs professent le Calvinisme.

Quoique l'esprit de la nation suisse ne soit point et n'ait jamais été d'étendre ses possessions au-delà des bornes que la nature semble lui avoir prescrites, cependant le prix des services qu'elle a rendus aux ducs de Milan, dans le quinzième siècle, lui a valu sept bailliages du Milanez, situés au pied des Alpes. Ce sont ceux de Mendrisio, Lugano, Locarno, Valmadia, Bellinzone, Riviera et Val-Brenna. De ces bailliages, les quatre premiers, par donation de Maximilien Sforce, faite en 1512, et confirmée, en 1515, par le roi François I, appartiennent aux douze anciens cantons, et les trois autres aux seuls canton d'Uri, de Schwitz et d'Underwald, qui les avaient achetés du duc de Milan au commencement du quinzième siècle.

La grande confédération des treize cantons ne les empêcha

pas, soit tous en général, soit chacun en particulier, de faire d'autres alliances, et des traités de combourgeoisie, avec les villes et les états de leur voisinage, pourvu que ces traités ne préjudiciassent point à leurs premiers engagements. Elle ne les empêcha pas non plus de faire des conquêtes à leurs risques, et pour leur propre compte, sur les états qui les environnaient. De cette liberté résulta, pour ceux qui se croyaient en force, le désir, non-seulement de s'agrandir, mais l'émulation de se prévenir, en s'attribuant le droit de propriété sur les pays qui touchaient à leur territoire. Le canton de Zurich avait des vues sur le comté de Toggenbourg, ou de Tockenbourg, dont le dernier propriétaire, Frédéric III, avait permis à ses sujets de prendre successivement des liaisons avec les cantons de Zurich, de Schwitz et de Glaris. Les ducs d'Autriche formaient les mêmes projets. Les Zuricois, plus avides, les devancèrent, et, sans attendre la mort du comte, ils prirent les armes pour envahir sa succession ; mais les cantons neutres les arrêtèrent, en les obligeant de respecter les droits des deux autres cantons intéressés. Les esprits semblaient se calmer, lorsque deux hommes, d'un caractère altier et opiniâtre, l'un de Zurich, l'autre de Schwitz, firent revivre les hostilités. Les Zuricois alors prirent le parti de se liguer avec l'empereur Frédéric III et les autres princes de la maison d'Autriche, dont ils reçurent garnison dans leurs murs. Bloqués, après un combat où ils furent défaits, ils virent, pendant deux campagnes, sans oser tenter de sorties, leur territoire cruellement saccagé. Les ducs d'Autriche, trop faibles pour protéger leurs sujets et leurs alliés, appellent à leur secours, en 1444, le dauphin Louis, envoyé par le roi Charles VII, son père, à la sollicitation du pape Eugène IV, pour disperser le concile de Bâle, qui avait déposé ce pontife en 1439. Ce jeune prince, qui régna depuis sous le nom de Louis XI, arrive de l'Alsace, qu'il dévastait alors avec les grandes compagnies, et dirige sa route droite à Bâle. Cette ville, étant sans garnison, fait avertir du danger qu'elle court l'armée des Suisses, occupée à faire le siége du château de Farnsberg. Douze cents hommes, qui en sont détachés le 26 août de la même année, viennent se présenter, à un quart de lieue de Bâle, devant l'avant-garde du dauphin, composée de huit mille hommes, sous les ordres du comte de Dammartin, qu'ils repoussent jusqu'au gros de l'armée, qu'on fait monter à trente mille hommes. Emportés par leur courage, ces douze cents soldats n'écoutent plus la voix de leurs officiers, qui faisaient inutilement leurs efforts pour les arrêter ; ils se précipitent sur le pont Saint-Jacques, gardé par huit mille hommes. N'ayant pu forcer ce passage, ils vont prendre poste dans une île au-dessous du pont, où, étant attaqués, ils périssent tous glorieusement. Leurs camarades, n'ayant pu se faire jour à l'armée ennemie, se jettent dans l'hôpital de Saint-Jacques. Cette maison avait des jardins enfermés par de hautes murailles. C'est là que soutint, pendant dix heures, les assauts d'une armée entière, cette poignée de suisses dont il ne resta que douze hommes, qui furent notés d'infamie par leurs compatriotes. On fait état de huit mille français qui périrent à cette journée. (Watteville, Tscharner.) Cette victoire, si chèrement achetée, apprit au dauphin à respecter une nation, dont il n'avait pas jusqu'alors une idée fort avantageuse. Le roi, son père, entra dans les mêmes sentiments, et, l'an 1453, il conclut, au mois de novembre, par ses ambassadeurs, avec les huit cantons et la ville de Soleure, un traité d'alliance, dont les conditions furent que ni lui, ni ses successeurs, ne prêteraient secours à leurs ennemis, qu'ils auraient l'entière liberté de passer sur les terres de France, de s'en retourner avec tous leurs biens, armes et bagages, et d'y faire le commerce, en observant les lois du royaume pour les marchandises prohibées. Louis XI renouvela le même traité à Abbeville, le 27 novembre 1463.

Il ne restait plus à la maison d'Autriche, dans la Suisse, en 1460, que le bailliage de Thurgovie et Winterthur. Le bailliage de Thurgovie, ou de Thourgau, traversé par la rivière de Thour, et le plus étendu de la Suisse, fut conquis, cette année, par les anciens cantons, celui de Berne non compris. Le gouvernement de ce pays est sous la souveraineté des huit anciens cantons, qui, tour à tour, y envoient pour deux ans un bailli, dont la résidence est à Frauenfeld, la principale ville de la Thurgovie. Winterthur, ville municipale, ayant été hypothéquée, en 1467, par le duc Sigismond, au canton de Zurich, lui fut entièrement cédée par les traités qui ont suivi.

Sigismond, duc d'Autriche, ayant engagé, dans le mois de mars 1469, le comté de Ferrette, le Sundgaw, l'Alsace et les quatre villes forestières, à Charles, duc de Bourgogne, ce prince leur donna pour bailli Pierre de Hagenbach, ennemi déclaré des Suisses, leurs alliés. Ce gentilhomme ne tarda pas à faire éprouver les effets de sa haine à cette nation. Les Suisses, après avoir supporté, pendant environ quatre ans, ses procédés violens, chargèrent la république de Berne de faire parvenir leurs plaintes à Charles. L'ambassade qu'elle lui envoya ayant été mal accueillie, le roi Louis XI profita de leur mécontentement pour conclure avec eux un nouveau traité d'alliance, dont il fit dresser l'acte, le 11 juin 1474, à Senlis. Ce traité, qu'on a nommé *l'Union héréditaire*, assurant aux Suisses la protection de la France, les enhardit à déclarer la guerre au duc de Bourgogne, le 9 octobre de la même année. On a parlé ci-devant des suites de cette guerre qui fut si fatale à ce prince.

Les Suisses avaient trop bien servi, contre le duc de Bourgogne, la haine de Louis XI, pour ne pas mériter une récompense. Elle leur fut accordée, au mois de septembre 1481, par des lettres-patentes qui renferment tout le fondement des priviléges dont les militaires suisses sont en droit de jouir dans le royaume. En voici la substance : « Tous les » Suisses qui sont ou seront au service de sa majesté, à ses » gages et à sa solde, mariés ou habitués dans le royaume, » pourront y acquérir tous biens meubles et immeubles, » les posséder et en disposer par testament, ainsi que leurs » femmes, enfants et héritiers, lesquels pourront les posséder » et leur succéder comme s'ils étaient nés dans le royaume, » sans être obligés, à raison de cette faveur, de payer aucune » finance ou indemnité. Et afin que les gens de guerre de la » même nation qui demeurent ou viendront demeurer en » France et qui seront à ses gages et solde, puissent mieux » vivre et s'entretenir honnêtement sans être inquiétés eux et » leurs veuves, durant leur viduité, ils seront, leur vie du- » rant, exempts de toutes tailles, impôts, aides et subvention ; » seront aussi exempts du guet et garde de porte en quelque » lieu du royaume qu'ils s'établissent ». (Watteville.) La nation est demeurée en jouissance de ce privilége jusqu'à nos jours.

Les Suisses ne persévérèrent pas néanmoins invariablement dans leur fidélité envers la France. Séduits par le cardinal de Sion, Mathieu Schiner, ils embrassèrent, l'an 1510, par un traité d'alliance, le parti du pape Jules II, déterminé à chasser d'Italie, les Français. S'étant acheminés au nombre de douze mille, vers le Milanez, le maréchal de Chaumont les obligea de retourner sur leurs pas. Rappelés en Italie, l'an 1512, par le pape et ses confédérés, ils font une irruption subite dans le Milanez, et rétablissent, dans ce duché, Maximilien Sforce, dont le père était mort prisonnier en France. L'année suivante, ils gagnent, le 6 juin, sur les Français, la célèbre bataille de Novarre. Conduits ensuite par Jacques de Watteville, en Bourgogne, ils mettent le siége, au mois de septembre, devant Dijon, ville presque sans défense, qu'ils auraient infailliblement emportée sans l'argent que le commandant la Trémoille leur promit pour les engager à s'en retourner.

Jules II était mort alors. Son successeur, Léon X, renouvela l'alliance du saint siége avec les Suisses, sans néanmoins rompre ouvertement avec la France. François I, qui remplaça, le 1 janvier 1515, Louis XII sur le trône de France, tenta vainement de regagner cette nation. Le refus qu'elle fit d'admettre les offres qu'il lui faisait, ne détourna pas ce prince du dessein où il était de reconquérir le Milanez. Les Suisses, avertis de sa marche, par Maximilien Sforce, font passer au secours de ce duc, un corps de douze mille hommes, qu'ils renforcèrent bientôt par de nouvelles troupes. Fier de quelques avantages qu'il remporta d'abord, le roi de France engage la célèbre bataille de Marignan, qui dura le 13 et le 14 septembre. Parlant de cet événement, le maréchal Trivulce, qui s'était trouvé à dix-huit batailles, disait que toutes les autres n'étaient que des jeux d'enfants, mais que celle-ci était un combat de géants. La victoire, après avoir si long-tems chancelé, se décida enfin pour les Français, et les suites en furent des plus avantageuses. Les Suisses reprirent le chemin de leur pays, et le duché de Milan passa entièrement sous l'obéissance du roi. Cependant, le monarque victorieux ne perdait pas de vue sa paix avec les Suisses. L'ayant fait proposer, il trouva les esprits fort partagés. Huit cantons, néanmoins, voulurent bien y acquiescer à certaines conditions. Mais les cinq autres persistèrent dans leur éloignement pour la France. Néanmoins, aucun des partis ne prit directement part à la guerre qui se renouvela, l'année suivante, dans le Milanez. Le sacrifice que le roi fit à la nation de quelques bailliages du Milanez qu'elle avait obtenus de Maximilien Sforce, pour récompense de ses services, et l'assurance qu'il lui donna de la rembourser de quatre cent mille écus au soleil (1), pour les frais de la guerre de Dijon, avec trente mille (2) autres, pour les campagnes des Suisses en Italie, deux mille livres (3) de pension annuelle pour chacun des treize

---

(1) La première année du règne de François 1er., les écus au soleil étaient à 23 carats et un huitième de loi, et de la taille de 70 au marc, par conséquent 400 mille écus pesaient 5714 marcs et deux septièmes, lesquels, à raison de 798 livres 7 sous 9 deniers trois quarts, le marc, suivant la déclaration de 1785, produiraient de notre monnaie actuelle 4,562,232 livres 2 sous 10 deniers deux septièmes.

(2) 342,167 livres 8 sous 2 deniers quatre septièmes, monnaie ayant cours en cette année 1789.

(3) L'argent monnayé, en 1515, s'appelait testons; ils étaient à 11 deniers 18 grains de loi et de 25 et demi au marc, ayant cours pour 10 sous pièce. Ainsi, 2000 livres font 156 marcs 6 onces 7 gros 1 den.: et puisque, suivant la déclaration déjà citée, l'argent au titre susdit vaut 52 livres 6 sous 10 deniers $\frac{15}{34}$ le marc, il s'ensuit que la somme en question, pour chaque canton, vaudrait aujourd'hui 8210 livres 19 sous 2 deniers $\frac{262}{288}$, et pour les treize 106,742 liv. 9 s. 3 $\frac{50}{288}$ d.

cantons, et la confirmation des franchises qu'ils avaient obtenues de Louis XI et de Charles VIII, firent revenir les esprits prévenus. et disposèrent tout le corps helvétique à signer unanimement, le 25 octobre 1515. un traité de paix perpétuelle avec le roi; traité qui a servi de base à toutes les alliances qui ont été faites depuis avec la France.

Outre la grande confédération des treize cantons qui forment proprement le corps helvétique, chacun d'eux en particulier, ou tous en commun, ont contracté, comme on l'a déjà remarqué, différentes associations, selon qu'il convenait à leurs intérêts, avec divers états voisins. Nous mettons à la tête de ces associés l'abbé de SAINT-GALL. On sait que son monastère fut fondé par le saint dont il porte le nom, vers le commencement du septième siècle. En 1204, l'abbé de Saint-Gall fut élevé à la dignité de prince de l'empire. Ses possessions étaient dès-lors fort étendues, et le mettaient en état de soutenir le rang auquel il était parvenu; mais elles excitèrent la jalousie de plusieurs de ses voisins, contre lesquels il se mit en garde, pour assurer sa tranquillité. En vertu d'une alliance défensive, qu'il fit, en 1351, avec les cantons de Zurich, de Lucerne, de Schwitz et de Glaris, il est regardé comme le premier associé de la république helvétique, aux diètes de laquelle son député a voix et séance après ceux du canton d'Appenzel. Les états de l'abbé de Saint-Gall étaient autrefois beaucoup plus étendus qu'ils ne le sont aujourd'hui, y compris le comté de Toggenbourg, qu'il acquit en 1469; le nombre de ses sujets monte encore à quatre-vingt-douze mille âmes. (Busching.) Les Toggenbourgeois ne furent pas les plus soumis de ses peuples. Les nouvelles opinions, au seizième siècle, s'étant introduites parmi eux, ils se mirent sous la sauve-garde des cantons de Berne et de Zurich, qui prirent leur défense contre les efforts que fit l'abbé pour les ramener à la foi de leurs pères, et faire valoir plusieurs droits qu'ils prétendaient être abolis. Les querelles qu'ils eurent avec lui, se prolongèrent jusqu'en 1712. Ce fut alors qu'on vit, à leur occasion, éclater une guerre entre Zurich et Berne, d'une part, et les cantons de Zug, Uri, Schwitz et Underwald de l'autre. L'abbaye fut pillée par les premiers; mais, à la paix qui se fit dans la ville d'Arau, l'an 1719, on convint que les effets enlevés seraient restitués, et surtout la bibliothèque qui est d'un grand prix pour les manuscrits, dont on fait monter encore à présent le nombre à mille trente-deux.

Une chose qui avait le plus contribué à l'agrandissement de l'abbaye de Saint-Gall, était que, dès les premiers siècles de sa fondation, elle s'était rendu célèbre par la science et l'habilité de plusieurs de ses membres. On y avait établi, vers la fin du huitième siècle, une académie qui produisit un grand nombre de savants hommes et de bons écrivains, pour le tems, tandis que le reste de la Suisse, dit la Martinière, était plongé dans les ténèbres de la barbarie et d'une crasse ignorance. La noblesse du voisinage y mettait ses enfants pour les faire instruire, et ceux-ci, par reconnaissance, ne manquèrent pas de faire du bien à leurs maîtres, quand ils en trouvèrent l'occasion. L'amour des lettres et le zèle pour l'éducation de la jeunesse, subsistent encore dans cette maison, où il y a deux écoles, l'une intérieure pour les jeunes religieux, l'autre extérieure pour la jeunesse du dehors. Plusieurs religieux sont employés à prêcher et à catéchiser dans l'église abbatiale. La régularité, d'ailleurs, est en vigueur dans le monastère. Nous ne parlons point des bâtiments, dont la beauté répond à son opulence. On y peut remarquer trois parties considérables: l'église, nommée en allemand *Munster*, qui est riche et magnifiquement ornée; le palais de l'abbé, qu'on appèle en allemand *Pfalez*, et le corps de logis où demeurent environ cent religieux.

La ville de Saint-Gall doit son existence à l'abbaye. Dans le dixième siècle, elle n'était encore qu'un bourg; mais les Hongrois ayant pénétré, l'an 954, en Suisse, on commença à fermer Saint-Gall de murailles, pour la mettre à l'abri des ravages de ces barbares, et à la fortifier en y construisant des tours, et en bordant son enceinte de larges fossés; ce qui fut achevé en 980. (*Délices de la Suisse*, tom. III.) Divers priviléges qu'elle obtint des abbés et des empereurs, servirent à en augmenter la population, par le grand nombre d'étrangers qu'ils y attirèrent. Cependant son terroir est très-ingrat. On n'y voit ni laboureurs, ni pâtres, ni vignerons. C'est au commerce et à l'industrie que Saint-Gall doit son opulence. La ville de Saint-Gall fit, en 1387, avec celle de Nuremberg, un traité d'alliance, en vertu duquel elles sont respectivement exemptes du droit de péage. La première, à la faveur des différentes immunités qu'elle acquit successivement des abbés, est parvenue à se tirer entièrement de leur dépendance, et à devenir une république. Elle l'était déjà, lorsqu'en 1454, elle fit alliance avec les cantons de Zurich, de Berne, de Lucerne, de Schwitz, de Zug, et de Glaris. (*Délices de la Suisse*, ibid.) Avant 1712, la communication était parfaitement libre entre la ville et l'abbaye; mais, par l'accommodement d'Arau, il fut réglé qu'il y aurait entre l'une et l'autre, une double porte qui s'ouvrirait et se fermerait des deux côtés.

MULHAUSEN, ville agréable et bien peuplée du Sundgaw;

située sur la rivière d'Ill, devenue ville impériale après avoir fait partie du domaine de l'évêque de Strasbourg, s'érigea en république à la faveur d'une alliance qu'elle contracta d'abord avec les cantons de Berne, de Fribourg et de Soleure, puis, en 1464, avec les sept plus anciens cantons, et enfin, l'an 1514, avec tout le corps de la république helvétique. Mais, ayant adopté, l'an 1523, les nouvelles opinions, elle mécontenta, par-là, les cantons catholiques, qui, l'an 1586, renoncèrent à son alliance. Le gouvernement de Mulhausen est démocratique, et les bourgeois qui le composent sont partagés en six tribus, d'où l'on tire le grand-conseil, composé de vingt-quatre conseillers, et le petit composé de dix-huit, présidés, l'un et l'autre, par des bourgmestres.

Une alliance plus importante et plus utile des Suisses, fut celle qu'ils firent avec les GRISONS, dont le pays, situé à l'Orient de l'Helvétie, s'appelait, anciennement, la Rhétie. Il a pour bornes, au nord, le comté de Tyrol et le comté de Sargans, à l'occident, les cantons de Glaris et d'Uri, au midi les bailliages communs que les cantons possèdent en Italie, le comté de Chiavenna et la Valteline, et à l'orient le Tyrol encore et le comté de Bormio. Il se partage aujourd'hui en trois grandes parties qu'on nomme ligues, savoir, la ligue *haute* ou *grise*, 2°. la ligue *caddée* ou de la maison-dieu (*Casa-Dei*), ainsi nommée, parce que c'est dans ce pays que se trouve l'évêché de Coire, et la ligue des *dix droitures* ou des dix communautés. Le nom de Rhétie comprenait aussi une partie de la Suabe, et on distinguait la haute et la basse Rhétie. A l'époque de la décadence de l'empire, les Allemands conquirent celles-ci; la haute fut le partage des Ostrogots qui la réunirent à leur royaume d'Italie. Les enfants de Clovis l'ayant conquise au sixième siècle, elle fut unie, par la suite, au royaume de la Bourgogne transjurane, d'où elle passa sous la domination des empereurs d'Allemagne. On vit alors des comtes, dans la haute Rhétie, qui étendirent insensiblement leur domination féodale. Les guerres fréquentes qu'ils eurent entre eux sont attestées par le grand nombre de masures qu'on aperçoit encore sur les pointes les plus basses des rochers qui bordent les vallons. Ce sont des restes des citadelles qu'ils avaient élevées les uns contre les autres et contre leurs vassaux, que l'oppression portait souvent à se révolter. A la fin, ceux-ci, à l'imitation des Suisses, reprirent le dessus, et secouèrent le joug de la tyrannie. S'étant rendus libres, les Grisons formèrent insensiblement, entre eux, les trois ligues dont on vient de parler. La ligue grise et la ligue caddée s'unirent par une alliance en 1424. Celle des dix droitures ou juridictions, après avoir été soumise aux comtes de Toggenbourg jusqu'en 1436, époque de leur extinction, s'étant mise en liberté à la faveur des querelles qui s'élevèrent entre leurs héritiers, se forma en corps de république, et subsista, par elle-même, jusqu'en 1471. Ce fut alors qu'elle fit alliance avec la ligue grise et avec la caddée. Cette confédération générale, fut renouvelée en 1544. Par traité confirmé l'an 1712, les trois ligues s'engagèrent réciproquement à ne faire aucune alliance, aucune guerre, ni traité de paix, que d'un commun accord; elles convinrent de se secourir à leurs propres frais les unes les autres, et de posséder, en commun, les conquêtes qu'elles feraient sur l'ennemi. On y régla la manière de terminer leurs différents entre des communes particulières, ou entre les diverses ligues. Le gouvernement des trois ligues est démocratique et la religion mixte.

COIRE, ville épiscopale dont on prétend qu'Antonin fait mention dans son Itinéraire, sous le nom de *Curia*, est la capitale des Grisons. Elle est divisée en deux parties inégales, dont la plus haute et la plus petite, entourée de murailles et de tours, ne renferme guère que le palais de l'évêque, les maisons des chanoines, qui sont au nombre de vingt-quatre, mais dont il n'y a que dix qui jouissent de quelques revenus, et un hospice de capucins. L'autre partie, beaucoup plus étendue, a d'assez belles maisons, et fait un certain commerce. La religion prétendue réformée est la seule dont y exerce publiquement le culte. L'évêque de Coire est prince de l'empire, et, en cette qualité, il a un représentant à la diète de Ratisbonne. Le pays des Grisons comprend divers vallons, séparés par des gorges et des hauteurs, dont quelques-unes sont fermées par des neiges pendant une grande partie de l'année. Plus on s'avance au midi, plus ces vallons s'enfoncent dans les hautes Alpes, qui se terminent enfin, comme dans plusieurs endroits de la Suisse, à des glaciers inaccessibles, ou à des rochers si élevés, que toute végétation y cesse absolument. C'est dans ces glaciers que le Rhin, l'Inn et l'Adda, les principales rivières du pays, prennent leur source. La ligue caddée et la ligue grise sont alliées, dès l'an 1497, aux six cantons suisses, de Zurich, Lucerne, Uri, Schwitz, Underwald et Glaris. « Celle
» des dix droitures sollicita d'y pouvoir accéder en 1567; les
» cantons se contentèrent de lui donner des assurances d'amitié
» et de la comprendre dès-lors sous le titre général de *bons*
» *voisins et alliés*, dans leurs adresses aux trois ligues. Ces
» ligues réunies ont fait diverses alliances, dès le commence-
» ment du seizième siècle, avec les papes, avec la France,
» avec la république de Venise, et un *capitulat* ou traité, sou-

» vent renouvelé, avec les ducs de Milan. Elles sont particu-
» lièrement unies par des traités d'alliance perpétuelle avec la
» république du Valais, depuis 1600, avec celle de Berne,
» depuis 1602, et avec celle de Zurich, depuis 1707. Vers le
» commencement de ce siècle, les trois ligues ont fait encore
» une démarche inutile auprès des cantons pour être incor-
» porées à la confédération helvétique. Leur indépendance de
» l'empire d'Allemagne est reconnue et garantie par le traité
» de Westphalie de 1648. Elles sont toujours sous-entendues
» sous la dénomination générale des *alliés de Suisse*, et en
» jouissent, tant en vertu de ce titre, qu'en conséquence de
» leur alliance particulière, par les priviléges accordés par la
» France à toute la nation suisse. » (Tscharner.)

L'intérêt que les Grisons prirent aux querelles des différents princes qui se disputaient le duché de Milan, leur a procuré trois provinces situées au-delà des Alpes, du côté de l'Italie : ce sont le comté de Bormio, la Valteline et le comté de Chiavenna.

BORMIO, comté situé sur les confins du Tyrol et des Grisons, environné de tous côtés des Alpes, qui ne lui laissent qu'une ouverture par laquelle l'Adda s'écoule, forme une contrée longue de dix lieues, mais étroite, fertile en grains et en bétail. Les Grisons en firent la conquête en 1512. La religion catholique s'y est maintenue jusqu'à nos jours. Sa capitale, qui n'est qu'un gros bourg, renferme un chapitre composé d'un archiprêtre et de dix chanoines. Ses bains chauds, qui en sont distants de demi-lieue, lui ont donné de la cé-lébrité.

La VALTELINE (*Vallis Tellina*), dont les habitants sont nommés, par d'anciens écrivains, *Voltureni*, est une vallée étroite, longue de seize lieues, traversée par l'Adda, qui la divise en deux parties. Ses confins sont les terres de la ligue caddée, le territoire de Venise, le duché de Milan et le comté de Chiavenna. Les empereurs la donnèrent aux évêques de Coire, à qui elle fut ensuite disputée tour-à-tour par l'évêque de Côme et les ducs de Milan. Chacun des contendants en retint ce qu'il put s'approprier par la voie des armes. En 1487, le duc de Milan, Jean Galéas Visconti, céda une partie de la Valteline aux Grisons, qui, de concert avec l'évêque de Coire, en prirent possession l'an 1512, ainsi que des comtés de Bormio et de Chiavenna ; mais, en 1530, les Grisons acquirent, à prix d'argent, la part de l'évêque. Les nouvelles opinions s'étant introduites au siècle suivant dans cette vallée, les Catholiques,

sourdement excités par les émissaires de la maison d'Autriche, formèrent le complot, en 1620, d'exterminer tous les sectaires en même tems. C'est ce qu'ils exécutèrent, en égorgeant ces malheureux, au nombre d'environ cinq cents ; ceux qui échappèrent à leur fureur, prirent la fuite, ou changèrent de religion pour garantir leur vie. Les Grisons se mirent en devoir de faire des rebelles une punition exemplaire ; mais, tandis qu'ils y travaillaient, les Espagnols se jetèrent sur la Valteline, dont ils s'emparèrent. Rodolphe Planta, traître à sa patrie, vint, avec des troupes que l'archiduc Léopold lui avait fournies, dans la vallée de Munster. Mais les Grisons ayant reçu du secours de la France, de Zurich, de Berne et du Valais, reprirent ce que les Autrichiens leur avaient enlevé. Ils ne restèrent pas néanmoins paisibles possesseurs de la Valteline. Les Espagnols renouvelèrent leurs efforts pour y rentrer, dans la vue de s'en faire une voie de communication avec les Impériaux. D'un autre côté, le pape Urbain VIII obtint qu'on la séquestrât entre ses mains, et ne désespérait pas de la garder. La France, également jalouse de ce pays, voulait l'affranchir de la domination autrichienne. Le duc de Rohan, arrivé de Venise, lieu de sa retraite, à Coire, au mois de décembre 1631, pour passer de là dans la Valteline, fut occupé pendant long-tems à réconcilier entre eux divers cantons de la Suisse, et surtout les Bernois et les Soleurois, différents de religion, dont les uns étaient pour les Autrichiens, et les autres pour la France. Etant venu à bout de les réunir, il entra dans la Valteline, l'an 1635, avec les troupes que la France lui avait fournies, et celles qu'il avait reçues des Grisons. Les Impériaux et les Espagnols se préparaient alors à venir de deux côtés fondre sur lui, ceux-ci par le fort de Fuentes, ceux-là par le Tyrol. Le duc de Rohan, auquel chacune de ces deux armées était supérieure en forces, « fit mine d'abandonner la Valteline, passa
» dans le comté de Chiavenna, et par le Val Prégeli il pénétra
» dans la haute Engadine. Il tint conseil de guerre, et ré-
» solut d'aller attaquer les ennemis, qui se tranquillisaient
» dans le val Luvino ». (M. le baron de Zurlauben, *Hist. milit. des Suisses*, t. VI.) Ayant mis ses troupes en bataille, il étonna, par sa diligence, les Impériaux, que les Espagnols n'avaient pas encore rejoints, et les obligea de s'éloigner. Le lendemain, 28 juin, il livra bataille aux Impériaux, qu'il mit en fuite. Une seconde bataille, où il les défit complètement, le 3 juillet, et une autre qu'il gagna, le 28 octobre suivant, sur les Espagnols, le rendit maître du pays (*Ibid.*) Mais la mésintelligence qui se mit ensuite entre lui et l'intendant de notre armée, la hauteur de ce dernier envers les Grisons, et les délais affectés que la

France mit à rappeler ses troupes, joints au retardement des sommes considérables qu'elle devait à ces peuples, commença à les dégoûter de notre alliance, et à leur faire prêter l'oreille aux offres avantageuses que leur firent les Impériaux et les Espagnols. Sous la promesse que ces deux puissances leur firent de les mettre en possession de la Valteline et de leur rembourser tout ce qui était dû à leurs troupes, ils se soulevèrent ouvertement contre le duc de Rohan. Le héros, mécontent du cardinal de Richelieu, fit un traité particulier, en 1637, avec les Grisons; après quoi, il se retira à Genève, où il mourut le 28 février 1638. Son départ fut suivi de celui de nos troupes, que le comte de Guébriant ramena en France.

Le VALAIS (*Vallesia*), pays allié du corps helvétique, long de quarante lieues, mais beaucoup plus étroit, s'étend depuis la montagne de la Fourche, où le Rhône, qui le traverse, prend sa source sous un glacier, jusqu'au lac de Genève. Ses limites sont, au levant, la vallée de Livinen; au midi, le Piémont et le Milanez; au couchant, la Savoie; au nord, le canton de Berne et le lac de Genève. Il n'y a point de contrée dans la Suisse plus remarquable par la diversité des sites, des climats, ou de température locale et de productions naturelles que le Valais. « Il présente, aux regards d'un voyageur, une
» succession aussi rapide que variée de tableaux et de points de
» vues; tantôt, les sommets glacés des hautes Alpes l'étonnent
» par leur élévation, en se montrant derrière des rochers d'une
» hauteur effrayante, et couronnés de pointes bizarres; tantôt
» cette décoration magique disparaît derrière un bois touffu
» ou un côteau agréable; aux ombres d'une forêt humide,
» succède un tapis d'une verdure riche et agréable; un petit
» contour de chemin découvre tout-à-coup une colonie isolée,
» entourée de terres cultivées, ou les sombres horreurs d'un
» désert sauvage; au-dessus d'un vignoble, on voit, à quelque
» distance, s'élancer, comme du sein des nues, un torrent
» indomptable, se briser sur les écueils qui s'opposent à sa
» chute, et reprendre, au pied des précipices, un cours tranquille au travers du vallon; des pâturages, couverts de
» troupeaux, et éclairés par un beau soleil, s'offrent à l'opposite d'un glacier ombragé par des vapeurs froides..... La
» direction de cette vallée, de l'est à l'ouest, procure à un
» des côtés la jouissance libre du soleil, tandis que le côté
» opposé éprouve tous les désavantages d'un climat contraire. »
(Tscharner.)

Les *Nantuates*, les *Veragri* et les *Seduni*, étaient les anciens habitants du Valais. Les premiers occupaient les bords du lac

Léman ou de Genève, du côté de l'orient. Ils étaient contigus aux *Veragri*, qui habitaient le bas Valais, et ceux-ci avoisinaient les *Seduni*, qui occupaient la haute vallée, qui s'étendait jusqu'à la source du Rhône. Ce fut Sergius Galba, lieutenant de Jules-César, qui soumit ces peuples, non sans de grandes difficultés. Ils eurent ensuite la destinée de l'Helvétie méridionale, en passant de la domination des Romains sous celle des Bourguignons et des Francs. Ces derniers eurent souvent la guerre avec les Lombards, pour la possession de ce pays, qui fut, depuis ce tems, nommé *Valesia*. Sion, dont le territoire est appelé *Sionensis ager*, par Frédégaire, est la capitale des *Seduni*, et même de tout le Valais. Quoique son évêque porte les titres de prince de l'empire, de comte et de préfet du Valais, que les actes s'y passent en son nom, et que la monnaie s'y batte à son coin, il n'est pas, cependant, seigneur absolu chez lui ; c'est l'assemblée générale du pays qui exerce l'autorité souveraine.

L'abbaye d'Agaune, bâtie au pied d'une montagne, sur le Rhône, dans l'endroit où l'on place le martyre de saint Maurice et de ses compagnons, est un lieu célèbre du Valais. Le voisinage de Tarnate, ville ancienne, bien marquée dans l'Itinéraire d'Antonin, mais depuis long-tems détruite, lui a fait donner aussi le même nom, et la règle qu'on observait dans ce monastère est appelée, pour cela, *Regula Tarnatensis*, dans la *Concorde des Règles* dressées par saint Benoît d'Aniane.

CONSTANCE (*Constantia*), ville de Suabe bâtie sur le lac auquel elle donne son nom, doit être aussi comptée parmi les villes de la Suisse. On la croit fondée, ou du moins fortifiée, par Constantin *le Grand*, pour servir de barrière contre les nations germaniques. Le siége épiscopal de Windisch (*Vindonissa*) y fut transféré lorsque Théodebert, roi d'Austrasie, eut détruit celle-ci, l'an 611, par haine pour Thierri, son frere, roi de Bourgogne, dont elle faisait partie. M. Tscharner attribue sa ruine aux ravages des Huns. Mais nous voyons encore un Gramatius, évêque de *Vindonissa*, qui souscrivit au cinquième concile d'Orléans, tenu l'an 549, tems auquel les Huns avaient disparu des Gaules.

Constance, après s'être liée par des alliances, avec Strasbourg, Bâle, Zurich, Saint-Gall, etc., fit des démarches, vers 1510, pour être admise dans le corps helvétique. Mais la proposition imprudente qu'elle fit aux Suisses de lui céder la Thurgovie, souleva les cantons démocratiques, et lui attira un refus. La prétendue réforme s'étant introduite à Constance, l'an 1526, le corps municipal l'adopta ; et, deux ans après, ayant chassé le clergé catholique, il abolit la messe. Mais, sur le refus que fit la ville de se soumettre, en 1548, au fameux *intérim*, elle fut mise au ban de l'empire par Charles-Quint, et, dix ans après, l'empereur Ferdinand l'ayant prise, l'unit à son domaine, rappela les ecclésiastiques, et y rétablit l'ancien culte. Depuis ce tems, elle est soumise à la maison d'Autriche. Affaiblie par la retraite d'un grand nombre de ses habitants, et négligée par des maîtres éloignés, Constance, au milieu d'un pays fertile et agréable, et avec les plus grandes commodités pour le commerce, est tombée dans un presque entier anéantissement. On a parlé, ci-devant, du concile général qui s'y ouvrit, en 1414. Son diocèse, le plus étendu de l'Allemagne, comprend une grande partie de la Suabe et de la Suisse. La résidence de son évêque est à Mersbourg.

CHRONOLOGIE HISTORIQUE

DES ÉVÊQUES ET PRINCES DE GENÈVE,

ET DES COMTES DE GÉNEVOIS.

Genève (en latin *Geneva*, *Genava*, *Janoba*, *Gennæ*, et *Gebenna*), ville ancienne du pays des Allobroges (1), située sur le Rhône, à l'endroit où il sort du lac Léman, ou de Genève. Deux parties inégales la divisent, dont la moindre, assise sur une montagne, et nommée la vieille ville, renferme l'ancienne cathédrale, dédiée à saint Pierre; l'autre, plus nouvelle, s'é-s'étend dans la plaine des deux côtés du fleuve. Après avoir été soumise, pendant environ cinq siècles, aux Romains, Genève, avec son territoire, tomba, vers l'an 413, sous la puissance des Bourguignons. Chilpéric, leur troisième roi, fils de Gondioc, y établit sa demeure. Il paraît que Genève reçut la lumière de l'évangile vers la fin du deuxième siècle de l'église, et que dans le cinquième, au plus tard, elle devint un siège épiscopal : mais de donner une suite chronologique de ses évêques jusqu'au treizième siècle, c'est ce que le défaut de monu-

---

(1) Le pays des Allobroges s'étendait depuis l'Isère, du côté du midi, jusqu'à Genève Le Rhône le bornait du côté du couchant : il comprenait la partie du Dauphiné qui est entre ce fleuve et l'Isère, la Savoie proprement dite, le Génevois, Genève et ses environs, qui sont à l'orient du lac Léman, et au midi de cette ville. Le Rhône séparait les Allobroges des Sébusiens et des Séquanais. Ce même fleuve, depuis Genève jusqu'au pays de la Cluse, les séparait des Helvétiens. Ils avaient au levant les Nantuates, qui occupaient une partie du Chablais, et les Centrons, qui tenaient la Tarentaise. Vienne, en Dauphiné, était la capitale des Allobroges.

ments authentiques ne permet pas. Son église, étant devenue la proie des flammes, fut rebâtie au commencement du sixième siècle, et consacrée par saint Avit, évêque de Vienne, son métropolitain, qui, dans cette occasion, prononça une homélie, où, parlant aux Génevois, il appelle saint Pierre leur patron, *patrono vestro*. C'est sur l'emplacement de cet édifice, et sous le même titre, que fut élevée, dans le onzième siècle, la nouvelle cathédrale, telle qu'on la voit aujourd'hui. Clotilde, fille de Chilpéric, était à Genève lorsqu'Aurélien, ambassadeur de Clovis, vint, au nom de son maître, en faire la demande au roi Gondebaud, oncle de la princesse et meurtrier de son père. Sédéleube, dite aussi Chrone, sœur de Clotilde, avait fait bâtir, vers l'an 502, avant de prendre le voile, une église, au faubourg de Genève, en l'honneur de saint Victor, l'un des martyrs de la légion thébéenne, dont elle fit apporter le corps de Soleure, compris en ce tems-là dans le diocèse de Genève. L'évêque, qui siégeait alors dans cette ville, est appelé DONATIEN par MM. de Sainte-Marthe, et par d'autres, DOMITIEN. Genève suivit le sort du royaume de Bourgogne, lorsqu'en 534 il eut été conquis par les enfants de Clovis.

APPELLIN gouvernait l'église de Genève en 622, ou 624 au plus tard, et fit, cette dernière année, un mauvais personnage au troisième concile de Mâcon, en prenant, contre saint Eustase, abbé de Luxeu, le parti du moine Agrestin, qui osait décrier la règle de saint Colomban.

Eginhard, dans ses annales, nous apprend que, l'an 773, Charlemagne, allant combattre Didier, roi des Lombards, pour venger l'église romaine qu'il opprimait, s'arrêta à Genève, et que là, dans un conseil qu'il y tint, il partagea son armée en deux divisions, dont il confia la première à Bernard, son oncle, pour la conduire en Italie par le Mont-Jura, et se mit à la tête de la seconde, pour la mener par le Mont-Cenis.

Rodolphe, fils de Conrad, ayant fondé, l'an 888, le nouveau royaume de Bourgogne, y comprit la ville de Genève et son territoire. Il y avait alors, sous la dépendance, à ce qu'il paraît, de l'évêque de Genève, un comté de Génevois, dans lequel était renfermé le prieuré (depuis abbaye) de Talloire, près du lac d'Anneci, où la crainte des barbares avait fait transporter de Tournus le corps de saint Philibert. C'est ce que déclarait Boson, roi de Provence, dans un diplôme de l'an 879, par lequel il donnait, en l'honneur de ce saint, plusieurs terres, dans lesquelles était compris Talloire, à l'abbaye de Tournus. (Chifflet, *Hist. de Tournus*, pr. pag. 232.)

L'an 881, l'église de Genève étant dépourvue de pasteur, le

clergé fit choix d'un clerc, nommé OPTANDUS, pour remplir le siége vacant. Otran, archevêque de Vienne, de concert avec Boson, roi de Provence, s'opposa à cette élection, et nomma d'autorité, comme métropolitain, un autre évêque de Genève, qu'il consacra. Optandus, s'étant rendu à Rome, fit confirmer son élection par le pape Jean VIII, qui le renvoya après l'avoir de même consacré. Mais Otran le fit enfermer, à son tour, dans une étroite prison, après l'avoir dépouillé de tout. Le pape, informé de cet excès de violence, écrivit à l'archevêque une lettre pleine de menaces, dans laquelle il le somme de remettre en liberté son prisonnier dans huitaine, sous peine d'excommunication. Otran, pour se justifier, répondit au pape qu'Optandus était un étranger et un intrus, qui s'était emparé du siége de Genève sans avoir reçu, dans cette église, ni le baptême, ni l'ordination cléricale, ni son éducation. Le pape, dans sa réplique, témoigne son étonnement de ce que l'archevêque feint d'ignorer ce qui est connu de tout l'Occident : *Admiramur quòd illa vos nescire dicitis, quæ totus Occidens non ignorat.* (*Joan. Ep.* pag. 93 et 95.) Rien ne nous apprend la suite de cette affaire.

L'an 999, l'impératrice Adélaïde, veuve de l'empereur Otton I, apprenant que le trouble régnait dans les états de son neveu, Rodolfe III, roi de Bourgogne, se mit en route, malgré son grand âge, pour y rétablir le calme. Dans ce voyage, elle arriva, dit saint Odilon dans sa vie, à Genève, pour y honorer les reliques du martyr saint Victor.

CONRAD I jouissait du comté de Génevois sur la fin du dixième siècle. Il eut pour successeur ROBERT I, son fils, qui, l'an 1019, ou 1020, suivant Guichenon, fit donation de plusieurs dîmes et terres allodiales à l'église de Pellionex. Robert fut remplacé par son fils CONRAD II, sur le gouvernement duquel, non plus que sur l'année de sa mort, nous n'avons aucune lumière. (*Bibl. Sebus*, c. XL.)

GÉROLD, petit-neveu, par Berthe, sa mère, de Rodolphe, roi d'Arles, était comte de Génevois en 1034. L'empereur Conrad *le Salique* étant venu cette année à Genève, y reçut, dit Herman *le Contract* (*in Chron. ad hunc an.*), les soumissions du comte Gérold, de l'archevêque Burghard, prélat de haute naissance et de grand courage, mais scélérat en tout point et sacrilège, *archiepiscopum Burghardum, genere nobilem et strenuum, sed per omnia scelestum et sacrilegum*, et celle de plusieurs autres princes du pays, partisans jusqu'alors d'Eudes, comte de Champagne, qui disputait le royaume de Bourgogne à Conrad.

C'était la nécessité qui les avait amenés aux pieds de l'empereur, après avoir été vaincus par Upert, comte de Bourgogne, et général de l'armée impériale. (*Wippo, vit. Chunradi, Salic. apud Pistor.*, tom. III, pag. 478.) Du reste, le portrait que fait Herman de Burghard (le même sans doute que Burchard II, archevêque de Lyon), est bien différent de celui que tracent, du même prélat, les autres historiens.

FRÉDÉRIC était évêque de Genève en 1020. (*Mabill. Annal.*, tom. IV, pag. 271.) En 1049, comme le prouve Guichenon (*Bibl. Sebus.*, pag. 318), et non en 1050, comme d'autres le marquent, il assista, avec Halinard, archevêque de Lyon, Hugues de Besançon, et Aimon, évêque de Sion, à la consécration faite par le pape Léon IX, de l'église de Saint-Etienne de Besançon. Frédéric s'étant rendu, l'année suivante, à Rome, fut un des prélats qui composèrent le concile, que le même pape y tint pour la condamnation de l'hérésiarque Bérenger, et la canonisation de saint Gérard, évêque de Toul. (*Mabill., ibid.*, pag. 739.) La grande Bible latine, que l'on conserve manuscrite à la bibliothèque publique de Genève, et dont les caractères appartiennent au dixième siècle, est regardée comme un présent fait, par ce prélat, à son église. MM. de Sainte-Marthe lui donnent trente-sept ans d'épiscopat, sans en dater ni le commencement, ni la fin.

ROBERT II, fils de Gérold, suivant les modernes, lui succéda (l'on ne peut dire en quelle année) au comté de Génevois. Dans les notes, sur l'histoire de Genève de M. Spon (pag. 36-37), on prétend qu'à l'exemple de son père, il eut de grands démêlés avec l'évêque de Genève, sur leurs droits respectifs, que le prélat, voyant Robert en état de lui faire la loi, maître comme il était des châteaux qui avoisinaient Genève, prit le parti de s'accommoder avec lui, en lui inféodant le pays génevois : mais il y a bien de l'apparence, comme on l'a déjà remarqué, que cette inféodation est antérieure au comte Robert II. Quoi qu'il en soit, Robert fut remplacé, dans le comté de Genève, par *AIMON*, dont le frère, GUI, ou WIDO, était dans le même tems évêque de Genève. Pierre *le Vénérable* (liv. I, *De Mirac.*, c. 24), parlant de ce prélat, dit qu'il était d'une haute noblesse, mais de mœurs peu assorties à la sainteté de son caractère. « Car, ébloui comme il était, ajoute-t-il, par
» l'éclat de sa naissance, et nageant dans l'abondance des ri-
» chesses, il s'acquittait négligemment des fonctions de l'épis-
» copat. Cependant, né avec un cœur bon et compatissant, il

» faisait d'abondantes aumônes aux pauvres et aux églises ; ce
» qui lui mérita la grâce de terminer le cours de sa vie par une
» bonne confession, avec un repentir sincère de ses fautes ».
On verra ci-après quelques preuves de sa libéralité, qu'on qualifiera, si l'on veut, de charité. Le comte Aimon, du consentement de Gérold, son fils, donna, vers l'an 1090, au monastère de Cluse, en Piémont, la terre de Chamonix, *Campum munitum*, située dans les Alpes, au pays de Faucigni. (*Bibl. Sebus.*, pag. 105.) Ce même Aimon, conjointement avec ITTE, son épouse, fille de Louis, seigneur de Faucigni et de Tetberge, ratifia, vers l'an 1090, l'acquisition que l'abbaye de Saint-Oyend, ou de Saint-Claude, dite aussi de Condate, avait faite de plusieurs alleux situés dans la terre de Seissi, qui lui avaient été vendus par des hommes ingénus, et lui permit d'en acquérir d'autres de pareille nature : nous réservant, ajoute-t-il, les corvées de bœufs, que peuvent nous devoir les paysans qui cultiveront ces terres, et le droit de les obliger à comparaître à notre plaid général : *Retinemus autem in hac concessione, ut si in terra quam hujusmodi acquisitione præfati monachi obtinuerint, rusticanus aliquis habitat, boves suos in corvata mea exhibeat, et in placito generali vicinorum suorum more semetipsum præsentet.* (*Bibl. Sebus.*, pag. 325.) L'année suivante, Aimon souscrivit à la donation que l'évêque, son frère, fit à la même abbaye de l'église de Sainte-Marie de Seissi, avec les offrandes et les dîmes, sans retenir autre chose que le droit qu'il appelle *parocta*, terme cité par du Cange, sans l'expliquer, et les services dus tant à lui qu'à son archiprêtre. (*Bibl. Sebus.*, p. 229.) Gui ne borna point là ses libéralités envers l'abbaye de Saint-Claude. Nous avons de lui une autre charte, souscrite encore par Aimon, et datée de l'an 1110, par laquelle il donne à ce monastère plusieurs églises, situées dans le Bugei, le pays de Gex et le Valromei. (*Bibl. Sebus.*, pag. 182.) Ce prélat assita, l'an 1117, suivant MM. de Sainte Marthe, ou plutôt l'an 1119, à un concile tenu à Tournus, et qu'on ne connaît guère d'ailleurs. La même année 1119, Gui fit don à l'abbaye de Cluni, entre les mains de l'abbé Ponce, de la terre de Condamine, dans le Faucigni. La charte qu'il fit expédier à ce sujet, énonce les noms de plusieurs de ses parents ; savoir : Louis, son père ; Ermerard, son aïeul ; Guillaume, son frère ; et des fils de celui-ci, Rodulphe, Louis, Raymond, Gérard, évêque de Lausanne, et Amédée, évêque de Saint-Jean de Maurienne, de leur mère Utilie, et de leur aïeule Tetberge. (*Bibl. Sebus*, pag. 15-17.) Le nécrologe de Genève, disent les mêmes auteurs, lui donne cinquante ans d'épiscopat, et met le jour de sa mort à la veille de la Toussaint.

HUMBERT DE GRAMMONT, d'une ancienne maison du Bugei, fut le successeur de Gui dans l'évêché de Genève. Le comte Aimon, par la condescendance de Gui, son frère, avait empiété sur les droits de l'évêque. Sommé, par Humbert, de restituer à son église ce qu'il avait usurpé sur elle, et surtout les dîmes avec les droits seigneuriaux, il consentit à la fin de s'en rapporter au jugement du pape Calliste II, qu'il avait connu particulièrement lorsqu'il était archevêque de Vienne. Calliste renvoya l'affaire à Pierre, son successeur à Vienne et son légat. Le prélat et le comte s'étant présentés, l'an 1124, devant ce légat, à Seissel, firent, dans une assemblée nombreuse, par le jugement d'arbitres choisis, le traité suivant, qui doit être regardé comme le code des lois fondamentales de l'ancien gouvernement de Genève, en ce qui concerne les droits de l'évêque et du comte. Aimon fit au prélat remise du tiers des dîmes qui restaient en nature entre ses mains, et déchargea ses vassaux du tiers des redevances dont ils étaient tenus envers lui, pour raison des portions de la même dîme, qu'il leur avait sous-inféodées, afin qu'à son exemple ils les restituassent avec les églises dont ils jouissaient. Remarquons avec M. Lévrier (*Chronol. hist. des évêques et comtes de Genève*) que le comte ne fait que permettre cette restitution à ceux de ses vassaux qui seront de bonne volonté, sans leur en faire une loi, consentant néanmoins d'y satisfaire pour le tiers seulement des dîmes, sans qu'ils puissent y être contraints par les voies canoniques. A l'égard des deux autres tiers, l'évêque permet que le comte en reste possesseur. Par une ancienne loi constamment observée chez tous les peuples, les serfs ne pouvaient être promus aux ordres sacrés, ni même entrer dans le clergé sans une permission expresse de leur seigneur : permission qui tenait lieu d'affranchissement. Le comte dispense de cette loi ses sujets mainmortables, qui seront désormais promus aux ordres sacrés, et permet à tous ceux qui sont libres de leur personne, de posséder des fonds mainmortables, avec promesse de ne pas saisir leurs biens sans y être autorisé par sentence légale des tribunaux ecclésiastiques. Il reconnaît, de plus, que la justice sur tout habitant de Genève, de quelque maître qu'il dépende, *cujuscumque sit homo*, n'appartient qu'à l'évêque, qui seul pareillement a le droit d'aubaine sur ceux qui ont habité pendant un an et jour dans la ville. En confirmant au comte le droit de résider à Genève avec sa famille, on ne lui en accorde aucun sur les citoyens, ni sur aucun des objets qui ressortissent à la juridiction épiscopale. C'est à l'évêque seul que sont attribués les droits de gîte, de forage sur les vins, de rivière, les péages, les pâturages, les corvées, les échanges de maisons, les foires, les marchés, et la jouissance des biens de tout censitaire, ou vassal qui meurt, jusqu'à ce que le successeur ait reconnu le prélat pour son seigneur. Défense au comte d'attenter à la liberté d'aucun citoyen, soit ecclésiastique, soit laïque, et même de faire arrêter ses propres sujets dans la ville. Enfin, l'évêque a le droit exclusif de faire battre monnaie, non-seulement dans la ville, mais dans toute l'étendue de son diocèse. D'après ces arrangements, l'évêque permet au comte de garder l'ancien fief et patrimoine de saint Pierre, en ce qui concerne les biens séculiers, et même les deux tiers des dîmes, à la charge de tenir le tout en fief de l'église de Genève, et de lui prêter, en qualité de son avoué, serment de fidélité. (Spon., *Hist. de Genève*, tom. II, n°. 1. M. Lévrier, *Chron. hist. de Genève*, tom. I, pag. 82 *et seq.*) L'évêque Humbert mourut la veille de la Toussaint 1134. Le comte Aimon lui survécut, et fut remplacé, l'an 1152, au plus tard, par AMÉDÉE, qui, dans la charte d'une donation qu'il fit, en 1153, au monastère d'Abondance, en Chablais, nomme le comte Aimon, son père; Itte, sa mère; Guillaume, son frère; Mathilde, sa femme; et Guillaume et Amédée, ses fils. (*Bibl. Sebus.*, pag. 342.)

ARDUCIUS, ou ARDUTION DE FAUCIGNI, fils de Raoul, seigneur du lieu, fut le successeur de l'évêque Humbert. Saint Bernard, dont il était connu, lui écrivit deux lettres sur son élection, non pour l'en féliciter, mais pour l'exhorter à la justifier par une conduite vraiment épiscopale. « Le siége, lui dit-il
» dans la seconde, que vous avez obtenu depuis peu, demande
» de grands mérites dont nous avons le regret de vous voir privé,
» ou du moins regrettons-nous qu'ils n'aient pas précédé votre
» élection autant qu'il eût été nécessaire. En effet, vos actions
» et vos études n'ont semblé en aucune manière être des pré-
» parations au ministère épiscopal. Mais quoi! Dieu ne peut-il
» pas des pierres susciter des enfants à Abraham? Dieu ne
» peut-il pas faire que les actions vertueuses qui devaient pré-
» céder, viennent du moins à la suite? C'est ce que j'appren-
» drai avec joie, s'il en arrive ainsi à votre égard. » (*Saint Bernard*, opp. 37-38.) Ardutius s'étant rendu, l'an 1153, à la diète de Spire, y fit confirmer, par un diplôme de l'empereur Frédéric, tous les droits et possessions de son église, sans néanmoins entrer dans aucun détail. C'est là qu'on voit, pour la première fois, l'évêque de Genève décoré du titre de prince. (Spon, *Hist. de Genève*, tom. II, n°. XI.)

Le traité que le comte Aimon avait fait avec l'évêque Humbert n'empêcha pas le comte Amédée de faire de nouvelles usurpations, même avec violence, sur l'église de Genève. Pour les faire cesser, les archevêques de Lyon et de Vienne, de Tarentaise, et les églises de Grenoble et de Bellai s'étant rendus médiateurs, engagèrent les parties à conclure, le 22 février 1155, une nouvelle transaction, où d'abord sont répétés, mot à mot, tous les articles du traité de 1124; après quoi, l'on ajoute que le comte sera tenu de faire raser tous les forts qu'il a fait élever sur les terres de l'évêché, et même d'abattre sur ses propres terres ceux qui pouvaient nuire aux intérêts de l'évêque; que les prêtres et les diacres reconnaîtront tenir du comte les terres et fiefs qu'ils ont dans sa mouvance; que l'évêque ne pourra conférer, sans l'aveu du comte, les ordres aux sujets qui lui sont tailliables; que le comte, pour les pertes qu'il a causées au prélat par la guerre injuste qu'il lui a faite, paiera la somme de soixante livres, et aux chanoines ce qu'il conviendra pour les ravages qu'il a faits sur leurs terres; que le comte fera justice des faux monnoyeurs, d'après l'ordre qu'il en recevra de l'évêque; et enfin, pour comprendre en peu de mots quels étaient les devoirs du comte envers l'évêque, il est dit expressément que le comte doit être un fidèle avoué sous l'évêque : *Comes fidelis advocatus sub episcopo esse debet.* (Spon, *Hist. de Genève*, tom. II, n°. III.)

Cet accord fut confirmé, le 21 mai 1157, par le pape Adrien IV, à la prière d'Ardutius, et souscrit par douze cardinaux, et Roland, chancelier de l'église romaine. Pour donner plus de force à son bref, Adrien en fit expédier, le même jour, un autre par lequel il prend sous la protection du saint siége l'église de Genève, et confirme le diplôme qu'elle avait obtenu, l'an 1153, de l'empereur Frédéric. (Spon, *Hist. de Genève*, tom. II, n°s. IV, V.) Amédée refusant de se rendre à ces articles, l'archevêque de Vienne, soit en cette qualité, soit comme légat apostolique, jeta l'interdit sur sa terre, avec menace d'en venir à l'excommunication. Le prélat, quelque tems après, ayant appelé les parties à Aix en Savoie, fit consentir le comte à reconnaître l'évêque pour seigneur unique de Genève et de son territoire. Cet aveu ne rétablit pas néanmoins la paix entre le comte et le prélat. Amédée, pour l'éluder, prétendit qu'il n'y avait pas compris les droits régaliens, et voulut en conséquence exercer l'autorité suprême à Genève. L'évêque, pour détruire cette chicane, eut recours à l'antipape Victor, qu'on reconnaissait alors pour légitime pape dans l'empire, et obtint de lui un bref du 1er. avril 1160, par lequel il déclarait que les régales, ainsi que la seigneurie, appartenaient à l'évêque seul de Genève, et ordonnait qu'Amédée restât sous l'interdit prononcé contre lui par l'archevêque de Vienne, jusqu'à ce qu'il eût renoncé à sa prétention. (*Spon*, tom. II, n°. VI.)

Ce bref, loin de vaincre l'obstination d'Amédée, ne servit qu'à le rendre plus ingénieux pour venir à bout de son dessein. Ami de Berthold IV, duc de Zéringen, il l'engage à demander à l'empereur Frédéric, comme suzerain du royaume de Bourgogne, le vicariat sur les évêchés de Genève, de Lausanne et de Lyon. Berthold l'ayant obtenu, le rétrocéda au comte de Génevois. L'évêque Arducius, apprenant cette manœuvre, alla trouver l'empereur à Saint-Jean de Lône, où il tenait sa cour plénière, et réussit à le faire revenir de la surprise qui lui avait été faite. Frédéric, en conséquence, par sa bulle du 8 septembre 1162, adressée *clero*, *casatis*, *militibus*, *burgensibus et habitatoribus* de Genève, révoqua la grâce qu'il avait accordée au duc Berthold, déclarant qu'il n'y a dans Genève et son territoire, ni ne doit y avoir après lui d'autre souverain que l'évêque. (Spon, *ibid.* n°* VII, VIII, IX.) Amédée et le duc, qui étaient présents à ce jugement, témoignèrent qu'ils s'y soumettaient, et firent leurs excuses à l'évêque. Mais Amédée n'était nullement converti, comme il le prouva depuis par de nouvelles tracasseries qui obligèrent l'évêque à le frapper d'excommunication. Le comte parut atterré de ce coup, et, dans une grande assemblée à laquelle présidait l'archevêque de Tarentaise, il reconnut, ainsi que ses deux fils, Guillaume et Amédée, qui l'accompagnaient, qu'injustement il avait tenté d'usurper les droits régaliens sur l'évêque de Genève, à qui seul ils appartenaient. On fit depuis, en présence de l'archevêque de Tarentaise, de quatre autres prélats et de plusieurs autres personnes distinguées, une charte mi-partie, par laquelle Amédée et Guillaume, son fils, se déportèrent avec serment de toute prétention aux régales. (Spon, *ibid*, n°. X.) Il paraît que la paix fut alors parfaitement rétablie entre le prélat et le comte. Nous voyons Amédée présent comme témoin, en 1178, à l'acte par lequel Henri de Faucigni, neveu de l'évêque, fit constater par son oncle, après une enquête juridique, les droits qu'il avait sur le monastère de Condamine. C'est le dernier monument de l'existence du comte Amédée. En mourant, il laissa de Mathilde, son épouse, fille de Pons, seigneur de Cuseau, deux fils, Guillaume, qui suit, et Amédée, seigneur de Gex, du chef de sa mère.

GUILLAUME, en succédant à son père Amédée, dans le comté de Génevois, se vit attaqué par des voisins puissants, qui lui disputaient une partie de son héritage. Obligé de prendre les armes pour sa défense, il obtint un succès dont il se crut redevable aux prières et aux secours pécuniaires des Chartreux de Pomiers, à deux lieues de Genève. C'est ce qu'il énonce dans une charte de l'an 1179, par laquelle il leur abandonne tout ce qu'il possédait à Pomiers, moyennant la somme de cinq cents sous pour le donateur, cent pour sa femme, qu'il ne nomme point, autant pour Humbert, son fils aîné, et sous la réserve du droit de tennerance ou de cens. L'acte passé sous les yeux de Robert, archevêque de Vienne, fait aussi mention d'Aimon, âgé pour lors de cinq ans, second fils de Guillaume. (*Bibl. Sebus.*, pag. 252.) Mais à peine le comte se vit-il délivré de ses ennemis, qu'il le devint lui-même de son évêque, en renouvelant les querelles que son père avait suscitées à ce prélat. Après de longs débats, on convint de s'en rapporter au jugement de l'archevêque de Vienne et de l'abbé de Bonneval. La décision de ces arbitres, rendue à Aix en Savoie, l'an 1184, donne pleinement gain de cause à l'évêque, et fut confirmée la même année, ou la suivante, par le pape Lucius III. (Spon, tom. II, n°s. X, XI.)

L'évêque Ardutius ayant cessé de vivre, en 1185, fut remplacé par NANTELME, ou NANTELIN, prieur de la Chartreuse d'Aillon. L'un de ses premiers soins fut de faire confirmer les droits de son église par l'empereur Frédéric et le pape Urbain III. La bulle du premier, donnée à Pavie, est du 19 novembre 1185, et celle du second, du 31 décembre suivant. (Spon, *ibid*, n°s. XIII, XIV.) Mais elles ne firent pas revenir le comte Guillaume de ses premiers errements. Ce qui paraît lui avoir tenu le plus à cœur, c'était l'obligation que la sentence arbitrale de l'archevêque de Vienne et de l'abbé de Bonneval lui avait imposée, d'abattre le nouveau mur qu'il avait fait construire pour agrandir son château de Genève, et par lequel il avait empiété sur les remparts de la ville. Nantelme crut le réduire en le citant au tribunal de l'empereur, qui séjournait pour lors à Casal. Il y comparut, fit ses soumissions, et promit de se conformer au jugement que rendrait le conseil impérial ; mais, prévoyant qu'il allait être condamné, il s'échappa furtivement de la cour, et ne reparut plus. Le conseil alors, par jugement du 1er. mars 1186, ayant prononcé la contumace contre lui, le déclara coupable de félonie envers l'empereur et l'évêque, et déchu, en conséquence, des fiefs et bénéfices qu'il tenait de l'église de Genève, à laquelle ils étaient dévolus par la sentence de confiscation. Ses vassaux et tenanciers furent, par le même jugement, déliés à son égard du serment de fidélité, remis sous la main immédiate de l'évêque, et lui-même proscrit de l'empire, avec pouvoir à tout homme de courir sur sa personne et ses biens. Comme ce jugement n'était point contradictoire, l'évêque ne passa point à l'exécution, et laissa encore le tems au comte de recourir à la médiation de l'archevêque de Vienne pour obtenir un nouvel accommodement. Il y réussit ; et le prélat, en confirmant dans tous ses points la sentence arbitrale d'Aix, qu'il avait rendue deux ans auparavant, voulut bien laisser en souffrance l'article de la suppression des nouvelles constructions que le comte avait ajoutées à son château de Genève. Guillaume se joua de cet accord, qu'il n'avait demandé, comme les précédents, que pour gagner du tems. Connaissant le peu d'autorité qu'avait l'empereur dans la haute Bourgogne, et se croyant d'ailleurs assez fort pour faire tête à l'évêque, il se maintint dans la possession, non-seulement de son titre, mais des droits qu'il avait usurpés ; ce qui lui fut d'autant plus facile qu'on était alors tout occupé, dans l'Europe, des préparatifs d'une nouvelle croisade. L'empereur Frédéric I étant mort, l'an 1190, dans cette expédition, Henri VI, son fils et son successeur, perdit de vue les affaires de Genève, trop peu considérables à ses yeux en comparaison de celles qui semblèrent exiger toute son attention. Les troubles qui suivirent la mort de Henri VI, arrivée l'an 1197, furent un nouvel encouragement pour le comte Guillaume, et servirent à l'affermir dans son obstination. L'évêque Nantelme mourut dans la peine vis-à-vis de lui, le 13 février 1205, sans en avoir pu obtenir aucune satisfaction.

BERNARD CHABERT, chancelier de l'église de Paris, suivant le nécrologe de Saint-Victor, fut élu, vers l'an 1206, pour succéder à l'évêque Nantelme. Plus vigoureux que son prédécesseur, il travailla sérieusement à poursuivre l'exécution des jugements qu'il avait obtenus contre le comte Guillaume. Pour y réussir, il eut recours à Thomas, comte de Savoie, prince déjà connu par la protection qu'il avait accordée à d'autres églises. Thomas, quoique gendre du comte Guillaume, répondit aux désirs du prélat d'autant plus volontiers, qu'en faisant la guerre à son beau-père, dont il était mécontent, il aurait occasion par-là de reculer les limites de ses domaines. Ses espérances ne furent point vaines. Le progrès de ses armes fut tel qu'il donna de l'alarme à l'évêque, qui, le voyant approcher de Genève, craignit qu'il ne fît revivre les prétentions de Guillaume. Mais le comte de Savoie dissipa ses appréhensions par une déclaration qu'il lui donna, le 14 octobre (fête de saint Calliste) de l'an 1211, à Liégrins, en présence de deux abbés de Cîteaux, et d'autres personnes distinguées : déclaration qui porte qu'étant devenu vassal de l'évêque par les conquêtes qu'il avait faites dans le Génevois, non-seulement il ne lui disputerait pas les droits régaliens sur Genève, mais qu'il s'opposerait à tous ceux qui oseraient y donner atteinte, attendu qu'ils appartenaient exclusivement à l'église de Genève. (Spon, *ibid*, n°. XIX.) L'évêque Bernard eut sa part aussi dans la dépouille du comte Guillaume, qui perdit alors son titre de comte de Génevois. M. Lévrier compte, parmi les droits que le prélat recouvra sur lui, le forage, le vidonnat ou vidamat, et la pêche. Son église le perdit en 1213, par la translation qui fut faite de sa personne sur le siége métropolitain d'Embrun.

PIERRE DE SESSONS, ayant succédé à Bernard Chabert, employa ses soins à perfectionner le bien que son prédécesseur avait commencé. C'est lui qui fit bâtir le château de l'île du Rhône dans Genève. On lui doit aussi la reconstruction de celui de Marval. Ce ne fut point là où se borna, suivant M. Lévrier, le bien qu'il fit à son église. « Il établit à Genève, dit-
» il, des manufactures, lia un commerce avec Lyon, améliora
» les revenus, acquitta d'anciennes dettes, établit le premier
» un official pour l'administration de la juridiction ecclésias-
» tique contentieuse, un docteur en théologie pour l'instruc-
» tion de la jeunesse ecclésiastique, etc. » Cependant, il eut avec son chapitre des contestations qui éclatèrent, et occasionèrent une information qui fut ordonnée par le pape Innocent III ; mais il ne paraît pas qu'elle ait eu de suite, parce que la plupart des griefs allégués contre le prélat, étaient frivoles et inspirés par la passion. Les catalogues des évêques de Genève placent sa mort en 1219.

AIMON DE GRANSON fut le successeur de Pierre de Sessons. On est étonné de le voir, au commencement de son épiscopat, tellement réconcilié avec le ci-devant comte de Génevois, Guillaume, que, sans qu'il paraisse aucune opposition de la part du comte de Savoie, gendre de celui-ci, il consentit à lui rendre son comté, suivant les conditions qui furent réglées par l'archevêque de Vienne, et dont voici la substance : Tous les anciens droits de seigneurie, de régales et de souveraineté, appartenants à l'église de Genève, y furent confirmés tels qu'ils étaient détaillés dans les transactions précédentes ; ce qu'on y ajouta de plus, concerne les quatre principaux officiers du comte, savoir le sénéchal, le maréchal, le pannetier et le bouteillier, dont il est dit qu'ils jouiront des mêmes priviléges que ceux de l'évêque. A l'égard du nouveau mur que le comte avait été condamné, par le jugement de l'archevêque Robert, à détruire, et des otages qu'il devait donner pour sûreté de ses engagements, ces articles devaient rester en souffrance tant qu'il plairait à l'archevêque et à ses successeurs. Cependant, au lieu de trente otages que le comte était tenu, par les précédents traités, de fournir, il fut convenu d'une somme de douze mille sous génevois, qu'il paierait en cas d'infraction; et, pour caution de cette somme, il présenta dix-sept gentilshommes du pays, possesseurs des fonds suffisants, qui s'obligèrent à fournir chacun pour sa part les douze mille sous, au cas que le comte donnât atteinte à aucun des articles convenus. Ils firent plus ; ils promirent avec serment de se rendre solidairement otages les uns pour les autres, jusqu'au parfait remboursement de la somme totale. Guillaume, après cela, fit hommage-lige à l'évêque, qui l'investit de nouveau du comté de Génevois avec l'anneau ; et par là finirent les querelles qui avaient duré si long-tems entre l'église de Genève et les comtes de Génevois. L'acte, muni des sceaux de l'archevêque de Vienne, de l'évêque de Genève, et du comte Guillaume, fut passé à Dissingien, près de Seissel. (Spon, tom. II, n°. XX.) Guillaume, depuis ce tems, devint une nouvel homme, aussi paisible, aussi religieux, aussi équitable qu'il avait été fourbe, impétueux et querelleur. Il mourut l'an 1226, au plus tard, suivant Guichenon, et fut inhumé devant la porte de l'église de Sainte-Catherine, sur Anneci, qui devint un monastère cistercien, fondé par sa femme Béatrix, fille de Gui de Valpergue et de Béatrix Visconti. De son mariage il eut Humbert, mort, non du vivant de son père, comme le marque Guichenon, mais peu de tems après ; Guillaume, qui suit ; Aimon, seigneur d'Anneci, puis évêque de Saint-Jean de Maurienne ; et Béatrix, femme de Thomas, comte de Savoie. (*Bibl. Sebus*, p. 254, et M. Lévrier, *chronol. hist.*, tom. I, p. 13.)

HUMBERT et *GUILLAUME II*, tous deux fils du comte Guillaume I, lui succédèrent au comté de Génevois. Le premier mourut, comme on l'a dit, peu de tems après son père, laissant un fils, nommé Ebles, de sa femme AGNÈS, fille d'Amédée III, comte de Savoie. Guillaume, après la mort d'Humbert, s'attribua le comté de Génevois à lui seul, sans en faire part à son neveu. Ebles se voyant frustré de la succession de son père, fit de vains efforts pour la recouvrer. Persécuté à ce sujet par le comte, son oncle, il se retira en Angleterre, auprès du roi Henri III. Il y mourut, l'an 1259, sans enfants, après avoir institué son héritier Pierre, depuis comte de Savoie, par son testament daté du 12 mai de la même année. (Guichenon, *H. de Sav.*, tom. I, p. 283.) En 1252, Guillaume, de concert avec sa femme *Alix de la Tour-du-Pin*, et son fils aîné, confirma les donations faites, par son père et ses ancêtres, à la chartreuse de Pomiers. (*Bibl. Sebus*, p. 254.) Dans cet acte, il nomme ses enfants, vivants alors, savoir Rodolfe, qui suit; Amédée, évêque de Die; Aimon, prévôt de l'église de Lausanne; Henri-Robert, chanoine de Vienne, et depuis évêque de Genève; Guillaume; et Gui, qui devint évêque de Langres en 1266. A ces enfants, MM. de Sainte-Marthe ajoutent Jean, évêque de Valence; et M. Lévrier, Béatrix, femme, dit-il, de Ronselin, seigneur de Lunel, en Languedoc. Depuis cette année, on ne trouve plus de traces de Guillaume II, qui fut remplacé par son fils aîné qui suit.

RODOLFE, fils aîné du comte Guillaume II, lui succéda au comté de Génevois. Pierre, comte de Savoie, étant revenu d'Angleterre dans ses états, se mit en état de faire valoir les droits qu'Ebles, fils d'Humbert, lui avait cédés par son testament sur le Génevois. Ayant défait Rodolfe dans un combat, il lui reprit les châteaux de la Roue et des Clés, dont il s'était emparé, et l'obligea, en les lui rendant, de lui en faire hommage. (Guichenon.) On ignore l'année de la mort du comte Rodolfe; mais il était remplacé, l'an 1268, par Aimon III, son fils aîné, qu'il avait eu de MARIE DE COLIGNI, sa femme, dame de Varei, dans le Bugei, qui vivait encore en 1285. Les autres enfants qu'il laissa d'elle, sont Amédée, dont on parlera ci-après; Gui, chanoine de Senlis, mais non pas, comme on le dit, abbé de Saint-Seine; Jeanne, mariée à Guichard VI, sire de Beaujolais; et Marguerite, épouse d'Aimar IV, comte de Valentinois.

L'évêque Aimon de Granson finit ses jours l'an 1260, après environ quarante ans d'épiscopat. ULRIC, ou HENRI, prieur de la chartreuse de Portes, lui succéda la même année. Ce prélat termina, l'année suivante, le 3 mai (mardi après la *Quasimodo*), par la médiation d'Agnès, comtesse de Savoie, les différents qu'il avait avec Simon de Joinville, seigneur de Gex, touchant divers droits qui étaient en litige entre eux. (Spon, tom. II, n°. XXII.) Le regret de sa solitude le détermina, l'an 1268, au plus tard, à quitter l'épiscopat pour y retourner. Il y mourut, l'an 1275, suivant MM. de Sainte-Marthe.

AIMON DE MENTHONAI fut le successeur d'Ulric, ou Henri, sur le siège de Genève. Pierre, comte de Savoie, lui donna une marque singulière de sa confiance, en le nommant exécuteur de son testament, daté du 6 mai 1268. Agnès de Faucigni, veuve de ce comte, chargea pareillement ce prélat de l'exécution d'un codicille qu'elle ajouta, le 9 août de la même année, à son testament. On le voit présent au mariage du prince Amédée de Savoie (depuis comte, cinquième de son nom), avec Sibylle de Baugé, célébré, le 5 juillet 1272, au château de Chillon, dans le pays de Vaud. La mort de ce prélat arriva l'an 1281 au plus tard.

AIMON III, fils aîné de Rodolfe, comte de Génevois, était pourvu de ce comté, soit par résignation, soit par la mort de son père, l'an 1268, comme le prouve une charte de la veille de Noël de cette année, par laquelle il reconnaît avoir reçu du prieur de la chartreuse de Mairia la somme de trente-six livres viennoises, pour la concession qu'il lui avait faite des pâturages de Varei. (*Bibl. Sebus.*, p. 247.)

ROBERT DE GÉNEVOIS, oncle du comte Aimon III, et fils du comte Guillaume II, étant monté sur le siége de Genève, l'an 1282, oublia les intérêts de son église pour favoriser les vues ambitieuses de son neveu. Lui ayant cédé la garde de tous les châteaux de l'évêché, il souleva, par cette conduite perfide, toute la ville de Genève, qui, depuis long-tems, vivait dans une parfaite intelligence avec ses évêques. Se voyant à la veille d'être asservie par la maison de Génevois, elle ne vit pas d'autre parti à prendre, pour se préserver du joug dont elle était menacée, que de se jeter entre les bras du comte de Savoie, dont l'intérêt s'opposait à l'agrandissement de cette maison, de tout tems rivale de la sienne. Amédée V, qui régnait alors en Savoie, reçut avec joie la députation de Genève ; et, l'an 1285, par traité fait le lundi après la Saint-Michel (1er octobre), il s'engagea, pour lui et ses successeurs, à prendre sous sa sauve-garde tous les habitants de cette ville, clercs ou laïques, et à défendre leurs droits, leurs franchises et leur liberté envers et contre tous leurs ennemis, de la même manière que s'ils étaient ses propres sujets, ajoutant que si leur évêque, ou tout autre en son nom, s'avisait de les inquiéter, pour raison de ce traité, ou pour toute autre cause, et entreprenait de les traduire à la cour de Rome, ou ailleurs, ou d'exercer contre eux quelque violence, il leur prêterait secours et main-forte à ses propres dépens, aussitôt qu'ils l'en requerraient, soit par lui-même, soit par le châtelain qu'il aurait à Genève, soit par tous ses officiers des environs ; promettant en outre de ne faire ni paix ni trève sans leur consentement. Enfin il ordonne à tous ses officiers de prêter, entre les mains des citoyens, serment de garder et observer les articles de ce traité, qui fut dressé dans Genève même, où le comte Amédée s'était rendu,

(Spon, tom. II, n°. XXIII.) Ce prince, dans le même tems, s'étant emparé du château de l'île, s'y fortifia, et profitant de la bonne volonté des habitants, il commença d'exercer la juridiction du vidomnat, tant en dedans qu'au-dehors de la ville. (M. Lévrier, p. 153.) Il faut nécessairement supposer que le comte de Génevois était alors absent de Genève, puisqu'on n'aperçoit ici aucune résistance de sa part contre les entreprises du comte de Savoie. Outré de la démarche de cette ville, et étant hors d'état dans le moment de s'en venger, il avait sans doute été trouver le dauphin Humbert I, avec lequel on voit qu'en effet il fit une ligue pour recouvrer les concessions que l'évêque, son oncle, lui avait faites. Muni du secours de cet allié, il se jeta sur les pays de Bugei, de Valromei, de Vaud et de Chablais, et même sur la Savoie, où il sema le carnage et la désolation. Amédée ne manqua pas d'user de représailles. Enfin, après deux ans d'hostilités, on en vint, l'an 1287, à un accommodement, où l'on se rendit ce qu'on s'était pris de part et d'autre, après quoi le comte de Génevois fit hommage au comte de Savoie des fiefs qu'il tenait de lui, soit près de Genève, soit en Savoie. (*Ibid.*)

Robert, évêque de Genève, qui, par son aveugle dévouement pour sa maison, avait occasioné les troubles dont on vient de parler, mourut avant qu'ils fussent calmés. Il eut pour successeur, selon MM. de Sainte-Marthe, suivis par M. Lévrier, GUILLAUME DE CONFLANS, chanoine de Lyon, élu en 1288.

Le comte Aimon termina sa carrière en 1290, après avoir épousé, 1°. dans le mois de septembre 1271, *Agnès de Montfaucon*, dame d'Aurosse, fille d'Aimon de Montbéliard, morte en 1277; 2°. au mois de juillet 1279, *Constance de Béarn*, dont il n'eut point d'enfants. Du premier lit, il laissa deux filles, Jeanne, dame du Wache, en Génevois, mariée, en 1286, à Philippe de Vienne, seigneur de Poigni; et Comtesson, qui épousa, l'an 1301, Jean de Vienne, seigneur de Mirebel.

AMÉDÉE II, frère puîné d'Aimon, fut son successeur dans le comté de Génevois, au défaut d'enfants mâles de ce dernier.

Le comte de Savoie n'avait point perdu de vue ses intérêts dans les services qu'il avait rendus à l'église de Genève. Il le prouva bien pendant la vacance qui suivit la mort de l'évêque Robert. Dès que ce prélat eut les yeux fermés, il s'empara du château de l'île. Il n'en demeura point là; regardant comme ses propriétés les objets qui ne lui avaient été cédés qu'à titre précaire, dans l'église de Genève, il en exerça les droits en maître incommutable. Le nouvel évêque, Guillaume, ne souffrit pas tranquillement cette usurpation. Il réclama le château de l'île du Rhône, le vidomnat, la pêche, les péages par terre et par eau, avec tous les droits domaniaux et seigneuriaux, comme le patrimoine inaliénable de son église. Le comte de Savoie offrit de les restituer, mais à condition qu'on lui paierait la somme de quarante mille marcs d'argent, qu'il prétendait lui être dûs pour dédommagement des frais de la guerre qu'il avait soutenue *en qualité de vassal de l'église de Genève*, contre ceux qui avaient fait des usurpations sur elle. En conséquence, il déclara qu'il garderait, par forme de nantissement, et pour sûreté de ses avances, jusqu'à son remboursement, tout ce qu'il avait reconquis. Après diverses monitions, qui n'eurent aucun effet, l'évêque en vint jusqu'à l'excommunication, qui fut prononcée le 10 janvier 1290. Le comte ayant appelé de cette sentence à Rome, les parties commencèrent à se rapprocher, et, le 19 septembre de la même année, elles s'accommodèrent de la manière suivante. Le comte remit à l'évêque la pêche, les péages, les moulins, *casalia molendinorum*, ainsi que la seigneurie et autres droits; et, de son côté, l'évêque lui laissa en fief, pour la vie de l'un et de l'autre, *toto tempore vitæ nostræ et comitis*, le vidomnat, dont le comte lui fit hommage, consentant que celui qui exercerait cet office en son nom, prêtât serment de fidélité au prélat et à ses officiers, et leur rendît compte des émoluments dont l'évêque conservait une portion.

A l'égard du château de l'île, pour la restitution duquel le comte demandait des sommes exorbitantes, il fut convenu que cet article serait mis en arbitrage, et que, pendant qu'il resterait en souffrance, le châtelain que le comte mettrait dans la place, obéirait à l'évêque et aux mandements qui lui seraient adressés de sa part pour garder ou relâcher les prisonniers qui y seraient détenus; car ce fort était la prison publique (Spon, n°. XXI, et M. Lévrier, tom. I, pp. 157-161.)

Le bon prélat s'imaginait avoir, par cet accord, assuré sa tranquillité; mais le comte de Savoie ne tarda pas à le désabuser. A la faveur du vidomnat qui lui était confirmé, il prétendit que toute juridiction lui appartenait dans Genève, quoique ce titre ne lui donnât que la basse justice, avec la police en première instance, et l'exerça d'une manière militaire et despotique. Les officiers de l'évêque ayant voulu s'opposer à ses entreprises, il les chassa, et ne connut plus d'autre loi que sa volonté. Le prélat, ainsi restreint à son autorité spirituelle, crut devoir employer les voies canoniques contre son oppresseur, et montra, dans l'usage qu'il en fit, la prudence et la modération qui convenaient à son caractère. Ayant convoqué, dans l'église de Saint-Pierre, son chapitre, son clergé et son peuple, le jour de la Purification 1291, il fit dresser, par un notaire impérial, nommé Jean de Russins, une monition canonique, adressée au comte, qui fut répétée, le 13 de mai suivant, sans qu'on voie l'effet qu'elle produisit. L'évêque, dans sa détresse, se tourna du côté du comte de Génevois ; et, pour le mettre dans ses intérêts, il lui accorda, en accroissement de fief, tout le cours du Rhône, depuis le ruisseau nommé Arunda jusqu'à la Cluse. C'était alors *AMEDEE II*, fils d'Aimon, qui occupait ce comté. Aussi intéressé que tout autre à s'opposer aux excès du comte de Savoie, il entra dans la ligue que formèrent, dans le même tems, le dauphin et les seigneurs de Faucigni et de Gex contre ce prince. Les confédérés, s'étant présentés au mois d'août devant Genève, firent des efforts impuissants pour s'en rendre maîtres. Obligés de se retirer, ils mirent le feu, dans leur désespoir, aux faubourgs. Le dauphin fit encore pis ; il pilla, en s'en retournant, les terres de l'évêque et du chapitre.

Délivré de ces ennemis, le comte de Savoie reprit ses premiers errements vis-à-vis de l'évêque de Genève. Les officiers qu'il nomma, pour faire en son nom les fonctions du vidomnat, ne daignèrent pas même prendre l'attache du prélat avant d'entrer en exercice. Ne connaissant plus de limites dans leur juridiction, ni de règle dans leurs jugements, ils entreprenaient sur les matières ecclésiastiques, et s'arrogeaient le droit d'accorder des dispenses, telles que la permission de se marier en secondes noces. Les officiers de l'évêque ayant voulu s'opposer à leurs violences, ils en firent arrêter plusieurs, même dans le palais épiscopal, et les jetèrent dans des cachots. Leur audace alla même jusqu'à porter leurs mains sur la personne du prélat, qui fut obligé d'aller chercher dans son église un asile contre la mort. Revenu de sa frayeur, il tint, le 14 février 1293, dans le jardin des Frères prêcheurs, une grande assemblée d'abbés, de chanoines, de curés, de religieux et de nobles, à laquelle se trouva le comte de Savoie lui-même. Là, il prononça tout haut, en présence de l'assemblée, fit rédiger ensuite par écrit, et remit au comte, en mains propres, un acte solennel, contenant des protestations sur tout ce qui s'était passé, avec des monitions et sommations d'y faire droit. « On y voit que l'église
» de Genève est seul et unique seigneur, et qu'elle a la princi-
» pauté dans la ville, ses faubourgs, châteaux et dépendances ;
» que la juridiction, de pur et mixte empire, s'y exerce, sous
» son autorité, par ses vidamnes, juges et autres officiers et
» ministres de toute espèce, et qu'elle tient ce droit immé-

» diatement de l'empire..... On y rappelle, au comte de Savoie,
» qu'il n'est que le vassal de cette même église.... que, si dans
» le principe il a profité de la vacance de la chaire pour usur-
» per le vidomnat et le château, sa possession n'est devenue
» légitime que par la concession de l'évêque, faite sous cer-
» taines conditions; mais qu'elle cessera d'être légitime s'il
» n'exécute pas ces mêmes conditions...... On lui observe qu'en
» aucun cas on ne peut supposer que l'église ait voulu se dé-
» pouiller de sa juridiction pour en attribuer au comte une ex-
» clusive, ni qu'elle ait entendu renoncer à sa supériorité et au
» droit de ressort souverain; enfin, après avoir rapporté toutes
» les clauses de l'accord de 1290, et les avoir rapprochées des
» actes de violence et des infractions dont il se plaint, l'évêque
» finit par déclarer au comte qu'il n'est pas dans l'intention de
» revenir sur ce qu'il a fait, parce qu'il espère que le comte lui
» rendra justice et rangera ses gens dans le devoir; mais il
» l'avertit en même tems que s'il n'y met ordre, il lui retirera
» le vidomnat, et agira vis-à-vis de lui comme l'exige son mi-
» nistère, pour la conservation des droits de l'église qui lui est
» confiée, et pour le maintien du bon ordre et de la paix. »
(Spon, t. II, pp. 68-78; et M. Lévrier, tom. I, pp. 168-171.)
Le comte de Savoie, frappé des moyens allégués dans cet acte,
et des menaces qui les accompagnaient, donna des ordres pour
arrêter l'impétuosité de ses officiers, et les contenir dans les
bornes de la modération et du respect envers l'évêque de Genève. Le 10 décembre de la même année, par la médiation de
l'évêque de Lausanne et d'Amédée, grand-chantre de Lyon et
depuis évêque, il accommoda les différents qu'il avait avec le
comte de Génevois. Il fut convenu entre eux que le château de
l'île resterait entre les mains du comte de Savoie, jusqu'au
remboursement de la somme de 15,000 marcs qu'il répétait sur
l'église de Genève. Le comte de Génevois lui fit ensuite, le 25
janvier 1294, hommage, non pour son comté, mais pour les
fiefs qu'il possédait dans celui de Savoie. (M. Lévrier, *ibid.*)

L'évêque Guillaume de Conflans ne survécut pas long-tems à
cet arrangement. On ignore le tems précis de sa mort; mais il
était remplacé, l'an 1295, par

MARTIN, sur la naissance et la patrie duquel on n'a aucune
lumière. A son avénement, il trouva la fabrique de sa cathédrale chargée de dettes et obligée de faire des dépenses considérables pour continuer la construction de ce grand édifice qui
n'était point encore achevé. Les châteaux de l'évêché avaient aussi
besoin de grandes réparations. Le prélat jugea de plus qu'il était
indispensable, pour la sûreté du commerce, de faire battre à Ge-

nève de la nouvelle monnaie à son coin, suivant le droit qu'il en avait comme prince souverain, afin d'arrêter, dans son diocese, le cours des mauvaises monnaies que les princes voisins y faisaient répandre. Mais comme cette entreprise, jointe a la nécessité des réparations à faire, demandait de grandes dépenses, il assembla sur cela son chapitre le 11 juin 1300; d'un avis commun, il fut réglé que, pendant trois ans, les fruits et les revenus de la première année des bénéfices qui viendraient à vaquer, seraient retenus pour en appliquer la moitié à la dépense dont on vient de parler, et l'autre moitié à la fabrique de l'église de Saint-Pierre. Il fut encore résolu que, si par quelque contre-tems, la nouvelle monnaie projetée ne se fabriquait pas, l'argent qui serait destiné pour en soutenir la dépense, serait employé à la réparation des châteaux et de l'église. Un lombard d'Asti, nommé Benjamin-Thomas, s'étant présenté pour la fabrication des nouvelles monnaies, l'évêque lui en accorda le privilége pour six ans, aux conditions marquées dans l'acte de cette concession. (Spon, tome I, pp. 57-58.)

L'évêque Martin termina sa carrière en 1304, et eut pour successeur AMÉDÉE DU QUART, le même qui, étant chantre de l'église de Lyon, fut un des entremetteurs, comme on l'a dit, de la paix conclue, en 1293, entre les comtes de Savoie et de Génevois. L'un de ses premiers soins fut de se faire rendre hommage par les vassaux de son église. Etant venu trouver le comte de Génevois dans son château de Sacconai, il y reçut de lui cette marque de soumission, le 29 avril 1305, en présence d'environ quinze témoins, et en fit dresser l'acte, dans lequel ce seigneur avoue tenir de l'église de Genève en fief-lige tout ce qu'il possède ou doit posséder dans la banlieue de cette ville, divers châteaux qui sont détaillés, et le cours du Rhône, tant pour le domaine que pour la pêche dans un espace déterminé. Guillaume de Joinville, seigneur de Gex, s'acquitta du même devoir envers le prélat à Seissel, le dimanche après la saint Jean-Baptiste (27 juin de la même année). (Spon, t. II, nos. XXIX, XXX.) Le prélat, gagné par les déférences du comte de Génevois, souffrit qu'il bâtît près de Genève le château Gaillard. Il permit, dans le même tems, à Hugues, dauphin, seigneur de Faucigni, d'élever celui de Lullin. Le comte de Savoie, regardant ces places comme de nouvelles barrières qu'on lui opposait, en prit occasion de recommencer la guerre contre l'église de Genève. Le pape Clément V, apprenant à Lyon les premières hostilités du comte, interposa son autorité, dans le mois de mars 1306, pour les arrêter, en ordonnant une trêve jusqu'à ce qu'il eût connu des motifs qui les avaient occasionées. Cet ordre n'empêcha pas le comte de Savoie d'aller faire le siége du château de Marval, dont il s'empara, et qu'il rasa dans le mois de juin de la même année. L'archevêque de Tarentaise réussit néanmoins, le 20 de ce mois, à faire signer aux parties un nouvel accord, par lequel le comte obtint la juridiction pleine et illimitée dans le vidomnat, à l'exception des causes que l'évêque voudrait se réserver. Mais le prélat, voyant qu'il allait toujours au-delà des bornes qui lui étaient prescrites, prit la précaution de s'allier avec le comte de Génevois et le dauphin de Viennois, et s'assura en même tems de la bonne volonté de la communauté de Genève, pour réprimer ses entreprises. Les deux seigneurs, par serment du 5 mai 1307, s'engagèrent à ne jamais rien entreprendre sur la juridiction de l'évêque, et à maintenir les citoyens de Genève dans leurs priviléges et franchises.

Le comte de Génevois regrettait toujours la perte du château de l'île du Rhône. Pour en déloger le comte de Savoie, en l'occupant ailleurs, il va lui enlever le château d'Entremont, bien assuré qu'il rassemblerait ses forces pour le reprendre. Tandis qu'il le voit devant cette place, il se rend aux portes de Genève, où il demande à parlementer avec les habitants. Mêlant dans son discours les menaces aux promesses, il leur fait entendre qu'il ne tient qu'à lui d'emporter de vive force la ville; mais que, par affection pour eux et par respect pour l'église de Genève, il aime mieux tenir de bonne volonté le recouvrement d'une place qu'un ennemi, dont ils ont euxmêmes tout sujet de se défier, lui a injustement ravie; que, n'ayant jamais attenté à leurs droits et libertés, il n'y a nulle apparence qu'il entreprenne de les violer à l'avenir. Choisissez-donc, leur dit-il en finissant, ou de me recevoir comme ami, ou de m'obliger, contre mon inclination, à vous traiter en rebelles. Ce discours, rapporté à l'assemblée générale, partagea les esprits. Le château de l'île se déclara pour le Savoyard, et celui du Bourg-du-Four pour le comte de Génevois, auquel il appartenait. On vint aux armes; et ce dernier, après avoir perdu cent trente-deux hommes, fut réduit à prendre la fuite. L'évêque, outragé par les vainqueurs, sortit lui-même de la ville, ne s'y croyant plus en sûreté, et alla se réfugier auprès du comte de Génevois dans son château du Wache. Dans sa retraite, il ne s'oublia pas néanmoins, ni les droits de son église. Le 3 septembre 1307, il fit, avec le comte de Génevois et le baron de Faucigni, un traité portant que ces deux seigneurs ne feraient aucune paix ni trève, jusqu'à ce que l'évêque eût recouvré sa ville de Genève, avec les droits et la juridiction qu'il y avait; que s'il arrivait que les châteaux de l'église, savoir, ceux de Justi, de Penei et de Salas fussent assiégés par qui que ce soit, ils viendraient au secours du prélat avec un nombre suffisant de troupes ; que l'évêque pourrait tenir sa cour et établir son official en quelque lieu de son diocèse qu'il jugerait à propos, et que lesdits seigneurs de Genevois et de Faucigni, bien loin de s'y opposer, protégeraient et défendraient la cour épiscopale ; enfin, qu'ils feraient en sorte que Jean, dauphin de Viennois, Jean de Châlons, seigneur d'Arlai, et Guillaume, fils du comte de Genevois, entrassent dans ce traité ; ce qu'ils exécutèrent sur-le-champ même. (Spon, tom. I, pag. 60.) Apprenant que Louis, frère du comte de Savoie, se disposait à faire battre monnaie dans Nyon, ville enclavée dans le pays de Vaud (1), dont il était seigneur, et faisant partie du diocèse de Genève, il prit des mesures pour arrêter cette entreprise, attendu qu'à lui seul appartenait exclusivement, dans tout le district de son église, le droit que s'arrogeait ce prince. Mais Louis alléguait, pour le faire valoir, des concessions impériales accordées tant à lui qu'à son père, qui vraisemblablement avaient été surprises. On disputa beaucoup, et enfin il fallut en venir à une composition, qui fut réglée, le 2 avril 1308, par des arbitres choisis de part et d'autre. Le prélat consentit que Louis fît frapper à Nyon des espèces monnayées, sous les clauses suivantes ; savoir, qu'il emploierait dans la fabrique des siennes un coin différent de celui de l'évêque ; qu'il tiendrait ce droit en fief de lui, et lui en ferait hommage ; qu'il défendrait l'église en bon et fidèle vassal ; que l'évêque aurait le quart du bénéfice de la fabrication, et serait en droit d'en faire faire l'essai ; que le monnayeur prêterait entre ses mains le serment de fidélité ; enfin, que cette nouvelle monnaie n'empêcherait pas le cours de celle de l'évêque dans toute l'étendue de son diocèse. (Spon, tom. II, n°. XXX.)

---

(1) Nyon fait aujourd'hui partie du canton de Berne, avec son bailliage, qui est fort étendu. Cette ville est, suivant M. Tscharner, la *Colonia equestris Noviodunum* de Pline, de Ptolémée, et d'autres anciens auteurs. Aussi y a-t-on trouvé, dit-il, plusieurs inscriptions curieuses, et des antiquités assez remarquables. Le canton des environs se nommait encore, dans le onzième siècle, *Pagnus equestricus*. Sous les comtes de Savoie, elle était une des quatorze villes qui formaient les états du pays de Vaud, et on la compte encore au nombre de ce qu'on nomme les quatre villes de ce pays-là. « La ville de Nyon, dit le
» même auteur, est dans une situation fort agréable ; elle a de jolies
» promenades, et jouit d'une très-belle vue sur le lac. Elle est en
» général très-bien bâtie. Le bailli fait sa résidence dans un château
» ancien, mais vaste, sur une éminence qui domine le grand chemin
» et le lac. »

AMÉDÉE II, comte de Génevois, après avoir fait son testament au mois d'octobre 1306, mourut le 22 mai 1308, et fut inhumé à Montagni. AGNÈS DE CHALON, sa femme, lui survécut au moins jusqu'au 18 octobre 1350, date de son testament. De leur mariage sortirent trois enfants, Guillaume, qui viendra ci-après; Amédée, évêque de Toul; et Hugues, seigneur d'Anton; par son premier mariage avec Isabelle, dont il eut Aimon, décédé sans postérité; et Béatrix, mariée à Frédéric, marquis de Saluces.

GUILLAUME III, fils aîné d'Amédée II et son successeur au comté de Génevois, était marié, dès le mois de septembre 1297, avec AGNÈS, fille d'Amédée V, comte de Savoie. Préférant son père, par un mouvement naturel, à son beau-père, il avait épousé les querelles du premier avec le second. Après l'avoir perdu, il travailla à se réconcilier avec le comte de Savoie, auquel il commença à rendre hommage; après quoi il fit avec lui un traité daté du château de l'Espérance, en Dauphiné, le 10 novembre 1308, à la suite duquel il écrivit à tous les seigneurs de sa mouvance pour les inviter à lui refuser le service qu'ils lui devaient, et même à se déclarer contre lui, au cas qu'il viendrait à violer les articles dont il était convenu avec ce comte. Rien ne semblait mieux prouver la sincérité de cet hommage, et rien dans la suite ne le démentit.

L'évêque de Genève, s'ennuyant de son exil, cherchait les moyens de rentrer avec honneur chez lui. Mais la faction savoyarde, dominant toujours à Genève, s'opposait à son retour. Ayant en vain employé les moyens de conciliation pour l'obtenir, il eut enfin recours aux voies juridiques, et fit citer les rebelles devant l'archevêque de Vienne. Il alla plus loin : il fulmina contre eux une sentence d'excommunication; et par ce moyen, dit M. Spon, il les fit condescendre à ses volontés. Le peuple fut assemblé au son de la trompette et de la grosse cloche avec le clergé dans l'église de Saint-Gervais; l'évêque y fut reconnu prince et seigneur avec toute juridiction et mixte empire; et (il fut arrêté) que les syndics ne se mêleraient d'aucune affaire qui préjudicierait à son autorité; étant de plus condamnés à réparer les dommages avenus par les agressions des citoyens depuis la guerre avec le comte de Génevois; que de plus, ils bâtiraient pour amende, des halles au Mollard, desquelles l'évêque recevrait les deux tiers, et les citoyens l'autre, pour les réparations des portes de la ville. (Spon, t. I, pag. 61-62.) Ce fut à cette époque seulement, dit M. Lévrier, que l'évêque, qui était sorti depuis 1307, rentra dans Genève, et reprit possession de son siége. Il fut reçu, ajoute-t-il, avec beaucoup de pompe et de cérémonie. (*Ibid.*, t. I, p. 194.) Le roi des Romains, Henri VII, allant en Italie, l'an 1310, pour y recevoir la couronne impériale, fut amené par le comte de Savoie à Genève, où il fit une entrée solennelle, le mardi après la Saint-Michel (6 octobre). L'évêque l'accompagna ensuite dans la Lombardie, et obtint de lui, par un diplôme donné au camp devant Brescia, le droit de lever un denier sur chaque coupe de blé, et deux sur chaque sommée de vin qui sortirait de la ville. Il ne jouit pas long-temps de cette concession, étant mort sur la fin de l'an 1311. (Spon, *ibid.*)

PIERRE DE FAUCIGNY, prévôt de la cathédrale de Genève, fut élu, non pas le jeudi après Pâques (19 avril) de l'an 1313, comme Spon le marque, mais au commencement de cette année, pour remplir le siége de cette église. Ce qui le prouve, c'est que le jour des nones, ou le 7 de mars, Guillaume, comte de Genève, lui fit hommage de son comté avec tous les châteaux et droits qui en dépendaient, tant ceux dont il était en jouissance que ceux dont il était privé par des usurpations. (Spon, tom. II, n. XXXIII.) Le comte de Savoie ne fut pas si prompt à s'acquitter du même devoir envers le prélat. Il se tint, à ce sujet, plusieurs conférences entre les députés de l'évêque et ceux du comte, qui, à la fin, par acte du 2 décembre 1319, promit de lui faire hommage, et serment de fidélité quand il en serait requis. (Spon, *ibid.*, n. XXXII.)

Le comte de Génevois, dans un besoin d'argent, fut obligé d'emprunter de l'évêque une somme de cinq cents livres, pour laquelle il lui engagea le château du Bourg-du-Fourg, situé au-dessus de Genève. La prudence demandait que le prélat ne confiât la garde de cette place qu'à une personne dont l'attachement et la fidélité lui fussent assurés. Il fit le contraire, et en nomma châtelain Gui de Fillins, homme dévoué au comte de Savoie. Edouard et Aimon, tous deux fils de ce prince, Guichard, sire de Beaujolais, et Hugues de Fillins, d'intelligence avec le châtelain et quelques habitants de la ville, s'étant introduits, le 10 août 1320, dans le château, le rasèrent après avoir pillé ce qui appartenait à l'évêque et au comte de Génevois. La faction savoyarde, se trouvant, par-là, maîtresse de la ville, s'empara du commandement civil et militaire, et maltraita les partisans de l'évêque, qui, ne se croyant pas lui-même en sûreté dans la ville, se sauva dans son château de Thiez. Il envoya de-là des députés pour négocier avec les rebelles ; les trouvant sourds à ses mandements et sommations, il jeta l'interdit sur la ville. Les factieux s'en moquèrent, et contraignirent les ecclésiastiques de continuer la célébration du service divin. Enfin, le lundi après la décolation de saint Jean-Baptiste (1ᵉʳ. septembre), il en vint jusqu'à déclarer nommément excommuniés, quatre des chefs de la révolte. Guillaume III, comte de Génevois, mourut dans ces entrefaites, laissant de son mariage avec Agnès de Savoie, un fils, qui suit.

AMÉDÉE III, fils de Guillaume III, et son successeur, eut également comme lui, à se défendre contre la maison de Savoie. Un incendie qui, le 19 mars 1321, consuma une partie de Genève, le priva des ressources qu'il pouvait espérer de cette ville, où il avait beaucoup de partisans. La mort d'Amédée V, comte de Savoie, arrivée le 16 octobre 1323, en le délivrant d'un prince redoutable à sa maison, n'améliora guère son sort. Edouard, fils de ce dernier, et héritier de son ambition comme de ses états, n'était nullement disposé à rendre au comte de Génevois ce que son père avait usurpé sur lui. Il paraît, néanmoins, qu'il se montra plus équitable envers l'évêque Pierre de Faucigni, puisqu'au commencement de son règne on voit ce prélat de retour à Genève.

Le comte de Génevois s'étant ligué avec le baron de Faucigni et d'autres seigneurs, contre Edouard, on en vint, l'an 1324, à un combat livré au pied du Mont-du-Mortier, où, suivant Guichenon, les confédérés furent entièrement défaits. M. Lévrier n'en convient pas, et regarde comme douteuse l'issue de cette journée; mais ce qui ne l'est pas, c'est la victoire que remporta sur Edouard, l'année suivante, dans la plaine de Saint-Jean-le-Vieux, le dauphin de Viennois, avec le secours de ses alliés, du nombre desquels était le comte de Génevois.

Edouard étant mort le 4 novembre 1329, Aimon, son frère, qui le remplaça, se montra plus équitable que lui envers le comte de Génevois. On ne voit, en effet, aucune querelle survenue entre ces deux voisins; ce qui fait également l'éloge de l'un et de l'autre. Amédée assista, le 1ᵉʳ. mai de l'an 1330, au mariage d'Aimon avec Yolande de Montferrat, célébré dans le château de Casselle. L'an 1334, il tint sur les fonts de baptême le fils aîné de ce comte, et lui donna son nom. Il épousa, la même année, MATHILDE, fille de Robert VII, dit *le Grand*, comte d'Auvergne et de Boulogne.

Le comte Aimon étant à l'extrémité, donna, par son testament, dressé le 11 juin 1343, au comte de Génevois une dernière preuve de son affection, de son estime et de sa confiance, en le nommant tuteur de ses enfants, conjointement avec Louis de Savoie ; après quoi il mourut le 24 du même mois.

L'évêque Pierre de Faucigni était descendu, l'année précédente, au tombeau, et ALAMAND DE SAINT-JOIRE lui avait été donné pour successeur.

Amédée VI, comte de Savoie, ayant institué, l'an 1362, l'ordre militaire du Collier pour quinze chevaliers, dont il se déclara le chef, fit l'honneur au comte de Génevois de le mettre après lui en tête de ceux qui devaient composer cette compagnie tirée des maisons les plus distinguées de la Savoie. Le comte de Savoie, ayant obtenu, l'an 1365, de l'empereur Charles IV, des lettres-patentes qui l'établissaient vicaire de l'empire dans l'ancien royaume de Bourgogne, vint à Genève pour faire valoir l'autorité qu'elle lui attribuait sur cette ville, comme sur plusieurs autres. Pour les faire agréer plus facilement aux Génevois, il y avait fait joindre une autre bulle de l'empereur, en date du 3 juin, par laquelle il érigeait dans Genève une université, dont il avait eu soin de se faire nommer conservateur, afin d'augmenter le nombre de ses créatures par la distribution des places dont il pourrait disposer. Mais ses artifices ne furent pas assez subtils pour en imposer aux Génevois. Dès que les lettres du vicariat furent publiées à Genève, on vit éclater une réclamation universelle ; et l'empereur, passant par Genève, à son retour d'Avignon, d'où ces lettres avaient été expédiées, déclara, sur le vu des chartes et priviléges qui lui furent présentés, que son intention n'avait pas été d'y donner atteinte. L'évêque Alamand était alors infirme, et mourut la même année 1366.

GUILLAUME DE MARCOSSAI, successeur d'Alamand dans le siége de Genève, voyant que le comte de Savoie insistait auprès de l'empereur pour faire valoir à Genève ses lettres de vicariat impérial, travailla, de son côté, avec ardeur pour les faire révoquer. Mais l'empereur, par ses lettres du 30 décembre 1367, datées d'Hertingffelt, s'étant référé à la réponse verbale qu'il avait faite aux Génevois, le prélat eut recours au pape Urbain V, et à Grégoire XI, son successeur, pour contraindre le comte de Savoie à renoncer formellement au bénéfice des lettres impériales qu'il avait obtenues. Ce dernier pontife annonça, d'une manière si positive au comte, la résolution où il était de soutenir l'évêque, que ce seigneur, jugeant que l'affaire allait devenir plus sérieuse qu'il n'avait compté, promit au pape de s'en rapporter à sa décision. Grégoire, par sa bulle du 23 mai 1371, datée d'Avignon, ordonna au comte de remettre entre ses mains, ou en celles de l'évêque, les patentes du vicariat qu'il avait surprises, et dont il abusait, quoiqu'elles eussent été révoquées, pour inquiéter l'église de Genève, et qu'il se dessaisirait de tous les droits qu'il avait usurpés dans cette ville. Le comte se soumit, et, par une déclaration solennelle, donnée à Thonon, le 25 juin 1371, il remit et restitua à l'évêque et à son église tous les droits de *pur et mixte empire*, qu'il avait envahis et qu'il faisait exercer depuis 1367. (Spon, t. II, n°*.* XL, XLI, XLII ; et M. Lévrier, t. I, p. 240-241.)

Amédée III, comte de Génevois, n'avait point pris de part à cette querelle. Il était mort également ami du comte de Savoie et de l'évêque de Genève, l'an 1367, laissant de son mariage cinq fils qui lui succédèrent l'un après l'autre : Aimon, Amédée, Jean, Pierre, et Robert. Ces cinq enfants mâles, qui semblaient devoir prolonger au loin la suite des descendants d'Amédée III, furent, par une fatalité singulière, comme on le verra, les derniers de leur maison. Amédée III eut de plus quatre filles : Marie, alliée, 1°. à Jean de Châlons, seigneur d'Arlai ; 2°. à Humbert, sire de Thoire ; Jeanne, mariée à Raymond IV, comte d'Orange ; Blanche, alliée à Hugues de Châlons ; Catherine, femme d'Amé de Savoie, prince d'Achaïe ; et Yolande, femme d'Aymeri IX, vicomte de Narbonne.

AIMON IV, fils aîné d'Amédée III, et son successeur au comté de Génevois, fut de la compagnie d'Amédée VI, comte de Savoie, dit *le Comte Verd*, dans le voyage qu'il fit en Grèce. Il n'en revint point, et mourut sans laisser d'enfants, et peut-être même sans avoir été marié.

AMÉDÉE IV, comte de Génevois, après Aimon, son frère, épousa *Jeanne de Frolois*, dont il n'eut point d'enfants, et mourut le 14 janvier 1368.

JEAN, qui succéda à son frère Amédée, ne lui survécut que jusqu'en l'an 1370, et mourut sans avoir été marié.

PIERRE, qui remplaça Jean, son frère, dans le comté de Génevois, suivit ses traces et celles de ses deux autres frères et prédécesseurs, en se ménageant également entre le comte de Savoie et l'évêque de Genève. Témoin de leurs querelles par rapport à l'autorité presque absolue que le premier voulait exercer dans cette ville, il prit le parti, dans l'impuissance où il était de les accorder, de les laisser agir, sans prêter à l'un ni à l'autre le secours de ses armes. L'évêque, à la fin, l'emporta, comme on l'a dit, par l'autorité du pape Grégoire XI.

L'évêque Guillaume, après avoir rétabli son autorité dans Genève, pourvut à la sûreté de cette ville, en réparant ses murs et ses remparts, qu'il munit de vingt-deux tours. Il était occupé de ces travaux lorsque la mort l'enleva, le 1er. janvier 1377.

Pierre Fabri, suivant un ancien manuscrit cité par Spon, fut donné pour successeur, dans le siège de Genève, à Guillaume de Marcossai. Mais son épiscopat fut très-court; car, en 1378, on le voit remplacé par

Jean de Murol, ou de Morellis, que le pape Clément VII appela auprès de lui, en 1385, après l'avoir fait cardinal.

Adémar Fabri, religieux dominicain, d'une famille distinguée à Genève, fut nommé, vraisemblablement, par Clément VII, pour succéder à Jean de Murol; car les papes se croyaient alors en droit de disposer de l'évêché de celui qu'ils élevaient au cardinalat. Le pape Clément VII (Robert de Genevois) était le cinquième fils du comte Amédée III. On préjuge facilement que le comte Pierre, son frère, ne fut pas des derniers à se déclarer pour lui contre Urbain VI, qui lui disputait la thiare.

L'évêque Adémar se concilia l'estime et l'attachement des Génevois par un acte qu'il fit dresser, en 1387, pour confirmer leurs franchises et libertés. Ce ne sont point ici de nouvelles concessions de sa part, mais ce sont, comme porte la préface de cet acte, *certaines coutumes par lesquelles nos féaux citoiens, bourgeois, habitans et jurez de ladite cité usent et jà devont sont accoutumés de user par l'espace de si long-tems qu'il n'est mémoire du contraire.* Les principaux articles de cet écrit, qui est sorti de la presse dès 1507, sont, que les procès qui seront intentés devant le vidomne, ne seront point traités par écrit ni en latin, mais verbalement, et en langage maternel, qui, dans l'acte, a le nom de *roman*, ou *romain*; que les procès criminels ne seront jugés que par les syndics élus par les bourgeois; que personne ne sera appliqué à la question que par ses juges; que personne ne pourra vendre du vin, s'il n'est citoyen, bourgeois ou chanoine; que la garde de la ville, depuis le soleil couché jusqu'au soleil levé, sera entièrement aux citoyens (1), et que l'évêque, ni

---

(1) « Il nous paraît assez vraisemblable, dit M. Lévrier, que c'est
» à ce partage alternatif de juridiction entre la nuit et le jour qu'il

autre en son nom, ne pourra exercer aucune juridiction à ces heures, mais seulement les citoyens qui auront alors toute juridiction, *pur et mixte empire;* que les citoyens, bourgeois, et jurés de la ville, pourront créer, toutes les années, quatre syndics ou procureurs de la ville, à qui seront donnés pleins pouvoirs pour les affaires de la communauté. (Spon, t. I, pp. 70-71.) « Cependant les comtes de Savoie, pour cap-
» tiver la bienveillance du peuple et prendre pied insensible-
» ment dans la ville, s'adressaient tantôt à l'évêque, tantôt
» aux syndics, et quelquefois à tous les deux ensemble, pour
» demander permission de séjourner dans Genève, avec leur
» conseil, un certain nombre de jours limités, et au bout de
» ce tems-là, ils demandaient prolongation pour quelques
» autres jours, et en donnaient ordinairement des déclarations
» (portant) qu'ils ne prétendaient pas tirer ces permissions
» à aucune conséquence, ni préjudicier en rien à la juridic-
» tion et liberté de la ville. Quelquefois aussi ils demandaient
» territoire dans la ville, pour rendre justice à leurs sujets
» qui s'y rencontreraient pendant leur séjour. On voit dans
» les archives une douzaine de tels actes, depuis l'an 1390
» jusqu'à l'an 1513. Le comte (Amédée VII) fit, de plus, un
» acte authentique, daté du 26 avril 1391, par lequel il dé-
» clare que, pour l'exercice de juridiction qu'ont fait et fe-
» ront Louis de Cossonai et son conseil résidant à Genève,
» jusqu'au 1er. septembre suivant, par la libérale concession
» de l'évêque et de la ville, il n'entend, ni ne peut déroger
» aucunement à leur juridiction, ni que pour cet exercice il
» lui soit acquis aucun droit ». (*Ibid.*, pp. 71-72.)

GUILLAUME DE LORNAI remplaça l'évêque Ademar Fabri, mort cette année, ou sur la fin de la précédente. Pendant son épiscopat, mourut, sans laisser aucun enfant, Pierre, comte de Génevois, peu de jours après son testament, fait le 24 mars 1394. Par cet acte, il institua, pour son héritier, Humbert de Villars, son neveu, fils de Marie de Génevois, sa sœur

---

» faut rapporter l'origine et l'allusion de la devise *Post tenebras lux*,
» qui accompagne les armes de la ville de Genève. On en a donné,
» ajoute-t-il, diverses interprétations plus ou moins forcées, et la
» plupart inintelligibles. Quelques protestants, amateurs du merveil-
» leux, disent que jadis elle portait ces mots : *Post tenebras spero*
» *lucem;* et que, depuis la réformation, on l'a changée en ceux-ci :
» *Post tenebras lux*. Des sceaux authentiques détruisent cette fausse
» vision, en prouvant que, long-tems avant la réformation, la devise
» était la même qu'elle est aujourd'hui. » (Tome I, page 259.)

aînée, à la charge, par celui-ci, d'instituer, à son tour, en cas de prédécès, Odon de Villars, son oncle. Marguerite de Joinville, veuve du comte Pierre, épousa, en troisièmes noces (1), Ferri de Lorraine, à qui elle apporta le comté de Vaudemont. Robert de Génevois, placé alors sur le saint siége sous le nom, comme on l'a dit, de Clément VII, ne se vit pas impunément privé de la succession de Pierre, son frère. Il voulut se mettre en possession du Génevois. L'évêque de Genève et le comte de Savoie, formaient, sur cette succession, chacun de son côté, des prétentions que le respect pour le chef de l'église universelle, suspendit jusqu'à sa mort, arrivée le 16 septembre 1394. Mais, après cet événement, le prélat voulut se mettre en possession du comté de Génevois, par droit de confiscation, attendu que ni Pierre, ni son frère, qui l'avaient précédé, n'avaient rempli le premier devoir de la vassalité envers l'église de Genève, en lui faisant hommage et le serment de fidélité pour ce fief qu'ils tenaient d'elle. Le comte de Savoie, d'autre part, soutenait que le comté de Génevois, dont il tenait déjà une partie entre ses mains, devait lui revenir en entier comme descendant de ceux qui l'avaient anciennement possédé. Dans le cours de cette contestation, mourut, en 1400, Humbert de Villars, sans laisser d'enfants mâles. Odon de Villars, son oncle, qu'il avait nommé son héritier par son testament, et que le comte avait, de plus, substitué à Humbert, en cas que celui-ci le précédât au tombeau, et qu'il mourût, comme il arriva, sans postérité masculine, voulut d'abord se mettre en devoir de lui succéder. Mais, après de plus mûres réflexions, la crainte de se compromettre avec le comte de Savoie, fit qu'il prit le parti de traiter amiablement avec ce prince. En conséquence, par acte passé entre eux, le 5 août 1401, à Paris, en présence du prince Jean, fils du roi Charles VI, Odon céda tous ses droits sur le comté de Génevois, au comte de Savoie, qui lui transporta, en échange, Château-Neuf avec toutes ses dépendances, situées dans le Val-Romei, et de plus, lui paya, en deniers comptans, la somme de 45,000 francs d'or (2). Restait à satis-

---

(1) Et non en secondes noces, comme porte l'édition des Bénédictins. Elle avait épousé, en premières noces, Jean de Bourgogne, duc de Monlogu.

(2) Ils étaient d'or fin, et chacun du poids de 73 grains un septième; ainsi 45,000 pesaient 714 marcs 2 onces 2 gros et 20 grains quatre septièmes; et, à raison de 828 livres 12 sous le marc, produisent, de notre monnaie actuelle 591,857 livres 2 sous 10 deniers deux septièmes.

faire l'église de Genève, par rapport au même objet. Le comte Amédée en vint à bout, au moyen d'une transaction qu'il fit, le 1er. octobre 1405, avec l'évêque et son chapitre, par laquelle il reconnut tenir d'eux, en mouvance, le comté de Génevois, et promit de s'acquitter fidèlement des devoirs de vassal à leur égard. (Spon, tom. II, n°. XLVII.) C'est ainsi que ce fief tomba dans la maison de Savoie, pour n'en plus sortir.

L'évêque Guillaume de Lornai étant mort l'an 1408, le chapitre de la cathédrale lui donna pour successeur JEAN BERTRANDI, l'un de ses membres et des plus savants hommes de son siècle. Le nouveau prélat, à son installation, qui se fit le 10 janvier 1409, jura, sur l'autel de Saint-Pierre, à l'exemple de ses prédécesseurs, de maintenir et observer les anciennes libertés et coutumes de l'église et de la cité. (Spon, t. II, n°. XLVIII.) Le comte de Savoie, se fondant sur sa qualité de vicaire de l'empire, voulut exiger de lui un pareil serment pour le temporel de l'évêché. Mais l'empereur Sigismond, instruit de cette exaction, déclara, par un rescrit du 20 novembre 1412, adressé au comte lui-même, qu'à lui seul, comme chef de l'empire, appartenait le droit d'investir l'évêque de Genève des régales de son église. (Spon, *ibid.* n°. XLIX.) Le comte Amédée se soumit, et, par une déclaration du 29 août 1414, il reconnut qu'il tenait de l'évêque la permission de résider à Genève avec son conseil, et d'y exercer la juridiction sur ses propres sujets (et non sur d'autres) qui se rencontreraient en cette ville. Le prélat s'étant rendu à Aix-la-Chapelle, y assista, le 8 novembre suivant, au couronnement de l'empereur, qu'il accompagna ensuite au concile de Constance, et de là en Espagne.

Martin V, nouveau pape, revenant de Constance, où son élection s'était faite le 11 novembre 1417, arriva, le 11 juin 1418, à Genève, accompagné de quinze cardinaux et d'Amédée, créé duc de Savoie par l'empereur, le 16 février 1417. Pendant le séjour qu'il fit en cette ville, il transféra l'évêque Bertrandi à l'archevêché de Tarentaise, et nomma, en consistoire, JEAN DE PIERRE-CISE, ou DE ROCHE-TAILLÉE, pour remplir le siège de Genève. Le nouveau prélat eut à se défendre contre les artifices du duc de Savoie, qui, dans un mémoire présenté au pape, demandait la moitié du domaine, par indivis, de Genève, en échange des droits qu'il avait en cette ville, et de quelques places qu'il possédait aux environs. L'affaire, poussée vivement par les instances du duc, échoua par la prudence et la fermeté de Jean de Pierre-Cise, appuyé de tous les ordres de la ville qu'il avait assemblés plusieurs fois à ce sujet. Ce vigoureux pasteur fut enlevé à l'église de Genève, le 3 février 1422, par les Anglais, qui dominaient alors en France, pour être placé sur le siége de Rouen ; il passa ensuite à Besançon, et parvint au cardinalat. JEAN DE COURTE-CUISSE, confesseur du roi Charles VI, dépouillé de l'évêché de Paris par les Anglais, devint évêque de Genève, par élection, le 22 octobre 1422. Mais au bout d'un an, il fut remplacé par

JEAN DE BROGNIER, chanoine de Genève, à qui son mérite avait déjà procuré, successivement, l'évêché de Viviers, l'archevêché d'Arles, la place de chancelier de l'église romaine, et le cardinalat. C'était lui aussi, qui, l'an 1417, avait présidé au concile de Constance, pendant la vacance du saint siége. Il ne parut point de son vivant à Genève ; mais, après sa mort, arrivée le 16 février 1426, il y fut transporté de Rome, et inhumé dans la chapelle des Machabées, où il avait fondé une communauté de treize prêtres. FRANÇOIS DE MIES, neveu de Jean de Brognier, fut son successeur à l'évêché de Genève, et devint ensuite cardinal. L'an 1428, le 23 juin, à l'exemple de ses prédécesseurs, il fit le serment solennel de maintenir les libertés, franchises et coutumes de sa cité. Pendant son épiscopat, il fut témoin de quelques événements singuliers, qui l'affectèrent diversement. L'an 1430, le feu consuma sa cathédrale, au rétablissement de laquelle le duc de Savoie contribua par une générosité dont il n'est pas facile d'expliquer le motif. Ce prince n'en demeura point là. Pour donner un nouveau lustre au chapitre de cette église, il obtint du pape Martin V, que nul ne pourrait y être admis qu'il ne fût noble d'extraction ou docteur en théologie.

L'an 1434, ce prélat vit le duc Amédée se métamorphoser en ermite pour en mener la vie, avec six compagnons, dans le prieuré de Ripaille, près de Thonon, sans abdiquer ses états. Il vit ce même duc, en 1440, élevé au souverain pontificat, et en reçut diverses marques de bienveillance pour lui et pour son église. (*Voy.* Amédée VIII, *duc de Savoie.*) Le duc Louis, fils de ce pontife, loin d'attenter aux droits de l'église de Genève, eut la déférence pour le même prélat, de lui écrire pour avoir la permission de s'établir en cette ville, pour quelque tems, avec sa cour et son conseil. François de Mies finit ses jours au mois de mars 1444. Après sa mort, le pape Félix V, ce même Amédée VIII, ci-devant duc de Savoie, retint, pour lui, l'évêché de Genève, qu'il fit administrer avec le soin qu'on pouvait attendre de lui. Sa résidence était à Lausanne. Il écrivit de là aux syndics et habitants de Genève, pour leur demander du secours contre les Fribourgeois, qui inquiétaient cette ville par leurs incursions. On lui fit passer, au commencement de l'an 1448, un corps de troupes, dont il remercia les Génevois, comme d'une assistance volontaire, par son rescrit du 16 février de la même année.

Félix n'était point reconnu pour légitime pape en plusieurs états catholiques, et surtout en France, où l'on tenait pour Nicolas V. On assembla, l'an 1449, un concile à Lausanne, pour terminer ce schisme. Félix y ayant donné son abdication, le 9 avril, la paix fut par là rendue à l'église. Il paraît qu'il retourna ensuite à Ripaille, où il mourut, le 1er. janvier 1451. (M. Lévrier, t. II, p. 34.)

PIERRE DE SAVOIE, petit-fils du duc Amédée VIII (Félix V), fut élu, à l'âge de huit ans, pour lui succéder dans l'évêché de Genève, et eut pour vicaire-général, au temporel et au spirituel, Thomas de Sur, archevêque de Tarentaise. De son tems, le nombre des conseillers qui composaient le sénat avec les syndics, fut porté de douze à vingt-cinq, tel qu'il est encore aujourd'hui. L'évêque Pierre de Savoie mourut le 21 octobre 1458, à l'âge de 18 ans.

JEAN-LOUIS DE SAVOIE, frère puîné de Pierre de Savoie, fut son successeur dans l'évêché de Genève. Il était déjà pourvu de l'évêché de Maurienne et de l'archevêché de Tarentaise, outre quatre à cinq abbayes qu'on avait accumulées sur sa tête. C'était son père qui avait décidé de sa vocation, qui n'était nullement conforme à son caractère. Il n'avait que des inclinations martiales et nulles des vertus ecclésiastiques. On lui donna pour administrateur-général, Philippe de Compois, et ensuite Antoine de Malvenda. Guidé par leurs conseils, il soutint avec fermeté les droits de son église, et ne souffrit pas que ceux même de sa maison y donnassent atteinte. Janus, son frère, ayant voulu prendre le titre de comte de Genève, il l'obligea de le quitter et de s'en tenir à celui de Génevois, que son père lui avait donné. On ne peut néanmoins l'excuser de s'être concerté avec Charles, duc de Bourgogne, et le comte de Romont, pour faire enlever Philibert, son neveu, duc de Savoie, avec Yolande, sa mère, afin de rendre Charles maître du pays. Il est vrai que le coup n'ayant réussi qu'en partie, par l'évasion de Philibert, ce prélat se hâta de faire sa paix avec le roi Louis XI, frère d'Yolande, en lui remettant les châteaux de Chambéri et de Montmeillan, dont il s'était emparé. (*Voyez*

Philibert, *duc de Savoie.*) MM. de Sainte-Marthe placent sa mort au 11 juillet 1482.

Le chapitre et les citoyens de Genève ne pouvant s'accorder pour l'élection d'un nouvel évêque, le pape Sixte IV nomma, d'autorité, le cardinal Dominique de la Rovère, son parent; mais celui-ci, rencontrant de l'opposition dans les deux partis, céda sa nomination à Jean de Compois, chancelier de Savoie. Celui-ci eut, pour concurrent, Urbain de Chivron; et tous deux, par arrangement fait entre eux, après avoir disputé quelque tems le terrain, se démirent, l'an 1484, en faveur de François de Savoie, frère des deux évêques précédents, Pierre et Jean-Louis de Savoie; ce qui fut agréé du chapitre et de la ville de Genève. Ce prélat, de mœurs très-peu réglées, fut néanmoins jaloux du maintien, des droits et libertés de son église et de la ville. Le sénat de Chambéri y ayant donné atteinte par un de ses arrêts, il le fit casser et révoquer par le duc Charles, le 14 décembre 1489. (Citadin, p. 277.) François de Savoie termina ses jours le 3 septembre 1490, et, selon d'autres, au mois de mai de l'année suivante. En mourant, il laissa un fils naturel, Jean-François, que nous verrons au nombre de ses successeurs.

Le chapitre de la cathédrale de Genève, ayant donné à François de Savoie, pour successeur, Charles de Seissel, le pape refusa des provisions, et, à la recommandation de la duchesse régnante, nomma, pour remplir le siége de Genève, Antoine de Champion, évêque de Mondovi, et chancelier de Savoie. Les deux compétiteurs ayant pris les armes avec leurs partisans, pour se mettre en possession, il y eut entre eux, au pont de Chanci, un combat où Champion, vainqueur, obligea Seissel de lui céder la crosse, après quoi il entra triomphant à Genève, comme dans une ville qu'il aurait prise d'assaut. La conduite qu'il tint dans l'épiscopat, couvrit l'irrégularité de son entrée. Frappé des désordres qui régnaient dans le clergé de son diocèse, il tint, l'an 1493, un synode pour le réformer. Il résulta, des opérations de cette assemblée, un recueil des ordonnances des évêques précédents de Genève, revues et corrigées, qui fut imprimé la même année. (Spon, t. I, p. 100.) Ce prélat mourut le 19 juillet 1495.

Philippe de Savoie, fils de Philippe, comte de Bresse, fut donné, dans le mois de juillet 1495, par le crédit de son père, à l'âge de cinq à six ans, pour successeur à l'évêque Antoine de Champion. Le pape Alexandre VI, en confirmant son élection, lui donna pour administrateur, Amé de Montfaucon, évêque de Lausanne. Le jeune Philippe ne persévéra pas dans l'état ecclésiastique. Ayant quitté cette profession pour embrasser celle des armes, il fut pourvu du comté de Génevois, après quoi il suivit le roi Louis XII en Italie, et combattit pour lui en 1509, à la journée d'Agnadel. Lorsque Charles-Quint fut élevé à l'empire, il passa au service de ce prince. Mais le roi François Ier. l'ayant attiré en France, lui donna, le 22 novembre 1528, le duché de Nemours, dont il prit le titre. Il fut du nombre des grands qui accompagnèrent ce monarque dans l'entrevue qu'il eut avec le pape Clément VII, à Marseille. Mais il y mourut avant qu'elle fût terminée, le 25 novembre 1533. Son corps fut porté dans l'église d'Anneci, pour y être inhumé. Il avait épousé, le 22 novembre 1528, CHARLOTTE, fille de Louis d'Orléans, Ier. du nom, duc de Longueville (morte à Dijon le 8 septembre 1549), dont il eut Jacques, son successeur au duché de Nemours, et Jeanne, mariée, en 1555, à Nicolas de Lorraine, comte de Vaudemont; alliance dont sortit Philippe-Emmanuel de Lorraine, duc de Mercœur, gouverneur de Bretagne, mort en 1602. (Anselme, t. III, p. 512.) La branche de Savoie-Nemours finit dans la personne de Charles-Amédée, tué en duel, le 30 juillet 1652, à Paris. Il était le petit-fils du duc Philippe.

CHARLES DE SEISSEL, dont nous avons vu la nomination faite, en 1490, par le chapitre de Genève, rejetée par le pape Innocent VIII, succéda, le 22 février 1510, par la résignation de Philippe de Savoie, dans l'évêché de Genève, que ce prince avait en quelque sorte abandonné depuis plusieurs années, sans cesser d'en percevoir les revenus. Mais, avant d'aller plus loin, il est à propos de rapporter certains faits antérieurs à cette époque.

Le duc Philibert avait un frère, nommé René, qui avait acquis un grand empire sur son esprit. Philibert ayant obtenu d'Aimon de Montfaucon, administrateur de l'évêché de Genève, la permission d'y venir séjourner avec son conseil, y arriva, pour la première fois, le 5 mars 1498, accompagné de René. Celui-ci, ayant demandé aux chefs du sénat de Genève communication de leurs archives, essuya un refus dont il fut extrêmement piqué. Il s'en prit à Pierre Lévrier, citoyen noble, seigneur de Florimond, sénateur et conseiller-d'état, qu'il fit emprisonner, par un ordre surpris au duc, dans le château de l'île du Rhône. Le duc, sur les plaintes que les syndics lui portèrent de cette attentat inouï, fit relâcher le prisonnier. Mais le sénat ayant fait punir de mort un savoyard, faux monnayeur, irrita de nouveau René par cette exécution, qui se fit sous ses yeux. Celui-ci, pour se venger, accusa un gentilhomme genevois, nommé d'Eyria, d'avoir corrompu le médecin du duc, pour l'empoisonner. Le médecin, appliqué à la torture, ayant avoué, quoiqu'innocent, le crime qu'on lui imputait, fut mis à mort. Le même sort menaçait d'Eyria qu'on venait d'arrêter, s'il n'eût pas eu l'adresse de s'évader. Philibert, instruit par la duchesse et par d'autres personnes, ouvrit enfin les yeux sur cette atrocité. Il chassa René de ses états, et fit confisquer ses terres par arrêt du sénat de Chambéri. La cour de France, où il se retira, le dédommagea, par diverses faveurs, des disgrâces que ses perfidies lui avaient attirées. Charles III ayant succédé, l'an 1504, au duc Philibert, ne tarda point à se brouiller avec Genève. Ayant à se venger des incursions faites par les Valesans sur ses terres, il demanda du secours aux Génevois. On lui envoya deux mille hommes. Mais il lui fallait encore du canon. Sur la nouvelle demande qu'il en fit, la ville, qui n'en avait que six pièces, les refusa, disant qu'elle en avait besoin pour sa propre sûreté. Ce refus, dont Pierre Lévrier, chef alors de la république, était l'auteur, irrita le duc, qui chercha dès-lors à perdre ce magistrat. A son instigation, les grands-vicaires font mettre en prison Lévrier. Mais sur les représentations des Fribourgeois, avec lesquels Genève était en alliance, il est délivré.

L'évêque Charles de Seissel étant mort le 13 avril 1513, le chapitre lui donna, pour successeur, Amé de Gingin, l'un de ses membres. Mais le courrier de cette compagnie, envoyé à Rome pour demander la confirmation de l'élection, ayant été prévenu par celui du duc de Savoie, le pape Léon X nomma JEAN-FRANÇOIS DE SAVOIE, fils naturel de l'évêque François, dont on a parlé ci-dessus, et cette nomination prévalut. Peu de tems après, le président de Villeneuve, ambassadeur de France auprès de la diète des ligues suisses, passant par Genève, y fut arrêté et enlevé de force, le 29 novembre, à la demande des cantons de Berne et de Fribourg, mécontents de ce ministre. Conduit en Suisse, il y subit la question; après quoi il fut relâché par accommodement.

Les Génevois, se voyant trahis par leur évêque, et menacés par le duc, prennent le parti de s'allier par un traité de combourgeoisie avec le canton de Fribourg. L'alliance est conclue au commencement de l'an 1519. Le duc, cependant, rassemblait des troupes pour se rendre maître, par force, de Genève. Il y arrive le 15 avril 1519, suivi d'une armée de dix mille hommes de pied sans compter la cavalerie, fait occuper par ses troupes tous les postes de la ville, et s'établit lui-même à l'hôtel-de-ville. Fribourg députe à ce prince pour lui notifier son alliance avec Genève. Il reçoit avec hauteur le député. Mais, apprenant qu'un corps d'environ sept mille fribourgeois est entré dans le pays de Vaud, il commence à négocier. Le résultat des pourparlers fut que Genève renoncerait à l'alliance de Fribourg, et que le duc retirerait ses troupes. Ce prince ne renonça cependant pas à ses desseins sur Genève, et attendait une occasion plus favorable pour les mettre à exécution.

L'évêque de Genève, entièrement livré au duc de Savoie, s'était laissé engager par ce prince à lui céder tous ses droits sur la ville de Genève. Mais le pape, sur les représentations du conclave, avait refusé de ratifier le traité. Le peuple de Genève, excité par un clerc nommé Pécolat, n'y était pas moins opposé. L'évêque, pour se venger, accuse Pécolat d'avoir voulu l'empoisonner. Celui-ci, mis en prison et appliqué plusieurs fois à la question, se coupe la langue pour n'être point forcé par les tourments de se déclarer coupable. Le clergé et le peuple prennent hautement sa défense, et forcent l'évêque de lui rendre sa liberté. Berthelier, autre Génevois, non moins zélé patriote que Pécolat, et plus ferme encore, devint un nouvel objet de la haine de l'évêque et du duc. Arrêté comme séditieux par ordre de l'évêque, il fut décapité, par jugement du prévôt épiscopal, après avoir montré dans sa prison et devant son juge, la plus grande magnanimité. Ce fut vers ce tems qu'il se forma, dans Genève, deux partis, dont l'un, favorable au duc, fut nommé *les Mamelucs*, et l'autre, défenseur de la liberté, s'appela *les Eidgnos*, d'où l'on fait dériver le nom de *Huguenot*, donné depuis à tous les Protestants de France. Après la faction des Mamelucs, il s'en éleva une autre hors des murs, qui fit bien du mal aux bourgeois: on la nomma la confrérie des gentilshommes de *la Cuiller*.

La mort, en 1522, délivra Genève de son évêque Jean-François de Savoie, que les débauches avaient presque entièrement consumé. Ce fut dans son abbaye de Pignerol qu'elle l'enleva. PIERRE DE LA BAUME, de la maison des comtes de Montrevel, qu'il avait nommé son coadjuteur l'année précédente, lui succéda. Il ne manquait au nouveau prélat que de la vigueur, pour réparer le mal que son prédécesseur avait fait; car il était bien intentionné. Le duc ayant nommé, l'an 1523, un vidomne, nommé Rougemont, à la place de celui qui venait de mourir, le conseil épiscopal cita cet officier pour venir prêter le serment accoutumé entre les mains de l'évêque.

Le duc s'y opposa, disant que c'était à lui à le recevoir. Le prélat se défendit avec peu de chaleur. Mais Lévrier s'éleva fortement contre cette innovation, et releva le courage de l'évêque, en lui remontrant la honte qu'il y aurait pour lui de sacrifier les droits de son église, en pareille occasion. Le duc fut obligé de céder. Mais la mort de Lévrier fut dès lors résolue. Le 12 mars 1524, ce magistrat, en l'absence de l'évêque, est enlevé par ordre du duc et conduit au château de Bonne, dans le Faucigni, où, le lendemain, *dimanche de la Passion*, le grand-prévôt de l'hôtel du duc lui fait trancher la tête. Il subit ce supplice avec une grandeur d'âme qui fera éternellement l'admiration de la postérité. Le duc, n'ayant plus un adversaire si redoutable à Genève, crut pouvoir y exercer désormais impunément sa tyrannie. Elle fut telle que plusieurs citoyens, ayant pris la fuite, se rendirent en Suisse, où, de l'aveu de leurs compatriotes, ils conclurent, le 20 février 1526, un traité de combourgeoisie entre les villes de Berne, de Fribourg et de Genève. Ce fut alors qu'à l'imitation des deux premières, on établit dans la dernière, deux nouveaux conseils, celui des soixante et celui des deux cents, en laissant subsister celui des vingt-cinq ; et, par là, il y eut à Genève trois conseils, dont le dernier, supérieur en autorité comme en nombre, s'appela le grand-conseil.

L'évêque, voyant les troubles qui agitaient Genève, s'était retiré dans son abbaye de Saint-Claude, en Franche-Comté, d'où il entretenait des correspondances secrètes avec le duc de Savoie. Pendant son absence, les nouvelles opinions s'introduisirent, sans obstacle, à Genève, et y firent de grands progrès. Le prélat y étant revenu le 1er. juillet 1533, fut reçu avec les honneurs dus à son rang. Après une messe du Saint-Esprit et une procession solennelle, il assista à un conseil-général, où il exhorta le peuple à la paix, à l'union, et à la persévérance dans la religion de ses pères, sans se laisser séduire par la doctrine des novateurs. Mais, au grand étonnement et au grand regret de ses ouailles, et malgré leurs représentations, on le vit partir, le 14 du même mois, pour ne plus revenir. Dès lors le parti des prétendus réformateurs ayant le champ libre, prit un ascendant si considérable, qu'il entraîna tous ceux qui composaient le grand-conseil. Ce tribunal, par un jugement du 27 août 1535, proscrivit la religion catholique dans la ville, avec ordre à tous les citoyens, de professer la nouvelle religion, qu'on appela réformée ou protestante. Le chapitre de la cathédrale se retira alors à Anneci, où il réside encore actuellement. A l'égard de Pierre de la Baume, après avoir été nommé cardinal en 1539, il fut élevé, l'an 1542, sur le siége de Besançon, après la mort de l'archevêque Antoine de Vergi, dont il était coadjuteur depuis 1529. Le siége épiscopal de Genève n'a point été supprimé, mais seulement transféré à Anneci, où il subsiste jusqu'à nos jours.

N. B. Parmi les évêques de Genève, on n'a point mis Diogène, qui assista, l'an 381, au concile d'Aquilée, parce qu'il est douteux s'il fut évêque de Genève ou de Gênes. On en a supprimé plusieurs autres mentionnés dans les anciens catalogues, par la raison que ces catalogues n'ont point paru munis d'une assez grande authenticité.

CHRONOLOGIE HISTORIQUE

DES COMTES DE MAURIENNE,

ENSUITE COMTES, PUIS DUCS DE SAVOIE,

ET ENFIN ROIS DE SARDAIGNE.

La Savoie, pays aujourd'hui renfermé entre le Piémont, le Valais, la Suisse, le Rhône, le Dauphiné et la Provence, mais autrefois beaucoup plus étendu, était anciennement habitée par les Centrons, les Branovices, les Antuates ou Nantuates, les Latobriges et les Allobroges, tous peuples subjugués par Jules-César. Elle est aujourd'hui divisée en six parties, qui sont la Savoie propre, le Génevois, la Maurienne, la Tarentaise, le Faucigni et le Chablais. Le nom de Savoie (en latin *Sapaudia*, et depuis *Sabaudia*), n'est point connu avant le quatrième siècle. Ammien-Marcellin est le premier auteur où il se rencontre. La Savoie passa de la domination des Romains sous celle des Bourguignons, en 413; et après l'extinction du royaume de ces derniers, elle devint, en 561, une province de la France, jusqu'à l'érection du nouveau royaume de la Bourgogne supérieure, en 888, dans lequel elle se trouva comprise. Ce royaume ayant été réuni à celui de Germanie dans le dixième siècle, la Savoie devint une portion de l'empire, et ses différentes parties furent gouvernées par différents comtes, que les empereurs y nommèrent. Les comtes de Maurienne, ancienne patrie des Branovices, sont connus avant ceux de la Savoie proprement dite; et ces derniers ne se montrent dans l'histoire, que lorsque ces deux cantons furent réunis.

L'origine de l'auguste maison de Savoie est depuis longtems une matière de contestation parmi les généalogistes. Les uns la font sortir de celle de Habsbourg. C'est l'opinion du P. Vignier, de D. Hergott, de M. Schœpflin, et en dernier lieu de feu M. Rivaz, écrivain suisse, qui a tâché de l'établir dans une dissertation qui n'a pas encore vu le jour, et dont un littérateur des plus respectables, à tous égards, a bien voulu nous donner le précis (1). Les autres font descendre cette maison de celle de Saxe. C'est le sentiment adopté par la plupart des généalogistes, et d'autant plus respectable, qu'il est conforme à un acte authentique du corps des électeurs, en date du 23 août 1582, et imprimé dans Guichenon, parmi les preuves de

---

(1) Tel est ce précis : D'Albert, duc d'Alsace, fondateur de l'abbaye de Saint-Etienne de Strasbourg, qui mourut vers l'an 722, et qui était fils aîné du duc Ethico, descendait au huitième degré Gontran, dit le Riche, comte en Argow vers l'an 950, possesseur de terres considérables en Alsace et en Brisgaw. Radeboton, son petit-fils, comte d'Altenbourg, en Argow, mort le 30 juin 1027, avait pour frères Werner, évêque de Strasbourg et fondateur de l'abbaye de Muri et du château de Habsbourg, en Argow, mort en 1028, et Bertilon, ou Berthol, comte de Brisgaw, qui fonda, en 1008, le monastère de Sulzberg, et de qui dérivent les ducs de Zéringen, auteurs de la maison des margraves de Bade-Baden et de Bade-Dourlach. Werner, dit le Pieux, premier comte de Habsbourg, en Argow, avoué de l'abbaye de Muri, mort le 11 novembre 1096, fils du même Radeboton, comte d'Altenbourg, et d'Ide, sœur de Thierri, duc de Lorraine, eut pour fils Othon, comte de Habsbourg, landgrave de la haute Alsace, avoué du monastère de Muri, dont le petit-fils, Adalbert, ou Albert I, dit le Riche, mort le 25 novembre 1199, comte de Habsbourg, landgrave de la haute Alsace, avoué des abbayes de Murbach et de Muri, fut le bisaïeul de l'empereur Rodolphe I, de qui descend l'auguste maison d'Autriche Habsbourg.

Ethico, IIe. du nom, qualifié duc, fils d'Ethico, premier duc d'Alsace, qui mourut vers 690, et frère puîné d'Adelberg, duc d'Alsace, de qui dérive la maison d'Autriche, était le cinquième aïeul d'Eberard, IVe. du nom, comte de Nordgaw, qui vivait en 959, et qui, entr'autres enfants, eut Adelbert, duc et marquis de Lorraine, en 979, de qui descend l'auguste maison de Lorraine, et Hugues, IIe. du nom, comte de Nordgaw, fondateur de l'abbaye d'Altorf, en 966, tige des comtes d'Egisheim, en Alsace, et aïeul paternel du pape saint Léon IX (mort en 1054). La maison des comtes d'Egisheim fut divisée en deux branches; celle qui avait pour auteur Gérard, frère aîné du pape saint Léon, s'éteignit en 1225, suivant M. Schœpflin, avec Gertrude, comtesse, héritière des comtes de Dagsbourg, ou Dabo, de Metz et de Moha, mariée, en premières noces, à Thibaut, duc de Lorraine, en secondes, à Thibaut, comte de Champagne, et en troisièmes, à Simon, comte de Leiningen, ou Linange. La seconde branche qui dérivait de Hugues, comte d'Egisheim, et de Dagsbourg, frère puîné du pape saint Léon, finit, en 1101, avec le

l'histoire généalogique de la maison de Savoie (pag. 537). Dans cet acte, il est expressément dit : *quòd dux Sabaudiæ sit princeps sacri imperii ex sanguine germano ducum Saxoniæ oriundus.* Cette maison, elle-même, n'a jamais pensé autrement. Louis, duc de Savoie, mariant la princesse Charlotte, sa fille, en 1443, avec le prince Frédéric, fils aîné du duc de Saxe, reconnut cette parenté dans la procuration qu'il donna au chancelier, son ambassadeur, pour conclure ce mariage : *nosque et nostras qui ab inclita domo Saxoniæ ortum traximus, renovare, et ea quæ longævæ ætatis progressus distinxit, authore Deo, reunire confidentes, etc.* C'est dans cette persuasion, qu'aux diètes impériales, elle a toujours siégé sur le même banc que les princes de la maison de Saxe, et immédiatement après eux. Il faut néanmoins avouer que les preuves de cette descendance, données par les généalogistes, n'emportent pas une pleine conviction. C'est à M. le chevalier de Rangone, conseiller-d'état du roi de Sardaigne, qu'il était réservé de lever tous les doutes à cet égard, dans une dissertation qui n'a point encore été publiée, et dont il nous a permis la lecture. Guidés par cet écrit lumineux, nous allons faire connaître le véritable auteur de la maison de Savoie.

BÉRALD, ou BEROLD, COMTE DE MAURIENNE.

BÉRALD, ou BÉROLD, que d'autres appellent aussi BERTHOLD, saxon de naissance, nommé vice-roi du royaume d'Arles par le roi Rodolfe III, et créé vicaire de l'empire par l'empereur Henri II, doit être regardé comme la souche de la maison de Savoie. L'origine et les qualités que nous lui donnons sont attestées par lui-même dans la charte, par laquelle il prend sous sa garde et protection le monastère de Taloire près d'Anneci. C'est ainsi que débute cet acte daté du mois de juillet 1020, et imprimé par D. Martenne dans le premier tome de ses anecdotes (p. 140). *Beraldus de Saxonia pro-rex Arelatensis pro rege potentissimo Radulfo et ab augusta majestate imperii creatus Vicarius.* En admettant la sincérité de cette pièce, que l'éditeur donne pour authen-

---

comte Henri, fils d'Albert, comte de Dagsbourg et de Mucha, ou de Moha, et d'Ermesinde, comtesse de Luxembourg ; mais jusqu'à présent on n'avait pas ouï-dire que l'auguste maison de Savoie avait pour auteur le même Gérard, comte d'Alsace, frère aîné du pape saint Léon IX. Ce comte a été le même, suivant notre auteur, que Bérard, ou Bérold, que tous les modernes disent avoir été la tige des comtes de Maurienne, dits depuis comtes de Savoie.

tique, et contre laquelle on n'a point encore élevé de doute bien fondé, toutes les difficultés formées jusqu'à présent sur l'origine de la maison de Savoie, deviennent faciles à résoudre. Bérold, ou Berthold, était le second fils de Lothaire III, margrave de la Marche septentrionale de la Saxe ou de l'Ostphalie, et de Gudile, issue de l'illustre maison conradine, alliée à celles de Bavière et des derniers rois de Bourgogne. (*Ditmarus restitutus*, page 413; *Annal. saxon.*, page 446.) Il avait pour frère aîné Werinhaire, et pour frère cadet Brunon, qui, ayant succédé à Ditmar, son parent, dans l'évêché de Mersbourg, finit ses jours en 1036. Cela est certifié par la chronique allemande de Walbeck, dont était aussi comte Lothaire, père de ces enfants. (*Voyez* les pp. 96, 100 et 101 de cette chronique imprimée à Helmstadt avec les notes de M. Dingelstadt et les additions de M. Abel.) Werinhaire s'étant fait une affaire très-fâcheuse pour avoir enlevé Regnilde, dame de Bichlingen, à dessein de l'épouser, fut poursuivi juridiquement par l'empereur Henri II, qui voulait le condamner à perdre la vie, parce que ce rapt était le second dont il était coupable. Mais sa mort, arrivée l'an 1017, arrêta la procédure. (Ditmar, *Chron.*, p. 40; *Annal. saxon.*, pp. 431-432.) Berthold ne paraît point dans les affaires de Werinhaire, quoique ses autres parents y aient figuré, parce qu'il était alors et depuis long-tems dans les Gaules; car la vice-royauté du royaume d'Arles lui avait été conférée par lettres de Rodolfe III, données à Aix, en Provence, dès le 5 des ides de mai de l'an 1000. On le voit présent, sous le nom de Bérald, avec la qualité de comte, à une donation que ce roi fit à l'abbaye de Saint-Maurice, la vingt-quatrième année de son règne; ce qui revient à l'an 1017. Il porte le même titre dans l'acte d'une autre donation faite par le même Rodolfe, la vingt-sixième année de son règne, à un seigneur de ses états, nommé Amison. (Pingon, Guichenon.) C'est par une erreur manifeste que des modernes voudraient l'identifier avec Gérold, comte de Génevois, dont Wippon, dans la vie de Conrad le Salique, dit que ce prince, étant venu en Bourgogne, le subjugua ainsi que l'archevêque de Lyon. (Wippo, *in vita Conradi*, p. 478.) Bérald, sur la fin de ses jours, s'étant retiré à l'abbaye de Saint-Victor de Marseille, y mourut l'an 1027, laissant un fils, qui suit. (Albert. Fabric., *Origin. saxon. et Stemma Witikindi*, page 126.)

HUMBERT I, DIT AUX BLANCHES MAINS.

1027. HUMBERT, ou UPERT, comme il est nommé dans quelques actes, souscrivit avec Bérald, son père, la charte donnée par celui-ci en faveur de l'abbaye de Taloire (1). Les signatures portent *Beroldus*, *Humbertus filius*. Dans quelques actes qu'on a de Humbert, il se qualifie simplement comté, sans signer son département. Mais son tombeau, qu'on voit devant le portail de l'église de Saint-Jean de Maurienne, peut servir à prouver qu'il était comte de ce pays. (Saint-Marc, *Abr. chron.*, tome II.) C'est le même que Wippon qualifie comte en Bourgogne, et qui amena du Milanez, l'an 1034, suivant cet historien, des troupes à l'empereur Conrad le Salique contre le comte de Champagne. Conrad, devenu victorieux, reconnut les services de Humbert par le don qu'il lui fit du Chablais, du Valais, et de la terre de Saint-Maurice. (Pingon, Guichenon.) Il mourut, selon ce dernier, suivi par Saint-Marc, l'an 1048. On lui donne pour femme AMCILLE, ou HANCHILLE, dont il eut quatre fils, Amédée, son successeur, Burchard, Aimon et Odon. D. Hergott le fait aussi père d'une fille qui épousa, selon lui, Kanzelin, comte de Zéringen, le même qui est appelé Cantold par M. Schœpflin. (Saint-Marc.)

AMÉDÉE, ou AMÉ I, DIT LA QUEUE.

1048. AMÉDÉE I, fils et successeur de Humbert, se dit quelquefois, dans ses diplômes, comte de Maurienne, mais jamais comte de Savoie. La raison du surnom de LA QUEUE qui lui fut donné, n'est point connue, et celle qu'en apportent les modernes n'est appuyée que sur une fable. Amédée finit ses jours, suivant l'opinion la plus probable, vers l'an 1072, et fut inhumé, comme il l'avait ordonné, dans le tombeau de son père. D'ADÉLAÏDE, son épouse, qu'on a mal à propos confondue avec Adélaïde, dernière marquise de Suze (comme le prouve M. de Saint-Marc, tome III, depuis la page 612 jusqu'à 639), il laissa Humbert, qui suit, et N...., femme d'Ulric I, sire de Baugé. La veuve d'Amédée se remaria avec l'anti-césar Rodolfe. (Voyez *les ducs d'Alsace et de Suabe.*)

---

(1) Eccart et Muratori prétendent que le monastère de Taloire ne fut fondé qu'au onzième siècle, par Ermengarde, femme de Rodolfe III, d'où ils arguent de faux la charte de ce prince. Mais nous avons la preuve que Taloire existait, sous le titre de prieuré, l'an 879, puisque cette année il fut uni à l'abbaye de Tournus par le roi Boson, suivant son diplôme, publié par Chifflet, dans son Histoire de Tournus (page 232).

On veut encore inférer de la charte que nous défendons, une preuve de supposition, en ce que Bérold y est qualifié *pro-rex*, terme inconnu, dit-on, alors, comme s'il n'appartenait pas à la bonne latinité.

Guichenon donne ici, pour successeur d'Amédée dans le comté, Otton ou Odon, quatrième fils, à ce qu'il prétend, d'Humbert I, qu'il fait mourir vers 1060. Il met après lui Amédée II, fils du même Otton et Adélaïde, dernière marquise de Suze. Mais M. de Saint-Marc combat ce sentiment par de si bonnes raisons, que nous avons cru devoir le retrancher, l'un et l'autre, de la liste des comtes de Savoie.

HUMBERT II, DIT LE RENFORCÉ.

1072 ou environ. HUMBERT II succède à son père Amédée. La grandeur et l'épaisseur de sa taille lui firent donner le surnom de RENFORCÉ. Aimeric, seigneur de Briançon et gouverneur de la Tarentaise, vexant en toutes manières ses sujets, Humbert, par ordre de l'empereur Henri IV, marcha contre lui et le dépouilla de son gouvernement, qu'il unit au sien. L'an 1077, ce même empereur étant obligé de prendre sa route par la Savoie, pour se rendre en Italie, Humbert ne consentit à lui accorder le passage qu'au moyen de la cession que Henri lui fit de cinq évêchés voisins de ses terres. (*Lambert Schafnab.*) Si l'on en croit Paradin, Pingon et Guichenon, le comte de Savoie fut du nombre des seigneurs qui partirent, l'an 1096, pour la croisade avec le prince Hugues le Grand, frère du roi Philippe I. Il est vrai qu'il avait formé le dessein d'aller à cette expédition ; mais ce qui prouve qu'il ne l'exécuta pas, c'est qu'en 1097, il donna une charte datée d'Ienne, en Turinge ; et qu'en 1098, il était occupé, en Piémont, à recueillir la succession d'Adélaïde, sa parente, marquise de Suze. L'empereur Henri IV seconda ses prétentions contre ceux qui lui disputaient cet héritage, en l'investissant de la plus grande partie des Marches de Suze et de Turin ; et ce fut alors qu'il prit le titre de marquis en Italie. C'est ainsi que, dès son origine, la maison de Savoie a toujours su mettre à profit les occasions de s'agrandir. Humbert mourut, selon le nécrologe de Saint-Jean de Maurienne, le 19 octobre 1108. De son mariage avec GUISLE, ou GISÈLE, fille de Guillaume le Grand, comte de Bourgogne, il laissa Amédée, qui suit ; Humbert, mort sans enfants ; Renaud, moine et prévôt de Saint-Maurice, en Valais ; et deux filles, dont l'aînée, Adélaïde, épousa le roi Louis le Gros, puis Mathieu de Montmorenci ; et Agnès, la seconde, fut mariée à Archambaud VI, sire de Bourbon. Guisle, après la mort d'Humbert, épousa, en secondes noces, suivant Guichenon, Rainier, marquis de Montferrat.

AMÉDÉE II, PREMIER COMTE DE SAVOIE.

1108. AMÉDÉE II, fils d'Humbert II, devient son successeur. Il fut attaché à l'empereur Henri V, qu'il accompagna, l'an 1111, dans son voyage d'Italie. Ce monarque, avant de repasser les Alpes, l'éleva à la dignité de comte de l'empire; et de là vient, disent quelques-uns, le droit de suffrage que les ducs de Savoie exercent à la diète d'Allemagne. Amédée paraît être le même que le marquis Hamadan, qui, suivant l'annaliste saxon, prit les armes en faveur des princes de la maison de Franconie contre l'empereur Lothaire, qu'ils refusaient de reconnaître. Lothaire étant venu, l'an 1132, en Italie, mit en fuite Conrad de Franconie, son compétiteur, qui s'était fait couronner à Monza, et ravagea les états des princes italiens du même parti. Amédée fonda, l'an 1125, l'abbaye cistercienne de Haute-Combe, où sont inhumées plusieurs personnes de la maison de Savoie. Vers l'an 1136, la reine Adélaïde, voyant le comte Amédée, son frère, sans enfants, engagea le roi Louis le Gros, son époux, à faire marcher des troupes dans les états de ce prince pour s'assurer au moins une grande partie de sa succession. Mais la naissance d'un fils que MATHILDE D'ALBON, femme d'Amédée, mit au monde, et la mort de Louis le Gros, qui suivit de près, firent évanouir les projets d'Adélaïde. Le comte Amédée eut bientôt repris les places dont les Français s'étaient emparés; et comme il paraissait disposé à se venger en continuant la guerre, on eut recours, pour l'apaiser, à Pierre le Vénérable, abbé de Cluni, son ami particulier. Amédée se rendit aux sollicitations de Pierre. Il fit la paix, et prit sincèrement les intérêts de son neveu Louis le Jeune. Amédée eut aussi différentes guerres avec Guigues IV, dauphin de Viennois, qui ne finirent qu'à la mort de ce dernier, qui périt, l'an 1142, dans une bataille qu'ils se livrèrent près de Montmélian. L'an 1146, Amédée prit la croix dans un voyage qu'il fit à Metz, et, l'an 1147, il partit avec le roi de France pour la Terre-Sainte. Odon de Deuil dit qu'en Asie, le roi l'ayant envoyé devant lui avec Geoffroi de Rançon, ces deux braves attirèrent, par leur témérité, sur l'armée française, un si grand désastre, que sans la proche parenté du monarque et du comte on les eût condamnés à la corde. (Chifflet, *S. Bernard*, *Gen. illust*, pp. 63-66.) Ce fut vraisemblablement la honte de cet événement qui fut cause du retour précipité d'Amédée en Europe. Mais ayant abordé à Nicosie, en Chypre, il y mourut le premier avril 1148, laissant de son mariage Humbert, qui suit; et au moins deux filles, dont l'une, appelée Mafalde, ou Mathilde, devint femme d'Alphonse Henriquez, premier roi de Portugal; et l'autre, nommée Alix, épousa Humbert II, sire de Beaujolais. Quoique Amédée II ne prenne le titre de comte de Savoie dans aucune de ses chartes, mais seulement celui de comte de Maurienne, il paraît certain qu'il possédait l'un et l'autre pays. (*Voyez* Guigues IV, *comte de Viennois*.)

HUMBERT III, DIT LE SAINT.

1148. HUMBERT III, né à Veillane, le premier août 1136, fut tiré de l'abbaye d'Aulps, ordre de Cîteaux, où il avait pris l'habit, pour succéder au comte Amédée, son père, sous la tutelle d'Amédée, évêque de Lausanne. Dès qu'il fut en état de porter les armes, il donna des preuves de sa valeur. L'an 1153, il marcha contre Guignes V, comte d'Albon, qui faisait le siège de Montmélian, et l'obligea de se retirer. L'an 1158, invité par l'empereur Frédéric Barberousse à la diète de Roncaille, il se contenta d'y envoyer trois prélats pour le représenter et veiller à ses intérêts. Mais l'an 1162, il ne put se dispenser d'accompagner l'empereur au siège de Milan, où il se distingua. Frédéric ne lui tint pas grand compte de ce service, parce qu'il était déclaré pour le pape Alexandre III contre l'antipape Octavien. Pour le punir d'avoir embrassé cette obédience, il accorda aux évêques de Turin, de Maurienne et de Tarentaise, la plus grande partie de leurs diocèses en fief, en les déclarant princes de l'empire; ce qui fit un tort considérable à la maison de Savoie. L'empereur ne borna point là sa vengeance. L'an 1174, étant repassé en Italie, il ravagea le Piémont, brûla Suze avec ses archives, et n'épargna que Turin, dont l'évêque était dans ses intérêts. Humbert mourut à Chambéri, le 4 mars 1188, à l'âge de cinquante-deux ans. Sa piété constante et sincère lui a mérité le surnom de SAINT. La chartreuse d'Aillon, en Savoie, fondée l'an 1184, est son ouvrage. Il avait épousé, 1°. FAIDIDE, fille d'Alfonse I, comte de Toulouse; 2°. GERMAINE, fille de Berthold III, duc de Zéringen, et femme répudiée de Henri le Lion, duc de Bavière et de Saxe; 3°. BÉATRIX, fille de Gérard, comte de Vienne et de Mâcon; 4°. GERTRUDE, fille de Thierri d'Alsace, comte de Flandre, laquelle ayant survécu à Humbert, épousa, en secondes noces, suivant Gilbert de Mons, Hugues (IV), sire d'Oisi, après la mort duquel elle se fit religieuse à l'abbaye de Messines. (Bouquet, tome XIII, p. 567.) Les trois premiers mariages ont été connus de Guichenon. Le quatrième est certain par l'autorité de Mons, que nous venons de citer. Ce fut de Gertrude qu'Humbert laissa Thomas, qui suit. De Béatrix, il eut Eléonore, femme de Gui de Vintimille, puis de Boniface II, marquis de Montferrat. Germaine donna au comte Humbert Agnès, ou Adélaïde, fiancée, en 1173, au prince Jean d'Angleterre, fils du roi Henri II, et morte l'année suivante L'attachement de Humbert pour les Cisterciens et ses libéralités à leur égard, l'ont fait placer parmi les saints de cet ordre.

THOMAS.

1188. THOMAS, né, le 20 mars 1177, au château de Charbonnières, en Savoie, d'Humbert III et de Gertrude de Flandre, succéda à son père, sous la tutelle de Boniface II, marquis de Montferrat, son beau-frère. L'an 1201, il se joignit aux croisés qui passaient par ses états, et alla faire avec eux le siége de Zara, et ensuite celui de Constantinople. C'est ce qu'assurent plusieurs historiens. Mais il est difficile, comme l'observe Guichenon, que Thomas ait fait ce voyage, et beaucoup plus encore qu'il se soit trouvé à la prise de Constantinople, puisqu'il est prouvé par des chartes que, lors de ce dernier événement et du couronnement de l'empereur Baudouin, Thomas était dans ses états. (Guichenon, *Hist. de Savoie*, tom. I, pag. 246.) Le parti qu'il prit dans les troubles de l'empire, en se déclarant pour Philippe, roi de Germanie, lui fut avantageux. Ce prince lui donna, par lettres datées de Bâle, l'an 1207, Quiers, Testone en Piémont, et Modon au pays de Vaud. (*Archives de Turin.*) Ayant témoigné depuis le même attachement pour Frédéric II, il reçut de ce prince, en 1026, le titre de vicaire de l'empire en Lombardie. Le pape Honoré III, voyant arriver, l'an 1231, dans l'Italie, l'empereur Frédéric II, son ennemi, souleva les Milanais et les Verceillois contre lui. Frédéric, de son côté, mit dans ses intérêts le comte de Savoie, les marquis de Montferrat et de Saluces, les Astésans et ceux du Quierasque. Cette ligue, plus formidable et plus heureuse que celle du pontife, eut des succès rapides, dont un des principaux fut la conquête de la ville de Testone, qu'elle démolit, et avec les débris de laquelle on bâtit celle de Moncalier. De leur côté, les Milanais s'emparèrent de Coni, de la Veldesture et de Saint-Dalmace. Ils comptaient porter leurs conquêtes plus loin, lorsqu'ils furent rencontrés par le comte de Savoie, qui leur livra une bataille, où ils furent complètement défaits. Leur général, Humbert Osimo, périt dans l'action. (Sigon. *de regno Ital.*, liv. 17.) Mais l'intérêt détacha ensuite, de l'alliance du comte de Savoie, le marquis de Montferrat, qui, voyant la ville de Turin disposée à se soulever, profita de l'occasion pour s'y établir. Le comte Thomas, étant accouru pour recouvrer cette capitale, défit, sur sa route, un corps d'Astesans qui venaient au secours des rebelles; après quoi, il forma le blocus de Turin. Mais, n'étant pas en force pour assiéger la place, il retourna en Savoie pour y lever de nouvelles troupes. Déjà il commençait à rentrer en Piémont, lorsqu'une maladie l'obligea de s'arrêter aux environs d'Aouste. S'étant fait transporter en cette ville, il y mourut le 20 janvier 1233, suivant Guichenon. D'Albane dit en 1232, parce qu'il commence l'année à Pâques. Thomas, non moins recommandable par sa piété que par sa valeur et sa rare prudence, fut le père de ses sujets, le protecteur de ses voisins, et la terreur de ses ennemis. Il avait épousé, 1°. BÉATRIX, fille de Guillaume I, comte de Génevois, dont il n'eut point d'enfants, suivant Guichenon, et qui le fit père, selon Muratori, de Léonore, femme d'Azzon VI, marquis d'Est, et premier seigneur perpétuel de Ferrare; 2°. MARGUERITE DE FAUCIGNI, héritière de sa maison (morte en 1233), qui lui donna neuf fils et six filles, dont les principaux sont, Amédée, qui suit; Thomas, époux de Jeanne, comtesse de Flandre, et tige des comtes de Piémont; Pierre et Philippe, tous deux successivement comtes de Savoie; Boniface, qui, après s'être consacré à Dieu dans la grande Chartreuse, devint archevêque de Cantorbéri; Marguerite, laquelle épousa, par contrat du 1er. juin 1218, Hartman, fils d'Ulric, comte de Kibourg; Béatrix, mariée, en 1220, à Raymond Bérenger IV, comte de Provence; Alix, abbesse de Saint-Pierre de Lyon; Agathe, abbesse du même lieu après sa sœur; Léonore, femme d'Azzon VI, marquis d'Est; et Avoie, femme de Baudouin de Rivière, comte de Devonshire.

AMÉDÉE III.

1233. AMÉDÉE III, né à Montmélian en 1197, succéda au comte Thomas, son père, et témoigna le même zèle que lui pour les intérêts de l'empereur Frédéric II. La ville de Turin avait tout sujet de redouter la vengeance d'Amédée. Mais Hugues, son évêque, en prévint les effets en persuadant aux rebelles de lui faire leurs soumissions, et de lui prêter serment de fidélité. Amédée, bientôt après, se vit attaqué par les Valaisans, que l'évêque de Sion avait excités à faire irruption dans le Val d'Aouste. Les dégâts qu'ils y firent ne restèrent pas impunis. Le comte de Savoie, soutenu par ses gendres, les marquis de Saluces et de Montferrat, passa rapidement les monts, fondit impétueusement sur les Valaisans, qu'il mit en fuite après les avoir battus, et, les poursuivant avec célérité, pénétra dans le

Valais, dont il se rendit maître; ce qui ajouta une nouvelle province à ses états. Ce fut à peu près dans le même tems que le roi d'Angleterre, Henri III, son neveu, lui accorda, pour lui et ses descendants, une pension de deux cents marcs d'argent à prendre sur les revenus de la couronne.

L'empereur Frédéric II étant parti du fond de l'Allemagne pour se venger d'une révolte des Milanais, arriva, l'an 1238, à Turin, où le comte Amédée lui fit une des plus magnifiques réceptions. L'empereur en fut si flatté, que, par reconnaissance, il érigea le pays de Chablais et d'Aouste en duché. Frédéric ne se borna point à cette faveur. L'an 1241, il nomma le comte de Savoie vicaire de l'empire en Lombardie et en Piémont. Amédée voyait, avec une douleur sincère, la rupture scandaleuse qui avait éclaté entre l'empereur et le saint siége. Dans le dessein de réconcilier ces deux premières puissances de l'univers, il va d'abord, l'an 1245, trouver le pape Innocent IV à Cluni, et tâche, dans plusieurs conférences qu'ils ont ensemble, de l'amener à des voies d'accommodement. Mais l'invincible aversion d'Innocent pour Frédéric rend ce voyage inutile. Le comte, sans se rebuter, se rend à Crémone auprès de l'empereur, espérant le trouver moins intraitable: peine également infructueuse. Innocent faisait cependant lever des troupes en France pour les faire passer en Italie, sous la conduite du cardinal Ubaldini, au secours de Milan et d'autres villes révoltées contre l'empereur. Mais Amédée, à qui le pape fit demander le passage de ces troupes par ses états, usa d'abord de tergiversations, pour ne pas se compromettre avec Frédéric; et ensuite, pressé par le pape, il le refusa nettement, dans la crainte que l'arrivée de cette milice n'empêchât l'empereur de se rendre au concile de Lyon, où l'on devait s'occuper des moyens de rendre la paix à l'église. (Math., Paris, *in Henric. III et Apol. Petri de Vineis*, liv. 2.)

Tranquille dans ses états, Amédée ne s'occupa plus que de ce qui les concernait, et de fondations pieuses. Ce prince finit ses jours, le 24 juin 1253, au château de Montmélian, à l'âge de cinquante-six ans. Il avait épousé, du vivant de son père, en premières noces, MARGUERITE (et non Anne), fille de Béatrix, dauphine de Viennois, et de Hugues de Coligni, dont il eut deux filles: Béatrix, mariée, 1°. à Mainfroi III, marquis de Saluces; 2°. à Mainfroi, roi de Naples et de Sicile; et Marguerite, épouse de Boniface III, marquis de Montferrat. Amédée épousa, en secondes noces, l'an 1244, CÉCILE DE BAUX, qui le fit père de Boniface, qui suit; de Béatrix, appelée Comtesson dans son enfance, alliée à Pierre de Châlons; d'Agnès, femme d'Humbert, comte de Génevois, fille de Guillaume I, et d'une autre fille.

BONIFACE, DIT ROLAND.

1253. BONIFACE, né le 1er. décembre 1244, devint le successeur de son père Amédée, sous la tutelle de sa mère, et la régence de Thomas, comte de Maurienne, son oncle. Peu de tems après, Thomas le conduisit en Flandre au secours de la comtesse Marguerite II, sa belle-sœur. Boniface s'étant déclaré pour Mainfroi, son beau-frère, contre Charles d'Anjou, qui lui disputait le royaume de Sicile, attira les armes de ce dernier en son pays. Charles, assisté de Guillaume V, marquis de Monferrat, se rendit maître de Turin en 1262, et de plusieurs autres places. Mais Boniface étant venu à sa rencontre, le défit près de Rivoli, la même année, et mit ensuite le siége devant Turin. Cette entreprise lui réussit mal : les habitants d'Asti vinrent au secours des assiégés, battirent le comte de Savoie, et le firent prisonnier. Ce fut à Turin, chez ses propres sujets, auxquels il avait droit de commander, que cet infortuné prince fut enfermé sans recevoir d'eux aucune marque de commisération. Il n'eût même tenu qu'à eux de lui rendre la liberté. Mais le désir de se rendre indépendants et de s'ériger en république, rendit les habitants sourds à toutes les sollicitations qui leur furent faites, pour leur inspirer des sentiments plus équitables. Le chagrin que causa au comte Boniface sa déplorable situation, abrégea considérablement ses jours, qu'il termina, l'an 1263, sans avoir pris d'alliance. Sa force prodigieuse et sa valeur lui firent donner le surnom de *Roland*.

PIERRE, DIT LE PETIT CHARLEMAGNE.

1263. PIERRE, comte de Bomont, septième fils du comte Thomas, né, l'an 1203, au château de Suze, en Piémont, succéda, malgré les oppositions des enfants de Thomas, son frère aîné, à son neveu Boniface, parce que la représentation n'avait point encore lieu alors en Savoie. Il était déjà célèbre par ses exploits. Henri III, roi d'Angleterre, ayant épousé Léonore de Provence, Pierre, oncle de cette princesse, fit le voyage d'Angleterre, où il fut accueilli avec distinction par le monarque, dont il reçut, peu de tems après, les seigneuries de Richemont, d'Essex, et d'autres terres, outre un hôtel qu'il lui fit bâtir à Westminster. Henri III ne borna point là ses faveurs. Il nomma Pierre son premier ministre, le créa chevaller, et lui confia la garde des places les plus importantes du royaume. (Pingon, *Hist. Sabaud.*, liv. 9.) Pierre, s'apercevant que le haut degré de fortune où il était parvenu dans un pays étranger, y faisait des jaloux et pouvait exciter du trouble, demanda prudemment son congé, et l'obtint à force de sollicitations. Mais au moment où il allait s'embarquer, le roi le fit rappeler, et le contraignit d'accepter le gouvernement de Douvres (Math. Paris, *ibid.*)

Henri III, quelque tems après, ayant formé le projet d'envahir le Poitou, envoya Pierre de Savoie pour se concerter avec les partisans qu'il s'y était faits, et hâter cette révolution. Mais ayant été découvert, il se trouva trop heureux de pouvoir s'évader. Etant retourné en Angleterre, il assista au parlement qui se tint à Londres en 1248. L'amour de la patrie le rappela, en 1255, après une longue absence, en Savoie. Pendant le séjour qu'il y fit, il visita l'abbaye de Saint-Maurice, en Chablais, dont l'abbé, nommé Rodolfe, lui fit présent de l'anneau de Saint-Maurice, précieuse relique avec laquelle tous les souverains de Savoie, depuis cette époque, ont toujours pris possession de leurs états. Pendant le séjour que Pierre fit en sa patrie, il entra en guerre (on ne sait pour quel sujet) avec Albert de la Tour-du-Pin, en Dauphiné. Mais des amis communs s'étant rendus médiateurs, terminèrent la querelle à l'avantage de Pierre, qui reçut, en dédommagement, le château de Falaviers, au diocèse de Vienne. La trève conclue entre la France et l'Angleterre étant près d'expirer, Pierre fut rappelé, l'an 1257, par Henri III, à Londres, d'où il fut envoyé, l'année suivante, à Paris pour être un des plénipotentiaires dans le traité de paix qui se négociait entre les deux couronnes. Les articles préliminaires ayant été arrêtés au mois de juin, Pierre revint en rendre compte à Henri III. Ce fut l'année qui suivit son retour qu'Ebles, fils unique d'Humbert, comte de Génevois, s'étant retiré à Londres pour se soustraire aux persécutions de Guillaume, son oncle, qui lui avait ravi son heritage, transmit ses droits à Pierre par son testament du 12 mai 1259. Pierre fit bien valoir cette donation lorsqu'il eut succédé au comte Boniface. A peine fut-il en possession de la Savoie, qu'il se mit en devoir de punir la ville de Turin des outrages qu'elle avait faits à son prédécesseur. Etant venu l'assiéger, il s'en rendit maître sans beaucoup de difficulté. Les rebelles avaient lieu de s'attendre à un traitement rigoureux; mais Pierre eut la générosité de leur pardonner. Un nouveau voyage qu'il fit en Angleterre, lui valut la succession vacante d'Herman, comte de Kibourg, que son neveu Richard de Cornouaille lui donna en qualité d'empereur, pour tout ce qui relevait de l'empire. Eberhard

de Habsbourg, comte de Lauffenbourg, qui se qualifiait aussi comte de Kibourg, disputa au comte Pierre le don que l'empereur lui avait fait. La guerre s'étant élevée entre eux, Pierre remporta sur lui deux victoires éclatantes, qui déterminèrent, en 1266, la ville de Berne, qu'Eberhard inquiétait, à se mettre sous sa protection. Pierre l'ayant en son pouvoir, la fit agrandir considérablement, et par les bienfaits qu'il répandit sur elle, il mérita le titre de *père et de second fondateur de Berne*. (Simler, *de Rep. helvet.*, liv. 1; Guillim., *de Rep. helvet.*, liv. 3, cap. 8.) Cette ville ne le posséda pas long-tems. Epuisé de fatigues, il mourut à Chillon, dans le pays de Vaud, le 9 juin 1268. Ce prince fut généralement estimé pour sa valeur, sa prudence, sa douceur et sa générosité : vertus qui lui méritèrent le surnom de *Petit Charlemagne*. D'AGNÈS, son épouse, fille d'Aimon, seigneur de Faucigni, et son héritière, à laquelle il avait donné sa main en 1233, il ne laissa qu'une fille, Béatrix, mariée, 1°. à Guigues VII (et non VIII), dauphin de Viennois; 2°. à Gaston VII, vicomte de Béarn, morte en 1310. Jacques I, roi d'Aragon, avait d'abord jeté les yeux sur cette princesse pour l'épouser, et il avait consulté là-dessus le pape Clément IV, qui lui répondit, le 11 août 1266, par une lettre où il disait : « A l'égard du mariage que vous vous
» proposez de contracter avec Béatrix, fille du comte de Savoie,
» prince de bonne renommée, et sur quoi vous nous demandez
» notre avis, nous ne pouvons vous répondre autre chose,
» sinon que si l'on considère la condition de la personne, la
» noble et ancienne maison de Savoie a produit d'excellentes
» femmes, qui ont été recherchées par des rois; et que de ce
» côté-là, pourvu que la princesse vous plaise, rien ne doit
» vous empêcher de lui donner votre main; car cette race a
» aussi eu, et a même encore à présent, des hommes distin-
» gués par leur valeur; et sa fécondité est telle, que ses bran-
» ches s'étendent au près et au loin dans les provinces voisines
» et chez les peuples reculés. Mais si vous nous consultez sur
» cette question, la princesse a-t-elle droit au comté, ou
» non ? nous ne savons ni ne pouvons rien dire là-dessus de
» précis, attendu qu'en plusieurs pays, la jurisprudence, tant
» en vertu des lois impériales que conformément à la coutume
» des lieux, donne l'exclusion aux femmes pour les fiefs. Et,
» quant au fait dont il s'agit, nous pouvons vous assurer que
» quand même le droit de la princesse serait bien fondé, à
» moins qu'on ne consentît volontairement à vous laisser pren-
» dre possession de la chose, vous vous trouverez impliqué dans
» un labyrinthe de contestations dont il vous serait difficile de
» vous tirer. Que si vous vouliez poursuivre votre droit l'épée

» à la main, je vous avertis que vous dépenseriez deux comtés
» avant que de parvenir à l'accomplissement de vos désirs. »
(*Spicil.* , tom. VII, pag. 29.) Le roi d'Aragon eut égard
à ces observations, et n'épousa point Béatrix.

PHILIPPE I.

1268. PHILIPPE I, huitième fils de Thomas, comte de Savoie, né l'an 1207, succéda au comte Pierre, son frère, à l'exclusion de Béatrix, sa nièce. Dévoué dans sa jeunesse, par ses parents, à l'état ecclésiastique, il avait été pourvu de l'évêché de Valence, puis de l'archevêché de Lyon, et d'autres bénéfices, sans avoir pris les ordres sacrés. Mais voyant Pierre, son frère, sans enfants mâles, il abandonna son premier état, et se maria, l'an 1267, avec ALIX DE MÉRANIE, comtesse de Bourgogne. Pierre étant mort, il fut reconnu comte de Savoie, suivant la loi salique observée dans le pays. Il eut quelques différents avec Guigues VII, dauphin de Viennois, et Hugues IV, duc de Bourgogne, pour le Faucigni ; mais les choses s'accommodèrent, après quelques hostilités. Les démêlés qu'il eut avec Rodolphe, comte de Habsbourg, ensuite empereur, furent plus longs et plus difficiles à terminer. Mais le pape Martin IV s'étant rendu médiateur entre les parties, les engagea à conclure un traité qui fut signé le 24 juin 1283. Philippe, après avoir rétabli la paix dans ses états, mourut au château de Roussillon, en Bugei, sans enfants, le 17 novembre 1285, et fut enterré à l'abbaye de Haute-Combe, lieu de la sépulture de ses ancêtres. Ce prince, l'an 1280, abandonnna Chambéri, et choisit pour sa résidence Turin, qui est devenu celle de ses successeurs.

AMÉDÉE IV ou V, DIT LE GRAND.

1285 (et non 1287.) AMÉDÉE IV, né au château de Bourget, le 4 septembre 1249, de Thomas, comte de Maurienne et de Flandre, et de Béatrix de Fiesque, succéda au comté de Savoie, en vertu du testament de Philippe, son oncle. Il était déjà célèbre par plusieurs expéditions contre les ennemis de sa maison. A peine était-il en jouissance du comté de Savoie, qu'Aimon III, comte de Génevois, entra dans les pays de Vaud et de Bugei, pour s'en emparer. Dans le même tems, il se vit attaqué par Humbert I, dauphin de Viennois. Il obligea, sans beaucoup de peine, le comte de Génevois à se retirer : ses querelles avec le dauphin, furent plus durables, et, malgré divers traités, qui suspendirent les hostilités de tems en tems, il n'y eut de paix solide entre ces deux princes qu'en 1314. (Ce n'était plus alors Humbert I (mort en 1307), mais Jean II, qui gouvernait le Dauphiné.) L'an 1300, étant en Flandre, au service de la France, pendant que Charles de Valois faisait la conquête de ce pays, pour le roi Philippe le Bel, son frère, il détermina le comte Gui de Dampierre à se remettre entre les mains du vainqueur. Il es accompagna l'un et l'autre à Paris, et présenta lui-même le comte de Flandre au roi, sur la générosité duquel il avait trop compté. Ce monarque, en effet, loin de ratifier le traité d'accommodement qui s'était fait, par la médiation d'Amédée, entre Charles et Gui, envoya celui-ci avec ses deux fils en prison; ce qui couvrit de confusion le médiateur. Il ne laissa pas, néanmoins, de continuer ses services à la France. L'an 1305, par lettres du 25 mars, le roi promit de lui donner dix livres tournois, par jour, tant qu'il serait à son service (somme qui montait à quatre-vingt-seize livres, treize sous, quatre deniers de notre monnaie actuelle (1785), et produisait deux mille neuf cents livres par mois, et trente-quatre mille huit cents livres par an.) Ce monarque, le même jour, lui assura deux mille cinq cents livres de pension viagère, à la charge de l'hommage-lige. (*Rec. de Colbert*, v. 4, fol. 193.) Amédée, à l'exemple du comte Philippe, son oncle, était dans le parti des Gibelins, et par là, très-opposé à la maison d'Anjou, protectrice des Guelfes. Jaloux de l'autorité qu'elle exerçait dans le Piémont et le Montferrat, à l'aide de ses partisans, il invite le roi des Romains, Henri VII, à passer en Italie, pour y raffermir son autorité chancelante, et n'eut pas de peine à l'y déterminer. Il alla au-devant de Henri jusqu'à Berne, et l'amena, par le pays de Vaud, à Genève, d'où ce prince étant venu à Chambéri, y fut reçu par le comte avec une magnificence incroyable. Il l'accompagna dans la suite de son voyage, et fut un des principaux seigneurs qui lui firent cortège à son entrée dans Turin. Arrivé à Asti, Henri lui donna l'investiture du comté de Savoie, des duchés de Chablais et d'Aouste, du marquisat d'Italie, des seigneuries de Baugé et de Coligni, et le créa, lui et ses successeurs au comté de Savoie, prince d'empire, en présence du cardinal Alnald, légat du pape en Italie, et d'un grand nombre de prélats et de seigneurs. Henri étant à Milan, y fut couronné roi d'Italie, par l'archevêque Cassonni, le 6 janvier 1311, dans l'église de Saint-Ambroise; et dans le mois suivant, Amédée, qui avait assisté à cette cérémonie, fut envoyé avec l'évêque de Liége à Brescia, pour maintenir cette place dans l'obéissance envers l'empire. En quittant Milan, Henri laissa au comte de Savoie le gouvernement de cette ville, ainsi que de celles de Plaisance, d'Asti, de Vérone, de Crémone et de Gênes, avec titre de vicaire-général de l'empire. Ce fut à Rome que se fit, le 29 juin de l'an 1312, le couronnement impérial de Henri, dont Amédée fut un des plus illustres témoins.

De retour chez lui, après la mort de l'empereur, arrivée le 24 août 1313, le comte de Savoie eut guerre avec le dauphin de Viennois, pour quelques terres qu'ils répétaient l'un sur l'autre. Mais cette querelle fut apaisée par des arbitres, le 3 juin 1314. (Guichenon, pp. 359-361.)

L'an 1315 (et non 1311), Amédée apprenant que Rhodes était sur le point d'être enlevée aux chevaliers de Saint-Jean de Jérusalem, par l'empereur ottoman, il vole au secours de cette île, et force les Turcs à se retirer. Ce fut, dit-on, en mémoire de cette expédition, qu'aux aigles que ses prédécesseurs avaient toujours portées dans leurs armoiries, Amédée substitua la croix d'argent avec cette devise en quatre lettres : F. E. R. T., qu'on explique ainsi : *Fortitudo ejus Rhodum tenuit*. Mais on voit et la croix et la devise sur des tombeaux des princes de Savoie plus anciens qu'Amédée le Grand. Favin dit que ces quatre lettres sont la devise d'un ancien ordre du *lac d'amour*, et signifient, *frappez, entrez, rompez tout*. Cette explication paraît plus conforme à l'esprit de l'ancienne chevalerie. Le roi de France, Louis X, n'ayant point laissé d'enfants en mourant, mais seulement la reine enceinte, le comte de Savoie, l'an 1316, rendit à Philippe le Long, frère du monarque, un service essentiel que l'histoire a consacré dans ses fastes. *Ce héros, que sa sagesse fit régner dans toutes les cours de l'Europe*, dit Mézerai, en parlant d'Amédée V, *conseilla au jeune prince* (Philippe le Long) *de s'emparer de la souveraine puissance par le droit de sa naissance, en attendant les couches de la reine, qui devaient lui assurer la couronne ou l'en exclure, selon qu'elle mettrait au monde une princesse ou un prince.* Ce conseil salutaire fut suivi, et contribua au maintien de l'article de la loi salique concernant la succession des seuls mâles à la couronne de France. Philippe le Long donna au comte de Savoie, pour récompense de son bon conseil, la terre de Maulevrier, en Normandie, dont la maison de Savoie a joui long-tems. On voit encore aujourd'hui les hommages qu'en rendirent au roi Charles VI, les comtes Amédée VII et Amédée VIII. Celui qui nous occupe, travaillait à préparer du secours pour Andronic le Vieux, empereur de Constantinople, attaqué par les Turcs, lorsque la mort le surprit, le 16 octobre (dimanche avant la Saint-Luc) 1323, dans la ville d'Avignon, où il s'était rendu pour engager le pape à seconder son dessein par la publication d'une croisade. Quelques écrivains ont avancé que ce prince fit trente-deux siéges et qu'il fut toujours vainqueur. Il avait épousé, 1°. le 5 juillet 1272, SIBYLLE DE BAUGÉ; fille de Gui, sire de Baugé, qui lui apporta en dot la basse Bresse (morte le 28 mai 1294, et inhumée à Haute-Combe); 2°. l'an 1304, MARIE, fille de Jean I, duc de Brabant. Chorier, du Chêne et d'autres modernes, se trompent, en donnant pour troisième femme, au comte Amédée V, Alix, fille de Humbert I, dauphin de Viennois. Elle lui avait été promise avant son premier mariage; mais elle fut donnée ensuite à Jean I, comte de Forez, qui lui survécut. (Valbonnais, t. I, p. 170.) Amédée eut de sa première femme sept enfants, dont les principaux sont Edouard, qui suit; Aimon, qui vient après; Bonne, femme de Jean I, dauphin de Viennois; Eléonore, femme de Guillaume de Châlons, comte d'Auxerre, et Marguerite, qui épousa, l'an 1296, Jean, marquis de Montferrat. Du second lit naquirent Marie, femme de Hugues de la Tour, baron de Faucigni; Catherine, mariée à Léopold, duc d'Autriche et de Styrie; Jeanne, ou Anne, femme d'Andronic le Jeune, et morte en 1345; et Agnès, mariée à Guillaume III, comte de Génevois. Guichenon lui donne pour dernière fille, Béatrix, femme, selon lui, de Henri de Carinthie, roi de Bohême; ce qui ne nous paraît nullement prouvé. (Voyez *les évêques de Genève*.)

ÉDOUARD.

1323. ÉDOUARD, fils aîné d'Amédée V et de Sibylle de Baugé, né le 8, et non le 12, février 1284, à Baugé, capitale de la Bresse, lui succéda, l'an 1323, au comté de Savoie. Quoique filleul d'Edouard I, roi d'Angleterre, il fut toujours attaché fermement à la France. Son père l'avait formé lui-même dans l'art militaire, et dès l'âge de vingt ans il l'avait mené au service du roi Philippe le Bel, dans la guerre de Flandre. Edouard, après la mort de son père, fut attaqué par Guigues VIII, dauphin de Viennois, Amédée, comte de Génevois, le baron de Faucigni, et Hugues de Génevois, seigneur d'Anthon, ligués contre lui, et les défit, suivant Guichenon, en bataille rangée, au pied du Mont-du-Mortier. Moins heureux, il en perdit une l'an 1325, dans la plaine de Saint-Jean-le-Vieux, qui ne l'empêcha pas néanmoins d'aller au secours de Philippe de Valois contre les Flamands. Après la bataille de Montcassel, où il combattit, l'an 1328, étant revenu à Paris, il se réconcilia par l'entremise de la reine Clémence, avec le dauphin. L'année suivante, il mourut, le

4 novembre, au château de Gentilli, ne laissant de BLANCHE, fille de Robert II, duc de Bourgogne, qu'il avait épousée l'an 1307 (décédée le 18 juillet 1348), qu'une fille nommée Jeanne, mariée, l'an 1329, à Jean III, duc de Bretagne, et morte, le 29 juin 1344, à Vincennes.

AIMON.

1329. AIMON, second fils d'Amédée V, et de Sibylle de Baugé, né le 15 décembre 1294, succéda, l'an 1329, suivant les lois du pays, à Edouard, son frère, dans le comté de Savoie. Jeanne de Savoie, fille du comte Edouard, et femme de Jean III, duc de Bretagne, prétendit vainement avoir droit de succéder à son père. Les états de Savoie, auxquels elle s'adressa pour soutenir sa prétention, répondirent à ses députés, par l'organe de l'archevêque de Tarentaise, que l'usage constamment observé parmi eux excluait de la souveraineté les filles, tant qu'il subsistait des mâles de la maison régnante. Jeanne n'insista point, et le duc, son époux, garda là-dessus un profond silence. Aimon, paisible possesseur de ses états, ne tarda pas à déclarer la guerre au dauphin de Viennois, Guigues VIII, sur lequel il faisait plusieurs répétitions. Celui-ci en faisait sur lui, de son côté, qui ne paraissaient pas moins fondées; et leurs prétentions respectives étaient si embrouillées, que le roi de France, après avoir tenu en trève ces deux princes, pendant deux ans, désespéra de pouvoir les accommoder, et ne voulut plus se mêler de leurs querelles. Chacun intéressa ses parents et ses amis pour sa défense; on se prit des places de part et d'autre. Mais Guigues, assiégeant le fort de la Ferrière, fut frappé d'un coup d'arbalète, dont il mourut le lendemain, 28 juillet 1333. Les Dauphinois, dont Guigues était chéri, furieux de sa mort, forcèrent la place et la rasèrent après avoir égorgé une partie de la garnison. Humbert, frère de Guigues, auquel il devait succéder, était à la cour de Naples, lorsqu'il apprit sa mort. Aimon ne profita point de cet éloignement pour continuer les hostilités. Il fit plus: le nouveau dauphin, à son retour, lui ayant fait proposer une suspension d'armes, il y consentit. Le roi Philippe de Valois, durant cette trève, amena les deux princes à un traité de paix, par lequel ils se cédèrent réciproquement plusieurs terres et châteaux qui avaient occasioné leurs contestations. Il y eut cependant encore entre eux quelques différents que des médiateurs puissants trouvèrent moyen de terminer à l'amiable. Pour couper la source de toutes les querelles, le dauphin et le comte, de concert, nommèrent des arbitres à l'effet de limiter les terres de Bugei et de Dauphiné du côté du lieu dit Roussillon. (Guichenon, *Histoire génerale de la maison de Savoie*, tom. 1, pag. 360.)

A la suite de cette importante opération, le comte de Savoie termina aussi tous les démêlés qu'il avait avec le sire de Beaujolais, en lui cédant les villes, châteaux et terres, de Toissei, Lent, et Colligni, à la charge de l'hommage.

Le comte de Savoie, après avoir assuré le repos de ses états, crut pouvoir suivre le désir qu'il avait d'acquérir au loin de la célébrité, par sa valeur et ses armes. Deux puissances prêtes d'entrer en guerre, Edouard, roi d'Angleterre, et Philippe, roi de France, travaillaient, chacune de son coté, pour l'attirer dans son parti. Aimon était proche parent du monarque anglais. Mais, attaché comme ses prédécesseurs à la France, son inclination l'emporta sur les liens du sang, et il se déclara pour Philippe, auquel il envoya, l'an 1337, des troupes sous les ordres du comte de Génevois, de Louis de Savoie, baron de Vaud, et du sire de Villars. Lui-même, quelque tems après, à la tête d'un nouveau corps de troupes, se rendit au camp de Philippe, devant Tournai, dont Edouard faisait le siége. Secondé par le roi de Navarre et le duc de Bourgogne, il fatigua tellement l'armée anglaise, qu'il obligea Edouard d'abandonner son entreprise. La trêve qui fut conclue, l'an 1340, entre les deux couronnes, permit au comte de Savoie de retourner dans ses états. Une longue maladie, à laquelle ni l'art des médecins, ni les vœux et les pèlerinages ne purent apporter de remède, le fit descendre au tombeau, le 24 juin 1343. Ce prince, durant son règne, n'avait levé, sur ses sujets, qu'un seul subside de six gros par feu; et cependant il en témoigna un grand regret dans son testament fait trois jours avant sa mort. (Guichenon, *Hist. de Bresse*.)

On remarque aussi qu'il fut le premier comte de Savoie qui eut un chancelier résidant à sa cour pour rendre la justice et veiller sur la conduite des autres juges. Il avait épousé, le 1er. mai 1330, dans le château de Caselle, YOLANDE, fille de Théodore I, marquis de Montferrat; et, par le contrat de mariage, il était dit qu'au défaut des enfants mâles de la maison des Paléologues, l'aîné de la maison de Savoie, provenant de ce mariage, succéderait au Montferrat. Yolande mourut le 24 décembre 1342, après avoir fait Aimon père de quatre enfants, dont les deux principaux sont Amédée, qui suit; et Blanche, femme de Galéas Visconti II, seigneur de Milan.

AMÉDÉE VI, DIT LE COMTE VERD.

1343. AMÉDÉE VI, fils d'Aimon, né à Chambéri, le 4 janvier 1334, succéda, l'an 1343, à son père, sous la tutelle de Louis de Savoie, seigneur de Vaud, et d'Amédée, comte de Génevois. Il avait un rival dans la personne de Philippe, duc d'Orléans, fils du roi Philippe de Valois, à qui Jeanne de Savoie, duchesse de Bretagne, et fille du comte Édouard, avait légué, par son testament, fait l'an 1334, ses droits ou ses prétentions sur le comté de Savoie et la seigneurie de Baugé. Le père du légataire ne négligea point le bénéfice de ce testament. Après en avoir long-tems sollicité vainement l'exécution, il était résolu de la poursuivre par la voie des armes. Les tuteurs d'Amédée, effrayés de ses menaces, firent, avec les commissaires du roi un traité par lequel ils cédaient au duc d'Orléans, une rente de deux mille livres sur le trésor royal à Paris, avec le château de Winchestre, au-dessus de Gentilli, et le château de Milli, en Auxois; au moyen de quoi le comte Amédée resta possesseur tranquille de l'héritage qui lui était contesté. Les lettres par lesquelles il ratifia ce traité, sont du mois de février 1346. (*Mss. du Roi*, n°. 9420, fol. 4.) L'an 1347, il profite de la négligence de Jeanne I, comtesse de Provence et reine de Naples, pour s'emparer de plusieurs places que cette princesse avait dans le Piémont. Mais Luchin Visconti, seigneur de Milan, non moins avide que lui de faire des conquêtes en ce pays, le croisait, et enlevait à sa vue les places les plus importantes. Amédée, pour l'arrêter, fait une ligue avec le prince de Piémont et de Morée, le comte de Génevois et le duc de Bourgogne. Luchin, de son côté, s'allie avec le marquis de Montferrat, qui cherchait aussi à s'étendre dans le Piémont. Les deux partis ayant rassemblé leurs forces, en vinrent à une bataille, dans le mois de juillet 1347. Elle fut sanglante, et la victoire, long-tems disputée, se déclara enfin pour le comte de Savoie. (Murat. *Ann*. t. VIII, p. 255.) Amédée aimait fort les jeux militaires. Ce fut ce goût qui le porta, l'an 1348, à célébrer, pendant trois jours, des joutes et des tournois, où il parut avec des armes et un habillement de couleur verte, monté sur un cheval caparaçonné de même ; ce qui lui fit donner le surnom de COMTE VERD. Son amour pour les amusements convenables à son rang, ne préjudiciait point à ses devoirs. Jacques de Savoie, prince de Piémont, son parent, se comportait tyranniquement envers ses sujets. Amédée, sur les plaintes qu'ils lui portèrent, envoya, l'an 1349, sur les lieux, en qualité de suzerain, des commissaires pour prendre connaissance de l'état des choses. Le prince fait massacrer les officiers du comte, et donne, par cette atrocité, le signal d'une guerre qu'il n'était pas en état de soutenir. Amédée étant entré dans le Piémont avec une armée nombreuse et aguerrie, se rend maître, en peu de tems, de toutes les places, bat les troupes du prince à Rivoli, et le fait lui-même prisonnier. Mais non moins généreux que brave, il lui rend presque aussitôt la liberté avec ses états, après lui avoir fait prêter un nouveau serment de fidélité. La France étant devenue maîtresse du Dauphiné, par la donation que le dauphin Humbert II lui en fit, le comte de Savoie entra, l'an 1353, en guerre avec elle, touchant quelques places qu'il revendiquait en cette province. La victoire se rangea plusieurs fois sous ses drapeaux. L'an 1354, il défit si complètement Hugues de Génevois, qui avait pris le parti de la France, à la célèbre bataille des Abrès, que du côté des vaincus, dit Guichenon, il ne resta personne pour en porter la nouvelle. Il acquit, la même année, de Catherine de Savoie, veuve de Guillaume I, marquis de Namur, la baronnie de Vaud et les terres que cette princesse possédait dans le Bugei et le Valromei. (Guichenon, *Hist. Gén. de la maison de Savoie*, t. I, p. 412.) Le 5 janvier 1356 (n. st.), fut un jour mémorable par divers échanges qui se firent à Paris, entre le roi de France et le comte de Savoie. Ce dernier gagna les seigneuries de Faussigni et de Gex. (Guichenon, *ibid.* p. 409.) Ainsi Busching se trompe en disant que la première, en 1233, *fut réunie au domaine des comtes de Savoie*. Le mariage d'Amédée avec BONNE DE BOURBON, sœur de Jeanne, femme du dauphin Charles, depuis roi de France, suivit de près ce traité. Cette alliance l'attacha aux intérêts de la France, qu'il servit utilement contre les Anglais.

L'an 1361, le comte Amédée étant venu dans une de ses terres du Piémont, la compagnie Blanche, l'une de ces grandes compagnies, qui, après avoir désolé la France, étaient passées, les unes en Espagne, les autres en Italie, instruite de son arrivée, fit une marche forcée pour le surprendre avec sa suite. A la vue de cette troupe, il se réfugie dans le château. Mais y ayant été aussitôt assiégé, il fut obligé d'en venir à un accommodement, qui fut de payer à ces brigands, cent quatre-vingt mille florins d'or, dont partie fut comptée sur-le-champ, et le reste promis avec caution. Cette aventure, ignorée de Guichenon, est rapportée dans la chronique de Pierre Azario, qui ne nomme point la place où elle arriva. (Murat. *Rerum Ital. Script.*, t. XVI, p. 370.) Le comte Amédée, et Rodolfe de Loupy, gouverneur du Dauphiné, pour mettre ce pays et la Savoie à couvert des incursions des grandes compagnies, firent, le 13 mai 1362, à Saint-Genez, un traité de confédération, par lequel ils s'obligeaient de s'entr'aider mutuellement contre elles. (Recueil de Fontanieu, vol. 86.) C'est encore à l'an 1362 qu'on doit rapporter l'institution faite par Amédée, de l'ordre des chevaliers du *Collier*, dont on ne sait pas bien précisément quelle fut l'occasion. Les uns prétendent que ce fut un brasselet qui fut donné au comte par une dame qui l'avait tissu de ses cheveux; d'autres l'attribuent à la dévotion d'Amédée envers la Sainte-Vierge. Dans cette création, le nombre des chevaliers, lui compris, fut fixé à quinze, tirés des maisons les plus distinguées.

L'empereur Charles IV, dans le voyage qu'il entreprit, l'an 1365, pour aller voir le pape Urbain V à Avignon, dirigea sa marche par la Savoie, et fut magnifiquement accueilli à Chambéri, par le comte Amédée, qui l'accompagna jusqu'au terme de son voyage. Pour reconnaître cette bonne réception, Charles, au mois de mai de la même année, fit expédier d'Avignon, au comte, des lettres-patentes qui l'établissaient son vicaire sur un grand nombre de villes autrefois soumises à l'empire, et dont la plupart étaient alors libres et indépendantes. Mais le comte ayant voulu faire usage de ces lettres, éprouva, partout où il les fit publier, des réclamations qui obligèrent l'empereur à les révoquer. (Spon. *Hist. de Genève*, t. II, nn. XXXVI et XXXVII.)

Pendant le séjour du comte de Savoie à la cour d'Avignon, le pape l'avait fortement sollicité d'aller au secours de Jean Paléologue, empereur de Constantinople, attaqué vivement par le sultan Amurat I, et le roi de Bulgarie, qui dévastaient ses états. Amédée, parent de l'empereur grec, se prêta d'autant plus volontiers à cette expédition, qu'elle le mettait en état de rendre un service important à la chrétienté. Plusieurs autres souverains s'étant ligués avec lui pour la même cause, il partit, après avoir laissé le gouvernement de ses états à BONNE, son épouse, et alla s'embarquer à Venise, où il fut joint par ses troupes et l'élite de sa noblesse. De là, il fit voile vers Gallipoli, dont les Turcs s'étaient rendus maîtres, et forma le siége de cette place, où il éprouva la plus vigoureuse résistance. Les Turcs, dans une sortie générale qu'ils firent, espéraient le plus grand succès. Mais Amédée, les ayant battus, s'empara de Gallipoli, et y établit des gouverneurs. Tournant ensuite ses armes contre les Bulgares, il parvint, après leur avoir enlevé plusieurs places, jusqu'à Varne, leur capitale, dont il entreprit le siége. Etonné de la rapidité de ses conquêtes, le roi de Bulgarie fit proposer au comte, par le patriarche de Constantinople, des moyens d'accommodement qui furent acceptés. Mais il n'est pas vrai qu'une des conditions de la paix fut, comme l'avance Guichenon, la délivrance de Jean Paléologue, que le bulgare retenait dans les fers. C'est une fiction que cette captivité. De retour en ses états, l'an 1367,

Amédée fut l'arbitre des différents qui divisaient l'Italie, et réussit à les terminer, soit par sa médiation, soit par la force de ses armes. Un orage violent, concerté par le pape Grégoire XI et l'empereur Charles IV, se formait contre Galéas et Bernabo Visconti, seigneurs de Milan. La ligue du chef de l'église et du chef de l'empire, formée pour les atterrer, fut conclue le 7 juillet 1372. Le comte Amédée y étant entré avec Louis, roi de Hongrie, et Jeanne, reine de Naples, promit de fournir, pour sa part, deux mille lances. Il était convenu, par le traité, que le comte de Savoie, dans les conquêtes qu'il ferait sur les Visconti, rendrait à l'église romaine les terres qu'ils lui avaient enlevées, et garderait les autres pour lui. Amédée, en deux campagnes, fatigua tellement les Visconti, que, déterminés à demander la paix, ils firent les plus grands sacrifices pour l'obtenir. (Guichenon, t. I, p. 422.)

L'an 1382, par traité fait avec Louis d'Anjou, Amédée obtient de lui le Piémont, et lui mène des troupes pour l'aider à se mettre en possession du royaume de Naples. Il fut attaqué de la peste dans ce pays, et mourut près de San-Stephano, dans la Pouille, le 2 mars 1383, universellement regretté. Amédée, fut, sans contredit, l'un des plus illustres souverains de son siècle. Nul de ses prédécesseurs n'avait acquis autant de gloire que lui. Il mérita d'être appelé le protecteur du saint siége, l'appui le plus ferme de la puissance impériale, l'ami et le vengeur des princes malheureux. Il recula considérablement les frontières de ses états; car il y unit les baronnies de Vaud, de Gex, de Valromei, les seigneuries de Quiers, de Bielle, de Coni et de Verme. Il eut toujours les armes à la main, et cependant ses sujets vécurent toujours en paix, parce qu'il éloigna toujours la guerre de ses états. De son mariage, il ne laissa qu'un fils, qui suit.

AMÉDÉE VII, DIT LE ROUGE.

1383. AMÉDÉE VII, dit LE ROUGE ou LE ROUX, de la couleur de ses cheveux, fils d'Amédée VI, né le 24 février 1360, à Veillane, en Piémont, seigneur de Bresse, du vivant de son père, lui succéda au comté de Savoie. Divers exploits l'avaient déjà rendu célèbre. Il avait forcé, l'an 1380, le sire de Beaujolais, après l'avoir battu, à lui rendre hommage. (*Voy.* Edouard II, *sire de Beaujolais.*) L'an 1382, il s'était distingué à la bataille de Rosebecque, en combattant pour la France. Lorsqu'il eut pris possession de ses états, il marcha contre les habitants du Valais, qui, après avoir chassé l'évêque de Sion, avaient fait une irruption dans le Chablais, et les contraignit d'implorer sa clémence.

Amédée eut avec Théodore, marquis de Montferrat, et Frédéric, marquis de Saluces, des démêlés qui tournèrent à son avantage. Dans la querelle qui s'éleva pour le royaume de Naples, entre la maison de Duras et celle d'Anjou, les villes de Barcelonnette, de Vintimille et de Nice, qui, à raison du comté de Provence, appartenaient à la seconde de ces deux maisons, voyant qu'elles n'en étaient point secourues, s'en détachèrent, l'an 1388, pour se donner au comte de Savoie. Ce prince, qui était alors auprès du roi Charles VI, occupé à faire rentrer sous son obéissance le duc de Bretagne, se hâte de retourner dans ses états pour prendre possession de ces villes et de leurs dépendances. Amédée mourut à Ripaille, le 1er. novembre 1391, d'un accident qui lui était arrivé à la chasse. Des historiens graves racontent que plusieurs personnes furent soupçonnées d'avoir avancé ses jours par le poison, et nomment, entr'autres, Amédée, prince de la Morée, et Otton, seigneur de Granson. Le premier, disent-ils, se justifia; mais le second, ajoutent-ils, ne pouvant dissiper les soupçons formés contre lui, se vit contraint d'abandonner la Savoie, où il ne revint qu'au bout de six ans. (Guichenon, *Hist. généal. de la maison de Savoie*, t. I, p. 438.) De BONNE DE BERRI, fille de Jean, duc de Berri, qu'Amédée VII avait épousée à Paris, au mois de décembre 1376, il laissa un fils, qui suit; Bonne, mariée à Louis de Savoie, prince d'Achaïe; et Jeanne, femme de Jacques, marquis de Montferrat. La veuve d'Amédée VII se remaria, l'an 1393, à Bernard VII, comte d'Armagnac.

AMÉDÉE VIII, DIT LE PACIFIQUE,
PREMIER DUC DE SAVOIE.

1391. AMÉDÉE VIII, né, le 4 septembre 1383, à Chambéri, devint, à l'âge de huit ans, le successeur d'Amédée VII, son père, sous la régence de Bonne de Bourbon, son aïeule, qui, pour cet emploi, fut préférée, après quelques contestations, à Bonne de Berri, mère du jeune prince; mais on lui nomma un conseil qui gêna beaucoup son autorité.

Amédée n'avait encore que quatorze ans, lorsqu'en 1397 il s'éleva une grande querelle entre deux gentilshommes du pays de Vaud, Girard, baron d'Estavayé (1), et Otton, seigneur de Gran-

---

(1) La maison d'Estavayé, remontant jusqu'au dixième siècle, ne subsiste plus que dans la personne du baron Jean-Louis d'Estavayé, de

son, dont on a déjà parlé. Le premier accusait le second d'avoir violé sa femme, et renouvelait en même tems l'accusation formée contre lui, d'avoir trempé dans la mort du comte Amédée VII. Les parents et les amis de ces deux seigneurs prirent couleur respectivement dans cette querelle. Ceux du parti d'Estavayé, pour se distinguer, portaient la figure d'un râteau, et les partisans de Granson une aiguillette à leurs souliers. Cette affaire ayant été portée devant Louis de Joinville, bailli de Vaud, le conseil du comte, pour en arrêter les suites, voulut en prendre connaissance. Les parties s'étant représentées devant le comte à Bourg-en-Bresse, Gérard d'Estavayé soutint que Granson était coupable de la mort d'Amédée VII. Granson nia le crime, et dit qu'il s'en était déjà justifié. Son adversaire lui ayant offert le duel, le comte, de l'avis de son conseil, permit ce combat par son ordonnance du 15 novembre 1397, et en assigna le jour au 15 janvier de l'année suivante. Le jour marqué, les deux champions se présentèrent à Bourg, dans le champ clos, armés de toutes pièces, à cheval, à la vue de la cour et de la principale noblesse. Le combat fut cruel; ils combattirent à la lance; et Granson, qui jusqu'alors avait toujours été vainqueur en pareille occasion, reçut de son adversaire une si grande blessure, qu'il expira sur-le-champ à ses pieds. (Guichenon, *Hist. général. de Savoie*, tom. 1, pag. 447.) Amédée ayant été déclaré majeur la même année, son aïeule lui remit les rênes du gouvernement qu'elle avait maniées avec beaucoup de prudence et de sagesse. Cependant, lorsqu'elle voulut se mettre en possession du douaire que son époux lui avait assigné, le conseil du comte lui fit des difficultés sur ce que les objets de ce douaire étaient des fonds inaliénables. Mais le duc de Bourbon, son frère, s'étant mis en marche avec une armée pour lui faire rendre justice, le comte n'attendit pas son arrivée pour s'exécuter. Il remit à son aïeule ce qu'elle avait droit de répéter. Mais il laissa dans le cœur de la princesse une plaie qu'il ne put fermer. Ce fut ce qui engagea Bonne à quitter la Savoie pour se retirer à Mâcon, où elle mourut, le 19 janvier 1402, dans de grands sentiments de piété. (*Hist. de la maison de Bourbon.*)

---

la branche des seigneurs de Beauville et de Molinons, établie, au seizième siècle, en Picardie et en Champagne, et transplantée, en 1702, dans la Guienne, où Louis d'Estavayé, seigneur de Molinons, lieutenant des gardes du corps, brigadier des armées et chevalier de Saint-Louis, fut relégué par ordre du roi. C'est l'aïeul de Jean-Louis, qu'on vient de nommer.

L'an 1401, le comte Amédée fit l'acquisition du comté de Génevois, qu'Odon, ou Otton, sire de Villars, lui céda par traité du 5 août. (Voyez *les comtes de Génevois*.) Ce prince fonda, l'an 1405, l'université de Turin, et, l'an 1407, le monastère des Célestins de Lyon. (Guichenon, *ibid.*, p. 451.) Thomas, marquis de Saluces, refusant de lui rendre hommage, il le contraignit, l'an 1413, par la voie des armes, de s'acquitter de ce devoir.

Edouard II, sire de Beaujolais, ayant cédé, l'an 1400, cette principauté, avec celle de Dombes à Louis II, duc de Bourbon, et le même duc ayant complété cette acquisition, l'an 1402, par celle d'Ambérieux, de Chatelar et de Trévoux, Amédée lui demanda l'hommage d'une partie de ces domaines, dont il se prétendait suzerain. Sur son refus, long et persévérant, il rappelle le capitaine Viri qu'il avait envoyé au secours du duc de Bourgogne contre les Liégeois, et le charge d'aller s'emparer des fiefs dont il réclamait la mouvance. Viri, à la tête de mille chevaux, s'acquitta rapidement, et avec succès, de sa commission. Mais son expédition ne fut qu'un éclair passager. Château-Morand, dépêché par le duc de Bourbon, reprit avec la même rapidité ce que Viri avait conquis.

Sigismond, roi des Romains, revenant, l'an 1414, de l'Italie, Amédée le reçoit à Rivoli dans le Piémont, et l'accompagne de là jusque sur les frontières d'Allemagne. L'an 1417, ce même Sigismond, pour lors empereur, étant à Lyon, à son retour de Paris, veut ériger en duché la Savoie, à la demande d'Amédée qu'il était venu trouver en cette ville. Mais les gens du roi, dit un manuscrit du tems, prévenus de son dessein, allèrent lui remontrer *que tel acte d'érection était acte de souveraineté, et que le roi ne voulait et ne devait reconnaître autre supérieur que Dieu : quoi voyant, l'empereur repartit de Lyon grandement indigné ; et passant en la ville de Montluel, y fit l'érection ducale.* De Montluel, Sigismond se rendit à Chambéri où il investit solennellement le nouveau duc, le 19 février de la même année (1). (Spon, *Hist. de Genève*, tom. II, N. L.) Afin de rendre la cérémonie plus mémorable, Sigismond fit

---

(1) Guichenon prétend que ce fut en allant à Paris, et non pas en revenant de cette ville, que Sigismond érigea la Savoie en duché. La preuve qu'il en donne, c'est que d'une part le diplôme de cette érection est daté du 19 février 1416, et que de l'autre il est certain, par le témoignage des historiens du tems, que Sigismond était à Paris au mois d'avril de cette même année 1416. « Comment donc se pourrait-il » faire, dit-il, qu'il eût érigé la Savoie en duché au mois de février » de la même année, à son retour de Paris ? » Mais cet historien n'a

dresser un théâtre richement paré, où avant de proclamer Amédée duc souverain de Savoie et de Piémont, il créa des chevaliers, fit des présents considérables, et ordonna des joutes et des tournois pour plusieurs jours. De son côté, le nouveau duc signala son élévation par un acte de bienfaisance plus solide, qui lui attira de grands applaudissements. La ville de Morat, dans le pays de Vaud, venait d'être réduite en cendres par un violent incendie. Amédée, touché du malheur des habitants et voulant les exciter à rebâtir une nouvelle ville, leur accorda l'exemption de cens pour quinze ans, l'affranchissement des droits de péage pour dix années, la jouissance libre et gratuite du lac pour cinq ans, et enfin la perception de douze deniers sur chaque chariot de vin qui passerait par Morat à perpétuité.

De tous les peuples soumis à la souveraineté de Savoie, ceux du Valais étaient les plus indociles et les plus turbulents. Dès l'an 1402, ils s'étaient révoltés contre l'évêque de Sion, Guillaume, de l'ancienne maison de Rarogne. Amédée VIII, à qui ce prélat, dans la persécution qu'ils lui faisaient, s'était adressé, prit les armes pour sa défense. La ville de Berne se déclara aussi pour lui. Mais l'obstination des Valesans fut telle que les hostilités réciproques ne cessèrent qu'au bout de quinze ans.

L'an 1418, Amédée succède à Louis de Savoie, comte de Piémont, décédé sans enfants, le 11 décembre de cette année. Yolande d'Aragon, mère et tutrice de Louis III d'Anjou, roi de Naples, abandonna, l'an 1419, au duc de Savoie, par traité fait à Chambéri, le 5 octobre, Nice, Villefranche et toute cette côte de la mer.

La puissance de Philippe-Marie, duc de Milan, et le succès de ses armes, donnaient de l'alarme à ses voisins, et surtout aux Vénitiens et aux Florentins. Amédée, que son intérêt sollicitait de se joindre à eux, envoya ses ambassadeurs à Venise, qui signèrent, le 11 juillet 1426, une ligue avec cette république et celle de Florence, pour réprimer les entreprises du duc de Milan. Mais la plus grande partie de ses forces étant alors employée en Chypre pour la défense du roi Janus, occupé à se défendre contre le soudan d'Egypte, il eut recours à Philippe le Bon, son neveu, duc de Bourgogne, qui lui envoya cinq cents hommes d'armes. Ce secours, joint aux troupes qui lui restaient, forma une armée de quatorze mille hommes, avec laquelle il entra dans le Milanès, où il pénétra fort avant.

---

pas fait attention que la date de ce diplôme est conforme au style gallican qui avait cours alors en Savoie. Or, suivant ce style, l'année ne commençant qu'à Pâques, le mois de février 1416 appartenait à l'an 1417, commencé au 1 janvier comme nous comptons aujourd'hui.

Mais la médiation du pape Martin V termina cette guerre par un traité qui ajouta aux possessions du duc de Savoie, la ville et le comté de Verceil. (Poggio , *Hist. Florent.* 1, 5.)

Veuf depuis l'an 1428, et dégoûté du monde, Amédée, l'an 1434, se retire au prieuré de Ripaille, qu'il avait fondé près de Thonon, quatre ans auparavant, séjour qu'il rendit fameux par la vie paisible et agréable qu'il y mena. Il y tient, le 7 novembre de la même année, une assemblée des grands de ses états, dans laquelle il institue l'ordre de chevalerie séculière; non de *Saint-Maurice*, comme l'avancent des modernes, mais de l'*Annonciade*, qui n'était qu'une réforme de celui du *Collier*, établi, en 1362, par le comte Amédée VI, dit *le Verd*. Cet ordre conserve encore aujourd'hui tout son éclat ; il est le premier en Piémont, et c'est celui dont le roi porte le cordon composé d'une chaîne d'or qui fait le tour du cou et tombe sur la poitrine. (Cette chaîne est de la largeur d'environ un pouce, et sur chacun de ses chaînons sont gravées, dans l'or travaillé à jour, les quatre lettres F. E. R. T., qu'on a expliquées sur Amédée le Grand. Au bas de la chaîne, est attachée l'image de l'Annonciation de la Sainte Vierge, travaillée à jour.) Le duc Amédée créa, dans la même assemblée, prince de Piémont et lieutenant-général de ses états, Louis, son fils aîné, et donna à Philippe, son autre fils, le comté de Génevois. Le lendemain, il prend l'habit d'ermite avec ses nouveaux chevaliers, au nombre de six, et se rend dans un ermitage qu'il avait fait bâtir pour lui et pour eux, près de celui des ermites de saint Augustin, qui devaient être leurs directeurs. L'habit de ces nouveaux solitaires était d'un drap gris fort fin, un bonnet d'écarlate, une ceinture d'or et une croix au cou, de la même matière. Ils portaient la barbe, et menaient une vie commode, et même, selon quelques-uns, voluptueuse ; d'où est venu le proverbe *faire ripaille*, pour dire faire bonne chère, et quelque chose de plus. Amédée passait tranquillement sa vie dans cette retraite, lorsque le concile de Bâle jeta la vue sur lui pour le faire pape à la place d'Eugène IV, qu'il avait déposé. Ce fut le cardinal d'Arles qui fut député pour lui annoncer son élection. Amédée, après avoir beaucoup hésité, accepta cette dignité, et prit le nom de Felix V, à son couronnement, qui se fit le 24 juillet 1440, à Bâle. Il avait fait, le 6 janvier précédent, la démission de ses états en faveur de son fils aîné. Son élévation au pontificat, ne fut pas généralement approuvée, et plusieurs princes chrétiens refusèrent de le reconnaître. Amédée lutta contre Eugène et contre son successeur, pendant l'espace de près de dix ans.

Mais enfin, craignant les suites de ce schisme, il déposa la tiare, le 9 avril 1449, et retourna dans sa solitude; il mourut à Genève, le 7 janvier 1451. (Voyez *le concile de Bâle; celui de Lausanne, les papes Eugène IV et Nicolas V.*) De MARIE, fille de Philippe *le Hardi*, duc de Bourgogne, qu'il avait épousée, non dans le mois de mai 1401, comme le dit Guichenon, mais le 30 octobre 1393, il laissa Louis, qui suit; Marie, femme de Philippe-Marie Visconti, duc de Milan; et Marguerite, qui épousa, 1°. Louis III, duc d'Anjou; 2°. Louis IV, électeur palatin; 3°. Ulric V, comte de Wurtemberg. Ses autres enfants moururent avant lui, ainsi que leur mère.

LOUIS.

1451. LOUIS, fils d'Amédée VIII et de Marie de Bourgogne, né, le 24 février 1402, à Genève, succède aux états de son père, qu'il gouvernait depuis 1434, en qualité de lieutenant-général. L'insolence de Compeis, son favori, causa des troubles au commencement de son règne. Les mécontents furent appuyés par Charles VII, roi de France, mécontent lui-même du duc de Savoie, pour avoir marié Charlotte, sa fille, au dauphin sans son consentement. Le monarque s'avança jusqu'à Tours, avec une armée, à dessein de pénétrer en Savoie. Mais les excuses et les soumissions du duc l'engagèrent à s'en retourner.

La faiblesse du duc Louis occasiona de grands troubles à sa cour. Philippe son fils, voyant le peu de faveur qu'il avait auprès de lui, s'en prit à la duchesse Anne de Chypre, sa mère, persuadé qu'elle maîtrisait son époux, et lui inspirait des sentiments d'aversion pour son fils. Il reprochait à cette princesse, même en face, de préférer dans la distribution des grâces les Chypriots, qui l'avaient suivie, aux Savoyards et aux Piémontais. Il se forma bientôt, par là, un parti considérable. Les choses en vinrent au point, que Philippe, encouragé par les mécontents, poignarda, de sa propre main, le commandeur de Varax; peu s'en fallut même qu'il ne fît jeter dans le lac, le chancelier de Savoie. Le duc, après cela, ne se croyant plus en sûreté chez lui, se transporta, l'an 1462, au mois de juillet, avec sa cour à Genève. Philippe, après le départ de son père, continua ses incartades. Ayant surpris un jour des mulets chargés d'or, que sa mère envoyait en Chypre, il se saisit du bagage, et vint ensuite conter l'aventure à son père, qui le reçut fort mal. Cependant Philippe, pour braver son père, voulait rester à Genève, après en avoir obtenu la permission des magistrats. Le duc alors, quoique tourmenté de la goutte, prit le parti de se faire transporter à Paris, pour se plaindre des déportements de son fils, au roi Louis XI, son gendre, et concerter avec lui les moyens de le réprimer. Le monarque était alors en Flandre. De retour en sa capitale, où son beau-père l'attendait, il convient avec lui qu'il fallait s'assurer de la personne de Philippe, et s'engage à prendre les mesures convenables pour y réussir. Philippe, sur une lettre du roi qui l'invitait à le venir trouver, se rendit, sans défiance, l'an 1463, à Paris. Dès qu'il parut, il fut arrêté et conduit au château de Loches, où il resta l'espace de deux ans. (Monstrelet, vol. 3, ch. 111 et 112.) Le duc étant rentré dans ses états après treize mois d'absence, se vit sollicité par les princes mécontents de Louis XI, de se joindre à eux dans la ligue *du bien public*. Loin de se rendre à leurs semonces, il se fit porter à Lyon, malgré le redoublement de sa goutte, pour informer le roi, son gendre, de l'orage dont il était menacé. De là, il devait se rendre à Moulins, en Bourbonnais, où le roi était attendu. Mais sa maladie augmentant, il y succomba, le 29 janvier 1465, à l'âge de soixante-trois ans, dans la trente-unième année de son règne. Tous les historiens qui ont parlé de ce prince, font l'éloge de sa valeur, de sa justice et de sa bienfaisance. Il avait épousé, l'an 1432, ANNE DE LUSIGNAN, fille de Janus, ou Jean II, roi de Chypre, qu'il perdit le 11 novembre 1462, après en avoir eu huit fils et sept filles. Les principaux de ces enfants, sont Amédée, qui suit; Louis, qui, ayant épousé, l'an 1458, Charlotte, reine de Chypre, fut couronné roi de cette île, et dépossédé avec son épouse par Jacques II, frère naturel de Charlotte (voyez *les rois de Chypre*); Janus, comte de Génevois; Jacques, comte de Romont; Philippe, comte de Bresse, depuis duc de Savoie; Marguerite, mariée, 1°. à Jean, marquis de Montferrat, 2°. à Pierre de Luxembourg, comte de Saint-Pol; Charlotte, femme de Louis XI, roi de France; Bonne, mariée à Galéas-Marie Sforce, duc de Milan; Marie, femme de Louis de Luxembourg, comte de Saint-Pol et connétable de France. Le duc Louis établit, le 15 mars 1459, le sénat de Turin, qui n'est que pour le Piémont.

AMÉDÉE IX, DIT LE BIENHEUREUX.

1465. AMÉDÉE IX, fils aîné du duc Louis et son successeur, né, le 1er. février 1435, à Thonon, eut, au commencement de son règne, avec Guillaume de Montferrat, des démêlés qui furent terminés, sur la fin de 1467, par la médiation du roi Louis XI. Amédée, étant d'une complexion faible, et sujet à l'épilepsie, remit, du consentement de la noblesse et du peuple, la régence de ses états à la duchesse YOLANDE, son épouse, fille du roi Charles VII. Les comtes de Genevois, de Romont et de Bresse, frère d'Amédée, en conçurent de la jalousie, et prétendirent que le gouvernement leur appartenait. Ayant levé des troupes pour faire valoir leurs prétentions, ils vinrent assiéger le duc et la régente dans Montmélian, dont ils se rendirent maîtres. De là, ils emmenèrent Amédée à Chambéri. Mais la duchesse eut le bonheur d'échapper à leur vigilance, et alla se renfermer dans le château d'Apremont, d'où elle dépêcha au roi Louis XI, son frère, le seigneur de Flaxieu, pour lui demander un prompt secours. Ce prince ayant chargé le comte de Comminges, gouverneur du Dauphiné, de marcher au secours de sa sœur avec le plus de troupes qu'il pourrait rassembler, fut obéi sans délai. Le comte alla faire le siège d'Apremont, où les partisans des princes tenaient la duchesse, en quelque façon, prisonnière, et la mettaient dans le plus grand danger. La place fut prise à minuit, du même jour qu'elle fut attaquée, et la duchesse fut emmenée à Grenoble pour y être en sûreté. Le ressentiment de Louis XI contre les princes de Savoie eût été poussé plus loin, si les cantons de Berne et de Fribourg ne se fussent entremis pour les réconcilier avec le monarque. Les parties elles-mêmes le choisirent pour arbitre de leurs différents, et l'administration des affaires fut laissée, par provision, à la duchesse. Amédée mourut avant la décision de Louis, le 28 mars 1472, à Verceil, où il fut inhumé. Les vertus de ce prince, et surtout sa grande charité envers les pauvres, qu'il appelait le rempart de ses états, lui ont mérité le titre de BIENHEUREUX. On lui dit un jour que ses aumônes épuisaient ses finances. *Hé bien*, dit-il, *voici le collier de mon ordre; qu'on le vende, et qu'on soulage mon peuple.*

Il laissa de son mariage, qu'il avait contracté l'an 1452, trois fils, Philibert et Charles, ses successeurs, Jacques-Louis, marquis de Gex; avec trois filles, dont l'aînée, Anne, épousa Frédéric d'Aragon, prince de Tarente, et ensuite roi de Naples; Marie, la seconde, fut alliée à Philippe, comte de Neuchâtel en Suisse; et Louise, la troisième, donna sa main, l'an 1479, à Hugues de Châlons, après la mort duquel elle se fit religieuse au monastère d'Orbe, où elle mourut en 1503.

PHILIBERT I, DIT LE CHASSEUR.

1472. PHILIBERT I, né, le 7 août 1465, à Chambéri, succéda, sous la tutelle et la régence de sa mère Yolande, au duc Amédée, son père. Les princes de Savoie, appuyés par le duc de Bourgogne, continuèrent de contester la régence à la duchesse. Elle fut assiégée dans Montmélian par ses beaux frères, et obligée de se rendre. Mais s'étant évadée, elle obtint du secours des puissances voisines, qui obligèrent les princes de Savoie à lui laisser l'autorité qu'ils lui disputaient. L'an 1476, le duc de Bourgogne, après sa défaite de Morat, passant par la Bresse, fait enlever, par Olivier de la Marche, la duchesse Yolande, avec Charles, son second fils, et deux de ses filles, dans la crainte qu'elle ne favorise le roi Louis XI, son frère. Conduite au château de Rouvre en Bourgogne, Charles d'Amboise la délivre, la même année, par ordre du monarque, et l'amène à Tours, d'où elle est reconduite en Savoie par Philippe de Commine. Le duc de Milan vient à son appui, et la fait rentrer dans l'exercice de la régence. Mais elle n'en jouit pas long-tems, étant morte, le 29 août 1478, au château de Montcaprel, peu après avoir marié sa fille aînée au prince de Tarente. Cette princesse emporta, dans le tombeau, les regrets de ses sujets, qu'elle avait mérités par la sagesse de son gouvernement et par son caractère affable et bienfaisant. Le comte de la Chambre, nommé par Louis XI pour la remplacer dans le gouvernement de la Savoie, eut pour concurrents l'évêque de Genève et Philippe, comte de Bresse, oncle du duc. Il succomba par sa mauvaise conduite, et fut arrêté par ordre de Louis XI, qui le fit renfermer au château de Veillane. L'an 1482, le duc Philibert étant venu voir ce monarque à Lyon, au commencement de mars, s'y épuise à la chasse, aux tournois, aux courses de bagues, et meurt de ces excès le 22 avril suivant, sans laisser d'enfants de BLANCHE-MARIE, son épouse, fille de Galéas-Marie Sforce, duc de Milan. Sa veuve se remaria depuis à l'empereur Maximilien I.

CHARLES I, DIT LE GUERRIER.

1482. CHARLES I, né à Carignan, le 29 mars 1468, fut le successeur du duc Philibert, son frère. Il avait été élevé en France par le comte de Dunois, à qui Louis XI l'avait confié. Comme il n'avait que quatorze ans à la mort de son frère, ce monarque se déclara son tuteur, pour ôter aux princes, ses oncles, tout prétexte de brouiller l'état. Il ne laissa pas néanmoins d'avoir beaucoup de traverses à essuyer au commencement de son règne. Ce fut pour y faire allusion qu'il prit, pour sa devise, un soleil naissant sur une tempête, avec ces mots : *Non tamen inde minùs.* L'an 1485, le 25 février, Charlotte, reine de Chypre, et veuve de Louis de Savoie, mort au mois d'août 1482, confirme, dans l'église de Saint-Pierre de Rome, la donation qu'elle avait faite de son royaume, en 1482, au duc de

Savoie. (Voyez *Charlotte* à l'article de *Jacques III, roi de Chypre.*) C'est sur ce fondement que les ducs de Savoie ont pris le titre de rois de Chypre, quoique la donation de Charlotte n'ait jamais eu son effet. L'an 1487, le duc Charles, après avoir réduit le comte de Bresse, son oncle, qui voulait se rendre le maître en Piémont, tombe sur le marquis de Saluces, qui l'avait attaqué, et lui enlève ses états avec une rapidité surprenante. Dans sa détresse, le marquis de Saluces ayant été trouver le roi Charles VIII, lui demande, comme vassal, sa protection pour son pays, qu'il qualifie de fief mouvant du Dauphiné. Par la médiation du monarque, il obtient une trêve d'un an, pendant laquelle des commissaires, nommés par le roi et par le duc, s'assemblent à Pont-Beau-Voisin pour discuter la mouvance de Saluces. Tandis que les conférences se tiennent, le roi s'avance jusqu'à Lyon, pour être à portée de seconder les vues de ses députés. Le duc s'empresse d'aller le saluer, et au premier abord, le roi lui dit : *Mon cousin, mon ami, je suis enchanté de vous voir à Lyon : car si vous eussiez tardé de venir, je m'étais proposé d'aller vous voir moi-même, en très-nombreuse compagnie, dans vos états, où il est vraisemblable qu'une telle visite n'eût pu que vous causer du dommage.* A quoi le duc répondit, sans se déconcerter : *Monseigneur, tout mon regret, à votre arrivée dans mes états, serait de ne pouvoir vous y faire l'accueil que mérite un aussi grand prince que vous...... Du reste, soit ici, soit ailleurs, je serai toujours prêt à vous prier de disposer de moi et de tout ce qui m'appartient, comme de tout ce qui peut dépendre de vos sujets.* (Guichenon, *Hist. de la maison de Savoie*, tom. I, pag. 579.).

La trêve accordée au marquis de Saluces étant expirée, le duc Charles emporta la capitale; ce qui mortifia le roi de France. Préférant néanmoins aux actes d'hostilités les voies pacifiques, le monarque invita le duc à venir en France pour terminer amiablement leurs contestations. Le duc se rendit à Tours, où l'affaire de l'hommage de Saluces fut long-tems agitée et discutée; mais elle se trouva si obscure, qu'on en remit la décision à l'année suivante. Le duc Charles mourut avant ce terme à Pignerol, le 13 mars 1489, dans la vingt et unième année de son âge. Il avait épousé, l'an 1485, BLANCHE, fille de Guillaume, marquis de Montferrat (morte le 31 mars 1509), dont il eut Charles, qui suit; et Yolande-Louise, femme de Philibert de Savoie. Charles I joignit à la valeur la bonne mine, la prudence, la sagesse, l'affabilité et l'amour des lettres.

CHARLES II.

1489. CHARLES-JEAN-AMÉDÉE, né le 24 juin 1488, succède au duc Charles I, son père, sous la régence de Blanche, sa mère, à qui cet emploi fut vivement disputé par les comtes de Génevois et de Bresse. Le marquis de Saluces, qui s'était retiré en France, profita de cette minorité pour rentrer dans ses états. Le roi Charles VIII., ayant formé le plan de la conquête du royaume de Naples, fit demander à la duchesse de Savoie le passage libre de l'armée française sur ses terres. Blanche ne se contenta point de l'accorder ; elle donna ordre à tous les gouverneurs de ses places de recevoir ce monarque avec tous les honneurs dus à la sublimité de son rang. Elle fit plus ; lorsqu'il fut arrivé à Turin, elle lui mena le jeune duc, à peine âgé de six ans ; et, pour lui prouver combien elle était dans ses intérêts, elle lui prêta des sommes considérables avec tous ses joyaux, et lui fit présent d'un cheval que Commines appelle *le meilleur du monde*, sur lequel il combattit avec tant d'avantage et de valeur à la célèbre bataille de Fornoue. Charles, à son retour de Naples, fut encore reçu, en Piémont, par la régente, qui alla, suivie des principaux seigneurs de sa cour, au-devant de lui à quelques lieues de Turin. Blanche, après le départ de ce prince, continua de rester à Turin, où elle passa l'hiver. Au printems suivant, s'étant transportée à Moncalier avec son fils, elle eut le malheur de le perdre par un accident funeste ; l'enfant tomba de son lit, et mourut sur la place, le 16 avril 1496, dans la huitième année de son âge.

PHILIPPE II, DIT SANS TERRE.

1496. PHILIPPE II, comte de Bresse, cinquième fils de Louis, duc de Savoie, et d'Anne de Chypre, né à Chambéri, le 5 février 1438, succéda, comme plus proche héritier, au duc Charles II, son petit-neveu. Ce fut lui-même qui se donna le surnom *de Sans Terre*, parce qu'il fut plusieurs années sans avoir d'apanage ; et lorsqu'il eut obtenu le comté de Bresse, il conserva le même surnom, après que les Suisses lui eurent enlevé ce comté. Il avait donné, sous les règnes précédents, comme on l'a vu, des preuves de son caractère inquiet et violent. L'âge et l'expérience l'ayant réformé, il devint un nouvel homme, et mit dans sa conduite autant de modération et de sagesse qu'il avait fait paraître auparavant de fougue et d'impétuosité. Il servit utilement le roi Charles VIII dans ses guerres d'Italie. Ce prince l'honora des charges de grand-chambellan et de grand-maître de sa maison. Philippe ne jouit que dix-huit mois de son duché, étant mort le 7 novembre 1497. Il avait épousé, 1°, le 6 janvier 1472 (n. st.), MARGUERITE, fille de Charles de Bourbon, duc d'Auvergne, morte en 1483, après avoir donné à son époux, Philibert, qui suit; et Louise, femme de Charles de Valois, comte d'Angoulême, père du roi François I; 2°. l'an 1485, CLAUDINE DE BROSSE DE BRETAGNE (morte le 13 octobre 1513), dont il eut six enfants. Les principaux sont : Charles, depuis duc de Savoie; Philippe, évêque de Genève, puis duc de Nemours, chef de la branche de Savoie-Nemours; et Philibert, femme de Julien de Médicis, frère du pape Léon X. Il eut aussi un fils naturel, René, comte de Villars, qui fut légitimé, et mourut, en 1525, des blessures qu'il avait reçues à la bataille de Pavie, en défendant la liberté et la vie de François I.

PHILIBERT II, DIT LE BEAU.

1497. PHILIBERT II, né au Pont d'Ain, le 10 avril 1480, succéda au duc Philippe, son père. Il avait été élevé à la cour de France, et avait accompagné, de même que le duc, son père, Charles VIII, à la conquête de Naples. Il fut employé, l'an 1497, par l'empereur Maximilien, son beau-père, dans la guerre contre les Florentins, où il acquit la réputation d'un excellent capitaine. L'année suivante, il reçut à Turin des lettres du roi Louis XII, qui, dans le dessein de recouvrer le duché de Milan, lui demanda son secours et le passage sur ses terres. Philibert, attaché sincèrement à la France, acquiesça facilement à la demande du monarque, sous la promesse qu'il lui fit de payer les vivres qu'il fournirait à l'armée française. C'est ce qui fut traité entre le comte de la Chambre, agissant au nom du duc, et le cardinal d'Amboise, ministre de France. Il fut de plus convenu que Louis ferait, à Philibert, une pension de vingt-deux mille livres, et une de dix mille à René, son frère naturel; que si le roi passait en personne les Alpes, le duc accorderait retraite aux Français dans ses places, avec permission, à ses sujets, de le suivre dans cette expédition : que, dans le cas où Philibert accompagnerait le monarque, il recevrait de lui trente mille écus par mois, à la charge de fournir six cents combattants à cheval; que le duché de Milan conquis, le roi y donnerait à Philibert des terres, à la concurrence de vingt mille ducats de revenu, et au bâtard René de Savoie d'autres terres, produisant quatre mille ducats de rente. Ces conditions acceptées et ratifiées, Louis se mit en marche à la tête d'une formidable armée. A son arrivée à Turin, il y fut splendidement reçu par le duc, qui l'accompagna dans son expédition, où la compagnie, commandée par Philibert, se signala par des actions de valeur, qui étonnèrent même les ennemis. Maître du Milanez, Louis assigna, sur ce duché, à Philibert, une pension de vingt mille écus, à laquelle il ne manquait, pour être stable, que d'être assise sur une possession plus assurée. De retour dans ses états, il y maintint la paix malgré les troubles qui agitaient ses voisins. Son règne ne fut que de sept ans. Une pleurésie le conduisit au tombeau le 10 septembre 1504, dans la même chambre où il était né. Le surnom de *Beau* qu'on lui donna, parle assez en faveur de sa figure. On eût pu également lui donner ceux de *Libéral* et de *Courageux*. Son zèle pour la religion fut sincère et vif, sans être outré. Il fit tous ses efforts pour ramener les Vaudois au sein de l'église; mais il n'employa contre eux ni la violence, ni la persécution. Ce prince avait épousé, 1°. le 12 mai 1496, YOLANDE-LOUISE DE SAVOIE, sa cousine, fille du duc Charles I, morte la même année; 2°. le 26 septembre 1501, MARGUERITE D'AUTRICHE, fille de l'empereur Maximilien I, et veuve de Jean, fils de Ferdinand *le Catholique*, roi d'Espagne. Ces deux mariages furent stériles. Ce fut la duchesse Marguerite qui fit construire, après la mort de Philibert, son époux, la belle église de Brou, près de Bourg-en-Bresse, où reposent, sous de magnifiques mausolées, le corps de Marguerite de Bourbon, femme de Philippe II, celui du duc Philibert II, et enfin celui de Marguerite, sa femme, qu'on y transporta de Malines, où elle était morte, gouvernante des Pays-Bas, le 30 novembre 1530, âgée de cinquante ans. Cette princesse avait composé divers ouvrages en vers et en prose. On sait l'épitaphe badine qu'elle s'était faite, en 1497, lorsqu'allant épouser, en Espagne, l'infant Jean, fils de Ferdinand et d'Isabelle, le vaisseau sur lequel elle était montée, était près de faire naufrage.

> Ci-gît Margot, la gente demoiselle,
> Qu'eut deux maris, et si mourut pucelle.

CHARLES III, DIT LE BON.

1504. CHARLES III, né le 10 octobre 1486, succéda au duc Philibert, son frère. Jusqu'en 1516, il fut attaché sincèrement à la France, et rendit en Italie d'importants services aux rois Louis XII et François I, neveu du duc. Mais ayant fait ériger, par le pape Léon X, deux évêchés, l'un à Chambéri, l'autre à Bourg-en-Bresse, comme cela se faisait au préjudice des diocèses de Lyon, de Grenoble et de Mâcon, François I s'opposa aux bulles d'érection, et obligea le pape à les révoquer. Charles flotta, depuis ce tems, entre la France et l'Espagne, et favorisa, suivant que ses intérêts l'exigeaient, tantôt l'une, tantôt l'autre puissance. L'an 1531, obligé, par le traité de Quérasque, de renoncer à ses prétentions sur le Montferrat, en faveur du duc de Mantoue, il reçoit soixante-quinze lieux de cette souveraineté pour le rachat d'une somme annuelle de cent cinquante mille écus dont ce duc lui était redevable. (Voy. *les ducs de Mantoue*.) L'an 1534, il entreprend de faire abolir, par les ligues suisses assemblées à Soleure, le droit de bourgeoisie que les Génevois avaient obtenu de Fribourg. Ceux-ci, informés de ce dessein, se révoltent, chassent Pierre de la Baume, leur évêque, et embrassent, pour la plupart, le Luthéranisme. Le roi de France les appuie, et met le duc hors d'état de les réduire. L'année suivante, sur le refus que le duc fait de livrer le passage par ses états aux troupes de France pour entrer en Italie, l'amiral Chabot se rend maître de la Bresse, de la Savoie et de presque tout le Piémont. Mais, dans la même année, sur la nouvelle que l'empereur venait au secours du duc de Savoie, le roi de France abandonne ses conquêtes en Piémont, ne gardant que Turin, Fossano et Coni. Les Génevois, enhardis par les pertes du duc de Savoie, achèvent de détruire parmi eux la religion catholique, renversent les croix et les images, chassent les prêtres et les religieux, et s'érigent en république. L'an 1536, les Bernois, à l'exemple de la France, déclarent la guerre au duc de Savoie, dans le mois de janvier, entrent dans le pays de Vaud, chassent l'évêque de Lausanne, se rendent maîtres de tout ce pays, du Gex, du Génevois, du Chablais jusqu'à la rivière de Branse, et établissent partout les nouvelles opinions. Le 13 avril de la même année, un héraut du roi de France somme la ville de Turin, que le duc avait recouvrée depuis peu, de se rendre, et sur-le-champ il est obéi. Ce fut alors que les quatre faubourgs de Turin furent détruits, et en même tems, les restes d'un amphithéâtre qui durait depuis le siècle d'Auguste. Le duc, retiré à Verceil, implore le secours de l'empereur Charles-Quint, qui lui envoie des troupes sous les ordres d'Antoine de Lèves. Mais l'arrivée des Impériaux dans le Piémont ne servit qu'à augmenter la désolation dans ce pays. L'empereur s'étant rendu en personne auprès du duc, ils concertent ensemble une descente en Provence. Ils passent le Var en triomphe, le 25 juillet, et le repassent dans le plus grand désordre, vers la mi-septembre suivante, après avoir perdu sans fruit la meilleure partie de leurs troupes dans cette expédition. On dit alors que le duc de Savoie mangeait des faisans à son entrée en Provence, et qu'à peine trouvait-il des raves et des choux en s'en retournant. Ce prince, durant le reste de son règne, eut la douleur de voir ses états également en proie à ses alliés et à ses ennemis. Enfin, il mourut accablé de chagrin, le 16 septembre 1553, à Verceil. Il avait épousé, l'an 1521, BEATRIX, fille d'Emmanuel, roi de Portugal, et belle-sœur de Charles-Quint, morte le 8 janvier 1538, dont il ne laissa qu'Emmanuel-Philibert, qui suit, de neuf enfants qu'elle lui avait donnés.

EMMANUEL-PHILIBERT, DIT TÊTE DE FER.

1553. EMMANUEL-PHILIBERT, né à Chambéri, le 8 juillet 1528, apprit en Flandre, où il faisait la guerre pour l'empereur, la mort de Charles III, son père. Comme les états que ce prince lui avait laissés, étaient entre les mains des Français, il continua de servir dans les Pays-Bas. L'an 1555, il passe au printems en Piémont, d'où, après un mois de séjour, il revient en Flandre. L'an 1557, il se couvrit de gloire à la bataille de Saint-Quentin, en Picardie, qu'il gagna, le 10 août, à la tête des Espagnols contre les Français. Philippe II, roi d'Espagne, étant venu quelque tems après au camp des vainqueurs, le duc de Savoie voulut lui baiser la main. Le monarque la retira en disant : *C'est à moi plutôt à baiser la vôtre qui m'a procuré une si belle victoire.* Le duc se proposait d'aller se présenter devant Paris qui était dans la plus grande consternation. Mais Philippe, prince timide, l'arrêta en lui disant : *Non, il ne faut pas réduire son ennemi au désespoir.* Le duc se contenta donc de forcer le Câtelet, Ham et Noyon, et ayant établi de bonnes garnisons dans toutes ces places, il mit ses troupes en quartier d'hiver. Une nouvelle défaite que nous essuyâmes en 1558, amena la paix, qui fut conclue, en 1559, à Câteau-Cambresis, entre la France et l'Espagne. Par le traité, signé le 3 avril, il fût convenu que le roi Philippe II épouserait Elisabeth de France, fille du roi Henri II, et le duc Emmanuel-Philibert, Marguerite, sœur du même roi Henri II, qui rendrait au duc tout ce que le roi François I avait pris au duc Charles III, à l'exception de Turin, Pignerol, Quiers, Chivas et Ville-Neuve d'Asti, qui resteraient entre les mains de Henri II, jusqu'à ce que les droits de Louise de Savoie, son aïeule, fussent réglés ; que, de son côté, le roi Philippe pourrait garder Verceil et Asti, et que le duc de Savoie demeurerait neutre entre les deux rois. Quoique ce traité ne rendît à Philibert-Emmanuel qu'une partie de ses états, il ne fût pas moins empressé d'en remplir les conditions qui le concernaient. Il se rendit en diligence à Paris, où les ambassadeurs du roi d'Espagne arrivèrent de leur côté, pour épouser la princesse Elisabeth, au nom de leur maître. Ce mariage se fit avec beaucoup de magnificence. Mais on sait quelle fut la funeste catastrophe qui termina les fêtes qui la suivirent. Celui de Philibert-Emmanuel n'était pas encore accompli, lorsque le roi

Henri II fut blessé mortellement d'un coup de lance dans un tournoi. On se hâta d'unir les deux époux, le 9 juillet, dans la chambre du monarque, avant qu'il expirât. Après sa mort, les places que la France retenait au duc lui furent rendues, partie en 1562, par le roi Charles IX, partie en 1574, par le roi Henri III. On prétendit que le connétable de Montmorenci, auteur de cette restitution, s'acquitta, par là, d'une dette de douze cent mille livres qu'il devait au duc de Savoie pour sa rançon, ayant été fait prisonnier par ce prince, en 1557, à la bataille de Saint-Quentin. Les Bernois usèrent aussi de générosité à son égard, en lui restituant, par traité du mois d'octobre 1564, le pays de Gex; mais ils retinrent celui de Vaud. Ceux du Valais rendirent aussi ce qu'ils avaient usurpé sur lui. Ce prince, au mois de juillet 1572, institua l'ordre de la chevalerie séculière de Saint-Maurice, que le pape Grégoire XIII confirma par sa bulle du 16 septembre de la même année. (Helyot, tom. VII, ch. II.) C'est donc à tort que plusieurs modernes rapportent l'institution de cet ordre au duc Amédée VIII. Le cordon de cet ordre est verd, et la croix d'or émaillée de blanc. L'an 1579, au mois d'octobre, Emmanuel échange avec Henriette de Savoie, marquise de Villars, le comté de Tende, contre la seigneurie de Mirebel, en Bresse, qui fut érigée en marquisat. Ce prince, après avoir rendu à ses états leur ancienne splendeur, mourut le 30 août 1580, laissant un fils unique de MARGUERITE, sœur de Henri II, roi de France, qu'il avait épousée, comme on l'a dit, le 9 juillet 1559, et qui mourut le 14 septembre 1574. Le duc Emmanuel-Philibert fut surnommé *Tête de Fer*, à cause de la fermeté qu'il fit paraître dans toutes ses résolutions. Ce fut lui qui commença les citadelles de Suze et de Turin. Il s'était mis sur les rangs, en 1579, pour succéder à D. Henri, roi de Portugal, comme étant petit-fils, par sa mère, du roi Emmanuel *le Fortuné*; mais Philippe II, roi d'Espagne, qui avait les mêmes prétentions, l'emporta sur tous ses concurrents. Ce duc, quoiqu'il n'eût pas fait la guerre depuis 1559, allait toujours vêtu militairement, tenant sous son bras une grande épée. Il s'amusait, dans sa vieillesse, à forger des armes et à les damasquiner. Il portait celles qu'il avait lui-même fabriquées.

CHARLES-EMMANUEL I, DIT LE GRAND.

1580. CHARLES-EMMANUEL I, né le 12 janvier 1562, à Rivoli, succède au duc Philibert-Emmanuel, son père. L'an 1585, il se rend en Espagne pour y épouser l'infante Catherine d'Autriche, fille du roi Philippe II. Le monarque, étant venu au-devant de lui avec sa cour, à un mille de Saragosse, descend, comme lui, de cheval pour l'embrasser. Étant ensuite remontés à cheval, ils entrent dans la ville, le duc tenant la droite malgré la résistance qu'il avait faite. Comme dans la marche le cheval du duc s'agitait extraordinairement et avec grand bruit, « Eh! qu'a donc votre cheval! lui dit le Roi? — Sire, répondit-il, c'est qu'il sent bien qu'il n'est pas à sa place ». Les noces se célébrèrent le même jour (11 mars) avec la plus grande magnificence. Les présents que le duc fit à son épouse et aux dames de sa suite, surpassèrent le prix de sa dot, qui était de plus de cent vingt mille écus.

L'an 1588, Charles-Emmanuel, voulant profiter des troubles de la France pour s'agrandir, surprend le Château-Dauphin, place frontière de la Savoie, sous prétexte d'empêcher Lesdiguières, chef du parti huguenot en Dauphiné, de s'en emparer; mais il le garda peu, Lesdiguières et la Valete ayant, quelques jours après, défait cinq cents hommes qu'il y avait jetés. Le duc de Savoie, la même année, s'introduit subitement avec ses troupes dans Carmagnole, la nuit de la veille de saint Michel, et non le 1er. octobre, comme le marque du Londel. Cette conquête fut bientôt suivie de celle de tout le marquisat de Saluces. Il prend de nouveau, le 20 novembre suivant, Château-Dauphin, après un assez long siége. Henri III, pour arrêter ses progrès, engage les Suisses et les Génevois à lui déclarer la guerre. Le duc fait sa paix, l'année suivante, avec les premiers qui lui avaient enlevé le Faucigni, et pousse vivement les seconds. L'an 1589, après la mort du roi Henri III, il se met sur les rangs pour lui succéder, comme fils de Marguerite, sœur du roi Henri II. Mais comptant peu sur ses prétendus droits à la couronne de France, il intrigue dans le Dauphiné et dans la Provence, pour s'y faire déférer la principale autorité. Le parlement de Grenoble élude adroitement ses sollicitations. Mais les ligueurs de Provence jettent les yeux sur lui, en 1590, pour en faire leur gouverneur, et lui envoient une députation pour le prier d'accepter ce titre. Il abandonne alors les Génevois pour aller prendre possession de sa nouvelle dignité. S'étant rendu à Aix, le 17 novembre, il y est reçu comme le libérateur de la patrie. Ce triomphe fut de courte durée. Lesdiguières et la Valete, s'étant mis à la tête des Provençaux fidèles, battent les troupes du duc à Sparron, à Pontchara, le 16 septembre 1591, à Vinon, au mois d'octobre, et le contraignent d'évacuer la Provence, l'année suivante. Lesdiguières l'ayant suivi en Piémont, lui enlève plusieurs places. L'an 1597, il fait construire le fort Barraux à la vue de Lesdi-

guières et de son armée, qui murmure de l'inaction de son général. Les plaintes en sont portées au roi qui lui en fait des reproches par lettres : « Votre majesté, lui répond Lesdi-
» guières, a besoin d'un bon fort à Barraux pour tenir en
» bride la garnison de Montmélian. Puisque le duc de Savoie
» veut bien en faire la dépense, il faut le laisser faire. Dès
» qu'il sera en état de défense, je vous promets de le prendre
» sans qu'il en coûte rien à votre épargne ». Il tint parole l'année suivante, et prit le fort Barraux par escalade. D'autres échecs, qu'il fit encore essuyer au duc, l'obligèrent à demander la paix en 1599. Il ne l'obtint qu'en 1601, par le traité conclu, le 17 janvier, à Lyon, avec les plénipotentiaires du roi Henri IV; traité par lequel il céda le Gex, le Bugei et le Val-Romei à la France, et retint le marquisat de Saluces, qui faisait l'objet de la guerre. On dit à ce sujet, que *le roi avait fait une paix de duc et le duc une paix de roi.* Depuis long-tems, comme on l'a vu, Charles-Emmanuel épiait l'occasion d'envahir Genève. L'an 1602, le 22 décembre, d'Albigni, gouverneur de Savoie, s'étant approché secrètement de cette ville avec douze cents hommes, la surprend, en pleine paix par escalade, à la faveur de la nuit : mais les Génevois, éveillés à propos, courent aux armes, font main-basse sur les ennemis, en tuent une partie, et font pendre les autres comme des voleurs de nuit. L'an 1609, nouvelle tentative de ce prince sur Genève, aussi infructueuse que la première. L'an 1610, le 25 avril, le duc de Savoie conclut, à Brussol, un traité d'alliance avec le roi Henri IV contre l'Espagne. Mais le monarque étant mort le 14 mai suivant, la régente, sa veuve, renonce aux engagemens que son époux avait pris avec le duc de Savoie, et cherche à s'allier avec l'Espagne; ce qui souffrit peu de difficulté. Le duc, abandonné, fut obligé d'envoyer son fils en Espagne pour s'humilier aux pieds de Philippe III. Une nouvelle occasion sembla se présenter, en 1612, à Charles-Emmanuel, d'agrandir ses états; ce fut la mort de François, duc de Mantoue, son gendre. Dès qu'il l'eut apprise, il se mit en devoir de faire valoir ses prétentions sur le Montferrat. Il fait des conquêtes en ce pays; l'Espagne l'arrête; il se brouille avec elle en 1614, et, appuyé de la France, il soutient contre cette puissance une guerre de quatre ans, qui finit par un traité signé, le 9 octobre 1617, à Pavie. Mais se défiant de Tolède, gouverneur de Milan, il ne désarma et ne rendit les places qu'il avait prises, que vers la fin d'avril de l'année suivante.

Nouveau projet du duc de Savoie. L'an 1619, après la mort de l'empereur Mathias, il se mit sur les rangs pour lui succéder. Mais Ferdinand d'Autriche s'étant rendu à la diète de

Francfort, prévalut sur ce rival qui était absent. L'an 1623, au commencement de février, l'ambassadeur du duc de Savoie et celui de Venise conclurent à Paris une ligue avec la France contre l'Espagne, au sujet de la Valteline. A cette ligue en succède, l'an 1624, une autre des mêmes puissances contre les Génois. Le but de la France était d'occuper les forces espagnoles en Italie, afin qu'elles ne pussent fournir que de faibles secours dans l'affaire de la Valteline. Le duc réclamait le marquisat de Zuccarello, vendu par Ferdinand II au plus offrant, et dont les Génois s'étaient rendus adjudicataires. L'an 1625, le duc de Savoie et le connétable de Lesdiguières entrent dans l'état de Gênes, dont ils soumettent plusieurs places. Mais la discorde s'étant mise entre eux, en 1626, devient funeste à leurs opérations. Ils font leur retraite, et les Génois en profitent pour se remettre en possession des places qu'ils avaient perdues. Charles-Emmanuel conserve néanmoins toujours un œil attentif sur cette république. L'an 1627, il favorise la conjuration de Vachero contre les nobles de Gênes. Elle est découverte, et le duc, apprenant qu'on travaille au procès de Vachero et de ses complices qu'on avait arrêtés, fait enfermer tous les prisonniers génois qui étaient entre ses mains, en assurant que leurs vies répondaient de celles des conjurés. Mais il n'eut pas la barbarie, après le supplice de ceux-ci, d'en venir à l'exécution. La même année, après la mort de Vincent II, duc de Mantoue, Charles-Emmanuel se déclara pour la maison d'Autriche, dans la guerre que la succession de ce prince occasiona. Il comptait avoir pour sa part le Montferrat, qu'il avait manqué après la mort du duc François. Cette fois ses espérances furent encore trompées.

Les incertitudes de Charles-Emmanuel flottant entre la maison d'Autriche et la France, déterminent Louis XIII à lui déclarer la guerre. La Savoie avec une partie du Piémont lui est enlevée rapidement par le duc de Montmorenci et le marquis d'Effiat. Près de se voir entièrement dépouillé, il meurt de chagrin, le 26 juillet 1630, à Savillan, où il s'était rendu pour faire travailler à quelques fortifications : prince trop inquiet, dit un moderne, pour être pleuré de ses sujets ; trop infidèle pour être regretté de ses alliés. Il était si dissimulé qu'on disait que son cœur était inaccessible comme son pays. Il reste de ce prince quatre monuments de son goût pour les lettres et de ses connaissances, la bibliothèque de Turin, le livre *des Parallèles*, *le grand Héraut*, et *l'Iconoscomie*. Il avait épousé, le 11 mars 1585, CATHERINE, fille de Philippe II, roi d'Espagne, morte le 6 novembre 1597, après lui avoir donné entr'autres enfants, Victor-Amédée, qui suit ; Emmanuel-Philibert, prince d'Oneille et grand-amiral d'Espagne ; Maurice, cardinal, puis marié à Louise-Marie de Savoie, sa nièce ; Thomas-François, qui fit la branche de Carignan (*) ; Marguerite, femme de François III, duc de Mantoue, (qui devint, en 1637, gouvernante ou vice-reine de Portugal) ; et Isabelle, mariée à Alfonse III d'Est, duc de Modène. (*Voyez* Louis XIII, *roi de France.*)

VICTOR-AMÉDÉE I.

1630. VICTOR-AMÉDÉE I, fils et successeur de Charles-Emmanuel, était né à Turin le 8 mars 1587. Elevé à la cour d'Espagne, il en fut rappelé, l'an 1614, par son père, auprès duquel il se forma dans le métier des armes. Il commença son règne par procurer la paix à son duché : elle fut conclue à Ratisbonne le 13 octobre 1630, et ratifiée, avec quelques changements, par le traité de Quérasque, du 6 avril de l'année suivante, par lequel il recouvra tous ses états, et obtint, dans le

---

(*) *PRINCES, PUIS DUCS DE SAVOIE-CARIGNAN.*

Le congrès de Vienne a expressément reconnu le droit de cette branche de succéder dans toutes les possessions de la monarchie sarde au défaut de la ligne royale.

THOMAS-FRANÇOIS.

THOMAS-FRANÇOIS, prince de Carignan, né le 21 décembre 1596, reçut en apanage la principauté de Carignan. Il fut chevalier de l'ordre de l'Annonciade, grand-maître de France et général des armées en Italie. Il se rendit célèbre dans les guerres de son tems, et il eût transmis un grand nom à la postérité, si l'intérêt ne l'eût rendu inconstant dans sa conduite politique, au point de déclarer la guerre, en 1639, à la duchesse de Savoie, sa belle-sœur, à laquelle il disputait la tutelle de Charles-Emmanuel II, fils de cette princesse, et la régence de l'état. Il mourut à Turin, le 22 janvier 1656. Il avait épousé, le 10 octobre 1624, MARIE, fille de Charles de Bourbon, comte de Soissons, morte le 4 juin 1692. Ce mariage le mit en possession du comté de Soissons, après la mort de son beau-frère, tué à la bataille de Sedan, l'an 1641. Les enfants du prince Thomas furent :

1°. Emmanuel-Philibert-Amédée, qui suit ;
2°. Joseph-Emmanuel-Jean, né en 1631, mort en 1656 ;
3°. Eugène-Maurice, qui eut en partage le comté de Soissons, et fonda la branche de ce nom, dont était le célèbre prince Eugène, éteinte en 1736 par sa mort ;
4°. Amédée,
5°. Ferdinand, } morts jeunes ;
6°. Charlotte-Chrétienne ;

Montferrat, Trin, Albe, et quelques autres places que la France lui avait assurées par un traité secret du 31 mars précédent, en échange de Pignerol, la Pérouse, Angrone et Luzerne, qui restèrent à cette couronne. A peine Victor-Amédée fut-il paisible sur le trône, qu'il donna ses soins pour rétablir l'université de Turin, et la tirer de l'obscurité où elle avait été jusqu'alors. Il y appela des maîtres habiles de divers pays, et y fit construire un magnifique bâtiment. La guerre s'étant renouvelée, en 1635, entre la France et l'Espagne, le duc forcé, par la crainte du cardinal de Richelieu, se déclara pour la première, et joignit ses troupes à celles du maréchal de Créqui. Il gagna deux batailles contre les Espagnols, l'une à Tornavento, le 22 juin 1636, l'autre à Montbaldon, près de Spigno, le 8 septembre 1637. Victor-Amédée mourut le 7 (et non le 27) octobre suivant, à Verceil. CHRISTINE (et non Catherine), fille du roi Henri IV, qu'il avait épousée, le 11 février 1619, à Paris, et qui mourut le 27 décembre 1663, lui donna François-Hyacinthe, qui suit; Charles-Emmanuel, qui vient après; Louise, femme du prince Maurice, son oncle; Marguerite-Yolande, mariée à Rainuce-Farnèse II, duc de Parme; et Henriette-Adélaïde, femme de Ferdinand-Marie, électeur de

---

PRINCES, PUIS DUCS DE SAVOIE-CARIGNAN.

7°. Louise-Chrétienne, mariée en 1653, à Ferdinand, margrave de Bade, morte le 7 juillet 1689.

EMMANUEL-PHILIBERT-AMÉDÉE.

1656. EMMANUEL-PHILIBERT-AMÉDÉE, né le 20 août 1630, prince de Carignan en 1656, chevalier de l'ordre de l'Annonciade, gouverneur et lieutenant-général du comté d'Ast, mourut le 23 avril 1709. Ce prince, né sourd-muet, était vaillant, et doué d'une grande sagacité. Il avait épousé, en 1684, ANGÉLIQUE-CATHERINE, morte en juillet 1722, fille de Borso d'Est-Modène, marquis de Scandiano. Il laissa :

1°. Victor-Amédée, qui suit ;
2°. Thomas-Joseph, né le 10 mai 1696, mort le 8 septembre 1715 ;
3°. Marie-Victoire, née le 12 février 1687 ;
4°. Isabelle-Louise-Gabrielle, née le 30 juin 1688.

VICTOR-AMÉDÉE.

1709. VICTOR-AMÉDÉE, prince de Carignan, né le 29 février 1690, fait chevalier de l'Annonciade en 1696, épousa, le 7 novembre 1714, VICTOIRE-MARIE-ANNE, marquise de Suze, fille naturelle et

Bavière. Le duc Victor-Amédée prit le titre *d'altesse royale*, que l'empereur refusa de lui confirmer. Ce prince était brave jusqu'à l'héroïsme, mais aussi modéré au sein de la victoire que redoutable dans le feu des combats.

FRANÇOIS-HYACINTHE.

1637. FRANÇOIS-HYACINTHE, né le 14 septembre 1632, succède au duc Victor-Amédée, son père, sous la tutelle de sa mère. La régente était disposée à garder la neutralité entre la France et l'Espagne. Mais d'Emeric, ambassadeur de France en Savoie, craignant qu'elle ne se laissât entraîner dans le parti de l'Espagne, forma l'odieux projet de la faire enlever. Prévenue de son dessein, elle se met en état de défense. Ses beaux-frères, le cardinal Maurice de Savoie et le prince Thomas, dont le premier résidait à Rome, et le second commandait en Flandre pour l'Espagne, n'étaient pas moins redoutables pour elle. Disposés l'un et l'autre à lui disputer la régence, ils s'étaient concertés ensemble, quoique séparés par un grand intervalle, pour la supplanter. Christine, apprenant que le cardinal est en route pour se rendre en Savoie, lui écrit à Savone,

---

PRINCES, PUIS DUCS DE SAVOIE-CARIGNAN.

légitimée de Victor-Amédée-François, duc de Savoie, roi de Sicile, puis de Sardaigne, morte le 8 juillet 1766. Le prince Victor-Amédée fut fait colonel-général des gardes du duc de Savoie, et général des places qui appartenaient au roi de Sardaigne dans le Milanez. Il servit sur le Rhin, en 1734, en qualité de lieutenant-général des armées de France et de Savoie. Il mourut à Paris, le 4 avril 1741. De ce mariage sont issus :

1°. Victor-Joseph, né le 11 mai 1716, mort à l'âge de 9 mois;
2°. Louis-Victor-Amédée-Joseph, qui suit;
3°. Antoinette-Thérèse, née le premier novembre 1717, mariée, le 4 novembre 1741, à Charles, prince de Rohan Soubise, morte à Paris, le 5 avril 1745;

LOUIS-VICTOR-AMÉDÉE-JOSEPH.

1741. LOUIS-VICTOR-AMÉDÉE-JOSEPH, né à Paris, le 25 septembre 1721, prince de Carignan, le 4 avril 1741, chevalier de l'ordre de l'Annonciade, lieutenant-général des armées du roi de Sardaigne, mourut en 1778. Il avait épousé, le 4 mai 1740, CHRISTINE-HENRIETTE, morte la même année que son mari, fille d'Ernest-Léopold, landgrave de Hesse-Rhinfels-Rothenbourg. De leur mariage sont issus :

1°. Victor-Amédée-Louis-Marie-Wolfgand, qui suit;

où il s'était arrêté, pour lui exposer le danger auquel sa présence en Savoie exposerait sa personne et l'état dans les conjonctures actuelles. Frappé de ses raisons, il prend le parti de retourner à Rome. Le marquis de Pallavicin, envoyé par le prince Thomas, arriva peu de tems après en Piémont. Par ses intrigues, il prépara bien des traverses à la régente, qui ne les éprouva qu'après son départ. D'un autre côté, le cardinal de Richelieu pressait Christine d'entrer dans la ligue qu'il venait de conclure avec la Suède contre la maison d'Autriche. Ses sollicitations, appuyées d'une armée considérable qu'il fit avancer sous les ordres du cardinal de la Valète, contraignirent la régente de signer, à Turin, le 3 juin 1638, un traité d'alliance offensive et défensive avec la France. Mais à peine s'était-elle mise en devoir de l'exécuter, qu'une fièvre violente enleva le jeune duc le 4 octobre suivant.

CHARLES-EMMANUEL II.

1638. CHARLES-EMMANUEL II, né le 20 juin 1635, est reconnu duc de Savoie après la mort de François-Hyacinthe,

---

PRINCES, PUIS DUCS DE SAVOIE-CARIGNAN.

2°. Eugène-Marie-Louis, né le 21 octobre 1753, comte de Villefranche, colonel propriétaire du régiment de Savoie-Carignan au service de France, mort en 1785;
3°. Sophie-Charlotte-Marie-Louise, née le 17 août 1742;
4°. Léopoldine-Marie, née le 21 décembre 1744, mariée, le 6 mai 1767, au prince Jean-André-Doria-Pamphili;
5°. Polixène-Marie-Anne, née en 1746, morte en 1762;
6°. Gabrielle-Marie, née le 17 mars 1748, mariée, en 1769, à Ferdinand-Philippe-Joseph, prince de Lobkowitz, mort le 11 janvier 1784;
7°. Marie-Thérèse-Louise, née le 8 septembre 1749, mariée, le 17 janvier 1767, à Louis-Alexandre-Joseph-Stanislas de Bourbon-Penthièvre, prince de Lamballe, mort sans enfants, le 6 mai 1768. Cette princesse infortunée fut massacrée le 3 septembre 1792, victime de son grand attachement à la personne de la reine;
8°. Catherine-Marie-Louise, née le 4 avril 1762, mariée, au mois de décembre 1780, à Philippe-Colonna, prince de Pagliano, mort le 26 juin 1818.

VICTOR-AMÉDÉE.

1778. VICTOR-AMÉDÉE, né le 31 octobre 1743, prince de Carignan, comte de Raconis, chevalier de l'Annonciade, général au service du

son frère. Les princes Maurice et Thomas, ses oncles, continuent de disputer la régence à la duchesse Christine. L'Espagne les appuie; la France prend le parti de la duchesse. Après diverses hostilités, les princes s'accommodent avec Christine, par traité du 14 juin 1642. Ils entrent dans l'alliance de la France, et ne s'occupent, avec son secours, qu'à recouvrer les places que les Espagnols avaient envahies dans le Piémont. (*Voyez Louis XIII, roi de France.*) La paix des Pyrénées, conclue en 1659, rétablit la tranquillité dans les états de Charles-Emmanuel. Ce prince mit tous ses soins, dans la suite, à réparer les désastres que la guerre y avait causés; à y répandre l'abondance, et à y faire fleurir les arts et le commerce. La ville neuve de Turin est son ouvrage, ainsi que le Palais-Royal. Mais ce qui a immortalisé sa mémoire, c'est un très-beau chemin qu'il fit pratiquer, en 1670, sur la montagne des Echelles, à deux lieues de la grande Chartreuse, pour transporter les marchandises de France en Italie. On l'appelle le *chemin de la Grotte*. On traversait autrefois cette montagne en passant sous une caverne, longue de cinq cents pas géométriques, au travers du rocher. L'an 1672 il fomente la conjuration de Raphael della Torre contre Gênes, sa patrie. (*Voy.* Gênes.)

PRINCES, PUIS DUCS DE SAVOIE-CARIGNAN.

roi de Sardaigne, mourut le 20 septembre 1780. Il avait épousé, le 18 octobre 1768, MARIE-JOSÈPHE-THÉRÈSE, fille de Louis-Charles de Lorraine-Armagnac, comte de Brionne, grand-écuyer de France. De ce mariage est issu un prince qui suit.

CHARLES-EMMANUEL-FERDINAND.

1780. CHARLES-EMMANUEL-FERDINAND, prince de Carignan, né le 24 octobre 1770, mort le 16 août 1800, avait épousé, le 24 octobre 1797, MARIE-CHRISTINE-ALBERTINE, née le 7 novembre 1779, fille de Charles, duc de Curlande, prince royal de Pologne et de Saxe. De ce mariage sont issus :

    1°. Charles-Emmanuel-Albert, qui suit ;
    2°. Marie-Elisabeth-Françoise, née le 13 avril 1800.

CHARLES-EMMANUEL-ALBERT.

1800. CHARLES-EMMANUEL-ALBERT, duc de Savoie-Carignan, né le 2 octobre 1798, accompagna le roi de Sardaigne, le duc et la duchesse de Modène dans les voyages que ces princes firent à Gênes, au mois d'avril 1816. Il a épousé, le 30 septembre 1817, MARIE-THÉRÈSE-FRANÇOISE-JOSÈPHE, archiduchesse d'Autriche, fille de Ferdinand, grand-duc de Toscane, née le 21 mars 1801.

Ce prince mourut le 12 juin 1675, universellement regretté. Il avait épousé, 1°. le 4 mars 1663, FRANÇOISE DE FRANCE, fille de Gaston, duc d'Orléans, morte le 14 janvier 1664; 2°. le 11 mai 1665, MARIE-JEANNE de SAVOIE, fille de Charles-Amédée, duc de Nemours et d'Aumale (morte le 15 mars 1724), dont il eut Victor-Amédée, qui suit.

VICTOR-AMÉDÉE II, ROI DE SARDAIGNE.

1675. VICTOR-AMÉDÉE II, né le 14 mai 1666, succède, sous la régence de sa mère, au duc Charles-Emmanuel, son père. L'an 1686, à la sollicitation de Louis XIV, il entreprend de chasser des vallées de Luzerne, Angrone, etc., les Vaudois, communément appelés *Barbets*; entreprise qui ne s'exécuta qu'avec beaucoup de peines et qu'après bien du sang répandu. L'an 1690, le duc traite, à Milan, contre la France, avec l'Espagne, le 3 juin, et le lendemain avec l'empereur. La France n'apprend pas plutôt qu'il s'est ligué contre elle, que la Savoie lui est enlevée par le général Saint-Ruth. Le 18 août de la même année, il est battu à Staffarde par M. de Catinat, qui, le lendemain, se rend maître de Saluces, et ensuite de plusieurs places de Piémont. Le 20 octobre, traité signé à la Haye par les plénipotentiaires du duc avec les Provinces-Unies, en vertu duquel il rétablit les Vaudois dans tous leurs biens, et leur accorde le libre exercice de leur culte, de même qu'à tout autre de ses sujets qui voudra se retirer et s'établir dans les vallées des Vaudois. L'an 1692, le duc de Savoie entre dans le Dauphiné, prend Gap et Embrun, et se retire presque aussitôt, emportant pour toute dépouille les cloches de ces deux villes. L'année suivante, le 4 octobre, il perd la bataille de la Marsaille contre M. de Catinat, qui lui tue huit mille hommes, enlève toute son artillerie et cent six drapeaux ou étendards. L'an 1696, il fait sa paix particulière, le 29 août, avec la France, qui lui rend toutes ses places, et même Pignerol, qu'elle gardait depuis soixante-huit ans. Marie-Adélaïde, sa fille aînée, épouse, le 7 décembre 1697, Louis, duc de Bourgogne. (C'était la quinzième alliance directe que la maison de Savoie contractait avec celle de France.) L'an 1701 il reconnaît le duc d'Anjou pour roi d'Espagne, et conclut le mariage de Louise-Gabrielle, sa seconde fille, avec ce prince, qui l'épousa, par procureur, le 11 septembre de la même année. Nommé généralissime des deux couronnes de France et d'Espagne, en Italie, il prend des engagements secrets, dans le même tems, avec la maison d'Autriche, et n'en combat pas avec moins de valeur contre les Impériaux en différentes rencontres. Ce manège dure l'espace d'environ trois ans. Le duc, à la fin, se déclare ouvertement contre le roi d'Espagne, son gendre, en 1703, et fait, le 25 octobre, son traité avec la cour de Vienne, qui lui assure le Montferrat Mantouan. La Savoie lui est enlevée, l'année suivante, par le duc de la Feuillade. Cette perte est suivie de celle de presque tout le Piémont. L'an 1706, le 4 juin, Turin est assiégé par le duc de la Feuillade. Mais, le 7 septembre, l'armée d'observation, commandée par le duc d'Orléans et le maréchal de Marsin, est battue par le duc de Savoie et le prince Eugène. Cette victoire non-seulement délivra Turin, mais rendit au duc toutes ses places de Piémont (*Voy.* Louis XIV, *depuis* 1701 *jusqu'en* 1710). L'an 1708, l'empereur Joseph donne à Victor-Amédée le duché de Montferrat au préjudice des droits qu'y avaient le duc de Lorraine, du chef de son aïeule Éléonore de Gonzague, et Henriette, princesse de Condé, du chef de sa mère Anne de Gonzague, femme d'Édouard, prince palatin du Rhin. L'an 1713, à la paix d'Utrecht, Victor-Amédée obtient la restitution de la Savoie avec le comté de Nice, en cédant à la France la vallée de Barcelonnette. La France et l'Espagne lui assurent, par le même traité, la jouissance de tout ce que l'empereur lui avait cédé par le traité de 1703. La France le reconnaît de plus, lui et ses descendants, pour légitimes héritiers de la couronne d'Espagne, au défaut de postérité du roi Philippe V. L'Espagne enfin lui cède le royaume de Sicile avec ses dépendances. Le 24 décembre de la même année, le duc et son épouse sont sacrés et couronnés roi et reine de Sicile dans Palerme, par l'archevêque de cette ville. Ils ne jouirent pas long-tems de cette couronne. L'an 1718, une flotte espagnole, partie de l'île de Sardaigne, arrive, le 30 juin, devant Palerme, dont elle s'empare le même jour, et y fait proclamer roi Philippe V. (Muratori.) Toute l'Europe fut étonnée de cette invasion, faite en tems de paix; et le duc de Savoie plus que tout autre, vu qu'il était en négociation avec l'Espagne, pour l'aider à faire la conquête du Milanez, qu'Albéroni, premier ministre de cette couronne, offrait de lui céder en échange de la Sicile. L'an 1720, en conséquence de l'accession du roi d'Espagne et du duc de Savoie au traité de la quadruple alliance, conclu le 2 août 1718, le 18 du même mois, les Impériaux remettent l'île et le royaume de la Sardaigne au duc de Savoie, pour le dédommager de la perte de la Sicile. L'an 1730, le 2 septembre, Victor-Amédée abdique la couronne en faveur de Charles-Emmanuel, son fils. Il prend le nom de comte de Tende, se retire, le 4, au château de Moncalier, et épouse, peu après, la comtesse douairière de Saint-Sébastien, qu'il aimait depuis long-tems, et qui prit alors le nom de comtesse de Somerive. L'année suivante, sollicité, à ce qu'on prétend, par son épouse, qui voulait gouverner sous son nom, il tente de remonter sur le trône. Le roi de Sardaigne, son fils, par l'avis de son conseil, et contre son inclination, le fait arrêter, la nuit du 28 au 29 septembre, au château de Moncalier, d'où il fut conduit à celui de Rivoli, puis au fort de la Brunète, et enfin ramené à Moncalier, où il mourut, le 31 octobre 1732, comblé de tous les éloges qui sont dus à la valeur et à l'art de gouverner. (Chazot, Muratori.) Son corps fut inhumé à la Superga, église bâtie par lui-même, sur la colline de Turin, à une lieue et demie de la ville, pour la sépulture de sa famille. Il avait épousé, en premières noces, le 10 avril 1684, ANNE-MARIE D'ORLÉANS, morte, à Turin, le 26 août 1728, après lui avoir donné, outre les deux filles dont on a parlé ci-dessus, Victor-Amédée-Joseph-Philippe, mort à seize ans, le 22 mars 1715; et Charles-Emmanuel, qui suit. (*Voy.* le pape Clément XI, *sur les démêlés de* Victor-Amédée *avec la cour de Rome, touchant la monarchie de Sicile.*)

CHARLES-EMMANUEL III.

1730. CHARLES-EMMANUEL III, né à Turin, le 27 avril 1701, nommé prince de Piémont, depuis la mort de Philippe, son frère aîné, fut reconnu roi de Sardaigne, et duc de Savoie, le 3 septembre 1730, après l'abdication de son père. L'un des premiers actes d'autorité que fit ce prince, fut de défendre d'ordonner des prêtres dans ses états sans sa permission. Le pape Clément XII ayant supprimé, l'an 1731, quelques priviléges accordés par Benoît XIII, aux sujets du roi de Sardaigne, ce monarque fait arrêter tous les revenus du pape, en Piémont, et défend à ses sujets de reconnaître, en aucune manière, la juridiction (temporelle) du saint siége, et d'obéir aux ordres du pape. Cette affaire occasiona un démêlé avec la cour de Rome, que la fermeté du roi de Sardaigne contraignit à la fin de plier. La mort d'Auguste, roi de Pologne, arrivée l'an 1733, ayant occasioné, pour l'élection de son successeur, une guerre entre les maisons d'Autriche et de Bourbon, Charles-Emmanuel se déclare pour la seconde. Au mois d'octobre de la même année, il joint ses troupes dans le Vigevanasc, à l'armée française, commandée par le maréchal de Villars, marche lui-même à leur tête, et entre, le 13 octobre, dans le Milanez. Son premier exploit fut la prise de Pavie, dont il se rendit maître le 4 novembre. Nous ne suivrons point ce prince dans le cours de cette guerre, où il donna, dans toutes les occasions, des preuves éclatantes de sa valeur, et de son habileté dans l'art militaire. On peut voir ce qui en a été dit à l'article de Louis XV. Il suffira de dire ici, que par la paix, ou les préliminaires de la paix, signés le 3 octobre 1735, à Vienne, le Tortonez, le Novarez et le fief des Langhes, furent adjugés au roi de Sardaigne. Après la mort de l'empereur Charles VI, le roi de Sardaigne forme des prétentions sur le Milanez, publie un manifeste, dans lequel il expose ses droits, met des troupes sur pied pour les faire valoir, et accède au traité d'alliance du roi de France et de l'électeur de Bavière, pour être soutenu. Mais voyant les Espagnols, avec les mêmes vues que lui, faire passer des troupes en Italie, et craignant plus de voir ce duché entre leurs mains qu'en celles de la reine de Hongrie, il change tout à coup de parti, et conclut avec cette princesse, au mois de décembre 1741, une convention, par laquelle, sans déroger à ses droits et prétentions, il s'engage à lui conserver le Milanez, et à en défendre, conjointement avec elle, l'entrée aux Espagnols. Aussitôt il joint ses troupes à celles de la reine, et s'assure du duché de Milan. Cette défection du roi de Sardaigne, qui ouvre et ferme à son gré les portes de l'Italie du côté des Alpes, a conservé le Milanez à la reine de Hongrie, et lui a encore rendu le service d'occuper quarante mille français et autant d'Espagnols, à faire dans ce pays-là de vains efforts, qu'ils eussent employés ailleurs bien plus utilement. (Journal de Louis XV.) L'an 1742, le roi de Sardaigne joint aux Autrichiens, entre, au mois de mai, dans le duché de Modène, prend possession de Reggio, sans éprouver de résistance, met le siège devant la citadelle de Modène, le 12 juin, et le 27, l'oblige à capituler. Les Espagnols, cependant, s'avançaient par la France, vers la Savoie, où, étant entrés le 8 septembre, ils s'emparèrent, sous les ordres de D. Philippe, de Chambéri et des principales places. Mais le roi de Sardaigne, ayant ramassé un corps de vingt mille hommes, y court, et les oblige à repasser en Dauphiné. L'an 1743, ce monarque quitte son camp de Montmélian au commencement de janvier, et reprend la route de Piémont, abandonnant la Savoie aux Espagnols. L'an 1744, les armées combinées de France et d'Espagne ayant passé le Var, le 1er avril, font diverses conquêtes en Piémont, battent l'armée du roi de Sardaigne, le 30 septembre, sous les murs de Coni, assiègent ensuite cette place, et se retirent au bout de trois semaines, les mauvais tems ne leur permettant point de continuer ce siège. On peut voir les suites de cette guerre à l'article de Louis XV, et à celui de Philippe V, roi d'Espagne. Enfin, par la paix conclue en 1748, à Aix-la-Chapelle, le roi de Sardaigne a été confirmé dans la possession du Vigevanasc, qu'il avait acquise en 1743, d'une partie du Pavesan et du comté d'Anghiera. Depuis ce tems, les états de Savoie jouirent d'une paix profonde, et Charles-Emmanuel ne s'occupa qu'à travailler au bonheur de ses sujets. L'an 1762, par édit du 20 janvier, il affranchit tous les serfs du duché de Savoie. Ce prince mourut le 20 janvier 1773, âgé de près de soixante-douze ans, et fut enterré, le 25 du même mois, dans l'église de la Superga. Il avait épousé, 1°. le 16 février 1722, ANNE-CHRISTINE de NEUBOURG, morte le 12 mars 1723; 2°. le 2 juillet 1724, CHRISTINE-JEANNE de HESSE-RHINFELS-ROTEMBOURG, décédée le 13 janvier 1735; 3°. le 1er avril 1737, ELISABETH-THÉRÈSE, fille de Léopold, duc de Lorraine, morte le 3 juillet 1741, dans sa trentième année. Les enfants vivants (en 1787) de ces trois mariages, sont, 1°. Victor-Amédée-Marie, duc de Savoie, qui suit; 2°. Eléonore-Marie-Thérèse, née le 28 février 1728; 3°. Marie-Félicité, née le 20 mars 1730; 4°. Benoît-Marie-Maurice, duc de Chablais, puis marquis d'Ivrée, né le 21 juin 1741, marié, le 19 mars 1775, à Marie-Anne-Caroline, sa nièce. Il est mort le 4 janvier 1808.

VICTOR-AMÉDÉE III.

1773. VICTOR-AMÉDÉE III, né le 26 juin 1726, mort le 16 octobre 1796, avait épousé, le 31 mars 1751, MARIE-ANTOINETTE-FERDINANDE, morte le 19 septembre 1785, fille de Philippe V, roi d'Espagne. De ce mariage sont issus:

1°. Charles-Emmanuel IV, qui suit;
2°. Victor-Emmanuel V, qui lui succéda;
3°. Maurice-Joseph-Marie, duc du Montferrat, né le 12 septembre 1762;
4°. Félix-Charles-Joseph, marquis de Suze, né le 6 avril 1765, marié, le 6 avril 1807, à Christine-Thérèse, fille de Ferdinand VII, roi des Deux-Siciles;
5°. Joseph-Benoît, comte de Maurienne, né le 5 octobre 1766;
6°. Marie-Joséphine-Louise, née le 2 septembre 1753, mariée, le 14 mai 1771, à Louis-Stanislas-Xavier, comte de Provence, aujourd'hui Louis XVIII, roi de France, morte sans enfants, le 13 novembre 1810;
7°. Marie-Thérèse, née le 31 janvier 1756, mariée, le 16 novembre 1773, à Charles-Philippe de France, comte d'Artois, frère du Roi; morte en 1805;

8°. Marie-Anne-Caroline, née le 17 décembre 1757, mariée, le 10 mars 1775, à Benoît-Marie-Maurice, duc de Chablais, puis marquis d'Ivrée, mort en 1808.

CHARLES-EMMANUEL IV.

1796. CHARLES-EMMANUEL IV, né le 24 mai 1751, succéda au roi Victor-Amédée III, son père, le 16 octobre 1796. Ce prince avait épousé, le 6 septembre 1775, MARIE-ADÉLAÏDE-CLOTILDE-XAVIÈRE, sœur de Louis XVIII, roi de France, morte le 7 mars 1802, sans enfants. Le 4 juin suivant, Charles-Emmanuel a abdiqué en faveur de son frère Victor-Emmanuel, qui suit, et s'est fait jésuite en 1817.

VICTOR-EMMANUEL IV.

1802. VICTOR-EMMANUEL, né le 24 juillet 1759, roi de Sardaigne, le 4 juin 1802, par l'abdication de son frère, a épousé, le 21 avril 1789, Marie-Thérèse, fille de Ferdinand, archiduc d'Autriche, née le 1er. novembre 1773. Ce mariage a produit quatre princesses :

1°. Marie-Béatrix-Victoire, née le 6 décembre 1792, mariée, le 20 juin 1812, à François IV, prince royal de Hongrie, archiduc d'Autriche et duc de Modène ;
2°. Marie-Thérèse-Ferdinande, née le 19 septembre 1803, fiancée à Charles-Louis, prince héréditaire de Lucques et de Parme ;
3°. Anne-Caroline, jumelle, née le 19 septembre 1803 ;
4°. Christine-Caroline, née le 14 novembre 1812.

Pour les détails historiques de ces trois derniers règnes, voyez la table chronologique, à la fin de cet ouvrage.

CHRONOLOGIE HISTORIQUE

DES MARQUIS,

PUIS DUCS DE MONTFERRAT.

Le Montferrat, borné à l'occident et au nord par le Piémont, à l'orient par le Milanez, et au midi par l'état de Gènes, n'est pas, quoique montueux, une des moins fertiles contrées de la Lombardie. Il abonde en productions de toute espèce, surtout en blé et en vins qui sont excellents. Casal est sa capitale, et son étendue, qui renferme plus de deux cents villes, bourgs et châteaux, est partagée en quatre districts. Ce pays, après avoir été enlevé par les Goths aux Romains, passa sous la domination des Lombards, à l'extinction de laquelle il entra dans la composition du nouvel empire d'occident, fondé par Charlemagne. Ce prince fit, du Montferrat, le département d'un comté bénéficiaire et amovible. On l'érigea depuis en marquisat, et c'est alors qu'il devint un fief héréditaire.

ALEDRAN.

ALEDRAN, ou ALÉRAN, fut le premier marquis de Montferrat. Il était fils du comte Guillaume, et français d'origine, puisqu'il vivait selon la loi salique, comme le prouve une charte citée par Benvenuto di San-Giorgio. L'an 938, il obtint de Hugues, roi d'Italie, et de Lothaire, son fils, un diplôme par lequel ils lui cédaient en toute propriété, pour lui et ses héritiers, une certaine cour appelée Foro, dans le comté d'Acqui, sur le Tanaro, avec toutes ses dépendances; à quoi ils ajoutaient le droit d'exercer toute justice sur la terre de Roncho et sur tous les Arimanes qui demeuraient en cette terre, et toute fonction publique, avec le droit de recevoir toute plainte ou tout appel, comme faisait auparavant la commission, sans être sujet à la révision du comte du palais. Par cette concession, Aledran se vit revêtu de la puissance souveraine sur la terre de Roncho, et élevé au-dessus des autres marquis. Tous en effet, excepté lui, étaient soumis à l'inspection des commissaires qui venaient de tems en tems tenir les plaids dans leurs départemens, et à la révision du comte du palais, qui avait droit de réformer leurs jugemens. L'an 961, Aledran et GERBERGE, son épouse, fille de Bérenger, roi d'Italie, fondèrent le monastère de Granzano, au diocèse de Verceil. Dans l'acte de cette fondation, passé au mois d'août, Aledran est qualifié marquis, et le comte Guillaume, son père, y est nommé comme encore vivant. L'an 967, l'empereur Otton, par un diplôme du X des calendes d'avril (23 mars), confirme au marquis Aledran tout ce que ses ancêtres avaient possédé dans les comtés d'Acqui, de Savone, de Montferrat, de Verceil, de Parme, de Crémone, et de Plaisance. A cette faveur, il ajouta, dans le même acte, le don de seize cours, avec tout ce qui, dans ces cantons déserts, avait dépendu du royaume d'Italie; ce qui s'étendait depuis le Tanaro jusqu'à l'Orba, et jusqu'à la mer. Voilà donc, dit M. de Saint-Marc, en y comprenant les possessions des ancêtres d'Aledran, ce qui, par la donation d'Otton, composa la Marche de Montferrat; laquelle jusqu'alors vraisemblablement avait été renfermée dans le seul comté de ce nom, que ce diplôme fait connaître. Aledran, suivant l'opinion commune, mourut l'an 995, et fut enterré au monastère de Granzano. Il avait eu d'une première femme dont on ne sait pas le nom (car Gerberge ne fut que la seconde), trois fils, Guillaume, Anselme et Oddon, qui, tous trois, moururent avant leur père, mais les deux derniers beaucoup plus tard que le premier. De Gerberge, il laissa un autre Guillaume, qui suit. (Saint-Marc, tom. II, pp. 1039-1042.)

GUILLAUME I.

995. GUILLAUME, le seul des fils d'Aledran qui lui survécut, le remplaça dans le marquisat de Monferrat. Il fallait qu'il fût bien jeune alors, s'il est vrai, comme l'assure Benvenuto di San-Giorgio, qu'il ne mourut qu'en 1060. Le même auteur lui donne pour femme, HÉLÈNE, fille, dit-il, du duc de Glocester. Mais il n'y avait point encore alors de duc en Angleterre. De son mariage, quel qu'il fut, il laissa un fils, qui suit.

BONIFACE I.

1060. BONIFACE, fils et successeur de Guillaume, épousa,

1°. MARIE, dont on ignore la naissance; 2°. ADÉLAÏDE, fille ou petite-fille d'Adélaïde, marquise de Suze, et d'Otton, son époux, laquelle apporta en dot à Boniface la terre de Saluces, et d'autres domaines. Il eut de la première trois fils, Guillaume, qui suit; Ardicion et Henri; et de la seconde, Magnifrède ou Manfrède, premier marquis de Saluces; et Adélaïde, ou Adélicie, dite aussi Adèle, mariée, 1°. à Roger I, comte de Sicile, qui la répudia; 2°. à Baudouin I, roi de Jérusalem. On ne peut marquer précisément l'année de la mort de Boniface. Mais cet événement a dû être très-voisin de la fin du onzième siècle. (Ludov. Chieza, *Istor. di Piemonte*, pag. 625.)

GUILLAUME II.

1100 ou environ. GUILLAUME, fils aîné du marquis Boniface, hérita de sa dignité. On n'a aucunes lumières sur son gouvernement. Guillaume mourut vers 1126, dans un âge peu avancé, laissant de son épouse, dont le nom et la naissance sont inconnus, un fils, qui suit.

REINIER, OU RAINIER.

1126 au plus tard. REINIER avait succédé, l'an 1126, à Guillaume, son père, comme le prouve un diplôme du 4 janvier de cette année, rapporté par Benvenuto di San-Giorgio. C'est une donation de deux pièces de terre, faite au monastère de Locedio par Reinier et ses deux cousins, Ardicion, fils d'Ardicion, et Bernard, fils de Henri, tous trois qualifiés marquis. Reinier mourut vers l'an 1140, laissant de GISELE, ou GUISLE, son épouse, fille de Guillaume le Grand, comte de Bourgogne, et veuve en premières noces de Humbert II, comte de Maurienne, un fils, qui suit; et une fille mariée au comte de Blandrate. (Benvenuto di San-Giorgio.) Le P. Sébast. Guichenon Paoli, (*Codice diplom.*) donne pour mère à ces enfants, BONNE DE SUABE.

GUILLAUME III, DIT LE VIEUX.

Vers 1140. GUILLAUME, fils de Reinier et son successeur, fut surnommé le VIEUX dès sa jeunesse, parce qu'il montrait à cet âge, dit un auteur du tems, la maturité d'un vieillard. Les empereurs Conrad III et Frédéric I eurent peu de partisans plus zélés et plus constants que lui. Guillaume, l'an 1147, accompagna le premier dans son expédition de la croisade. L'an 1152, les Lodigians, persécutés par les Milanais, eurent recours à Guillaume, pour se procurer, par son moyen, le secours de l'empereur, auquel ils envoyèrent une clef d'or, que ce marquis lui présenta. Dans la diète que Frédéric tint à Roncaglia, Guillaume et l'évêque d'Asti lui portèrent des plaintes, le premier contre les habitants de Cairo, qui lui refusaient l'obéissance; l'autre contre ceux d'Asti, qui l'avaient chassé de leur ville. Frédéric, ayant mis tous ces rebelles au ban de l'empire, marcha d'abord avec une armée contre ceux de Cairo, qui s'enfuirent à son approche sur les montagnes voisines. Ce prince, en entrant dans la ville, fut surpris de la trouver déserte; mais les maisons étaient remplies de vivres, dont ses troupes firent provision, après quoi ils la livrèrent aux flammes. Les Astigians, qui avaient imité leurs voisins dans leur fuite comme dans leur rébellion, éprouvèrent le même châtiment. L'an 1157, Guillaume secourut les Pavesans contre les Milanais, avec lesquels ils étaient en guerre, et conjointement avec le marquis Obizzon Malaspina, il défendit contre ceux de Milan l'importante place de Vigevano. Frédéric, à la demande de l'impératrice Béatrix, accorda, l'an 1164, au marquis de Montferrat, par un diplôme donné le 5 octobre, au château de Belforte, l'investiture d'un grand fief avec tous les droits régaliens, sur environ quarante terres dont il était composé. Par un autre diplôme du même jour, il prend sous sa protection impériale, le marquis Guillaume et ses fils, avec tous leurs meubles et immeubles présents et à venir, et confirme toutes leurs possessions, qui se montaient, par l'énumération qu'il en fait, à quatre-vingt-six terres. Guillaume, avec le comte de Blandrate, son beau-frère, et le marquis Obizzon Malaspina, prêta la main, en 1167, à l'empereur, dans le ravage qu'il fit du territoire de Milan. Un revers de fortune ayant obligé ce prince, l'année suivante, à se soustraire à la poursuite de ses ennemis, le marquis de Montferrat engagea le comte de Maurienne à lui accorder le passage par ses états.

Guillaume, dit *Longue-épée*, fils du marquis, part, en 1175, avec Reinier, son frère, pour la Terre-Sainte, où ils se distinguèrent par leurs exploits. L'an 1178, Baudouin IV, roi de Jérusalem, fit épouser Sibylle, sa sœur, au jeune Guillaume, qu'il nomma en même tems comte de Joppé et d'Ascalon. Baudouin, se voyant ensuite sans enfants, et attaqué de la lèpre, voulut se démettre en sa faveur de la royauté. Mais Guillaume refusa cet honneur, et se contenta de gouverner ce royaume comme lieutenant du roi, son beau-frère. Il était regardé comme devant lui succéder; mais il le devança lui-même au tombeau, l'an 1177, suivant la chronique d'Anchin, qui le dit empoisonné par des chevaliers d'Outremer, et sans nous apprendre s'il laissa des enfants de Sibylle, son épouse, fille d'Amauri, roi de Jérusalem. Guillaume de Tyr, dans le portrait qu'il trace de Guillaume *Longue-épée* (p. 1004), dit qu'il était d'une taille avantageuse, qu'il avait les traits du visage agréables, l'œil vif, la chevelure blonde, qu'il se livrait facilement à la colère; qu'il était libéral jusqu'à la prodigalité, indiscret dans ses discours, fort adonné aux plaisirs de la table, d'ailleurs d'une valeur à toute épreuve et exercée dès les premières années de sa jeunesse. L'an 1179, la marquise, femme de Guillaume le Vieux, se met en route pour visiter les saints lieux ; et ayant pris sa route pour s'en revenir par Constantinople, elle y assiste aux noces de Reinier, son second fils, et de Marie, fille de l'empereur Manuel, qui déclara son gendre césar, et roi de Salonich ou Thessalonique.

Guillaume le Vieux, en 1185, fait à son tour le voyage de la Terre-Sainte, pour secourir Baudouin V, roi de Jérusalem, son petit-fils, qu'il eut la douleur de voir expirer à ses yeux, l'année suivante. S'étant trouvé, l'an 1187, à la funeste journée de Tibériade, il y perdit la liberté. Conrad, son second fils, était alors en route pour venir le joindre. Ayant appris, à Constantinople, la captivité de son père, et les progrès de Saladin, qui, déjà maître de presque toutes les places du royaume de Jérusalem, menaçait la ville de Tyr, il fait voile de ce côté là, débarque au port de Tyr, lorsque l'armée de Saladin approchait de la ville pour en faire le siège, et y est reçu comme un ange de Dieu, par les habitants, qui l'élisent aussitôt pour leur seigneur. Conrad répondit parfaitement à l'attente des Tyriens. Saladin, étonné de sa brave défense, fait amener Guillaume le Vieux sous les murs de la place, offrant de le remettre en liberté si Conrad veut lui remettre Tyr, et menaçant de le faire mourir en cas de refus. Conrad, sans être ému ni de l'offre ni de la menace, répond qu'il sera le premier à tirer sur son père, si Saladin ne le présente là que pour mettre un obstacle à la défense de la ville : réponse fondée sans doute sur l'humanité connue du prince musulman. Saladin, effectivement, ne fit aucun mal au vieux marquis ; mais ne voulant point consumer inutilement ses forces devant Tyr, et perdre ainsi le fruit de la victoire de Tibériade, il tourne ses armes vers les places voisines de Jérusalem. Elles firent moins de résistance, et la ville sainte elle-même tomba, le 2 octobre, au pouvoir des Musulmans. Conrad, cependant, avec le secours des Pisans, ayant équipé une flotte considérable, faisait des courses sur les vaisseaux des Infidèles. Furieux de deux victoires qu'il avait remportées sur sa flotte, Saladin revient devant Tyr, et se voit encore obligé de se retirer, le 31 décembre 1187, après avoir mis le feu lui-même à ses machines de guerre. Ce fut alors que pour exprimer sa douleur, et pour exciter les siens à la vengeance, il fit couper la queue à son cheval; et *c'est de là probablement*, dit M. de Saint-Marc, *que prit naissance la coutume que les Turcs ont d'attacher, en signe de guerre, une queue de cheval à leur étendard.* Les Tyriens, l'année suivante, vont, par ordre de Conrad, avec leurs forces navales, attaquer Azot, où ils prennent l'amiral par qui le roi Gui de Lusignan avait été fait prisonnier. Ce fut alors que Conrad recouvra son père en échange de cet officier. Guillaume le Vieux touchait alors au terme de ses jours, qu'il ne paraît pas avoir prolongé au-delà de l'an 1188 (Saint-Marc, t. VI, p. 34, col. 2.) Il avait épousé, 1°. Sophie, nommée Ottena par le P. Sébastien Paoli, fille de l'empereur Frédéric *Barbe-Rousse*; 2°. Julie, dite aussi Gutta, Julite et Judith, de la maison des marquis d'Autriche, dont il eut cinq fils et deux filles. Les fils sont Guillaume; Conrad, qui suit; Reinier, que nous avons vu créé césar et roi de Thessalonique; Boniface, qui succéda à Conrad; et Frédéric, qui fut évêque d'Albe. Reinier n'alla point résider en son royaume, et resta à la cour de Constantinople, où il eut part, après la mort de Manuel, son beau-père, au soulèvement qu'excitèrent la conduite de l'impératrice Marie d'Antioche, et celle de son ministre, le sebastocrator Alexis. Il y mourut au commencement du règne d'Andronic Comnène. Jourdaine, fille aînée de Guillaume le Vieux, épousa le comte de Blandrate, et non le jeune empereur Alexis, fils de Manuel, comme quelques uns le prétendent. Béatrix, la seconde, fut mariée à Guigues V, premier comte de Viennois. Agnès, la dernière, épousa, 1°. Gerra, comte de la Romandiole; 2°. Albert, marquis de Malaspina.

CONRAD.

1188. Conrad, second fils de Guillaume le Vieux, joignit à la seigneurie de Tyr, qui lui avait été déférée en 1187, le marquisat de Montferrat, après la mort de son père. Il était dès-lors célèbre, comme on l'a vu, par de grands exploits, que nous ne répéterons pas. Nous ajouterons seulement, que sa première expédition fut contre Chrétien, archevêque de Mayence, que l'empereur Frédéric, après avoir fait sa paix, en 1177, avec le pape Alexandre III, avait laissé en Italie avec une armée. Ce prélat étant venu, l'an 1178, assiéger Viterbe, où l'antipape Calliste s'était réfugié, Conrad marcha au secours de la place, appelé par les nobles, et fit prisonnier l'archevêque, qu'il retint deux ans dans les prisons d'Aquapendante, jusqu'à ce qu'il eut payé sa rançon. Ce fut en 1186 que Conrad partit pour l'Orient. Son dessein était d'aller droit à Jérusalem; mais les vents le poussèrent à Constantinople. Il y arriva dans le tems que l'empereur Isaac était sur le point d'être détrôné par Théodore Branas, qu'un parti considérable de rebelles avait proclamé empereur. Déjà celui-ci, maître de la campagne, s'avançait vers Constantinople, dans le dessein de l'assiéger. Ravi de l'arrivée du marquis, Isaac le retint, et pour se l'attacher, il lui donna en mariage Théodora, sa sœur, avec le titre de césar, et le commandement de ses troupes. Conrad les ayant formées en ordre de bataille, se place au centre, et marche à l'ennemi. Dès qu'on fut à la portée du trait, les escarmouches commencèrent. Mais vers le midi, Conrad ayant donné le signal de la bataille, enfonce l'armée des rebelles au premier choc, et la met en déroute. Branas fait d'inutiles efforts pour arrêter les fuyards. Ni sa voix ni son exemple ne peuvent les rassurer. Désespéré de leur lâcheté, il court lui-même à Conrad. La mort de ce brave guerrier eût décidé la victoire. Il lui lance son javelot, qui ne fait que lui effleurer l'épaule. Conrad, empoignant sa pique à deux mains, la lui porte au visage, et le renverse à bas de son cheval. Comme Branas demandait quartier; *ne crains rien*, lui dit Conrad, *il ne t'en coûtera que la tête*, et aussitôt il le fait expédier par ses gardes. L'empereur, qui avait assisté à la bataille, rentre triomphant dans Constantinople, faisant porter devant lui au bout de deux lances, la tête et le pied de Branas. L'an 1187, tandis qu'Isaac est en marche pour aller combattre les Bulgares, Conrad s'embarque et fait route pour la Syrie, où il aborde le jour même que se donna la bataille de Tibériade. Saladin, après avoir échoué deux fois, comme on l'a dit, devant Tyr, défendu par Conrad, alla faire, au mois de janvier 1188, le siége de Tripoli. Une flotte de Siciliens étant arrivée dans ces entrefaites, Conrad l'envoie, sous les ordres d'un brave espagnol, nommé le Chevalier Verd, de la couleur de ses armes, au secours de la place, dont il oblige Saladin d'abandonner le siége. Conrad, de son côté, courut la mer de Syrie avec les Pisans, et remporta, sur la flotte de Saladin, les victoires dont on a parlé. Les affaires des Chrétiens, par la valeur du marquis, commençaient à se rétablir en Palestine. Gui de Lusignan, roi de Jérusalem, fait prisonnier à la bataille de Tibériade, fut remis en liberté au mois de mars 1188. Il voulut se retirer à Tyr; mais Conrad, appréhendant qu'il ne s'en rendît maître, lui en ferma les portes, et l'obligea d'aller s'établir à Tripoli. Il n'y resta pas oisif. Assuré d'un secours prodigieux, qui devait lui venir de toutes les parties de l'Europe, il assemble, en l'attendant, une flotte qu'il mène devant Acre, dont il entama le siége, au mois d'août 1189. Conrad ne tarda pas à s'y rendre, et se vit chargé, dès qu'il parut, de la conduite de cette entreprise. Lusignan, dans ces entrefaites, perdit son titre de roi, par la mort de Sybille, sa femme, du chef de laquelle il le tenait. Les droits de cette princesse au royaume de Jérusalem, passèrent à sa sœur Isabelle, mariée pour lors au connetable Humphroi de Thoron. Conrad, veuf pour lors de THEODORA L'ANGE, ambitionnant cette faible royauté, fait casser le mariage d'Isabelle, et l'épouse. L'empereur Frédéric I s'avançait cependant par terre avec une armée considérable vers la Palestine. Mais ce prince, arrivé en Cilicie, eut le malheur de se noyer, le 10 juin 1190. Frédéric, son fils, duc de Suabe, qui l'accompagnait, ayant pris le commandement de ses troupes. les conduit à Antioche, d'où il mande à Conrad de venir le joindre pour l'amener au siège d'Acre. Conrad défère à cette invitation, et sur sa route, il reçoit, à Tyr, le comte de Champagne, qui vint y débarquer. Mais son retour d'Antioche, avec le duc de Suabe, ne fut point sans danger. Saladin, instruit de ce qui se passait, dit la chronique de Sicard, avait envoyé l'armée que Rachardin, son frère, et Marabalin, son fils, commandaient, occuper le district de Baruth. Le duc et le marquis, pour éviter leur rencontre, se rendirent à Tripoli, continuellement harcelés, de différentes manières, par les Sarrasins. Ils s'y embarquèrent, et firent voile vers Tyr, d'où ils arrivèrent au siège d'Acre, dans le mois de novembre 1190. Le marquis, à la prière du duc, reprit le commandement de l'armée, qu'il garda jusqu'à l'arrivée de Philippe Auguste, roi de France, c'est-à-dire jusqu'au 20 avril 1191. Mais quoique subordonné à ce monarque, il n'en dirigea pas moins les opérations du siège. Son influence diminua lorsque le roi d'Angleterre eut paru. Fatigué des mauvais procédés de ce prince, il quitta le camp avec ses troupes pour s'en retourner à Tyr. Mais le besoin qu'on eut de lui, le fit presque aussitôt rappeler : nous voyons, en effet, que la place ayant offert, le 12 juillet 1191, de se rendre, ce fut Conrad qui régla les articles de la capitulation. Le roi de France, qui relevait d'une grande maladie, songeait dès-lors à reprendre la route de ses états. Le jour de son départ étant fixé, le marquis se chargea de l'accompagner jusqu'à Tyr, où il s'embarqua, le 3 août 1191. La contestation entre Conrad et Gui de Lusignan, pour le royaume de Jérusalem, n'était pas encore décidée. Le roi d'Angleterre favorisait hautement le dernier. N'osant néanmoins trancher l'affaire d'autorité, il assembla, dans le mois d'avril 1192, les barons, pour procéder à l'élection d'un roi. La pluralité, contre son attente, fut pour Conrad, à qui Richard manda lui-même cette nouvelle à Tyr. Mais le jour même qu'il la reçut (29 avril), il fut assassiné par deux émissaires du Vieux de la Montagne. Tous deux ayant été arrêtés, l'un, suivant la chronique de Sicard, fut brûlé vif sans rien avouer; l'autre, pendant qu'on l'écorchait, confessa *qu'envoyé par le Vieux, son seigneur, il avait agi par ordre du roi d'Angleterre*. Trois jours après, la veuve de Conrad, dont il laissa Marie, femme de Jean de Brienne, fut remariée, malgré elle, à Henri, comte de Champagne, après la mort duquel elle épousa, en quatrièmes noces, Amauri de Lusignan; (Voy. *les rois de Jérusalem*.)

BONIFACE II.

1192. BONIFACE, frère puîné de Conrad, et non pas son aîné, comme le prétend Sébast. Paoli, lui succéda au marquisat de Montferrat, qu'il gouvernait pendant son absence, et à la seigneurie de Tyr. Il était alors en guerre depuis un an, avec les Astesans qu'il avait défaits le 19 juin 1191, dans une bataille donnée près de Montiglio. Les prisonniers qu'il fit, au nombre de deux mille, en cette occasion, languirent dans les fers pendant trois ans, et n'en sortirent qu'en payant une forte rançon. Cette guerre, interrompue par des trêves ou des paix mal observées, ne fut totalement terminée qu'en 1206. Boniface fut un des seigneurs d'Italie, qui témoignèrent le plus d'attachement à l'empereur Henri VI. Il ne servit pas un ingrat. Ce prince, l'an 1193, par son diplôme du 4 décembre, lui fit don de la ville d'Alexandrie de la Paille, qui est nommée dans cet acte Césarée, pour effacer, s'il était possible, le souvenir de l'échec que l'empereur Frédéric, son père, avait reçu devant cette place, avant qu'elle fût achevée de bâtir. (Benvenuto di San-Giorgio, pag. 360.) L'an 1201, après la mort de Thibaut III, comte de Champagne, ayant été choisi pour chef d'une nouvelle croisade, il se rendit avec le comte de Flandre, et quatre autres seigneurs à Venise, pour demander à la république qu'elle les aidât de sa marine à conduire les armées chrétiennes en Syrie, parce que les mouvements qui se faisaient à Constantinople et dans l'Asie, ne leur permettaient pas de prendre une autre route que celle de la mer Adriatique. Le doge Henri Dandolo, avec lequel ils traitèrent, s'engagea de leur fournir des vaisseaux pour le transport de quatre à cinq mille hommes d'armes et de vingt mille fantassins, avec des vivres pour neuf mois, moyennant un prix convenu. Boniface, après la conclusion du traité, passa en France pour se concerter avec les principaux seigneurs croisés. Il les trouva rassemblés à Soissons, où il reçut la croix des mains de l'évêque diocésain et de Foulque de Neuilli, prédicateur de cette expédition. De là étant allé à la cour de Philippe de Suabe, roi de Germanie, il revint en Italie pour mettre ordre aux affaires de son état. L'année 1202, il vint joindre à Venise l'armée qu'il devait commander. Mais le doge ayant engagé les autres chefs à faire le siège de Zara, en Dalmatie, il s'opposa à leur délibération, et refusa de prendre part à cette expédition. Le scrupule d'employer, contre des Chrétiens, des forces destinées à combattre les Infidèles, fortifié par la défense du pape, fut ce qui le retint. Mais lorsqu'il vit les croisés revenir triomphants, il changea de façon de penser, et ne fit pas de difficulté de les mener à Constantinople pour rétablir l'empereur Isaac, détrôné par Alexis, son frère. Ce n'est pas ici le lieu de faire le détail de cette seconde expédition. Il doit nous suffire de toucher les principaux événements auxquels eut part le marquis de Montferrat. La prise de Corfou fut la première conquête que firent les croisés en sortant de la mer Adriatique. Mais pendant le séjour qu'ils firent en cette île, la division se mit parmi eux. Plusieurs refusaient d'aller à Constantinople, par le même motif qui avait empêché le marquis d'aller devant Zara. Mais Boniface, délivré de ses scrupules, travailla à en guérir les autres, et y réussit de manière, qu'à un petit nombre près, qui fit voile pour la Palestine, ils ne firent plus difficultés de le suivre. Les croisés menaient avec eux le jeune Alexis, fils de l'empereur Isaac, qui était venu implorer leur assistance à Venise. Boniface, allié de ce prince, par le mariage que Conrad, son frère, avait contracté avec Théodora, fille d'Isaac, lui tenait lieu de mentor. Son oncle, le tyran Alexis, ayant pris la fuite, le 18 juillet 1203, comme les croisés se disposaient à donner l'assaut à Constantinople, le marquis eut la satisfaction de voir, ce même jour, Isaac et son fils, rétablis sur le trône. Mais les querelles qui s'élevèrent bientôt entre les croisés et les Grecs, replongèrent cette ville dans la confusion, et précipitèrent la perte de ces deux princes. Un nouveau tyran s'étant élevé à la faveur des troubles, étrangla le fils, tandis que le père expirait dans son lit. Constantinople, assiégée de nouveau par les croisés, est prise d'assaut le 12 avril 1204. Le marquis s'était emparé du palais de Bucoléon, y trouva deux grandes princesses, Agnès, sœur du roi Philippe Auguste, et l'impératrice Marguerite, tante de Béla IV, roi de Hongrie, et veuve d'Isaac, qu'il traita, l'une et l'autre, avec les honneurs dus à leur rang, et dont il épousa la seconde. Son humanité et sa religion parurent aussi dans la défense qu'il fit au soldat, en lui permettant le pillage, d'attenter à la vie des citoyens, à l'honneur des femmes, et aux trésors des églises : défense, à la vérité, qui fut mal observée, comme le témoigne la lettre du pape, écrite au marquis pour se plaindre du pillage des églises, et des violences faites aux femmes par les croisés. Il fit aussi preuve d'équité, en ordonnant que tout le butin serait apporté dans trois églises, pour être partagé entre les Vénitiens et les Français. Douze électeurs, tirés par moitié de ces deux nations, s'étant ensuite mis en devoir de procéder à l'élection d'un empereur latin, le plus grand nombre penchait pour le marquis de Montferrat; mais le doge Dandolo, craignant pour sa république l'agrandissement d'un prince dont les états avoisinaient les siens, fit donner la préférence au comte de Flandre. Le marquis, après le couronnement du nouvel empereur, fut investi par lui du domaine de l'île de Crète, ou Candie, et de tous les pays situés au-delà du Bosphore, comme on en était convenu avant l'élection. Mais, peu content de ce lot, il obtint, en échange des terres d'Asie, le district de Thessalonique, qui fut érigé en royaume. Les Vénitiens lui payèrent, de plus, mille marcs d'argent pour l'île de Candie qu'il leur céda. Mais à peine fut-il en possession de son royaume, qu'il se le vit enlever par l'empereur Baudouin avec lequel il s'était brouillé. Irrité de cette perte, il alla, par représailles, faire le dégât jusqu'aux portes de Constantinople. Il eût poussé sa vengeance plus loin, sans l'intervention du doge de Venise et des comtes de Saint-Pol et de Blois, qui ménagèrent sa réconciliation avec l'empereur. Son royaume lui ayant été rendu, il employa ses soins à l'affermir et à l'étendre par ses conquêtes. Il assiégea Corinthe, où régnait le ci-devant empereur Alexis, et s'en étant rendu maître, il envoya ce prince et son fils sur un vaisseau de Porto-Vénéré, à Gênes, où Guillaume, son fils, vint prendre ces deux illustres prisonniers pour les amener à Montferrat. Mais pendant son absence, la ville de Thessalonique s'étant révoltée, l'an 1205, contre la reine, sa femme, reçoit un seigneur bulgare, nommé Exismeno, à qui elle défère la souveraineté. La reine, assiégée dans le château où elle s'était retirée, s'y défend en héroïne. Son époux, s'étant mis en marche pour venir à son secours, apprend sur la route qu'elle a forcé l'ennemi à lever le siége. L'an 1207, Agnès, sa fille, épouse, le 4 février, dans Sainte-Sophie, l'empereur Henri, frère et successeur de Baudouin. Boniface termina ses jours la même année. Sa mort est racontée diversement. Benvenuto dit qu'elle fut occasionée par une flèche empoisonnée, dont il fut blessé au siége de Satalie, ville de l'Asie mineure, que le sultan d'Iconium avait enlevée aux Grecs. Du Cange dit au contraire que, revenant de Constantinople avec peu de gens, il tomba dans dans un parti de bulgares, qui lui coupèrent la tête, et l'envoyèrent au roi leur maître. Il avait été marié deux fois. De sa première épouse, ELÉONORE, fille d'Humbert III, comte de Savoie, il laissa Guillaume, qui lui succéda au marquisat de Montferrat, et Agnès, dont on vient de marquer le sort. L'impératrice MARGUERITE, sa seconde femme, veuve de l'empereur Isaac l'Ange, le fit père de Démétrius, qui eut en partage le royaume de Thessalonique.

GUILLAUME IV.

1207. GUILLAUME, fils aîné de Boniface et son successeur au marquisat de Montferrat, épousa, l'an 1211, BERTHE, fille de Boniface, marquis de Gravesane, qui lui apporta en dot le lieu dit Montebarcherio, et une partie de Cortemiglia. Guillaume n'attendit pas la mort de son père, pour se distinguer par ses exploits militaires. Dès l'an 1191, il avait accompagné l'empereur Henri VI dans son expédition de Sicile. L'an 1194, il fit le siége de Gaëte, avec Marquard, sénéchal de l'empereur, et Albert d'Olevano, podestat de Gênes. La place ne fit pas une longue résistance. Il eut aussi part au siége de Naples, qui suivit et fut commencé le 23 août de la même année. Après la prise de cette ville, qui ne tarda pas à se rendre, il fut envoyé par l'empereur contre Salerne, celle de toutes les villes rebelles qui avait le plus irrité ce monarque pour avoir livré sa femme à Tancrède. Le siége fut poussé si vivement et avec tant d'habileté, que la place fut réduite en peu de tems. Raoul *de Diceto*, qui écrivait en Angleterre, fait une peinture horrible du traitement que Guillaume fit subir à cette malheureuse ville, après s'en être rendu maître. La plupart des habitants, selon lui, furent massacrés, d'autres mis à la question, d'autres bannis, sans parler des femmes qui furent violées impunément. Toutes les fortifications, ajoute-t-il, furent détruites; en un mot Salerne, cette ville si belle et si opulente, perdit alors sa splendeur, qu'elle n'a jamais pu recouvrer. Mais il est bon de remarquer que les écrivains d'Italie gardent un profond silence sur ces horreurs, qu'ils n'auraient pas oubliées, s'il n'y avait pas d'exagération dans le récit de l'historien anglais.

L'an 1207, après la mort de son père, Guillaume passe en Thessalie avec un corps de troupes, pour affermir Démétrius, son frère, dans ce royaume, et assiste à son couronnement.

Après avoir mis les affaires de ce prince en bon état, il revint dans son marquisat pour mettre ordre aux siennes. Les villes d'Italie, jalouses les unes des autres, se faisaient alors la guerre entre elles. Les Milanais s'étaient ligués avec Thomas, comte de Savoie, contre les Pavesans, le marquis de Montferrat prit parti pour ces derniers. Il s'en trouva mal; les Milanais, supérieurs en forces, détruisirent, l'an 1215, son château de Casal-Saint-Euvaise, à la prière des Verceillois, que cette place incommodait. L'an 1217, Pierre de Courtenai passant par l'Italie pour aller recevoir la couronne de l'empire grec à Rome, Guillaume l'accompagna, et fut présent à la cérémonie qui se fit, le 9 avril, dans l'église de Saint-Laurent, hors des murs. Avant que de prendre congé de ce prince, il en obtint la confirmation du royaume de Thessalonique pour Démétrius, son frère, avec la succession éventuelle pour lui-même. Cette faveur, depuis ratifiée par Robert de Courtenai, successeur de Pierre à l'empire, n'empêcha pas Théodore l'Ange, prince d'Epire, d'enlever, l'an 1222, et non 1219, ce royaume à Démétrius, tandis qu'il était à Rome. L'an 1224, le marquis, avec le secours du pape, lève une armée pour rétablir son frère. Mais l'argent lui manquant, il va trouver en Sicile l'empereur Frédéric II, dont il obtient sept mille marcs d'argent, pour lesquels il lui engage, par acte passé, le 24 mars, à Catane, la moitié de ses terres. Avec cette somme, il fait ses préparatifs; mais comme il est prêt à se mettre en route, il est retenu par une maladie pendant laquelle ses troupes se dissipèrent. Obligé, après son rétablissement, de faire de nouvelles levées, il se rendit, après les avoir complétées, à Brindes, où les approches de l'hiver lui firent suspendre son embarquement jusqu'au mois de mars de l'année suivante. Ce fut alors qu'ayant mis à la voile avec Démétrius, son frère, et son fils Boniface, il fit route vers le pays qu'il voulait reconquérir. A ses troupes, l'empereur Robert et plusieurs princes latins d'Orient, sollicités par le pape, joignirent, lorsqu'ils fut arrivé en Thessalie, des secours assez considérables. Les avantages qu'il remporta d'abord, étonnèrent l'usurpateur. Mais sa mort, survenue au mois de septembre de la même année, fit évanouir cette expédition. Benvenuto prétend qu'il fut empoisonné. De son mariage, il laissa le fils dont on vient de parler; Alix, première femme de Henri I, roi de Chypre, morte en 1233; et Béatrix, femme d'André, dauphin de Viennois. BERTHE, femme de Guillaume, lui survécut au moins jusqu'à l'an 1233, comme on le voit par la donation qu'elle fit cette année, le 23 mars, de l'hôpital de

Saint-Jacques, à l'église de Sainte-Marie de Montcenis. (Benvenuto di San-Giorgio, col. 382.)

BONIFACE III, DIT LE GÉANT.

1225. BONIFACE, fils et successeur de Guillaume, était d'une si haute taille, qu'il passait du cou et de la tête les hommes les plus grands ; c'est la raison du surnom de *Géant* qui lui fut donné. Après la mort de son père, qu'il avait accompagné, comme on l'a dit, en Thessalie, il ramena en Italie son armée, que la dysenterie avait diminuée de plus de moitié. Les officiers de l'empereur Frédéric II, qui avaient régi le Montferrat, durant son absence et celle de son père, lui remirent le gouvernement à son retour, et se retirèrent. Démétrius, son oncle, était cependant resté en Thessalie : mais Théodore l'Ange le contraignit bientôt de vider le pays et d'aller rejoindre son neveu. Ces revers ne lui firent pas néanmoins perdre l'envie ni l'espérance de recouvrer son royaume. L'an 1227, l'empereur Frédéric II, tenant sa cour à Pavie, Démétrius vint le trouver pour le prier de l'aider dans la nouvelle expédition qu'il projetait de faire en Grèce. Frédéric lui promit des troupes. Mais comme il faisait ses préparatifs, la mort le surprit l'an 1227, ne lui ayant laissé que le tems de faire son testament, par lequel il instituait l'empereur son héritier. Boniface, s'étant brouillé, l'an 1231, avec Thomas, comte de Savoie, lui déclara la guerre, et se rendit maître de Turin, qui fut repris, l'an 1234, par Amédée, fils et successeur de Thomas. L'an 1239, le 4 septembre, Guillaume Isambart, et maître Guillaume des Vignes, juges de la cour impériale, tous deux nonces de l'empereur, remirent, au marquis Boniface, dans son château de Clavasio, lieu de sa résidence, les lettres de ce prince, par lesquelles il renonçait, tant à la succession de Démétrius, qu'aux droits que pouvait exercer Conrad, son fils, sur le marquisat de Montferrat, du chef d'Yolande, son aïeule maternelle, fille de Conrad, roi de Jérusalem. Ces lettres, scellées en or, et rapportées par Benvenuto (col. 385, 386), sont datées de Pizzighitone, le 31 août de cette année. Frédéric étant mort l'an 1250, le marquis Boniface fut un de ceux qui se déclarèrent le plus hautement en faveur du roi Conrad, son fils, que plusieurs villes de Lombardie refusèrent de reconnaître pour leur souverain. Les Alexandrins, profitant des troubles, se jetèrent sur le Montferrat, dont ils enlevèrent plusieurs châteaux et ravagèrent les campagnes. Boniface, pour les réprimer, fit alliance, au mois de décembre 1252, avec les Pavesans, et remporta sur eux divers avantages. Dans le même tems, ils furent mis au ban de l'empire avec le marquis de Lanza, qu'ils avaient choisi pour leur capitaine. Menacés de voir fondre sur eux toutes les forces de l'Allemagne, ils consentirent à rendre au marquis de Montferrat les places qu'ils lui avaient prises. Boniface, au mois de mai de l'année suivante, reçut de Conrad une nouvelle investiture de ses états. Il n'en jouit pas long-tems depuis, étant mort l'an 1254. Son corps fut inhumé dans l'église de Sainte-Marie de Loccedio. De MARGUERITE, son épouse, fille d'Amédée III, comte de Savoie, il laissa un fils, qui suit, et Adélaïde, femme d'Albert le Grand, duc de Brunswick.

GUILLAUME V, DIT LE GRAND ET LONGUE-ÉPÉE.

1254. GUILLAUME, à qui sa valeur et ses exploits firent donner le surnom de *Grand*, succéda au marquis Boniface, son père, dans le Montferrat, qu'il étendit par l'acquisition de Verceil et d'autres terres. L'an 1264, le 14 mai, il fit, avec les agents de Charles d'Anjou, comte de Provence, et depuis roi de Sicile, un traité d'alliance, portant que les ennemis de l'un en Lombardie seraient réputés les ennemis de l'autre, et qu'ils se prêteraient un secours mutuel pour défendre leurs domaines en ce pays-là. Il faut remarquer que Charles possédait en Piémont les villes d'Albe et de Quiérasque, avec les terres de Cuneo, de Savillan et de Montevico, et que de plus il s'était rendu maître de Turin, en 1262, avec le secours de Guillaume. (*Voy.* Boniface, *comte de Savoie.*) Guillaume avait épousé, par contrat du 28 mars 1257, ISABELLE, fille de Richard, comte de Glocester, frère du roi d'Angleterre. Devenu veuf au mois d'août 1271, il se rendit en Espagne, où il reçut la main de BÉATRIX, fille d'Alfonse l'Astrologue, roi de Castille. Il conclut, dans le même tems, par traité du 18 octobre, le mariage de Marguerite, qu'il avait eu d'Isabelle, avec l'infant don Juan, fils de ce même Alfonse. Ce monarque prenait alors le titre d'empereur, et, en cette qualité, il établit son *vicaire* en Italie, par lettres du 20 novembre suivant, le marquis, son gendre, avec les pouvoirs les plus étendus. Mais ce titre s'évanouit, l'an 1273, par l'élection de Rodolphe de Habsbourg, roi des Romains. Cette année, le marquis de Montferrat conclut une ligue avec les Génois, les Astesans et les Pavesans, pour arrêter les progrès du roi de Sicile, qui leur faisait la guerre dans la vue de subjuguer toute la Lombardie. Le pape Grégoire X, instruit de cette confédération, fulmine, à la sollicitation de Charles, une sentence d'excommunication contre le marquis et ses alliés ; comme si c'eût été un crime à des princes et à des villes libres de se liguer ensemble pour s'opposer aux projets ambitieux d'un monarque étranger, qui cherchait à les opprimer. Cet abus visible de la puissance spirituelle ne produisit aucun effet. Le marquis ayant reçu des troupes du roi de Castille, son beau-père, vint assiéger, avec ses confédérés, la ville d'Alexandrie, qui s'était donnée au roi de Sicile, et la contraignit, par capitulation, de secouer le joug de ce prince pour se joindre à lui. Il attaqua, avec le même succès, la plupart des autres villes du Piémont, qui appartenaient à Charles, et leur imposa la même condition. L'an 1278, les Milanais, battus par Cassoné della Torré, chef des Torriani, qu'ils avaient chassés de leur ville, élisent, le 16 août, pour leur capitaine, le marquis de Montferrat, auquel ils décernent dix mille livres d'appointements pour chacune des cinq années que devait durer son commandement. Le marquis, au commencement de septembre suivant, les mène dans le Lodigian, dont la capitale servait de retraite aux Torriani, fait le dégât dans le pays, et s'empare sans peine de quelques châteaux mal fortifiés. Mais, apprenant que les Crémonois, les Parmesans, les Modénois, et ceux de Reggio, venaient au secours des Torriani, il prit le parti de s'en retourner à Milan. En rentrant dans cette ville, il la trouva divisée en deux partis, dont l'un voulait que l'on continuât la guerre, et l'autre désirait la paix. Le premier ayant prévalu, Guillaume refusa de ramener les Milanais en campagne, à moins qu'on ne lui donnât pouvoir de faire la paix comme la guerre, suivant qu'il le jugerait convenable. Ayant gagné ce point, il part, et va faire de nouvelles incursions dans le Lodigian. Cassoné et Raymond della Torré, archevêque d'Aquilée, rendirent la pareille aux Milanais, et prirent sur eux différentes places. Le marquis, en vieux renard, dit Muratori, ne se trouvant pas en forces vis-à-vis de ces deux chefs, eut recours à la ruse. Il s'abouche secrètement avec eux, et vient à bout de les amener à un traité de paix, dont les conditions, arrêtées au mois de mars 1279, portaient que les prisonniers seraient rendus de part et d'autre, que les places enlevées aux Milanais seraient mises entre les mains de personnes neutres, et que les Torriani rentreraient en possession de leurs biens allodiaux. Croyant qu'on agissait avec eux de bonne foi, ceux-ci se hâtèrent de remplir leurs engagements. Mais le marquis, ayant obtenu ce qu'il souhaitait, et surtout la délivrance des prisonniers milanais, se moqua des Torriani, et ne tint compte des promesses qu'il leur avait faites. Ils se plaignirent hautement de cette perfidie dans un manifeste qu'ils envoyèrent au pape Nicolas III, au roi de France, et à d'autres princes. Ils adressèrent leurs plaintes au marquis lui-même, dont la réponse fut qu'il avait bien le pouvoir de donner des paroles, mais que c'était aux Milanais à les exécuter. La guerre recommence, et Godefroi della Torré la fait avec succès. L'an 1281, le marquis s'étant acheminé avec sa femme Béatrix, pour aller voir le roi de Castille, son beau-père, est arrêté et fait prisonnier en Savoie, par le comte Philippe I, son oncle maternel. Les conditions que ce prince lui imposa pour sa délivrance, furent de renoncer à ses prétentions sur Turin et les autres places du Piémont, et de s'obliger, en donnant des otages, à lui payer six mille besants. Remis en liberté, il continue sa route. Ayant perdu sa femme en Espagne, il revient en Italie sur deux galères génoises, amenant avec lui cinq cents cavaliers espagnols et cent arbalétriers qu'il avait obtenus de son beau-père, avec une bonne somme d'argent. C'était avec ces secours qu'il se flattait de réduire toute l'Italie sous ses lois. Le 25 mai de la même année, bataille sanglante des Milanais, contre les Torriani, sur les bords de l'Adda. Le brave Cassoné y périt, avec un grand nombre des siens, sans parler de huit cents prisonniers que les Milanais firent sur leurs ennemis. L'archevêque Raymond della Torré, consterné de cet échec, prit le parti de s'en retourner dans son église d'Aquilée. Les Lodigians, craignant alors d'être écrasés par les Milanais, demandèrent la paix à l'archevêque Atton, qui l'accorda sans peine, à condition qu'ils renonceraient à la défense des Torriani. Le marquis s'enorgueillit de ses succès, et de capitaine qu'il était, il voulut trancher du souverain à Milan. Ayant gagné les principaux citoyens, il obtint la permission de s'y donner un vicaire et d'y nommer un podestat. Le prélat dissimula cette entreprise; mais il travailla sous main à la faire échouer. Sa partie fut si bien formée, que, le 27 décembre 1282, profitant de l'absence du marquis, que ses affaires avaient appelé à Verceil, il se rendit maître du palais public, d'où il chassa le vicaire du marquis; après quoi il fit signifier à celui-ci qu'il n'eût plus à remettre les pieds à Milan. Ayant ainsi recouvré son autorité dans cette ville, il n'oublia rien pour s'y maintenir. Il conclut des ligues avec ses voisins; il écrivit même à l'empereur pour lui demander du secours contre le marquis; il s'accommoda avec les Torriani, auxquels il rendit leurs biens allodiaux, à condition qu'ils se retireraient à Ravenne pour y fixer leur séjour : condition qu'ils remplirent mal, étant sortis de Ravenne après y être restés quelque tems, pour aller s'établir à Aquilée.

L'an 1284, le marquis donne en mariage sa fille Yolande à l'empereur grec Andronic Paléologue, avec son royaume de Thessalonique pour dot; ce qui prouve que jusqu'alors les marquis de Montferrat avaient conservé quelques domaines en ce pays-là. Le gendre, en retour, donna plusieurs milliers de florins à son beau-père, et s'obligea de lui entretenir, par an, cinq cents cavaliers en Lombardie. Les Grecs, suivant leur usage, changèrent le nom de la nouvelle impératrice en celui d'Irène. Le marquis, avec l'argent qu'il avait reçu d'Andronic, ourdit de nouvelles trames pour son agrandissement. S'étant fait, par ce moyen, un parti dans Tortone, il y entre un jour inopinément au lever de l'aurore, fait main-basse sur ceux des citoyens qui veulent le repousser, tue les uns, dépouille les autres, et les emmène prisonniers. Du nombre de ceux-ci fut l'évêque Melchior, qui s'était toujours opposé aux tentatives du marquis sur cette ville qui était sa patrie. On lui mit pour condition de sa délivrance, qu'il irait, sous bonne garde, inviter les châtelains des différentes places du Tortonez, à se rendre. Mais, n'ayant pu y réussir, il fut massacré comme il s'en retournait; attentat que le marquis désavoua comme ayant été commis à son insu. Mais peu de personnes ajoutèrent foi à ses protestations.

L'an 1289, la guerre éclate entre le marquis et la ville de Pavie, l'une de celles qui s'étaient liguées contre lui avec Milan. Mais étant venu à bout d'attirer à lui la plupart des nobles pavesans, au moment de livrer bataille, il change les dispositions de la ville à son égard, de manière qu'y étant entré pacifiquement, il en est élu capitaine pour dix ans. L'an 1290, pour se venger d'une incursion que les Milanais avaient faite dans le Novarrez, il entre sur leur territoire par représailles, et y fait le dégât. Toutes les villes liguées contre lui se mettent alors en mouvement. Obligé de se retirer, il tourne ses armes contre la ville d'Asti, qui lui avait donné des sujets de mécontentement. Les Astesans, pour n'être point écrasés, eurent recours à la ligue des Milanais; ils s'adressèrent aussi à Amédée, comte de Savoie, et reçurent des secours avec lesquels ils se mirent en état de se défendre et même d'attaquer. Ayant pris par trahison la place de Vignal au Montferrat, ils y firent un butin considérable, dont la principale pièce était le pavillon du marquis. C'était une machine si grande, qu'à peine dix paires de bœufs suffirent pour l'emporter. Maîtres de cette place au moyen de l'or avec lequel ils avaient corrompu la fidélité des habitants, ils employèrent le même expédient pour s'assurer de la personne même du marquis. Les Alexandrins furent ceux qui leur parurent les plus propres à faire ce coup. Ils traitèrent secrètement avec eux, et à l'appât de trente-cinq mille florins d'or, qu'ils leur promirent, ceux-ci s'engagèrent à leur livrer le marquis. Mais ils avaient affaire à un homme qui ne s'endormait pas. Le secret ayant transpiré, il vole sur les lieux avec un corps de troupes, à dessein de punir les conjurés. Sa diligence ne servit, néanmoins, qu'à accélérer l'effet du complot. Le 8 septembre 1290, comme il était occupé à faire ses recherches, il s'élève tout-à-coup une sédition dans la ville. Les bourgeois, supérieurs en forces, se saisissent du marquis et de ses gens, qu'ils laissèrent aller ensuite, après l'avoir enfermé, sous bonne garde, dans une cage de fer. Ce fut dans cette affreuse prison, où il avait passé quinze mois, qu'il termina ses jours, le 6 février, selon Muratori ; le 13, suivant Benvenuto di S. Giorgio de l'an 1292. Telle fut la catastrophe de la tragédie que joua sur le théâtre d'Italie, Guillaume V, marquis de Montferrat. S'il eut de grandes qualités, on ne peut nier, dit Muratori, qu'il eut encore de plus grands vices : heureux, ajoute-t-il, s'il sut employer le tems que Dieu lui laissa pour faire une sincère pénitence. Les Alexandrins, craignant que sa mort ne fût une feinte, lui versèrent sur le dos, pour s'en assurer, du lard et du plomb fondus, après quoi ils rendirent le corps, qui fut inhumé à l'abbaye de Loccedio. Outre les enfants que nous avons nommés, Guillaume laissa de BÉATRIX, sa seconde femme, un fils, qui suit ; et Alasie, femme de Poncello, fils d'Orso-Ursino, patrice romain.

JEAN I, DIT LE JUSTE.

1292. JEAN, né l'an 1276, successeur de Guillaume, son père, apprit sa mort à la cour de Charles II, roi de Naples, où il s'était retiré. Mathieu Visconti, seigneur de Milan, profitant de son éloignement, entre avec une puissante armée dans le Montferrat, où il prend diverses places, et répand une si grande terreur, que le peuple de ce marquisat l'élit pour capitaine avec les appointements de trois mille livres par an. Le nouveau marquis, à son arrivée, est obligé de confirmer cette élection, en donnant à Mathieu des lettres par lesquelles il l'instituait son lieutenant. La ville d'Asti, comme la plupart de celles de Lombardie, était alors partagée entre les deux factions des Gibelins et des Guelfes. Les premiers, ayant appelés à leur secours les marquis de Montferrat et de Saluces, chassent les seconds, qui avaient à leur tête la maison de Solari. Le marquis Jean, en cette occasion, recouvre le grand pavillon que les Astesans avaient enlevé à son père, et bientôt après se remet en possession de la terre de Vignal. Benvenuto met cette expédition en 1294, et Muratori, deux ans plus tard. L'an 1299, ayant fait une nouvelle ligue avec le marquis de Saluces, auquel se joignirent Philippon, comte de Langusco et Mainfroi de Beccaria, il se rend maître, le 18 mars, des villes de Verceil et de Novarre, avec leurs forteresses. Galéas Visconti, fils aîné de Mathieu, n'eut que le tems de s'échapper de Novarre, dont il était podestat. Les Milanais, alarmés de cette double conquête, prennent les armes pour arrêter les progrès du marquis Jean. Celui-ci leur fait accepter une conférence, qui se tient le 1er. mai suivant. On y discuta en présence du marquis de Ferrare, et avec le secours de plusieurs docteurs ès-lois, les prétentions du marquis sur les deux villes qu'il avait prises; et son droit ayant été reconnu, la paix se fit le 4 septembre de la même année; mais elle ne fut pas durable. L'an 1301, le marquis Jean ayant chassé de Verceil la faction des Titioni, et de Novarre celle des Tornielli, les Milanais prennent parti pour ces bannis, qui s'étaient réfugiés chez eux, et se mettent en devoir de les rétablir les armes à la main. Mais, apprenant que les Crémasques, les Lodigians, les Plaisantins, les Crémonois, les Verceillois et les Navarrois, ont fait alliance avec le marquis pour ramener à Milan les Torriani, ils changent de dessein, et restent dans leurs murs, de peur d'une invasion. Le marquis Jean réussit néanmoins, l'an 1302, à faire rappeler les Torriani à Milan, après en avoir fait bannir les Visconti. Depuis l'expulsion des Solari, rien ne lui résistait dans Asti, qu'il gouvernait, suivant l'expression de Muratori, la baguette à la main. Ces bannis, l'an 1304, au moyen des intelligences qu'ils y entretenaient, vinrent à bout d'y rentrer, le jour même de l'Ascension, et d'en chasser, à leur tour, les Gottuani, leurs ennemis, dont ils pillèrent et brûlèrent les maisons. Le marquis Jean, par la chute de cette dernière faction, perdit toute son autorité dans Asti. Il ne survécut pas long-tems à cette disgrâce, étant mort au mois de janvier 1305, sans laisser d'enfants de MARGUERITE, fille d'Amédée V, comte de Savoie, qu'il avait épousée l'an 1296, après avoir été accordé, l'année précédente, avec Marie, fille de Robert de France, sire de Bourbon. Par son testament, il institua son héritière, Yolande, sa sœur, femme de l'empereur Andronic Paléologue, ou celui de ses fils qu'elle choisirait. Mais à peine eut-il les yeux fermés, que Mainfroi, marquis de Saluces, issu d'Anselme, second fils d'Aledran, prétendit, comme plus proche agnat, au marquisat de Montferrat. Cependant, il ne prit d'abord, comme le prouve Benvenuto, par de bons documents, que le titre de gouverneur de cet état, titre qu'il partagea même avec le comte de Langusco, seigneur de Pavie. Il fit plus, il consentit à une députation qui fut faite à l'impératrice de Constantinople, pour la presser de venir elle-même, ou d'envoyer un de ses fils prendre possesion du Montferrat. Mais, sur le bruit qui se répandit que la veuve du feu marquis était enceinte, elle jugea à propos d'attendre l'événement de cette grossesse. Le bruit était faux, et lorsqu'il fut pleinement dissipé, l'impératrice, du consentement de son époux, transporta ses droits, sur la succession qui lui était échue, à son fils, qui suit.

THÉODORE PALÉOLOGUE.

1306. THÉODORE, second fils de l'empereur Andronic Paléologue, et d'Yolande de Montferrat, nommée par les Grecs Irène, arrive en grand cortége, le 16 septembre 1306, à Casal, dans le Montferrat, dont sa mère lui avait cédé la propriété. Il amenait avec lui sa femme ARGENTINE, fille d'Opicin Spinola, l'un des capitaines de Gênes, qu'il avait épousée en passant par cette ville, où il avait débarqué à son arrivée en Italie. En examinant l'état de son marquisat, il ne tarda pas à s'apercevoir que le marquis de Saluces, pendant son administration, en avait cédé frauduleusement quelques places à Charles II, roi de Naples, et en retenait d'autres pour lui. Résolu de les reprendre, il s'aboucha, le jour de saint Michel, à Ponte della Rutta, près de Garzano avec les Astesans, ennemis du marquis de Saluces, et fit alliance avec eux malgré l'opposition de leur capitaine, Philippe de Savoie, prince de Morée, qui le trahissait en se donnant pour son ami. Assuré de leur secours, ou du moins de n'être point traversé par eux, il se met en campagne à la tête des troupes qu'il avait rassemblées, et recouvre, en peu de jours, Montebello, dont les habitants lui firent serment de fidélité. Cet exemple fut suivi de la plupart des autres villes et bourgs du Montferrat. L'an 1307, il vint mettre le siége devant Montecalvo, l'une des places du Montferrat que le marquis de Saluces avait cédées au roi de Naples. Mais, apprenant que les alliés de ce prince venaient au secours des assiégés avec des forces supérieures, il abandonna son entreprise, et alla se placer avec son armée entre Vignal et Lu, deux places voisines l'une de l'autre, dans le dessein de les assiéger toutes deux à la fois. Les habitants de l'une et de l'autre consentirent à se donner à lui, si, dans l'espace de dix jours, le marquis de Saluces ne venait point à leur secours. Celui-ci ayant paru, dans cet intervalle, avec les troupes qu'il avait reçues du roi de Naples, Théodore jugea à propos de se retirer à Russignano, laissant la conduite de son armée à Philippon, comte de Langusco, son beau-frère. Philippon, au mois d'août, en vint à une bataille qu'il perdit avec la liberté. Le roi de Naples, à qui il fut envoyé à Marseille, où il résidait, le fit enfermer dans un château de Provence. Sa captivité fut de six mois, au bout desquels Opicin Spinola, son beau-père, étant venu trouver le roi de Naples, obtint sa délivrance sous la promesse qu'il lui fit d'une flotte pour recouvrer la Sicile. Spinola se fit, de plus, céder par ce prince, toutes ses prétentions sur le Montferrat, avec la restitution des terres de Montecalvo et de Vignal, qu'il retint pour lui-même, au lieu de les rendre au marquis Théodore, à qui elles devaient revenir. Théodore, étant venu trouver, en 1310, l'empereur Henri VII dans la ville d'Asti, reçut de lui, le 26 novembre, l'investiture du Montferrat. L'an 1316, la ville de Casal-Saint-Euvaise, par délibération du 23 mars, se soumit au marquis Théodore, et le reconnut pour son seigneur, avec tous ses descendans mâles et femelles, à perpétuité. Opicin Spinola, son beau-père, étant mort, l'année suivante, à Sarravalle, il hérita, en vertu de son testament, de tous les droits qu'il avait en cette ville. L'an 1338 (et non 1348, comme le marque Chazot), Théodore étant tombé malade à Trin, y termina ses jours le 21 avril. (Benvenuto, Muratori.) De son mariage, il laissa un fils, qui suit, avec une fille, Yolande, mariée, au mois de mai 1330, avec Aimon, comte de Savoie. Le marquis Théodore emporta, dans le tombeau, les regrets de ses sujets, qu'il avait gouvernés, pendant l'espace d'environ trente-deux ans, avec beaucoup de douceur et d'équité. Ce prince aimait les lettres et les cultivait. Dans un voyage qu'il fit à Constantinople, en 1326, il composa en grec un traité de la discipline militaire, qu'il traduisit, l'an 1330, en latin.

JEAN II, PALÉOLOGUE.

1338. JEAN, fils du marquis Théodore et son successeur, homme de cœur et prudent, comme le qualifie Benvenuto, ne négligea rien pour recouvrer les terres que ses voisins avaient usurpées sur le Montferrat pendant la vacance qui suivit la mort du marquis Guillaume V. S'étant allié, dans ce dessein, à la faction des Gibelins, il enleva, l'an 1339, aux princes de Piémont et d'Achaïe, la terre de Calusco, et les autres, qu'ils s'étaient appropriées aux dépens de son marquisat. Les divisions qui régnaient dans la ville d'Asti lui servirent aussi de prétexte pour en disputer la seigneurie à Robert, roi de Sicile, qui en était revêtu. S'étant présenté devant cette place à la tête de ses troupes, le 26 septembre de la même année, il y entra sans résistance, parce que la garnison, faute de paie, avait mis en gage ses armes et ses chevaux. Les Gottuari, les Rotari, et les autres Gibelins qui avaient été chassés, furent aussitôt rappelés, et prirent la place des Solari et de toute la faction guelfe, qui furent obligés de déguerpir à leur tour. Le marquis tira de l'oppression les Gibelins en d'autres villes, et rendit cette faction supérieure dans toute la Lombardie. Les Guelfes, pour reprendre le dessus, eurent recours, l'an 1345, à Jeanne, reine de Naples, qui leur envoya un corps de troupes commandé par Renforzo Dago, son sénéchal. Le siége d'Albe sur le Tanaro fut sa première expédition en Lombardie. S'étant rendu maître de la place, il alla se présenter devant le château de Gamenaro, occupé par les gens du marquis. Il poussa si vivement le siége, que la garnison promit de se rendre si, dans la Saint-Georges prochaine elle ne recevait point de secours. Le marquis arrive dans ce terme avec une armée composée de ses sujets et de ses alliés. Il envoye porter le gage de bataille au sénéchal qui l'accepte. On en vint aux mains ; et après un sanglant combat où trois mille hommes, du nombre desquels fut le sénéchal, restèrent sur la place, le marquis, victorieux, délivra son château et s'en retourna dans le Montferrat. L'an 1347, le 19 juin, la ville de Valence, pour mettre fin aux divisions qui la déchiraient, reconnut, par un acte authentique, le marquis Jean pour son seigneur. Le mois suivant, ligué avec Luchin Visconti, duc de Milan, il combattit pour lui à la sanglante bataille que lui livrèrent le comte de Savoie, celui de Génevois et le prince de Morée, fortifiés des secours que le duc de Bourgogne leur avait fait passer. La victoire, après un grand carnage, se déclara pour ces derniers. Mais la perte que firent, en cette occasion, le duc de Milan et le marquis, ne les empêcha pas de faire de nouveaux progrès. Le marquis acheva de recouvrer les places que la négligence de son père avait laissé démembrer du Montferrat, et rendit son allié maître d'Albe, de Novarre, et d'autres lieux. Luchin reconnut mal ces services ; l'agrandissement du marquis lui donna de la jalousie, et le rendit ingrat. Celui-ci se trouvant, en 1348, à Milan, fut sur le point d'y être arrêté par ses ordres ; mais s'étant aperçu de son dessein à l'air froid et dissimulé qu'il lui montrait, il prit secrètement la fuite, et ne reparut plus dans cette ville. Le marquis n'eut plus dès-lors commerce avec le duc. Il n'en eut pas davantage avec ses successeurs, et ne travailla que pour son compte dans l'usage qu'il fit de ses armes. Par un stratagème ingénieux, il leur enleva, l'an 1356, la ville d'Asti, malgré les efforts qu'ils firent pour la secourir. Il fut également heureux à l'attaque de la ville d'Albe, et vint à bout de faire révolter toutes les autres places du Piémont qui leur obéissaient. Pour se maintenir contre les Visconti, il fit alliance avec le comte de Savoie et avec la ville de Pavie, qu'ils tenaient bloquée pour lors. Après avoir délivré les Pavesans, il prit à son service un corps des grandes compagnies de France, commandé par le comte de Lando, dont le secours lui servit à s'emparer de Novarre. Mais, l'an 1358, il fut obligé de rendre et cette place et celle d'Albe dans une assemblée qui se tint, le 8 juin, à Milan, pour la pacification de la Lombardie, en présence des ambassadeurs de l'empereur Charles IV. La guerre se ralluma, l'an 1369, entre Galéas Visconti et le marquis de Montferrat, à l'occasion suivante : Galéas, en mariant sa fille à Lionel, fils du roi d'Angleterre, lui avait donné en dot la ville d'Albe et d'autres places en Piémont. Lionel étant mort, Edouard Spenser, qu'il avait établi gouverneur de ces places, refusa de les rendre, et défit même une armée que duc de Milan avait envoyée contre lui. Mais comme Spenser manquait d'argent, le marquis étant venu le trouver avec une bourse de vingt-six mille florins d'or, obtint, en lui prêtant cette somme, qu'il lui engageât les places qu'il retenait. Le duc de Milan, instruit de ce traité, conclu le 27 octobre 1369, fait aussitôt passer des troupes dans le Montferrat pour le ravager. Le marquis, de son côté, ayant pris à sa solde Spenser et ses Anglais, va faire le dégât dans le Novarrais. Mais se trouvant, malgré ce renfort, inférieur au duc, il augmenta de nouveau ses forces d'un corps de brigands commandé par le comte Lucio, qu'il prit encore à ses gages. Les hostilités entre ces deux princes ne cessèrent qu'à la mort du marquis, arrivée, comme le prouve Muratori, entre le 14 et le 20 mars 1372. Il avait épousé, 1°. CÉCILE, veuve, suivant Oienhart, d'Amanieu, comte d'Astarac, et fille de Bernard VII, comte de Comminges, dont il n'eut point d'enfants; 2°. ESCLARMONDE, ou ELISABETH, fille de Jacques II, roi de Majorque, qui le fit père d'Otton, de Jean, de Théodore, qui se succédèrent dans le marquisat; de Guillaume, mort au mois de juillet 1400, et de Marguerite, femme de Pierre, comte d'Urgel. Par son testament, le marquis Jean, attendu que tous ses enfants étaient mineurs, leur donna pour tuteurs Amédée, comte de Savoie, et Otton de Brunswick, son parent, qui avait toujours été son principal conseiller, et qui possédait plusieurs châteaux dans le Montferrat, où il avait établi son domicile avant son mariage avec Jeanne, reine de Naples. Elisabeth survécut plusieurs années au marquis Jean II, son époux. Ce fut elle à qui Jacques III, fils de Jacques II, roi de Majorque et son héritier dépouillé, transporta, par son testament, l'an 1375, ses droits sur le royaume de Majorque. Élisabeth, se trouvant hors d'état de les faire valoir par elle-même, les transmit à Louis II, duc d'Anjou, frère de Charles V, roi de France, entre les mains duquel ils s'évanouirent ainsi que ses autres prétentions. (*Voy.* Jeanne première, *reine de Naples.*)

OTTON.

1372. OTTON, dit aussi SECONDOTTO, fils aîné du marquis Jean II, lui succéda seul au marquisat de Montferrat ; mais il posséda, par indivis avec ses frères, la ville d'Asti, comme son père l'avait ordonné. Les Visconti convoitaient toujours cette place avec ardeur. La voyant possédée par des mineurs, ils crurent l'occasion favorable pour s'en rendre maîtres. Galéas, peu de mois après la mort du marquis Jean, vint en faire le siège. Otton de Brunswick essaya vainement de conclure avec lui un traité de paix. Voyant qu'il ne voulait rien relâcher de ses prétentions excessives, il implore le secours d'Amédée VI, comte de Savoie, pour la défense de ses pupilles. Le comte se trouva dans un grand embarras ; il était à la fois parent des jeunes princes et des Visconti. Mais lorsqu'il vit le marquis de Saluces entrer dans l'alliance de ces derniers, la crainte que leur agrandissement ne tournât à son propre désavantage, lui fit prendre le parti de la maison de Montferrat. Il forma lui-même une ligue contre les Visconti, dans laquelle il fit entrer le pape, le marquis d'Est, François de Carrara, et les Florentins. Cependant Galéas continuait le siège d'Asti. Amédée envoya aux assiégés des troupes qui en vinrent souvent aux mains avec les assiégeants. Enfin Otton de Brunswick pourvut si bien à la défense de la ville, que Galéas échoua dans son entreprise, et fut obligé de se retirer. L'an 1377, le jeune marquis, autorisé de son tuteur, termina, le 15 juin, ses différents avec Jean Galéas Visconti, comte de Vertus, par un traité portant qu'il épouserait YOLANDE, sœur de ce dernier et veuve de Lionel, duc de Clarence, et que Jean-Galéas, en considération de cette alliance, lui céderait, après la mort de Galéas, son père, les villes de Casal et d'Asti. Le mariage s'accomplit effectivement à Pavie, le 2 du mois d'août suivant. Mais Jean-Galéas, comptant pour rien ses serments, retint Casal, et faisant semblant de rendre Asti, il obtint artificieusement de son beau-frère, qu'il le garderait à titre de gouverneur. Le marquis ne tarda pas à s'apercevoir qu'il était joué. En vain il voulut se rendre maître d'Asti ; Jean-Galéas refusa constamment de désemparer. La guerre était prête à se renouveler entre les deux beaux-frères, lorsqu'un accident imprévu la prévint. Le marquis Otton était d'un caractère féroce et sujet à des accès de frénésie, dans lesquels il comptait pour rien la vie de ceux qui étaient auprès de lui. L'an 1378, étant à Langirano, dans le Parmesan, au mois de décembre, un léger manquement d'un valet le met tout-à-coup en fureur. Il se jette sur lui, et veut l'étrangler. Un Allemand, compatriote de ce malheureux, pour lui sauver la vie, tire son sabre, et en décharge sur la tête du marquis, un coup dont il mourut quatre jours après, sans laisser de postérité. Sa veuve se remaria à Louis Visconti, seigneur de Lodi, et mourut en 1382.

JEAN III.

1378. JEAN fut le successeur d'Otton, son frère, au marquisat de Montferrat. Comme il n'avait pas encore l'âge de vingt-cinq ans, marqué par son père pour la majorité de ses enfants, Otton de Brunswick, étant revenu de Naples, reprit le gouvernement de ses états. Loin d'y former opposition, Jean, lui-même, le chargea de la régence, par un acte passé publiquement à Moncalvi, ou Montecalvo, le 3 janvier 1379. Le recouvrement d'Asti fut le premier objet des soins du régent. Jean-Galéas, pour amuser Otton et son neveu, consentit à prendre pour arbitres de la querelle, le pape Clément VII, et Amédée VI, comte de Savoie. L'acte de compromis fut dressé, le 22 janvier 1379, dans la place publique de Sainte-Agnès, au diocèse de Verceil, et signé par les procureurs des parties, qui conclurent en même tems une trêve de deux ans et deux mois, en attendant le jugement des arbitres. (Benvenuto, pag. 600.) Chazot dit que le jeune marquis, *voyant qu'il ne pourrait recouvrer Asti par la force, s'accommoda avec Jean-Galéas, et en reçut, par dédommagement, quatre mille florins d'or.* Nous ne voyons pas où il a puisé cette anecdote inconnue à Benvenuto dit San-Giorgio, ainsi qu'à Muratori : la suite même en fait voir la fausseté. L'an 1381, le marquis Jean étant allé avec Otton au secours de la reine de Naples, fut tué, le 25 août, dans une bataille livrée contre Charles *de la Paix*, compétiteur de cette princesse.

THÉODORE II.

1381. THÉODORE, né l'an 1364, successeur de Jean, son frère, dans le marquisat de Montferrat, avait été confié, dès son enfance, par son père, à Jean-Galéas Visconti, comte de Vertus, pour être élevé auprès de lui avec son fils. Dans la trève dont nous avons parlé, conclue, l'an 1379, entre Jean-Galéas et Otton de Brunswick, comme tuteur et gouverneur du marquis Jean III et de ses frères, il y avait un article portant que le jeune Théodore ne pourrait faire avec Jean-Galéas aucun accord capable de lui porter préjudice ou à ses frères. Mais après la mort de Jean III, le marquisat étant dévolu à Théodore, Jean Galéas obligea celui-ci, qu'il tenait toujours en son pouvoir, de faire avec lui un traité de paix, dont un des articles portait que chacun d'eux retiendrait les lieux dont il était en possession. Par là, Jean-Galéas demeura maître d'Asti et de son territoire. Cette ville, dans la suite, fit partie de la dot de Valentine, sa fille, lorsqu'elle épousa Louis, duc de Touraine. Théodore, l'an 1385, eut, avec le comte de Savoie, une guerre qui dura cinq mois, et fut terminée par la médiation de Jean-Galéas, alors seigneur de Milan. Il épousa, l'an 1394, à Chivas, JEANNE, fille de Robert, duc de Bar, qui lui apporta trente-deux mille livres en dot. Nouvelle guerre, en 1396, entre le marquis de Montferrat et Amédée VIII, comte de Savoie, au sujet de leurs limites respectives. Louis, prince d'Achaïe, frère du comte, ayant soudoyé des troupes licenciées de France, s'empare de Montevico et d'autres lieux. Le duc de Milan, choisi pour arbitre l'année suivante, ne vint à bout d'établir entre les parties qu'une trève qui fut prolongée à diverses fois. Mais le marquis ne put recouvrer Montevico, dont la perte fut sans retour pour lui. Malgré le regret qu'elle lui causait, devenu veuf, le 15 janvier 1402, par la mort de Jeanne de Bar, son épouse, il ne laissa pas de s'allier, l'année suivante, à MARGUERITE de SAVOIE, fille de ce même Louis, prince d'Achaïe. L'an 1409, les Génois, pendant l'absence de Boucicaut, leur gouverneur, ayant secoué le joug des Français, se donnent au marquis de Montferrat, qui fait son entrée à Gênes, le 5 du mois de septembre. Boucicaut apprend cette nouvelle à Milan, et se met en mouvement pour aller soumettre les rebelles; mais le marquis, étant venu au-devant de lui dans l'Alexandrin, lui livre une bataille où il le met en déroute. Les Français sont obligés de repasser les Alpes, et le gouvernement de Gênes demeure entre les mains du marquis.

L'an 1414, l'empereur Sigismond, par ses lettres données à Heidelberg, le 20 septembre, établit Théodore et ses successeurs au marquisat de Montferrat, vicaires perpétuels de l'empire, en Lombardie, privilége qui leur fut confirmé dans la suite par les empereurs Frédéric III et Maximilien, son fils. L'an 1418, le marquis Théodore finit ses jours, et fut inhumé aux Frères mineurs de Moncalvi. Marguerite de Savoie, sa seconde femme, après l'avoir perdu, se fit religieuse au monastère de la Madelaine d'Albe, où elle finit saintement ses jours, au mois de novembre 1464. De son premier mariage il laissa un fils, qui suit; et Sophie, alliée, 1°. à Philippe-Marie Sforce, comte de Pavie; 2°. à Jean II Paléologue, empereur grec.

JEAN-JACQUES.

1418. JEAN-JACQUES, qualifié marquis d'Aquasana, du vivant de Théodore II, son père, lui succéda au marquisat de Montferrat, avec JEANNE, fille d'Amédée VII, duc de Savoie, qu'il avait épousée en 1411. L'an 1425, après avoir vécu jusqu'alors en bonne intelligence avec Philippe-Marie, duc de Milan, il entra dans la confédération que firent contre lui les Florentins avec Alfonse, roi de Naples, le duc de Savoie et la république de Venise. Mais Philippe-Marie trouva le moyen d'en détacher, l'année suivante, le duc de Savoie, en promettant d'épouser Marie, sa fille, avec le Verceillois pour sa dot. Cette défection affaiblit le parti des confédérés, et donna ouverture à des négociations pour la paix.

Le marquis Jean-Jacques s'étant ligué de nouveau avec les Vénitiens et les Florentins, contre le duc de Milan, celui-ci envoya, l'an 1431, dans le Montferrat, son général François Sforce, ou, selon d'autres, Piccinino, qui fit de si grandes conquêtes dans le Montferrat, qu'il mit le marquis presque en chemise, suivant l'expression de Muratori, ne lui ayant laissé que Casal et quelques autres lieux aux environs, qu'on l'obligea même, pour obtenir la paix, de remettre entre les mains du duc de Savoie. Dans cette extrémité, Jean-Jacques prit le parti de se retirer à Venise pour y vivre aux dépens de la seigneurie. Il y resta jusqu'à la paix que le duc de Milan fit avec Venise et ses confédérés, par la médiation du marquis d'Est et du marquis de Saluces. Mais il eut bien de la peine à se faire comprendre dans le traité du 26 avril 1433, portant que les parties belligérantes se restitueraient toutes les terres qu'elles s'étaient prises respectivement dans le cours de la guerre. Le duc de Savoie ne se pressa pas néanmoins de se dessaisir de celles de Montferrat, qu'il avait en dépôt. Avant de les rendre, il exigeait que le marquis lui fît cession de tout ce qu'il avait au-delà du Pô et de la Doria, c'est-à-dire de Chivas, Settimo, Aréglio et Brandis, sous la promesse que le duc faisait de les redonner en fief au fils aîné du marquis. Il fallut enfin en venir là ; et ce qu'il y a de singulier, ce fut ce même duc de Milan, Philippe-Marie, contre lequel il s'était confédéré, qui fut le médiateur de l'accommodement, dont le traité fut signé, au mois de janvier 1435, par les plénipotentiaires des parties à Turin. L'an 1445, le marquis Jean-Jacques finit ses jours, le 12 mars, à Casal, qu'il avait choisi pour le lieu de sa résidence, et fut enterré aux Cordeliers de cette ville. Sa femme lui survécut jusqu'en 1460. Il laissa d'elle quatre fils et deux filles. Les fils sont : Jean, qui suit ; Guillaume, qui viendra ensuite ; Boniface, successeur de Guillaume ; et Théodore, cardinal en 1464, mort le 21 janvier 1481. Les filles : Aimée, femme de Jean III, roi de Chypre ; et Isabelle, mariée à Louis, marquis de Saluces.

JEAN IV.

1445. JEAN, fils aîné du marquis Jean-Jacques et son successeur, vit fondre inopinément dans le Montferrat, le 6 septembre 1446, Charles de Gonzague, à la tête d'un corps de troupes avec lequel il saccagea trois villages de ce pays. Voici quel fut le sujet de cette irruption. Guillaume, frère du marquis, après s'être mis au service de Philippe-Marie, duc de Milan, s'en était retiré par jalousie contre Charles de Gonzague, à qui le duc témoignait plus de confiance, et avait passé au service des Vénitiens avec lesquels les Bolonais étaient ligués contre le duc. Or, Charles se trouvant au château de Saint-Jean du Bolonais, dont la citadelle était gardée par les soldats de Guillaume, ceux-ci, ayant Tibert Brandolin à leur tête, tombèrent subitement sur les gens de Charles, qu'ils massacrèrent, ne lui laissant à lui-même que le tems de se sauver en diligence, avec ceux qui purent échapper, à Modène. C'était donc pour venger ce massacre que Gonzague se jeta sur le Montferrat. Le duc Philippe-Marie étant mort le 13 août de l'année suivante, le marquis Jean, et Guillaume, son frère, prirent deux partis opposés à l'égard de François Sforce, qui travaillait à lui succéder. Le premier conclut, le 15 décembre 1447, une ligue avec Charles, duc d'Orléans, contre Sforce. Guillaume, au contraire, épousa les intérêts de cet usurpateur qui lui donna le commandement de ses troupes, et s'engagea ensuite, par traité du 1er. novembre 1448, à lui donner en fief la ville et le diocèse d'Alexandrie. Mais Sforce, l'année suivante, s'apercevant qu'il était amoureux de sa femme, le fit arrêter, le 1er. mai, dans Pavie, où il était allé pour la voir. Enfermé dans la citadelle, il y resta prisonnier un an et dix jours. Pour recouvrer sa liberté, il fallut que, par traité du 9 mars 1450, il remît l'Alexandrin à Sforce, qui lui assura, en échange, deux mille livres de pension sur les entrées de Milan et de Pavie. Mais Guillaume protesta, le 7 juin suivant, pardevant des notaires à Trin, contre ce traité forcé; après quoi il passa au service d'Alfonse, roi de Naples et des Vénitiens. Ayant reçu d'eux quatre mille cavaliers et deux mille hommes de pied, il les amena, l'an 1452, dans l'Alexandrin, dont il prit la plupart des châteaux; mais il échoua devant la capitale défendue par Conrad Sforce. Bientôt après, Sagramore de Parme, envoyé contre lui avec deux mille chevaux et de l'infanterie, étant tombé sur ses quartiers, le mit en déroute, après lui avoir fait beaucoup de prisonniers et enlevé son bagage. Guillaume, après cet échec, dit Muratori, fut long-tems à refaire ses plumes. Les Vénitiens, cependant, firent la paix avec le duc de Milan, en 1454. Dans le traité, signé le 8 avril à Lodi, furent compris le marquis Jean et Guillaume, son frère. Le duc reprit ce dernier à son service, avec les appointements de huit mille ducats par an, et la cession des places de Felizano et de Cassino avec leurs territoires. Le marquis Jean vécut paisible depuis ce tems, et finit ses jours à Casal, le 19 janvier 1464, sans laisser d'enfants de MARGUERITE, fille de Louis, duc de Savoie, qu'il avait épousée à Chambéri, le 2 juillet 1458. Sa veuve épousa, en secondes noces, Pierre II de Luxembourg, comte de Saint-Paul.

GUILLAUME VI.

1464. GUILLAUME, frère de Jean IV et son successeur, fit, le 25 février 1467, un traité de confédération avec le duc de Milan, contre Amédée, duc de Savoie, et Philippe, son frère. Il y eut, de part et d'autre, des hostilités qui cessèrent la même année, ou dans le commencement de la suivante, par la médiation de Louis XI, roi de France. L'an 1475, le duc de Milan, Galéas-Marie Sforce, institua solennellement dans le duomo ou l'église cathédrale de Milan, le marquis Guillaume, capitaine-général de ses troupes. Pendant les huit années qu'il jouit de ce titre, on ne trouva point d'occasion éclatante où il en ait fait usage. Il mourut, le 28 février 1483, à Casal, où il fut enterré auprès de ses ancêtres dans l'église des Franciscains. Benvenuto dit qu'il laissa après lui *une mémoire d'or*.

Il avait épousé, 1°. MARIE, fille de Gaston IV, comte de Foix; 2°. ELISABETH, fille de François Sforce, duc de Milan; 3°. BERNARDINE, fille de Jean I de Brosse et de Nicole de Blois, dite de Bretagne, comtesse de Penthièvre. Du premier mariage, il laissa Jeanne, mariée à Louis II, marquis de

Saluces, et du second, Blanche, femme de Charles I, duc de Savoie. Le troisième mariage fut stérile.

BONIFACE IV.

1483. BONIFACE, frère et successeur de Guillaume, était au service d'Hercule d'Est, duc de Ferrare, lorsque le marquisat du Montferrat lui échut. Il entra, peu de tems après, dans la ligue que le pape et le duc de Milan formèrent avec plusieurs autres princes d'Italie contre les Vénitiens. Jusqu'alors, quoique avancé en âge, il n'était point marié. Il épousa, par procureur, au mois d'août 1483, HÉLÈNE DE BROSSE, sœur de Bernardine, femme de Guillaume, son frère, et la perdit, l'année suivante, sans en avoir eu d'enfants. L'an 1485, il prit en secondes noces, MARIE, fille, selon Campana et Sansovin, de Georges Scanderberg, despote d'Epire, et selon d'autres, d'Etienne, despote de Servie, dont il eut Guillaume, qui suit; et Jean-Georges, qui viendra ensuite. Le marquis Boniface termina ses jours l'an 1493. Il était d'une taille avantageuse et d'une force extraordinaire.

GUILLAUME VII.

1493. GUILLAUME, fils aîné de Boniface, lui succéda en bas âge sous la tutelle de Marie, sa mère, qu'il perdit en 1495. L'an 1508, il épousa, le 31 août, ANNE, fille de René, duc d'Alençon, dont il eut : Boniface, qui suit; Marie et Marguerite, desquelles il sera parlé ci-après. Guillaume mourut en 1518, âgé de trente ans.

BONIFACE V.

1518. BONIFACE, fils et successeur de Guillaume VII, n'était âgé que d'un an à la mort de son père. Anne, sa mère, prit soin de sa tutelle et de celle de ses deux sœurs. Il était dans sa treizième année, lorsqu'une chute de cheval, qu'il fit à la chasse, lui causa la mort en 1530.

JEAN-GEORGES.

1530. JEAN-GEORGES PALÉOLOGUE, fils du marquis Boniface IV, était évêque de Casal et abbé de Loccedio, à la mort de son neveu Boniface V. Etant le seul mâle qui restât de sa maison, la succession de ce jeune prince lui était dévolue, et personne ne la lui contesta. Pour continuer sa race, il quitta ses bénéfices, et rechercha en mariage la princesse Julie, fille de Frédéric d'Aragon, roi de Naples. Mais la mort l'enleva, le 30 avril 1533, avant la consommation de cette alliance.

Boniface V avait deux sœurs, comme on l'a dit, Marie et Marguerite, qui lui survécurent, ainsi qu'à leur oncle. La première ayant été mariée à Frédéric II de Gonzague, duc de Mantoue, et ensuite répudiée, se retira dans un cloître. La deuxième, après la retraite de Marie, donna sa main, dans le mois de septembre 1532, au même Frédéric, et prétendit, avec lui, succéder, après la mort de Jean-Georges, son oncle, au marquisat de Montferrat. Mais elle eut deux concurrents, Louis II, marquis de Saluces, qui avait épousé Jeanne, fille du marquis Guillaume VI, et Charles III, duc de Savoie, qui revendiquait cette succession, et comme suzerain du Montferrat, en vertu des hommages que les marquis lui avaient prêtés, et comme descendant d'Yolande de Montferrat, fille de Théodore I, et femme d'Aimon, comte de Savoie. L'empereur Charles V, ayant évoqué la cause à son conseil, décida, par son jugement rendu à Gênes, le 5 janvier 1536, en faveur des ducs de Mantoue, qui s'étaient déjà mis en possession de l'héritage contesté. L'an 1574, Guillaume, fils du duc Frédéric II et son successeur, obtint de l'empereur Maximilien II, l'érection du Montferrat en duché. Cependant les ducs de Savoie n'avaient pas renoncé à leurs prétentions sur ce domaine. Le duc Charles-Emmanuel, ayant trouvé l'occasion de les renouveler et de les faire valoir, entra, l'an 1613, dans le Montferrat, et le conquit sans le secours d'aucun allié. Mais il fut bientôt obligé de les rendre. Son fils, Victor-Amédée, en recouvra une partie, l'an 1631, comme on l'a dit ailleurs, par le traité de Quieras. Charles IV, duc de Mantoue, étant mort dans le ban de l'empire, en 1708, pour avoir suivi le parti de la France, l'empereur Joseph I adjugea au duc de Savoie le reste du Montferrat, dont la possession lui fut confirmée à la paix d'Utrecht.

CHRONOLOGIE HISTORIQUE

DES SEIGNEURS,

PUIS DUCS DE MILAN.

Milan, ville de l'Insubrie, fondée par les Gaulois, qui, sous Vellovèse, s'établirent en Italie vers l'an de Rome 170 (584 avant Jésus-Christ), devint la capitale d'un royaume, dont Viridomar fut le dernier roi (222 avant Jésus-Christ). Milan alors, avec toute l'Insubrie, passa sous la domination des Romains. Les Huns, les Goths, les Lombards, conquirent successivement cette ville avec son territoire, dans les cinquième et sixième siècles de l'église. Après la ruine du royaume de ces derniers, elle tomba sous la puissance de Charlemagne, et fut comme incorporée dans la suite au nouvel empire d'Occident. Mais depuis que cet empire eût été transporté en Allemagne, la ville de Milan ne pouvant s'accoutumer à la dureté du gouvernement germanique, travailla à se mettre en liberté, toutes les fois que la faiblesse, ou les embarras des empereurs lui en fournirent l'occasion. Elle ne le fit pas toujours impunément. On a vu à l'article de l'empereur Frédéric I, le traitement affreux qu'elle s'attira, l'an 1162, par sa révolte. S'étant rétablie peu de tems après, le souvenir de ses malheurs ne la rendit que plus disposée à secouer le joug des Allemands : elle s'en affranchit insensiblement, à la faveur des troubles qui s'élevèrent entre le sacerdoce et l'empire. Mais incapable de se former en république, par la division des habitants, elle eut pour maître les chefs des factions qui se formèrent dans son sein. Trois familles dominèrent l'une après l'autre à Milan, les Torriani, ou della Torre (de la Tour), les Visconti et les Sforces. Nous trancherons court sur la première, parce qu'elle n'eut qu'une autorité chancelante à Milan, et qu'elle n'y établit point un gouvernement fixe.

L'an 1257, MARTIN DELLA TORRE, s'étant mis à la tête d'une sédition qui s'était élevée dans Milan, chasse de la ville l'archevêque Léon Perégo, avec tous les nobles, et prend en main le gouvernement. Le 4 avril de l'année suivante, l'archevêque et les nobles rentrent à Milan, en vertu d'un accommodement conclu par le légat Philippe de Fontana; mais cette paix, nommée *la paix de saint Ambroise*, fut de courte durée. Le 29 juin de la même année, l'archevêque et les nobles sont de nouveau chassés. Martin et les Milanais accèdent, l'an 1259, à la ligue formée, le 11 juin, entre le marquis Obert Pallavicini, le marquis d'Est, les Ferrarais, les Mantouans et les Padouans, contre Eccelin, tyran chassé de Padoue, qui désolait la Lombardie par ses brigandages et ses cruautés. S'étant mis en campagne pour aller joindre les confédérés, Martin apprit, par ses espions, le 17 septembre, qu'Eccelin venait de passer l'Adda, et dirigeait sa route vers Milan. A cette nouvelle, il se hâta d'y retourner. Eccelin, voyant par là son coup manqué, se venge sur Monza, dont il brûle les faubourgs. Vers la fin de la même année, Martin s'empare de Lodi, où s'étaient réfugiés les nobles bannis de Milan. Mais considérant la forte haine de ses ennemis, et craignant d'en être la victime tôt ou tard, il persuade au peuple de Milan de conférer, pour cinq ans seulement, la seigneurie de leur ville au marquis Obert, espérant de conserver son autorité à l'ombre de celle du marquis. Obert accepta l'offre; mais loin de remplir les vues de la famille *della Torre*, son principal soin fut de l'abaisser. Cependant, il ne put ruiner le crédit de Martin, qui posséda toujours la confiance du peuple. L'an 1260, les bannis de Milan s'étant emparés du château de Zubiago, Martin court aussitôt l'assiéger, force les défenseurs à se rendre, et les emmène tous enchaînés à Milan. Le peuple veut les faire mourir; Martin s'y oppose : *Je n'ai jamais su faire un homme*, dit-il, *ni me donner un fils; et par cette raison, je ne veux défaire aucun homme*. Ils sont exilés en divers endroits. L'an 1263, le marquis Obert et Martin della Torre vont assiéger, au mois d'avril, dans Arona, Otton, Visconti, nouvel archevêque de Milan, sacré malgré eux par le pape, prennent la place, et obligent le prélat de retourner à Rome. Martin, la même année, finit ses jours le 18 décembre. Otton Visconti, suivant les annales du Milanez, fut nommé, cette année, archevêque de cette ville par le pape Clément IV, contre le gré du peuple, qui connaissait son attachement pour la noblesse. Le pape, apprenant qu'on refusait de le reconnaître, et qu'on lui enlevait ses domaines, frappa la ville d'interdit, espèce de châtiment qui dura l'espace de quatre ans. Elle n'empêcha pas Philippe della Torre, frère de Martin et son successeur, d'ajouter à son domaine les villes de Côme, de Novarre, de Verceil et de Lodi. Il était sur le point de passer à Brescia, pour soutenir la révolte de cette ville contre le marquis Obert Pallavicini, son seigneur, lorsque la mort l'enleva, dans le mois d'août 1265, au grand regret de son peuple, si l'on en croit Paul Jove; ce qui ne s'accorde guère avec les actes de violence et de tyrannie que d'autres lui imputent.

1265. Napoléon della Torre se fit proclamer seigneur de Milan aussitôt après la mort de Philippe, son parent. Il commença son gouvernement par se déclarer contre les nobles, dont plusieurs furent emprisonnés, et quelques-uns mis à mort par ses ordres. L'interdit jeté sur la ville de Milan durait toujours, au grand regret des citoyens et de Napoléon lui-même. S'étant concertés ensemble, ils députèrent à la cour pontificale, pour le faire lever. L'audience ayant été refusée à leurs ambassadeurs, ceux-ci eurent recours à Charles, roi de Sicile, qui, voulant attirer dans son parti les Milanais, joignit à leurs ambassadeurs les siens propres, qu'il chargea d'une lettre très-pressante et très-ferme pour le pape, qui était alors à Viterbe. L'audience alors leur ayant été accordée, ils exposèrent, au saint père, leurs moyens de défense, en rejetant sur l'archevêque et sur les nobles qu'ils avaient bannis, tous les désordres passés. Le prélat qui était présent, s'étant alors levé, plaida sa cause avec tant d'énergie, et dépeignit si vivement l'atrocité de la conduite des Torriani envers les nobles, qu'il émut à compassion toute l'assemblée. Les députés de Milan, voyant qu'ils ne pourraient y faire rétablir le service divin qu'en recevant l'archevêque dans leur ville, promirent de se conformer à la volonté du pape. Mais, pour s'assurer de la sincérité de leur promesse, on envoya sur les lieux un légat, qui, étant arrivé dans le mois de novembre 1268, exigea des Milanais, pour les réconcilier avec le saint siége, qu'ils reconnussent Otton pour leur pasteur légitime; qu'ils lui accordassent l'entrée et la résidence dans leur ville; qu'ils lui restituassent les domaines qu'ils lui avaient ravis, et qu'ils ne missent plus à contribution le clergé. Tout cela ayant été consenti, le légat retourne à Rome pour ramener Otton à Milan, et le rétablir sur son siége. Mais Clément IV étant mort dans ces entrefaites, les Torriani ne tinrent compte de leurs engagements. Grégoire X, successeur de Clément IV, étant venu vers la mi-novembre à Milan, les Torriani lui firent tant d'honneurs et de caresses qu'ils le détachèrent des intérêts d'Otton, qui, se voyant abandonné par le pape, se retira à Biella, dans le Piémont. Les bannis de Milan l'étant venu joindre, l'aidèrent à former une armée, avec laquelle il livra bataille, le 21 janvier 1276, aux Torriani qu'il mit en déroute, et fit prisonnier Napoléon avec Mosca, son fils, et plusieurs de ses parents. Après cette victoire éclatante, Otton Visconti fait son entrée à Milan, où il prend possession de son siége, et en même tems il est proclamé seigneur temporel de la ville par le peuple et les nobles. Les Torriani, chassés de Milan, vont chercher une retraite dans le Frioul, où ils sont favorablement accueillis par Raymond, patriarche d'Aquilée, leur parent. (*Chron. Placentin.*) Ils n'y restèrent pas oisifs. Le plus brave d'entre eux, Casson della Torre, fils de Napoléon, s'étant mis à leur tête, en 1278, va, dans le mois de mai, s'emparer de Lodi. A cette nouvelle, les Milanais et les Pavesans accourent chacun avec leur caroccio pour faire le siége de Lodi. Mais Raymond della Torre, patriarche d'Aquilée, étant venu au secours de la place avec un corps de cavalerie et d'arbalétriers, auxquels se joignirent les Parmesans, les Crémonais, les Modénois, et ceux de Reggio, cette armée nombreuse obligea les Milanais à lever le siége. Ce fut alors que ceux-ci, pour réparer cet échec, élurent, pour leur capitaine, Guillaume, marquis de Montferrat. Guillaume, les ayant ramenés avec leurs alliés, au mois d'août suivant, devant Lodi, fit le dégât aux environs. Mais apprenant que les Parmesans, les Crémonais et les autres partisans des Torriani venaient à lui avec des forces supérieures, il prit le parti honteux de retourner à Milan. (*Galv. Flam. Manip. flor.*) La voie de négociation qu'il employa l'année suivante, eut un meilleur succès. Ayant fait proposer aux Torriani de leur restituer tous leurs biens allodiaux et tous les prisonniers qu'on avait faits sur eux, à condition de rendre aux Milanais ce qu'ils leur avaient enlevé; il les engagea par là à conclure, au mois de mars, un traité de paix. Mais après qu'ils eurent exécuté leurs engagements, il refusa de tenir les siens. La guerre recommença, et se fit avec des succès variés. Cependant, Napoléon était toujours en prison. Il y mourut, l'an 1283, au plus tard. Cette même année, l'archevêque Otton trouva moyen de se défaire du marquis de Montferrat, qui travaillait, à la faveur de son titre de capitaine de Milan, à s'y rendre souverain. Ayant saisi l'occasion où des affaires l'avaient attiré à Verceil, il chassa de la ville son vicaire, et lui en substitua un de sa façon; ce qui ferma le retour au marquis. (*Voyez* Guillaume, marquis de Montferrat.) L'an 1286, l'archevêque Otton fit la paix avec les Torriani, et leur rendit leurs biens, à condition qu'ils s'éloigneraient de Milan. Ce prélat finit ses jours, à l'âge de 97 ans, le 8 août 1295.

(Muratori, *Ann. d'Ital.*, tom. VII, pag. 367, 373, 378, 387, 397, 399, 403, 407, 411, 418, 456.)

MATHIEU VISCONTI, dit LE GRAND.

1295. MATHIEU VISCONTI, neveu de l'archevêque Otton, et descendant d'Eliprand, que Charles le Gros avait nommé vicomte de Milan, fut reconnu seigneur de cette ville après la mort de son oncle, qui, l'an 1282, l'avait nommé son vicaire temporel, et, l'an 1294, l'avait fait nommer par l'empereur, vicaire de l'empire en Lombardie. Les principaux nobles de Milan, jaloux de son élévation, pensèrent à vouloir faire revenir les Torriani, pour contre-balancer son autorité. Mais ce rappel n'eut lieu qu'en 1302, suivant la chronique de Plaisance. Plusieurs villes de Lombardie s'étant liguées, en 1299, avec Azzon, marquis d'Est, déclarèrent la guerre à Mathieu. Sa bonne contenance les intimida : la paix se fit la même année ; mais elle ne fut point durable. Les amis ne lui manquaient pas. Il était lié surtout avec les Parmesans et avec Azzon, marquis d'Est, seigneur de Ferrare, de Modène, de Reggio, de Rovigo, etc., dont la fille était devenue sa bru. Mais son alliance avec Azzon était ce qui animait le plus ses ennemis, dans la crainte que ces deux seigneurs ne réunissent leurs forces pour envahir toute la Lombardie. Le plus envenimé de tous ceux qui avaient conjuré sa ruine, était Albert Scotto, seigneur de Plaisance, parce que Béatrix, sœur d'Azzon, lui ayant été destinée, Mathieu l'avait obtenue pour Galéas, son fils. Scotto fut proprement l'âme de la conjuration dans laquelle il fit entrer Philippe, comte de Langusco et seigneur de Pavie, Antoine de Fisiraga, seigneur de Lodi, les Avocati de Verceil, les Brusati de Novarre, le marquis de Montferrat, les Alexandrins, les Comasques, les Crémonais, et d'autres peuples de Lombardie. Les Torriani entrèrent aussi dans la ligue. Mais ce qu'il y eut de pire fut que les nobles de Milan, l'oncle même de Mathieu, et d'autres de ses parents, se joignirent aux conjurés. Scotto qui, jusqu'alors, avait feint d'être l'intime ami de Mathieu, ayant une armée formidable, vint, au mois de juin 1302, asseoir son camp dans la terre de Saint-Martin, au comté de Lodi. Mathieu, avec les forces qu'il avait pu rassembler, vint à sa rencontre. Mais tandis qu'il attendait l'occasion de livrer bataille, il apprit qu'à Milan il venait d'éclater une sédition du peuple qui avait chassé Galéas, son fils, qu'il y avait laissé avec une garnison parmesane. Il vit de plus Conrad, son gendre, seigneur de Côme, sur le secours duquel il comptait, se déclarer hautement contre lui. Alors se trouvant hors d'état de faire face à tant d'ennemis, il prit le parti d'aller se remettre, le 13 juin, ou le lendemain, 1302, entre les mains d'Albert Scotto, qui, faisant semblant d'être toujours son ami, se portait pour médiateur entre lui et les conjurés. Mathieu, en lui remettant le bâton de la seigneurie de Milan, lui demanda la conservation de ses biens propres ; ce qui lui fut promis. Mais au lieu de lui tenir parole, on le conduisit comme prisonnier à Plaisance, d'où il ne fut relâché qu'après avoir consigné, entre les mains de son vainqueur, le château de Saint-Colomban. S'étant, après cela, retiré à Borgo san-Donnino, il y attendit le retour de la bonne fortune. Les Torriani étaient déjà rentrés à Milan, où ils s'étaient remis en possession de leur ancien patrimoine. Mais, voulant encore recouvrer la seigneurie de cette ville, ils éprouvèrent de grandes oppositions de la part des nobles, qui voulaient s'ériger en république. Albert Scotto tint, à cette occasion, dans Plaisance, un parlement où se trouvèrent les députés de la plupart des villes de Lombardie ; mais il ne paraît pas que rien y ait été conclu pour le gouvernement de Milan. Mathieu Visconti faisait cependant des tentatives pour retourner en cette ville ; et Scotto, mécontent des Torriani, favorisait son dessein. S'étant détaché de la ligue, il entra en campagne avec une armée considérable pour reconduire Mathieu Visconti à Milan. Mais les Torriani, appuyés par le marquis de Montferrat et plusieurs villes de Lombardie, rendirent ses efforts inutiles ; ce qui obligea Mathieu de se retirer à Plaisance. (*Chron. parm.*, tom. IX, *Rer. ital.* Corio, *Istor di Milano.*)

L'empereur Henri VII étant arrivé, l'an 1310, en Lombardie, Mathieu vient se présenter à lui au mois de novembre, dans la ville d'Asti. Il en est favorablement reçu, et l'accompagne à Milan, où ce prince fait son entrée, le 23 décembre. Mathieu se réconcilie en apparence avec les Torriani, et leur dresse en secret des embûches. Ils deviennent suspects aux Allemands par ses artifices ; et le 10 février, ceux-ci ayant fait irruption dans leurs hôtels, pillent leurs meubles et les chassent de la ville. Mathieu, néanmoins, est exilé lui-même à la prière de quelques nobles qui craignaient de le revoir à leur tête ; mais, le 7 avril suivant, il obtient son rappel, et se fait confirmer le titre de vicaire de l'empire. Il se rend maître par force, ou par adresse, l'an 1315, de Pavie, de Plaisance, et de quelques autres villes. L'an 1317, le pape Jean XXII ayant fait défense que personne prît le titre de vicaire de l'empire, et en exerçât les fonctions sans la permission du saint siége, Mathieu quitte ce titre, qu'il avait porté jusqu'alors, et se fait proclamer *seigneur général de Milan*. Son attachement à l'empereur

Louis de Bavière, irrita contre lui Jean XXII, qui le frappa, l'an 1318, d'excommunication. Le pape, l'an 1321, voyant que depuis trois ans Mathieu ne tenait compte de ses censures, et faisait toujours de nouveaux progrès, le fait citer à son tribunal pour répondre sur les crimes d'hérésie et de magie dont il est accusé. (C'était Jean XXII lui-même qui était l'accusateur.) Sur son refus de comparaître, il le déclare convaincu, confisque ses biens, et le prive de ses dignités. L'interdit est en même tems jeté sur Milan et sur les autres villes soumises à Mathieu. L'an 1322, voyant la plupart des nobles milanais disposés par les semonces et les promesses du légat à se retirer de son obéissance, il abdique en faveur de son fils aîné, va se confiner au monastère de Cresconzago, y tombe malade de chagrin, et y meurt, le 27 juin de la même année, dans sa soixante-douzième année, étant né le 13 décembre 1250. Il était seigneur, non-seulement de Milan, mais de Pavie, de Plaisance, de Novarre, de Côme, de Tortone, d'Alexandrie, de Bergame, et d'autres villes. Sa valeur et la force de son génie lui ont mérité le surnom de *Grand*. Mais on ne voit pas, dit Muratori, que personne l'ait regretté, parce qu'il avait fort grevé le peuple, et qu'il n'était pas exempt de vices. Sa mort fut tenue secrète pendant quatorze jours, et on l'inhuma dans un lieu inconnu, parce qu'il était mort dans l'interdit et sous l'excommunication. Il laissa cinq fils : Galéas, Marc, Luchin, Etienne et Jean. (Murat., *Annali d'Ital.*, tome VII, pp. 491, 499, 504, 527, tome VIII, pp. 13, 43, 74, 96, 127.)

GALÉAS VISCONTI.

1322. GALÉAS VISCONTI, célèbre par divers exploits, du vivant de Mathieu, son père, éprouva de grandes difficultés pour lui succéder. Il eut des adversaires, non-seulement parmi les Guelfes, mais aussi parmi les Gibelins, dont son père avait été comme le chef en Italie, et jusques dans sa propre famille. Après avoir soutenu les efforts de ses ennemis avec beaucoup de valeur, en diverses batailles, il fut obligé de sortir de Milan au mois de novembre 1322, et se retira à Lodi : mais la confusion qui s'éleva dans Milan après son départ, engagea la garnison allemande, qui avait elle-même contribué à son expulsion, à demander son rappel. Le 9 décembre, il rentra dans Milan, où il fut proclamé capitaine et seigneur de la ville : mais il avait au-dehors un ennemi redoutable dans la personne du légat Bertrand du Pouget, qui, pendant les derniers troubles, lui avait enlevé Plaisance, le 9 octobre, en persuadant aux principaux de cette ville de se donner au pape. Fier de cet avantage, ce prélat envoya, l'an 1323, une armée formidable dans le Milanez, sous la conduite de Raymond de Cardonne, qui, le 13 juin, mit le siége devant Milan : mais, sur la fin du mois suivant, il fut obligé de se retirer. L'année d'après, Galéas assiége à son tour Monza, dont il se rend maître, le 10 décembre.

L'an 1327, Galéas reçoit, le 16 mai, l'empereur Louis de Bavière à Milan. Malgré les déclamations que firent devant ce prince, contre la conduite de Galéas, Marc, son frère, et Lodrisio, son oncle, l'empereur lui confirma le vicariat ou la seigneurie de Milan, de Lodi, de Pavie et de Verceil. Louis ayant indiqué le jour de la Pentecôte pour son couronnement à Milan, Cane de l'Escale s'y rendit à la tête de cinq cents cavaliers pour honorer la cérémonie, dans l'espérance, dit-on, d'en obtenir la seigneurie de cette ville ; mais le coup, si telle était son intention, fut manqué. Le couronnement de Louis et de son épouse se fit dans l'église de Saint-Ambroise, hors des murs ; et comme l'archevêque Ricard était du nombre des bannis, trois évêques excommuniés par le pape, Frédéric de Brescia, Gui d'Arezzo et Henri de Trente, le remplacèrent dans cette fonction. Mais bientôt, par la jalousie de Marc, son frère, Galéas se brouille avec l'empereur, qui le fait arrêter, le 20 juillet, avec deux autres de ses frères, Luchin et Jean, qui étaient clercs, et les envoie prisonniers à Monza. Le même jour, Étienne, leur frère, et son fils, Azzon, moururent subitement, empoisonnés, suivant le bruit public. Louis fait signer ensuite à Galéas que si, dans trois jours, il ne lui remet pas le château qu'il avait fait bâtir sur la terre de Monza, sa tête en répondra. Galéas envoie l'ordre qu'on lui demande ; mais il n'est point obéi, parce que le châtelain avait auparavant reçu défense de livrer à qui que ce fût la place, sans un commandement personnel de Galéas lui-même. La femme de ce seigneur, Béatrix d'Est, et Richarde, sa fille, viennent supplier, les mains jointes, le châtelain de céder à la volonté de l'empereur. N'ayant pu rien obtenir, elles s'en retournent accablées d'affliction à Milan. Mais enfin, le châtelain, bien assuré que la vie de son seigneur était en péril, remit aux gens de l'évêque d'Arezzo la place où Galéas fut renfermé avec ses deux frères et son fils. Les nobles de Milan, et les villes du parti guelfe, témoignèrent une grande joie de cet événement, qui couvrit d'infamie l'empereur, pour avoir montré tant d'ingratitude envers les Visconti. On pourvut, après cela, au gouvernement de Milan, où l'on établit quatre nobles pour régir la commune ; et à leur tête, l'empereur nomma un vicaire, qui fut Guillaume de Montfort. Ce prince étant parti de Milan, le 12 août, à la sourdine, dit Muratori, s'achemine vers Rome, où il n'arriva néanmoins que le 7 janvier 1328. Le fameux Castruccio Castracani, qui l'accompagna depuis son entrée dans la Toscane jusqu'en cette ville, ne cessait de lui demander la liberté de Galéas, de ses deux frères et de son fils. Marc, frère de Galéas, et le principal auteur de leur ruine, se joignit à Castruccio pour solliciter la même grâce. Les seigneurs gibelins firent de même; et aux prières ayant ajouté les menaces d'abandonner l'empereur, ils triomphèrent enfin de sa résistance, et obtinrent un ordre de relâcher les Visconti. Délivrés le 25 mars, ils vinrent trouver Castruccio, qui faisait alors le siége de Pistoie. Dès qu'il aperçut Galéas, il l'embrassa tendrement, et lui donna le commandement de l'expédition qu'il avait entreprise. Mais les fatigues que Galéas y essuya, jointes aux chagrins qu'il avait éprouvés dans sa prison, lui causèrent une maladie qui engagea Castruccio, avant que la place se rendît, à le faire porter à Brescia. Il y mourut, dans le mois d'août 1323, à l'âge de cinquante-un ans, laissant un grand exemple, dit Muratori, de l'inconstance des fortunes de ce monde. Son généreux ami le suivit au tombeau, le 3 septembre suivant, à l'âge de quarante-sept ans. De BÉATRIX, son épouse, fille d'Obizon II, marquis d'Est, veuve de Reneo Scotto, juge ou seigneur de Galluve, en Sardaigne, qu'il avait épousée le 24 juin 1300, Galéas ne laissa qu'un fils qui suit. (Mur., *Annali d'Ital.*, tome VIII, pag. 150, 152, et seqq.)

AZZON, ou ATTON VISCONTI.

1328. AZZON VISCONTI, fils de Galéas, reçut de l'empereur, au mois de janvier 1329, à Pise, moyennant une somme de 25,000 florins d'or, le titre de vicaire de l'empire, à Milan. Au mois d'août suivant, Marc Visconti, son oncle, étant venu à Milan, y fut honorablement reçu par Azzon et ses deux oncles, Luchin et Jean, frères de Marc; mais ceux-ci s'étant aperçus qu'il voulait se rendre maître de la ville, ils le firent étrangler secrètement, le 8 septembre de la même année, et non 1331, comme le marque Chazot. Cette dernière année, Azzon reçoit des ambassadeurs de Pavie, de Verceil et de Novarre, qui lui déférent la seigneurie de ces villes. S'étant rendu, le 2 mars suivant, à Parme, il y est de même proclamé seigneur, trois jours après, dans un conseil public; ce qui procura le rappel des Corrèges et des autres exilés qu'il rétablit. De là il arriva le 15 avril à Reggio, dont le peuple lui fit le même honneur, avec des transports extraordinaires de joie, demandant en même tems qu'il déposât les Manfredi et les Fogliari, qui en avaient usurpé les domaines. D'autres villes, où il vint ensuite, l'acceptèrent de même pour seigneur en des assemblées générales. C'était une espèce d'enchantement, dit Paul Jove, que ce changement; ce qui ne doit pas néanmoins, ajoute-t-il, paraître étrange, parce que, dans toute l'Italie, on ne cherchait, sans autre examen, qu'un maître étranger, capable d'éteindre l'esprit de faction, et de faire jouir les peuples des douceurs de la paix. Azzon se ligue, le 8 août de la même année, avec les marquis d'Est, Mastin de l'Escale, seigneur de Vérone, et les Gonzagues, seigneurs de Mantoue, contre Jean, roi de Bohême, qui était entré avec une puissante armée en Italie. Il perd, l'an 1335, Béatrix, sa mère, décédée le premier septembre. L'année suivante, désirant ajouter à ses états la ville de Plaisance, possédée par François Scotto, il en forma le siége, qui dura huit mois, et finit le 15 décembre par la reddition de la place, où il rétablit la paix en rappelant les exilés. Jaloux de ses succès, Lodrisio Visconti, son parent, lève une armée qui lui est fournie par les seigneurs de Vérone, et passe dans le Milanez pour le dépouiller. Luchin Visconti marche à la rencontre de Lodrisio, et le 21 février 1339, lui livre une sanglante bataille, dans laquelle il le fait prisonnier, avec un grand nombre des siens.

On fit courir le bruit que saint Ambroise avait apparu dans cette bataille, un fouet à la main, dont il frappait les ennemis, et on ne se contenta pas de peindre ce conte sur la toile, on le fit graver sur les monnaies. Mais le peuple, dans la suite, expliqua cela faussement d'une victoire remportée sur les Français. Azzon ne survécut pas long-tems à cet événement. La mort le ravit à ses peuples, qui le chérissaient, le 14 ou le 16 mai suivant, à l'âge de trente-sept ans. Muratori le représente comme un héros accompli; piété, valeur, prudence, générosité, douceur, affabilité, toutes les vertus semblaient se réunir en lui. Exempt de partialité, il traitait avec la même équité les Guelfes et les Gibelins. Il avait épousé, l'an 1333, CATHERINE, fille de Louis II de Savoie, seigneur du Bugey, dont il ne laissa point de postérité. Sa veuve se remaria à Raoul III, comte de Guines, puis à Guillaume I de Flandre, comte de Namur.

LUCHIN VISCONTI.

1339. LUCHIN VISCONTI, oncle d'Azzon, lui succéda dans la seigneurie de Milan. La dureté de son gouvernement fut le contraste de celui de son neveu. Elle excita, l'an 1340, une conjuration tramée par François de Posterla, qui, ayant été découverte, avant qu'elle éclatât, n'eut que le tems de s'enfuir avec sa famille à Avignon. Mais Luchin ayant réussi à le tirer de là au moyen d'une lettre supposée de Mastin de l'Escale, qui l'invitait, sous les plus belles promesses, à venir le trouver à Vérone, il le fit arrêter sur la route et amener à Milan, où il eut la tête tranchée avec ses fils et d'autres complices. Cet acte de sévérité répandit, parmi les Milanais, une si grande terreur, qu'ils n'osèrent plus désormais se révolter. Luchin, depuis ce tems, faisait garder la porte de la chambre où il couchait, par deux énormes chiens qui l'accompagnaient aussi partout où il allait; et malheur à celui, dit Muratori, qui, le rencontrant, laissait échapper quelque geste indiscret: les chiens se lançaient aussitôt sur lui, et l'étendaient par terre. La maison des Visconti et les Milanais étaient toujours brouillée avec le saint siége. Luchin vint à bout, l'an 1341, de faire sa paix avec le pape Benoît XII, qui, regardant l'empire comme vacant, lui accorda l'investiture du vicariat impérial de Milan, et des autres villes dont il avait la possession, sous la promesse que fit Luchin, de lui payer cinquante mille florins d'or. Tranquille alors, et voulant maintenir la paix dans ses états, il publia des lois fort sages, pour abolir quantité d'abus qui s'y étaient introduits à la faveur des troubles.

L'an 1346, Obizon III, marquis d'Est, voyant la ville de Parme, dont il était seigneur, menacée par les Gonzagues et d'autres seigneurs puissants qui l'environnaient, se détermina d'autant plus volontiers à la céder à Luchin, qu'elle était séparée de ses autres états. Luchin, qui jalousait fort cette place, et s'était uni pour la conquérir aux ennemis d'Obizon, accepta l'offre du marquis, en s'obligeant de lui rembourser ce qu'il avait payé à Azzon de Corrégio, pour l'acquérir. Le traité qu'ils firent entre eux fut passé dans le mois de novembre 1346. (Villani, *Chron. l.* 12, *ch.* 73.) Luchin fit, vers le même tems, l'acquisition de la ville d'Asti, dans le territoire de laquelle les Solari, famille puissante, possédaient vingt-quatre châteaux auxquels ils auraient bien voulu joindre cette place. Luchin, instruit de leurs vues, s'appliqua à détruire cette famille, et réussit à ne lui laisser pas un seul pied de terrain dans l'Astesan. La fortune et l'industrie de Luchin ne se bornèrent point là. Il acquit encore les villes de Bobbio, Tortone et Alexandrie; il enleva, l'an 1348, à Jeanne, reine de Naples, les villes d'Albe, de Quiers, et d'autres terres, jusqu'à Vinaglio et aux Alpes. Son ambition, excitée par les troubles qui régnaient dans la ville de Gênes, lui inspira le désir d'en profiter, pour joindre cette ville à ses domaines. S'étant concerté avec ceux qu'elle avait bannis, c'est-à-dire, les Doria, les Spinola, les Fiesques, les Grimaldi, il leva une grosse armée qu'il fit partir sous la conduite de Bruzio, son fils naturel, pour en faire le siége. Il fut long; mais la vie de Luchin ne le fut assez pour lui en faire voir l'issue, qui eût tourné vraisemblablement à son avantage.

Dans toutes les ligues où Luchin entrait, son intention était de faire servir ses confédérés à son propre agrandissement. S'étant brouillé (on ne sait pour quel sujet) avec les Gonzagues qui lui avaient procuré l'acquisition de Parme, il se joignit aux communes de Brescia et de Crémone, pour leur demander plusieurs places et châteaux qui leur appartenaient auparavant. Sur le refus qu'ils firent de les rendre, il prit les armes, et leur enleva Casal maggior, Sabionete, Piadone, Azolo, Montechiaro, et d'autres forteresses.

Luchin, qui jusqu'alors avait été vaillamment secouru par Guido I Torelli, parent de sa femme, perdit cet excellent appui; Guido ayant passé, en 1348, dans le parti de Philippe de Gonzague, qui, pour l'y attirer, lui avait promis sa fille Éléonore en mariage. Philippe de Gonzague et Guido Torelli défirent, le 30 septembre de la même année, l'armée de Luchin sous les murs de Borgoforte. Ce prince ne survécut pas long-tems à ce revers. Il mourut, le 24 janvier 1349, empoisonné, suivant quelques-uns, par sa propre femme ISABELLE DE FIESQUE. Elle était bien capable d'un pareil forfait. D'une même couhe, elle eut deux fils qu'elle déclara n'être point de son époux, mais de Galéas, son neveu; ce qui fit qu'ils ne lui succédèrent pas. L'un d'eux mourut en prison, et l'autre en exil. Elle fut aussi mère de Catherine, femme de François d'Est. Luchin était d'une humeur si sombre qu'on ne le vit jamais rire.

JEAN VISCONTI.

1349. JEAN VISCONTI, frère de Luchin, créé cardinal, en 1328, par l'antipape Nicolas de Corbières, confirmé, l'année suivante, par le pape Jean XXII, évêque, en 1330, de Novarre, dont il usurpa la seigneurie en 1333, après en avoir chassé les Tornielli à qui elle appartenait, pourvu l'année suivante de l'administration de l'évêché de Milan, et fait archevêque en titre de cette église en 1342, prit les rênes du gounement civil du Milanez vers la fin d'avril 1549, à la satisfaction des peuples, et à l'avantage de sa famille. Plusieurs villes gagnées par ses insinuations, ou forcées par ses armes, se soumirent à lui. L'an 1350, il devint maître de la ville de Bologne par la vente que lui en fit Jean de Pépoli, qui en avait hérité de Taddée, son père. Le pape Clément VI l'ayant inutilement sommé de rendre cette ville, le frappe d'excommunication, et jette l'interdit sur Milan. Le prélat demeure inébranlable. Las de fulminer en vain, Clément lui envoie un légat pour l'obliger à se dessaisir de Bologne, et à se démettre, ou de l'archevêché de Milan, ou de son domaine temporel. L'archevêque renvoie le légat au dimanche suivant pour recevoir sa réponse dans son église cathédrale. Il officie ce jour-là, et à l'issue de la messe, tenant d'une main sa croix, et de l'autre une épée nue : *Voilà*, dit-il, au légat, *en montrant la croix, la preuve de mon pouvoir spirituel; et voici l'épée avec laquelle je défendrai les états que je possède.* Le pape ayant appris cette réponse, entre en colère, et cite Visconti à comparaître devant lui. Il promet d'obéir, et fait partir son secrétaire pour Avignon, afin qu'il lui prépare des logements convenables. Arrivé dans cette ville, le secrétaire arrête d'abord toutes les hôtelleries et toutes les maisons qui se trouvent à louer. Les étrangers se plaignent qu'ils ne trouvent point où loger. Le pape fait venir le secrétaire pour savoir la cause de ce dérangement. Celui-ci répond que l'intention de son maître est d'arriver à Avignon avec douze mille hommes de cavalerie et six mille d'infanterie. Clément effrayé de cette annonce, dispensa le prélat de se rendre auprès de lui. Visconti fit d'autres bravades au pape et aux cardinaux. Cependant il vint à bout, l'an 1352, de faire sa paix avec le pape, qui leva l'interdit de la ville de Milan, lui en renouvela l'investiture, et lui accorda encore celle de Bologne pour douze années, à la charge de douze mille florins d'or par an. La même année qu'il s'empara de Bologne, il déclara la guerre aux Florentins, et envoya des troupes en Toscane, sous les ordres de Jean Visconti d'Olégio, son parent. Les hostilités durèrent trois ans, sans aucun succès marqué de part ni d'autre. L'an 1353, la ville de Gênes, pressée par l'archevêque, consent à recevoir un gouverneur de sa main. Ce prélat guerrier mourut le 5 octobre 1354, laissant trois enfants naturels.

MATHIEU II, BERNABO ET GALÉAS II.

1354. MATHIEU II, BERNABO et GALÉAS II, tous trois fils d'Etienne Visconti, frère de Jean, succédèrent à leur oncle, dans l'état de Milan, qu'ils partagèrent par égales portions, à l'exception de Milan et de Gênes, qu'ils possédèrent par indivis. Mathieu, ami de l'oisiveté, quoique sensible aux offenses, ne ressemblait à Mathieu le Grand, son aïeul, que de nom. Né avec un esprit et des goûts peu militaires, adonné aux femmes, il perdit avec elles les forces de son corps et de son esprit. Il usait alors, dit Paolo Giovio (*vite de Dodeci Visconti*, liv. 7, pag. 127), de remèdes étranges, pour s'exciter à de nouvelles débauches. Une fièvre lente, occasionée par ses excès, le conduisit au tombeau, le 26 septembre 1355. Valentine, sa mère, accusa Galéas et Bernabo, ses frères, de l'avoir empoisonné dans du porc frais, qu'il aimait beaucoup. Il avait épousé EGIDIOLE DE GONZAGUE, sœur d'Isabelle, mariée à Rodolfe de Habsbourg, comte d'Inspruck, et d'Eléonore, mariée à Guido I Torelli, descendant des anciens souverains de Ferrare. Mathieu, de ce mariage, eut deux filles, Orsina, mariée à Hugolin de Gonzague, et Catherine, alliée à Baldazar Pusterla, seigneur fort riche pour ce tems-là. Il fut inhumé à Saint-Eustorge de Milan; et comme il ne laissait aucun enfant mâle, ses deux frères héritèrent de sa part, à l'exception de Bologne, qu'il s'était laissé enlever par Visconti d'Olégio. Ils obtinrent, la même année, de l'empereur Charles IV, le vicariat de Lombardie. Leur union les défendit contre une ligue puissante formée par les Florentins et les marquis d'Est, de Mantoue et de Montferrat. Mais elle ne put les maintenir dans la possession de l'état de Gênes. Les Génois, las d'une domination étrangère, se soulevèrent, en 1356, contre les officiers milanais qui commandaient à Gênes, les chassèrent, et rétablirent le dogat.

Bernabo Visconti, l'an 1357, voulant occuper ses troupes, les fit passer, au commencement de juin, sous le commandement de Galasso Pio, dans le Modénois, où elles firent de grands dégâts. De là, étant entrées, au mois de juillet, dans le Bolonais, elles furent rencontrées par les milices des Gonzagues, des marquis d'Est, et des Olégio, qui les poussèrent si vigoureusement, qu'elles furent contraintes de reprendre, en diligence, la route de leur pays. (Johan. de Bazano *Chron. apud Murat. Rer. ital*, tom. XV.) Les Visconti se dédommagèrent de ce revers au mois d'août, par la prise de Borgoforte; après quoi, étant passés dans le Mantouan, ils en assiégèrent la capitale. Hugolin de Gonzague, et le comte de Lando, capitaine allemand, pour faire diversion, se jetèrent dans le Milanez, où ils mirent tout à feu et à sang; ce qui obligea Jean Bizozero, général de Bernabo, de lever le siége de Mantoue pour marcher contre eux. Les deux armées s'étant rencontrées au passage de l'Oglio, celle de Bernabo fut mise en déroute, et son général, avec beaucoup d'autres, fait prisonnier. (Villani, l. 8, c. 18). Mais telle était son habileté, qu'il savait toujours se relever de ses pertes, de manière à se rendre plus redoutable qu'auparavant. Les Gonzagues, les marquis d'Est, et leurs alliés, las d'une guerre ruineuse, commencèrent les premiers à demander la paix. Leurs plénipotentiaires s'étant rendus à Milan, elle fut conclue, le 8 juin 1358, en présence des ambassadeurs de l'empereur Charles IV. Mais, en la signant, les Visconti n'avaient point renoncé à leurs vues de conquêtes. Contents d'avoir rompu la ligue formée contre eux, Bernabo et Galéas, son frère, reprirent, en 1359, le siége de Pavie, qu'ils avaient commencé dès l'an 1356, et forcèrent la place à se rendre, après lui avoir fait éprouver les horreurs de la famine et de la peste. Pour la tenir en bride, Galéas, à qui elle demeura, y fit construire un château, parce qu'il connaissait la haine des Pavesans contre les Milanais. Mais, pour repeupler cette ville, et lui rendre son premier lustre, il y fonda une université.

Bernabo avait toujours en tête le recouvrement de Bologne, qui, ayant été vendue, comme on l'a dit, l'an 1350, par Jean de Pépoli, à Jean Visconti, archevêque de Milan, avait été ensuite usurpée, l'an 1355, par Jean d'Olégio. L'armée qu'il envoya, l'an 1359, contre cette ville, dont le territoire, par son étendue, valait une province, ne remporta pas les avantages qu'il en espérait. Jean d'Olégio prévoyant néanmoins qu'il succomberait tôt ou tard aux efforts de Bernabo, cède Bologne, l'an 1360, au cardinal Gille Albornoz, qui lui donne en échange la ville de Fermo. (*Chron. Bonon. Rer. ital.*, tom. XVIII.) Le cardinal, avec le secours des troupes qu'il obtint du roi de Hongrie, força celles de Bernabo d'évacuer le Bolonais. La ligue s'étant renouvelée contre ce dernier, en 1362, mit dans ses intérêts le pape Urbain V, qui, l'année suivante, au mois de mars, fulmina une sentence d'excommunication contre lui. Bernabo n'en tint compte, et n'en poursuivit pas avec moins d'ardeur l'exécution de ses projets. Une grande victoire que remporta sur lui, la même année, Feltrin de Gonzague, ne le déconcerta pas. (*Corio istor di Milano*). L'empereur Charles IV étant arrivé, l'an 1368, en Italie, pour appuyer le pape et les confédérés, Bernabo s'allia avec Cane de l'Escale, seigneur de Vérone, pour lui résister. Voyant l'inutilité de ses efforts contre les Visconti, l'empereur convient avec eux d'une trêve qui, l'année suivante, au mois de février, est convertie en un traité de paix où sont compris d'une part, les Visconti et le seigneur de Vérone; de l'autre, le pape, l'empereur, la reine de Naples, le marquis d'Est, les Gonzagues, les Malatesta, et les Commaces de Sienne et de Pérouze. (Muratori.) L'an 1371, Bernabo acquit de Feltrin de Gonzague la ville de Reggio. Nouvelle ligue formée, l'an 1372, contre les Visconti, à l'occasion de la ville d'Asti, qu'ils voulaient enlever au marquis de Montferrat. Le pape Grégoire XI, le comte de Savoie, le marquis d'Est, François Carrare et les Florentins, envoient des troupes au secours de la place assiégée par Galéas, qui, à la fin, est obligé de se retirer les mains vides. D'un autre côté, Bernabo, son frère, étant entré dans le Modénois, où il faisait le dégat, est attaqué le 2 juin par l'armée des confédérés, qu'il met en déroute après un sanglant combat. Le gain de cette bataille lui facélite la conquête de Corrégio. Les confédérés envoient des nouvelles forces contre les deux frères. On se harcèle de part et d'autre, et la campagne se termine par une trève que le roi de France, Charles V, avait ménagée. La guerre recommence le 5 janvier de l'année suivante. Les troupes de Bernabo sont battues sur le Panaro, dans le Bolonois, par Jean Aucud, fameux partisan anglais, qui, s'étant donné d'abord aux Visconti, les avait ensuite abandonnés pour passer au service de la ligue. Le 8 mai de la même année, Aucud remporte une seconde victoire au pont de Chiesi sur les Visconti. Le marquis de Montferrat, Hugolin et Galéas, sont du nombre des prisonniers faits à cette journée. Le Bergamasc s'étant révolté peu de tems après, Bernabo envoie son bâtard Ambroise pour réduire ce pays. Ambroise est pris dans une ambuscade et mis à mort par les paysans, le 17 août.

L'an 1375, les affaires d'Italie changent de face. Ce n'est plus la Lombardie qui est le théâtre de la guerre, ni l'ambition des Visconti, qu'il s'agit de réprimer. La tyrannie des officiers du pape Grégoire XI attire toute l'attention des puissances italiennes, en même tems qu'elle fait soulever les villes de l'état ecclésiastique. Il se forme, pour appuyer ces villes, une confédération dans laquelle entrent la reine de Naples, Bernabo, les Florentins, les Pisans et les Siennois. Plus de quatre-vingts places secouent le joug du pape, et se maintiennent dans leur révolte, malgré les efforts du partisan Aucud et de ses Anglais, pour les faire rentrer dans le devoir. (Muratori.) Galéas mourut, le 4 août 1378, à l'âge de cinquante-neuf ans. Dans ses dernières années, il avait pris peu de part aux affaires qui ne concernaient pas ses états. C'était dans la compagnie des gens de lettres, dont Pétrarque était le plus distingué, qu'il passait une partie de son tems. Ce fut, à la persuasion de cet homme célèbre qu'il fonda une grande bibliothèque, et établit l'université de Pavie. Son goût pour l'architecture se manifesta par plusieurs beaux édifices qu'il fit construire. Ce fut lui qui bâtit la superbe citadelle de Milan. Le pont qu'il éleva sur le Tesin, est regardé comme un chef-d'œuvre de l'art. Pétrarque, si avare de louanges, même pour les grands hommes de son siècle, ne peut contenir son admiration, ni supprimer ses éloges en parlant du palais que ce prince avait construit dans la partie septentrionale de la ville de Pavie. *Galéas*, s'écrie-t-il, *a surpassé, dans ses autres ouvrages, les princes les plus puissants de l'Europe ; mais ici il s'est surpassé lui-même.* A ce palais, où il avait rassemblé les plus belles peintures, était joint un parc qui avait quinze milles de circonférence. Pour lui donner cette étendue, il fallut empiéter sur les propriétés de plusieurs familles, qui furent très-peu satisfaites des indemnités qu'on leur accorda. Un particulier nommé Bartole Sista, qu'on força de renoncer aux champs qu'il tenait de ses pères, fut si désespéré de cette violence, qu'il frappa Galéas d'un coup de poignard qui ne fit que l'effleurer, parce qu'il avait, ce jour-là, sous ses habits une partie de son armure. Galéas, dit Muratori, fut peu regretté, parce qu'il avait foulé ses peuples pour subvenir aux dépenses que ses guerres et son luxe occasionaient. Il avait de plus, dans ses dernières années, ajoute-t-il, la maladie des vieillards, qui est l'avarice; et comme il ne payait pas ses soldats, il s'ensuivit de là des vols et des brigandages continuels. Bref, ce fut un méchant homme, qu'on doit regarder plutôt comme un tyran que comme un bon seigneur. Galéas avait épousé, l'an 1350, BLANCHE, fille d'Aimon, comte de Savoie, dont il eut Jean Galéas, qui lui succéda, et Yolande, mariée, 1°. l'an 1368, à Lyonnel d'Angleterre, duc de Clarence, à qui elle apporta en dot deux cent mille livres sterlings, somme exhorbitante pour ce tems-là; 2°. à Otton, marquis de Montferrat; 3°. à Louis Visconti, seigneur de Lodi.

JEAN-GALÉAS, PREMIER DUC DE MILAN.

1378. JEAN-GALÉAS, fils et successeur de Galéas Visconti, était marié, depuis 1369, avec ISABELLE, fille de Jean II, roi de France, qu'il avait achetée, disent les historiens du tems, moyennant six cent mille florins, dont le monarque français avait besoin pour payer sa rançon. Du vivant de son père, il s'appelait comte de Vertus, comté de Champagne qu'Isabelle, sa femme, lui avait apporté en dot. Ayant perdu cette princesse, le 11 septembre 1372, il se remaria, le 15 novembre 1380, à CATHERINE VISCONTI, sa cousine, fille de Bernabo, son oncle.

L'intérêt attacha Jean-Galéas à l'empereur Wenceslas, qui le déclara, l'an 1382, vi-

BERNABO VISCONTI.

Bernabo continua de régir sa part du Milanez après la mort de son frère, dont il tâcha, mais en vain, d'envahir la succession. Son ambition ne se borna point là. Ayant épousé REINE DE L'ESCALE, il prétendit que Vérone et Vicence appartenaient à sa femme, parce qu'elle était née d'un mariage légitime, au lieu que ses deux frères, Barthélemi et Antoine, qui possédaient le Véronais, étaient bâtards. Le jour de Pâques (18 avril) 1378, Bernabo fait une irruption dans ce pays: mais il trouve des gens préparés à le recevoir; et au mois de septembre suivant, il est obligé de faire une trève, qui, l'an 1379, se convertit en paix. L'an 1385, Jean-Galéas, son neveu et son gendre, s'étant

caire général de l'empire en Lombardie. L'an 1384, Bernabo et ses fils, à qui il avait partagé les villes de son obéissance en 1379, voyant Jean-Galéas sans enfants mâles, forment le dessein de le faire périr, pour avoir ses états ; mais celui-ci, qui vivait dans la défiance, et sous les dehors d'une piété stupide, les prévint. Bernabo étant venu le saluer avec deux de ses fils, le 6 mai 1385, comme il passait près de Milan, Jean-Galéas le fit arrêter et conduire dans un château, où Bernabo mourut le 18 décembre de la même année. Jean-Galéas, après s'être rendu maître de la personne de son oncle et de celles de ses deux cousins, n'eut pas de peine à s'emparer de leurs terres. Charles Visconti, seigneur de Parme et de Crème, troisième fils de Bernabo, lorsqu'il eut appris la détention de son père, se sauva en Bavière : Mastin, son frère, âgé de dix ans, se défendit quelque tems dans Brescia, avec le secours des Gonzagues ; mais il rendit à la fin la place, moyennant une pension qui lui fut assurée. C'est ainsi que Jean-Galéas devint seigneur universel de Milan. Son ambition n'étant point encore satisfaite, il se ligua, l'an 1387, avec François-Carrara, segneur de Padoue, contre Antoine de l'Escale, seigneur de Vérone et de Vicence, prétendant que ces villes appartenaient à Catherine, son épouse, fille de Reine de l'Escale, seule héri-aperçu qu'il lui tendait des embûches, l'attire près de Milan, où il le fait arrêter avec ses deux fils, Louis et Raoul, et conduire au château de Trezzo, où il mourut de poison, à ce qu'on prétend, avec ses deux fils, le 18 décembre de la même année, à l'âge de soixante-six ans. A sa mort, on trouva, dans son palais, sept cent mille écus d'or, et la charge de sept charriots en vaisselle d'argent et en meubles précieux. C'était le fruit de ses rapines et de son insatiable avarice. La soif de l'argent était si grande en lui, que tout moyen lui était bon pour la satisfaire. Entre ceux qu'elle lui suggéra, celui-ci est le plus remarquable. Ce fut de créer une chambre de justice pour faire la recherche de tous ceux qui, cinq ans auparavant, avaient tué des sangliers, ou qui, seulement, en avaient mangé à la table d'un autre. Malheur à qui ne pouvait se racheter par des sommes payées en argent comptant ; il était livré au bourreau pour être étranglé. On vit avec horreur plus d'une centaine de ces malheureux périr par cet infâme genre de mort. Sa femme lui donna cinq fils et dix filles, qu'il eut la satisfaction de marier tous dans les meilleures maisons de l'Europe. Marc, l'aîné de ses fils, épousa Elisabeth de Bavière, et mourut sans lignée en 1382. Louis, le deuxième, fut marié, comme on l'a déjà dit, avec Yolande, sa cousine, fille de Galéas ; et

tière légitime, selon lui, de sa maison. Antoine se mit en état de défense; mais, l'année suivante, il mourut des fatigues de la guerre au mois d'août, et toute sa succession fut envahie par Jean-Galéas, quoiqu'il eût laissé un fils et trois filles. Jean-Galéas conclut une nouvelle ligue, le 19 mai 1388, avec les Gonzagues, le marquis d'Est, et la république de Venise, pour dépouiller de Padoue et de ses autres domaines François Carrara, ci-devant son allié. Il y réussit, autant par adresse que par force, dans le cours de la même année.

L'an 1389 (n. st.), Jean-Galéas donne Valentine, sa fille, en mariage à Louis I de France, duc d'Orléans, et lui assigne, pour sa dot, la ville d'Asti, avec cent mille florins. Dans le contrat de mariage, il fut stipulé que si les deux fils de Jean-Galéas venaient à mourir sans enfants mâles, Valentine ou ses héritiers leur succéderaient au duché de Milan. Cette clause funeste, dit un moderne, est la source des guerres sanglantes dont Milan fut le théâtre, sous les règnes des rois de France Louis XII et François I.

L'an 1391, Charles Visconti se concerte avec Jean III, comte d'Armagnac, pour abattre la puissance de Jean-Galéas; mais leurs efforts furent vains. Le comte d'Armagnac fut battu et fait prisonnier devant Alexandrie, au mois de juillet de la même année, et mourut, peu de jours après, de ses blessures eut de son père la seigneurie de Lodi. Raoul, le troisième, fut créé par son père, seigneur de Bergame. Charles, le quatrième, seigneur de Parme, épousa, l'an 1382, Béatrix, fille de Jean II, comte d'Armagnac. Mastin le cinquième, seigneur de Brescia, prit en mariage Antoinette de la Scala. Viride, l'aînée des filles de Bernabo, fut alliée à Léopold III, duc d'Autriche. Thaddée, la deuxième, épousa Etienne, duc de Bavière-Ingolstadt. Agnès, la troisième, fut accordée à François de Gonzague. Anglaisie, la quatrième, épousa Frédéric, burgrave de Nuremberg. Valentine, la cinquième, donna sa main à Pierre II, roi de Chypre. Antoinette, la sixième, devint femme d'Eberhard II, comte de Wurtemberg. Catherine, la septième, fut mariée à Jean-Galéas, son cousin, duc de Milan. Madelaine, la huitième, épousa Frédéric, duc de Bavière, à Landshut. Elisabeth, la neuvième, eut pour époux Ernest, duc de Bavière. Lucie, la dixième, fut mariée à Edmond Holland, comte de Kent.

La lubricité de Bernabo ne le cédait guère à son avarice. De quatre maîtresses, il eut treize bâtards qu'il pourvut avantageusement, sept filles et six fils, dont les deux plus remarquables sont Hector, qui prétendit au duché de Milan, et fut tué l'an 1412; et Sagromor, tige des comtes de Sèze. ou de poison. (*Voyez* les comte d'Armargnac.) On fit, au mois de janvier suivant, une trève de cinquante ans, au moyen de laquelle François Novello Carrara fut remis en possession de Padoue, en s'obligeant de payer cinq cent mille florins à Jean-Galéas, dans le cours de cinq années. L'an 1395, Jean-Galéas obtint un honneur que ses prédécesseurs avaient vainement sollicité. A l'appât de cent mille florins d'or qu'il offrit à Wenceslas, roi des Romains, ce prince lui accorda, par un diplôme du premier mai, le titre de duc de Milan. Ce fut alors qu'il quitta le titre de comte de Vertus, qu'il avait porté jusques-là. Par un autre diplôme du 13 octobre 1396, Wenceslas lui abandonna l'autorité souveraine sur presque toutes les villes de Lombardie, qui relevaient de l'empire. Cette double faveur, accordée sans le consentement des électeurs, les indisposa contre Wenceslas, et fut un des motifs qu'on allégua, quelques années après, pour sa déposition.

L'an 1397, Jean-Galéas déclare la guerre à François de Gonzague, seigneur de Mantoue. Deux batailles qu'il perd dans le même jour (28 août de cette année), l'une navale, sur le Pô, l'autre par terre, ne le déconcertent point. Il envoie, dans le Mantouan, de nouvelles forces qui le rendent maître de plusieurs places. Mais apprenant que les Vénitiens se préparent à venir au secours de Gonzague et des Florentins, ses confédérés, il fait proposer une trève, qui fut acceptée et signée le 11 mai de l'année suivante. La puissance de Jean-Galéas va toujours en croissant. L'an 1399, il acquiert, pour deux cent mille florins d'or, de Gérard d'Appiano, la ville de Pise, au mois de février. (Trunci, *Annal. pisan.*) Celle de Sienne, qui l'avait pris d'abord pour protecteur, le proclame de même son seigneur au mois d'août. Sommé, l'an 1401, par l'empereur Robert, de restituer, au domaine de l'empire, le duché de Milan, il répond fièrement qu'il le possède par la concession de l'empereur légitime et par une investiture conforme à l'usage et aux lois. Robert, sur cette réponse, à laquelle il devait s'attendre, lève une armée dont il donne le commandement à François Carrara, italien, général expérimenté ; ce qui cause un vif dépit à Léopold, duc d'Autriche, surnommé le *Superbe*. Galéas, apprenant cet armement, emploie Pierre de Tusiman, son médecin, ami d'Herman, premier médecin de l'empereur, pour engager celui-ci à faire périr son maître et ses fils par le poison. Le complot est découvert à Sulzbach, le 20 avril, avant qu'il eût son exécution. Robert passe les Alpes avec son armée dans le mois de septembre, et arrive, par le Trentin, dans le territoire de Brescia, dont il se disposait à faire le siége. Facino Cane, chargé par Galéas de défendre cette ville, voyant l'empereur campé non loin du lac de Garde, fait une sortie pour venir l'attaquer. C'était l'usage alors, qu'avant d'engager une action générale, les chefs respectifs des armées préludassent entre eux par des combats singuliers. Théodore, marquis de Montferrat, du côté de Galéas, attaque Frédéric, burgrave de Nuremberg, et d'un coup de lance le désarçonne ; ce qui met le trouble dans la troupe qu'il commandait. Le duc d'Autriche s'étant avancé, est également renversé par Charles Malatesta, seigneur de Rimini, pris et emmené prisonnier. Mais Jacques Carrara, fils de François, désarçonne à son tour le vainqueur de Léopold, et rétablit en partie le combat. Les Impériaux, cependant, méditaient la retraite. Facino, qui se croyait vainqueur par la prise de Léopold, ne poursuivit pas ses avantages, et reprit la route de Brescia. Cette bataille, ou plutôt cette escarmouche, est du 17 octobre, suivant M. Schoepflin (*Act. Acad. Palat.*, t. II, p. 201), et du 21, selon Muratori. Trois jours après, on vit revenir au camp le duc d'Autriche, sain, sauf et entièrement libre. L'empereur témoigna de la joie de son retour. Mais Carrara reçut une lettre de Brescia, par laquelle on lui mandait que Léopold n'avait obtenu sa liberté qu'en promettant de le livrer aux ennemis. L'empereur, sur cette nouvelle, envoie Carrara à Padoue, pour le mettre à couvert des embûches qu'on lui dressait, et va l'y joindre ensuite, après avoir licencié une partie de son armée. De là il se rend à Venise, d'où, après quelques jours, il retourne en Allemagne, voyant que les Italiens craignaient encore moins la domination des Visconti que celle des Allemands. L'an 1402, la ville de Bologne, à l'imitation de celle de Pérouse, choisit, le 10 juillet, Galéas pour son protecteur, après une victoire qu'il avait remportée, le 26 juin précédent, sur les Bolonais et les Florentins; victoire dont fut la victime Jean Bentivoglio, seigneur de Bologne, que ses sujets massacrèrent le 28 du même mois. (Murat. *Ann.*, t. IX, p. 9.) Maître de cette ville, Jean-Galéas ne tarda pas d'y faire élever une citadelle ; ce qui mortifia beaucoup les Bolonais. Mais les Florentins eurent bien lieu de trembler pour eux-mêmes, en se voyant entourés de tout côté, dit Muratori, par ce grand serpent, maître de la Lunigiane, de Pise, de Sienne, de Pérouse et de Bologne. Le duc, néanmoins, calma leur frayeur par un traité de paix et de confédération qu'il fit avec eux. Ce qui dut encore plus les tranquilliser, ce fut la mort de Jean-Galéas qui suivit de près ce traité. S'étant transporté de Pavie, où la peste régnait, à Marignan, il y tomba malade, sur la fin d'août 1402, et y mourut le 4 septembre suivant, laissant de CATHERINE, sa femme, deux fils : Jean-Marie, son successeur au duché de Milan ; et Philippe-Marie, qu'il fit comte de Pavie, Verceil, Alexandrie, Tortone, Vérone, Vicence, et d'autres villes ; avec une fille, Valentine, dont on vient de parler. (Corio. Murat.) A Gabriel, l'un de ses fils naturels, qu'il avait fait légitimer, il laissa Pise et Crème. Jean-Galéas fut le plus célèbre des Visconti-ducs de Milan. Il protégea les arts et les lettres; il fixa, dans l'université de Pavie, les hommes les plus célèbres de son tems; les deux Raphaelli, Fulgoso, le Comasco, Hugues Siesme, Blaise Pelacarne, Antonio Vacca, Emmanuel Chrysolore, Pierre Philarge, depuis le pape Alexandre V. Il établit l'ordre dans l'administration de ses états; chose inconnue avant lui: et la diplomatique lui fut redevable d'avoir le premier rassemblé avec ordre, dans les archives, les titres et les actes publics. Ce fut lui qui ramena l'art militaire en Italie. La cathédrale de Milan, qui n'est pas encore achevée, la citadelle de Pavie, le pont du Tesin, et la chartreuse de Pavie, où il est enterré, sont ses ouvrages. Il enrichit sa patrie, en y rétablissant l'agriculture, et faisant creuser des canaux qui en font encore la richesse. Ses conquêtes l'avaient conduit au point d'aspirer à se faire roi d'Italie; et s'il eût vécu plus long-tems, il pouvait en venir à bout. Il fut sévère pour faire observer à ses sujets la justice qu'il violait impunément lui-même. *Je veux*, disait-il, *qu'il n'y ait point d'autre voleur que moi dans mes états.* (Lalande, *Voyage d'Italie.*) Sa veuve Catherine lui survécut.

JEAN-MARIE VISCONTI.

1402. JEAN-MARIE, fils aîné de Jean-Galéas, né le 7 septembre 1388, fut son sucesseur au duché de Milan. Comme il était mineur, il demeura sous la tutelle de Catherine, sa mère, et sous la régence de Pierre de Candie, archevêque de Milan, de Charles Malatesta, seigneur de Rimini et de Jacques de Verme. Le peu de sens de la duchesse Catherine donna lieu aux factions des Guelfes et des Gibelins, que l'attention de Jean-Galéas avait comme assoupies, de se réveiller. Plusieurs villes se retirèrent de l'obéissance du jeune duc. Le cardinal Balthasar Cossa, légat du pape Boniface IX, attisait le feu de la révolte, et faisait, de son côté, des conquêtes dans le Bolonais. Les régens du Milanez, pour empêcher la ruine entière de leur maître, prennent le parti de faire la paix avec le pape, à qui ils cèdent, par traité du 25 août 1403, Bologne, Assise et Pérouse. Sienne, dans le même tems, recouvra sa liberté. Le duc Jean-Marie, s'étant brouillé avec sa mère, la fait enfermer, l'an 1404, dans le château de Milan, où elle mourut le 15 septembre de la même année. Philippe-Marie, frère puîné du duc, et comte de Pavie, est, dans la même année, emprisonné par un citoyen puissant de Pavie, nommé Zacheria, et perd, durant sa captivité, Verceil, Novarre, et d'autres terres qu'il possédait en Piémont. Voilà donc cette puissance des Visconti, dit Muratori, si formidable jusqu'alors, entièrement culbutée. Le duc Jean-Marie voyant les factions des Guelfes et des Gibelins également soulevées contre son gouvernement, se détermine, l'an 1408, par le conseil des amis de sa maison, à nommer gouverneur de Milan, que ces factions déchiraient à l'envi, Charles Malatesta, seigneur de Rimini, l'un des plus sages et des plus braves seigneurs d'Italie. Mais l'année suivante, les Milanais s'étant donnés au maréchal de Boucicaut, déjà gouverneur de Gênes, il se retire. Boucicaut perd, l'année suivante, l'un et l'autre gouvernement. Sa retraite forcée, qu'on regarda comme l'ouvrage de Facino Cane, augmenta considérablement le crédit et le pouvoir de celui-ci, son ennemi capital, qui, étant en guerre avec le duc, fit une trêve, et ensuite, le 3 novembre 1409, un traité de paix avec lui. La nouvelle de cet accommodement causa une joie inexprimable à Milan, où Cane entra, comme en triomphe, à la tête de ses troupes. Mais, dès le mois d'avril suivant, une querelle qui s'éleva entre ses gens et ceux du duc, le mit en danger de perdre la vie, et lui laissa à peine le tems de se sauver à Rosate. Son absence fut courte, et le 7 mai suivant, il revint à Milan, où il fut décoré du titre de gouverneur. Le duc et lui, bientôt après indiposés contre Philppe-Marie, frère du premier et comte de Pavie, le contraignirent, les armes à la main, de se retrancher dans le château de cette place, qu'un siége vigoureusement poussé, l'obligea de rendre l'année suivante. Le duc Jean-Marie triomphait de cette conquête, sans s'apercevoir qu'il travaillait à la ruine de sa maison. A mesure qu'il avançait en âge, il développait la férocité de son caractère. Elle était montée au point que, dans les dernières années de sa vie, il faisait dévorer par des chiens affamés ceux qu'il haïssait, et qu'il avait condamnés au dernier supplice. Ce prince repaissait ses yeux de cet affreux spectacle. Le ministre de ses vengeances, chargé de cette meute sanguinaire, s'appelait Squarcia Giramo. Tant de cruauté et d'avarice devenant à la fin insupportable, deux frères, André et Paul Baucio, qui servaient dans sa maison, François Maino, et trois hommes illustres par leur naissance, les deux Pusterli, et Aconcio Trivulci, se mirent à la tête de trente autres conjurés; et comme le duc allait à l'église de Saint-Gothard, le 16 mai 1412, les deux frères Bauci et François Maino le poignardèrent. Facino Cane, avec qui Jean-Marie s'était réconcilié, était à toute extrémité, lorsqu'il apprit la mort du duc. Il pria les officiers qui l'entouraient de la venger, et de se réunir sous Philippe-Marie, son successeur; il mourut lui-même quelques heures après. Jean-Marie avait épousé, le 8 juillet 1408, ANTOINETTE, fille de Malatesta, seigneur de Césène et de Rimini, dont il ne laissa point d'enfants. (Murat. *Annal. Ital.*, tom. IX.)

PHILIPPE-MARIE VISCONTI.

1412. PHILIPPE-MARIE, comte de Pavie, que Facino Cane avait presqu'entièrement dépouillé, prit le titre de duc de Milan après la mort de Jean-Marie, son frère. Il eut, pour concurrent, Astor, l'un des fils naturels de Bernabo Visconti, homme valeureux, que les conjurés, à la tête desquels il était, avaient proclamé duc aussitôt qu'ils eurent fait leur coup. Pour être en état de se maintenir contre cet usurpateur, Philippe-Marie épousa Béatrix de Tende, veuve de Facino Cane, et bien plus âgée que lui. Cane, par son testament, avait institué Béatrix, dont il ne laissait point d'enfants, héritière de tous ses biens, c'est-à-dire des villes de Verceil, d'Alexandrie de la Paille, de Novarre, de Tortone, et d'autres dont il s'était emparé à la faveur des troubles qui agitaient l'Italie. Béatrix, de plus, hérita de lui des sommes considérables en espèces monnayées, et cet argent servit à son nouvel époux pour gagner les soldats. Philippe-Marie s'étant mis à leur tête, marcha vers Milan, où il défit Astor. En entrant dans la ville, le vainqueur fit publier que personne n'avait rien à craindre, excepté les assassins de son frère. Les deux principaux, Paul Baucio et François Maino, ayant été arrêtés dans ce premier tumulte, furent exécutés sur-le-champ. Le duc ensuite alla faire le siège de Monza, où Astor s'était renfermé. La ville fut prise au bout de quatre mois; et Astor s'étant réfugié dans le château, y reçut une blessure dont il mourut. Sigismond, roi des Romains, étant arrivé au commencement de l'an 1414 en Lombardie, dans la disposition de déployer sa haine contre le duc Philippe-Marie, lui suscita, pour ennemis, Gabrino Fondolo, tyran de Crémone, Jean de Vignate, seigneur de Lodi, et Théodore, marquis de Montferrat. Mais les efforts qu'ils firent pour lui nuire furent inutiles, parce qu'alors ses forces augmentaient chaque jour. Sigismond séjourna l'espace de deux mois à Plaisance, occupé à imaginer les moyens d'abaisser la puissance du duc. De là, étant passé dans le Piémont, une sédition qui s'élève contre lui dans la ville d'Asti, le détermine à reprendre la route d'Allemagne sans remporter aucun fruit de son voyage. Philippe-Marie, voyant Sigismond éloigné de Plaisance, envoya ses gens, qui reprirent cette ville le 20 mars, et le château, le 6 juin suivant. Mais la place ne resta pas long-tems entre ses mains. Philippe des Arcelli, noble plaisantin, la lui enleva le 25 octobre 1415. Philippe-Marie eut un habile général dans la personne de François Bussoni, dit Carmagnole, soldat de fortune, qui le rendit maître de Bergame en 1419, de Crémone, l'année suivante, ensuite, de Parme et de Brescia, et enfin de Gênes, le 2 novembre 1421. Mais Carmagnole, ayant depuis été dépouillé du gouvernement de Gênes par une cabale de cour, quitta le service du duc, passa chez les Vénitiens, et forma une ligue puissante qui fit perdre à Philippe-Marie tous les avantages qu'il avait remportés jusqu'alors. La mort délivra le duc de ce redoutable ennemi que les Vénitiens firent décapiter, le 5 mai 1432, sur des soupçons d'infidélité. Philippe-Marie eut encore un autre général aussi habile peut-être que Carmagnole, dont il était l'élève, dans la personne de Guido II Torelli, dit le Grand, qui, attaché au duc par les liens du sang, lui marqua toujours un dévouement inviolable. (Voy. son art. aux *comtes de Guastalle*.) Philippe-Marie admit, dans la suite, à son service, un aussi grand homme de guerre, mais moins fidèle, François Sforce, qui, d'abord attaché au duc, le quitta, en 1439, pour s'attacher, de même que Carmagnole, au service de Venise. Philippe-Marie trouva moyen toutefois de le regagner, en lui faisant épouser, le 25 octobre 1441, Blanche, sa fille naturelle et son héritière; mais, dès l'année suivante, le beau-père et le gendre se brouillèrent de nouveau. L'an 1445, le duc s'étant ligué avec le pape et le roi de Naples, envoie contre Sforce, ligué de son côté avec les Vénitiens, Nicolas Piccinino, fameux capitaine, dont Sforce triompha, ainsi que de François, son fils, qui le remplaça. L'an 1447, Philippe-Marie, se trouvant hors de mesures, se réconcilie avec son gendre. Il meurt, le 13 août de la même année, dans le château de Porta Zobbia (*Chron. di Rimini*), sans laisser d'enfants de ses deux femmes, BÉATRIX, qu'il fit décapiter au mois d'août 1418, sur un faux soupçon d'adultère commis, disait-on, avec un musicien nommé Orumbello, et MARIE, fille d'Amédée VIII, duc de Savoie, qu'il épousa le 2 décembre 1427. Mais le duc Philippe-Marie, eut une fille naturelle, Blanche-Marie, qu'il maria, comme on l'a dit, l'an 1441, avec François Sforce. En mourant, il disposa de son duché en faveur d'Alfonse, roi de Naples, par la crainte que les Vénitiens ne se rendissent maîtres de sa succession. (Murat., *Ann. d'Ital.*, tom. IX.)

C'était une étrange politique, dit Muratori, que celle de Philippe-Marie Visconti. On ne pouvait faire aucun fond sur sa parole; ce qu'il promettait aujourd'hui, demain il le rétractait. Il n'était invariable que dans ses ressentimens. Quand l'esprit de vengeance s'était emparé de son cœur, il n'en sortait plus. Mais il savait le voiler des plus beaux semblans d'amitié. Il en imposa par-là aux personnes qui n'étaient pas en garde contre sa mauvaise foi. Mais les ruses qu'il employa pour les tromper, retournèrent aussi quelquefois contre lui-même. A l'égard de ses vertus guerrières, on ne peut disconvenir qu'elles ne fussent éminentes. Aussi habile général que soldat intrépide, il fut heureux dans les guerres qu'il entreprit, lorsque des accidents, qu'il n'avait pu prévoir, ne croisèrent point ses vues. Ce même héros qui, dans les combats, affrontait hardiment les plus grands dangers, montrait dans sa vie privée la pusillanimité du plus faible mortel, jusqu'à s'aller cacher, au bruit du premier coup de tonnerre, dans un caveau le plus profond : tel était l'effet des remords dont son âme était agitée pour divers crimes qu'il ne pouvait se dissimuler, entre lesquels il faut mettre le supplice injuste de Béatrix, sa première femme.

FRANÇOIS SFORCE.

1447. FRANÇOIS SFORCE, ou SFORZA, né le 23 juillet 1401, était fils naturel de Jacques Attendolo, dit Jacomuzzo, et surnommé Sforce, qui, de simple paysan de Cotignola dans la Romagne, était parvenu, par sa valeur, aux dignités de connétable du royaume de Naples et de gonfalonier de l'église romaine. François Sforce n'avait que quinze ans lorsqu'en 1415, il fut emprisonné à Bénévent avec son père, par ordre de Jacques de Bourbon, comte de la Marche, qui venait épouser Jeanne II, reine de Naples. Relâché, l'année suivante, il combattit, l'an 1417, à côté de son père, près de Toscanelle, contre le général Tartaglia, et il fit, dans ce premier essai de sa valeur, des exploits dignes d'un capitaine consommé dans le métier des armes. Son père, l'année suivante, lui fit épouser Polixène de la maison de Rufo, qui lui apporta en dot la ville de Montalte et beaucoup de belles terres en Calabre. L'an 1424, après la mort de son père, étant venu se présenter devant la reine Jeanne dans la ville d'Aversa, il en fut accueilli avec les marques de l'affection la plus vive, et de la plus parfaite reconnaissance pour les services importants que Jacques Sforce avait rendus à cette princesse. Ce fut alors qu'elle fit prendre à François le surnom de Sforce, au lieu de celui d'Attendolo qu'il avait porté jusqu'alors. L'an 1425, il passa au service du duc de Milan avec quinze cents cavaliers qui avaient fait leurs preuves de valeur sous Jean-Galéas. Le duc l'envoya, sur la fin de l'an 1427, au secours de Gênes, contre Thomas de Campofregose, et d'autres bannis qui infestaient cette ville. Mais étant entré dans les gorges de l'Apennin, plusieurs des siens y périrent accablés par les paysans, qui faisaient rouler sur eux des quartiers de roches du haut des montagnes; et le reste eut peine à gagner, avec lui, le château de Ronco. Ses envieux se prévalurent de ce revers pour le décréditer dans l'esprit du duc, dont ils obtinrent un ordre pour le reléguer à Mortare, où il passa deux années, sans pouvoir se justifier. On prétend même que, si le comte Guido II Torelli n'avait pris hautement sa défense, deux fois il courut risque de perdre la tête, parce qu'on le soupçonnait de vouloir aller se mettre au service des Vénitiens ou des Florentins. Convaincu à la fin de son innocence, le duc lui rendit sa faveur; et l'an 1430, il l'envoya à la défense de la ville de Lucques, dont il obligea les Florentins de lever le siége. Ce prince désirant de recouvrer Bergame et Brescia, dont les Vénitiens s'étaient emparés, fit équiper sur le Pô, contre eux, une flotte considérable à la tête de laquelle il mit François Sforce, Guido II Torelli, Nicolas Piccinino, et d'autres habiles capitaines. Après divers combats contre la flotte vénitienne, ils remportèrent sur elle une victoire complète, le 23 mai 1431. Deux ans après, d'intelligence avec le duc, Sforce enleva, au pape Eugène, la marche d'Ancône, feignant d'agir au nom du concile de Bâle, qui avait rompu alors avec ce pontife. Il eut poussé plus loin ses conquêtes dans l'état ecclésiastique, si Eugène n'eût trouvé moyen de le regagner en le créant gonfalonier de l'église. Piccinino l'ayant supplanté auprès du duc, il prêta l'oreille à l'offre que les Florentins lui firent, en 1434, du commandement de leurs troupes, avec lesquelles il les remit en possession de la Lunigiane que Piccinino leur avait enlevée. Le duc de Milan l'ayant ramené dans son parti, sous la promesse de le faire son gendre, l'envoya, l'an 1438, au secours de René d'Anjou, qui disputait le royaume de Naples à Alfonse, roi d'Aragon. Les Vénitiens l'ayant appelé, l'année suivante, pour l'opposer à Nicolas Piccinino, il remporta deux victoires sur lui et sur François, son fils. Il fit sa paix ensuite avec le pape, qui avait recouvré la Marche d'Ancône. Alors le duc, son beau-père, se voyant pressé de tout côté par ses ennemis, sentit le besoin qu'il avait de son bras pour leur résister. L'ayant, à force de prières et de promesses, engagé à revenir, il le déclara capitaine général du Milanez. Les choses changèrent bientôt de face sous ce général. En peu de tems, il fit la conquête de Plaisance, de Novarre, d'Alexandrie, de Tortone, de Parme, de Vigevano. Enfin, après la mort de son beau-père, il prétendit lui succéder; mais il eut quatre concurrents, le duc de Savoie, les Vénitiens, le roi de Naples, et Charles, duc d'Orléans, et petit-fils du duc Jean-Galéas, par Valentine, sa mère. Les Milanais, pour les accorder, prirent le parti d'abolir la puissance ducale, et de s'ériger en république. Ils nommèrent des régents de l'état, et donnèrent à François Sforce le commandement de leurs troupes. Les avantages considérables qu'il remporta sur les Vénitiens justifièrent ce choix; mais ces mêmes avantages l'ayant rendu suspect aux Milanais, il s'accorda, le 19 octobre 1448, avec les Vénitiens, et se ligua avec eux contre ses premiers maîtres. L'an 1449, après s'être emparé des environs de Milan, il forma le blocus de cette ville, et vint à bout de l'affamer. Le peuple alors s'étant soulevé, lui fait ouvrir les portes : Sforce y entra le 25 mars 1450, et fut solennellement proclamé duc. Par traité fait la même année avec Borso d'Est, duc de Ferrare, il obtient les territoires de Cunio, de Barbiano, et de Budrio, dans le Ferrarais, pour étendre la juridiction de son comté de Cotignola, dont ils étaient limitrophes. (Busching.) L'an 1454, il fait la paix avec les Vénitiens, qui lui avaient déclaré la guerre en 1452. Il s'accommoda, la même année, avec Alfonse, roi de Naples, contre lequel il avait soutenu jusqu'alors les intérêts de la maison d'Anjou. Le roi Louis XI lui ayant cédé les droits de la France sur Gênes, il envoie, l'an 1464, des troupes dans cette ville, dont il se fait reconnaître seigneur. L'année suivante ne fut pas moins fortunée pour lui. Ferdinand I d'Aragon, roi de Naples, ayant enlevé, au prince de Tarente, la ville et le duché de Bari, ainsi que toutes ses autres possessions, les donna, l'an 1465, au duc de Milan. (Busching.) François Sforce gouverna ses états avec beaucoup de modération, et on a dit de lui que jamais usurpateur ne devint meilleur souverain. Il mourut, le 8 mars 1466, comblé de gloire et de bonheur. Les historiens rapportent qu'il gagna, pendant sa vie, vingt-deux batailles, sans jamais avoir été vaincu. Il avait épousé, 1°. comme on l'a dit, POLIXÈNE RUFFA, dont il n'eut point d'enfants; 2°. l'an 1441, BLANCHE-MARIE VISCONTI, fille naturelle du duc Philippe-Marie, dont il laissa Galéas-Marie, qui suit ; Philippe-Marie, comte de Pavie, mort en 1479; Sforce-Marie, duc de Bari, mort la même année; Ludovic-Marie, dit le More, qui fut un de ses successeurs; Ascagne-Marie, évêque de Pavie et de Crémone, puis cardinal; Octavien, qui se noya l'an 1476; Hippolyte, femme d'Alfonse, duc de Calabre, puis roi de Naples; Elisabeth, mariée à Guillaume, marquis de Montferrat. François Sforce laissa aussi plusieurs bâtards, dont les deux principaux furent Sforce, tige des comtes de Borgonovo, et Jean-Marie, archevêque de Gênes : Ce fut sous son règne que fut creusé le canal *Martesana*, qui vient de l'Adda se réunir à Milan, au grand canal dit *il Naviglio grande*.

GALÉAS-MARIE SFORCE.

1466. GALÉAS-MARIE, né le 14 janvier 1444, était en France, au service du roi Louis XI, lorsque le duc François Sforce, son père, mourut. A la nouvelle de cet événement, il se mit promptement en route pour le Milanez, mais travesti, parce qu'alors, dit Muratori, c'était l'usage des petits seigneurs d'épier les grands qui passaient sur leurs terres, pour les arrêter et les rançonner à leur gré. Galéas-Marie, ajoute-il, courut le même danger à l'abbaye de Novalèze ; mais il eut le bonheur d'en échapper, et d'arriver sain et sauf dans le Novarrais. De là, s'étant acheminé vers Milan, il y fit son entrée solennelle, le 20 mars 1466. Par les sages précautions de sa mère, il n'éprouva aucune opposition de la part des puissances voisines, quoiqu'on en eût à craindre beaucoup des Vénitiens. On fut aussi redevable de cette tranquillité aux lettres, que le pape Paul II écrivit aux princes pour les exhorter à maintenir la paix dans l'Italie. La conduite du nouveau duc ne répondit nullement à de si heureux auspices. Son gouvernement fut une vraie tyrannie. Livré à la débauche et à la cruauté, il s'attira la haine de ses sujets. Blanche, sa mère, princesse vertueuse, et universellement chérie, à laquelle il avait tant d'obligations, fut tellement indignée des procédés violents de ce fils ingrat à son égard, qu'elle le quitta pour se retirer à Crémone, qui lui avait été assigné pour sa dot. Elle y mourut le 24 octobre 1468, fort regrettée des gens de bien et surtout des pauvres. (*Chron. di Bologna Rer. ital.*, tom. 18.) Le Corio, dans son Histoire de Milan, parle d'un voyage que le duc Galéas-Marie fit, en 1471, avec la duchesse, son épouse, à Florence, où il étala, sans nécessité, la plus grande pompe. Le grand-duc, Laurent de Médicis, ne voulut point lui céder en magnificence. De là il passa à Lucques, d'où il se rendit à Gênes, où, à travers les honneurs qu'on lui rendit, il remarqua sur les visages certains signes d'aversion, qui l'indisposèrent contre les Génois. De retour à Milan, il acheva d'irriter les citoyens par les nouvelles fortifications qu'il y fit faire, comme s'il les eût destinées à se mettre en garde contre eux. Trois gentilshommes, joignant à l'indisposition publique, leurs mécontentements particuliers, l'assassinèrent, le 26 décembre 1476, dans l'église de Saint-Etienne de Milan. Il avait épousé, 1°. DOROTHÉE DE GONZAGUE, fille de Louis, marquis de Mantoue, laquelle il fit empoisonner, suivant Chazot, l'an 1468; 2°. la même année, il se remaria, le 6 juillet, à BONNE, fille de Louis, duc de Savoie (morte en 1485), dont il eut Jean-Galéas-Marie, qui suit; Hermès, qui passa en Allemagne après la mort de son frère; Blanche-Marie, femme, 1°. de Philibert I, duc de Savoie; 2°. de l'empereur Maximilien I; et Anne, mariée, l'an 1491, à Alfonse I, duc de Ferrare.

JEAN-GALÉAS-MARIE SFORCE.

1476. JEAN-GALÉAS-MARIE, né sur la fin de 1468, succéda au duc Galéas-Marie, son père, sous la tutelle de Bonne, sa mère, et de Cecco Simonetta, secrétaire d'état. Ses oncles, irrités de se voir exclus de la régence, vinrent à Milan pour y exciter des troubles, et furent exilés: mais Ludovic-Marie Sforce, trois ans après, étant rentré dans le Milanez avec des troupes, s'empara de Tortone, marcha de là à Milan, dont le château lui fut livré par le gouverneur, et obligea la duchesse et son fils à lui donner part au gouvernement. L'ambition de Ludovic ne se borna point à cet avantage; il voulut être seul régent. Dans cette vue, il fit arrêter le sage Simonetta, et vint à bout de le faire condamner à perdre la tête, ce qui fut exécuté, le 30 octobre 1480, à Pavie. La duchesse Bonne fut obligée de sortir, trois jours après, de Milan. (M. l'abbé Garnier dit que Ludovic la fit enfermer dans une étroite prison, et cite pour garant les manuscrits de l'abbé le Grand. Ce trait ne se trouve point dans les auteurs italiens.) Maître alors des affaires, Ludovic ne laissa au jeune duc que son titre, et exerça tous les droits de la souveraineté. L'an 1482, il entre dans la ligue de Ferdinand I, roi de Naples et des Florentins, contre les Vénitiens. Ayant découvert, l'an 1484, une conjuration formée pour remettre le gouvernement entre les mains de la duchesse Bonne, il en fait punir sévèrement les auteurs. Il invite, l'an 1493, Charles VIII, roi de France, à venir en Italie, et sait en même tems se ménager avec l'empereur Maximilien I et Ferdinand, roi de Naples. Charles étant arrivé, l'an 1494, à Asti, Ludovic vient l'y trouver, pour l'encourager à suivre son dessein. *Sire,* lui dit-il, *ne craignez point cette entreprise. En Italie, il y a trois puissances que nous tenons grandes, dont vous avez l'une, qui est Milan; l'autre ne bouge, qui sont les Vénitiens: ainsi, vous n'avez affaire qu'à celle de Naples; et plusieurs de vos prédécesseurs nous ont battus que nous étions tous ensemble. Quand vous me voudrez croire, je vous aiderai à vous faire plus grand que ne fut jamais*

Charlemagne; *et chasserons ce Turc hors de cet empire de Constantinople aisément, quand vous aurez ce royaume de Naples.* (Commines, l. VIII, ch. VI.) Quelques jours après, une mort, que cet homme affreux avait, dit-on, préparée, le met au comble de ses vœux : le jeune duc, Jean-Galéas-Marie, qu'il tenait renfermé dans le château de Pavie, expire le 22 octobre, à l'âge de vingt-cinq ans, d'un poison lent, si l'on en croit le public, qu'il lui avait fait donner. Ce jeune prince avait épousé, le 2 février 1493, ISABELLE, fille d'Alfonse II, roi de Naples, laquelle, après la mort de son époux, se retira à Bari, où elle mourut en 1524. De ce mariage sortirent François Sforce, qui, ayant été envoyé par sa mère à Louis XII, roi de France, devint abbé de Marmoutiers; Bonne, mariée, en 1518, à Sigismond, roi de Pologne, et décédée à Bari, le 17 septembre 1558; et Hippolyte, morte en 1501.

LUDOVIC-MARIE SFORCE, DIT LE MORE.

1494. LUDOVIC - MARIE SFORCE, né le 3 août 1451, de François Sforce, duc de Bari, et de Blanche-Marie, succéda au duc Jean-Galéas-Marie, son neveu, en vertu de l'investiture qu'il s'était fait donner du Milanez, par l'empereur Maximilien I. Le surnom de MORE lui avait été donné par allusion au mûrier, dit en italien *moro*, symbole de la prudence, qu'il avait pris pour sa devise. (Paul-Jove). L'an 1495, il entre dans la ligue conclue, le 31 mars, par le pape Alexandre VI, l'empereur Maximilien I, Ferdinand V, roi d'Espagne, et les princes d'Italie, contre le roi Charles VIII. Un mot échappé à Louis, duc d'Orléans, dans Asti, dont il était seigneur, détermina Ludovic à prendre ce parti. *Voici le tems*, avait dit le prince français, à l'occasion des succès du roi Charles en Italie, *de faire valoir les droits de Valentine Visconti, mon aïeule, sur le Milanez.* Louis, devenu roi de France, effectua, l'an 1499, les menaces qu'il avait faites dans Asti. Jean-Jacques Trivulce, envoyé par ce prince dans le Milanez, avec une armée, le rendit maître de ce duché, avec une rapidité qui étonna toute l'Italie. Il fut secondé par son neveu, François Torelli, comte de Montechiarugulo, qui se distingua à la prise de Milan, où il commandait l'armée. (Quadrio, l. 1, ch. 8.) Louis vint lui-même prendre possession de sa conquête, et fit son entrée dans Milan, le 6 octobre 1499. Mais la mauvaise conduite des Français, après son départ, donna la facilité à Ludovic, qui avait pris la fuite, de rentrer dans Milan, au mois de février suivant, avec le secours de huit mille suisses, joints à quelques troupes que l'empereur lui avait fournies. Ce triomphe, néanmoins, fut de courte durée. Son imprudence l'ayant porté à passer, avec dix-huit mille hommes, de Milan à Novarre, les Français, qui étaient à Verceil, prirent la résolution de venir l'y assiéger. En vain les Suisses de son parti l'exhortèrent à ne pas soutenir un siège dans une place mal approvisionnée, et contre une armée aussi considérable que celle de France, jointe aux Vénitiens. Il fut également sourd aux clameurs des lansquenets, qui demandaient à combattre, et aima mieux attendre l'évènement dans Novarre. Les Français s'approchaient cependant de la place. Il fallut alors se mettre en campagne. Mais les Suisses déclarèrent au duc qu'ils ne combattraient point contre leurs compatriotes qui étaient dans l'armée ennemie. Tout ce que Ludovic Sforce put obtenir d'eux, fut qu'ils le mèneraient en lieu de sûreté; ce qui l'obligea de prendre l'habit d'un simple soldat. Il se plaça dans les rangs, espérant qu'à la faveur de ce déguisement il ne serait point reconnu, lorsqu'il défilerait avec les Suisses devant l'armée française. (S. Gelais, *Hist. de Louis XII*, pag. 159). Mais Ludovic ne put échapper à son malheureux sort. Il fut lâchement trahi par un de ses trabants, nommé Turmann, du canton d'Uri. Aussitôt le bailli de Dijon se saisit de lui, le 9 avril 1500, malgré les protestations des Suisses. Le traître, à qui il donna deux cents écus *de couronne* (1), fut un objet d'horreur à ses compatriotes. Ils le mirent aux fers à son retour en Suisse, et lui firent couper la tête en punition de ce crime. À l'égard de Sforce, Louis de la Trémoille, général français, le fit conduire en France avec le cardinal Ascagne, son frère, et d'autres princes de sa maison. Ludovic fut enfermé d'abord à Pierre-Encise, ensuite dans la tour du Lys de Saint-Georges, en Berry, et de là, conduit, quatre ou cinq ans après, au château de Loches, où il passa le reste de ses jours, non dans une cage de fer, comme plusieurs l'ont avancé, mais servi avec distinction, et se promenant, la dernière année, à cinq lieues du château. L'opinion commune met sa mort en 1510 : cependant, Léandre Alberti et Sénaréga, auteurs contemporains, la placent en 1508, et le dernier la date du 16 juin de cette année. Ludovic laissa, de BÉATRIX D'EST, fille d'Hercule I, duc de Ferrare, qu'il

---

(1) Les écus à la couronne étaient au titre de 23 carats un huitième, et de la taille de 70 au marc : ainsi, chaque écu devait être du poids de 65 grains $\frac{22}{35}$, et puisque l'or à ce titre, suivant la déclaration du 3 octobre 1785, vaut 798 liv. 7 s. 9 den. trois quarts, il s'ensuit que l'écu en question vaudrait 11 liv. 8 s. 1 den. $\frac{95}{280}$, et par conséquent les deux cents valaient 2281 l. 2 s. 3 d. six septièmes de notre monnaie courante.

avait épousée le 18 janvier 1491 (morte le 2 janvier 1497), deux fils, Maximilien et François-Marie.

LOUIS XII, ROI DE FRANCE.

1500. LOUIS XII, roi de France, resta maître du Milanez, lorsqu'il le fut de la personne de Ludovic Sforce. L'an 1505, il obtint, de l'empereur Maximilien I, l'investiture de ce duché, par un diplôme daté d'Haguenau, le 5 avril. Il reçut, l'an 1508, de l'empereur, une nouvelle investiture, parce que la première était imparfaite, en concluant la ligue de Cambrai. Quatre ans après, le Milanez échappe à Louis XII. (Voy. les rois de France.)

MAXIMILIEN SFORCE.

1512. MAXIMILIEN SFORCE, né l'an 1491, avait été envoyé, avec son frère, par le duc Ludovic, son père, après sa déroute, à l'empereur Maximilien I. La ligue formée, en 1512, par le pape Jules II et l'empereur, le déclara duc de Milan. Le 15 décembre de la même année, il fit son entrée dans la capitale de ce duché, aux acclamations de tout le peuple ; mais bientôt après, il courut risque de la perdre. Le château de Milan était toujours occupé par les Français. Au lieu d'entreprendre de les en déloger, Maximilien se mit en campagne pour aller s'opposer aux généraux Trivulce et la Trémoille, dont les armes faisaient de grands progrès. La ville de Milan, se voyant dégarnie de troupes, était prête à se soulever : mais la victoire que Maximilien remporta, le 6 juin 1513, près de Novarre, le réconcilia avec sa capitale. Le château se rendit l'année suivante. François 1er., roi de France, ayant fait une nouvelle expédition en Italie, gagne, le 13 et le 14 septembre 1515, la célèbre bataille de Marignan, qui le rendit maître, en peu de jours, de presque tout le Milanez (1). La ville de Milan ayant envoyé, le lende-

---

(1) Avant la bataille, et avant de créer des chevaliers, « le roi, dit
» Champier (vie de Bayard), appelle le noble chevalier Bayard, si
» lui dit : Bayard, mon ami, je veux que aujourd'hui soye fait cheva-
» lier par vos mains, pour ce que le chevalier qui a combattu à pied
» et à cheval en plusieurs batailles entre tous autres, est tenu et réputé
» plus digne chevalier. Or, est ainsi de vous que avez en plusieurs ba-
» tailles et conquêts vertueusement combattu contre plusieurs nations. »
Aux paroles du roi respondit Bayard : « Sire, celui qui est roi d'un si
» noble royaume est chevalier sur tous autres chevaliers. Si dit le roy,
» Bayard, despêchez-vous, il ne faut ici alléguer ne loix, ne canons,

main, ses clefs au vainqueur, son exemple entraîna les autres villes du duché. Plaisance et Parme suivirent le même sort. François Ier. confia le gouvernement de cette derniere ville au comte François Torelli, qui l'avait si bien servi. Les châteaux de Milan et de Crémone furent les seules places qui firent de la résistance. Maximilien, renfermé dans le premier, pouvait s'y défendre long-tems : mais le connétable de Bourbon lui ayant proposé de céder à la France, non-seulement la place, mais tout le duché, moyennant une pension de trente mille ducats d'or, il eut la lâcheté de consentir à ces offres. En conséquence, il sortit du château, le 5 octobre, pour aller passer honteusement le reste de ses jours en France. Il mourut à Paris, au mois de juin 1530, sans avoir été marié, et fut enterré aux Carmes.

FRANÇOIS I, ROI DE FRANCE.

1515. FRANÇOIS I, roi de France, resta, l'espace de six ans, possesseur du duché de Milan, dont il confia le gouvernement à Odet de Lautrec. L'événement ne justifia pas ce choix. Lautrec aliéna les cœurs des Milanais, par la dureté de sa conduite, et ses troupes par leur licence. Le pape Léon X, irrité lui-même des hauteurs de ce gouverneur à son égard, conclut, le 8 mai 1521, avec Charles-Quint, une ligue contre les Français, dans laquelle entrèrent plusieurs princes d'Italie. Prosper Colonne, nommé général de l'armée des alliés, avec le marquis de Pescaire, battit l'armée française à Vauri sur l'Adda, le 18 novembre; et le jour suivant, ayant surpris Milan, il fit prendre possession de cette ville et du duché, par Jérôme

---

» soit d'acier, de cuivre, ou de fer. Faites mon vouloir et commen-
» dement, si vous voulez estre du nombre de mes bons serviteurs et
» amis. Certes, répond Bayard, sire, si ce n'est assez d'une fois,
» puisqu'il vous plaist, je le ferai sans nombre pour accomplir, moi
» indigne, vostre vouloir et commendement. Alors preint son espée
» Bayard, et dit : Sire, autant vaille que si c'estait Roland ou Olivier,
» Godefroi ou Baudouin, son frère ; certes, vous estes le premier
» prince que oncques feis chevalier. Dieu veuille que en guerre ne
» preniez la fuite. Et puis après, par manière de jeu, cria haultement
» l'espée en la main dextre : Tu es bienheureuse d'avoir aujourd'hui,
» à un si vertueux et puissant roy, donné l'ordre de chevalerie. Certes,
» ma bonne espée, vous serez moult bien comme relique gardée et
» sur toutes honorée. Et ne vous porterai jamais, si ce n'est contre
» Turcs, Sarrazins ou Maures ; et puis feit deux saults, et après remit
» en fourreau son espée. » Cette épée a été perdue.

Moroné, au nom de François-Marie Sforce. (*Voy*. François I, *roi de France*.)

FRANÇOIS-MARIE SFORCE.

1521. FRANÇOIS-MARIE SFORCE, deuxième fils du duc Ludovic, arriva de Trente (où il était depuis six ans) sur la fin de novembre à Milan, et y fut reçu avec de grandes démonstrations de joie. L'an 1522, la funeste bataille de la Bicoque, que les Suisses forcèrent Lautrec de livrer aux Impériaux, le 22 avril, fit perdre aux Français le duché de Milan, dont François-Marie fut mis en possession. Le roi de France étant arrivé, l'an 1524, en Italie, Sforce, à son approche, abandonna Milan. Il y rentre, l'année suivante, après la bataille de Pavie, gagnée le 24 février par les Impériaux sur les Français; mais les victorieux ne lui laissent que le titre de duc, et s'emparent du gouvernement. Jérôme Moroné, chancelier du duc, forme alors le projet de chasser les Impériaux d'Italie, et réussit à le faire adopter par le pape et les Vénitiens. Le complot est découvert; et le duc, comme s'il eût été complice, est déclaré déchu de tous ses droits, et obligé de livrer ses meilleures places. Antoine de Lève étant entré dans Milan, contraint les habitants de prêter serment de fidélité à l'empereur. On conclut à Cognac, le 22 mai 1526, entre le pape, le roi de France et les Vénitiens, une ligue, dont un des objets était de rétablir le duc de Milan; mais les efforts des confédérés furent impuissants, parce que leurs opérations furent mal concertées. Enfin, l'an 1529, François-Marie, étant venu trouver l'empereur à Bologne, obtint de lui, le 23 décembre, par la médiation du pape qui était présent, l'investiture du duché de Milan, moyennant neuf cent mille ducats d'or, payables en différents termes, et à d'autres conditions onéreuses. L'an 1535, le 24 octobre (et non dans le mois de novembre, comme le marque Ferréras), François-Marie meurt sans laisser d'enfants de CHRISTINE, fille de Christiern II, roi de Danemarck, qu'il avait épousée l'an 1534. L'empereur alors s'empare du Milanez, comme d'un fief dévolu à l'empire. L'an 1540, le 11 octobre, il donne l'investiture de ce duché à Philippe, son fils. Ce prince, et tous les rois d'Espagne, ses successeurs, possédèrent le Milanez jusqu'en 1706. L'empereur Joseph I s'en rendit maître alors, et Charles VI, son successeur, s'en fit confirmer la possession, par le traité de Bade, en 1714. L'impératrice, reine de Hongrie et de Bohême, l'a transmis à sa postérité. (Voyez Charles I, *roi d'Espagne*, et François I, *roi de France*.)

CHRONOLOGIE HISTORIQUE

DES

DUCS DE PARME ET DE PLAISANCE.

PARME, ville de l'Émilie, sur la voie flaminienne et la rivière de Parme qui la traverse, fondée par les Boïens gaulois, devint Colonie romaine, l'an 569 de Rome, cent quatre-vingt-quatre ans avant l'ère chrétienne, sous le consulat de M. Claudius Marcellus et de Q. Fabius Labeo. Ayant souffert beaucoup, pendant le triumvirat, par les vexations des gens d'Antoine, elle fut dédommagée de ses pertes par les bienfaits d'Auguste, qui la repeupla par une nouvelle colonie; en reconnaissance de quoi elle prit le nom de *Julia Augusta Colonia*.

Cette ville, dont l'évêque est suffragant de Bologne, passe aujourd'hui pour l'une des plus belles de Lombardie. On fait monter à trente mille hommes le nombre de ses habitants. Elle est située dans une plaine agréable; ses rues sont larges et propres, et sa grande place a des arcades qui règnent des deux côtés. L'hôtel-de-ville, qu'on nomme Anzianato, est de même orné d'un grand portique, où se tient le marché au blé quand il pleut. Le palais ducal, situé sur le bord méridional de la rivière, communique, par un petit pont, à la citadelle qui passe pour très-forte. On vante le théâtre de Parme, construit par le fameux de Vignole, comme un ouvrage d'architecture qui n'a point de pareil en Italie. Parme est la capitale d'un duché dont la population monte à trois cent mille hommes.

PLAISANCE (*Placentia*), capitale d'un autre duché, qui fait partie des états de Parme, ne le cède guère à celle-ci pour la beauté des édifices; mais elle lui est inférieure, de près des deux tiers, pour le nombre des habitants. Son évêque, comme celui de Parme, relève de l'archevêque de Bologne.

Après la destruction de l'empire d'Occident, Parme et Plaisance eurent la même destinée que les autres villes de l'Émilie. Subjuguées, l'an 570, par les Lombards, elles restèrent, l'espace de vingt ans, sous leur domination, d'où elles passèrent, en 590, sous celle des Grecs. Ce furent les ducs de ces deux villes, ainsi que celui de Reggio qui se donnèrent volontairement à l'exarque Smaragde, effrayés par l'armée du roi Childebert qui était en marche pour venir se joindre à celle des Grecs, et fondre avec elle sur les Lombards. (Paul. Diac. l. 2, ch. 4.) Charlemagne ayant conquis, l'an 774, le royaume de Lombardie, Parme et Plaisance ne furent point exceptées du nombre des villes qui tombèrent sous ses lois, comme quelques-uns le prétendent, en soutenant qu'elles faisaient partie de celles dont Pepin le Bref avait fait donation à l'église romaine. La preuve qu'ils se trompent est visible dans le partage que Charlemagne fit de ses états à la diète de Thionville, entre ses trois fils, Charles, Pepin et Louis. On voit en effet Parme et Plaisance comprises, avec leurs territoires, dans l'énumération que ce partage fait des différentes parties du royaume d'Italie, qui devaient appartenir à Pepin. (Bouquet, tom. V, pag. 771-772.) Lorsque l'empire fut transporté en Allemagne, ces deux villes, profitant de l'éloignement de leurs souverains, surtout après la mort d'Otton I, commencèrent à se donner des lois, et à se former en républiques. Il n'y eut pas cependant une coalition indissoluble d'intérêts entre Parme et Plaisance. Les annales de celle-ci nous apprennent que ses habitants ayant formé, l'an 1149, le siége du château de Tabiano, les Parmesans et les Crémonais accoururent au secours de la place, et battirent les assiégeants de manière que la plus grande partie d'entre eux resta prisonnière. (Murat. *Rer. Italic.*, tom. XVI.) Les Plaisantins prirent leur revanche, en 1152, par la conquête qu'ils firent sur les Parmesans du château de Medesana, dont ils détruisirent jusqu'aux fondements. Mais les Crémonais s'étant rendus médiateurs entre eux, engagèrent les seconds à faire la paix en rendant aux premiers les prisonniers qu'ils avaient faits sur eux. (*Ibid.*) Sigonius (*de regno Ital.*, liv. 12.) parle, sous la même année, d'une autre guerre qui s'éleva entre les Reggianais et les Parmesans. Ceux-ci dévastant, les armes à la main, les bords de la Secchia, les Reggianais accoururent pour les arrêter. Mais ils furent défaits, et plusieurs d'entre eux, ayant été faits prisonniers, furent renvoyés, le jour de l'Assomption, en chemise, un bâton à la main, après avoir reçu chacun un soufflet sur la joue. C'est encore Sigonius qui nous apprend, sans citer de garant, qu'en 1153, les Plaisantins, ligués avec les Crémonais, en vinrent aux mains, le 26 juin, à Casolecchio, avec les Parmesans, qui, les ayant battus, emmenèrent un grand nombre d'entre eux dans les prisons de Parme. La discorde se mit ensuite entre les Crémonais et les Plaisantins, qui, l'an 1155, étant entrés sur le territoire des premiers, le saccagèrent, et répétèrent, pendant trois ans, les mêmes actes d'hostilité. Excédés par les pertes qu'ils essuyaient, les Crémonais en portèrent leurs plaintes, l'an 1158, à l'empereur Frédéric, qui tenait alors la diète de Roncaille. Le monarque, faisant droit sur leur requête, mit au ban de l'empire les Plaisantins. Pour le faire lever, il fallut qu'ils consentissent, outre une grande somme d'argent qu'ils payèrent, à démolir les bastions qu'ils avaient élevés depuis trois ans, et toutes les anciennes tours qui défendaient leurs murs. Nouvelle guerre, en 1199, des Parmesans contre les Plaisantins, à l'occasion de Borgo San-Donnino, que l'empereur Henri VI avait engagé aux seconds pour la somme de deux mille livres impériales. Ceux ci, pour se mettre en possession de cette terre, appelèrent à leur secours les Milanais, les Bressans, les Comasques, les Astesans, les Novarrais, et les Alexandrins. De leur côté, les Parmesans eurent pour confédérés les Reggianais, les Modénais et les Crémonais. L'armée des Plaisantins, s'étant approchée du territoire contentieux, le trouva défendu par un vaillant corps de combattants qui l'obligea de battre en retraite, et lui prit deux cents cavaliers qui furent traînés aux prisons de Parme. (Murat. *Annal. d'Ital.* tom. VII.) Les Plaisantins, l'année suivante, firent encore une plus grande perte dans une guerre qu'ils eurent avec ceux de Crémone. N'ayant plus d'ennemis étrangers à combattre, ils se firent la guerre entre eux. Le peuple, soulevé contre la noblesse, chassa, l'an 1218, son podestat Gui de Busto, milanais, et traita de même tous les nobles l'année suivante.

L'an 1245, l'empereur Frédéric II, étant devenu le maître à Parme, envoya ravager le Plaisantin où le pape avait ordonné aux parents et amis qu'il avait à Parme, de se retirer. C'étaient les San-Vitali, les Rossi, les Corrégio : le cardinal-légat Grégoire de Montelungo lança en même tems l'excommunication contre Frédéric II. Ce prince, qui avait déjà passé Turin pour se rendre à Lyon, furieux contre les parents et adhérents d'Innocent IV, qu'il avait jusqu'alors traités avec clémence, fit ruiner leurs châteaux et confisquer leurs biens. Mais les bannis, sous les ordres de Hugues San-Vitali, au moyen des intelligences qu'ils entretenaient à Parme, marchèrent avec un gros corps d'armée contre cette ville. Son podestat, Henri Testa, nommé par l'empereur, vint au-devant d'eux avec les milices parmesanes, jusqu'à la rivière de Taro, et périt dans le combat sanglant qu'il leur livra au bourg du même nom, le 16 juin 1247. Les bannis, après cette victoire étant rentrés à Parme, massacrèrent Mainfroi Cornazani, et la plupart des partisans de l'empereur; Gerard Corrégio fut aussitôt proclamé podestat par le peuple, qui, s'étant en même tems emparé des tours du palais de la commune, en chassa les Impériaux; Entius, fils naturel de Frédéric, commandant pour lui en Lombardie, faisait alors le siége du château de Quinzano, dans le Bressan. L'ayant levé, il se replia sur le Parmesan. Frédéric, arrivé précipitamment dans le voisinage de Parme, le 2 août, exerça sa vengeance dans les environs de cette ville; et pour la tenir en échec, il fit bâtir vis-à-vis une autre ville qu'il nomma Vittoria. Le siége de Parme traîna en longueur, et fut terminé au désavantage de l'empereur par une sortie faite en février 1248, dans laquelle les troupes pontificales défirent totalement les Impériaux, et prirent d'assaut Vittoria, tandis que Frédéric était à la chasse. On y fit main-basse sur les Sarrasins et les Grecs de la Pouille et de la Marche trévisane que le fameux Ecelin Da-Romano commandait; mais on fit quartier aux Lombards. Parmi les morts se trouva Taddée de Sessa, qui avait plaidé la cause de Frédéric au concile de Lyon. Le butin que l'on fit en or et en joyaux était inappréciable; la couronne impériale, ainsi que le saint suaire de Parme, y furent compris. On prit aussi le Caroccio, que les Crémonais y avaient amené, et le tout fut transporté à Parme. Les fuyards furent poursuivis jusqu'au Taro, et perdirent plus de deux mille hommes dans leur déroute. Les vainqueurs, après cela, mirent le feu à la nouvelle ville, dont ils arrachèrent jusqu'aux fondements. (*Chron. Parmense.*) Frédéric cependant avait coutume de dire qu'il n'enviait rien aux empereurs, ses prédécesseurs, puisqu'il possédait Ecelin Da-Romano et Obert Palavicini, deux hommes d'une valeur et d'une prudence incomparables. Il donna, en 1254, à ce dernier, la seigneurie de Plaisance pour la réunir à celles de Crémone, de Bussetto, de Borgo San-Donnino, et d'un très-grand nombre de fiefs dont il était déjà pourvu. Obert Palavicini fit ensuite une tentative sur Parme, avec le secours des Gibelins, qui recommençaient à se multiplier dans cette ville, et dans ce dessein, il entreprit de se rendre maître de Colorno. Mais un vil tailleur d'habits, dit Muratori, s'étant fait reconnaître chef du peuple, fit manquer le coup, et obligea Palavicini de retourner à Crémone. Palavicini essuya, l'an 1257, un autre affront encore plus sensible. Le parti des Guelfes ayant prévalu à Plaisance, le chassa de la ville, avec Ubertin Lando, son fidèle adhérent; ce qui occasiona une guerre civile entre les Guelfes et les Gibelins. Les Plaisantins s'étant réconciliés en 1261 avec Palavicini, lui rendirent leur seigneurie pour quatre ans. Ubertin Lando demeurait cependant toujours banni de Plaisance. Mais il se vengeait par de fréquentes courses qu'il faisait avec d'autres nobles, compagnons de son exil, sur le territoire de cette ville. Les Plaisantins, pour se mettre à couvert de ses déprédations, prirent le parti de se donner, l'an 1271, à Charles I, roi de Naples. (*Chron. Placent.*) Sous le règne de Charles II, son fils, les Plaisantins, gagnés par Albert Scotti, reconnurent celui-ci pour capitaine et seigneur perpétuel de leur ville. Mais, l'an 1304, mécontents de son gouvernement, ils formèrent au mois d'août, une conjuration pour le déposer. Scotti l'ayant réprimée, mais non pas étouffée, par la mort ou l'exil de ses principaux chefs, elle se renouvela au mois de novembre suivant avec plus de fureur qu'auparavant. Les bannis étant venu saccager le territoire de Plaisance, Gibert de Corrégio, qui, l'année précédente, s'était fait déférer la seigneurie de Parme, accourut avec ses milices, sous couleur d'apporter du secours à Scotti, et trancha, par un jeu de main, la querelle, en persuadant à Scotti de se retirer à Parme; après quoi, il se fit proclamer seigneur de Plaisance. C'est ainsi, dit Muratori, qu'un renard en chassa un autre. Mais la fraude de Corrégio n'eut pas le succès qu'il espérait. Les Plaisantins, qui n'avaient pas chassé leur maître pour en avoir un autre, s'écrièrent tout d'une voix que Corrégio eût à s'en retourner promptement à Parme. Scotti fut ensuite chassé avec ses amis; ses palais furent rasés, et les bannis rappelés.

L'an 1322, Verzusio Lando, s'étant concerté avec le légat Bertrand Poyet, manœuvra une conjuration à Plaisance, où il entra de nuit, le 8 octobre, avec un corps de cavalerie que le prélat lui avait fourni. Béatrix, femme de Galéas Visconti, étant alors dans cette ville avec Azzon, son fils, eut l'adresse de le faire échapper et conduire sous bonne garde à Fiorenzuola; après quoi, elle fut elle-même conduite honorablement hors de la ville, où le légat fit son entrée le 27 novembre, et reçut, au nom de Jean XXII, les hommages des habitants, qui élurent pour seigneur le pontife *toto tempore vitæ suæ*, disent les annales de Plaisance. (*Voyez* Azzon Visconti, seigneur de Milan.) Le même légat eut l'habileté d'engager les Parmesans, le 27 septembre 1326, à se donner au pape *vacante imperio*. Le pontife ne conserva néanmoins que deux ans le domaine de Parme. Passerin de la Torre, qu'il y nomma gouverneur, accablant d'impôts le peuple, Marsillio de Rossi et Azzon de Corrégio, irrités de ce traitement, chassèrent, le premier août 1328, la garnison papale, avec l'aide de Mastin de l'Escale, neveu d'Azzon, par sa mère, et s'établirent seigneurs de Parme. Il en arriva de même à Reggio, dont les Manfredi, unis aux Fogliani, se rendirent maîtres, après avoir mis en fuite le gouverneur, que le légat y avait nommé.

Au mois de mai 1341, les Scaliger, qui avaient tyrannisé

plutôt que gouverné Parme, pendant six ans, furent chassés par les Corrégio : Azzon et Gui dominèrent ensuite quelque tems en cette ville. Mais troublés par Mastin de l'Escale ou Scaliger, qui regardait Azzon comme son lieutenant à Parme, et par les maisons puissantes des bannis, ils prirent le parti, en novembre 1344, de vendre cette seigneurie au marquis d'Est Obizon, qui, deux ans après, la revendit, le 10 octobre 1346, à Luchin Visconti, pour le prix qu'elle lui avait coûté. (*Angeli Storia di Parma*, pag. 174-179.)

Luchin s'appliqua à détruire les forteresses des nobles parmesans ; ce qui les mécontenta beaucoup. Parme resta encore soumise, l'espace de cinquante-sept ans, aux seigneurs de Milan. Mais, en 1403, Otton de Terzi, général du duc Jean-Marie Visconti, voyant ses services méconnus, se paya lui-même par ses mains, en se faisant reconnaître souverain par la ville de Parme; et ce qu'il y eut de singulier, il eut la dextérité de faire approuver cette usurpation par son maître. Toutefois, ayant à redouter Pierre de Rossi, très-puissant en cette ville, il convint avec lui d'en partager ensemble le domaine. Pierre, s'étant établi à Plaisance, vint à la tête d'une troupe armée, le 7 mars 1404, à Parme, d'où il chassa la garde du duc de Milan ; après quoi, Otton de Terzi étant survenu en diligence, le peuple s'empressa de lui rendre obéissance, ainsi qu'à Rossi. Mais le concordat, entre les deux collègues, fut si peu durable, qu'Otton, ayant chassé les Rossi de Parme, avec l'aide de François de Gonzague, marquis de Mantoue, y resta seul maître, dans le même mois, et réduisit ensuite Plaisance sous ses lois. Les entreprises de Terzi sur les domaines du marquis d'Est, et les ravages qu'il faisait faire de côté et d'autre par le comte Guido Torelli, son parent, vinrent au point que les Vénitiens se crurent obligés de lui envoyer des ambassadeurs pour l'engager à cesser ses hostilités. Il ne tint aucun compte de leurs remontrances, et alla toujours en avant. On fit enfin ouvrir les yeux au duc de Milan sur l'ambition effrénée de Terzi, qui ne voulait plus reconnaître ni supérieur ni égal. Ce prince s'étant concerté alors avec le marquis d'Est, Jean-François de Gonzague, Pandolfe Malatesta, seigneur de Brescia, et Gabrino Fondolo, qui dominait à Crémone, il se conclut entre eux, le 13 mai 1408, contre Terzi et ses adhérents, une ligue dont les articles se trouvent dans les antiquités d'Est, part. II, p. 174. L'armée que levèrent les confédérés fut confiée au fameux Sforce Attendolo de Cotignola. La campagne, ouverte par ces deux généraux, se termina à l'avantage du seigneur de Parme. Mais Terzi, malgré ses succès, n'était pas sans crainte sur l'avenir. Déterminé par la difficulté qu'il trouvait à faire de nouvelles recrues, il voulut entrer en négociation : mais dans une conférence tenue à Valverde, entre Rubiera et Reggio, le 27 mai 1409, il fut lâchement poignardé par Sforce, suivant les ordres de Nicolas, marquis d'Est. On lui coupa la tête, que les Rossi placèrent dans leur château de Felino ; ses membres, taillés en morceaux, furent attachés aux portes de Modène, d'où la populace les arracha, pour déchirer avec ses ongles et ses dents les restes malheureux du même homme que ses sujets avaient surnommé LE BON. (Bonaventura d'Angeli, *Storia di Parma*, liv. 5, pag. 466.) Parme, toujours en proie aux factions des Terzi, des Rossi, des San-Vitali et des Palavicini, retomba enfin sous la domination des ducs de Milan, où elle resta jusqu'en 1513.

Les Plaisantins s'étant révoltés, l'an 1403, contre le duc de Milan, tombèrent sous la puissance de Jean de Vignate, qui transporta leur seigneurie, l'an 1413, à Sigismond, roi des Romains, lorsqu'il le vit arriver en Italie. (Corio, *Istor di Milano*.) Mais l'année suivante, après le départ de ce prince, Philippe-Marie, duc de Milan, recouvra la ville de Plaisance, le 20 mars, et le château, le 6 juin. (Sanuto, *Istor. di Venezia*.) Philippe des Arcelli, l'un des principaux nobles de Plaisance, s'étant fait un parti considérable dans la ville, en usurpa le domaine sur le duc de Milan, le 25 octobre 1415, après avoir fait un grand carnage des citoyens qui lui étaient opposés. Mais François Carmagnole la reprit en 1417, sans pouvoir néanmoins emporter la citadelle, dont il forma le siége. Pandolfe Malatesta, seigneur de Rimini, vint au secours de la place assiégée. Le duc alors se trouvant hors d'état de seconder les efforts de Carmagnole, ordonna que tous les habitants évacuassent la ville; ce qui fut exécuté de manière qu'Arcelli et Malatesta, en y entrant, ne trouvèrent que les murs des maisons. Carmagnole, étant revenu, la même année, devant Plaisance, recommença le siége de la citadelle, dont à la fin il se rendit maître l'année suivante, soit par force, soit par un traité fait avec Arcelli, qui, ayant passé au service des Vénitiens, se distingua par différents exploits, dont l'issue fut la conquête du Frioul.

La discorde s'étant mise à Plaisance, en 1447, les chefs du conseil ne trouvèrent pas de meilleur expédient, pour ramener la paix, que de se donner aux Vénitiens, qui, le 22 août, envoyèrent le provéditeur, Antoine Marcel, pour prendre possession de la ville. (Ripalta, *Hist. Placent.*) Mais le 16 novembre suivant, la place fut reprise par François Sforce, après un siége de six semaines, et une des plus sanglantes batailles. (Ripalta, *ibid.*)

François Ier., roi de France, fit, en 1515, la conquête du

Milanez. Alors le pape Léon X, qui ne voulait être ami, dit Muratori, que de ceux qui étaient favorisés de la fortune, conclut avec ce prince, par l'intervention de Charles, duc de Savoie, un traité, dont les conditions furent singulières. La principale fut que le pontife rendrait au roi Parme et Plaisance, dont il s'était fait céder, l'an 1513, la seigneurie, par le duc de Milan, et qu'en récompense, le monarque donnerait à Julien de Médicis, frère du pontife, un état en France, avec une pension, et une autre pension à Laurent, neveu du même Léon. La chance ayant tourné, l'an 1521, Parme et Plaisance rentrèrent sous l'obéissance du pape. Depuis ce tems, le saint siége en jouissait tranquillement, lorsqu'en 1534, Alexandre Farnèse, d'une maison ancienne d'Orviète, dans la Toscane, fut élu pape, d'abord sous le nom d'Honoré V, ensuite de Paul III. (Sansovino, *famil. illustri d'Ital. et Bonav. d'Angeli Storia di Parma*, liv. 5 pag. 519.) Entre les enfants qui lui étaient nés d'un concubinage dans sa jeunesse, il avait un fils, Pierre-Louis Farnèse, qu'il fit d'abord seigneur de Népi et de Frescati. Voulant ensuite lui faire un sort encore plus avantageux, Paul lui donna, avec le consentement de plusieurs membres du sacré collége, et contre l'avis de quelques autres, les villes de Parme et de Plaisance, qu'il érigea en duchés, et prit en échange les villes de Népi et de Frescati, qu'il réunit au saint siége, pour le dédommager, outre une redevance annuelle de huit mille écus, dont il chargea les duchés de Parme et de Plaisance. Pierre-Louis était déjà en possession, depuis 1528, du duché de Castro et du comté de Ronciglione, qui relevaient aussi de l'église romaine.

PIERRE-LOUIS FARNÈSE,

PREMIER DUC DE PARME ET DE PLAISANCE.

PIERRE-LOUIS FARNÈSE, duc de Castro, reçut du pape Paul III, son père, le 12 août 1545, l'investiture des états de Parme et de Plaisance, pour lui et ses descendants mâles, à perpétuité. Mais il ne put obtenir celle de l'empereur Charles-Quint, qui avait droit de la conférer comme seigneur souverain de Milan, dont Parme et Plaisance étaient, comme on l'a vu, d'anciennes dépendances. Toutefois, il se maintint par la protection et la fermeté du pape, son père. La conduite qu'il tint dans ses nouveaux états, lui aliéna bientôt les cœurs de tous ses sujets. Les mœurs les plus licencieuses et des excès de toute espèce signalèrent son gouvernement. Animé de cette jalousie qui dévore ordinairement les petits souverains, il eut recours à toutes les ressources de cruauté et de perfidie pour abaisser et exterminer la noblesse soumise à sa domination. Par ressentiment contre l'empereur, il persécuta son favori, Ferrante de Gonzague, gouverneur de Milan, et entra dans la conjuration de Jean-Louis, comte de Fiesque, contre André Doria, l'homme de confiance de Charles. La vengeance divine ne tarda pas d'éclater sur une tête aussi coupable. Les comtes Jean-François-Anguisciola, Augustin Landi; les marquis Jean-Louis Gonfalonieri, Jérôme et Alexandre Palavicini, formèrent contre lui une conspiration, à laquelle l'empereur, sollicité par Ferrante de Gonzague, donna en secret les mains, mais à condition qu'on épargnerait la vie du duc, et qu'on remettrait aux troupes impériales la ville de Plaisance. Le 10 septembre 1547, Pierre-Louis étant dans la vieille citadelle de cette ville, tandis que Jérôme Palavicini attroupe le peuple dans une église, et que Gonfalonieri amuse, dans l'intérieur du palais, la garde allemande, Landi s'empare de la porte principale; Anguisciola, avec un autre conjuré, entre dans la chambre du duc, qui était seul, et l'ayant poignardé, ils jettent son corps par les fenêtres. Gonfalonieri ouvre ensuite les portes de la ville aux troupes de l'empereur, qui attendaient l'événement dans le voisinage. Ferrante de Gonzague arriva bientôt après de Lodi, à la tête d'un gros corps de cavalerie, pour prendre possession de la ville. Il fit inhumer le corps de Pierre-Louis, qui, dépouillé par le peuple, avait été exposé à toutes sortes d'insultes. (Bonav. *d'Angeli*, pp. 533 *et seqq.*) Pendant la courte durée de sa régence, il avait fait commencer la nouvelle citadelle de Plaisance qui sert encore de boulevard à l'état de Parme, du côté de la Lombardie. D'Hiéronyme Orsini, son épouse, fille de Louis, comte de Petigliano, Pierre-Louis laissa trois fils et une fille. Les fils sont, Alexandre, mort cardinal en 1589 (fondateur de l'église du grand Jésus et du palais Farnèse, deux merveilles de Rome); Octave, qui suit; Ranuce, cardinal, archevêque de Naples, célébré par les plus savantes plumes de son tems; la fille, nommée Victoire, épousa le duc d'Urbin, Gui Ubald II. Le duc Pierre-Louis eut de plus un fils naturel, nommé Horace, qui s'arrogea le titre de duc de Castro (état qu'il ne posséda jamais), et fut tué, l'an 1553, au siége d'Hesdin. Horace avait épousé Diane d'Angoulême, fille naturelle de Henri II, roi de France.

OCTAVE FARNÈSE.

1547. OCTAVE FARNÈSE, après l'assassinat de son père, ne put lui succéder, même avec grand'peine, qu'au duché de Parme. Le marquis Ferrante de Gonzague, gouverneur du

Milanez, continuait de garder Plaisance, au nom de l'empereur Charles-Quint, depuis le jour même que le duc Pierre-Louis avait été mis à mort. Le pape Paul, son aïeul, révoqua, l'an 1549, la cession qu'il avait faite à Pierre-Louis de Parme et de Plaisance, et dédommagea Octave par un nouvel établissement dans l'état ecclésiastique. C'était un trait de politique, afin d'empêcher l'empereur de se rendre maître de Parme, comme il avait fait de Plaisance, et de pouvoir même revendiquer cette dernière ville, au nom de l'église, avec plus de droit et d'autorité qu'il n'avait pu le faire au nom de sa famille. Octave, toutefois, ne goûta point cette finesse. Peu satisfait de son dédommagement, il s'échappe de Rome, et tente de s'emparer, par surprise, de Parme. Mais cette entreprise ayant échouée par la fidélité de Camille Orsini, gouverneur, que le pape avait mis dans la place, Octave fait des ouvertures à l'empereur, offrant de renoncer à toute liaison avec le pontife, et de n'attendre que de lui son avancement et sa fortune. Paul, à la nouvelle de la défection inattendue de son petit-fils, et de sa liaison avec un prince qu'il déteste, entre dans une colère affreuse. (*Voy.* Paul III, pape.) Il meurt peu de tems après, et Octave reste possesseur de Parme. L'an 1550, Alexandre, frère d'Octave, fit hommage pour lui au saint siége, et paya le cens porté à l'investiture. Cependant, l'empereur ne perdait pas de vue le recouvrement de Parme; et le gouverneur du Milanez, Ferrante de Gonzague, ennemi particulier d'Octave, faisait les dispositions pour le déposséder. C'était au pape, comme suzerain, à le défendre. Mais Jules III, qui tenait alors le saint siége, n'était pas d'humeur à se brouiller avec l'empereur. Octave, après lui avoir fait d'inutiles remontrances à ce sujet, se détermina, par le conseil, à ce qu'on croit, des deux cardinaux, Alexandre et Rainuce, ses frères, à poursuivre un traité déjà entamé par Horace, duc, soi-disant, de Castro, son autre frère, avec le roi de France, Henri II, pour l'engager à venir à son secours. Henri, jaloux comme il était de la puissance autrichienne, saisit avidement l'occasion qu'on lui présentait de la traverser; et par un traité signé le 27 mai 1551, il prit sous sa protection la maison Farnèse, s'obligeant à entretenir au duc Octave, deux mille hommes de pied avec deux cents chevau-légers pour la défense de Parme, et à lui payer annuellement douze mille écus d'or, avec promesse d'un plus grand secours, s'il en avait besoin. (Du Mont.) Le pape, informé de cette négociation, par le cardinal Farnèse, se donna de grands mouvements à la cour de l'empereur et auprès du duc de Parme, pour la faire manquer. Mais il s'y prit trop tard. Le traité étant consommé,

Octave, en homme d'honneur, ne voulut point reculer, malgré les sollicitations d'Hercule II, duc de Ferrare, effrayé d'un incendie qui allait s'allumer si près de ses états. Jules, alors, ne gardant plus de mesures, somma, par des lettres monitoriales, Octave, de consigner, entre les mains de ses ministres, la ville de Parme. N'étant point obéi, il en vint aux censures, et à déclarer Octave déchu de tout droit sur ce duché, ainsi que du grade de gonfalonier de l'église romaine. Les deux cardinaux, Alexandre et Rainuce Farnèse, reçurent ordre de sortir de Rome; et dans le même tems, l'empereur dépouilla du riche archevêché de Montréal, le cardinal Alexandre, et Octave, de la ville de Novarre et du duché de Citta di Penna, qui faisaient la dot de Marguerite, sa femme. Les parents du pape profitèrent d'une partie des dépouilles de la maison de Farnèse. Cependant, le seigneur de Thermes était déjà dans Parme avec une garnison française; ce qui n'empêcha pas le pape de traiter avec l'empereur et le roi de France, pour prévenir la guerre. Mais la précipitation de Ferrante de Gonzague, gouverneur de Milan, rompit les mesures pacifiques du saint père. S'imaginant qu'Octave ne cherchait qu'à gagner du tems pour se fortifier, il entra, vers la mi-juin, dans le Parmesan, avec sept mille hommes de troupes réglées et six mille fourrageurs, qui firent le dégât dans le pays. Le roi de France, qui était alors en trève avec l'empereur, ne tarda pas à lui déclarer la guerre. Pierre Strozzi, exilé de Florence, et Corneille Bentivoglio, marquis de Gualtieri, étant venus de sa part à la Mirandole pour y faire recrue, envoyèrent de là cinq cents cavaliers à Parme, qui, par de fréquentes sorties, forcèrent les Impériaux, qui bloquaient la ville, à laisser un libre passage aux vivres. D'un autre côté, le seigneur de Brissac, envoyé de France avec une armée dans le Piémont, faisait une diversion en faveur du duc de Parme. Le pape, dans ces entrefaites, eut l'imprudence de conclure une ligue avec l'empereur. Ayant levé, en conséquence, une armée d'environ dix mille hommes, il la fit partir sous les ordres de Jean-Baptiste del Monte, son neveu, guidé par Alexandre Vitelli, général expérimenté, pour aller faire le siége de la Mirandole. Vaine tentative, qui n'aboutit qu'à construire deux forts vis-à-vis de la place, afin de la tenir en échec. Les frais de cette guerre eurent bientôt épuisé le trésor du saint siége. Mais ce qui fut encore plus terrible, c'est que la source, qui pouvait le remplir, fut coupée par la défense que fit le roi de France, de porter de l'argent à Rome. Ce prince rappela de plus les prélats de son royaume qui étaient au concile de Trente, et défendit aux autres d'y aller; enfin, il menaçait d'assembler en France un concile national. Les plus sages du sacré collége firent sentir alors au pape la nécessité où il se trouvait de renoncer à la guerre, et de prendre des pensées de paix. Les Vénitiens s'étant rendus médiateurs, le cardinal de Tournon fut envoyé de France pour traiter d'accommodement avec le saint siége. Le 29 avril 1552, on conclut entre le pape, le roi de France et le duc Octave, une trève de deux ans, dont les principaux articles portaient que le pape retirerait ses troupes des territoires de Parme et de la Mirandole, qui rentreraient sous l'obéissance du duc Octave; et que les cardinaux Farnèse seraient rétablis dans les biens dont ils avaient été dépouillés, ainsi qu'Horace Farnèse dans le duché de Castro. L'empereur, quelque tems après, fut contraint, par le mauvais succès de ses armes, d'accéder à cette trève; ce qui assura au duc Octave la possession tranquille du Parmesan. L'an 1556, Philippe II, roi d'Espagne, pour détacher Octave du parti de la France, lui rendit la ville de Plaisance, mais en gardant le château, où il mit une garnison, qu'Octave devait payer. L'acte de cette restitution est du 15 septembre 1556. (Muratori.) M. Robertson se trompe en la rapportant à l'an 1557. L'an 1574 (et non 1550, comme le marque Quadrio, suivi de quelques autres), Octave, à la demande du docteur Eugène Visdomini, fonde à Parme l'académie des *Innominati*. (Iren. Affo.)

Le château de Plaisance restait toujours entre les mains des Espagnols. Octave, pour le recouvrer, chargea son fils Alexandre, à qui Philippe II devait beaucoup, de faire les premières démarches en son nom, et lui envoya le comte Pomponio Torelli : c'était l'homme de ses états le plus capable, par sa considération personnelle et ses talents, de faire réussir cette affaire (1). Torelli partit au mois d'octobre 1584, pour se rendre en Flandre, où il trouva Alexandre Farnèse, sous les murs d'Anvers; et le 18 novembre, muni de ses instructions, il se mit en route pour Barcelonne, où, à travers mille dangers, il joignit Philippe II. Il plaida si bien auprès de lui la cause d'Alexandre et d'Octave, que ce monarque, après avoir hésité long-tems, restitua la place à ce dernier, vers la fin de 1585. (*Voy.* Pomponio Torelli aux *comtes de Guastalle*.) Octave

---

(1) Le comte Pomponio Torelli était un des meilleurs et des plus féconds poëtes de son tems. On a de lui un recueil de poésies latines, un autre d'italiennes, un volume de tragédies, qu'il faisait représenter dans son château de Monte-Chiarugolo, et l'excellent *Trattato del debito del cavaliere*. Il est surprenant que cet auteur ne soit pas plus connu en France.

mourut le 18 septembre de l'année suivante, à l'âge de soixante-deux ans. De MARGUERITE D'AUTRICHE, fille naturelle de Charles-Quint, et veuve d'Alexandre de Médicis, duc de Florence, qu'il avait épousée, suivant Muratori, en 1538, et morte, la même année que lui, au mois de février, à Aquila, dans l'Abruzze, il laissa Alexandre, qui suit. Il eut, de plus, trois filles naturelles : Lavinie, qui devint femme d'Alexandre, marquis de Palavicini; Ersilie, mariée à Renaud, comte de Boromée; et Isabelle, alliée à Alexandre Sforce, comte de Borgonovo. (*Voy.* Marguerite d'Autriche, gouvernante des Pays-Bas.)

ALEXANDRE FARNÈSE.

1586. ALEXANDRE, fils unique et successeur d'Octave, né l'an 1544, fut un des plus grands capitaines de son siècle. Il combattit, sous Jean d'Autriche, à la bataille navale de Lépante, gagnée contre les Turcs, le 7 octobre 1571. Philippe II, roi d'Espagne, le nomma, l'an 1578, gouverneur des Pays-Bas. Il y trouva les affaires d'Espagne dans un état déplorable, et les rétablit, autant qu'il fut possible, par sa prudence, sa valeur et son habileté. Peut-être, après la réduction d'Anvers, eût-il achevé celle des Pays-Bas, si Philippe II ne l'en eût tiré pour aller soutenir en France le parti de la ligue. (*Voyez* Henri IV, roi de France.) Il mourut à Arras, le 3 décembre 1592, âgé de quarante-huit ans, des suites d'une blessure qu'il avait reçue au siége de Rouen. Son corps fut transporté à Parme, dont il avait fait construire la citadelle; et sa statue équestre en bronze, ouvrage du fameux sculpteur Jean de Bologne, est un des ornements de la grande place de Plaisance. Il avait épousé, à Bruxelles, le 18 novembre 1565, MARIE DE PORTUGAL, petite-fille, par l'infant Edouard, son père, d'Emmanuel le Fortuné, roi de Portugal, et sœur aînée de Catherine, duchesse de Bragance. De ce mariage, il eut Ranuce, qui suit; Odoard, cardinal en 1591; et Marguerite, femme de Vincent, duc de Mantoue.

RANUCE ou RAINUCE I.

1592. RANUCE I, fils aîné d'Alexandre Farnèse, né l'an 1569, était dans les Pays-Bas lorsqu'il apprit sa mort. Lui ayant succédé, il prêta serment de fidélité au saint siége, par son ambassadeur, le 6 septembre 1692. Du vivant de son père, il avait formé, l'an 1580, des prétentions sur la couronne de Portugal, après la mort du roi Henri, son grand-oncle maternel. Mais le

droit que Philippe II lui opposa, prévalut, parce qu'il était appuyé de la force. L'an 1600, le pape Clément VIII lui conféra la dignité de gonfalonier de l'église, pour lui et ses successeurs, en considération de son mariage avec MARGUERITE ALDROVANDIN, nièce de ce pape, qu'il épousa au mois de mai de cette année. Ranuce travailla beaucoup pour l'embellissement de Parme. Il fit bâtir, par le conseil de Pomponio Torelli, le collége qui sert à l'éducation de la jeune noblesse, donna, en 1599, un nouveau lustre à l'université fondée en 1412, et protégea l'académie des *Innominati*. « Ranuce, dit
» Muratori, était un seigneur d'un caractère altier, grand po-
» litique, mais d'un naturel sombre et mélancolique, couvant
» toujours dans sa pensée des soupçons qui troublaient son re-
» pos et celui des autres. Dans ses sujets il ne voyait que des
» ennemis, se rappelant sans cesse la funeste catastrophe de
» Pierre-Louis, son bisaïeul. Disposé de la sorte, il s'étudiait
» à se faire moins aimer que redouter ; toujours prompt à
» punir, et n'accordant que difficilement des grâces. Ceux qui
» lui étaient soumis, lui rendaient bien la pareille, et répon-
» daient, par la haine, à la crainte qu'il tâchait de leur ins-
» pirer. Ce qu'il avait lieu d'appréhender, lui arriva l'an
» 1612 ; il découvrit une conjuration tramée contre lui l'an-
» née précédente, dont les principaux auteurs étaient le
» marquis Jean-François de San-Vitali, la comtesse de Sala,
» le comte Horace Simonetta, son mari, le comte Pio
» Torelli, le comte Alfonse, et le marquis Jérôme, tous deux
» San-Vitali, le comte Jérôme de Corrégio, le comte Jean-
» Baptiste Mazzi et d'autres. On mettait encore, parmi les
» complices de cette conspiration, le marquis Jules-César
» Malaspina, capitaine des gardes du duc de Mantoue, Ferdi-
» nand Malaspina, marquis de Liciana, Théodore Scotti,
» comte de Plaisance, et Albert Canossa, comte de Reggio.
» Presque tous les chefs de la révolte ayant été arrêtés, on ins-
» truisit leur procès, dans lequel il fut prouvé, dit-on, que
» leur dessein avait été d'assassiner et d'exterminer toute la
» maison de Farnèse. En conséquence, ils eurent la tête tran-
» chée le 19 de la même année, et quelques-uns de leurs gens
» furent pendus » (1). Colorno et Sala, qui étaient aux San-

---

(1) Dans la vérité, le fait est que les grands vassaux du duché, soulevés contre l'avarice et la tyrannie du duc, témoignèrent hautement leur mécontentement. Ranuce crut devoir les prévenir : il trouva sa sûreté personnelle, et satisfit sa soif de l'or, en les dépouillant à la fois de la vie et de leurs biens. Sous divers prétextes, il fait arrêter les pré-

Vitali, et que le duc marchandait depuis long-tems, lui passèrent, par ce moyen, sans déboursé, et devinrent les maisons de plaisance de ses successeurs. Le comté de Monte-Chiarugolo fut réuni à la chambre ducale. La confiscation de ces fiefs augmenta considérablement le domaine du prince. Mais les amis

---

tendus conjurés, le 4 juin 1611; le 15 du même mois, l'hôtel-de-ville et la noblesse vont en députation demander au duc les raisons d'un coup d'autorité si étrange contre tant de personnages illustres. Ce prince répond qu'ils avaient conspiré contre sa personne et contre le salut de tous les citoyens. Ces corps demandèrent alors que le procès des accusés fût fait en forme; ce qui, exigeant des longueurs, empêcha le duc de faire faire sur-le-champ, comme il l'avait projeté, l'exécution, et l'obligea de la différer jusqu'à l'année suivante. Les chefs d'accusation détaillés dans le manifeste du duc, affiché dans tous les lieux publics, le 17 mars 1612, étaient que les conjurés, chargés chacun de crimes les plus honteux envers Dieu et les hommes, coupables de rebellion, avaient projeté d'assassiner le duc, d'égorger, *Herodiano more*, ses enfants, en présence de la duchesse, de massacrer tous ses ministres, tous ses soldats, tous ses serviteurs; et enfin de piller toutes les maisons particulières, toutes les églises et tous les monastères. Une forme à peu près légale ayant été donnée à ces accusations par des dépositions controuvées, on fit grâce à une quinzaine de prétendus coupables peu riches. Les seuls possesseurs de grands fiefs parurent indignes de pardon. Le 19 mai 1612, à dix heures d'Italie, sur un échafaud dressé à la hauteur des fenêtres du palais, parut d'abord Barbara San-Vitali, née San-Severi, comtesse de Colorno, l'une des plus belles femmes de son tems, dont le duc avait été épris et maltraité. L'amour qu'elle marquait au comte Pio Torelli fut, à ce qu'on croit, la raison pour laquelle ils furent tous deux enveloppés dans cette affreuse proscription. On vit suivre le comte Horace Simonetta, chambellan et grand-écuyer, le comte Jérôme San-Vitali, marquis de Sala, le jeune Jean-François, son fils, dit le *Marchesino di Sala*, le comte Alfonse San-Vitali, son cousin, enfin Pio Torelli, comte de Monte-Chiarugolo, et le comte J. B. Masi, beau-frère du dernier. A mesure qu'ils parurent, on leur trancha la tête, et les sept têtes restèrent long-tems attachées aux murs du palais. Le duc, d'une de ses fenêtres, assista lui-même à l'exécution, qui dura quatre heures. Ranuce voulut aussi s'assurer des descendants de ces malheureuses victimes. De deux San-Vitali, enfants, l'un fut écrasé entre deux pierres; l'autre, ayant échappé, fut repris quelques années après et fait eunuque. Un fils et un neveu de Pio Torelli, auxquels on préparait le même sort, l'évitèrent heureusement par la piété et la reconnaissance des Franciscains de Monte-Chiarugolo, que leurs ancêtres avaient fondés. Ces religieux les transportèrent la nuit, au péril de leur vie, dans les états de Modène, et Joseph Salinguerra, l'un d'eux, est devenu depuis la souche de la maison du roi de Pologne actuel (1785).

des suppliciés les regardant comme innocents, firent, pour venger leur mort, des courses funestes dans le Parmesan, où ils brûlèrent plusieurs bourgs et villages. Le bruit courut en effet, et il n'a pas encore cessé, ajoute Muratori, que cette conjuration avait été controuvée par le duc, pour satisfaire son avarice, et se défaire de personnes qui gênaient son autorité. Les Torelli et les San-Vitali, collatéraux des décapités, ayant porté leurs plaintes au grand-duc de Toscane, Ranuce, pour justifier sa conduite, lui envoya, dit-on, copie du procès par un ambassadeur. A cet envoi, le grand-duc répondit avec actions de grâces, en lui envoyant de son côté un autre procès bien en règle, par lequel il apparaissait que ce même ambassadeur avait tué un homme à Livourne, avant de partir de Parme, voulant, par cette plaisanterie, démontrer qu'il était plus aisé de faire, à un homme innocent, son procès avec des pièces controuvées, que de se justifier d'une pareille infamie aux yeux du public désintéressé. Le duc Ranuce mourut subitement au commencement de mars 1622, laissant de son mariage trois fils, Alexandre, Odoard, qui suit, et François-Marie, cardinal en 1645, avec deux filles, Marie et Victoire, qui devinrent l'une et l'autre, par leurs alliances, duchesses de Modène. La statue équestre, en bronze, du duc Ranuce, accompagne celle d'Alexandre, son père, dans la grande place de Plaisance.

ODOARD ou ÉDOUARD.

1622. ODOARD, second fils de Ranuce, né le 28 avril 1612, lui succéda, par préférence à son aîné, qui était sourd et muet de naissance. Cette même année, le besoin d'argent l'obligea d'engager le duché de Castro et le comté de Ronciglione au mont-de-piété de Rome. Mécontent des Espagnols, il entra, l'an 1633, dans la ligue que la France fit proposer aux princes d'Italie, et y entra presque seul. C'était un prince, dit Muratori, plein de l'esprit guerrier, mais qui prenait conseil plutôt de son courage que de ses forces. Dans le manifeste qu'il publia, il parlait avec tant de hauteur et de fierté, que le grand-duc de Toscane, après l'avoir lu, s'écria en plaisantant : *Le roi de Parme déclare la guerre au duc d'Espagne!* Le pape Urbain VIII, son parent, à la sollicitation de la maison d'Autriche, le somma plusieurs fois, comme seigneur suzerain de Parme, mais inutilement, de rompre ses engagements avec la France. Les armes de l'Espagne et de ses alliés eurent plus d'effet. L'an 1636, pendant que le duc Odoard était en France, pour y solliciter du secours, François I, duc de Modène, à la tête des troupes espagnoles et des siennes, entra dans le Parmesan, où il commit d'horribles dégâts. C'en était fait des états d'Odoard, si le pape Urbain VIII et le grand-duc de Toscane ne s'étaient entremis pour faire sa paix avec le marquis de Léganez, gouverneur de Milan. Les ministres qu'ils envoyèrent au marquis, le trouvèrent dans les meilleures dispositions; mais le duc en montra de contraires : soit feinte, soit obstination réelle, il paraissait déterminé à continuer la guerre. A la fin il se laissa fléchir par les larmes de la duchesse, sa femme, et conclut, au commencement de l'année suivante, un traité de paix avec les Espagnols, auxquels il abandonna Sabionetta. Ce traité se fit à l'insu des Français, qui étaient maîtres de Plaisance, et qu'on engagea d'en sortir, sous prétexte d'une revue; après quoi, voulant y rentrer, ils virent braqué contre eux le canon, qui les obligea de se retirer. On fit grand bruit à Paris de cette défection de Farnèse, dont l'envoyé Fabio Scotti fut arrêté par ordre de la cour. Mais le duc ayant fait exposer au cardinal de Richelieu ses moyens de justification, sa conduite fut approuvée, et son cœur continua d'être attaché à la France. (Murat., *Ann. d'Ital.*)

L'an 1639, Urbain VIII, excité par ses neveux, entreprend d'enlever au duc de Parme le duché de Castro, pour le réunir au saint siége, faute de remboursement des sommes pour lesquelles il était engagé au mont-de-piété. Odoard met dans ses intérêts les Vénitiens, les Florentins et le duc de Modène. On fait une guerre de chicane, et des négociations infructueuses pendant cinq ans. Ce fut, durant ces hostilités, que Ferrante Palavicini, qui était de Plaisance, publia, l'an 1643, son livre intitulé : *Il Divorzio celeste*, où il feint que Jésus Christ demande au Père éternel la permission de faire divorce avec l'église à cause de ses désordres. L'auteur fut trahi par un faux ami, qui le détermina à venir en France, et le fit passer sur le pont de Sorgues, où, ayant été arrêté, il eut la tête coupée à Avignon, en 1644. (M. de la Lande.)

La paix est enfin conclue le 31 mars 1644, entre le pape, le duc de Parme et ses alliés, par la médiation de la France, des Vénitiens, du grand-duc de Toscane et du vice-roi de Naples. (Murat.) Le duc demande l'absolution des censures qu'on avait employées contre lui, et recouvre, soixante jours après, son duché de Castro. Il mourut, le 12 septembre 1646 (et non 1648), à l'âge de trente-quatre ans. « Ce duc était compté,
» dit Muratori, parmi les beaux esprits de son tems. Il enchan-
» tait le monde par ses beaux discours, dans lesquels néan-
» moins il montrait un peu de penchant à la satire, défaut dan-
» gereux dans les particuliers, et beaucoup moins convenable à
» des princes et à des souverains. Entre ses belles qualités, les
» plus remarquables étaient la magnificence, la grandeur d'âme

» et la libéralité. Il avait auprès de lui des ministres, non
» pour prendre leurs avis, mais pour leur faire exécuter ses
» volontés, croyant sa tête capable de tout; et comme il avait
» la cervelle chaude et portée aux grandes choses, il lui était
» facile de se méprendre, et de former des résolutions supé-
» rieures à ses forces. » De MARGUERITE DE MÉDICIS, son
épouse, sœur du grand-duc Ferdinand II (mariée en 1628,
morte en 1679), il laissa quatre fils, Ranuce, qui suit,
Alexandre, Horace et Pierre, avec deux filles.

RANUCE II.

1646. RANUCE, né l'an 1630, succède au duc Odoard, son père. Quoique son pays fût alors délivré d'ennemis étrangers, la guerre l'avait tellement épuisé, qu'il lui restait à peine les moyens de subsister avec décence. Innocent X occupait alors le saint siége. Il était mal disposé envers les Farnèse, parce qu'il les regardait comme des sujets rebelles à leur légitime souverain. L'occasion suivante fit éclater ses préventions. L'évêché de Castro étant venu à vaquer l'an 1649, il y nomma Christophe Giarda, religieux Théatin, contre le gré de Ranuce. Giarda, sachant qu'il n'avait pas l'avantage de plaire à ce prince, fit ses efforts pour engager Innocent à révoquer sa nomination, prévoyant le malheur qui le menaçait. Il eut beau insister, il fallut obéir. Or il arriva qu'étant dans la ville d'Aquapendente, il y fut tué la même année par des assassins que Jacques Gaufridi, provençal de nation, qui se donnait pour premier ministre du duc, avait, dit-on, apostés. Le pape, irrité de cet attentat sacrilége, envoie aussitôt des troupes pour assiéger la ville de Castro. Gaufridi, de son côté, marche à la tête de celles que le duc avait levées, attaque l'armée ecclésiastique, et ne fait que hâter, par sa défaite, la reddition de la place. Le pape, victorieux, fait raser Castro; et au lieu où cette ville avait été, il fait placer une colonne sur le piédestal de laquelle on grava ces mots italiens: *Qui fù Castro*, ici fut Castro. Ranuce, menacé d'une irruption de l'armée pontificale dans ses états de Parme, prend le parti de céder au pape le duché de Castro, avec le comté de Ronciglione, se réservant toutefois la faculté de les recouvrer, en s'acquittant envers le mont-de-piété. L'an 1660, le cardinal Mazarin, principal ministre de France, fait prier le pape Alexandre VII de rendre au duc de Parme le duché de Castro et le comté de Ronciglione. Mais ce pape, qui n'aimait ni le cardinal, ni le roi, son maître, loin de déférer à cette demande, déclare, l'an 1661, en plein consistoire, ces domaines réunis pour toujours à la chambre apostolique, ce qui s'appelle *Inca-*

meration. Depuis ce tems, la maison de Parme n'a pu y rentrer, quoique, par le traité conclu, le 12 février 1664, à Pise, entre le roi Louis XIV et ce pape, il fût accordé au duc une prorogation de huit ans pour le rachat de l'hypothèque. En 1732, don Carlos offrit de payer le capital pour lequel ce pays était engagé : mais le pape ne voulut jamais y acquiescer ; et d'un autre côté, l'empereur promit, dans le traité de paix de 1736, de ne plus chercher à démembrer Castro des domaines du saint siége.

Le duc Ranuce ouvrit enfin les yeux sur les malversations de son ministre Gaufridi. Non content de le disgracier, il fit instruire son procès, dont la conclusion fut un jugement qui le condamnait à perdre la tête sur un échafaud, ce qui fut exécuté au mois de janvier 1670. Giosepino, fils d'un tailleur de Pavie, s'empara ensuite de la confiance du duc, dont il ne se montra pas indigne par sa conduite : c'était le talent de la musique, où il excellait, qui l'avait introduit à la cour de ce prince, grand amateur lui-même de cet art. Les autres qualités qu'il développa lui méritèrent la place de Gaufridi, qu'il conserva jusqu'à la mort de l'auteur de sa fortune, arrivée le 11 décembre 1694. Le duc Ranuce avait été marié trois fois, 1°. l'an 1660, avec MARGUERITE YOLANDE, fille de Victor Amédée I, duc de Savoie, morte en 1663 ; 2°. l'an 1664, avec ISABELLE D'EST, fille de François I, duc de Modène, morte en 1666 ; 3°. en 1668, avec MARIE D'EST, sœur d'Isabelle, décédée en 1684. Du second lit, il eut Odoard, mort le 5 septembre 1693, laissant de Dorothée, fille de Philippe-Guillaume, électeur palatin, son épouse, une fille, Elisabeth, mariée à Philippe V, roi d'Espagne ; Marguerite, femme de François II, duc de Modène, et Thérèse. Du troisième lit, Ranuce eut François et Antoine, qui lui succédèrent, et une fille nommée Isabelle.

Muratori, parlant du duc Ranuce II, dit que c'était un homme du vieux tems, *uomo dei vecchi tempi*, un prince rempli de valeur, bon économe, mais généreux et libéral dans l'occasion, zélé, jusqu'à la sévérité, pour la justice, ce qui le fit, ajoute-t-il, moins aimer que redouter.

FRANÇOIS.

1694. FRANÇOIS, né le 19 mai 1678, successeur de Ranuce, son père, fut témoin des guerres qui troublèrent de son tems l'Italie, sans y prendre part. Les généraux de l'empereur Léopold ayant voulu l'obliger, en 1702, à recevoir garnison impériale à Parme, il s'en excusa sur ce que ses états étant un fief de l'église, il ne pouvait en disposer sans l'agrément du pape, dont il avait arboré l'étendard. Pour plus grande sûreté, il fit venir des troupes papales, pour s'établir en garnison dans les villes de son duché. Cette précaution n'empêcha pas néanmoins les Impériaux de s'emparer de Borgo-San-Donnino, et de quelques autres places du Parmesan. L'an 1718, la quadruple alliance, par l'article 5 du premier chapitre de son traité, déclara que les duchés de Parme et de Plaisance, ainsi que celui de Toscane, seraient tenus pour fiefs masculins de l'empire; que lorsque la succession de ces états serait ouverte, on les donnerait au fils aîné d'Elisabeth Farnèse, reine d'Espagne; et qu'au défaut de ce prince, ou de sa postérité masculine, ces duchés passeraient aux autres fils de la reine ou de leur postérité masculine. Cette manière de régler la succession des états, sans consulter les personnes qui les possédaient, surprit toute l'Europe, excepté ceux qui étaient dans le secret de la quadruple alliance. Le duc François ne vit pas lui-même cet arrangement sans peine. Mais il fallut plier à la nécessité, lorsque la diète d'Allemagne eut consenti, le 9 décembre 1622, à la succession éventuelle de don Carlos, fils aîné du second lit de Philippe V, dans la Toscane et dans le duché de Parme. Le pape Innocent XIII protesta néanmoins, soutenant que le duché de Parme était un fief mouvant du saint siége, et qui devait lui retourner. Mais on n'eut aucun égard à sa protestation, comme la suite le fera voir. Le duc François mourut le 26 février 1727, sans laisser d'enfants de DOROTHÉE, veuve d'Odoard, son frère, qu'il avait épousée le 8 décembre 1695.

ANTOINE.

1727. ANTOINE, né le 29 novembre 1679, succéda, dans le duché de Parme, à François, son frère. Le 5 février 1728, il épousa HENRIETTE-MARIE, fille de Renaud, duc de Modène, née le 2 février 1702, qui ne lui donna point d'enfants. Il mourut le 20 janvier 1731. Ce prince, suivant M. de Silhouette, était extrêmement gros et puissant. Il aimait la bonne chère et la tranquillité. Après sa mort, les troupes impériales se saisirent, à tout événement, des duchés de Parme et de Plaisance, comme de fiefs vacants de l'empire.

DON CARLOS.

1731. DON CARLOS, infant d'Espagne, né le 20 janvier 1716, du roi Philippe V et d'Elisabeth Farnèse, se porta pour héritier de Parme et de Plaisance, en vertu du traité de la quadruple alliance, et d'un autre, conclu, le 30 avril 1725, à Vienne, entre l'empereur Charles VI et le roi d'Espagne. La princesse Dorothée, veuve du duc François, prit possession, au nom de don Carlos, de ces duchés, le 29 décembre 1731, entre les mains du comte Stampa, plénipotentiaire de l'empereur, qui lui fit livrer les clefs de la capitale, et ordonna aux troupes impériales de se retirer le 30 du même mois. Jacques Oddi, commissaire du pape, fit sa protestation publiquement, pour mettre en sûreté les droits du saint siége. Cette protestation se renouvelle encore tous les ans, le 28 juin (1), la cour de Rome s'étant obstinée jusqu'à nos jours (1787), à ne point vouloir reconnaître l'infant pour duc de Parme, et se contentant de lui donner le titre de grand-prieur de Castille. L'an 1732, l'infant don Carlos (2) fait son entrée à Florence, le 9 mars; à Parme, le 9 octobre; et à Plaisance, le 25 du même mois. Ce prince, ayant conquis le royaume de Naples, au mois d'août 1734, donna, le 5 janvier 1737, sa renonciation aux duchés de Parme et de Plaisance, conformément au traité du 30 avril 1725; mais en y ajoutant la clause de ne point poursuivre la désincamération de Castro et de Ronciglione, pour laquelle il avait fait des mouvements en 1732. En conséquence, le duc de Montemar fait évacuer, à ses troupes, les places qu'elles occupaient, et les fait embarquer et partir pour l'Espagne, le 9 février suivant. L'an 1738, traité de Vienne, du 18 novembre, par un des articles duquel on abandonne au pape, à perpétuité, le duché de Castro et le comté de Ronciglione. L'an 1748, par le traité de paix, signé le 18 octobre, à Aix-la-Chapelle, les duchés de Parme, de Plaisance et de Guastalle, sont cédés, par la reine de Hongrie, à don Philippe, infant d'Espagne, pour lui et ses héritiers mâles, avec la clause de réversion, au défaut de postérité masculine, comme aussi, dans le cas où ce prince parviendrait au trône des deux Siciles, ou à celui d'Espagne. (*Voy.* Louis XV, *roi de France*, et don Carlos, *roi de Naples.*)

---

(1) Toutes les années, le 28 juin, dit M. de la Lalande (*Voyage d'Italie*, tome I, page 448), avant que le connétable du royaume de Naples présente la haquenée au saint père, le procureur fiscal de la chambre (*Fiscale della Camera*) va faire au Vatican deux protestations; l'une, pour les tributs dus au saint siége par le royaume de Naples; l'autre, pour le duché de Parme et de Plaisance. (Les choses, à cet égard, ont changé depuis 1788.)

(2) Pour éviter la réclamation d'une infinité de maisons qui avaient des prétentions de droit, tant sur les fiefs que sur les allodiaux du duché de Parme, don Carlos, en 1734, en fit transporter tous les titres à Naples, où ils sont restés jusqu'en l'année 1788, que l'infant actuel don Ferdinand en a obtenu du roi de Naples la majeure partie.

DON PHILIPPE.

1749. Don Philippe, infant d'Espagne, né le 15 mars 1720, du roi Philippe V et d'Elisabeth Farnèse, arrive à Parme, le 7 mars 1749, et prend possession de cette capitale et de ses nouvaux états. Il était marié, depuis le 26 août 1738, avec Louise-Elisabeth, fille de Louis XV, roi de France. L'an 1759, cette princesse meurt à Versailles, de la petite vérole, le 6 décembre. Le même genre de maladie trancha les jours de son époux, le 18 juillet 1765, dans la ville d'Alexandrie, où il en fut attaqué. De son mariage, il eut un fils, qui suit, et deux filles, Isabelle, née le 31 décembre 1741, mariée, le 6 octobre 1760, à l'archiduc Joseph (aujourd'hui (1787) empereur), morte le 25 novembre 1763; et Louise-Marie-Thérèse, née le 9 décembre 1751, et mariée, le 4 septembre 1765, à Charles, prince des Asturies, depuis roi d'Espagne. On a vu, à l'article de Louis XV, et dans celui de Philipe V, roi d'Espagne, les preuves que don Philippe donna de sa valeur en Savoie, dans les années 1744, 1745 et 1746. Ce prince fit le bonheur de ses sujets par sa bienfaisance, et marcha, en tout, sur les traces de son auguste frère, qu'il remplaçait. Son règne est surtout remarquable par les réformes qu'il fit dans les affaires ecclésiastiques. L'an 1764, il donna un édit par lequel, à commencer du 25 octobre de cette année, il était défendu, sous des peines graves, de faire, en fondations pieuses, des legs qui passassent la valeur de trois cents écus de Parme; enjoint par le même édit, à tous ceux qui veulent faire des vœux monastiques, de renoncer à tout droit de succession. L'an 1765, autre édit du 13 janvier, portant que tous les biens, qui, des mains des laïques, avaient passé en celles des ecclésiastiques, seraient soumis aux mêmes impositions qu'ils payaient auparavant.

DON FERDINAND.

1765. Don Ferdinand, né le 20 janvier 1751, élevé par l'abbé de Condillac et M. de Keralio, succède dans les états de Parme, de Plaisance et de Guastalle, à l'infant don Philippe, son père.

L'an 1768, au mois de janvier, Ferdinand fait publier une pragmatique-sanction, composée de quatre articles, dont le premier défend de porter, sans sa permission, les affaires contentieuses à des tribunaux étrangers, pas même à ceux de Rome; et le dernier déclare nuls les décrets, bulles et brefs qui viendront de Rome, à moins qu'ils ne soient munis du *regium exe-*

quatur. Bref, du pape (en date du premier février suivant), qui casse, abroge et déclare nulle cette ordonnance, et ceux qui y ont concouru, soumis aux censures prononcées par la bulle *in cœna Domini* contre les violateurs des immunités ecclésiastiques. Dans le même mois de février, la nuit du 7 au 8, tous les Jésuites établis dans les états de l'infant-duc, en sont expulsés à la même heure; et le 8 au matin, on publie et affiche, à Parme, la pragmatique-sanction du souverain (datée du 3), contenant les dispositions relatives à la proscription de ces religieux. Le 3 mars suivant, ordonnance de l'infant-duc, qui supprime le bref du pape rendu contre sa pragmatique-sanction du mois de janvier précédent.

M. du Tillot (1), bayonnais de naissance et marquis de Fellino, qui avait rempli les fonctions de ministre sous don Philippe, avec autant de zèle et de lumières que d'intégrité, ayant été desservi auprès de ce prince, prend le parti de quitter Parme l'an 1769, et va s'établir à Paris, où il est mort quelques années après. Le 27 juin de la même année, l'infant-duc épouse, à Colorno, l'archiduchesse MARIE-AMÉLIE-JOSEPHE-JEANNE-ANTOINETTE, morte en 1804, fille de l'empereur François, née le 26 février 1746. Les enfants du duc Ferdinand, mort le 9 octobre 1802, sont Caroline-Marie-Thérèse, née le 22 novembre 1770, mariée, le 9 mai 1792, à Maximilien de Saxe, frère de Frédéric-Auguste; Louis, né le 5 juillet 1773; Marie-Antoinette, née le 28 novembre 1774; Charlotte-Marie, née le 1er. septembre 1777, religieuse; et Marie-Louise, née le 17 mars 1787.

---

(1) M. du Tillot, fils d'un homme obscur, s'étant élevé, par de grands talents, par une probité exacte et par un dévouement sincère aux vrais intérêts de son maître, dont il se rendit lui-même la victime, voulait que l'infant don Ferdinand épousât Marie-Béatrix, fille et unique héritière du duc de Modène, afin d'opérer la réunion des états de Parme, Guastalle, Plaisance, à ceux de Modène, Reggio, et la Mirandole; ce qui eût rendu ce prince l'arbitre de l'Italie. Mais les vues de ce ministre éclairé, contrariaient celles de la maison d'Autriche, qui, accoutumée à s'agrandir par les mariages, projetait à la fois, et de donner une archiduchesse pour épouse à l'infant, et d'obtenir, pour l'archiduc Ferdinand, *Marie-Béatrix* et ses états. Ce fut le crime de M. du Tillot. Les cours de France et d'Espagne ayant envoyé des ministres pour examiner sa conduite, on n'y trouva rien de répréhensible. On ne peut lui reprocher que d'avoir eu des vues trop grandes pour un petit état, et des vertus qui excitèrent l'envie. Ses souverains même lui rendirent justice après sa mort.

DON LOUIS, ROI D'ÉTRURIE.

1802. DON LOUIS, né le 5 juillet 1773, prince héréditaire de Parme, ne succéda point à son père dans ses états, dont Buonaparte se mit en possession, en vertu d'une convention faite à Madrid, le 21 mars 1801, par laquelle la Toscane était cédée à don Louis à titre de *royaume d'Etrurie*, en indemnité des duchés de Parme, de Plaisance et de Guastalle. Ce prince mourut le 27 mai 1803. Il avait épousé, le 25 août 1785, MARIE-LOUISE, infante d'Espagne, duchesse de Lucques, née le 6 juillet 1782. De ce mariage sont issus :

1°. Charles-Louis, qui suit ;
2°. Marie-Louise-Charlotte, née le 1er. octobre 1802.

CHARLES-LOUIS.

1803. CHARLES-LOUIS, né le 23 décembre 1799, roi d'Etrurie, le 27 mai 1803, sous la régence de sa mère, fut dépouillé de ses états par Buonaparte, le 10 décembre 1807. Les événements de 1813 ayant remis l'archiduc Ferdinand d'Autriche en possession de la Toscane, et la jouissance des duchés de Parme, de Plaisance et de Guastalle, ayant été assurée, pour sa vie durant, à l'archiduchesse Marie-Louise, fille de l'empereur François II, le congrès de Vienne assigna provisoirement, à la maison de Parme, en 1815, le duché de Lucques, pour le posséder jusqu'à l'époque où elle rentrera dans son patrimoine. Le prince héréditaire, Charles-Louis, est fiancé à MARIE-THÉRÈSE, fille de Victor-Emmanuel, roi de Sardaigne, née le 19 septembre 1803.

MARIE-LOUISE.

1815. MARIE-LOUISE, archiduchesse d'Autriche, déclarée duchesse de Parme, de Plaisance et de Guastalle par les actes du congrès de Vienne du 9 juin 1815 et le traité du 10 juin 1817; née le 12 décembre 1791, fille de l'empereur d'Autriche, François I, a été mariée, le 1er. avril 1810, à Napoléon, empereur des Français, dont elle a un fils :

François-Joseph-Charles, nommé duc de Reichstadt, né le 20 mars 1811.

CHRONOLOGIE HISTORIQUE

DES CAPITAINES,

PUIS MARQUIS, ET ENSUITE DUCS DE MANTOUE.

Mantoue, dont la fondation précède de près de trois siècles celles de Rome, est la capitale d'un état qui s'étend sur une longueur d'environ soixante-dix milles d'Italie, depuis les frontières du Crémonais jusqu'à Stellata, terre du pape, et sur une largeur d'environ quarante milles, mais quelquefois moindre, depuis Vidiano, jusqu'à la frontière du Véronais. Tout le circuit du Mantouan peut être évalué à deux cents milles. Sous le règne de ses souverains, Mantoue renfermait cinquante mille âmes, et quarante monastères, dont les églises étaient ornées des tableaux des plus grands maîtres. Le palais du prince renfermait cinq cents chambres où l'on voyait briller la magnificence et la richesse. Les principales rivières qui arrosent le Mantouan, sont le Pô, qui le traverse presque d'un bout à l'autre, le Mincio, l'Oglio et la Secchia, qui vont toutes se perdre dans ce roi des fleuves de l'Italie.

Depuis environ un siècle, Mantoue se gouvernait en forme de république, sous la protection des empereurs, lorsque Otton II la donna au marquis Thédalde, aïeul de la comtesse Mathilde, qui s'en mit en possession l'an 1114. Après la mort de cette princesse, il paraît que Mantoue fut du nombre des villes qui profitèrent des divisions du sacerdoce et de l'empire pour se mettre en liberté; mais elle ne fit que changer de maîtres. Les querelles que fit naître l'ambition entre les principales familles de Mantoue, donnèrent occasion aux plus forts de la subjuguer. Le fameux Sordello Visconti, troubadour, chevalier errant, grand capitaine et grand politique, en fut podestat vers 1220 (1). (*Voy.* Maria Equicola, *storia di Mantua*, l. 1, pag. 86.) Mantoue jouit de quelque tranquillité sous sa magistrature; il défendit cette ville contre Eccellin, et y fit la fortification qui porte encore aujourd'hui le nom de *Séraglio*. LUDOVIC, fils de Richard, comte de San-Bonifacio, domina à son tour, à Mantoue, pendant plusieurs années; mais Pinnamonte Bonacolsi et Ottonello Zenecalli, se firent élire capitaines en 1274. Un mois après, Pinnamonte fait tuer, par trahison, pendant la nuit, Ottonello, et convient avec les familles de Riva, Mercaria et Casaloldi, de chasser tous les autres nobles; Sordello Visconti fut compris dans ce bannissement; Pinnamonte vint à bout de chasser ensuite ces mêmes familles, les unes par les autres, et resta seul maître de Mantoue. La mort le surprit en septembre 1289. Pinnamonte ayant, par testament, nommé Carpio, son fils, pour lui succéder, Bardelon, son autre fils, jaloux de cette préférence, le chassa en 1291, et s'empara du gouvernement. Il réunissait

---

(1) Sordello, natif de Mantoue, descendait des Visconti, seigneurs de *Goito*. Etant allé dans sa jeunesse à la cour du marquis Richard de San-Bonifacio, seigneur de Vérone, il séduisit sa femme Cunizza, fille du fameux Eccellin, dit le Moine. Elle quitta, dit-on, son mari pour le suivre, et depuis se remaria quatre fois. Les historiens du tems représentent Sordello comme le plus bel homme, le plus adroit, le plus valeureux, le plus savant et le meilleur poëte de son tems. Outre ses poésies dont on trouve quelques-unes avec celle des auteurs troubadours, il composa un livre intitulé: *Trésor des Trésors*, où il traitait des hommes célèbres dans le gouvernement et des principes de la politique. Il voyagea dans presque toute l'Europe, et fit tant de choses mémorables, que l'historien des Troubadours (tome II, page 80) a cru devoir les attribuer à deux personnages. Sordello vivait encore en 1382, et mourut vers la fin du treizième siècle. Le Dante l'a célébré; (Voyez *son Purgatoire*, lib. 1, ch. 6 et 7, *et de Vulgari eloquio*, lib. 1, cap. 15; *Donesmondi*, part. 1, lib. 4, p. 237; *le cardinal Bembo nelle prose*, liv. 1; *Giust. Fontanini, dell. eloq. Italiana*, lib. 1, §. 12 et 20, et liv. 2, §. 40; *l'abbé Quadrio, stor. et rag. d'ogni poësia*, tome II, page 133; *Storia dei Eccellini de Verci*, tome I, lib. 5, page 119;) le docte abbé Tiraboschi; *Storia della letteratura italiana*. Enfin, la dissertation intéressante sur Sordello, qu'a donnée, en 1783, M. le comte Jean-Baptiste d'Arco, intendant politique du Mantouan, si connu par les services rendus aux arts, et son goût pour les sciences.

Nous avons cru devoir sortir de notre règle ordinaire, en indiquant ici les sources où l'on peut puiser des détails sur Sordello, vu sa célébrité en Italie, et le peu de lumières que nous avons sur lui en France.

tous les vices ; sa tyrannie le rendit odieux. Botticella-Bonacolsi, son petit-fils, l'expulsa à son tour, en 1299. Bardellon, retiré à Padoue, y mourut malheureusement après trois ans d'exil. Boticella secourut François d'Est, contre le marquis Azzon, son frère, et fit la guerre aux Crémonais. Pendant ce tems, Azzon, pour se venger, lui enleva le château de Saravalle, où était la plus grande partie de ses richesses. Boticella mourut presque en même tems que son rival. (Equicola, *ibid.*, l. 1, p. 48, *et seqq.*) A Boticella succédèrent, l'an 1308, dans la seigneurie de Mantoue, ses deux fils, PASSERIN et BUTIRON BONACOLSI. Le deuxieme est peu connu ; mais Passerin se rendit célèbre par diverses actions d'éclat. L'an 1312, ayant marché au secours des Modénais attaqués par les Bolonais, il engagea les premiers à l'élire pour leur seigneur. Franceschin, ou François I de la Mirandole, lui enleva la ville de Modène, à la faveur d'une sédition qu'il excita le 18 janvier 1318, et s'en fit proclamer seigneur : mais, pressé par divers ennemis auxquels se joignit Passerin, il la lui rendit, par traité du 30 novembre 1319. S'étant ligué, l'an 1325, avec divers seigneurs contre les Bolonais, Passerin remporta sur eux une grande victoire, le 15 novembre. Ce seigneur était un des grands partisans de l'empereur Louis de Bavière; et par là, il se rendit odieux au pape Jean XXII, qui le comprit parmi ceux contre lesquels il fit publier la croisade. Les efforts de ce pontife, pour lui nuire, furent vains, et ne l'empêchèrent pas de gouverner tranquillement son état; mais il eut le malheur d'avoir un fils imprudent dans la personne de Francesco, qui, à la suite d'un commerce suspect avec la femme de Philippin de Gonzague, offensa grièvement l'époux. Les Gonzagues jurèrent de s'en venger : assurés du secours de Cane de l'Escale et de Guillaume de Castelbarco, le 16 août, Philippin de Gonzague, Guido et Feltrino, ses frères, et Albert Savioli, soulèvent le peuple. Passerin Bonacolsi accourt au bruit pour apaiser l'émeute ; étant blessé violemment à la tête, son cheval l'emporte, et le peuple le massacre. L'imprudent François, fils de Passerin, et cause de ces malheurs, fut arrêté sortant de son lit, et conduit avec ses cousins, les fils de Butiron, à Castellaro, où Nicolas de la Mirandole les fit périr au milieu des tourments les plus cruels, pour se venger de la perte de François de la Mirandole, son père, que Passerin avait fait mettre à mort sans motif. Ainsi finit la puissance des Bonacolsi, après avoir duré un demi-siècle. Ce fut alors que la seigneurie de Mantoue passa dans la maison de Gonzague, où elle s'est conservée l'espace de quatre cents ans.

LOUIS I DE GONZAGUE, CAPITAINE DE MANTOUE, GUI, FELTRINO, ET PHILIPPIN, SES ENFANTS.

L'an 1328, LOUIS DE GONZAGUE, d'une maison très-ancienne, fut reconnu seigneur de Mantoue, sous le titre de capitaine, après la mort de Passerin Bonacolsi. Son premier soin fut de rétablir l'ordre dans la ville, d'affermir sa puissance au-dehors par des alliances et des traités avec ses voisins, et de la cimenter au-dedans par sa douceur et sa libéralité. Il avait alors de RICHILDE RAIMBERTI, sa femme, trois fils déjà majeurs, GUI, PHILIPPIN, ET FELTRIN, auteurs de la révolution, qu'il associa au gouvernement. S'étant alliés aux Scaligers, ou della Scala, seigneurs de Vérone, ils obtinrent d'eux, le 11 juillet 1335, la ville de Reggio, que ceux-ci s'étaient fait céder par les Fogliani, le 3 du même mois, et dont Philippin prit possession. La raison d'état fit, dans la suite, oublier ce bienfait aux Gonzagues. L'an 1348, ils se liguèrent avec les Vénitiens, pour abaisser la puissance des Scaligers, qui semblait menacer la liberté de l'Italie. Ceux-ci, de leur côté, s'étant unis avec Luchin Visconti, seigneur de Milan, et Obizon, marquis de Ferrare, contre les Gonzagues, entrèrent dans le Mantouan, où ils firent le dégât; mais Philippin de Gonzague, de retour de Naples, où il était allé venger la mort du roi André, que Jeanne Ire., sa femme, avait fait étrangler, vint se joindre à Guido I Torelli, et, le 30 septembre 1348, ils tombèrent si vigoureusement sur les troupes milanaises campées sous Borgoforte, qu'ils les mirent en déroute, et dissipèrent la ligue. (Murat., *Rer. Ital. script.*, tom. XVIII.) L'an 1354, Louis de Gonzague reçoit à Mantoue, l'empereur Charles IV, qui lui confirme, pour lui et ses descendants, la souveraineté de Mantoue, avec celle de Reggio et des autres acquisitions qu'il avait faites.

En 1356, Philippin meurt avec une grande réputation de valeur, laissant d'ANNA DOVARA, sa seconde femme, trois filles, Egidiola, mariée à Mathieu II Visconti; Eléonore, alliée à Guido I Torelli, et Isabelle, femme de Rodolfe d'Habsbourg.

Bernabo Visconti, seigneur de Milan, déclara la guerre, en 1357, à Louis de Gonzague, qui soutenait Olegio Visconti dans Bologne, et vint mettre le siége devant Mantoue. Il se rendit maître de quelques places aux environs, en quoi il fut secondé par Guido Torelli, qui venait de se brouiller avec les Gonzagues, pour une légère offense. (*Voyez* Platina, *Hist. Mantuana*, lib. 3; et Muratori, *Rer. Italic.*, tom. XX.)

Mais Hugolin de Gonzague, petit-fils de Louis, pour éloigner le théâtre de la guerre, alla prendre Novarre, assiéger Verceil, et mettre le Milanez à feu et à sang. Cette diversion fut utile, et la paix se fit entre les Gonzagues et les Visconti, par la médiation d'Aldovrandin d'Est. L'an 1360, Louis meurt le 18 janvier, dans sa quatre-vingt-treizième année. Il avait épousé, 1°. N. DE RAIMBERTI; 2°. N. MALATESTA; 3°. N. MALESPINA. De la première, il laissa deux fils, dont l'aîné, qui suit; Feltrin, souche de la branche des Gonzagues de Novellare, éteinte; et une fille, Thomasine, mariée à Guillaume, comte de Castelbarco.

GUI DE GONZAGUE.

1360. GUI DE GONZAGUE, second fils de Louis, fut son successeur dans la seigneurie de Mantoue, qu'il avait déjà régie du vivant de son père. Feltrin, son frère, eut celle de Reggio, qu'il vendit, le 17 mai 1371, à Bernabo Visconti, seigneur de Milan, mais en se réservant Novellare et Bagnolo, qui étaient du district de Reggio. Gui avait trois fils, Hugolin, Louis et François. Ayant confié le soin du gouvernement au premier, il excita, par là, la jalousie des deux autres, qui tendirent des embûches à leur aîné, et le firent périr le 12 ou le 13 octobre 1362. On renvoya sa veuve, fille de Mathieu Visconti, à Bernabo, seigneur de Milan; elle ne laissa qu'une fille, mariée, au comte d'Urbin, en 1365. La même année, l'empereur Charles IV étant à Bude, donna des lettres de grâce à Louis et François de Gonzague, pour les relever de l'assassinat commis en la personne d'Hugolin, leur frère. Ils s'étaient déjà fait absoudre de ce crime par le saint siége, sous Urbain V, en 1363. Gui survécut à la perte d'Hugolin, l'espace de sept ans, pendant lesquels ses deux fils exercèrent presque toute l'autorité souveraine à Mantoue : enfin il mourut, l'an 1369, avant ou après VERDE BECCARIA, sa femme. Il était, dit Equicola, d'un caractère doux et tranquille, et religieux observateur de sa parole.

LOUIS II DE GONZAGUE.

1369. LOUIS II DE GONZAGUE, second fils de Gui, et son successeur, eut, pendant quelque tems, pour collègue, François, son frère; mais la discorde s'étant mise entre eux, il le fit périr par un genre de mort qu'on ignore. François avait épousé, en 1366, Leta, fille de Gui ou Guido de Polenta, dont il ne laissa point de postérité. Louis, coupable de deux fratricides, tâcha d'en effacer le souvenir par la douceur de son gouvernement. Henninges dit, qu'ayant été convaincu d'adultère, il fut condamné par ses concitoyens, à perdre la tête sur un échafaud. Mais Gazata, dans la chronique de Reggio, nous apprend qu'il mourut tranquillement à Mantoue, dans le mois d'octobre 1382, laissant un grand trésor à François, son fils, qu'il avait eu d'ALDE D'EST, fille d'Obizon III, seigneur de Ferrare. Il aimait extrêmement sa femme, qui fut enterrée à Saint-François de Mantoue.

FRANÇOIS I DE GONZAGUE.

1382. FRANÇOIS I DE GONZAGUE, né l'an 1363, succède à Louis, son frère. L'an 1385, il prend, mais sans succès, la défense de Mathieu Visconti, son beau-frère, contre Jean-Galéas, seigneur de Milan, qui le tenait assiégé dans Brescia. L'an 1388, il fait une ligue avec ce même Jean-Galéas et les Vénitiens, contre les Carrara, seigneurs de Padoue, dont il se détacha ensuite, l'an 1391. François, en 1389, avait conduit en France Valentine Visconti, qui allait épouser Louis, duc d'Orléans. Ses liaisons avec le duc de Milan étaient si étroites alors, que celui-ci avait voulu qu'il acceptât ses armes, pour les porter écartelées avec les siennes. (*Voy.* Equicola, liv. 2, pag. 3 et seq.): grande marque de faveur usitée, par les souverains, dans ce tems-là. François avait épousé, en 1380, AGNÈS, fille de Bernabo Visconti. La mort de cette princesse, qu'on accusa son époux d'avoir hâtée, pour se venger d'un adultère, donna prétexte à Jean-Galéas, son cousin, de déclarer la guerre, en 1397, à François de Gonzague. Jacques del Verme, général de Jean-Galéas, étant entré, au mois d'avril, avec une puissante armée, dans le Mantouan, y fut joint par Ugolotto Biancardo, gouverneur pour le même duc à Vérone. François, mal préparé à cette visite, implore le secours des Florentins, des Bolonais et des Ferrarais, ses alliés, qui ne lui manquèrent pas au besoin. Après avoir ravagé le territoire de Mantoue, Biancardo vient mettre le siège devant Governolo, où Marsilio Torelli commandait avec Guido II, son fils, depuis si célèbre: mais le 24 août, Charles Malatesta, beau-père de François, s'étant fait jour à travers l'armée des assiégeants, entre dans la place, et la ravitaille. François de Gonzague y arrive deux jours après, avec un nouveau renfort. Le 28 du même mois, les alliés remportèrent sur les Milanais deux victoires éclatantes, l'une sur terre, et l'autre sur le Pô. Mais Jean-Galéas ayant envoyé promptement une nouvelle armée dans le Mantouan, ravagea ce pays. L'année suivante, François de

Gonzague et ses alliés font, le 11 mai, une trève avec lui. L'an 1402, François se ligue avec le duc de Milan, contre Jean Bentivoglio, seigneur de Bologne. Il fait une nouvelle alliance, en 1404, avec les Vénitiens, contre les Carrara, et contribue, par le succès de ses armes, à mettre ses alliés en possession de Padoue, de Vérone, et des autres domaines de cette illustre maison. François de Gonzague avait engagé François Carrara à se rendre à Venise, pour traiter en personne ses intérêts avec le doge, l'assurant qu'il y serait en toute sûreté. Il fut en conséquence très-affligé de voir les Vénitiens arrêter François Carrara, et le faire périr cruellement dans sa prison, ainsi que ses enfants (1). François de Gonzague bâtit plusieurs monastères, finit le château de Mantoue, et mourut le 8 ou le 17 mars 1407, laissant de MARGUERITE MALATESTA, sa deuxième femme, un fils, qui lui succéda.

JEAN-FRANÇOIS DE GONZAGUE,
PREMIER MARQUIS DE MANTOUE.

1407. JEAN-FRANÇOIS DE GONZAGUE, fils de François, devient son successeur à l'âge de treize ans, sous la régence de Charles Malatesta, son oncle maternel, et la protection des Vénitiens. On jugera quel devait être ce régent, en sachant que, jaloux de la gloire de Virgile, il fit jeter, dans le Mincio, la statue de ce grand poëte. Jean-François soutint, par sa valeur, la gloire que son père s'était acquise dans les armes. Le pape Jean XXIII l'ayant choisi pour général des troupes de l'église, dans la guerre qu'il eut contre Ladislas, roi de Naples, il défendit vaillamment Bologne, assiégée par Malatesta, seigneur de Rimini, général de Ladislas. Il reçut, en 1418, le pape Martin V, qui arriva de Milan à Mantoue, le 25 octobre, et y séjourna jusqu'au 7 février 1419. Bientôt il entra dans la ligue, conclue, le 27 juin 1425, par les Vénitiens, les Florentins et les marquis d'Est et de Montferrat, contre Philippe-Marie, duc de Milan. Jean-François de Gonzague, François Carmagnola et Nicolas Tolentino, commandaient les troupes confédérées: François Sforce, Nicolas Piccinino, et Gui ou Guido II Torelli, qui venait de remettre, l'année précédente,

---

(1) La politique de la république alla si loin, que restant une branche de cette illustre et malheureuse maison, qui existe encore aujourd'hui à Padoue, on l'a obligée de quitter le nom de *Carrara*, pour prendre celui de *Pappa-Fava*; sobriquet donné anciennement à Giacobino, l'un de ses auteurs.

Jeanne II sur le trône de Naples, étaient les généraux que le duc de Milan leur opposa. Jean-François, dans cette campagne, prit les citadelles de Brescia et Asola, et rentra en triomphe à Mantoue. Cette guerre lui fournit les occasions de donner toutes sortes de preuves de son habileté et de son courage. Il commandait les Vénitiens, en 1431, dans le Bressan, et Carmagnola dans le Crémonais, lorsque Sforce, Torelli et Piccinino ayant donné le change à Carmagnola, attaquèrent, sur le Pô, le 22 mai de la même année, la flotte vénitienne, à vingt-trois milles environ au-dessous de Crémone. Nicolas Trivisano, qui la commandait, fut totalement défait. Jean-François de Gonzague, Trivisano et Carmagnola furent mandés à Venise; la république fit trancher la tête à Trivisano, pour avoir été battu, à Carmagnola, pour ne l'avoir point secouru, et remercia Jean-François de son zèle et de sa conduite. Philippe-Marie Visconti lui opposa bientôt Gui Torelli, qu'il envoya, le 7 décembre 1432, avec le titre de commandant-général de ses forces, dans la Valteline, le Bressan et le Bergamasque. La réputation de ce grand homme et son adresse, contribuèrent à hâter la paix que Nicolas d'Est, marquis de Ferrare, chercha à négocier, et qui fut enfin conclue par ses soins, en 1433. Cette même année, Jean-François reçut magnifiquement, à Mantoue, l'empereur Sigismond. Ce prince y arma chevaliers Louis, Charles et Alexandre, ses fils; et, pour marquer mieux à Jean-François sa reconnaissance, il le créa marquis de Mantoue, et lui permit, ainsi qu'à sa postérité, de cantonner la croix de gueules de la ville de Mantoue, qui supportait son écu, de quatre aigles de sable, membrées et becquées de gueules. Cette érection et cette donation, furent toutes deux du 22 septembre 1433 (*Voy.* Sansovino, pag. 359; Equicola, lib. 3, p. 151.) M. Pfeffel dit qu'outre cela, Sigismond le créa vicaire perpétuel de l'empire, dans le Mantouan, c'est-à-dire qu'il lui donna les droits de la souveraineté, sous la directe de l'empire. La réputation de sa valeur engagea les Vénitiens, en 1437, à le choisir pour leur général. Mais il ne resta pas long-tems à leur service; mécontent de ces républicains, il les quitte le 3 juillet de l'année suivante, et fait un traité d'alliance avec le duc de Milan. Les Vénitiens ayant renouvelé l'ancienne ligue avec les Florentins contre ce prince, François Sforce, qui avait abandonné Philippe-Marie, fut fait commandant des troupes florentines, vénitiennes et génoises. Jean-François de Gonzague les battit en plusieurs occasions, défendit le cours du Pô, couvrit le Mantouan, prit, le 1ᵉʳ. mai 1439, Lignago; et peu après, Lunigo, Montebello, Brandola, Montelino, infesta les environs de Vérone, et surprit cette ville, qui, quatre jours après, fut reprise par Sforce, au commencement de 1440. Le marquis de Mantoue, étant allé avec Piccinino, à Milan, y pardonna à Louis le Turc, son fils, qui, jaloux de la préférence donnée à Charles, son frère, s'était retiré chez les Visconti; il s'occupa ensuite à faire reprendre par Charles et Louis, ses fils, les différentes petites places que Sforce lui avait enlevées. La paix se fit enfin, en 1441, et le marquis Nicolas d'Est en fut encore le médiateur. Jean-François, après avoir jeté les fondements du couvent des Carmélites et de celui des Chartreux, fait construire le fort du bourg Saint-Georges et plusieurs palais. Il meurt, le 23 septembre 1444, laissant de PAULE MALATESTA, sa femme, qu'il avait épousée l'an 1410, Louis le Turc, qui suit; Charles, seigneur de Gonzague, Bozzolo et autres lieux; Alexandre, marié, le 5 mars 1445, à Agnès de Montefeltro, mort le 16 janvier 1466; Jean Lucide, qui était bossu, destiné à l'église, mort le 11 janvier 1448: et Marguerite, première femme de Lionel d'Est, seigneur de Ferrare. Jean-François, premier marquis de Mantoue, établit l'étiquette à sa cour, et poussa même la magnificence jusqu'à la prodigalité. Il introduisit le premier dans ses états, l'usage de baiser la main, qui, avant Jean-Galéas Visconti, était inconnu en Italie. (Voy. *Equicola*, liv. 3.)

LOUIS III, DIT LE TURC, SECOND MARQUIS DE MANTOUE.

1444. LOUIS III, fils et successeur de Jean-François, né l'an 1414, le 5 juin, élevé par Vittorio di Feltro, l'un des philosophes de son siècle, avait fait ses premières armes sous le fameux capitaine Piccinino; le surnom de Turc lui fut donné, parce qu'il introduisit l'usage de porter de longues moustaches, qu'il regardait comme la parure du militaire. L'an 1450, il se ligue avec François Sforce, devenu duc de Milan. Charles, son frère, lui redemandait, en 1453, certaines terres de la succession paternelle, qu'il prétendait être de son lot; ne pouvant les obtenir de gré, il entra dans le Mantouan, l'an 1453, à la tête de trois mille hommes de troupes vénitiennes, pour les recouvrer de force. Le marquis, apprenant cette irruption, va au-devant de lui pour le repousser. Les deux frères se rencontrent le 15 juin; et après un combat de cinq heures, où François *Secco*, l'un des officiers de Louis, fit des prodiges de valeur, Charles est mis en déroute; mais le duc de Milan, ayant pris son parti, obligea le marquis à lui rendre ces mêmes terres en 1454. Charles avait épousé, en 1441, Lucie d'Est, fille de Nicolas III, marquis de Ferrare, et mourut le 19 décembre

1456. Le pape Pie II ayant dessein d'engager les princes chrétiens à se réunir pour reprendre Constantinople sur les Turcs, indiqua, pour ce sujet, une grande assemblée à Mantoue, où il arriva sur la fin de mai 1459; il y resta jusqu'à la mi-janvier de l'année suivante, ne cessant de conférer sur l'objet de son voyage avec les ambassadeurs de diverses puissances, qui s'y étaient rendus. Mais la plus grande satisfaction qu'il remporta fut celle du bon accueil que le marquis Louis lui avait fait. (Gobelin, Persona, *Comment.*, liv. 2.) François Sforce vint voir deux fois Louis en décembre 1453 et en octobre 1457. On parle aussi d'une visite qu'il reçut de l'empereur Frédéric III, et de Christiern I, roi de Danemarck, mais sans en marquer la date. Les Vénitiens, étant disposés à faire la guerre au duc de Milan, nommèrent, en 1462, le marquis de Mantoue pour commander leurs troupes de terre. La guerre n'ayant point eu lieu, Louis manqua l'occasion de signaler sa valeur et son habileté. (*Chron. di Bologna.*, tom. 18, *Rer. Italic.*) Quoiqu'il n'ait presque jamais fait la guerre pour son propre compte, il eut toujours soin d'entretenir un bon corps de troupes réputées pour les plus belliqueuses de l'Europe, qu'il vendait aux princes voisins; espèce de trafic qui lui rapportait des sommes considérables, au moyen desquelles il se trouva en état de faire chez lui de grandes et utiles entreprises sans grever ses peuples. Sa mort arriva, le 12 juin 1478, à Goito. De BARBE, son épouse, de la maison de Brandebourg, Louis le Turc laissa, 1°. Frédéric, qui suit; 2°. François, né en 1441, cardinal en 1451, mort le 20 septembre 1483; 3°. Jean-François, né en 1443, marié, le 17 juillet 1479, à Antoinette Balza, fille de Pyrrhus, duc d'Andria, mort le 28 août 1496, souché de la branche des ducs de Sabionnetta et princes de Bozzolo; 4°. Rodolphe, né en 1451, marié, en 1480, à Catherine Pic de la Mirandole, mort le 6 juillet 1495, dont sort la branche des marquis, puis prince de Castiglione et Sulpherini, existante encore aujourd'hui; 5°. Louis, né le 28 mars 1458, évêque de Mantoue en 1483, mort en 1511; et de plus, trois filles: savoir, Dorothée, épouse de Galéas-Marie Sforce, duc de Milan; Paule, femme de Léonard, comte de Goritz; et Barbe, femme d'Eberhard V, duc de Wurtemberg. Catherine, sa fille naturelle et légitimée, fut mariée à Franciuolo Secchi d'Arragona, général célèbre. La ville de Mantoue est redevable à Louis le Turc d'une partie de ses embellissements.

FRÉDÉRIC I, TROISIÈME MARQUIS DE MANTOUE.

1478. FRÉDÉRIC I, né en 1439, était à Revero quand il

apprit la mort de Louis, son père. Alors il se rendit à Mantoue pour prendre les rênes du gouvernement ; il les tint avec sagesse. Son administration fut avantageuse à sa famille qu'il aimait, et nullement onéreuse à ses sujets. Il secourut d'abord Bonne, duchesse de Milan, et chassa, dans le mois de novembre, les Suisses, qui, étant descendus vers la partie de Côme, assiégeaient Lugnano. Sixte IV, qui, par faiblesse pour Jérôme Riario, son neveu, avait trempé dans la conjuration des Pazzi, voulut bouleverser la Toscane. (*Voy.* Laurent de Médicis *aux ducs de Toscane.*) Hercule d'Est, duc de Ferrare, et le duc de Milan, s'unirent contre lui en faveur des Médicis. Frédéric de Gonzague, chargé du commandement des Milanais, étant arrivé, au mois de mai 1479, en Toscane, eut un différent très-vif avec le duc de Ferrare, ce qui détermina ces deux princes à faire agir séparément leurs troupes. Frédéric, qui, après avoir donné des preuves de sa valeur, était retenu par la fièvre à Arezzo, ayant su que Marguerite, son épouse, était fort mal, partit pour Mantoue en 1480, et apprit, en arrivant, qu'elle était morte le 14 octobre de la même année. En 1482, Frédéric entra dans la ligue conclue entre Ferdinand I, roi de Naples, le duc de Milan et les Florentins, contre la république de Venise. Dans un congrès tenu à Crémone, en mars 1483, où Louis Sforce, Laurent de Médicis, Alfonse, duc de Calabre, le cardinal François de Gonzague, son frère, comme nonce apostolique, et le comte Jérôme Riario, capitaine général de l'église, étaient réunis, Frédéric se distingua par la grandeur de ses vues et la sagesse de ses discours. (*Voy.* Equicola, liv. 3, pag. 185 et suiv.) Après avoir pris possession d'Asola, qu'Alfonse, duc de Calabre, avait emporté au bout de trois jours de siège, Frédéric passa à Milan en 1484. Il séjourna en juin dans le Bressan ; et, étant tombé malade à son retour à Mantoue, il y mourut le 15 juillet de la même année. La paix qu'il avait conseillée, se fit, après sa mort, le 7 août 1484. De MARGUERITE, fille d'Albert III, duc de Bavière, qu'il avait épousée en 1463, Frédéric I de Gonsague laissa trois fils et trois filles. Les fils sont, 1°. Jean-François, qui suit ; 2°. Sigismond, né en 1469, qui servit utilement l'empereur Maximilien I et le pape Jules II, fut créé, par ce dernier, cardinal en 1505, et mourut le 4 octobre 1525 ; 3°. Jean, marquis de Vescovato, né l'an 1474, marié, le 20 septembre 1493, à Laure, fille de Jean II Bentivoglio, seigneur de Bologne, mort le 23 septembre 1523. Claire, sa fille aînée, épousa Gilbert de Montpensier, dauphin d'Auvergne ; Isabelle, la seconde, fut donnée à Gui-Ubald de Montefeltro, duc d'Urbin ; et Madeleine, la troisième, fut mariée à Jean Sforce, seigneur de Pesaro.

Frédéric fut généreux envers ses sujets, magnifique envers les étrangers, et encouragea le commerce et les arts. Eusèbe Malatesta et François Secchi d'Arragone furent ses favoris.

JEAN-FRANÇOIS II, QUATRIÈME MARQUIS DE MANTOUE.

1484. JEAN-FRANÇOIS II, né le 10 août 1466, succède au marquis Frédéric, son père. Il commandait en 1494, les troupes des Vénitiens, lorsque le roi Charles VIII entra en Italie. Le 6 juillet de l'année suivante, il signala sa valeur contre les Français au combat de Fornoue, où il fit prisonnier le bâtard de Bourbon. Les Vénitiens le firent alors généralissime de toutes leurs forces, par lettres du 27 juin 1495. La paix s'étant faite le 18 octobre, Jean-Francois fut trouver Charles VIII à Verceil; il partit ensuite de Mantoue, en février 1496, pour conduire les troupes des Vénitiens au secours du roi de Naples. La république ne reconnut pas la manière dont le marquis l'avait servie en Calabre; mais l'empereur, en échange, le fit alors son capitaine-général en Italie. Vénise voulut le ramener à elle en 1498; mais Ludovic Sforce, duc de Milan, les gagna de vîtesse, et le créa, par lettres du 13 octobre 1498, commandant-général de ses troupes; lorsque ce prince ayant, en 1499, perdu Alexandrie, abandonna Milan à Louis XII, qui, le 6 octobre, y fit son entrée. Parmi les grands seigneurs qui vinrent lui faire leur cour, le roi distingua beaucoup Jean-François, l'honora du collier de l'orde de Saint-Michel, et l'attacha, en 1500, à son service. En 1503, il l'envoya vers Naples délivrer Gaëte que les Espagnols assiégaient; et, le 27 juillet de cette année, il le fit son lieutenant-général et vice-roi dans ce royaume. Jean-François, consumé par une fièvre opiniâtre, fut obligé de retourner à Mantoue en 1506. Jules II, par lettres du 25 octobre de la même année, données à Imola, le fit lieutenant-général de l'armée qu'il destinait pour enlever Bologne aux Bentivoglio. A peine Jean-François eut remis cette place entre les mains du pontife, que Louis XII le réclama pour marcher de là contre les Génois. Le marquis de Mantoue les fit rentrer dans l'obéissance. Louis XII ayant passé les Alpes en avril 1509, Jean-François, qui avait accédé à la ligue de Cambrai, prit au mois de mai Casalmaggiore, et défit Bartholoméo d'Alviano. Il alla ensuite faire sa cour au roi à Casciano sur la rive de l'Adda, et fut reçu de ce monarque avec toutes sortes de bontés; mais après la bataille d'Agnadel, gagnée le 14 mai, les Français s'étant avancés jusqu'à Peschiera sur le Mincio, Louis XII, par humeur contre Maximilien, qui au lieu de s'aboucher avec lui, s'en était retouré à Arco (1), s'empara de Peschiera, qui couvrait d'une part ses conquêtes, et de l'autre ouvrait un passage sur les terres impériales. Le roi oublia dans ce moment que Peschiera appartenait au marquis de Mantoue, qui l'avait servi si fidèlement. Cette injustice faisant un très-mauvais effet dans l'esprit des Italiens, on offrit des dédommagements à Jean-François ; mais celui-ci, plus offensé du manque de procédé du roi, qu'affligé de la perte de sa place, les refusa. L'empereur l'envoya bientôt occuper Vérone. Les secours d'hommes et d'argent, que Maximilien avait promis, n'arrivant pas, le marquis fut obligé d'évacuer la place. Etant allé de là camper à douze milles dans l'île de la Scala, il y commit la faute de trop diviser ses quartiers. Lucio Malvezzi, commandant des Vénitiens, en étant instruit, vint le surprendre pendant la nuit. Louis de la Mirandole, commandant des troupes papales, qui étaient campées séparément à Vagaso et Rebé, au lieu d'accourir à son secours lors de l'attaque, s'enfuit précipitamment vers Mantoue. Les troupes de Jean-François furent mises en déroute ; lui-même se sauva en chemise, et se cacha dans un champ de millet ; un paysan, qui, l'ayant découvert lui avait promis le secret, le trahit. Il fut arrêté prisonnier le 9 août de la même année 1509, conduit de Lignano à Padoue, et de Padoue à Venise. Il y fut reçu d'une manière bien différente de celle dont il y était entré après la bataille de Fornoue, où, quoiqu'il eût été défait, le sénat, pour tromper les peuples, et leur faire accroire que la république avait remporté la victoire, lui décerna, dit-on (ce qui est difficile à croire), les honneurs du triomphe. L'an 1510, il est élagi, au mois de juillet, à la recommandation du pape Jules II, qui lui donna, le 3 octobre suivant, la dignité de gonfalonier de l'église. C'est ainsi, dit Muratori, qu'il épousa, du moins en apparence, les intérêts du pape et des Vénitiens, envers lesquels il se comporta avec beaucoup de sagesse. Il fallut en avoir beaucoup, pour avoir préservé ses états de toutes hostilités au milieu de l'incendie général. Les fatigues de la guerre avaient depuis long tems altéré sa santé ; une fièvre lente le saisit au commencement du mois de mars 1519, et le 29 de ce mois fut le terme des jours du marquis Jean-François II, qui avait donné, dit le même historien, en tant d'occasions, les preuves

---

(1) Arco, petite ville du Tyrol sur la Sarla, appartient depuis plus de cinq cents ans aux comtes de Bogen ou d'Arco, sortis d'une branche de la maison de Bavière. Le château, qui était très-fort, et qui commande la ville, renferme des richesses diplomatiques considérables, que les savants qui auront lieu de passer par-là, feront bien de visiter. Arco fut érigé en comté, en 1413, par l'empereur Sigismond.

d'une grande valeur, et avait mérité l'affection de ses sujets, par la modération de son gouvernement. Il avait épousé, le 15 février 1490, ISABELLE D'EST, fille d'Hercule I, duc de Ferrare (morte en 1539), dont il laissa Frédéric, qui suit; Hercule, qui devint cardinal en 1527, mort le 2 mars 1563; et Ferdinand, comte de Guastalle, qui s'acquit un grand nom parmi les capitaines de son siècle; (voyez Ferrand de Gonzague, comte de Guastalle); Eléonore, femme, 1°. d'Antoine de Montalte, 2°. de François-Marie de la Rovère, duc d'Urbin, morte en 1570; Hippolyte et Paule, religieuses, Marguerite et Théodore, mortes sans avoir été mariées.

FRÉDÉRIC II, CINQUIÈME MARQUIS ET PREMIER DUC DE MANTOUE.

1519. FRÉDÉRIC II, né le 17 mai 1500, succéda, le 3 avril, à Jean-François, son père. On parle d'un magnifique tournoi qu'il donna au mois de février 1520. Six chevaliers français l'ouvrirent, et il y fit preuve de sa bravoure et de son adresse. Frédéric s'occupa ensuite à terminer les différents qui s'étaient élevés entre les officiers de sa juridiction et ceux de l'évêque de Mantoue, pour lequel le pape Léon X s'était déclaré. Le marquis envoya au pontife le fameux Balthasar Castiglione (1), qui

---

(2) Balthasar Castiglione, né d'une maison illustre à Mantoue, en 1478, se distingua dans la littérature et la politique. Il est auteur d'une tragédie de Cléopâtre, estimée des connaisseurs, et d'un grand nombre de poésies fugitives, italiennes et latines. Scaliger le compare à Lucain, pour l'élévation des pensées, et à Virgile, pour l'élégance du style. Son livre, intitulé le Courtisan, est un ouvrage que les Italiens ne peuvent se lasser de lire. Il avait épousé Hippolyte, fille de Guido Torelli, marquis de Caséi, et de Françoise Bentivoglio. (Chazot, généal. des M. Souv., tome II, page 681.) Cette dame, émule de son époux, composa, comme lui, des poésies latines et italiennes. Leur union ne dura qu'environ quatre ans. La mort enleva Hippolyte à son époux au mois d'août en 1520. Balthasar, inconsolable de cette perte, relisait sans cesse une élégie latine que sa femme, quelque tems avant de mourir, lui avait adressée, pour se plaindre de son absence, pendant qu'il était auprès du pape Léon X. Ce pontife, pour le consoler, voulut lui donner le chapeau de cardinal, qu'il refusa. Clément VII l'envoya à Charles-Quint, qui conçut pour lui une telle estime, qu'il se proposait de le choisir pour son second, si le cartel proposé par François I avait eu lieu. Balthasar, après avoir beaucoup hésité, se décida pour l'état ecclésiastique. Nommé par l'empereur à l'évêché d'Avila, il en remplit les devoirs avec zèle, et mourut à Tolède, en 1529, à l'âge d'environ cinquante ans, regretté des souverains, des gens de lettres et des pauvres.

mit Léon dans les intérêts de Frédéric, au point que ce pape le nomma capitaine général des troupes de l'église, et le confirma ensuite dans cette charge, par un bref très-honorable, donné, en plein consistoire, le 1er. juillet 1521. Obligé, par là, de faire la guerre à la France, contre laquelle Léon était allié pour lors avec Charles-Quint, le marquis renvoya au général Lautrec le collier de Saint-Michel, dont le roi François I l'avait honoré. Il accompagna Prospère Colonne, et lui fut très-utile dans la défense du Milanez. L'an 1527, il entra dans la ligue des princes d'Italie contre Charles-Quint, pour la délivrance du pape Clément VII : mais l'an 1529, sur la fin de novembre, il alla trouver, en grand cortége, l'empereur à Bologne, et fut très-bien accueilli de ce prince. Il entra dans la ligue que l'empereur y conclut, le 23 décembre, avec les ducs de Savoie et de Milan, les Vénitiens et le marquis de Montferrat, pour la sûreté de l'Italie. L'année suivante, il reçut, à Mantoue, Charles-Quint, qui lui conféra, par un diplôme du 25 mars, le titre de duc. Étant venu, l'an 1536, trouver ce prince à Gênes, il obtint de lui, le 3 novembre, une sentence, qui lui adjugeait le marquisat de Montferrat. Cette principauté, depuis 1533, époque de la mort du marquis Jean-Georges Paléologue, décédé sans enfants, était en séquestre entre les mains de Charles-Quint. Trois princes se la disputaient, le duc de Savoie, le marquis de Saluces, et le duc de Mantoue. Le dernier l'emporta, comme ayant épousé (le 16 novembre 1531), MARGUERITE, fille de Guillaume VI Paléologue, et nièce de Jean-Georges Paléologue. Frédéric mourut à l'âge de quarante ans, le 28 juin 1540, laissant de son mariage François, qui suit ; Guillaume, qui lui succéda ; Louis (né le 22 septembre 1539), qui devint duc de Nevers, le 4 mars 1565, par son mariage avec Henriette de Clèves (*Voyez* Louis de Gonzague, duc de Nevers) ; Frédéric, évêque de Mantoue, puis cardinal en 1563, mort le 21 février 1565. Il eut de plus un fils naturel appelé Alexandre, et une fille nommée Isabelle, mariée à François d'Avalos, marquis de Pescaire.

FRANÇOIS II OU III, DEUXIÈME DUC DE MANTOUE.

1540. FRANÇOIS II, né le 10 mars 1533, succède au duc Frédéric, son père, sous la tutelle du cardinal Hercule, son oncle. Il se noya le 21 février 1550, sans laisser d'enfants de sa femme CATHERINE D'AUTRICHE, fille de Ferdinand, roi des Romains, puis empereur, qu'il avait épousée le 22 octobre 1549. Elle se remaria, le 5 juillet 1553, avec Sigismond-

Auguste, roi de Pologne, veuf de sa sœur Elisabeth, morte le 15 juin 1545.

GUILLAUME, TROISIÈME DUC DE MANTOUE.

1550. GUILLAUME, né l'an 1536, succède, dans le duché de Mantoue et le marquisat de Montferrat, à François II, son frère. L'an 1567, les habitants de Casal, dans le Montferrat, s'étant soulevés, pour faire revivre le privilége de ville impériale, dont ils avaient autrefois joui, le duc Guillaume envoya d'abord la duchesse, son épouse, pour tâcher d'adoucir les esprits; il se rendit ensuite lui-même sur les lieux, pour étouffer les germes de révolte. Mais Conrad Mola, Olivier Capello et Flaminio, bâtard des Paléologues, conduisaient une conspiration contre lui. Assurés de l'appui du duc de Savoie, ils devaient, au son des cloches, que les habitants de Casal feraient retentir, entrer dans la ville avec les habitants de la campagne, massacrer le duc, la duchesse et ses gardes, s'emparer de la citadelle, et établir alors un gouvernement tel qu'ils le jugeraient à propos. On avait choisi, pour l'exécution du projet, un dimanche dans les premiers jours d'octobre, où le seigneur Ambroise Aldegatti, prenant possession de l'évêché, chanterait sa première messe, à laquelle le duc et la duchesse devaient assister. Comme ils étaient au saint sacrifice, accompagnés de Louis de la Mirandole et de Vespasien de Gonzague, duc de Sabionetta, on apporte, pendant le *credo*, une lettre au duc, qui lui révèle la conspiration, lui apprend qu'elle doit s'effectuer le jour même, et que le coup de cloche, qui doit servir de signal, sera donné au *commencement de la préface*. Le duc montre la lettre à Vespasien. Celui-ci, sans interrompre l'office divin, prend son parti sur-le-champ, fait serrer ses hallebardiers alentour du duc, sort, et envoie enlever incontinent toutes les cordes et les échelles des cloches. Dans le même instant, il fait monter à cheval Bartoloméo Mazocco, qui se trouvait à la porte de l'église avec sa troupe, et fait publier, à son de trompe, défense à tout propriétaire de sortir de sa maison sous peine de mort. Par cette présence d'esprit, il sauve le duc et la duchesse, et empêche la révolution. Le duc fit ensuite arrêter les principaux conjurés. Marc-Antoine Cotto fit, par ses ordres, mettre à mort Olivier Capello, dans Chieri. Flaminio arrêté, périt depuis à Goïto, où il avait été transféré. L'ordre et la tranquillité rétablis, Guillaume s'en retourna à Mantoue, laissant Vespasien de Gonzague, son parent, pour commander à Casal, où, par sa conduite sage, il regagna l'affection des habitants.

(Campana, *vita del re Filippo II*, pag. 3, lib. 1, Caroldi, *vita di Vespasiano Gonz. Ireneo Affo*, *vita di Vesp. Gonz.*) L'an 1572, Guillaume alla voir, à Rome, Grégoire XIII, lors de son exaltation. En 1574, il reçoit magnifiquement le roi Henri III, qui, fuyant la couronne de Pologne, avait pris sa route par l'Italie, pour se rendre en France. (*Voyez* Sansovino. *Orig. delle case illust.* d'Ital. pag. 362.) La même année, Guillaume fait ériger, par l'empereur, le Montferrat en duché. Ce prince mourut à Bozzolo, le 14 août 1587. Il avait épousé, le 26 avril 1561, ELÉONORE, fille de l'empereur Ferdinand I, née le 2 novembre 1534, et sœur de Catherine, veuve de François II. Cette princesse mourut le 5 août 1594, laissant Vincent, qui suit; Anne-Catherine, mariée, en 1582, à Ferdinand d'Autriche, archiduc d'Inspruck; et Marguerite, femme d'Alfonse II, duc de Ferrare. Le duc Guillaume était mal fait de corps; mais il rachetait ce défaut par de grandes qualités d'esprit.

VINCENT I, QUATRIÈME DUC DE MANTOUE.

1587. VINCENT I, né le 21 septembre 1562, succède au duc Guillaume, son père. Il s'acquit beaucoup d'estime par sa piété, sa justice, son amour pour les sciences, et sa libéralité. L'an 1608, il institua l'ordre des chevaliers du *Précieux Sang*. Il fit construire une belle citadelle à Casal, et mourut le 18 février 1612. Vincent avait épousé, 1°. MARGUERITE FARNÈSE, fille d'Alexandre, duc de Parme, de laquelle il se fit séparer, en 1580, pour un défaut corporel de cette princesse; 2°. l'an 1581, ELÉONORE DE MÉDICIS, fille de François, grand-duc de Florence, née en 1566 (morte en septembre 1611), sœur aînée de Marie de Médicis, reine de France, dont il eut trois fils, qui lui succédèrent l'un après l'autre; et deux filles, Marguerite, femme de Henri, duc de Lorraine, et Eléonore, mariée, le 4 février 1622, à l'empereur Ferdinand II, couronnée reine de Bohême en 1627, morte le 27 juin 1655.

FRANÇOIS III ou IV, CINQUIÈME DUC DE MANTOUE.

1612. FRANÇOIS III, né le 7 mai 1586, succède au duc Vincent, son père. Mais il ne survécut que dix mois, étant mort le 22 décembre 1612. Il avait épousé, le 29 février 1608, MARGUERITE, fille de Charles-Emmanuel, duc de Savoie (morte en 1655), dont il ne laissa qu'une fille, nommée Marie, née le 29 juillet 1609, mariée, le 25 décembre 1627, à Charles II de Gonzague, duc de Réthelois, morte le 14 août 1660.

FERDINAND, SIXIÈME DUC DE MANTOUE.

1612. FERDINAND, né le 24 mai 1587, fait cardinal en 1605, prit le titre de duc de Mantoue et de Montferrat, après la mort de François III, son frère, et s'empara de la tutelle de la princesse Marie, sa nièce. Le duc de Savoie, aïeul maternel de Marie, prétendit que cette tutelle appartenait à la duchesse Marguerite, veuve de François III, et se servit de ce prétexte, pour faire revivre ses prétentions sur le Montferrat. On prit les armes de part et d'autre, et ce différent ne fut terminé que par les traités conclus à Madrid et à Pavie, en 1617. Ferdinand, qui avait renoncé au chapeau de cardinal en 1615, mourut le 29 octobre 1626, paisible possesseur du duché qu'il avait usurpé sur sa nièce. Il avait épousé, 1°. en secret, CAMILLE RETICINE, dont il eut un fils, Hyacinthe; 2°. le 17 février 1617, après avoir fait casser ce premier mariage, CATHERINE DE MÉDICIS, fille de Ferdinand I, grand-duc de Toscane, née le 2 mai 1593 (morte en 1629), dont il n'eut point d'enfants. Pour rendre à la mémoire de Virgile l'honneur qui lui était dû, il fit bâtir au village d'Andes, où ce grand poëte était né, une belle maison de plaisance, qui fut appelée la Virgiliane.

VINCENT II, SEPTIÈME DUC DE MANTOUE.

1626. VINCENT II, né le 7 janvier 1594, créé cardinal en 1615, renonce à cette dignité en 1626, et s'empare du duché de Mantoue, après la mort du duc Ferdinand, son frère. Il avait épousé, l'an 1617, en secret, ISABELLE DE GONZAGUE, fille de Ferdinand, prince de Bozzolo. Vincent voulut faire casser ce mariage, pour cause de stérilité, afin d'épouser la princesse Marie, sa nièce, et la faire rentrer, par là, dans ses droits sur le duché. Mais ayant changé d'avis, il fit épouser Marie à Charles de Gonzague, son cousin, duc de Réthelois. Il mourut le 26 décembre 1627, sans laisser de postérité. Sa mort replongea les Mantouans dans les horreurs de la guerre, par la jalousie de la maison d'Autriche, qui ne voulait pas laisser cette succession à l'héritier légitime, déjà possesseur de grands biens en France, et qu'on savait dévoué à cette cour.

CHARLES I, HUITIÈME DUC DE MANTOUE.

1627. CHARLES I, duc de Nevers, fils de Louis de Gonzague, duc de Nevers, et de Henriette de Clèves, et petit-fils de Frédéric II, duc de Mantoue, apprit à Rome, où il était pour les intérêts de la France, la mort du duc Vincent, son cousin. Il partit aussitôt pour se mettre en possession des états de ce prince, comme son plus proche héritier. Il eut pour concurrent, César de Gonzague, duc de Guastalle, qui lui disputa cette succession; et le duc de Savoie saisit cette occasion pour redemander le Montferrat. Ce dernier se joint aux Espagnols pour faire le siége de Casal. Le roi Louis XIII prend la défense de Charles, force le pas de Suse, en 1629, et fait lever le siége de Casal. L'an 1630, au commencement du printems, Collalto, général de l'empereur Ferdinand II, qui voulait mettre en séquestre le Mantouan, forme le blocus de Mantoue. Le 8 avril, le maréchal d'Etrées arrive de Venise, où il avait été solliciter du secours, et s'enferme dans Mantoue avec le duc. Ils persistent à défendre cette place, malgré la peste qui y régnait et emportait plus de deux cent cinquante personnes par jour. Enfin, le 18 juillet, les Impériaux surprennent Mantoue, du côté du bourg et du pont Saint-Georges, par une tranchée qui était sur la rive du lac. On n'y faisait presque point de garde, parce qu'on jugeait ce passage innaccessible, et que d'ailleurs la garnison était si faible, qu'elle ne montait pas à mille hommes, la contagion ayant emporté plus de vingt-cinq mille personnes dans la ville depuis trois mois. Le duc et le maréchal se jetèrent dans le fort de Porto; mais n'ayant ni vivres, ni troupes suffisantes pour s'y défendre, ils capitulèrent, et se retirèrent sur l'état ecclésiastique. Les Allemands exercèrent un pillage affreux dans Mantoue durant trois jours. Le cabinet et le trésor des ducs ne furent pas épargnés. Toutes les choses curieuses qu'ils renfermaient, et qui avaient coûté plusieurs millions, furent dissipées par des soldats qui n'en connaissaient pas le prix. Un d'eux avait un butin de huit mille ducats, et perdit tout au jeu dans la même nuit. Le général Collalto le fit pendre le lendemain, pour avoir si mal usé de sa fortune. Les plus belles peintures du palais de Mantoue furent alors transportées à Prague; Christine, reine de Suède, les ayant acquises depuis, les fit transporter à Rome, où elles sont demeurées jusqu'au tems que le duc d'Orléans, régent de France, les acheta aussi bien que les statues antiques de cette princesse, pour en orner sa galerie. Le 13 octobre suivant, traité de Ratisbonne conclu entre les ministres de l'empereur et ceux du roi de France. Il y est arrêté que le duc Charles se conciliera les bonnes grâces de sa majesté césaréenne, par un écrit selon la forme convenue de soumission et de *déprécation*, que six semaines après on lui enverra l'investiture des duchés de Mantoue et de Montferrat, et que dans les quinze jours suivants, les troupes impériales et espagnoles évacueront ses états. L'ambassadeur d'Espagne ne voulut point signer ce traité. L'an 1631, traité de Quiérasque, du 6 avril, qui confirme au duc Charles la possession des duchés de Mantoue et de Montferrat, dont il reçoit l'investiture le 22 juin suivant. Ce prince, la même année, a le chagrin de perdre ses deux fils, Charles II, duc de Réthelois, et Ferdinand, duc de Mayenne, nés de son mariage avec CATHERINE de LORRAINE, sœur de Henri, duc de Mayenne (qu'il avait épousée en 1599, et qui mourut le 8 mars 1618). L'aîné de ces deux fils, regardé par les historiens comme le deuxième duc de Mantoue de son nom, né en 1609, et mort le 30 août 1631, laissa, de Marie de Gonzague, sa cousine, que le duc Vincent II lui avait fait épouser le 25 décembre 1627, deux enfants, Charles, qui suit, et Eléonore, troisième femme de l'empereur Ferdinand III, mariée à ce prince le 30 avril 1651. Le duc Charles I survécut six ans à cette perte. Il fit bâtir Charleville, en Champagne, et mourut le 22 septembre 1637, laissant trois filles, Marie-Louise, mariée, 1°. l'an 1646, à Uladislas VI, roi de Pologne; 2°. le 4 mars 1649, à Jean-Casimir II, frère et successeur d'Uladislas, morte le 10 mai 1667; Anne, dite la princesse palatine, mariée, en 1645, à Edouard de Bavière, prince palatin du Rhin (à laquelle on a attribué des mémoires imprimés il y a quelques années sous son nom, retirée et morte à Paris le 6 juillet 1684); et Bénédicte, abbesse d'Avenai. Le duc Charles augmenta son duché de Mantoue de la principauté de Correggio, dont il s'empara, l'an 1635, sur la maison de Siro, avec le consentement de l'empereur, qui lui en donna l'investiture. (*Voyez ci-devant* Charles II, *duc de Nevers.*)

CHARLES III, NEUVIÈME DUC DE MANTOUE.

1637. CHARLES III, fils de Charles II et de Marie de Gonzague, né le 31 octobre 1629, succéda au duc CHARLES I, son aïeul, à l'âge de huit ans, sous la tutelle de sa mère. Il épousa, le 13 juin 1649, ISABELLE-CLAIRE D'AUTRICHE, fille de l'archiduc Léopold, petit-fils de l'empereur Ferdinand I, par Charles II, son père, souche de la branche de Styrie. L'an 1657, pendant l'interrègne qui suivit la mort de l'empereur Ferdinand III, il prétendit exercer le vicariat général d'Italie, en vertu d'un diplôme que ce prince lui avait récemment accordé. Le duc de Savoie réclama ce droit pour lui-même, alléguant une ancienne observance en sa faveur. Le duc de Mantoue fut évincé, et ses lettres de vicariat furent cassées par les électeurs dans la capitulation de l'empereur Léopold. Charles mourut le 14 août 1665, laissant de son mariage un fils unique, qui suit. Le duc Charles III avait d'abord embrassé le parti de la France; il le quitta, l'an 1652, pour s'attacher à l'Espagne. Mais les Français, commandés par le duc de Modène, étant venus prendre des quartiers d'hiver, l'an 1658, dans le Mantouan, l'obligèrent de renoncer à cette alliance. Ce fut lui qui vendit, en 1659, au cardinal Mazarin, tous ses domaines de France. (*Voyez* Charles III., *duc de Nevers.*)

CHARLES IV, DIXIÈME DUC DE MANTOUE.

1665. FERDINAND-CHARLES, ou CHARLES IV, né le 31 août 1652, succède au duc Charles, son père, sous la régence de sa mère. « La guerre de la succession d'Espagne, dit un
» prince de sa maison, où il n'avait aucun intérêt à démêler,
» l'entraîna dans l'abîme. La politique exigeait qu'il restât
» tranquille spectateur de cette grande querelle, dont il pré-
» voyait qu'il serait la victime; mais enfin, déterminé par les
» menaces de Louis XIV, il lui vendit Casal. C'était lui
» donner la clef pour ouvrir ou fermer les barrières d'Italie.
» Tant que l'armée française fut triomphante, Charles eut à
» se féliciter de cette alliance : mais après la bataille de Turin,
» qui enleva la moitié de l'Italie à Louis XIV, les états de
» Mantoue furent envahis par le vainqueur. Charles, souve-
» rain sans états, sans sujets, fut chercher un asile en France,
» où Louis XIV le consola par des promesses, qu'une conti-
» nuité de malheurs l'empêcha de réaliser. L'empereur, irrité
» de ce qu'un prince, son parent, se fût déclaré son ennemi,
» le mit au ban de l'empire, et le condamna sans daigner
» l'entendre; mais, comme aucune des formalités prescrites
» par la loi ne fut observée, cette infraction donna lieu à
» une juste réclamation. Charles, dépouillé de ses états, erra
» dans différentes villes d'Italie, où il traîna les restes de sa
» grandeur expirante. Ce prince opprimé, sans avoir mérité
» de l'être, fit ses observations à la diète de Ratisbonne, où
» il établit ses droits par des raisons victorieuses. Il ne tint
» point le langage d'un suppliant; son éloquence, fière avec
» noblesse, est celle d'un souverain qui vient invoquer la
» justice dans une assemblée de rois ses égaux. Il réclama
» l'assistance des électeurs et des autres princes germains in-

» téressés comme lui à restreindre le pouvoir arbitraire du chef
» de l'empire. Mais Joseph pouvait-il être arrêté par des
» princes qu'il avait rendus les artisans de sa grandeur ?
» Après avoir dicté des lois à Louis XIV, ne pouvait-il pas
» se regarder comme l'arbitre des destinées de l'Europe ?
» Tous les membres de la diète furent muets, et le faible fut
» opprimé......» Charles avait été lié d'amitié avec le comte
Joseph Torelli, des comtes de Montechiarugolo, malheureux
et dépouillé comme lui; lorsque le duc apprit la fin de son
ami mort empoisonné à Paris, en 1707. « Je ne lui survivrai
» pas long-tems, dit-il, et peut-être me feront-ils périr de
» même ». Sa prédiction s'accomplit. Il mourut à Padoue,
le 5 juillet de l'année suivante, dans la cinquante-sixième
année de son âge, empoisonné, si l'on en croit les bruits qui
coururent alors, par une dame qu'il aimait. Ce prince avait
épousé, 1°. le 7 avril 1671, ANNE-ISABELLE DE GONZAGUE,
fille de Ferdinand III, duc de Guastalle, morte le 18 novembre 1703; 2°. le 8 novembre 1704, SUSANNE-HENRIETTE,
fille de Charles III de Lorraine, duc d'Elbœuf, morte à Paris,
le 19 décembre 1710, en sa vingt-cinquième année. Ces deux
mariages furent stériles. La succession du duc Charles fut
contestée entre les ducs de Guastalle et de Lorraine. Cependant le duc de Savoie avait une prétention fondée sur un
droit plus ancien; celui que Jean II Paléologue, marquis
de Montferrat, en mariant, l'an 1330, Yolande, sa sœur,
à Aimon, comte de Savoie, lui accorda de succéder à ce
marquisat, au défaut d'hoirs mâles. (Voyez *les ducs de Savoie*.) Mais l'empereur Joseph I les mit d'accord, en prenant
possession du Mantouan, où il mit un gouverneur, et en
donnant au duc de Savoie l'investiture du Montferrat, le
7 juillet, ainsi que les villes et les districts d'Alexandrie et
de Valence, la Lomelline, et le Val de Sessia que Léopold
avait assuré aux ducs de Savoie, par le traité de 1703. Ainsi
finit la dynastie des ducs de Mantoue, qui régnait depuis l'an
1328, et aurait dû intéresser presque tous les souverains de
l'Europe auxquels elle avait donné des mères.

En moins d'un demi-siècle, on vit disparaître les descendants nombreux de cette illustre maison. La branche des ducs
de Sabionetta et des princes de Bozzolo, s'éteignit en 1703 :
celles des comtes de Novellara, en 1728. Il ne reste que celle
des marquis de Castiglione, dont les princes, dès 1723, exilés
de leurs propres états, et accusés de félonie, virent leur principauté passer au fisc impérial. Cette branche est représentée
encore par trois individus existants aujourd'hui (1785), savoir :
1°. le prince Louis III de Gonzague, des marquis de Casti-

glione et de Solpherino, marié, en 1779, avec Elisabeth Rangoni; 2°. le prince Jean de Gonzague, des marquis de Luzzara, né le 4 juillet 1721, marié à N....N.... dont la fille unique, la princesse Louise, a épousé, en 1787, le comte Etienne Sanvitali de Parme; 3°. le prince François-Louis de Gonzague, marié à N. Cavriani. Ces deux derniers seigneurs sont établis à Mantoue.

Cette branche des marquis de Castiglione a donné à l'église, saint Louis de Gonzague, né le 9 mars 1568, de la compagnie de Jésus, en 1585, mort le 21 juin 1591, béatifié en 1605, canonisé le 31 décembre 1726.

La maison de Gonzague a fourni nombre de grands hommes, entr'autres Louis de Gonzague, dit *le Rodomont*, fils de Louis I, seigneur de Sabionetta et de Bozzolo, et de Françoise Fieschi des seigneurs de Gênes, né en 1500, marié vers 1531, à Isabelle Colonna, duchesse de Trajetto et comtesse de Fondi, mort le 3 décembre 1532; Vespasien, duc de Sabionetta, et Trajetto, son fils, né le 6 décembre 1531, marié à Anne d'Arragone, mort le 13 mars 1591. Le P. Irenée Affo a publié, en 1780, la vie de ces deux personnages.

Cette maison a été aussi très-féconde en femmes célèbres, telles que *Cécile*, qui, après avoir brillé par son esprit dans le monde, au quinzième siècle, édifia le cloître où elle finit ses jours; *Éléonore-Hippolyte*, duchesse d'Urbin, morte en 1570, qui fut un modèle de vertus et de chasteté; *Hippolyte*, duchesse de Mondragon, morte le 9 mars 1563, célébrée par tous les poëtes de son tems pour son esprit, ses grâces et ses talents (1); *Lucrèce*, mariée à Jean-Paule Fortebracchio Manfrone, morte le 11 février 1576 : (ses lettres publiées à Venise, par Giolito, en 1651, sont un monument de ses malheurs, de son courage, de ses connaissances et de sa piété); *Isabelle de Gonzague*, duchesse d'Urbin, qui signala sa vie par sa charité, et une suite de bonnes œuvres; *Julie de Gonzague*, un des ornements du seizième siècle : elle eut esprit, beauté et sagesse en partage : sa réputation arriva jusqu'à Soliman II, qui avait chargé, en 1534, Barberousse, de l'enlever à Fondi qu'elle habitait, et à qui heureusement elle échappa : elle cultiva les sciences et les lettres, et finit une carrière brillante par une mort chrétienne, le 19 avril 1566 : ses envieux l'ac-

---

(1) Bernard Tasso, père de Torquato, dans son poëme d'Amadis, chant 100, l'appelle :

La bella Gonzaga
Ippolita, d'onor, non d'altro vaga.

cusèrent d'hérésie sur la fin de ses jours (1); *Catherine*, duchesse de Longueville, morte le 2 décembre 1629, qui fonda à Paris le monastère des Carmélites, de la rue Chapon; enfin, *Marie-Louise*, reine de Pologne, morte le 10 mai 1667, après avoir mené une vie si orageuse au milieu des factions, soutenu, par son courage, le roi Casimir V, son second époux, et, par son adresse, rétabli la tranquillité dans l'état.

---

(1) Dans le même chant, stance 28, le même auteur fait, de la vie exemplaire et pieuse de Julie, l'éloge suivant :

 Giulia Gonzaga, che le luci sante,
 E i suoi pensier siccome strali à segno
 Rivolti à Dio, in lui viva, in se morta,
 Di null' altro si ciba, e si conforta.

CHRONOLOGIE HISTORIQUE

DES COMTES,

PUIS DUCS DE GUASTALLE,

ET DES COMTES DE MONTECHIARUGOLO.

Guastalle sur le Crostolo, ou le Crustolo, près du Pô, fondée au commencement du septième siècle de l'église par les Lombards, qui la nommèrent, dans leur langage, Wardstall, est la capitale d'un comté, puis duché, dont l'étendue est d'environ quatre lieues en longueur, sur une de largeur, et dix lieues quarrées de surface, en y comprenant la seigneurie de Luzzara, située sur la même rivière. Ces villes n'étaient proprement que des cours (*curtes*) faisant partie du comté de Reggio, lorsque l'empereur Louis II en fit présent, le 2 novembre 864, à l'impératrice Angilberge, sa femme, qui en prit possession le 15 du même mois. Cette princesse, dont le dessein était depuis long-tems de fonder à Plaisance un monastère en l'honneur des martyrs saint Sixte et saint Fabien, l'exécuta en 874. (Murat. *Antiq. med. œvi*, tom. II, *Dissert.* 26, col. 453); et l'an 877, par son testament, elle légua à cet établissement les terres de Guastalle et de Luzzara. A la faveur des lettres d'affranchissement qu'elle accorda aux habitants de Guastalle, la population commença dès-lors à s'y accroître. Après la mort de son époux, Angilberge obtint de Carloman, roi d'Italie, de nouvelles cours et de nouvelles églises pour enrichir son monastère. Ermengarde, sa fille, était alors mariée à Boson, comte de Provence, qui prit ensuite le titre de roi. Charles le Gros, successeur de Charles le Chauve dans l'empire, devint jaloux de la puissance de ce nouveau monarque; et, pour l'abattre, il vint, l'an 880, mettre le siége, en son absence, devant la ville de Vienne, en Dauphiné. Ermengarde, qui s'y était renfermée, la défendit en héroïne l'espace d'environ deux ans. Charles, pour se venger, fit arrêter l'impératrice, sa mère, et l'emmena prisonnière en Allemagne. Mais le pape Jean VIII, qui n'avait pas encore donné la couronne impériale à Charles le Gros, obtint, pour condition de cette cérémonie, qu'Angilberge fût relachée et lui fût renvoyée à Rome. Charles, réconcilié avec Boson, accorda, le 18 avril 882, à l'impératrice Angilberge, un diplôme confirmatif de toutes les donations qui lui avaient été faites par Louis II, son époux, et par Carloman, roi de Bavière, diplôme dans lequel sont formellement énoncés Guastalle et Luzzara. Pour donner plus de consistance au pieux établissement qu'elle avait fait, elle eut recours, dans le mois d'avril 885, à un concile, présidé par le pape, mais dont ignore le lieu. Par une bulle du 17 avril de la même année, le pontife accorda au monastère l'exemption de dîmes dans ses possessions, et, ce qui est plus singulier, il le mit sous la juridiction immédiate du saint siége. (Murat, *Annal. d'Ital.*, tom. V.) Il y eut dès-lors un archiprêtre établi à Guastalle, qui exerçait dans l'abbaye de Saint-Sixte et ses dépendances, l'autorité presque épiscopale. Angilberge, pour plus grande sûreté, fit confirmer, en 888, sa fondation par Bérenger I, roi d'Italie. Après la mort de cette princesse, Ermengarde, sa fille, renouvela, en 890, les donations qu'elle avait faites à Saint-Sixte; ce qui fut ratifié en 901, par Louis III. Les successeurs de Louis au royaume d'Italie l'imitèrent en ce point; savoir: Bérenger I, en 906 et en 917; Rodolfe II, roi de Bourgogne, en 924; Hugues, comte de Provence, en 926; Bérenger II, marquis d'Ivrée, et Adalbert, son fils, en 951; et Otton I, roi d'Allemagne, en 952; mais l'an 980, Landolfe Bonizon, archevêque de Milan, favori de l'empereur Otton II, fit donner en fief par ce prince la terre de Guastalle à son frère Ubertin, avant la fin du même siècle. Le monastère de Saint-Sixte perdit alors ses priviléges, et bientôt après tomba sous la domination de l'évêque de Reggio, qui céda Guastalle par bail emphytéotique à Boniface, marquis de Toscane. La célèbre comtesse Mathilde, sa fille et son héritière, fit rétablir, en 1096, par le pape Urbain II, l'église de Guastalle dans son ancienne indépendance, et restitua la ville, le 4 juin 1102, à Imilda, abbesse de Saint-Sixte. Guastalle alors était assez considérable pour être le siége d'un nombreux concile que le pape Paschal II y tint le 22 octobre 1106. (Voy. *Chronol. hist. des concil.*) Déjà les religieuses de Saint-Sixte commençaient à déchoir de la sainteté de leur état. Mathilde trouvant trop de difficulté à les réformer, engagea le même pontife, l'an 1112, à leur substituer des moines de Cluni. Fébronia, la dernière abbesse de Saint-Sixte, s'était laissé engager par les Crémonais à leur céder le tiers de la ville de Guastalle, et cette concession fut confirmée par la faiblesse d'Odon, premier abbé de ce monastère. L'abbé Bernard, qui vint après Odon, fit encore pis. Les Crémonais, abusant des termes équivoques d'un traité qu'il fit avec eux vers l'an 1162, se prétendirent entièrement maîtres de Guastalle, et en chassèrent l'abbé. Ce fut l'occasion d'un long procès, qui fut porté, dans le mois juillet 1185, devant l'empereur Frédéric I. En attendant qu'il fût jugé, ce prince mit sous sa main les deux terres de Guastalle et de Luzzara, qu'il fit régir par ses officiers. Frédéric et son fils Henri VI, ayant laissé l'affaire indécise, les Crémonais, après la mort du dernier, se mirent, l'an 1198, en possession des deux terres contestées. Gandolfe, pour lors abbé de Saint-Sixte, se pourvut à Rome contre cette nouvelle invasion. Mais ni le pape Innocent III, ni son successeur Honoré III, n'ayant pu dompter leur obstination, même avec les foudres de l'église, employées en 1203 et 1220, l'abbé Gandolfe consentit, l'an 1227, à leur rendre les deux terres litigieuses, moyennant une somme dont il fut convenu. Toutefois ils n'en jouirent paisiblement que l'espace de vingt ans. Richard de saint Boniface, seigneur véronais, grand partisan des Guelfes, vint à bout par adresse et par force de leur enlever, en 1247, Guastalle et Luzzara. Bientôt cependant elles leur furent rendues par le fameux Eccelin, qui les avait reprises.

Gilbert de Corregio, l'un des plus puissants nobles de Parme, ayant pacifié les troubles qui agitaient cette ville, en y rétablissant les familles guelfes qui en avaient été chassées, mérita par ce service, d'en être proclamé, l'an 1305, seigneur absolu. Azzon VIII d'Est ne vit pas sans jalousie cet accroissement de puissance. La guerre s'étant élevée entre lui et Gibert, les Crémonais se déclarèrent pour Azzon. Mais Gibert ayant mis dans son parti les Mantouans, sortit de Parme la veille de saint Barthelemi 1307, à la tête de ses troupes, et ravagea les terres des Crémonais. Ceux de Guastalle, pour éviter un pareil traitement, offrirent leurs soumissions au vainqueur, qui vint aussitôt prendre possession de leur territoire. Cependant Gibert, craignant que les Crémonais ne revinssent assaillir de nouveau Guastalle, en fit combler les fossés, abattre les murs, et détruire entièrement les remparts. Ce qu'il avait lieu de prévoir arriva. Les Crémonais s'étant unis, en 1308, aux Lupi et aux Rossi, qu'il avait bannis de Parme, le chassèrent lui-même de cette ville, et rentrèrent ensuite sans peine dans Guastalle, où ils se firent prêter serment par les habitants.

Mais les Scaliger et les Bonacossi, qui soutenaient Gibert de Corregio, accoururent bientôt avec les Véronais et les Mantouans, et, pour châtier les habitants d'avoir abandonné leur maître, en se livrant aux Crémonais, ils saccagèrent la ville, qu'ils laissèrent ensuite sous l'obéissance de Gibert. C'était alors Clément V qui occupait le saint siége. Gibert de Corregio, après lui avoir témoigné un grand attachement, commença à se laisser gagner par les Gibelins, lors de la venue de l'empereur Henri VII, en Italie, l'an 1310. Ce prince l'arma chevalier à Milan, le jour de l'Epiphanie 1311, avec cent soixante autres seigneurs et nobles du pays. Pendant ce tems, les Crémonais s'étaient emparés de Guastalle, que des traîtres leur avaient livrée. Gibert alors se déclara décidément pour l'empereur, qui, passant à Crémone, obligea les habitants à rendre Guastalle à son premier seigneur, auquel il donna l'investiture, en le créant en même tems son vicaire à Reggio. Dans le même tems, l'empereur investit Passerino Bonacossi, seigneur de Mantoue, de la ville de Luzzara; et les deux fiefs qui avaient été jusqu'alors unis, se trouvèrent soumis, pendant plusieurs siècles, à des maîtres différents. La protection de l'empereur détermina les Crémonais, au mois de mars 1312, à se démettre de leur prétention sur Guastalle en faveur de Gibert Corregio, et à lui confier, même pendant cinq ans, le gouvernement de leur patrie. La mort de l'empereur Henri VII amena, l'année suivante, un nouvel ordre de choses. Les Crémonais s'étant partagés en deux factions, celle des Ponzoni et celle des Cavalcabo, Gibert se déclara pour les derniers. Mais les premiers s'étant mis sous la protection de Mathieu Visconti, seigneur de Milan, de Cannes, seigneur de l'Escale et de Passerino Bonacossi, parvinrent à lui enlever, l'an 1316, la ville de Parme. Il se releva toutefois de cette perte. Mais, sans entrer dans le détail de ses autres exploits, nous dirons que, n'ayant depuis cessé d'inquiéter les Parmesans, il alla mourir à Castelnuovo, vers la fin de juillet 1321, laissant pour héritiers quatre fils légitimes, Simon, Gui, Azzon et Jean. Il ne dégénérèrent point de la valeur de leur père, et en donnèrent des preuves dans les vicissitudes de la fortune qu'ils éprouvèrent. En 1335, la faction de Mastin de l'Escale, auquel ils étaient attachés, ayant prévalu dans le Parmesan, ils se trouvèrent paisibles possesseurs de Guastalle, dont ils entreprirent de relever les ruines. Mais s'étant tournés ensuite contre Mastin, les quatre frères, appuyés secrètement par Luchin Visconti, seigneur de Milan, et ouvertement par les Gonzagues, lui enlevèrent Parme, dont Gui, l'un d'entre eux, prit le gouvernement. Par le traité qu'ils avaient fait avec Luchin, il était dit, qu'après avoir joui quatre ans de Parme, ils lui remettraient cette place. Le terme étant expiré, Azzon et Jean Corrégio, sans consulter Gui, leur frère, vendirent Parme à Obizzon, marquis d'Est, au mois d'octobre 1344. Gui, voyant la place inondée des gens de la maison d'Est, prit la fuite avec Gibert et Azzon, ses enfants. Obizzon ne put néanmoins conserver son acquisition, et se vit obligé par les Milanais de la céder, l'an 1346, à Luchin, moyennant le prix qu'elle lui avait coûté. Guastalle suivit le sort de Parme, et tomba également sous la puissance des seigneurs de Milan.

Guastalle demeura soumise l'espace d'environ cinquante-six ans aux seigneurs de Milan, durant lequel tems elle fut en proie aux dissentions et aux guerres multipliées qui troublèrent cette partie de la Lombardie (Voyez *les ducs de Milan et les ducs de Mantoue*). Pendant les années 1403 et 1404, Otton de Terzi, général du duc de Milan, Jean-Marie Visconti, s'étant rendu maître absolu de Parme, comme nous l'avons rapporté (voy. *les ducs de Parme et de Plaisance*), Guastalle et Montechiarugolo tombèrent alors dans sa dépendance. Ce seigneur avait eu l'adresse de conserver toujours la faveur des ducs de Milan. Ce dernier s'étant ligué avec les Vénitiens pour chasser de ses états François Carrara, seigneur de Vérone, Otton de Terzi marcha le combattre; l'armée combinée était commandée par Jacques del Verme, et François de Gonzague, marquis de Mantoue. Gui Torelli, à la sollicitation de Terzi, y prit parti, et entra avec l'armée, le 5 janvier 1405, dans Vérone; mais ils jouissaient à peine de leur victoire, que Jacques Carrara vint à la tête d'une troupe considérable faire le dégât autour de la place. Les confédérés étant sortis pour les repousser, on en vint à un combat furieux, où Torelli, avec d'autres capitaines, demeura prisonnier. Sa captivité fut courte; les confédérés ayant rassemblé leurs milices dispersées, reprirent Vérone, délivrèrent Gui, et par là ruinèrent entièrement la puissance de la maison Carrara. Otton de Terzi, occupé du soin d'augmenter sa puissance, trouvait son intérêt à voir dans Guastalle Gui Torelli, son parent, son ami, et qui lui était entièrement dévoué; il représenta à Jean-Marie Visconti l'obligation où il était de récompenser ce seigneur des dépenses qu'il avait faites pour son service, et la grande utilité dont il pouvait lui devenir par la suite; ses remontrances furent si efficaces, que le duc donna, l'an 1406, en fief à Gui Torelli, Guastalle, qui faisait alors partie du Crémonais. (Affo, *Istor. di Guastalla*, tom. I, lib. 4, pag. 287, tom. II, lib. 5, pag. 3.)

MONTECHIARUGOLO, château fort, situé dans le Parmesan,

sur une éminence, à un mille environ de l'Enza ou la Lenza, rivière qui sépare les teritoires de Reggio et de Parme, à la distance de neuf milles de cette dernière ville, devint, par la suite, un endroit assez considérable. Il appartint quelque tems aux San-Vitalli, qui le perdirent en 1313. Gui Torelli l'obtint d'abord d'Otton de Terzi, puis des ducs de Milan, en 1415.

GUI TORELLI, DIT LE GRAND, COMTE DE GUASTALLE ET DE MONTECHIARUGOLO.

1406. GUIDO II du nom, ou GUI TORELLI, dit LE GRAND, né de Marsilio, issu, à ce qu'on croit, du sang royal de Saxe, et descendant au troisième degré de Salinguerra III, souverain de Ferrare, fut le premier seigneur de Guastalle (1).

Il avait fait ses premières armes sous le général Carmagnole. S'étant attaché à la fortune d'Otton de Terzi, son parent, il mérita comme lui, en combattant sous ses enseignes, l'estime de Jean-Marie-Visconti, duc de Milan. Ce prince lui fit épouser ORSINA, sa cousine, et l'investit des fiefs de Guastalle et de Montechiarugolo, avec les droits d'empire *pur et mixte*, et le pouvoir de les transmettre à sa postérité mâle. Ce fut François de Gonzague, seigneur de Mantoue, que le duc de Milan chargea de le mettre en possession de cette seigneurie; ce qu'il exécuta le 3 octobre 1406. Terzi, après divers avantages remportés à l'aide de Torelli sur le fameux Sforce Attendolo de Cottignola, lui ayant fait proposer une entrevue dont le jour était fixé au 27 mai 1409, pour faire la paix à Valverde, près de Rubbiera, Sforce partit de Modène avec cent cavaliers pour venir au rendez-vous. Terzi, accompagné de Torelli et de plusieurs nobles d'élite, s'y achemina de son côté: sur la route, les deux rivaux s'étant rencontrés, Terzi se dé-

---

(1) Du mariage de SALINGUERRA III, fils de Giacomo Torelli, avec Jeanne, fille du fameux Obert ou Albert Pallavicini, seigneur de Plaisance, naquit BOTACINO, qui épousa Béatrix (fille d'Albert, marquis Malaspina et de Fiesca Fieschi, petite-nièce du pape Adrien V), dont il eut TORELLO, marié à Isabellina (fille d'Abert del Caretto, des marquis de Savone). Torello eut pour fils GUIDO I, marié à Eléonore (fille de Philippin de Gonzague, seigneur de Mantoue), qui fut père de MARSILIO I, dit le Puissant. Du mariage de Marsilio I avec Hélène, des comtes d'Arco, maison illustre, naquirent Guido le Grand, premier comte de Guastalle, et trois autres enfants, Nicolas, qui mourut jeune, Guillaume et Amurath, dont la postérité s'éteignit quelque tems après. (Voyez *les ducs de Parme et Plaisance, les seigneurs de Milan et les seigneurs de Mantoue*.)

tache de sa troupe, et s'avance vers Sforce; mais comme il étendait les bras pour l'embrasser, Sforce, suivant les ordres qu'il avait reçus du marquis Nicolas d'Est, tire un poignard, et l'enfonce dans le sein de Terzi, qu'il étend mort sur la place. (Voyez *les ducs de Parme.*) Indigné d'une si noire trahison, Torelli, malgré la surprise et l'infériorité du nombre, anima ses gens à la vengeance. Le succès ne couronna point son courage. Les soldats de Sforce l'ayant environné, le firent prisonnier avec trente-cinq hommes de sa suite, qu'ils emmenèrent à Modène pour les remettre entre les mains du marquis d'Est. Ce prince lui offrit sa liberté, à condition qu'il combattrait pour lui désormais avec les forces qu'il avait à Guastalle et Montechiarugolo, et l'aiderait à recouvrer les pays que Terzi lui avait enlevés. Guido, qui voyait tous les liens qui l'attachaient au parti de Terzi, rompus par sa mort, accepta la proposition, et pour gage de sa sincérité, offrit de lui donner en otages Marsilio, son père, sa femme Orsina, et Christophe, son fils, encore enfant. S'étant rendus tous trois, le 6 juin, à Ferrare, ils furent logés dans le palais du marquis d'Est, et traités par lui avec les égards dus à leur condition. (De Layto *Annal. Estens. Rerum. italic.*, tom. XVIII.) Cependant Jacques de Terzi, frère d'Otton, s'étant uni à Charles Fogliano, faisait tous ses efforts pour se maintenir à Parme et à Reggio; mais il fut dépouillé rapidement par Sforce de tous ses châteaux. Le marquis Nicolas d'Est le poursuivit jusque dans la citadelle de Parme, d'où même il le chassa, avec le secours des San-Vitali. Les Terzi, auxquels il ne restait plus que Castel-Nuovo, Guardasone, Borgo-San-Donnino et Fiorenzuola, qu'ils risquaient encore de perdre, recoururent à la médiation des Vénitiens pour obtenir la paix. Le marquis d'Est ne donnant pas de réponse favorable aux ambassadeurs de la république, elle fit partir sur-le-champ une flotte dirigée vers Guastalle, alors presque entièrement dépourvue d'hommes et de munitions : les troupes vénitiennes s'emparèrent sans obstacle de la place, et successivement de Brescello, Colorno et Casal-Maggiore. Pendant ce tems, le marquis d'Est triompha d'un autre côté dans le Parmesan, où son armée, renforcée par les troupes des Scotti, des Pallavicini et d'autres seigneurs, contraignit les Terzi à demander la paix à des conditions bien moins avantageuses que celles proposées la première fois. Les Vénitiens s'étant retirés de Guastalle, Gui Torelli, après le retour de ses otages, y rentra au milieu des signes d'allégresse de ses sujets. Le marquis Nicolas d'Est envoya bientôt Gui, son nouvel allié, s'emparer de Forli ; ce qu'il fit d'autant plus aisément que les Torelli, établis à Forli (1), lui en facilitèrent les moyens, en disposant les esprits en sa faveur. Mais le pape ayant demandé que cette ville fût remise entre les mains de Georges et d'Antoine d'Ordelaffi, le marquis d'Est manda à Gui d'en faire la restitution ; ce qu'il exécuta en 1411. (Rubeus, *Hist. Ravenn.*, liv. 7.) Le duc Jean-Marie Visconti ayant lassé la patience de ses sujets, avait péri dans Milan par leurs mains, le 16 mai 1412. Philippe-Marie, son frère, en lui succédant, voulut regagner leur bienveillance et s'assurer les grands vassaux ; il s'occupa à détacher Gui de l'alliance du marquis de Ferrare, et pour l'entraîner dans son parti, il lui expédia, le 23 janvier 1415, l'investiture de Montechiarugolo. La guerre s'étant élevée, en 1418, entre le duc de Milan et les Gonzagues, le marquis de Mantoue, secouru des Florentins et du marquis de Montferrat, s'empara par surprise, le 14 février, de Guastalle, mais la rendit presque aussitôt. La paix faite avec le duc, les Gonzagues se déclarèrent ouvertement pour lui, ainsi que Gui Torelli, qui, entrant en campagne, déploya la bannière des Visconti. S'étant joint, l'an 1420, aux Terzi et aux Pallavicini, Gui ravageait les environs de Parme, et cherchait à enlever cette ville au marquis d'Est, pour y rétablir le duc de Milan ; ce qui s'effectua au mois de novembre 1421. (Voy. Diario Ferrarese, *Rer. ital.*, tom. XXIV.) Philipe-Marie voulant ôter Gênes aux Frégoses, nomma Gui Torelli pour y commander ses forces de mer et de terre, avec l'autorité la plus étendue, comme on le voit par les lettres qui lui furent expédiées à ce sujet, de Galiate, le 18 mars 1422. Orsina, sa femme, resta, pendant son absence, chargée du gouvernement de Guastalle, dont la municipalité était alors régie par deux consuls.

Pendant que Gui soumettait Gênes au duc de Milan, Jeanne II, reine de Naples, pour se mettre à l'abri des armes d'Alfonse V, roi d'Arragon, implorait les secours de Philippe-

---

(1) Cette branche descendait de Giacomo II Torelli, second fils de Salinguerra III, et de Jeanne Pallavicini. Elle est constamment restée depuis environ l'an 1300, à FORLI, et subsiste aujourd'hui (1787) en la personne du marquis Silvio, qui en est le dernier rejeton. Ce rameau a fourni plusieurs hommes célèbres, tels que Tito I, qui servit avec distinction sous François Sforce ; Christophe, son fils, qui défit, à Colle-Fiorito, Nicolas Forte-Bracchio, si redoutable ennemi de l'église ; Côme, évêque de Camerino en 1719; et Thomas-Louis-Silvio Torelli, des comtes de Castro-Falcino, évêque de Forli, auteur de l'*Armamentarium historico-legale ordinum equestr. et militar.*, 3 vol. in-fol., imprimé à Forli, 1751.

Marie; et ce prince s'étant décidé à les lui accorder à la recommandation du pape Martin V, donna ordre à Gui d'aller croiser vers Naples, à la tête d'une flotte de douze gros vaisseaux et de vingt-cinq galères. (Iteriano *istor. di Genova*, fol. 169 et 172; Leodrisii Cribelli, *de Vita Sfortiæ Vicecom. Rerum ital.*, tom. XIX.) Gui, ayant mis de Gênes, à la voile, en novembre 1423, arrive rapidement à Gaëte, et en force le port. La ville et la forteresse, remplies des troupes d'Alfonse, capitulent; et leur exemple entraîne les autres villes maritimes, qui, soumises à Gui, rentrent bientôt sous l'obéissance de la reine. (Corio, *Istor. di Milano*, fol. 323; Angeli, *Istor. di Parma*, liv. 4, fol. 411.) Cet amiral alla ensuite bloquer Naples en même tems que François Sforce l'assiégeait par terre. La prise d'une des portes et la famine, obligèrent bientôt Jacques Caldora, qui commandait pour le roi Alfonse dans la place, de la rendre à Gui, le 12 avril 1424. De là, Gui alla soumettre Capoue, et revint ensuite à Naples. (Guistiniano, *Istor. di Genova*, fol. 184; Folietta, fol. 225 et 427; Muratori *ann. d'Ital*, tom. IX.) Jeanne II, rétablie sur son trône, reçut magnifiquement son libérateur, auquel, dans une fête publique, elle donna elle-même un riche bouclier d'or, où était écartelé, avec les armes du vainqueur, un lion d'azur, ayant sur le cœur, une flamme de gueule, symbole de son courage (1). Outre cela, Jeanne le déclara, la même année, premier baron du duché de la Pouille et de la principauté de Capoue, et l'investit des fiefs de Toretta, Caluzia et de Cajazzo. (*Voy.* Carlo de Lellis, tom. I, pag. 220; et Muratori, *Rer. ital.*, tom. XIX.)

Gui, de retour à Gênes, où il aborda, le 26 mai de la même année, se rendit aussitôt à Milan, pour faire part au duc des succès de la guerre de Naples. (Joan. Stella. *annal. Gen.*; Murat. *Rer. ital.*, tom. XVII.) Dans leur entretien, il s'exhala en regrets sur la mort de Sforce Attendolo de Cottignola, qui s'était noyé dans la mer, en voulant secourir un de ses domestiques. Il fit ensuite avec tant d'énergie l'éloge de la bravoure et des talents de François Sforce, fils naturel d'Attendolo, que Philippe-Marie l'admit dans sa faveur; et ce fut l'origine

---

(1) Les Torelli avaient alors leur écu *partie d'or à l'aigle de sable, et du taureau furieux d'or au champ de gueules, ayant pour issant l'aigle impériale, portant sur sa poitrine*, suivant quelques auteurs, *un petit écu de gueules au même taureau d'or*, suivant d'autres, *un cheval gai d'argent dans un champ de pourpre*. Depuis les donations des armoiries de la reine de Naples et des ducs de Milan, Gui et ses descendants en écartelèrent leurs armes.

de cette grande fortune qui l'éleva depuis jusqu'à la dignité de duc de Milan. (Simonetta, *de Reb. gest. Franc. Sfortiæ.* Muratori *anna. d'Ital.*, tom. IX.)

Gui étant revenu à Guastalle, en décembre, s'appliqua à la fortifier, pour la mettre en état de résister aux Vénitiens qui, le 27 janvier 1425, signèrent une ligue avec les Florentins et les marquis d'Est et de Montferrat contre les ducs de Milan. La guerre, en 1426, étant devenue plus sérieuse, Gui amena ses troupes à Philippe-Marie Visconti. Le siége de Brescia occupait toute l'armée ducale, lorsque le 17 mars, François Carmagnola s'y présenta à la tête des Vénitiens. Ces derniers profitèrent de ce moment qui attirait toute l'attention, pour faire remonter le long du Pô, des troupes de débarquement. S'étant divisées sur Casal-Maggiore et Brescello, elles attaquèrent en même tems ces deux forteresses, dont la dernière n'eut pas été plutôt emportée, que l'armée vénitienne, réunie, marcha vers Guastalle, et en entreprit le siége pendant l'absence de Gui. Orsina Visconti, qui était à dix milles de là, apprenant cette nouvelle, rassemble aussitôt l'élite de ses vassaux, monte à cheval à leur tête, et les conduit à la vue des assiégeants. Alors passant dans les rangs, couverte d'une cuirasse et le casque en tête, elle leur dit: *soldats fidèles, c'est ici que j'attends la preuve de votre valeur. Allons, marchons, courage ; quant à moi, je ne dépouillerai pas les armes dont vous me voyez revêtue, que je n'aie avec vous vaincu nos ennemis et délivré mes enfants et vos frères.* En même tems, elle attaque avec tant de vigueur, que les premiers rangs sont rompus: le désordre se met dans l'armée vénitienne, qui, dispersée en un instant, prend la fuite, laissant beaucoup de blessés et plus de cinq cents esclavons morts sur le champ de bataille. Philippe de Bergame (*de Claris Mulier. cap.* 157, fol. 143), rapporte qu'on vit cette femme courageuse, pendant la bataille, conduire elle-même des secours aux endroits les plus chauds, que plusieurs des ennemis périrent de sa propre main, et que ses armes étaient toutes couvertes de sang au sortir du combat. Les habitants de Guastalle firent peindre à fresque cette glorieuse action sur les murs de l'église de Saint-Barthelemi. (Affo, *Istor. di Guastalla lib.* 5.) A cette nouvelle, Milan et toutes les villes et châteaux de ce duché firent éclater leur joie par des feux et d'autres marques d'allégresse. Tandis qu'Orsina se couvrait de gloire, Guido amenait de Gênes à l'armée ducale quatre mille chevaux et trois mille cinq cents fantassins, qu'il jeta dans la citadelle de Brescia. Mais pendant qu'il servait si bien Philippe-Marie, les Marano, nobles de Montechiarugolo, avaient conspiré de livrer cette place au marquis d'Est. Heureusement le comte

Alberic da Barbiano et Ludovic da Fermo, qui commandaient dans les environs pour le duc de Milan, ayant découvert ce complot, jetèrent, dans cette forteresse, des troupes qui la garantirent. Guí fit grâce aux conjurés, dont les biens furent seulement confisqués. Les hostilités cessèrent l'an 1428; et la paix s'étant faite par les soins du marquis de Ferrare et du cardinal Albergati, évêque de Bologne, les Vénitiens rentrèrent dans Bergame et Brescia; et la Lombardie recouvra sa tranquillité. Sensible aux services que Torelli lui avait rendus en cette guerre, le duc de Milan lui en marqua sa reconnaissance, en séparant à jamais le fief de Guastalle du Crémonais, et celui de Montechiarugolo du Parmesan, et les érigeant en comté, pour lui et ses descendants mâles et collatéraux, par un diplôme du 6 juillet 1428; à quoi il ajouta le don des armes Visconti (1), pour en écarter les siennes. (Bonav. d'Angeli, *Istor. di Parma*, lib. 4; Carlo de Lellis, tom. I, pag. 220.)

François Sforce qui avait aussi des droits à la reconnaissance du duc de Milan, était à la veille d'éprouver un sort bien différent. Accusé par ses envieux de conspirer contre ce prince avec les Génois alors rebelles, il vit deux fois le conseil assemblé opiner pour le faire jeter dans une prison, et condamner à mort; sans le secours de Gui qui prit hautement sa défense, ce parti eût vraisemblablement prévalu. (Simonetta, *de Reb. gest. Francis. Sforc.*, lib 2.) La guerre, rallumée, en 1429, entre le duc et les Florentins, fit sentir à ce premier, le besoin qu'il avait du bras de l'accusé comme de celui de son défenseur. Tous deux conjointement avec Piccinino firent prendre le change à Carmagnole, pour l'empêcher de secourir Nicolas Trivisano, et pendant ce tems, défirent entièrement la flotte de ce général, le 22 mai de la même année, à trois milles au-dessous de Crémone. (*Voy.* Jean-François de Gonzague, *premier marquis de Mantoue.*) Le duc de Milan voulut

---

(1) On sait que les armoiries des Visconti sont *d'argent à la bisse, ou guivre, d'azur, en pal, dévorant un enfant ou à l'issant de gueules, couronnée du même*. En voici, dit-on, l'origine : au siége de Jérusalem, sous Godefroi de Bouillon, un chef des Sarrasins, nommé Voluce, espèce de géant d'une force prodigieuse, s'avança dans la plaine pour défier le plus vaillant chevalier de l'armée chrétienne. Otton Visconti se présenta aussitôt, combattit le géant, le perça de sa lance, et ayant aperçu que l'aigrette de son casque était une vipère formant mille replis autour d'un enfant qu'elle semblait dévorer, il l'arracha et la cloua sur son bouclier, qui devint depuis l'écu de la maison des Visconti. (Sansovino, *Orig. delle case illust. d'Ital.*, page 9.)

encore récompenser Gui en l'investissant des fiefs de Casei, Cornale et Seltimo avec le titre de marquis pour lui et ses descendants à perpétuité. Les lettres d'investiture sont du 14 juin 1431. Ce prince l'envoya ensuite, l'an 1432, avec l'autorité la plus étendue pour gouverner, en son nom, la Valteline, la Val-Camonique, le Bressan et le Bergamasc, et par lettres-patentes du 1er. mai 1441, le créa, ainsi que ses descendants, patrice, né à perpétuité de Milan, Parme et Pavie. Pendant son absence, le jeune comte Christophe, son fils aîné, gouvernait Guastalle et Montechiarugolo, conjointement avec Orsina, sa mère, et par leurs soins et de bons réglements, ils surent préserver ces deux villes de la peste, qui ravagea deux fois les environs, en 1444 et 1447. Cette dernière année, Philippe-Marie Visconti ayant fini ses jours le 13 août, François Sforce, qui lui succéda, fut d'abord inquiété par les Vénitiens et le marquis de Mantoue. Gui fit alors avec ce dernier une convention pour mettre Guastalle à l'abri de toute insulte, et en même tems envoya Christophe, son fils, à l'armée de Sforce. Ce jeune homme qui, à l'âge de dix-huit ans, s'était déjà distingué, en 1427, à l'affaire de Macalô, (André Bilia, *hist. Mediol.*, l. G. Murat. *Rer. ital.*, tom. IX), fit des prodiges de valeur, près de Casal-Maggiore, et surtout à la sanglante journée de Caravaggio, dont on lui dut tout les succès. (Simonetta; lib. 2, fol. 188-200.) Cette dernière fut si importante, qu'à Milan, on en fit de grandes réjouissances, et, pour en remercier le ciel, des processions pendant trois jours. (Carlo de Lellis, *Famigl. nob.*, tom. I, pag. 222.) Gui attendait à Milan que son fils lui ramenât son ami François Sforce triomphant, et espérait le voir couronner duc; mais il n'eut pas cette satisfaction. Une maladie hâta le terme de ses jours. Gui, à juste titre surnommé le Grand, mourut le 8 juillet 1449, âgé d'environ soixante-dix ans. Son corps fut transporté à l'église de Saint-François de Mantoue, et déposé dans le tombeau de ses pères. De sa femme, qui mourut après lui, il laissa Christophe et Pierre-Gui, qui suivent, avec une fille, Antonia (1), mariée avant septembre 1428, à Pietro-Maria de Rossi,

---

(1) Antonia fut aussi courageuse que sa mère. Parme s'étant révoltée contre François Sforce, Antonia rassemble à la hâte des troupes, se met à leur tête, court à Parme, se rend maîtresse de la ville et la restitue au duc. (*Voy.* Filip. de Bergamo, *De Clar. Selectisq. Mulier.*, et Giuseppe Betussi, *Delle Donne illust*, fol. 146.) San-Sovino, page 77, dit qu'elle eut neuf enfants, entr'autres Donella, mariée à Gibert San-Vitali, auquel elle porta en dot le château de Noceto. Cette même Donella, pendant l'absence de son mari, étant assiégée à Sala, près de

cinquième marquis de San-Secondo. Gui fit à Guastalle, plusieurs établissements utiles, et bâtit la forteresse de Montechiarugolo, fort remarquable pour ce tems-là.

CHRISTOPHE et PIERRE-GUI I.

1449. CHRISTOPHE et PIERRE-GUI succédèrent à Gui, leur père, dans les seigneuries de Guastalle et de Montechiarugolo, qu'ils gouvernèrent d'abord par indivis. Pierre-Gui, à la mort de son père, était occupé à défendre dans Final, Galeotto del Carretto, son beau-père, contre les attaques de Jean de Frégose. Mais Final, étant tombé la même année au pouvoir des Génois, il s'en revint à Guastalle, laissant Madeleine, sa femme, auprès d'Agnès, sœur de celle ci, et femme d'Albert Pii, prince de Carpi, qui lui fut renvoyée quelque tems après. Christophe, qui était pareillement absent, étant revenu, les deux frères prirent possession des états de leur père, après quoi le premier retourna au service de Sforce, qui continuait le siége de Milan. Sforce, devenu maître de la place et proclamé duc de Milan, confirma les priviléges de nos deux comtes, qui gouvernèrent en commun leurs états héréditaires. Ce fut vers le même tems, à ce qu'il paraît, que furent dressés les statuts de Guastalle, qui s'observent encore de nos jours en cette ville.

La guerre s'étant renouvelée, l'an 1453, entre Sforce et les Vénitiens, Christophe alla faire, pour le premier, le siége de Manerbio, qu'il emporta malgré la longue et vigoureuse résistance de la place. Mais bientôt après, un bombardement qui dura trois jours, l'obligea de la rendre à Jacobo Piccinino.

La concorde ne fut pas durable entre Christophe et Pietro Guido, son frère. Le second ayant demandé partage à l'autre de la succession paternelle, celui-ci voulut bien y consentir, exceptant, néanmoins, les fiefs qui devaient être possédés en commun, ainsi que les citadelles de Guastalle et de Montechiarugolo, où il fut convenu qu'ils auraient chacun un domi-

---

Parme, en septembre 1483, par Amurath Torelli, son cousin, qui commandait une armée de Vénitiens contre le duc de Milan, soutint un assaut, se défendit long-tems sur la brèche, empêcha la prise de la place, et d'un coup d'arquebuse tua elle-même le malheureux Amurath. (*Voyez* Francesco Carpesano, *Comment. de tempi suoi*; apud Marten., *Vet. Script.*, tom. V.) Il est assez singulier que trois femmes de la même maison, la mère, la fille et la petite-fille aient eu dans leur vie trois occasions de se distinguer par trois actions du même genre, extrêmement rares pour leur sexe, et qu'elles aient toutes trois réussi dans leurs entreprises.

cile séparé ; ce qui fut arrêté le 30 janvier 1455. Peu de jours après, Jacques Piccinino, fameux capitaine, s'étant retiré du service des Vénitiens, s'était jeté avec sa troupe d'aventuriers dans la Toscane, et avait mis le siége devant la ville de Sienne. Le duc de Milan, ami des Siennois, chargea Christophe, entr'autres alliés, de leur porter du secours. Mais pendant son absence, Pierre-Gui, son frère, s'étant associé un brave, nommé François de Montiglio, s'approcha, vers la mi-juillet, de Montechiarugolo, dont il demanda les clefs au châtelain Simon de Carcano, que les deux frères y avaient mis d'un commun consentement. Celui-ci s'étant excusé de les lui remettre, sur ce que Pierre-Gui n'était pas le seul maître de la place, ce dernier les lui arrache de force, et joint à Simon un autre châtelain pour la garde de Montechiarugolo. Mais ce fut au seul François de Montiglio que la garnison eut ordre d'obéir. La comtesse Taddée Pii, femme de Christophe, étant survenue pour entrer dans la place, Montiglio lui en refusa l'entrée. Le duc de Milan, sur les plaintes que Christophe lui fit passer de Toscane contre son frère, réforma les changements que Pierre-Gui avait faits, en rétablissant les choses comme elles étaient auparavant. Mais l'année suivante, au retour de Christophe, il consentit à la demande qu'il lui fit, d'un partage nouveau de toute la succession paternelle, et par-là Christophe devint seul maître de Montechiarugolo et de ses dépendances, du marquisat de Casei et Cornale, de la moitié des allodiaux de Guastalle, avec une somme annuelle sur les impositions de cette ville. Pierre-Gui conserva le château de Guastalle avec les fiefs de Settimo, de Misano, et quelques petits bourgs dans le Milanez.

Pierre-Gui, devenu maître de Guastalle, y nomma podestat Colomb de Carcano. Il aurait pu vivre heureux, et avec la réputation d'un seigneur sage et prudent, s'il ne se fût pas rendu ingénieux à s'inquiéter lui-même et à troubler le repos de ses voisins, dont quelques-uns étaient bien plus puissants que lui, tels que les comtes de Novellara et Louis de Gonzague, marquis de Mantoue, qui pouvaient l'écraser en un instant. Il ne put même vivre en paix avec son frère, depuis la séparation de leurs domaines. Mais la mort, l'an 1460, mit fin à leurs querelles ; car tous deux moururent dans le cours de cette année, à un mois près l'un de l'autre ; Christophe, le 6 mars, à Montechiarugolo, après avoir fait son testament (1),

---

(1) Par ce testament, Christophe établit, à l'exemple de Gui le Grand, son père, une substitution de ses fiefs à perpétuité pour ses descendants mâles, suivant l'ordre de primogéniture, rappelant à leur

le 10 août 1458, dont il nomma exécuteur François Sforce, duc de Milan, et Louis III de Gonzague, marquis de Mantoue; et Pierre-Gui à Carpi, le 18 avril, après avoir fait la veille son testament, par lequel il laissait l'usufruit de ses biens à MADELEINE del CARRETTO, sa femme, avec la tutelle de ses deux fils, Gui-Galeotto et François-Marie. Pierre-Gui eut encore deux filles, Antoinette et Lucrèce, mariée au comte Frédéric Ippoliti.

Christophe laissa de TADDÉE PII, sa femme un bien plus grand nombre d'enfants, savoir, six fils et sept filles : 1°. Marc Antoine, mort sans postérité; 2°. Marsilio, qui fut comte de Montechiarugolo, après son frère; 3°. Giacobo ou Giacomazzo, qui eut pour épouse N., fille de Spinetta Malaspina, marquis de Fivizzano, et mourut sans postérité; 4°. Amurath, marié à une autre fille du marquis de Fivizzano, mort en septembre 1483; 5°. Guido, destiné d'abord à l'église et protonotaire apostolique, dignité alors regardée comme la première après celle de cardinal, qu'il quitta, pour épouser Françoise Bentivoglio, fille de Jean II, seigneur de Bologne (1); 6°. Giovanne Antonio, souche de la branche établie au royaume de Naples, éteinte au commencement de ce siècle. Les sept filles sont, 1°. Hélène, qui épousa, du vivant de son père, Uguccione Rangone de Modène; 2°. Anastasie, alliée à Jean-Louis, marquis de Pallavicini; 3°. Alda, femme de Georges de Gonzague; 4°. Catherine, mariée à Jean-Pierre de Gonzague; 5°. Taddée, femme de René Trivulce, frère de Jean-Jacques, maréchal de France; 6°. Bianca; 7°. Bernardina. De ces deux dernières, l'une fut mariée à Battistino da Campo Frégoso, doge de Gênes.

---

défaut ses trois filles mariées aux marquis Rangone, Pallavicini et Gonzague; et à l'extinction d'elles et de leurs enfants, les descendants de la comtesse Antonia, sa sœur, mariée au marquis Pierre-Marie de Rossi; et en cas d'extinction de tous ses héritiers quelconques, il ordonne qu'il soit construit, sur les biens qu'il possède à Luzzara, une église et un couvent de Récollets; que ses terres situées dans le Milanez soient attribuées à la Chartreuse de Pavie; et que le reste de ses biens soit en entier employé à faire bâtir, dans la ville de Parme, une église et un hôpital, capable de recevoir des malades et des pauvres de tous lieux et de toutes les nations.

(1) Il fut père de Marc-Antonio, marié à Hippolita Gonzague, souche de la branche des marquis Torelli, établis à Pavie, qui subsiste aujourd'hui dans la personne de François Torelli, marquis de Casei et Cornale, comte de Seccone, chevalier de Saint-Etienne; et d'Hippolita, née en 1501, mariée, en 1516, à Baldassar Castiglione, comte de Novellara, chevalier de la Jarretière, auteur du *Cortegiano*.

GUI-GALEOTTO, ET FRANÇOIS-MARIE.

1460. Gui-Galeotto et François-Marie succédèrent à leur père sous la tutelle de Madeleine del Carretto, leur mère. Gui-Galeotto, parvenu à l'âge de majorité en 1474, commença à prendre les rênes du gouvernement, indépendamment de la comtesse Madeleine. Il contraria d'abord la municipalité; elle le desservit à son tour auprès du gouvernement de Milan, qui, dès 1475, voulut conduire les affaires de Guastalle. Soit délations secrètes contre les deux comtes, soit politique jalouse, ils déplurent tellement à Galéas-Marie Sforce, que Jacob Govenzate, commissaire de la chambre ducale, fit publier, le 28 juillet 1475, la sentence de confiscation de la portion de Guastalle, appartenante au comte François-Marie, et ordonna au domaine d'en prendre possession; ce qui fut exécuté le 15 décembre de la même année. François-Marie se mit sous la protection de Robert San-Severino, parent du duc; et ce seigneur, jouissant alors d'un très-grand crédit, diminua la rigueur avec laquelle on le traitait. Gui-Galeotto, qui aurait dû partager le crime de félonie, s'il en eût existé un, fut laissé en possession; on l'éloigna seulement des affaires; et ces ménagements furent dus à ce qu'il avait épousé Marguerite Simonetta, parente de Cecco Simonetta, alors secrétaire d'état et ministre absolu. Sur ces entrefaites, Galéas-Marie Sforce ayant été assassiné à Milan le 26 décembre 1476, la duchesse Bonne, sa veuve, tutrice de Jean-Galéas, son fils, commença par accorder un pardon général à tous ceux qui avaient été accusés auprès de son époux, et leur fit rendre les biens qui leur avaient été confisqués. Le comte François-Marie recouvra pour lors les allodiaux de sa maison qui lui appartenaient par indivis avec son frère; mais il paraît qu'il ne pût rentrer dans la partie féodale. Il se rendit ensuite à Guastalle, en 1477, avec la comtesse Louise, fille de Robert San-Severino, qu'il venait d'épouser. La même année, le comte Gui-Galeotto députa à Milan Pierre Pelizzari, son chancelier, et François-Marie, de son côté, Laurenzo de Cazoli, pour demander chacun la confirmation des investitures; elle fut refusée à ce dernier. De désespoir, il alla se ranger sous les drapeaux de Robert San-Severino, partisan de Sforce, duc de Bari, qui s'efforçait de diminuer la puissance avec laquelle Cecco gouvernait le Milanez. Mais Simonetta ayant triomphé de ce rival, et humilié les Sforces, François-Marie retomba dans la disgrâce auprès de la duchesse, qui ordonna aux Guastallais de ne prêter serment qu'au comte Gui-Galeotto et à ses descendants. Cependant, après la mort de Sforce, duc de Bari, arrivée l'an 1479, son frère Louis le More, s'étant insinué dans l'esprit de la duchesse Bonne, prit bientôt un grand ascendant dans les affaires du gouvernement. Le malheureux Simonetta se vit alors en butte à tous ses ennemis, qui pressaient pour qu'on le mît en prison, et qu'on lui fît son procès. Parmi ceux-ci, Robert San-Severino et François-Marie n'étaient pas les moins ardents. Ce dernier, par l'abaissement de Simonetta, s'étant relevé de l'état d'infortune où il s'était vu injustement plongé, fit bientôt déchoir son frère du grand crédit dont il jouissait, et qui n'était dû, comme on l'a dit, qu'à sa parenté avec Cecco. Non-seulement Louis le More le fit bientôt absoudre par la duchesse, mais encore lui procura un partage de biens entre lui et Gui-Galeotto, par lequel celui-ci eut pour son lot la seigneurie de Settimo, et abandonna à François-Marie celle de Guastalle. Gui-Galeotto s'était rendu célèbre dans les tournois : on ignore l'année de sa mort, mais il vivait encore en 1495. De Marguerite, sa femme, il laissa une fille, N...; mariée à Hermès Visconti, et quatre enfants mâles : 1°. Pierre-Marie, auteur de deux bâtards légitimés et de Madeleine, fille naturelle, mariée à Hercule Gonzague, de la branche de Novellara; 2°. Frédéric; 3°. Alexandre; 4°. Louis, marié à Camille Martinengua, dont il eut Alda Torelli, alliée à Jean-Marie Lunati : elle est connue par des poésies très-agréables, que l'on trouve au nombre des *Rime delle cinquanta poetesse*, raccolte dal Domenichi nel 1559, et parmi les poésies qu'Antoine François Rainieri a imprimées en 1574.

FRANÇOIS-MARIE, *seul.*

1479. FRANÇOIS-MARIE, relevé du crime de félonie, le 6 octobre, par la duchesse de Milan, rétabli dans ses états et seul maître de Guastalle, en fit prendre possession, le 8 du même mois, par Maffeo Visiolo, auquel on remit, avec les clefs de la ville et de la forteresse, l'artillerie et les munitions de guerre. Il s'y rendit bientôt lui-même, et y reçut, l'année suivante, Robert San-Severino, son beau-père, tandis que l'infortuné Simonetta, leur ennemi commun, laissait sa tête sur un échafaud. La guerre s'étant élevée, l'an 1482, entre le duc de Milan et les Vénitiens, protecteurs des Rossi, le comte François-Marie se montra fidèle au parti du duc; et après avoir bien recommandé la défense de Guastalle à François Riccio, dit Achillino, et à Galéas de Pori, ses châtelains, il joignit le camp. Les Vénitiens, l'an 1484, ne pouvant pénétrer plus avant, se replièrent sur le duc de Ferrare, qui appela à son secours François-Marie. Dans le mois de juin, celui-ci alla ravager le Bressan, et tint la campagne jusqu'à la conclusion de la paix, qui eut lieu au mois d'août de la même année. Il revint à Guastalle avec une santé fort dérangée par les fatigues qu'il avait essuyées dans cette expédition. Il avait alors perdu, à ce qu'il paraît, Louise, sa femme, dont la fidélité lui était suspecte. La mort de cette dame, loin d'éteindre ses soupçons, ne fit que les augmenter et lui persuader qu'Achille, le second fils qu'elle avait mis au monde, n'était pas de lui : tel était l'effet de la mélancolie où sa maladie l'avait réduit. Désespérant de sa guérison, il fit, le 10 octobre 1485, son testament, par lequel il déclara son héritier universel Pierre-Gui, son fils, sans exclure néanmoins de sa succession le comte Achille, au cas que le premier vînt à manquer, et les mit tous les deux sous la tutelle de Madeleine del Carretto, leur aïeule et sa mère. Mais cette femme, avide de commander, ne trouvant pas encore ces dispositions assez avantageuses pour elle, engagea son fils, en novembre suivant, à se transporter à Mantoue, chez Lucrèce, sa sœur, mariée à Frédéric, comte de Gazolo. Lucrèce servit sa mère comme elle le désirait, en persuadant à son frère de faire, le 16 janvier de l'année suivante, un autre testament, par lequel il excluait Achille de la succession, et ordonnait que Pierre-Gui resterait sous la garde-noble de son aïeule jusqu'à l'âge de trente ans ; mais la cour de Milan, ayant eu connaissance de ces nouvelles dispositions, les déclara nulles, et régla que Pierre-Gui et Achille, son frère, partageraient également la succession de leur père. François-Marie mourut vers le mois de février 1486. Outre Pierre-Gui et Achille, qui suivent, et qu'il laissa de Louise San-Severina, son épouse, il eut deux filles naturelles, Orsina et Jeanne, dont la dernière fut mariée à Hector Torelli, aussi bâtard de sa maison, mort sans postérité.

PIERRE-GUI II.

1486. PIERRE-GUI ne survécut que huit ans au comte François-Marie, son père, étant mort sans avoir été marié, dans un voyage qu'il fit à Milan, en 1494, pour défendre ses droits contre la comtesse Paola Secchi, veuve du comte Marsilio Torelli, à qui Madeleine, sa tutrice, disputait sa part des impositions de Guastalle. Il avait institué, par son testament du 10 août de la même année, son frère Achille, son héritier, lui substituant ses cousins, fils du comte de Gui-Galeotto, seigneur de Settimo.

ACHILLE.

1494. ACHILLE succède à son frère au comté de Guastalle,

et reconnaît¹, le 1ᵉʳ. avril 1495, ainsi que Madeleine, son aïeule, Louis le More, duc de Milan, comme son suzerain. Le nouveau duc, au désespoir d'avoir amené Charles VIII en Italie, voulait l'en expulser entièrement, et, dans ce dessein, s'était allié, le 31 mars 1495, avec le pape, l'empereur et le roi d'Espagne. Il appela à son secours tous les princes d'Italie. Achille, qui, comme les autres, était sous les armes, voulut profiter de ce moment pour se tirer de l'asservissement où le retenait la comtesse, son aïeule, se mettre à la tête des affaires, et l'en éloigner entièrement. Il garnit de troupes le château de Guastalle, nomme un commissaire pour y gouverner en son nom, et renferme la comtesse désespérée dans la partie de la forteresse qu'elle habitait, où elle resta presque assiégée. Après s'être bien assuré de la ville et de la citadelle, Achille se rend à l'armée des confédérés, et combat avec eux, sur les bords du Taro, à la fameuse journée de Fornoue, le 6 juillet, puis au siége de Novarre, où le duc d'Orléans était renfermé. Pendant qu'Achille était occupé à ces expéditions, la vieille comtesse avait mandé à Gui-Galeotto, comte de Settimo, son fils, d'arriver à son secours, l'assurant qu'elle l'aiderait à s'emparer de Guastalle; mais celui-ci, voyant la place trop bien gardée, prit le parti de se retirer. Ce fut alors que l'ambitieuse Madeleine, trouvant que la force et l'adresse ne lui réussissaient pas, trama, avec ses filles Antoinette et Lucrèce, le complot le plus noir. Elles résolurent toutes trois de rappeler Achille dans ses états, en feignant un raccommodement sincère, de renoncer à toutes leurs prétentions; mais, quand il serait rendu parmi elles, de s'en défaire le jour même en l'empoisonnant, et de finir ainsi cette longue querelle. Si le poison manquait son effet, on devait le couper par morceaux, égorger ses partisans, et s'emparer du reste de la ville et de la forteresse. Cette trame odieuse fut découverte par Ciarpellone da Cremolino, officier du comte Achille, qui, paraissant être du parti de la comtesse douairière, s'instruisait de ce qu'on pouvait faire contre les intérêts de son maître. Comme il ne pouvait lui faire autrement parvenir cette nouvelle si intéressante, il descendit du rempart, au moyen d'une corde, la nuit du 2 août, se rendit auprès de celui qui commandait dans la citadelle pour Achille, et lui révéla la conspiration. Des courriers dépêchés au comte lui en ayant porté tous les détails, il arriva bientôt, avec ses troupes, à Guastalle, pour en tirer vengeance. Madeleine et ses filles criminelles n'évitèrent leur châtiment que par la fuite; mais cette vieille ambitieuse, réfugiée à Milan, traduisit bientôt à cette cour, Achille, son petit-fils, et lui intenta, en 1496, un procès dont elle ne vit pas la fin, étant morte peu de tems après qu'il eût été commencé.

Les Français ayant évacué l'Italie, le comte Achille pensa à se marier, et donna sa main à Véronique, fille du marquis Pallavicini, seigneur de Busseto. Il gouverna paisiblement Guastalle. La tranquillité dont il jouissait au temporel, fut altérée au spirituel, par rapport aux biens du docteur Paul Bonjani, dont il s'était emparé, comme étant mort le dernier de sa famille. Le prêtre Louis Musoni, l'héritier qui y était appelé, se pourvut en cour de Rome, où il obtint une sentence qui mit sous l'anathême le pays de Guastalle. Le trouble où cela jeta ses sujets, obligea le comte Achille de plier, après avoir tenu ferme pendant quelque tems. Il restitua les biens de l'ecclésiastique, et l'interdit fut levé dans le mois de juillet 1499. C'était alors Louis XII qui occupait le trône de France. Ce prince, voulant faire valoir les droits de Valentine Visconti, son aïeule, sur le duché de Milan, s'était allié avec le pape et les Vénitiens pour chasser Louis le More. Le comte Achille fit son traité pour fournir des troupes à ces républicains, auxquels il envoya, le 9 juin de l'année 1500, Louis de Carugo et Jacob Cignacchi, pour en signer les conditions. Achille suivait en cela le parti de la France; mais quand elle eut changé de système, en s'alliant, le 10 décembre 1508, par la ligue de Cambrai, avec Jules II, Ferdinand d'Arragon, le duc de Savoie, le duc de Ferrare et le marquis de Mantoue, contre les mêmes Vénitiens, Achille resta fidèle à Louis XII. Il se trouva aux affaires sanglantes de Ghiarra d'Adda, en avril 1509, et à celle d'Agnadel, le 14 mai de la même année. Mais le pape Jules II s'étant détaché de la ligue pour se joindre aux Vénitiens, l'an 1510, le comte Achille envoya les marquis Galéas, Christophe et Antoine-Marie Pallavicini, ses cousins, à la tête de différents corps de cavalerie et d'infanterie, entretenus par ses sujets, pour garder Guastalle, et le mettre à l'abri de toute insulte. En efffet, les Vénitiens vinrent l'attaquer en 1511. Ils ne mirent pas la place au pillage, comme le prétend Guicciardin, *liv.* 9, mais se contentèrent de ravager la campagne. Le comte Achille, averti de ce danger, était venu promptement se jeter dans Guastalle au mois de mai. La victoire que les Français remportèrent à Ravenne, contint un peu les Vénitiens; mais Maximilien ayant retiré les troupes qu'il avait jointes à l'armée du roi de France, et les Milanais ayant repris courage, Parme et Plaisance embrassèrent le parti du pape Jules II. Le comte Achille, se voyant alors isolé et entouré de tous côtés du parti contraire, sentit la nécessité de passer avec ses troupes au service du pape; ce qui lui mérita les bonnes grâces du saint père, et le droit qu'il lui donna de nommer, par la suite, à l'archiprêtrise de Guastalle. Son traité avec l'église fut signé, le 19 octobre 1512, par César Maineri, son envoyé, et l'archevêque d'Avignon, trésorier général du pape. Malgré la mort de Jules II, Achille resta attaché au parti de l'église; mais ayant ensuite à s'en plaindre, il passa, en 1515, dans celui du roi François I, alors duc de Milan. L'année suivante, Achille maria Louise, sa fille unique, à Louis Stanghi, comte de Castel-Nuovo di Bocca d'Adda. Il termina, avec les comtes de Novellara, les différents qui existaient depuis Pierre-Gui I, au sujet des confins; et voulant resserrer, par un lien de parenté, son union avec eux, il donna Madeleine, sa parente et sa pupille, fille de Pierre-Marie Torelli, des comtes de Settimo, à Hercule Gonzague. Les noces furent célébrées en février 1522, et les nouveaux époux restèrent près du comte à Guastalle, jusqu'au mois de juillet. Achille s'étant rendu en novembre à Novellara, y abusa, à ce que l'on croit, de Madeleine, dont on vient de parler. Hercule, son époux, furieux de cet outrage, alla poignarder Achille dans son lit, la nuit qui suivit la fête de saint André. Il eut de son mariage avec VÉRONIQUE PALLAVICINI, François, mort en bas âge, et une fille, Ludovica, qui suit. Le comte Achille ne fut nullement regretté de ses sujets, qu'il avait accablés d'impôts, et opprimés de diverses manières. Comme il était fort relâché dans ses mœurs (1), il laissa plusieurs enfants naturels, entr'autres de N..., l'une de ses concubines, mariée à N..... Toni de Carri, Hercule Torelli, qui devint depuis archiprêtre de Guastalle. Achille avait fondé, en 1518, le monastère des religieuses de Saint-Augustin, qu'il engagea le pape Léon X à ériger, par un bref du 23 août de la même année. La sœur Diletta de Castel Giffredo en fut la première abbesse. Il avait jeté aussi, en 1521, les fondements du palais, qui est sur la nouvelle place, et que les Gonzagues achevèrent. (*Voyez* Baldi, *Hist. di Guastalla*, M.S.).

LOUISE, COMTESSE DE GUASTALLE.

1522. LODOVICA, ou LOUISE TORELLI, fille unique du comte Achille et de Véronique Pallavicini, née l'an 1500, mariée à Louis Stanghi, en 1516, recueillit la succession de

---

(1) Tale fu il fine del conte Achille Torello, uomo realmente trasportato all' eccesso dalla libidine, perchè fu solito di tener Donne pubblicamente a suoi trastulli, stanco delle quali provedevale poi di dote, e di marito. L'ultima, che avea collocata in matrimonio, era Elisabetta Tenchi da Luzzara, chiamata solennemente *l'Amasia del conte* nell'istrumento dotale rogato Octaviani Cignacchi die ult. julii 1522. (Affo, *Hist. di Guastalla*, tome II, lib. 6, p. 143.)

son père, non-seulement, quant aux biens allodiaux héréditaires, mais aussi, ce qui ne s'était jamais vu à Guastalle, quant aux fiefs. Suivant les conseils de sa mère, elle commença par soulager son peuple du poids des impôts, dont Achille l'avait chargé. Les Torelli de Settimo, comme descendants de Gui-Galeotto, troisième comte de Guastalle, ne tardèrent pas à la traduire à la cour de Milan, pour lui redemander le comté dont elle s'était mise en possession, et qui, aux termes des investitures, était substitué à jamais dans la ligne masculine. La comtesse, s'étant transportée à Milan, pour y plaider sa cause, fut obligée d'en venir à un accommodement, par lequel elle demeura maîtresse du comté de Guastalle, au moyen d'une somme annuelle, qu'elle s'engagea de leur payer. De retour chez elle, elle fit, l'an 1523, la perte de sa vertueuse mère, au grand regret des pauvres, dont elle était l'appui. Cette mort fut suivie, l'année d'après, de celle de Louis Stanghi, son époux, arrivée chez lui, à Castelnuovo di Bocca-d'Adda. Cependant le pays de Guastalle se ressentait des suites de la bataille de Pavie. Les Espagnols, maîtres alors de la Lombardie, exercèrent dans toute sa rigueur le droit de conquête sur les Guastallais, comme sur les autres peuples de ces contrées; et la comtesse Louise, ne pouvant calmer l'orage, alla chercher un asile à Vérone. Pendant sa retraite, elle se remaria à Antoine Martinengue, d'une maison illustre de Brescia, mais homme dur, féroce et dédaigneux, qui, arrivant à Guastalle, en 1526, comme dans un pays conquis, prétendit s'en dire le maître. Retourné à Brescia, la même année, la comtesse eut toutes sortes de mauvais traitements à essuyer de son époux qui voulait la forcer à faire une donation entière de ses biens à Girolamo, son fils, qu'il avait eu d'un premier lit: le poignard à la main, il la menaça plusieurs fois de l'égorger, si elle ne remplissait pas ses vues. La patience, la douceur et la prudence étaient les seules armes de la comtesse pour se défendre. (*Voyez* Paolo Morigio, *Vit. dell illust. Lodovica Torella*, pag. 2.) Elle avait d'autant plus raison de craindre les fureurs de son mari, qu'il avait fait mourir N... SOMAGLIA, sa première femme. Un frère de cette infortunée tua lui-même Antoine Martinengue, pour la venger, et fut l'instrument dont la providence se servit pour délivrer Louise d'un pareil monstre. (Rossignoli, *Vita di Lodovica Torella*, p. 1, cap. 2, pag. 10.) La comtesse Louise n'eut de ce second mariage qu'un enfant, mort en bas âge.

Retournée à Guastalle, le 11 mars 1530, elle dépouilla le faste de sa cour, pour adopter un genre de vie simple, et se livrer aux exercices de piété; mais les procès intentés par sa famille la forcèrent de retourner à Milan. Dès l'année de la mort du comte Achille, Damigella Trivulci, veuve de François, comte de Montechiarugolo, avait commencé à traiter de l'acquisition de la portion de Guastalle, qui appartenait aux enfants de Frédéric Torelli, fils du comte Gui-Galeotto. Gui, fils aîné de Frédéric, avait promis à Damigella, le 27 décembre 1522, de céder ses prétentions à Paul, son fils, comte de Montechiarugolo, et la promesse avait été ratifiée par ses frères, Marsile, Marc-Antoine, Amurath et Giacomazzo, le 15 septembre de l'année d'après. L'affaire ayant été portée au tribunal de l'empereur, la cour de Milan rendit, l'an 1532, un arrêt provisionnel, qui adjugea la portion des impôts du Guastallais, réclamée par Paul de Montechiarugolo, à Marc-Antoine Torelli de Mantoue. Paul, mécontent de ce jugement, s'avisa de s'adresser, l'an 1535, pour le faire réformer, au pape Paul III, qui, sans avoir aucune autorité temporelle sur le comté de Guastalle, écrivit à Louise, pour lui enjoindre de satisfaire le comte Paul. Elle répondit au pontife avec autant de fermeté que de modestie, alléguant pour sa défense l'opposition des Guastallais à la demande du comte Paul : sur quoi le pape prit le parti de mettre la ville en interdit. Les Torelli continuèrent cependant leurs poursuites à la cour de Milan, pour y faire juger définitivement leur procès. Mais l'affaire se trouvant trop compliquée pour que l'empereur, occupé d'une foule d'autres objets, pût y donner toute l'attention qu'elle exigeait, Ferdinand de Gonzague, alors vice-roi de Sicile, proposa un expédient, qui était d'engager les parties à vendre leurs droits à un seul, qui, en acquérant le domaine de Guastalle, le tiendrait à foi et hommage de sa majesté impériale. Ferdinand mit tous ses soins à faire approuver cet avis, parce qu'il pensait à faire lui-même cette acquisition. Mais Louise était convenue, de son côté, avec Rodolphe de Gonzague, seigneur de Luzzara, que, dans le cas où elle prendrait le parti de vendre Guastalle, elle ne s'en déferait qu'en sa faveur. Ferdinand chargea Vincent Andréasi et Alexandre Donesmondi, de proposer à Rodolphe Gonzague, de lui vendre, en échange, Poviglio. Voyant, en 1538, que cette négociation tournait bien, et qu'il pouvait lever les difficultés de ce côté, il présenta requête à l'empereur pour être autorisé à faire l'acquisition du comté de Guastalle, quoique les comtes Torelli fussent encore en procès, que plusieurs fussent mineurs, et qu'il n'y eût rien de décidé sur leurs droits; promettant à sa majesté impériale, de se reconnaître pour vassal direct de l'empire et de ses successeurs au duché de Milan. Charles V lui accorda la permission demandée, le 21 mai 1538; et la comtesse Louise, autorisée par ce décret, signa l'acte de vente, à Milan, le 3 octobre 1539, où

Vincent Andréasi, noble mantouan, stipulait pour Ferdinand de Gonzague, et prit possession, en son nom, de la ville et de la forteresse de Guastalle, le 12 décembre de la même année. Louise, qui avait déjà renoncé à toutes les choses du monde, pour se donner entièrement à Dieu, et qui avait fondé à Milan la congrégation dite des Angéliques, augmenta cet établissement, au mois d'août 1535, de vingt-quatre maisons, et de tout le terrain qui est entre la porte de Saint-Louis et celle de Sainte-Euphémie; et, le 7 octobre de la même année, les dames de cette congrégation y ayant été réunies, l'office divin fut célébré. Elle mit le monastère des Angéliques, l'an 1536, sous l'invocation de saint Paul converti, et prit, dès-lors, le nom de PAULE-MARIE. La comtesse Louise contribua encore à la fondation du monastère des prêtres réguliers de la congrégation de saint Paul des Décollés, surnommée de Saint-Barnabé, dans la même ville de Milan; y institua le couvent des Ermites du Crucifix, sous le nom de Sainte-Marie l'Egyptienne, depuis cédée à des religieuses sous la règle de saint Augustin; et jeta, dans la ville de Crémone, les fondements de la maison des religieuses de Sainte-Marthe, sous la conduite des mêmes pères de Saint-Paul des Décollés. A Ferrare, elle établit le couvent des Converties de Terra Nuova. (*Voyez* Morigio, *Vita dell illust. Lodovica Torella, contessa di Guast.*) Brûlant du zèle de la maison de Dieu, elle fit des missions fréquentes, suivie de ses compagnes, servant, pendant ce tems, les malades, convertissant les femmes déréglées, et ramenant les impies à la religion. Rendue à Venise, ses exemples et ses exhortations firent tant d'impression, que beaucoup de seigneurs vénitiens mariés, ayant quitté leur maison, pour se retirer dans les monastères, la république crut devoir la bannir de ses états. Elle en sortit pour aller à Vicence, aider de son exemple et de ses largesses le monastère des nouvelles Converties. Retournée à Milan, elle trouva les religieuses qu'elle avait fondées, pour être utiles à la société, et exercer la charité, qui demandaient à grands cris la clôture, qu'elles obtinrent du pape Jules III, malgré leur fondatrice. Les mauvais traitements qu'elle essuya de la part de ses religieuses, pour l'obliger à y consentir, allèrent jusqu'à attenter deux fois à sa vie par le poison. Louise, offrant à Dieu cette nouvelle amertume, et sortie de la maison qu'elle avait bâtie avec tant de peines et de soins, alla en fonder une autre près de la porte Romaine, appelée le collége de la Guastalle. Les dames de cette nouvelle congrégation, aux instigations de saint Charles Borromée, archevêque de Milan, voulurent aussi obtenir la clôture, contre son avis. Elle s'y opposa constamment. Saint Charles vint encore dans sa chambre, la veille du jour où elle expira, pour la déterminer à cloîtrer le monastère des Guastallines : elle lui répondit : « Monseigneur, par l'amour de Jésus-Christ, ne me tour- » mentez pas au moment de ce passage à une autre vie, et ne » veuillez pas me forcer de faire différemment de ce que le » saint esprit m'a inspiré ; je vous demande seulement l'absolu- » tion de mes péchés, et votre bénédiction ». Enlevée enfin à tant de tribulations et de souffrances, son âme fut appelée à Dieu, le lendemain vendredi 28 octobre 1569, à l'âge de 69 ans. Elle avait fait son codicille le 2 du même mois, dans lequel elle établissait les réglements que devait suivre sa maison, et fondait dix-huit places, pour l'éducation de jeunes filles nobles et orphelines. Elle fut ensevelie à San-Fedele, église des Jesuites, où son tombeau existe encore : sa mémoire est restée en odeur de sainteté. Les religieuses obtinrent depuis la clôture, sans respecter les volontés de leur bienfaitrice. Sa majesté impériale, l'an 1785, en supprimant le monastère dit des Vierges espagnoles, a décidé qu'elles seraient réunies au collége des Guastallines. (*Voyez* Rossignoli, *Vita di Lodovica Torella, contessa di Guastalla* ; Anaclet Sicco et Valère Modio, *Synops. Cleric. Regul. S. Pauli* ; Heliot, *Hist. des Ordres rel.*, tom. IV, ch. 16, pag. 116 et suivantes ; Affo, *Istoria di Guastalla*, tom. II, lib. 7.)

FERDINAND DE GONZAGUE I.

1539. FERDINAND ou FERRANT DE GONZAGUE, premier du nom, né le 28 janvier 1507, de François II, quatrième marquis de Mantoue, et d'Isabelle d'Est, et marié à ISABELLE DE CAPOUE, duc d'Ariano, vice-roi de Sicile pour l'empereur, était dans sa trente-troisième année quand il se rendit à Guastalle, à la fin de décembre, pour s'établir dans ses nouveaux états. Ce prince avait servi sous le connétable de Bourbon, son cousin germain, et sous le prince d'Orange, auquel il succéda dans le commandement des troupes qui assiégaient Florence. Il avait commandé les Impériaux en Italie, dans les Pays-Bas, en Hongrie et contre les Turcs. Sa réputation l'avait précédé, et les Guastallais, las d'obéir à une femme, attendaient avec impatience un nouveau maître qu'ils espéraient pouvoir les protéger et les défendre. Le but de Ferdinand était de faire établir Guastalle en fief immédiat de l'empire, ainsi qu'il avait été autrefois au lieu d'arrière-fief qu'il était devenu depuis. Cet arrangement éprouva beaucoup d'obstacles de la part du sénat de Milan ; mais Charles V, qui aimait Ferrant, étant à Gênes, satisfit ses désirs à ce sujet, le 6 septembre de l'année 1541, en séparant à jamais le comté de Guastalle du Milanez, pour le mettre sous la directe de l'empire. Ferrant qui avait été faire la guerre aux Algériens, revenu à Guastalle avec toute sa famille en 1543, après avoir assisté cette année au congrès tenu à Busseto par Charles V et le pape Paul III, passa en Allemagne pour prendre le commandement de l'armée impériale, et y châtier les rebelles. Revenu à Guastalle après la paix de Crépi en 1544, il acheta, l'année suivante, des enfants de Paul Torelli, comte de Montechiarugolo, alors mineurs et sous la tutelle de Béatrix Pic de la Mirandole, leur mère, les biens et la portion des droits qui leur restaient sur les impositions de Guastalle. Il travailla en même tems à faire l'acquisition de Soragna, ancien fief de la famille Lupi, qui, situé au milieu de l'état des Farnèze, lui donnait, en cas de rupture, les moyens de servir utilement contre eux, l'empereur, auquel ils déplaisaient. Créé par ce prince gouverneur de Milan en 1546, à la place du marquis Del Vasto, sa grande puissance et sa faveur déterminèrent les autres Torelli à traiter avec lui de leurs portions de Guastalle. Marc-Antoine lui céda la sienne le 28 juillet de la même année, Pierre-Marie, comte de Settimo, le 20 décembre de l'année suivante, et Ferrant se trouva enfin avoir éteint et réuni tous leurs droits, en supposant que la vente de la comtesse Louise ait pu se trouver légale; ce qui n'est pas l'opinion de tous les publicistes. Ferrant de Gonzague conduisit très-adroitement l'affaire de la révolution de Plaisance, qui finit par la catastrophe arrivée, le 10 décembre 1547, au malheureux Pierre-Louis. (Voyez *son article aux ducs de Parme et de Plaisance.*) Ses ennemis, cependant, le desservaient auprès de l'empereur. Jean de Luna, châtelain de Milan, et François Taverne, chancelier de ce cette ville, abusant d'un de ses blancs seings, l'accusèrent auprès de son souverain d'avoir voulu livrer Milan aux Français. Dépouillé aussitôt de son gouvernement, il fut obligé, l'an 1554, d'aller se justifier à la cour de l'empereur. Son innocence fut attestée par un diplôme de Charles V, donné à Bruxelles le 10 juin 1555. Pour le dédommager, le monarque lui donna le Val San-Severino, au royaume de Naples, qu'il avait confisqué sur le prince de Salerne, et le 27 mars de l'année suivante, le rendit habile à succéder au comté de Novellara. Charles ordonna de plus qu'il fût remboursé des sommes qu'il lui avait prêtées pour les frais de la guerre, et couronna ces bienfaits en le revêtant du titre de président du conseil aulique. Mais ces faveurs ne le consolèrent point de la perte du gouvernement de Milan, qui ne lui fut point rendu. Surmontant néanmoins son ressentiment contre la maison d'Autriche, il alla combattre pour Philippe II, roi d'Espagne, en 1557, à la fameuse bataille de Saint-Quentin : ce fut sa dernière expédition. Une chute de cheval qu'il fit de nuit, en voulant reconnaître la place, obligea de le transporter à Bruxelles, où il mourut le 15 novembre de la même année. ISABELLE, fille de Ferdinand, duc de Molfeta, qu'il avait épousée, en 1529, le fit père de cinq fils et d'une fille. Les fils sont César, qui suit ; André, prince de Melfe ; François et Jean-Vincent, l'un et l'autre cardinaux, le premier en 1561, le second en 1576; et Octave, qui se fit de la réputation par les armes. Hippolyte, fille de Ferrant, épousa Fabrice Colonna, fils d'Antoine Caraffa, prince de Stigliano. De Thou, parlant de Ferrant de Gonzague, dit liv. XIX, « que ce fut un homme d'un grand courage, mais d'un carac- » tère opiniâtre ; qu'il fut employé dans de grandes entreprises » où la fortune lui fit éprouver toutes ses vicissitudes. Sur la » fin de sa vie, ajoute-t-il, il fut accusé d'une avarice sordide » et d'une cupidité insatiable. » On peut lui reprocher aussi des traits de cruauté, tels que le suivant. En 1551, des soldats français, à la faveur de la paix, traversaient le Milanez, deux à deux, sans armes et sans équipages, pour se rendre dans le Parmesan et la principauté de la Mirandole. Ferrant les fit tous noyer ou égorger impitoyablement, n'épargnant que les plus robustes, pour les envoyer ramer sur les galères d'André Doria : cruauté que Gosselin, dans sa vie, n'a pu dissimuler ni excuser.

CÉSAR I.

1557. CÉSAR GONZAGUE, fils aîné de Ferrant, et son successeur, l'ayant accompagné en Flandre, ne se rendit à Guastalle qu'au commencement de juillet 1559. Il avait été revêtu, dès l'année précédente, du commandement général des troupes autrichiennes en Lombardie, et de la charge de grand-justicier au royaume de Naples. Comme il avait épousé, l'an 1560, CAMILLE BORROMÉE, sœur de saint Charles, il se rendit à Rome pour remercier le pape Pie IV, qui lui avait procuré cette alliance. Pie, l'an 1561, nomma le cardinal Hercule de Gonzague, oncle de César, pour présider au concile de Trente, qui reprenait alors sa dix-septième session, et dans la promotion du 26 février de cette année, il donna le chapeau de cardinal à François, frère de César. Don Juan d'Autriche ayant invité, l'an 1573, les princes chrétiens à venir se joindre à lui contre les Barbaresques de Tunis, César met à la voile de Livourne, le 23 août, pour aller s'enrôler dans cette espèce de croisade. Jeté par la tempête sur des écueils, et sauvé par un forçat espagnol, il aborde, le 25, à Civita Vecchia, et, s'étant rendu à Messine, il équipe à ses frais un vaisseau de guerre qui le porte sur les côtes de Barbarie, où il se trouve à la défaite d'Ulacciali, roi d'Alger. De retour à Guastalle, en 1574, il y essuya, l'année suivante, une maladie considérable, qui engagea saint Charles à venir de Rome pour assister à ses derniers moments. Ce fut entre les bras de ce vénérable prélat qu'il mourut le 17 février 1575. De son mariage, il laissa un fils, qui suit; et Marguerite, alliée, en troisièmes noces, à Vespasien Gonzague, duc de Sabionetta.

FERRANT II, PREMIER DUC DE GUASTALLE.

1575. FERRANT II, succède, en bas âge, au comte César, son père, sous la tutelle de Camille Borromée. Devenu majeur en 1580, il se rend auprès de l'impératrice Marie de Castille, veuve de Maximilien II, qu'il accompagna par mer jusqu'en Espagne. De retour à Guastalle en 1582, il y fut successivement témoin de la mort de Camille, sa mère, et de celle d'Octave Gonzague, son oncle. André, un autre de ses oncles, en mourant, le rendit héritier, l'an 1586, du comté d'Alessano et du marquisat de Specchia. Il épousa, l'année suivante, à Gênes, VICTOIRE, fille du prince Jean-André Doria, et, en 1592, il obtint le gouvernement du Montferrat, qu'il exerça pendant quelques mois. Le mariage de l'archiduchesse Marguerite d'Autriche avec Philippe III, roi d'Espagne, ayant été conclu, l'an 1599, Ferrant accompagna cette princesse jusqu'à Madrid, d'où il revint avec l'ordre de la Toison-d'Or.

L'empereur Ferdinand II, par un diplôme donné à Vienne le 2 juillet 1621, érige Guastalle en duché pour Ferrant et sa postérité (1). Ce même empereur, le 23 mars 1624, crée Ferrant commissaire-général de l'empire en Italie, et lui donne pour adjoint César II, son fils. Ferdinand, duc de Mantoue, étant mort, et son frère, Vincent II, lui ayant succédé, Charles, Gonzague, duc de Réthel et de Nevers, comme fils de Louis, frère puîné du duc Guillaume, était d'un degré plus proche de la succession que le duc de Guastalle, qui descendait de Ferrant I, oncle paternel de ce même Guillaume. Mais le duc de Réthel

---

(1) Ferdinand II n'était nullement avare de titres honorifiques. On remarque que, dans le cours d'un règne de dix-sept ans, il créa un duc, vingt-deux princes, soixante comtes, et cent vingt barons du saint empire. (Pfeffel, *Hist. du droit public d'Allem.*, tom. II, p. 321.)

se trouvait fils d'un père qui, totalement dévoué à la France, avait été rebelle à Charles V et à Ferdinand I, son successeur et son fils. C'était un titre pour le faire exclure par l'empereur. Sur ces entrefaites, le duc de Nevers arrive de Rome à Mantoue. Appuyé par le comte Striggi, ministre de Vincent II, il ne quitte pas ce prince qu'il ne lui ait fait faire un testament en sa faveur; et à peine a-t-il les yeux fermés, que tirant MARIE, sa nièce, du monastère où elle s'était renfermée, il l'épouse le 25 décembre 1627. L'année suivante, le duc de Guastalle, qui se tenait sur ses gardes, envoya don César, le 3 février, à la cour de Vienne, et le comte Jean-Baptiste Panigarola à Madrid, pour les noces qui devaient se célébrer entre Ferdinand d'Autriche, roi de Hongrie, et Marie, infante d'Espagne. L'empereur cependant interposait son autorité pour soutenir le duc de Guastalle. On en serait venu à un accommodement, qui avait été proposé, si le duc de Nevers n'avait cherché à gagner du tems, jusqu'à ce que le siège de la Rochelle, dont on s'occupait alors en France, étant terminé; le roi Louis XIII pût l'appuyer de ses armes. Cette expédition finie, l'on voit en effet, l'an 1629, le monarque français se mettre en marche le 16 février, et, le 6 mars, forcer le Pas de Suze. L'empereur, de son côté, déployant ses forces, fait partir pour l'Italie le général Collalto, qui garnit Guastalle de troupes pour la mettre en sûreté, assiége Mantoue, et s'en rend maître le 18 juillet 1630. (*Voy. ci-devant* Charles I, *duc de Mantoue.*) Le traité de Ratisbonne, conclu le 13 octobre suivant, laisse Charles, duc de Nevers, en possession du duché de Mantoue et du Montferrat; ce qui lui est confirmé par le traité de Quiérasque du 6 avril 1631.

Dans la même année 1630, la famille de Correggio, que nous avons vu dominer à Guastalle avant les Torelli, fut dépouillée de ses biens par l'empereur. Dès le mois de janvier, le colonel Aldringhen, étant venu loger dans le palais du prince Cyr, prend possession de la citadelle le 5 février, et, l'ayant privé de ses gardes et de toute autorité, le somme de comparaître devant sa majesté impériale ou son commissaire, pour se justifier sur l'accusation intentée contre lui, d'avoir altéré sa monnaie. Malade de chagrin, le prince Cyr de Correggio n'obtient, pour toute grâce, que la liberté de sortir de la ville pour rétablir sa santé. Le duc Ferrant, en sa qualité de commissaire impérial de Lombardie, par un ordre de l'empereur du 17 avril, confisque l'état de Correggio et en prend possession au nom de sa majesté impériale. Les descendants de cette maison s'éteignirent peu de tems après. Ferrant, ravi de voir les Impériaux maîtres de Mantoue, espérait de rentrer bientôt, avec leur secours, dans ce duché. Mais la peste, qui régnait alors dans ce pays, s'étant répandue à Guastalle, le duc, qui s'était retiré à Aurélia, l'une de ses maisons de plaisance, fut atteint de cette maladie, qui l'emporta le 5 août 1630. Son corps, enterré précipitamment à la chapelle de San Venerio, fut transporté, quelque tems après, dans le tombeau de sa maison au dôme de Guastalle. De VICTOIRE DORIA, sa femme, il laissa sept fils, dont les principaux sont César, qui suit ; André, marié à Laure Crispani, et père de Vincent, qui fut depuis cinquième duc de Guastalle ; Gianettino, qui devint général des Théatins en 1646. Ferrant eut aussi quatre filles, dont l'aînée, Zénobie, mariée, le 8 février 1607, à don Juan d'Aragon, duc de Terra-Nuova, mourut sans enfants le 8 février 1618.

CÉSAR II.

1630. CÉSAR, né l'an 1592, en succédant à son père, vit traiter ses intérêts à la diète électorale de Ratisbonne. Ne pouvant obtenir tout ce que Ferdinand avait prétendu de dédommagement, il consentit à un arrangement, par lequel l'empereur lui assurait, sur les terres de Luzzara et Reggiolo, une rente de 6000 écus d'or, se réservant de succéder au duché de Mantoue, à l'extinction de la ligne masculine des ducs de Nevers. La crainte de la peste avait retenu le nouveau duc à Vienne ; une maladie l'y arrêta, et la mort l'y surprit le 26 février de l'an 1632. Il avait fait son testament le 3 janvier précédent. Ce prince aimait et cultivait les arts et les lettres. Il reste quelques tableaux de sa main, et la *piaglia felice*, pastorale qu'il avait composée. D'ISABELLE DES URSINS, fille de Virginio II, duc de Bracciano, morte en 1623, il laissa Ferdinand, qui suit, et Vespasien, né le 8 septembre 1621, marié, le 8 août 1679, à Marie-Agnès Manrique, fille d'Emmanuel, comte d'Eparédès, vice-roi de Valence, mort le 5 mai 1687, laissant une fille unique, Marie-Louise, née le 17 avril 1649, mariée, le 22 avril 1692, à Thomas de la Cerda, marquis de Laguna, et morte le 4 septembre 1721.

FERDINAND III.

1632. FERDINAND III, né le 4 avril 1618, resté sous la tutelle des princes ses oncles, et aidé d'Alexandre Donesmondi et du comte Pomponio Spilimberg, prend le timon des affaires. Il fait réparer les fortifications de Guastalle en 1636, et et à l'avénement de Ferdinand III à l'empire, se fait, en 1638, renouveler les investitures de Guastalle, Luzzara,

Reggiolo, et vend, l'année suivante, pour payer les dettes de ses prédécesseurs, les biens qu'il avait au royaume de Naples. Il a le chagrin de voir, lors du congrès de Munster et d'Osnabruck, ses intérêts entièrement abandonnés par la cour d'Espagne, au service de laquelle ses pères, s'étaient ruinés. La santé de Ferdinand s'altérant, et son fils César étant mort en 1666, Laure, duchesse de Modène, projette de marier le prince, son fils, à la princesse Anne-Isabelle, fille aînée du duc de Guastalle ; mais ayant eu la maladresse d'offenser le duc par quelques actes de violences faits à Gualtieri, ses espérances se virent détruites. L'archiduchesse Isabelle-Claire d'Autriche, femme de Charles III, duc de Mantoue, avait aussi les mêmes vues pour Ferdinand-Charles, son fils. Elle espérait obtenir facilement de l'empereur que cette princesse pût porter en dot à son époux le duché de Guastalle. Les articles du mariage furent signés à Goïto, le 13 août 1671. Ferdinand III mourut d'hydropisie le 11 janvier 1678. Il avait épousé à Modène, le 23 juin 1647, MARGUERITE D'EST, fille d'Alphonse III, duc de Modène, depuis capucin sous le nom du père Jean-Baptiste d'Est. De ce mariage, il ne laissa d'enfants qui lui survécurent, qu'Anne-Isabelle, née le 12 février 1655, mariée, comme nous l'avons dit, à Ferdinand-Charles, neuvième duc de Mantoue, et Marie-Victoire, née le 6 septembre 1659, mariée, le 30 juin 1679, à Vincent de Gonzague, depuis duc de Guastalle, morte le 5 septembre 1707. Ferdinand III, prince pieux et charitable, fut peu instruit, quoique doué d'une mémoire heureuse. Il était très adroit à tous les exercices du corps. Il fonda le couvent des Capucines de Guastalle en 1673.

CHARLES IV.

1678. CHARLES IV, ou FERDINAND-CHARLES, duc de Mantoue, apprenant la mort de Ferdinand III, fait prendre possession, en son nom, du duché de Guastalle, par le comte Vialardi, son secrétaire d'état, et s'y rend lui-même, le 13 janvier 1679, avec des troupes. Il se fait prêter serment de fidélité, le 17, par les Gustallais, ceux de Luzzara et de Reggiolo, et laisse, en partant, le marquis Baldassar Castiglione pour gouverner cet état. Vespasien de Gonzague, vice-roi de Naples, et oncle du feu duc, témoin de cette scène, qu'il n'avait pu empêcher, comme il retournait à Naples, en porta ses plaintes au gouverneur impérial de Milan. François II, duc de Modène, y joignit les siennes en faveur de la duchesse Marguerite d'Est, dont on avait, disait-il, envahi les états à main armée. Il demandait, en conséquence, que l'empereur nommât une puisance tierce pour gouverner Guastalle, *usque ad jus cognitum*. Les prétentions que formait aussi, de son côté, Vespasien, comte de Parédès, au même duché, paraissant d'ailleurs solides, l'empereur se trouvait embarrassé pour satisfaire le duc de Mantoue, qu'il voulait obliger. Celui-ci le tira de ce pas, en persuadant à Vincent de Gonzague, comte de Saint-Paul, d'épouser Marie-Victoire, seconde fille de Ferdinand III, duc de Guastalle. Par là, il se flattait que cette union tardive, ne promettant aucune postérité, ses espérances ne seraient que différées, et nullement détruites. Le mariage se fit, le 30 juin 1679, avec le consentement de la duchesse douairière, à qui, pour l'obtenir, l'on accorda la régence. Mais, l'an 1681, le duc de Mantoue ayant introduit les Français dans Casal, se brouilla, en cette occasion, avec l'empereur. Ce fut bien pis encore, lorsqu'en 1685, le duc Charles IV obtint l'agrément de Louis XIV pour faire fortifier Guastalle aux propres dépens de ce monarque.

Un grand sujet de surprise pour le duc, fut la naissance inattendue d'un fils, que la princesse Marie-Victoire mit au monde, le 9 décembre 1687. Cet événement, qui confondait sa politique et anéantissait son espoir, le porta à se rapprocher de l'empereur. Pour y réussir, il passa, la même année, à son service, en Hongrie, contre les Turcs, et entra victorieux, avec l'électeur de Bavière, dans Belgrade, le 6 septembre 1688. Vincent de Gonzague avait abandonné, un jour auparavant, le duché de Guastalle, dont le duc de Mantoue lui laissait à peine le titre, et que les troupes espagnoles étaient prêtes d'envahir. Retiré à Venise, il met dans ses intérêts l'empereur, qui, par un décret du 4 mai 1692, donna ordre aux Guastallais de lui obéir comme à leur souverain ; ce que le comte Aldobrandin Turco, en qualité de commissaire impérial, fit exécuter le 11 août suivant.

VINCENT DE GONZAGUE.

1692. VINCENT DE GONZAGUE, né l'an 1634, petit-fils de Ferrant II, premier duc de Guastalle, étant arrivé de Venise, le 28 août, prit enfin, après une si longue dépendance, possession de ses états. La France et la maison d'Autriche travaillant, chacune de leur côté, à l'attirer dans leur parti. Vincent, par reconnaissance, se déclara pour la seconde. Le prince Eugène, après avoir jeté dans Guastalle un corps d'infanterie de deux mille huit cents hommes, vint s'établir à Luzzara, dans le mois de janvier 1702. Le duc de Vendôme attaqua de son côté, le 26 juillet, le comte d'Ausberg, entre le Crostolo et le

Tassone. Le duc Vincent, se voyant entouré d'ennemis, prend le parti de retourner à Venise avec une escorte allemande. Bataille de Luzzara, le 15 août 1702 : le prince Eugène y commandait les Impériaux ; le duc de Vendôme et le roi d'Espagne étaient à la tête de l'armée des alliés. Luzzara se rend à ces derniers, le 17 du même mois. Le marquis de Vaubecourt, avec dix mille hommes d'infanterie et cinq mille chevaux, investit Guastalle, qui est obligée de capituler, le 9 septembre, malgré la brave défense du général Solari, qui n'avait que quatre canons dans la place, dépourvue d'ailleurs de fortifications intérieures et de palissades. Le roi d'Espagne, don Philippe, qui était en Italie, déclara, dans le mois suivant, le duc Charles IV réintégré dans ses droits sur Guastalle, où il se fit prêter un nouveau serment de fidélité. Les Impériaux ayant repris cette ville le 5 décembre 1706, y rétablirent le duc Vincent, qui s'y rendit de Venise avec son épouse, le 8 juillet 1707. Mais les Guastallais ne jouirent pas long-tems de cette princesse, que la mort enleva le 4 septembre de la même année. Le duc Ferdinand-Charles l'avait devancée au tombeau, le 5 juillet précédent. Sa succession fit le sujet d'une contestation entre le duc Vincent et Léopold, duc de Lorraine, petits-fils d'Eléonore de Gonzague. Mais l'empereur Joseph n'eut point d'égard au droit de Vincent, qui était le mieux fondé, et lui donna seulement l'investiture des duchés de Sabionetta et de Bozzolo, du marquisat d'Ostiano et du comté de Pomponesco. Le duc de Lorraine eut aussi le duché de Teschen en Silésie. Vincent mourut le 28 avril 1714. Il avait épousé, en premières noces, Theodora de Bagno, dont il n'eut point d'enfants. De Marie-Victoire Gonzague, sa seconde femme, il eut Antoine-Ferdinand, qui suit ; Joseph, qui lui succéda ; Marie-Isabelle, morte en 1726 ; et Eléonore-Louise, femme de François-Marie de Médicis.

ANTOINE-FERDINAND.

1714. Antoine-Ferdinand, successeur de Vincent, son père, débuta par le don qu'il fit d'un apanage à son frère Joseph, avec lequel il vécut d'abord dans la plus étroite union ; mais un courtisan les ayant ensuite brouillés, Joseph prit le parti de se retirer à Venise. Il était en route pour s'y rendre lorsqu'il fut arrêté par ordre d'Antoine-Ferdinand, qui le fit enfermer. Sa prison lui dérangea le cerveau. Cependant le duc faisait valoir à la cour de Vienne ses droits sur le Mantouan. L'empereur lui ayant fait offre de la partie de cet état qui est entre l'Oglio et le Pô, il n'en fut point content, et persista à demander la totalité. Il fit de vains efforts pour l'obtenir, en 1725, au congrès de Cambrai. Pomponio Spilimberg, son ministre, qui avait échoué dans la poursuite de cette affaire, réussit mieux à négocier le mariage du duc avec la princesse Théodore, fille de Philippe, landgrave de Hesse-Darmstadt, gouverneur de Mantoue, qu'il épousa effectivement au mois de février 1727. Cette alliance, néanmoins, fut malheureuse par la mauvaise conduite du duc, qui négligea sa femme et l'abandonna sans en avoir eu d'enfants. Antoine-Ferdinand mourut le 19 avril 1729. Le feu ayant pris à des liqueurs spiritueuses dont il se faisait frotter au retour de la chasse, qu'il aimait passionnément, il fut dévoré par la flamme, et périt ainsi dans des douleurs cruelles.

JOSEPH.

1729. Joseph, frère du duc Antoine-Ferdinand, fut tiré de sa captivité pour lui succéder. Éléonore, sa sœur, grande-duchesse douairière de Toscane, sachant que sa tête n'était point rétablie, vint à Guastalle, sous prétexte d'une visite d'amitié, mais dans l'intention de se faire adjuger l'administration du duché. Le comte de Spilimberg vint à bout de la supplanter, et obtint du conseil aulique un décret qui le déclarait administrateur du duché jusqu'au rétablissement du duc Joseph. On lui reproche des manœuvres odieuses qu'il employa pour maintenir son autorité. L'adresse qu'il eut de cacher l'état du duc, et de ne le montrer au public que dans des moments lucides, en imposa tellement, qu'il lui obtint la main de la princesse Marie-Éléonore, fille du duc de Sleswick-Holstein. Ce fut le 29 avril 1731 qu'il l'épousa, au nom de son maître, à Lilienfeldt, en Autriche. La princesse, amenée par ce ministre à Guastalle, le 17 mai suivant, ne tarda pas à s'apercevoir du véritable état de son époux, et dès-lors elle ne voulut plus avoir de commerce avec lui.

La guerre s'étant rallumée en Italie, l'an 1733, entre l'empereur, d'une part, et les rois de France, d'Espagne et de Sardaigne, de l'autre, le duc et la duchesse de Guastalle, à l'approche des armées ennemies, se virent contraints d'aller chercher, avec leur cour, une retraite à Venise. Pendant leur absence, le comte de Spilimberg ouvrit les portes de Guastalle, le 19 mai 1734, au général Merci; mais, le 4 juillet suivant, après le départ des Impériaux, il fut obligé de rendre la place au roi de Sardaigne, qui, le 19 septembre, les défit devant Guastalle. La paix s'étant faite en 1736, la duchesse, au mois de novembre, revint avec son époux dans ses états.

Dès lors elle commença à faire éclater la jalousie que lui causait la trop grande autorité dont jouissait le comte de Spilimberg. Ayant obtenu de l'empereur, le 18 octobre 1737, un décret qui la nommait administratrice de l'état de Guastalle, pour en hâter plus sûrement l'exécution, elle entreprit, au mois d'août 1738, un voyage en Allemagne, sous prétexte de voir sa famille. De retour dans ses états, en 1741, elle nomma, l'année suivante, pour son premier ministre, le marquis Valentini, avec l'agrément de l'empereur Charles VII. Mais, en 1745, le général Castellar prit possession de Guastalle, au nom d'Elisabeth, reine d'Espagne, en même tems qu'il s'emparait, pour elle, des duchés de Parme et de Plaisance. Les choses changèrent bientôt de face, après la mort de Charles VII et l'élection du nouvel empereur François de Lorraine, dont les troupes entrèrent dans Guastalle, le dimanche des Rameaux, 3 avril 1746. Le duc Joseph étant mort le 16 août suivant, la duchesse, son épouse, dont il ne laissait point de postérité, se retira dans les terres qu'elle avait en Moravie. L'impératrice-reine, Marie-Thérèse, regardant le Guastallais comme un démembrement du Milanez, envoya sur les lieux le marquis de Castiglione, qui lui fit prêter serment, le 4 septembre 1746, par les habitants de Guastalle, dont elle conserva le domaine jusqu'à la paix d'Aix-la-Chapelle, conclue en 1748. Ce fut alors que, par le traité définitif signé le 18 octobre, l'impératrice-reine, en compensation des Pays-Bas que la France lui cédait, abandonna les duchés de Parme, Plaisance et Guastalle à don Philippe, infant d'Espagne, pour lui et ses descendants : les allodiaux en furent réservés au duc de Modène, qui se chargea de l'apanage des duchesses douairières, Théodore de Darmstadt, et Marie-Eléonore de Sleswick, pendant leurs vies. C'est ainsi que ces trois duchés sont tombés dans la maison de Bourbon.

DON PHILIPPE.

1749. DON PHILIPPE, infant d'Espagne, fit prendre possession par le duc d'Aumade, qui reçut le serment des vassaux et du peuple, le 22 février de cette année. (Voyez la suite *aux ducs de Parme et Plaisance.*)

L'état de Guastalle nous serait très-peu connu, sans le soin qu'a pris le P. Irenée Affo, bibliothécaire du duc de Parme régnant, de nous en donner récemment une histoire complète en quatre volumes in-4°. Cet ouvrage et les *Antichità e Pregi della Chiesa Guastallese* du même auteur, sont tous deux remplis de recherches savantes, et dirigées suivant les régles de la plus saine critique.

COMTES DE MONTÉCHIARUGOLO.

MARC-ANTOINE.

1460. Conformément aux intentions de CHRISTOPHE, son père, MARC-ANTOINE l'aîné prit le gouvernement de Montechiarugolo et la tutelle de ses frères. Mais, la même année, il passa dans le royaume de Naples, sous les drapeaux d'Alexandre Sforce que le duc de Milan envoyait au secours de Ferdinand, roi d'Aragon, contre Jean d'Anjou. Le 27 juillet 1460, il mérita les plus grands éloges à la bataille de San-Fabiano. (Voyez *Simonetta Sforziad*, lib. 27.) Ses affaires domestiques le rappelèrent chez lui en 1461; mais, étant retourné au camp de Sforce, l'été de l'année suivante, il périt malheureusement en se jetant à la nage, tout armé, dans un lac, où il avait rêvé, la nuit précédente, qu'il se noyait. Il joignait à une grande force de corps des talents marqués pour la poésie. (Voyez Fulgotius, *Dicta et facta memorab.*, lib. 1, cap. 5; Lodovico Domenichi, *Ist. varia*, lib. 4, pag. 214; Cardanus, *Synes somn.*, lib. 4, cap. 2; Erba, *Ist. M. S. di Parma*.) Il ne laissa point de postérité, n'ayant point été marié, comme on l'a dit.

MARSILIO.

1462. MARSILIO, après la mort de Marc-Antoine, laissa à Gui, son autre frère, la carrière ecclésiastique, obligé de la quitter pour se mettre à la tête des affaires de sa maison. Une amitié tendre l'unit à Giacomazzo, celui de ses frères qu'il chérissait le plus. Il se rendit à Guastalle avec lui, en novembre 1465, pour terminer quelques différents avec la comtesse Madelaine del Caretto, douairière de Pierre-Gui I. Marsilio, gouverneur de Tortone, pour les ducs de Milan, ensuite général du duc Jean-Galéas-Marie Sforce, commanda, en 1478, l'expédition contre Robert San-Severino et la ligue, puis contre les Suisses, lorsqu'ils se furent emparés de Bellinzona. (Angeli. *Ist. di Parma*, lib. 4, pag. 415.) En 1479, il passa au service du pape Sixte IV, et de Ferdinand, roi de Naples, après avoir mis dans son traité avec ces puissances, qu'il ne porterait jamais les armes contre les ducs de Milan et de Mantoue.

Lorsque les Rossi, soutenus par la république de Venise, se révoltèrent contre le duc Jean-Galéas, les comtes de Montechiarugolo se divisèrent. (Affo, *Ist. di Guast.*, tom. II, pag. 94.) Gui et Amurath, frères de Marsilio, embrassèrent le parti des Vénitiens; et ce dernier leur rendit de si grands services, qu'à sa mort, arrivée en 1483, la république fit écrire à ses frères pour leur témoigner son regret de la perte de ce grand homme, et donna le commandement des troupes qu'il avait sous ses ordres, à Gui, alors protonotaire aspostolique. (Angeli, *Ist. di Parma*, pag. 418.) Mais le comte Marsilio et Giacomazzo restèrent fidèles au duc, qui, justement irrité de la défection d'Amurath, confisqua ses biens et en investit Marsilio le 10 septembre 1482. Ce prince, voulant donner de nouvelles marques de sa confiance à ses deux fidèles vassaux, les nomma, par lettres du 18 septembre 1483, pour commander tous deux dans le Bressan. Pendant le siége de Gênes, Marsilio, aidé par François Secchi d'Aragone, et quelques troupes d'élite que Frédéric Gonzague lui avait envoyées, introduisit dans la place Battistino da Campo-Fregoso, son beau-frère, doge de cette république, le même qui, en novembre de la même année, fut fait indignement prisonnier par le cardinal Paul Fregose, archevêque de Gênes, dans une visite qu'il rendait à ce prélat, et fut obligé de lui céder la charge de doge pour sauver sa vie. (*Ann. d'It.*, tom. X, 1483.) Rappelé par Ferdinand I, roi de Naples, Marsilio mérita l'affection de ce prince, qui l'admit dans son conseil d'état, et le combla de bienfaits. Il lui rendit de grands services pendant la guerre contre les barons (Camillo Portio, *Congiura dei Baroni*, fol. 52 et 54), et mourut d'une fièvre tierce, à Thetti, dans l'Abruzze, le 15 août 1490. Le comte Secchi d'Aragone, général célèbre et favori de Frédéric, troisième marquis de Mantoue, qui avait épousé Catherine de Gonzague, (*Voy.* Louis de Gonzague, deuxième marquis de Mantoue) sœur naturelle légitimée du duc, son maître, eut de cette alliance une fille unique, nommée PAULE, qu'il maria au comte Marsilio. Elle laissa à la maison Torelli, par son testament fait à Ferrare, le 22 octobre de l'an 1500, des biens considérables, que recueillirent ses enfants. Marsilio laissa de cette union Christophe et François, qui suivent, une fille nommée Orsina, donnée en mariage au comte François Sforce, des comtes de Santà-Fiore, seigneur de Castel-Arquato, dont elle n'eut point d'enfants, morte à Reggio, le 22 juillet 1531. Il eut de plus un fils naturel, nommé Hector. (*Voy.* Corio, *Istor. di Milano*; *Cronica di Parma del anonimo contemporaneo*; Erba, *Istor. manuscripta di Parma.*)

CHRISTOPHE II ET FRANÇOIS I.

1490. CHRISTOPHE et FRANÇOIS, étant près de leur majorité, restèrent sous la curatelle de Paule Secchi, leur mère, qui défendit leur droit sur les impositions du comté de Guastalle, que la comtesse Madelaine del Caretto et Pierre-Gui II lui disputaient pardevant le duc Louis-Marie Sforce. La comtesse Paule et ses enfants furent confirmés dans ce droit par une lettre du duc du 5 mai 1494, et par une sentence rendue en sa faveur, en 1502, où elle fut réintégrée dans les biens même confisqués au comte Christophe, son fils, qui avait déjà encouru la disgrâce du duc de Milan. Il avait appelé à son secours, lorsqu'il perdit ses états, son oncle, Gui le Protonotaire, qui, avec les troupes que Jean Bentivoglio lui avait envoyées de Bologne, était parvenu à reprendre Montechiarugolo, et à le restituer à son neveu. (Voyez *Diario Ferrarese*, anno 1497, *7 février* et *22 juin*; Muratori, *Rer. Ital.*, tom. XXIV.) Christophe ne fut pas heureux dans le choix des partis qu'il embrassa. Devenu gendre de Robert San-Severino, l'un des plus zélés défenseurs du duc de Milan, il se rapprocha de ce prince et s'attacha à sa fortune. Apprenant qu'il revenait d'Allemagne pour recouvrer le Milanez, Christophe fait enlever, par Thomas Cantelli, le 11 février de l'an 1500, le pavillon français qui flottait sur les remparts de Parme, pour y substituer celui du duc; ce qui occasiona de grands tumultes dans cette ville, et coûta la tête à Cantelli, le 23 mars de l'année suivante. Mais déjà Jean-Jacques Trivulce, qui venait de remplacer le maréchal de Chaumont, dans le commandement de l'armée du roi Louis XII, s'avançait. Il avait pris Concordia; Bologne lui ouvrait ses portes; le 21 mai, Parme suivit le même exemple; et Montechiarugolo assiégé, quoique vaillamment défendu, fut pris par les Français dans les premiers jours de juin, confisqué et donné, en récompense de leur service, à MM. de Prie et de Gimel. Ce dernier fut quelque tems commandant à Parme. L'auteur du *Diario Ferrarese* (pag. 386), dit que la prise de la forteresse de Montechiarugolo coûta aux Français sept chariots remplis de morts, que l'on rapporta à Parme pour les y ensevelir. Christophe, dépouillé de ses états, servit les Florentins, puis l'empereur Maximilien, avec lequel il ne fut pas non plus très-fortuné. François IV, marquis de Mantoue, lui confisqua, le 27 juin 1506, les biens qu'il pouvait avoir dans le Mantouan, ainsi que ceux de François, son frère, pour les punir d'avoir fait des irruptions à main armée dans ses états, et en investit Françoise Bentivoglio, femme de Gui le Protonotaire, leur oncle. Lorsque le comte François eut racheté Montechiarugolo, en 1503, Christophe se retira à Coënzo, fief dont il fut investi par Maximilien I. Absout et rétabli dans ses biens allodiaux, par Louis XII, suivant des lettres-patentes de ce prince, expédiées de Blois au mois de janvier 1508, il vint habiter Parme, et vécut jusques au-delà de l'année 1542. On ignore celle de sa mort. Il avait épousé IPPOLITA, fille de Robert San-Severino, général célèbre, tué en 1487, qui se trouva à presque toutes les affaires de son tems. Il en eut Marsilio et Frédéric, comte de Coënzo, dont la postérité s'éteignit peu après, et dont les biens furent recueillis par le comte Pomponio Torelli. Marsilio l'aîné eut entr'autres enfants Barbara, célèbre en Italie par ses poésies comme par sa beauté, mariée en premières noces, avant le mois d'octobre 1491, à Hercule Bentivoglio, noble bolonais et ferrarais, et poëte lui-même. Elle fut tendrement aimée d'Hercule Strozzi, également noble et poëte ferrarais, qui l'épousa, en 1508, après la mort de son premier mari. Mais un rival, jaloux de cette union, poignarda son époux treize jours après ses noces. Barbara fut inconsolable de sa perte. Elle fit un sonnet touchant à ce sujet, qu'on trouve dans les *Rime scelte de Poeti Ferraresi* de *Bergalli* : il est rapporté ci-dessous (1). Après avoir fait son testament à Bologne, le 7 novembre de l'an 1533, elle vint finir, peu après, ses jours à Parme dans des sentiments chrétiens.

FRANÇOIS, seul.

1503. FRANÇOIS Torelli, fils du comte Marsilio, commença par servir sous le général Paul Vitelli, décapité depuis en 1499.

---

(1) Spenta è d'Amor la face, il dardo è rotto,
    E l'arco, e la faretra, e ogni sua possa,
    Poi ch' ha Morte crudel la pianta scossa,
    A la cui ombra cheta io dormia sotto.
Deh! perchè non poss' io la breve fossa
    Seco entrar dove hallo il destin condotto,
    Colui, che appena cinque giorni, et otto
    Amor legò pria della gran percossa?
Vorrei col foco mio quel freddo ghiaccio
    Intepidire, e rimpastar col pianto
    La polve, e ravvivarla a nuova vita ;
E vorrei poscia baldanzosa, e ardita
    Mostrarlo a lui, che ruppe il caro laccio,
    E dirgli : Amor (mostro crudel!) può tanto.

(Ce sonnet se trouve aussi dans Borsetti, *Hist. almi Ferrar. Gymnasii.*)

Il eut ensuite une compagnie de cent hommes d'armes sous Charles VIII; et sous Louis XII, il se distingua, comme on l'a vu, au siége de Milan. Ayant racheté Montechiarugolo de MM. de Gimel et de Prie, il rentra, en avril 1503, dans cette forteresse, où il trouva son palais entièrement dévasté. Le maréchal Trivulce, sous lequel il avait combattu, et qui l'aimait beaucoup, lui donna en mariage Damigella, sa nièce (1), que les historiens ont tant célébrée, et dont l'esprit et l'érudition étaient regardés comme un prodige : *ut potiùs prodigium quàm fœmina existimetur.* C'est l'expression de Philippe de Bergame, auteur contemporain, qui la voyait souvent. (Voy. *De claris selectisque Mulieribus.*)

François donna au roi François I, lors de son arrivée en Italie, des preuves de son attachement à ses intérêts, en conduisant à son service tout ce qu'il put ramasser de troupes. Il paraît qu'il combattit avec lui à la bataille de Marignan. Le roi le prit tellement en affection, qu'à son passage à Parme, en décembre de la même année, il daigna l'aller voir à Montechiarugolo, où le comte eut le bonheur de le recevoir et de le traiter ainsi que toute sa cour. Ce prince, donna cette année, au comte François, le gouvernement de Parme. Ayant besoin de renfort, Torelli y fit venir, le 6 avril 1516, trois compagnies d'ordonnance de gascons; mais elles y causèrent tant de désordres et de pillage, qu'il fut obligé de les renvoyer, pour empêcher les habitants de se révolter. Les soins qu'il prit pour contenir les Parmesans, la sévérité dont il fut obligé d'user envers eux, son zèle à protéger les Français et à soutenir les intérêts du roi, l'ayant rendu odieux, la ville envoya, le 4 mai, Damien Cornazzano l'accuser à Milan, et le comte jugea à

---

(1) DAMIGELLA TRIVULCIA, née vers 1479, était fille de Jean Trivulce, seigneur milanais, et d'Angelle Marliningue de Brescia. Dès l'âge de douze ans, elle était un objet d'admiration, et sa mémoire fut citée comme une chose extraordinaire; elle composa des harangues, des épitres et des poésies grecques et latines. Sa réputation s'étendait dans presque toute l'Europe. Betinelli, *Risorgimento d'Ital.*, part. 2, cap. 2; Quadrio, *Storia e ragione d'ogni poesia*, vol. 7, pag. 70 et 71; Tiraboschi, *Storia della litterat. Ital.*, tome I, part. 2, pag. 12, et nombre d'autres auteurs en parlent avec éloge. Devenue veuve, en 1518, elle se livra toute entière à l'éducation de son fils, à l'étude et à la prière, et finit ses jours le 2 mars 1528. L'Arioste l'a célébrée, chant 46, 58, 4.

Veggo Ippolito Sforza, e la nodrita.
Damigella Trivulzia al sacro Speco.

propos de s'y rendre le 18 pour se justifier. Au mois de mai 1517, François secourut le comte de Novellara, qu'Achille, comte de Guastalle, voulait attaquer. Craint de ses ennemis, aimé de ses sujets, considéré des souverains, heureux dans son intérieur, il s'occupait avec sa femme des sciences et des lettres, lorsque la mort l'enleva dans la force de l'âge, le 6 septembre 1518. On lui fit les funérailles les plus magnifiques qu'on eût vues à Parme, à ce que disent les historiens. François laissa de DAMIGELLA TRIVULZIA, Paul, qui suit; et quatre filles : Angiola, femme du comte Winceslas Rangone ; Paule, mariée, le 16 juin 1518, au comte Jean-Pierre Belgiojoso ; Orsine, et Nastasie. Il eut dans sa jeunesse un bâtard, nommé Gaspar, qui se fit un nom par ses poésies.

François augmenta les faubourgs de Montechiarugolo, rétablit les fortifications de la forteresse, qu'il garnit d'une belle artillerie de bronze toute à ses armes. (Elle fut depuis emportée par les Allemands à l'arsenal de Mantoue, et vendue au milieu de ce siècle.) François avait considérablement augmenté les impositions sur Guastalle, comme il paraît par un bref d'absolution du 24 août 1517, qu'il avait obtenu à ce sujet du pape Léon X, pour tranquilliser sa conscience.

PAUL.

1518. PAUL, fils de François Torelli, lui succéda en bas âge sous la tutelle de Trivulcia, sa mère. Cette dame, pendant sa régence, fonda, l'an 1522, suivant les intentions de son époux, un couvent de Récollets, nommé *Sainte-Marie-les-Grâces*, *hors des murs de Montechiarugolo*. Tandis qu'elle travaillait aux édifices de cet établissement, qui ne furent achevés qu'après sa mort, arrivée en 1528, le comte Paul, son fils, se rendit à la cour de Vienne pour faire sa cour à Charles-Quint, passa ensuite à Cracovie (1) sur l'in-

---

(1) Paul, en Pologne, fut étroitement lié avec SAMUEL MACIEIOWSKI, fils de BERNARD DE MACIEIOW, castellan de Lublin, évêque de Cracovie, et grand chancelier de la couronne, qui croyait descendre des Torelli d'Italie. Ugossius, en effet (*Hist. Polon.*, p. 739, en parlant d'ANDRÉ CIOLECK, évêque de Plotzk, dit *Præfatus autem Andreas genere nobilis erat de Domo Taurorum*. BERNARD MACIEIOWSKI, neveu de Samuel, qui avait fait ses études à Rome, et devint depuis évêque de Cracovie, archevêque de Gnesne, et cardinal, fut aussi l'ami intime du comte Pomponio, chez lequel il séjourna plusieurs fois à Montechiarugolo, en allant à ses ambassades. Ce furent ces liaisons.

vitation de Bonne, reine de Pologne, fille de Jean Sforce, duc de Milan et femme de Sigismond I. Cette princesse, qui se ressouvenait que sa maison devait son élévation à Gui II Torelli, fit, au comte Paul, l'accueil le plus distingué, et engagea son époux, entr'autres marques d'honneur, à le déclarer *noble polonais*; titre qui paraît avoir été renouvelé ou confirmé à ses descendants. Le comte, pendant son séjour dans ce royaume, fut chargé secrètement des intérêts du pape Clément VII.

De retour à Rome, il rendit compte au pontife de sa négociation; après quoi, il s'occupa à défendre ses droits sur le comté de Guastalle, que Ferrant de Gonzague était sur le point d'acheter de la comtesse Louise Torelli, dernière héritière de sa branche. En vain Clément VII le recommanda-t-il, par un bref du 30 mars 1528, au duc de Milan; en vain la reine Bonne écrivit-elle à ce prince pour l'engager à se montrer favorable à Paul, le crédit qu'avait Ferrant de Gonzague auprès de Charles V l'emporta. Les Guastallais, se sentant soutenus, allèrent jusqu'à refuser au comte Torelli sa part des impositions et des droits régaliens. La cour impériale accueillit mal ses plaintes à ce sujet. Alors le pape Paul III, auquel il s'adressa, prit sa défense, et mit, en 1535, la ville de Guastalle sous un interdit, dont elle ne fut relevée qu'en 1541. Ce pape n'avait pas plus le droit de se mêler des affaires temporelles de Guastalle, que le duc de Milan et Charles V, tandis que les héritiers naturels existaient, d'autoriser la comtesse Louise Torelli à vendre un fief substitué dans la ligne masculine, aux termes des investitures, qui rappelaient les agnats jusqu'à l'infini. Paul, désolé de voir ainsi le comté de Guastalle lui échapper et sortir pour toujours de sa maison, ne voulut jamais vendre à Ferrant de Gonzague les droits qui lui restaient. Peu d'années après, il eut encore le chagrin d'être sur le point de reconnaître pour suzerain Pierre-Louis Farnèse qu'il haïssait, au lieu du duc de Milan et du pape auxquels il était attaché. Toutes ces contrariétés l'affectèrent et avancèrent ses jours; il mourut le 2 janvier 1545, six mois avant que le duc Pierre-Louis reçut l'investiture de Parme.

---

qui amenèrent depuis la transplantation en Pologne d'une branche des comtes de Guastalle et de Montechiarugolo, en la personne de Joseph Salinguerra Torelli (en *Polonais* Cioleck), qui s'établit dans ce royaume, après avoir épousé Sophie Poniatowska, et dont un descendant occupe aujourd'hui (1785) le trône.

Paul fut marié deux fois. De la comtesse Isabelle Contrari, sa première femme, il n'eut qu'un fils, François, qui, étant passé en France, fut aumônier du roi Charles IX, et abbé commendataire de Lezat. Sa seconde femme, qu'il épousa vers 1530, fut Béatrix, fille de Jean-François-Pic, comte de la Mirandole et de Jeanne Caraffa, nièce du pape Paul IV. (Le fameux Jean Pic, surnommé le Phénix de son siècle, était son oncle.) C'est du chef de Béatrix que cette principauté se trouva dévolue à la maison Torelli, vers la fin du siècle dernier. Paul eut de ce second lit trois fils et deux filles; 1°. Pomponio qui suit; 2°. Paul-Camille, qui, étant passé au service de France, sous Henri II, se distingua beaucoup au siége de Metz, en 1552, fut fait colonel dans les guerres d'Italie, en 1557, sous le duc de Guise, et mourut jeune; 3°. Adrien, colonel d'infanterie au service d'Espagne, ensuite de cavalerie au service du pape, puis, dans le même grade, au service de France, mort à Niort, au retour du siége de Saint-Jean-d'Angeli. Les deux filles furent N., religieuse aux sœurs Blanches de Reggio; et Angiola, mariée, en 1566, à Frédéric, comte de Coënzo, mort vers 1570. Paul cultiva les lettres et les mathématiques avec succès. Il jouissait d'une haute considération personnelle. Il reçut à la fois à Montechiarugolo, le pape Paul III, six cardinaux, le duc de Ferrare et toute leur cour, et pendant plusieurs jours, leur y donna des fêtes. Il aimait beaucoup la magnificence et les arts. Ayant réuni des biens allodiaux très-considérables pour ces tems-là, ses dépenses de luxe ne l'empêchèrent pas de faire des établissements très-utiles pour ses sujets, qu'il ne foula jamais, et dont il fut long-tems regretté.

POMPONIO.

1545. Pomponio, né vers 1539, resta sous la tutelle de Béatrix Pic de la Mirandole, sa mère, et du cardinal Augustin Trivulce, qui, cédant tous deux aux sollicitations de Ferrant de Gonzague, lui aliénèrent, le 31 octobre 1545, les droits que leur pupille conservait sur Guastalle, et dont le comte Paul, son père, n'avait jamais voulu traiter. Elevé au sein de l'université de Padoue, Pomponio y fit les plus grands progrès. Voyageant ensuite dans le midi et dans le nord de l'Europe, chose rare dans ces tems-là, il laissa partout des marques de son érudition et de son esprit. La mort de ses frères le rappela à Montechiarugolo; ce fut là qu'il composa ses poésies latines et ses *rime amorose*, fruit de sa jeunesse. En 1566, il accompagna, en Flandre, Marie de Portugal, destinée au prince Alexandre Farnèse. A son retour, le cardinal Alexandrin (1) lui fit épouser Isabella Bonelli, sa sœur, petite-nièce du pape Pie V, qui, dans cette occasion, ne fit rien pour elle, disant *qu'Isabelle avait assez de ses vertus*. Pomponio donna bientôt tous ses soins à l'académie des Innominati, qu'il avait, conjointement avec le docteur Eugène Visdomini, engagé le duc de Parme à fonder en 1574. Le surnom qu'il y adopta, suivant l'usage, fut *il Perduto*. Il y donnait des leçons sur le droit naturel, science alors au berceau, et sur la poétique. Mais des occupations plus sérieuses l'enlevèrent à ses travaux littéraires. Alexandre Farnèse voulant tenter d'obtenir la restitution de la citadelle de Plaisance, demanda, dit M. de Thou, au duc son père, quelqu'un à qui sa naissance et la connaissance des affaires pût donner quelque poids auprès du roi d'Espagne. Le duc Octave ne vit que Pomponio Torelli capable de conduire cette négociation délicate. Plaisance était tombée, comme on l'a vu, entre les mains de Charles V, après la mort funeste de Pierre-Louis. Elle fut rendue aux Farnèses, par Philippe II, en 1556; mais ce prince s'étant réservé la citadelle, où il avait mis une forte garnison, qu'Octave devait payer, le tenait toujours en échec par ce moyen. Il était difficile au duc de Parme, sans forces, d'obtenir la remise de cette place d'un monarque tout-puissant, et dans le fond du cœur, son ennemi.

Muni de ses pleins pouvoirs, le 19 octobre 1584, Pomponio alla joindre Alexandre Farnèse sous Anvers. Ayant passé quelque tems avec lui à Beveren, pour prendre des instructions plus détaillées, il le quitte, le 14 novembre, et après s'être arrêté quelques jours à la cour de France, arrive en Espagne. Le comte trouva Philippe II à Barcelonne. Son premier soin fut de gagner ses bonnes grâces, et il y mit tant d'habileté, que le roi prêtant l'oreille à ses propositions, chargea le cardinal de Granvelle et don Juan d'Idiaguez, secrétaire d'état, de traiter avec lui sur cet objet, désirant que ses autres ministres l'ignorassent. Au bout d'un an, Pomponio s'aperçut que, suivant l'usage d'Espagne, on cherchait à l'amuser et à gagner du tems. « Alors il quitta le personnage de négocia-
» teur, pour prendre celui de médiateur, et leur fit entendre
» qu'il était dangereux de traîner trop cette affaire en langueur,

---

(1) Il fut légat en France, en Espagne et en Portugal. Ce fut par ses soins que se conclut, le 20 mai 1571, la fameuse ligue contre les Turcs, dont la victoire de Lépante fut la suite.

» parce que, quoiqu'il n'eût aucun lieu de le croire, il pou-
» vait cependant arriver que, de son côté, le prince de Parme
» tirerait aussi le siége d'Anvers en longueur, ce qui appor-
» terait un très-grand préjudice au succès que S. M. C. avait
» lieu d'espérer ». Ces paroles rapportées au roi, firent une
impression terrible sur son esprit, et le décidèrent à la restitution de la place. Mais le roi ne voulait la remettre qu'au prince
de Parme, Alexandre Farnèse, qui lui avait rendu de si grands
services, et qu'il désirait obliger. Le duc, que le roi était bien
aise d'humilier, ne pouvait, de son côté, souffrir qu'on lui
donnât cette mortification. Il fallut tout l'art et l'esprit de
Pomponio, pour ramener le monarque espagnol sur ce point,
qui fut enfin obtenu. Le duc de Terra-Nova, gouverneur du
Milanez, remit alors la citadelle de Plaisance, le 15 juillet
1585, à Ranuce Farnèse, qui la reçut au nom d'Octave, son
aïeul. (Voy. hist. univers. de M. de Thou, tom. IX, pag. 442
et suivantes.)

A Parme, on avait cru la négociation manquée : la joie que
son heureuse réussite occasiona, fut si grande, que le peuple
allant en foule au devant de Pomponio, l'enleva, malgré lui,
de dessus son cheval, et le porta en triomphe sur ses épaules,
jusques dans l'appartement même du duc Octave. (Poggiali,
Memor. Istor. di Piacenza, tom. X, pag. 228.) Pomponio,
aimé de ce prince, chéri d'Alexandre, son fils, craint et res-
pecté de Ranuce Farnèse, qui était incapable d'aimer personne, remplaça ce dernier comme président de l'académie
des Innominati, et fut en même tems reçu à celle des *Rico-
vrati* et des *Fecondi*, de Padoue. Il fit un voyage à Rome,
en 1588, pour voir Sixte-Quint. La mort l'enleva, le 12
avril 1608, à Parme : son corps fut déposé à l'église de
l'Annunziata de cette ville, dans une chapelle de sa maison.
Bernardino Baldi, son ami, fit ce distique pour mettre sur
sa tombe :

Parcere si meritis hominum mors improba vellet,
Non te, Pomponi, clauderet iste lapis.

D'ISABELLA BONELLI, née à Bosco, le 8 mai 1554, qu'il
avait épousée le 24 novembre 1573, morte l'an 1591, Pom-
ponia laissa, 1°. Paolo, né l'an 1576, qui renonça à ses droits
d'aînesse pour suivre l'église ; prélat vertueux et savant, employé comme légat dans diverses missions difficiles, archevêque de Rossano, grand-inquisiteur de Malte, mort à Rome
en avril 1630 ; 2°. Pio, qui suit ; 3°. François, grand-
chambellan du grand-duc de Toscane, dont la postérité est
éteinte ; 4°. Marsilio, chevalier de Malte, en 1588, mort

avant 1608; 5°. Pompilio, aussi chevalier de Malte, mort jeune; 6°. Salinguerra, né en 1587, souche des branches de Pologne et de France (1). Les filles sont, 1°. Clélie, mariée,

---

(1) *BRANCHE DE FRANCE.*

1587. GUI-SEVERE SALINGUERRA, dit SALINGUERRA IV, sixième fils du comte Pomponio Torelli, né à Parme, le 3 février 1587, élevé à Rome, épouse, à Montechiarugolo, le 25 août 1610, PRUDENCE LANFRANCHI, d'une maison illustre de Pise. Après avoir eu quelques différents avec ses frères, au sujet de son apanage et de la primogéniture établie en faveur du comte Pio, il alla se fixer à Bosco, près d'Alexandrie, chez ses parents maternels, les Bonelli, marquis de Cassano. Il était dans le Parmesan, lorsque Pio Torelli fut décapité, et le bonheur de n'être qu'apanagé le sauva d'être impliqué dans le procès de son malheureux frère; mais il y perdit ses biens. Entré au service du duc de Savoie, qui le distinguait beaucoup, il fut lié d'amitié avec le célèbre cavalier Marino et le Tassoni, auteurs des poëmes de l'*Adone* et de la *Secchia rapita*. Blessé ensuite grièvement au siége d'Asti, et ayant reçu dans une autre affaire une contusion à la tête, dont sa raison resta quelque tems altérée, il mourut à Bosco, des suites de cet accident, en 1615. Sa femme le suivit au tombeau, le 28 décembre 1618, et leurs cendres réunies, furent déposées dans le sépulcre des Bonelli. Ils laissèrent de ce mariage, Philibert, qui suit; et Joseph Salinguerra, auteur de la branche de Pologne.

PHILIBERT, fils puîné de Salinguerra IV, et petit-fils de Pomponio Torelli, comte de Montechiarugolo, né à Bosco, le 30 décembre 1613, tenu sur les fonts de baptême le 2 janvier 1614, au nom du prince Emmanuel Philibert de Savoie et de la duchesse de Mantoue, resté orphelin en 1618, fut élevé par les marquis Bonelli. Il entra au service du roi d'Espagne Philippe IV; séjourna quelques années à Naples; passa ensuite en France, et de là à Turin. Marié, en 1643, à CLODIA FREZZA, issue d'une maison ancienne de Naples, femme d'un esprit et d'une beauté célèbres, il transigea, le 1er août 1646, avec le comte Adrien Torelli, son cousin, au sujet des biens de Gualtiéri, et tenta, par la protection de la maison de Savoie, de rentrer dans ceux qui lui avaient été confisqués dans le Parmesan; mais le duc Charles-Emmanuel II, se disposant à marier Marguerite Yolande de Savoie à Rainuce II Farnèse, laissa de côté l'affaire de la restitution des biens de Philibert, qui déplaisait au duc de Parme. Philibert, aigri par cette contrariété, eut le malheur d'oublier ce qu'il devait à ses bienfaiteurs. Comme il s'échappait, pour se réfugier en France, il fut assassiné au pied du Mont-Cenis, en 1659. Sa femme, inconsolable, ne lui survécut que peu de tems, et finit ses jours à Turin l'année suivante. Dans son testament, fait à Parme, en 1646, Philibert, à défaut du comte Joseph, son fils unique, rappelait, pour ses héritiers, les branches établies en Pologne et en Lombardie.

en 1604, à J. B. Masi, comte de San-Michele, décapité à Parme, en 1612; 2°. Flavie, mariée au comte Girolamo Bernieri, neveu du cardinal Sant-Angelo: 3°. Ersilie, alliée au

---

BRANCHE DE FRANCE.

Joseph I, né à Turin, le 26 septembre 1645, après avoir fini son éducation à Rome, passa à Naples. Il fut successivement au service de Charles II, roi d'Espagne, et des ducs de Savoie, qu'il quitta ensuite pour parcourir l'Italie, l'Allemagne, la Hongrie, la Turquie, les Pays-Bas, l'Angleterre et la France. Doué d'une mémoire et d'une activité incroyables, il embrassa avec ardeur les études de toute espèce. A la connaissance de la plupart des langues de l'Europe, il joignait une érudition vaste; mais ce génie ardent était malheureusement porté à la satire. En ayant usé successivement contre les ducs de Parme, et contre Victor Amédée II, qui l'avait protégé d'abord, et ensuite abandonné, il fut forcé de se réfugier en France pour sauver sa tête mise à prix, et d'y vivre ignoré quelque tems. Charles IV de Gonzague, dernier duc de Mantoue, l'aimait particulièrement, et les espérances qu'il lui avait données, de le faire rentrer dans les bonnes grâces du duc François Farnèse, et d'engager ce prince à le rétablir à Montechiarugolo, s'étant évanouies, Joseph en fut accablé de chagrin. Saisi d'une fièvre bilieuse à Mantoue, il y fit son testament le 10 mars 1702, par lequel il instituait ses enfants héritiers par parties égales, déclarant qu'il n'y aurait lieu à une primogéniture que pour les biens de fidéi-commis et les fiefs situés en Italie. Il rappelle aussi, à leur défaut, comme le comte Philibert, son père, les branches de Pologne et de Lombardie. Echappant à cette maladie et à de nouveaux périls, de retour en France, il y fut persécuté jusqu'au dernier moment par ceux qu'il avait si injustement offensés, et périt empoisonné, à Paris, le 7 octobre 1707. Il avait épousé, en 1696, N..... Masson, d'une famille chapitrale de Franche-Comté, dont il laissa, outre deux filles mortes sans alliances, deux enfants mâles, Joseph-Philippe et Claude, qui suivent.

Joseph-Philippe, né à Paris, en 1697, élevé à Rome, fut quelques années au service du pape, qu'il quitta pour passer en France en 1723. Aux talents pour la poésie, dont il fut doué comme ses aïeux, il réunit de grandes vues politiques qui l'égarèrent. Il épousa, en 1748, Anne-Thérèse-Monmerqué de Bazoncourt, d'une famille noble, originaire de Champagne; et de ce mariage, sortirent quatre enfants, Claude-Philibert, Cyr-Gabriel, Isaac-Joseph, et une fille nommée Adélaïde.

Claude, deuxième fils de Joseph I, né à Paris en 1699, élevé avec son frère à Rome, fut d'abord destiné à l'église, et reçut les ordres mineurs. Ensuite étant entré au service de France dans la cavalerie, il fut obligé de le quitter, quoique fort jeune, à cause des violents accès de goutte dont il était tourmenté. Du courage pour supporter de

comte François Anguisciola, de Plaisance. Outre ces enfants, il avait eu, avant son mariage, d'une villageoise appelée Catherine, un fils naturel, nommé Pompilio, reçu, malgré sa

BRANCHE DE FRANCE.

grandes infortunes, des vertus intérieures et chrétiennes, et de bonnes actions ont rempli sa longue et estimable carrière, terminée en 1783, à l'âge de quatre-vingt-quatre ans. Il avait cultivé les belles-lettres et les mathématiques. On a de lui un traité de fortifications, écrit en italien, dont on fait cas, mais qui n'a jamais été imprimé. De CLAUDE-LOUISE MONMERQUÉ, qu'il avait épousée en 1755, morte le 9 février 1790, il a laissé un fils unique, JOSEPH II, onzième comte du nom, né à Paris, colonel de cavalerie au service de France, et chevalier de l'ordre de Saint-Stanislas.

BRANCHE DE POLOGNE.

JOSEPH SALINGUERRA, cinquième du nom, fils de Salinguerra IV et petit-fils de Pomponio Torelli, comte de Montechiarugolo, né le 7 janvier 1612, échappa, avec Adriano, son cousin, aux satellites de Ranuce I Farnèse, par l'humanité et la pieuse reconnaissance des Récollets de Montechiarugolo, et fut élevé à Gualtieri, sous les yeux de la comtesse Bentivoglio, veuve du comte Pio Torelli, son oncle. Appelé par les Maciejowski, Joseph Salinguerra passa en Pologne, où, à l'exemple de cette famille, il polonisa son nom en CIOLEK, traduction du nom italien TORELLI, comme on le voit par les actes où il est intitulé : *Illustris et magnificus Josephus Salinguerra, comes Cioleck, filius olim illustris et magnifici Salinguerræ comitis Montisclariculi.* Profitant de l'indigénat accordé à ses pères, il s'établit dans ce royaume, où il avait épousé, fort jeune, SOPHIE, fille d'Albert de Poniatow ou Poniatowski, et d'Anne Leszczynska, qui lui apporta partie du fief de Poniatow. Il mourut vers 1650, laissant de ce mariage un fils, qui suit, et une fille religieuse.

JEAN Torelli de Poniatow, ou Cioleck Poniatowski, né, le 12 décembre 1630, à Cracovie, attaché d'abord, comme gentilhomme d'honneur, à Marie-Louise Gonzague, reine de Pologne, se trouva, en juin 1651, à l'affaire où le roi Jean-Casimir V mit en fuite Chmielinski et le kan des Tartares ; il fit toute la guerre contre Charles-Gustave, roi de Suède, et mourut de plusieurs blessures qu'il avait reçues. Jean avait épousé, à Cracovie, le 23 novembre 1650, HEDWIGE, fille de Stanislas Maciejowski et d'Ursule Rapstinska, petite-nièce du cardinal Bernard Maciejowski, dont il laissa un fils unique nommé François.

FRANÇOIS, deuxième du nom, né à Cracovie, le 3 octobre 1651, fut fort aimé du roi Michel Koribut Wiesnowiecki, et suivit plusieurs

bâtardise, chevalier de justice, à Malte, en 1582, comme descendant de maison souveraine.

Pomponio recueillit les biens de la branche des comtes de

BRANCHE DE POLOGNE.

fois Jean Sobieski III dans ses expéditions, ou plutôt dans ses triomphes contre les Turcs. D'HÉLÈNE N....., qu'il avait épousée le 8 janvier 1673, il a laissé, outre plusieurs enfants morts, à ce que l'on croit, sans postérité, Stanislas, qui suit.

STANISLAS I, né en 1675, tourmenté du désir d'acquérir de la gloire, passa dans sa tendre jeunesse au service de Suède. Ayant conduit au-devant des Saxons, par des bois et des défilés, un détachement de l'armée, qui arriva deux jours plutôt qu'on ne pouvait l'espérer, Charles XII jugea ses talents, se l'attacha et en fit son aide de camp. Il avait déjà sa confiance, lorsque ce prince, vainqueur de la Pologne, déposa Frédéric-Auguste le 15 février 1704. Mais Auguste étant remonté sur le trône, en 1709, pour se venger du comte Stanislas, le bannit à jamais du royaume, et confisqua ses biens. Ayant constamment suivi la destinée bizarre de Charles XII jusqu'à sa mort, Stanislas, en 1719, revient en Suède. La reine Ulrique-Éléonore, sœur de ce monarque, lui offre tout ce qui peut le récompenser de tant de services rendus au feu roi. Mais celui-ci témoigne qu'il est polonais, attaché à sa patrie, et se contente de lui demander le diplôme original d'abdication de la couronne, que Charles avait forcé le roi Auguste de signer en 1704. La reine le lui ayant accordé, le comte Stanislas instruit le roi de Pologne, son maître, que tous les liens qui l'attachaient à un héros, son ami, sont rompus par sa mort; qu'il désire rentrer dans l'obéissance de son souverain naturel, et qu'il lui remettra le diplôme d'abdication de sa couronne dont il est possesseur. Auguste, pour qui cet acte était si important, reçut Stanislas à bras ouverts, lui rendit tous ses biens, ses privilèges, et le fit sous-veneur du grand duché de Lithuanie. Il augmenta en faveur sous Auguste III, et, avec les deux princes Czartorinski, forma ce triumvirat, qui, tantôt avec le comte de Bruhl, tantôt malgré lui, gouvernait le royaume. Successivement général des gardes royales, premier régimentaire des armées de la couronne, staroste de Lublin et Stryish, grand-trésorier de Lithuanie, palatin de Mazovie, castellan de Cracovie, chevalier de l'Aigle-Blanc, il mourut le 3 août 1762, comblé d'honneurs et de gloire, laissant de la princesse CONSTANCE CZARTORISKA, qu'il avait épousée le 14 septembre 1720, outre deux filles, Louise, née en 1728, mariée au comte Zamoyski, et Isabelle, née en 1730, alliée au comte Clément Branicki, grand-général de la couronne, huit fils, 1°. Casimir, né en 1721, grand-chambellan de la couronne, créé prince, ainsi que ses frères, le 18 décembre 1764, marié à Apollonie Ustrzycka, dont deux enfants, Stanislas, grand-trésorier de la couronne, et Constance, alliée au comte Louis Tyszkiewicz; 2°. Jacques; 3°. François;

Coënzo, et obtint des privilèges des ducs de Parme, en faveur des habitants de Montechiarugolo. Il est à remarquer que, réunissant les talents littéraires et politiques, il n'en abusa jamais. Pour faire connaître cet homme célèbre, presque ignoré en France, nous en rapporterons ici dessous, le portrait qu'en fait un auteur contemporain (1).

BRANCHE DE POLOGNE.

4°. Alexandre; 5°. Michel-Louis : tous morts jeunes ou sans postérité; 6°. Stanislas, qui suit; 7°. André, né en 1734, mort en 1773, marié en 1760 à Marie-Thérèse, comtesse de Kinsky, dont un fils, Joseph, né le 3 mai 1766, chevalier des ordres de Saint-Stanislas et de l'Aigle-Blanc, blessé à Sabalz. dans la dernière guerre contre les Turcs, général-major et colonel-propriétaire des gardes de la couronne: et une fille, Marie-Thérèse, née le 28 novembre 1763, mariée au comte Tyszkiéwicz, grand-référendaire de la couronne; 8°. Michel-Georges, né le 12 octobre 1736, archevêque de Gnesne. premier prince et primat de Pologne, chevalier de Saint-Stanislas et de l'Aigle-Blanc.

STANISLAS II, douzième comte du nom, descendant par les Cioleck, ou Torelli, ses pères, au vingtième degré de Gui Salinguerra, premier souverain de Ferrare, et au vingt-huitième de Ludophe, duc de Saxe, en 856, issu par la princesse Czartorinska, sa mère, du sang des Jagellons, grands-ducs de Lithuanie et depuis rois de Pologne, naquit, le 17 janvier 1732, à Wolczyn, en Lithuanie, voyagea dans l'Allemagne, en France et en Angleterre. Successivement envoyé de Pologne à la cour de Russie, grand-pannetier de Lithuanie, chevalier de l'Aigle-Noir et de Saint-André; il fut élu roi de Pologne le 6 septembre 1764, proclamé le lendemain, et couronné le 25 novembre suivant. (Voy. son article à la *Chronologie des ducs et rois de Pologne.*)

En faisant mention des branches issues des comtes de Guastalle et de Montechiarugolo, depuis le moment qu'elles ont perdu ces fiefs, nous nous sommes écartés de la règle générale que nous nous étions prescrite pour les grands feudataires; mais nous avons cru devoir faire cette exception pour une maison souveraine, aussi intéressante par ses malheurs que célèbre par son origine, par la quantité de grands hommes qu'elle a produits, et dont l'histoire est peu connue en France; et nous avons cru que nos lecteurs nous en sauraient gré.

(1) Delle qualita del conte Pomponio Torelli non dirò altro, poichè sapete tutti, com egli sia privilegiato di persona, d'aspetto, di leggiadria, e di maniere, che lo rendono riguardevole al mondo per uno de' più belli e più gratiosi cavalieri dell' Europa. Ma questi sono beni del corpo, et beni se non communi, almeno caduchi. Volgiamo

PIO.

1608. PIO, second fils de Pomponio Torelli, succède à son père dans le comté de Montechiarugolo et de Coënzo, en vertu de la renonciation de Paul, son aîné, depuis archevêque de Rosano, et de la primogéniture, que le duc Octave avait établie en sa faveur, le 9 avril 1577, par laquelle le fief et les allodiaux de Montechiarugolo réunis, se trouvaient substitués pour toujours dans sa ligne directe, et, à son extinction, dans celle de ses autres frères et de leurs descendants jusqu'à l'infini. Cette vue sage du comte Pomponio semblait devoir conserver à jamais la richesse et la splendeur de sa maison. Le duc Ranuce II avait confirmé cette disposition, par lettres-patentes du 9 novembre 1594; mais il n'en laissa pas jouir Pio long-tems, et quatre ans après, il lui fit trancher la tête, ainsi qu'au comte Masi, son beau-frère, et à cinq autres grands vassaux, les plus riches de ses états, sous prétexte qu'ils étaient entrés dans une conspiration tramée contre lui. (*Voy.* ces détails à la note qui se trouve au bas de l'article de Ranuce I, aux *ducs de Parme et de Plaisance.*)

Pomponio semblait avoir prévu ce malheur, et dans son testament, il avait déclaré que celui de *ses descendants, possesseur du comté de Montechiarugolo, qui se serait rendu criminel par le fait ou l'intention de quelque rebellion envers le suzerain, se trouverait alors déchu dudit fief, qui passerait dès l'instant même au frère le plus proche du coupable.* On n'eut aucun égard, ni à cette disposition, ni aux services rendus par ce grand homme, ni à l'innocence des frères du comte Pio. Le duc de Parme confisqua les comtés de Montechiarugolo et de Coënzo, avec

---

gli occhi all' immortalità del suo nome, e confessiamo, che forsi non si trova hoggi altro cavaliere, che al pari di lui si sia felicemente, et gloriosamente faticato intorno allo studio delle belle, et polite Lettere, et che con molta maraviglia nostra sia giunto al segno del gran Teologo, del buon Filosofo, dell' eccellente Poeta, del felice dicitore in prosa, ed in rima, e del possessitore di varie dottrine, come ne fanno ampia fede gli scritti suoi più facili ad invidiare, che ad imitare. (Voyez *Ghirlanda della contessa Angela Bianca Beccaria*, pag. 204.)

Outre ses poésies latines et italiennes et le *Trattato del debito del cavaliere*, que les Italiens appellent *un livre d'or*, on a encore de Pomponio les tragédies de *Galatée, Victoire, Polidore, Tancrède et Mérope*, dont la dernière a acquis et conservé une juste célébrité. Tous ces ouvrages furent imprimés à Parme, par Viotti, vers 1600,

toutes leurs dépendances, les déclarant à jamais réunis à la chambre du domaine ducal, à laquelle ils sont restés affectés depuis ce tems. C'est ainsi que cette infortunée maison fut dépouillée du dernier de ses fiefs.

Le crime de Pio fut de posséder de grands biens, et de faire ombrage, par son nom et ses alliances. Arrêté, le 10 novembre 1611, dans l'antichambre du duc, par le comte Galéas Scotti, après être resté six mois neuf jours en prison, il fut conduit, le 19 mai 1612, à l'échafaud, et décapité au son de la cloche. Sa tête resta attachée aux murs du palais, et son corps fut reçu et enseveli à la chapelle de Saint-Jean des Décollés de Parme.

Le duc, par réflexion, voulut s'emparer d'Adriano, souche de la branche d'Italie (1), fils du malheureux Pio, et de Jo-

---

(1) *BRANCHE D'ITALIE.*

ADRIEN I, fils du comte Pio et petit-fils du comte Pomponio Torelli, né à Parme, le 13 janvier 1612, réfugié avec sa mère près les Bentivoglio, ses oncles, marquis de Gualtiéri, dépossédé de tous ses biens, n'eut de consolation que l'intérêt et les bontés que lui marquèrent constamment les maisons d'Est et de Gonzague. Il se vit grand-maître de la cour de la princesse Marguerite d'Est, duchesse de Guastalle, dans le même lieu où son bisaïeul exerçait les droits régaliens soixante ans auparavant, et dont, suivant toutes les lois, il devait se trouver lui-même souverain. Mort le 7 février 1680, il fut enterré aux Théatins de Guastalle, dans une chapelle qu'il avait fondée. De VIRGINIE ZOBOLI, d'une famille noble de Parme, qu'il avait épousée en 1634, Adrien laissa deux filles, Isabelle, morte, aux Ursulines de Parme, en odeur de sainteté; Geneviève, religieuse à Borgo San-Donino, et cinq fils, 1º. Pio, qui suit; 2º. Salinguerra; 3º. Pomponio-Diego; 4º. Girolamo-Gaetano, qui tous trois prirent les ordres ecclésiastiques; et 5º. Paul, chevalier d'honneur du duc de Modène, qui suivit ce prince en cette qualité à Paris, puis au siége de Pavie, et revint en France, où il séjourna vingt-deux ans. Il mourut à Gualtiéri en 1685.

PIO II, né en 1636, attaché d'abord au grand-duc de Toscane, ensuite à Ferdinand-Charles de Gonzague, dernier duc de Mantoue, en qualité de chevalier d'honneur, puis grand-chambellan de la princesse Marguerite d'Est, duchesse douairière de Guastalle, était nommé chevalier de l'ordre du Rédempteur, lorsque la mort le surprit le 10 juillet 1699. Il fut inhumé dans le tombeau des Bentivoglio. D'ANNE-VICTOIRE TIRELLI, son épouse, dame d'honneur de la même duchesse Marguerite, il laissa trois filles, Laure et Éléonore, religieuses, et Virginie, mariée au comte Caracci, ancien gouverneur de Guastalle; et trois fils, François, Adrien et Charles, qui suivent.

seph Salinguerra, son neveu, alors au berceau, croyant utile d'éteindre, par leur mort, toute réclamation aux biens confisqués. Les Récollets de Montechiarugolo, que Paul Torelli avait fondés, en furent instruits; touchés du danger que couraient leurs maîtres, ils enlevèrent, au péril de leur vie, ces deux enfants de la forteresse, pour les retirer dans le couvent; et tandis que quelques coups de fusil, tirés par les fenêtres, arrêtaient, un instant, les archers du duc, un frère, nommé

BRANCHE D'ITALIE.

FRANÇOIS, deuxième du nom, né en 1670, gentilhomme de la chambre de René, duc de Modène, fut marié, en 1693, à OCTAVIE MANFREDI-PEDOCCA, dame de la croix étoilée, et mourut sans postérité. Il avait beaucoup d'érudition, fit des recherches très-vastes sur l'histoire et la diplomatique, et fut l'ami de Muratori, comme ce grand homme nous l'apprend lui-même dans la préface du *Diarium Parmense, rer. ital.*, tome XXII; *Diarii hujus codicem manuscriptum suppeditavit mihi præclarissimus olim vir comes Franciscus Torellus, cujus familia à celebre Salinguerrá olim dominatore Ferrariæ, originem ducit, et cujus ergà me amor minimè vulgaris erat, etc.....*

CHARLES II, second fils du comte Pio II, né en 1676, s'établit à Reggio de Modène, épouse, en 1711, JOCONDE CORREGGI D'AUSTRIA, des comtes de Medesano, et meurt d'une maladie de langueur le 6 juin 1724, laissant de ce mariage, outre trois filles, Anne, morte religieuse; Barbe, supérieure des Carmélites déchaussées de Reggio, existante à Modène; Louise, mariée au comte Prosper Malaguzzi, chevalier de l'ordre de Bavière, qui fut première dame d'honneur de la duchesse régnante, et mourut à Reggio: deux enfants mâles, Christophe, qui suit; et Pio, mort en 1775, chanoine de la cathédrale de Reggio, après avoir été, par le duc François III, présenté au saint siége pour l'évêché de Modène.

ADRIEN II, troisième fils du comte Pio II, né l'an 1681, marié, en 1717, avec ELISABETH DONATI, se transporta à Padoue, et y mourut, laissant de ce mariage quatre enfants, 1°. Gaspard, religieux du Mont-Cassin, sous le nom de don Jean-Baptiste, mort à Padoue en 1775; 2°. Joseph, aussi religieux du Mont-Cassin, sous le nom de dom Adrien, existant aujourd'hui (1785) à Modène; 3°. Antoine Salinguerra, né en 1722, exempt des gardes du corps de François III, duc de Modène, qui se trouva avec ce prince à la surprise de Vélétri, et l'accompagna en France. Il alla complimenter, au nom de la maison Torelli, sa majesté polonaise sur son avénement à la couronne, et fut, à cette occasion, nommé colonel-propriétaire du régiment Torelli au service du duc de Modène, puis créé brigadier et chambellan de la duchesse régnante: il est mort à Reggio, en 1775; 4°. GUI-ANTOINE, né à Venise en 1718, marié à Anne Cassini en 1764, aujourd'hui (1785)

Giacomo, les avait déjà transportés au-delà de l'Enza, rivière qui sépare le Parmesan du Modénois, et les laissa tous deux en sûreté à Gualtiéri. Un tableau, que l'on voit dans l'église de ce lieu, sert encore de monument à ce fait touchant et digne de mémoire.

BRANCHE D'ITALIE.

existant à Padoue. Il a obtenu de cette union une fille, Marie-Thérèse, et quatre enfants mâles, Charles, Adrien, Salinguerra et Pio.

Nota. *On ne distingue point la branche ci-dessus de celle de Reggio; on la regarde comme étant la même, puisqu'elle héritera des biens de fidéi-commis, qui sont situés dans cette ville et dans le Modénois et le Ferrarais.*

CHRISTOPHE II, fils aîné de Charles II, onzième comte du nom, né à Reggio, le 27 décembre 1711, chevalier des ordres de Saint-Stanislas et de l'Aigle-Blanc de Pologne, est chef du nom et armes de cette illustre et infortunée maison, qui subsiste encore, comme on le voit, en cinq branches, établies dans les villes de Reggio, de Varsovie, de Paris, de Pavie et de Forli. Le comte Christophe a épousé CATHERINE, des marquis de Canossa, si anciens et si connus, morte à Reggio en 1783. Il n'a obtenu, de ce mariage, qu'Hippolyte et Charles, morts en bas âge, et une fille, Victoire, en la personne de laquelle sa ligne s'éteint; elle est dame du palais de S. A. S. madame la duchesse de Modène, et a épousé, en 1776, le comte François-Nicolas Rangone, des marquis Rangone, seigneur de Castel-Vetro, Buonporto, Stuffione, patrice né de Modène, de Reggio, de Ferrare, de Mantoue, de Parme, et chevalier de Malte. De cette alliance sont issus plusieurs enfants.

CHRONOLOGIE HISTORIQUE

DES

SEIGNEURS, PUIS DUCS DE FERRARE,

DE MODÈNE ET DE REGGIO.

Les villes de Ferrare, de Modène et de Reggio, après avoir été possédées par les marquis de Toscane, se trouvant disputées entre les papes et les empereurs, depuis la mort de la grande comtesse Mathilde, s'étaient mises en liberté, comme la plupart des autres villes d'Italie, à la faveur des troubles que les démêlés de ces deux puissances excitèrent. Ferrare fut ceinte de murs, vers l'an 604, lorsqu'elle se réunit aux habitants de Ravenne, pour se défendre contre les Lombards; son église relevait déjà du siége des archevêques de Ravenne avant 658. (Voy. *Hieronym. Rub. Hist. Ravenn.*, lib. I, pag. 198 et 206). Devenue libre, elle fut gouvernée par un podestat, qu'elle choisissait entre les principaux nobles, et à qui elle conférait l'autorité, presque souveraine, pour une ou plusieurs années. Des seigneurs de la maison Torelli y dominèrent d'abord, puis ceux de la maison d'Est, qui y devinrent perpétuels; ensuite elle eut, l'an 1471, ses ducs, tous de cette dernière maison, qui règne encore de nos jours (1787) à Modène, à Reggio et à la Mirandole.

FRÉDÉRIC.

1067. FRÉDÉRIC, dit IL TAURELLO (1), ou LE PETIT TAU-

---

(1) Il est ainsi appelé suivant l'usage du tems, où le plus jeune d'une famille portait son nom en diminutif, pour se distinguer de son père et de son oncle. C'est ainsi que nous voyons le fils de Folco s'appeler Folcolino; celui d'Azzo, Azzolino; d'Obizzo, Obizzino;

REAU, fils de Ludolphe de Saxe, surnommé *il Tauro*, *et d'Hingilda Traversaria* des seigneurs de Ravenne, est regardé comme arrière-petit-fils de Henri *le Querelleur*, duc de Bavière en 955. (Voyez *aux ducs de Bavière*.) Il exerça le premier une grande autorité dans Ferrare, où il paraît qu'il possédait des biens considérables en 1080. (Voyez *Ludovico Vittorio Savioli Annali Bolognesi*, tom. I, part. I, et tom. II, pag. 243; *Istoria MS. di Ferrara*; *Archiv. Regii Lepidi*, sub pag. 38 *libri rubei*.) Sa mort arriva vers l'an 1117. Il avait épousé N......, fille de Pietro d'Ermengarda, descendant de Pietro, dit Pietrona, duc de la Romagne et marquis d'Italie, et par Guadrada, mère d'Ermengarda, sa bisaïeule, issue du sang de Charlemagne. (Voyez *Savioli Annali Bolognesi*, tom. I, part. I, pag. 122 et 143, *et les pièces justificatives qui suivent*.) Frédéric fut enterré à San-Salvator *di Ferrara*. Il fut père de Gui I, dit *Salinguerra*, qui suit, et de Pierre d'Ermengarda, qui vivait encore en 1104, et avait gouverné Ferrare, par concession de la comtesse Mathilde de 1092. Ce même Pietro d'Ermengarda est la souche des Torelli de Bologne, éteints depuis long-tems. (*Savioli Annal. Bolognesi*, tom. II, pag. 243; *Guarini*, *Istoria delle Chiese di Ferrara*.)

GUI I, DIT SALINGUERRA, SEIGNEUR DE FERRARE.

1118. GUI, surnommé SALINGUERRA, né vers la fin du onzième siècle, et dit fils de Frédéric Taurello, dans un instrument de 1117, où il est désigné comme possesseur des terres situées entre le Ferrarais et le Bolonais (2), augmenta en richesses et en crédit dans Ferrare, qu'il gouverna presqu'en maître (3). Il construisit plusieurs édifices magnifiques, étendit

---

d'Ecelo, Ecelino. Négligeant les noms réels, les surnoms devinrent quelquefois, par la suite, noms de famille; ce qui arriva aux Ecelini, aux Malespina, aux Torelli, aux Pallavicini, aux Rossi, aux Savioli et à tant d'autres.

(2) Voy. *Savioli Ann. Bolognesi*, tom. I, part. 1, pp. 173 et 181; et dans un autre intrument du même tems, *nelle Scritture Raven. Ego Guidus quondam Frederici illustris Taurelli viri filius. Chronic. Racenn. MS.*

(3) *Dominus Salinguerra cui soli Ferrarienses omnem Reipublicæ curam gubernandam mandaverant.* (Voy. *Vghelli Italia Sacra*, tom. V; *Muratori Dissertat. dei principi e Tiranni d'Italia.*) C'est dans cette savante dissertation que Muratori distingue clairement les deux premiers Salinguerra, que tous les auteurs avaient sans cesse confondus; ce qui jetait de l'invraisemblance et de l'obscurité sur leur histoire.

considérablement la ville (1), la fortifia et la munit de trente-deux tours. La grande puissance qu'il y avait peut le faire regarder comme le premier seigneur de Ferrare. Son nom était Gui, et sa vaillance le fit surnommer *Saliens in guerra*, ou Saillant en guerre. Le détail de ses exploits militaires n'a point passé à la postérité. Il vivait encore en 1149 : on ignore l'année de sa mort. Il avait épousé AYLIXIA, ou ADÉLAÏDE, qu'on dit, sans preuve, fille d'Engelbert I, comte de Goritz. Gui fut inhumé dans l'église de tous les Saints, qu'il avait bâtie. (Voy. *Guarini*, ibid. *Claud. Rondoni Istor. di Ferrara MS*; *Carol. Sigonius de regno Italiæ*; *Hieronym. Rubei Storia Ravenn.*, p. 333.)

TAURELLO.

1150. TAURELLO est nommé, dans une charte de *S. Nicolo di Lido*, de l'an 1187, *Ego Taurellus quondàm Salinguerræ viri clarissimi filius* (*Antichità Estensi*, part. I, pag. 386.) Il succéda à son père Gui Salinguerra I, dans ses biens comme dans sa puissance et son crédit sur les Ferrarais. Muratori nous apprend que, dans un diplôme de 1164, conservé dans les archives de la maison d'Est, il y est désigné l'un des premiers vassaux de l'église de Ravenne, probablement à cause des terres dont Ludolphe, son bisaïeul, avait été investi par Arnould *le Taureau*, son père, depuis la mort de N...., sa femme, élu soixante-cinquième archevêque de Ravenne, en 1014. Torello fut arbitre, en 1178, des différents qui s'étaient élevés entre Aldobrandin et Boniface, marquis d'Est (*Antichità Estensi*, part. I, pag. 348), et fit le traité de la ville de Ferrare avec l'empereur Henri VI. Adélasie et Oremplasie d'Est le prirent pour juger leurs différents en 1193. (*Antichità Estensi*, cap. XXXVII, pag. 364.) On le voit protecteur de l'abbaye de la Pomposa, en 1196. (*Antichità Estensi*, cap. XXXVIII, p. 369.) Il paraît qu'il mourut l'année suivante. Les deux seigneurs les plus puissants de Ferrare étaient alors Adélard et Taurello. Adélard, chef du parti guelfe, approchant du tombeau, pour éteindre les anciennes haines et laisser en mourant la paix à sa patrie, voulut marier sa fille unique, Marchesella, à l'un des fils de Taurello, et la lui confia, à l'âge de sept ans, pour la faire élever dans sa maison, comme l'épouse d'Arriverio, son fils. La Marche d'Ancône et les biens considérables qu'elle portait en dot, donnaient une trop grande prépondérance au

---

(1) *Angeli Istor di Parma*, lib. IV, pag. 410; *Carlo de Lellis, Famigl. nobili.*, tom. I, pag. 214; *Isnardi Istoria MS. di Ferrara*.

parti des Gibelins, pour que leurs adversaires n'en fussent pas
jaloux. Vers l'an 1184, Pierre Traversaria, seigneur de Ravenne,
guelfe zélé, se joignit, quoique parent de Taurello, aux marquis Azzon, Boniface Folco et Obizzon d'Est, pour enlever,
pendant la nuit, de la maison des Torelli, la jeune Marchesella, et la faire épouser au marquis Obizzon (1). Ce fut ce rapt
qui fut la source de l'affaiblissement de la puissance des Torelli,
et de l'accroissement de celle des marquis d'Est dans Ferrare.
Car, quoique riches par les grands biens qu'ils avaient ailleurs,
jusqu'alors ils ne possédaient presque rien dans cette ville (2).
Cet événement fut aussi l'origine des haines invétérées qui éclatèrent entre les Torelli et les marquis d'Est, et qui, prolon-
gées, entre ces deux maisons illustres, firent, par la suite,
verser tant de sang dans Ferrare et dans toute la Lombardie (3).
D'Aicha, sa femme, que les uns croient de la maison des Polenta, les autres des Traversaria, Taurello laissa trois enfants:
Arriverio; Salinguerra, qui suit, et Pietro di Remengarda,
en faveur desquels il institua, par son testament, une substitution.

SALINGUERRA II.

1195. SALINGUERRA TORELLI, né vers 1160, fut élu po-

---

(1) *Sub anno nativitatis Christi MCXL, Guilielmus Marchesellæ
de familiâ Adelardorum unius partis princeps erat Ferrariæ, alterius
verò Taurellus Salinguerra .... Adelardus, volens saluti Reipublicæ
Ferrariæ providere amanter, ne civitas Ferrariæ discordiis laceraretur,
et bellis, cam suam hæredem nondùm septennem Taurello adversæ partis
Principi tradidit, ejus filii sponsam futuram. Defuncto Guilielmo, Nobiles
Ferrariæ, qui in civilibus dissensionibus ipsi Guilielmo fuerant obse-
quentes, Taurelli felicitatem ægrè ferentes, afflictabantur invidiâ. Itaque
in odium Taurelli consilio inito statuerunt aliquem ex Marchionibus
Estensibus habere Principem, eis infestaturi Taurellum et homines suæ
partis Ferrariæ. Marchesellam quoque ex domo Taurelli, furto vel fraude
abduxerunt, et uni ex Marchionibus nomine Obizzoni tradiderunt sponsam
futuram.* (Chronica parva Ferrariens. Script. Rer. Italic., t. VIII,
page 481.)

(2) *Salinguerra siquidem erat prædives et locuples. Marchionibus erant
ibi non magni reditus.* (Chronic. parva Ferrariens.; ibid., page 482.) Ce
qui nous est confirmé par une chronique existante à la bibliothèque du
Vatican, où l'on trouve ces paroles: *Salinguerra potens homo fuit et
famosus et majoribus magnus, et sapientiâ reputatus, Dominium Ferrariæ
habuit sicut Guillelmus de Marchesellâ quondàm habuerat, et Marchioni
Estensi dederat, qui priùs in Ferrariâ nihil, quod suum esset, habebat.*

(3) *Muratori Antichità Estensi*, part. 1, cap. XXXVI, pag. 234, et
Chronica parva Ferrariensis inter Scrip. Rer. Ital., t. VIII, pp. 481-482.

destat de Ferrare. Il s'était fait une réputation brillante dans les armes, et les historiens le remarquent comme un des grands hommes que son siècle ait produits. Le premier essai de ses forces est de tenter d'anéantir le parti des Guelfes, à la tête desquels était Azzon d'Est, qu'il chasse de Ferrare ; mais il éprouve bientôt leur vengeance, et Azzon VI, par le secours d'Adélard, rentre dans cette ville, et s'en fait élire podestat en 1196. Alors, Salinguerra passe en Sicile pour demander des secours à l'empereur Henri VI, qui les lui promet, et recommande au fameux Ezzelin IV, dit *le Moine*, de l'appuyer de toutes ses forces. (Voy. *Rossi*, lib. VI ; *Sigonius, de regno Italiæ*, lib. XV.) Rentré vainqueur dans Ferrare, il en est nommé podestat en 1199. (Voy. *Tiraboschi stor. di Nonantola*, tom. II, pag. 330.) Il le devient aussi de Vérone en 1200, et de Modène en 1205. Mais il eut bientôt la douleur de voir Azzolino, élu nouvellement à sa place, reprendre son crédit dans Ferrare. L'an 1208, chassé de cette ville, Torelli prend les Bolonais à sa solde, et y rentre la même année. Gerard Maurice, auteur contemporain et témoin oculaire, rapporte qu'au passage d'Otton, roi d'Allemagne en Lombardie, il vit Salinguerra, qu'il appelle *vir prudens, nobilis ac bellicosus*, arriver à la tente de ce prince, suivi d'un cortége brillant et de cent chevaliers, dont on portait les bannières déployées ; qu'ayant mis pied à terre auprès du roi, ce seigneur porta ses plaintes au monarque des trahisons dont le marquis Azzon avait usé à son égard ; ajoutant qu'il était prêt, en sa présence, de justifier son accusation par les armes ; qu'un grand tumulte s'étant élevé à ce sujet entre Salinguerra, Azzon d'Est et leur suite, Henri Calendrin, à la tête d'une troupe de chevaliers allemands, se jeta l'épée à la main entre eux pour les séparer ; et que le roi intervint pour rapprocher ces deux rivaux. (Voy. *Scriptor. rer. Italic.* tom. VIII, pag. 19 et 20.)

En 1211, l'empereur Otton réunit de nouveau Azzon d'Est et Salinguerra Torelli ; mais le marquis, derechef, chasse bientôt ce dernier de Ferrare. La mort même d'Azzon ne mit point de bornes à ces haines implacables. Aldovrandin d'Est, son fils, en hérita ; et les mêmes dissensions continuèrent pendant sa vie. Cependant l'empereur Otton IV, par reconnaissance du zèle et de l'attachement que Salinguerra témoignait pour son parti, le créa prince de l'empire en 1210, et l'investit de vingt-quatre grands fiefs dans la Romagne, provenant de la succession de la comtesse Mathilde, parmi lesquels se trouve la ville de Carpi. (Voy. *Tortellino indic. deg. imperatori Collenucio ; storia di Napoli*, fol. 90 ; *Calch. Istoria di Milano*, lib. VII, fol. 136.) Salinguerra fut excommunié à ce sujet, en 1211, avec l'empereur; mais le pape Innocent III lui donna depuis, en 1215 (1), l'investiture des mêmes fiefs. (Voyez *Tiraboschi storia dell' abbadia di Nonantola*, tom. I, pag. 469 et 470). Son successeur, Honoré III, en la renouvelant deux ans après, par un bref du 17 avril, en excepta les villes de Carpi et de Monte-Baranzone, dont il accorda la garde aux Modénois, d'après leurs pressantes sollicitations; et le 21 février 1220, Salinguerra Torelli renonça à toutes ses prétentions sur ces deux places. (Voy. *Tiraboschi*, ibid. et *Muratori Antiq. Ital.*, vol. IV, p. 415 et 429).

Azzon VII, ou *Novello*, ayant succédé à son frère, il n'était pas difficile à Salinguerra de conserver l'ascendant sur un jeune homme. Pendant ce tems de tranquillité, ce seigneur avait relevé les forteresses de Thedaldo, de Fratta, et embelli ses palais. Occupé alors du gouvernement de Mantoue, il se reposait sur la foi des traités faits entre lui et Azzon *Novello*, lorsque le jeune marquis, ayant réuni des troupes de Padoue et de Vérone, attaqua subitement le château de Fratta, où Salinguerra avait rassemblé ce qu'il avait de plus précieux. L'élite de ses troupes formait la garnison; elle s'y défendit avec un courage opiniâtre. Pressé par la famine, et n'ayant nul espoir de secours, elle s'était rendue; mais Azzon la fit toute égorger impitoyablement, sans épargner les femmes et les enfants. Il n'échappa au fer des vainqueurs que ceux qui cherchèrent une mort non moins cruelle, en se précipitant dans les eaux qui défendaient la place. (Voy. *Roland. script. rer. Ital.*, tom. VIII, pag. 186.) Au désespoir d'avoir aussi malheureusement perdu ses plus fidèles serviteurs, Salinguerra répandit l'amertume de sa douleur dans le sein d'Ezzelin, son ami et son beau-père, en réclamant son secours (2). Bientôt leurs armes réunies firent

---

(1) *In anno MCCXV, Peregrinus Capellanus Papæ fuit apud castrum Carpi cum pluribus Episcopis, occasione investiendi Salinguerram de Ferrariâ de Ducatu Comitissæ Mathildæ; et tunc occupaverunt Carpum occasione prædictâ.* (Voy. *Annali Modenesi Script. Rer. Ital.*, vol. XI, pag. 57.)

(2) Je crois devoir au lecteur la réponse d'Eccellino, qui peint si bien le caractère de grandeur de ces tems-là:

Responsio Ecelini de Romano litteræ Salinguerræ:

Sapienti et probo viro Domino Salinguerræ suo Domino præ cunctis mortalibus reverendo, Ecelinus de Romano ejus subditus et fidelis amicus, salutem. et de inimicis gloriam et triumphum.

Duo sunt principaliter in hâc vitâ, ad quæ tenentur homines inter cætera laborare. fidem videlicet observare amicis et vivere cum honore: et hæ sunt illæ causæ præcipuæ, quibus me sentio indissolubiliter alligatum, ut totaliter intendam et vigilem ad vestra negotia quæ sunt mea. Sanè

repentir le marquis de ses cruautés. Ils l'expulsèrent, en 1227, de Vérone, dont Ezzelin fut fait podestat. (Voy. *Roland.* ibid. pag. 188.) Salinguerra le fut à son tour de la même ville en 1230, et, l'année 1236, il remit Ferrare, dont il était maître, à l'empereur. (Voy. *Scriptores rerum Italic.* tom. XVIII, pag. 259.)

Couvert de gloire et chargé d'années, Salinguerra jouissait enfin des fruits de la paix, et restait paisible possesseur de Ferrare (1); mais sa grande puissance donnant malheureusement de l'ombrage aux Vénitiens, dont il avait interrompu le commerce, ils se liguèrent avec Grégorio Montelongo, légat du pape Grégoire IX, prélat dévoué à la maison d'Est. Bientôt une armée nombreuse de Vénitiens, Milanais, Mantouans, Bolonais et Véronais, assiégea Ferrare au mois de février 1240. Le marquis Azzon en avait le commandement. Salinguerra s'y défend vaillamment pendant quatre mois. Pour le vaincre, l'on est obligé d'avoir recours à l'artifice. Azzon l'attire sous prétexte d'un pourparler propre à établir les articles de paix; et comme ce grand homme se rendait avec confiance au rendez-vous, le 3 juin, jour de la Pentecôte, Ramberto et Richard, comte de San-Bonifacio, le font prisonnier, et le doge Jacques Tiepolo, qui avait conduit en personne les troupes de la république au siége, l'emmène à Venise. Salinguerra y fut traité avec toutes sortes d'égards, mais tenu dans une captivité qui ne fut terminée que par sa mort, arrivée quatre ans après, le 25 juillet. Plus de quinze cents familles de son parti, qui étaient sorties de la ville après sa détention, le vengèrent de cette trahison odieuse. (*Script. rer. Ital.* tom. VIII, pag. 485.) Salinguerra avait fini sa carrière, âgé de plus de quatre-vingt-quatre ans. Toute la noblesse de Venise assista à ses funérailles, et lui rendit de grands honneurs. Il fut enterré dans l'église du monastère des Bénédictins de San-Nicolo di Lido. Sur son sépulcre de marbre, qui existe encore, on lit l'inscription suivante :

---

postquàm audivi de facto Fratæ, nec fui quietæ mentis, nec potui collætari : immò in veritate protestor, quòd plenam lætitiam non habebo nisi priùs contigerit de damno, et sanguine ibi facto, sumere ultionem. Est autem pusillanimitas in adversis modum excedere in dolendo. Consoletur ergò cor vestrum, et ego unà vobiscum ; quoniàm, Deo dante, non priùs anni circulus revolvetur, quàm inimicos nostros tàm acutis calcaribus perforare nitemur, quòd in suum cadere præcipitium compellantur. (*Verci Storia degli Eccelini*, tome III, page 208.)

(1) *Fuit in conditionibus pacis jàm dictæ, ut non liceret Marchionibus venire Ferrariam, nisi cum comitatu non magno, bis in anno, et dè præscientià Salinguerræ.* (Voy. *Chronica parva Ferrar.* ; *Murat. Script. Rerum Ital.*, tom. VIII, pag. 482.)

Sepulchrum magnifici domini Salinguerræ de Ferrariâ, qui obiit die 25 julii, anno 1244. Salinguerra Torelli eut trois femmes, la première, RETRUDE, dont on ignore le nom de famille ; la seconde, SOPHIE DA ONARA, fille d'Ezzelin IV, dit *le Moine*, et d'Adélaïde, des comtes de Mangone, veuve de Henri d'Egna, qu'il épousa vers 1222. (*Verci storia dei Eccell.*, tom. I, p. 114.) Il paraît qu'elle était morte avant sa captivité, puis qu'il se maria en troisièmes noces avec SIBILIA DA MONTAFIORE, fille d'Uguzzone. (*V.* Savioli, *Annal. Bolog.*, tom. II, pag. 243.) Salinguerra obtint du premier lit, 1°. Paolo, qui, marié à Lucrèce N..., fut père du bienheureux Torello, né en 1202 (1), mort en 1282 ; 2°. Bartolomea, mariée à Giacobino Rangone. Du deuxième lit, il n'eut qu'un fils, Giacobo ou Giacomo, qui suit, et une fille, Fraisenda, qui vivait en 1262. Plusieurs chroniques disent que Salinguerra eut de sa troisième femme deux fils, Ricciardo et Salinguerra. Le seul fait certain est que cette épouse fidèle l'accompagna à Venise dans sa prison, où elle le consola jusqu'à ses derniers instants (2).

GIACOMO.

1244. GIACOBO, ou GIACOMO, avait le cerveau dérangé, comme nous le confirme Muratori (3). A la prise de Ferrare,

---

(1) *Beatus Taurellus, cui gentile cognomen, ut in Torelliâ gente et aliis non raro usuvenit, idem ac nomen fuit, anno Eræ vulgaris* cıɔccıı, *oppido satis nobili ad Arnum sito et Clusentinæ provinciæ facilè principe, parentibus antiquitate generis et gloriâ majorum, et suâ virtute florentibus, natus est.* (*V.* Jacob. Bellogradus, *de vitâ B. Torelli Puppiensis Vallis-Umbrosæ commentarius.*) (*Trattato apolog. in cui si dimostra S. Torello da Poppi Eremita essere stato dell' ordine di Vallombrosa.*) (*Opera di D. Fedele Soldani da Poppi*, pag. 1 et 2 ; et plusieurs autres vies de ce saint, patron de la ville de Forli. Il est en grande vénération dans toute la Toscane.)

(2) *Porrò Dominus Salinguerra solitus erat dicere :* Cœlum cœli domino, terram autem dedit filiis hominum, *quasi per hoc volens gloriari quòd potens esset in terris, et tamen in aquis Venetiarum mortuus est ; et cùm esset sapiens filium habuit stultum.... hic dictus est Jacobus Torellus.* (Voy. *Chronica Vaticana.*) Le Tassoni, au chant IV de la *Secchia rapita*, stance 39, nous peint la puissance de Salinguerra dans ces deux vers :

*Di Salinguerra il poderoso io dico
Che tenne già Ferrara e Francolino.*

(3) *Jacobus Torellus quoque ejus unicus filius jàm in ætate factus, amicis erat mærori. gaudio inimicis, ut potè fatuus et delirus. Hæ conditiones rerum eum virum reddiderunt inglorium, etc.* (Voy. *Chronica parv. Ferrar. Rer. Ital.*, tome VIII, page 484.)

Azzon et les chefs de l'armée, ne le croyant pas dangereux, lui permirent de se retirer où il voudrait; et il choisit la cour d'Ezzelin, son aïeul maternel. (Voyez *Pigna Stor. dei Principi d'Est*, lib. II, pag. 189.) Le parti des Gibelins voulut le rappeler à Ferrare; mais sa nullité ne lui permit pas d'en profiter. L'empereur Frédéric II l'investit, en 1245, des mêmes fiefs, provenants de la comtesse Mathilde, qu'il avait donnés à Salinguerra, son père, vers l'an 1210, et qu'Innocent III lui avait confirmés en 1215. (Voyez *Trist. Calch. Istoria di Milano*, lib. III.) Ces mêmes fiefs furent donnés, depuis, par l'empereur Charles IV aux Gonzagues, vers 1360, ainsi que l'attestent Possevino, *Istor. dei Gonzaghi*, lib. IV, fol. 325; et Maria Equicola, *Stor. di Mantoua*, lib. II, p. 95. Giacomo épousa Marie Morosini, petite-fille, à ce qu'on croit, de Dominique Morosini, doge de Venise en 1148. Outre une fille, dont on ignore le nom, il eut encore de ce mariage un fils, Salinguerra, qui lui succéda.

SALINGUERRA III.

1270. Salinguerra, troisième du nom, surnommé Giustinelli pour avoir été conduit à Ferrare, en 1261, par un seigneur de cette famille, fut héritier, non de la folie de Giacomo, son père, mais du courage et des talents de Salinguerra II, son aïeul, et se distingua, dès sa jeunesse, par une grande valeur. (*Carlo de Lellis famigl. nob.*, t. I, part. I, pag. 217.) Il fut créé, l'an 1301, chef de la ligue formée par les villes de Bologne, Forli et Imola, vint, à la tête de son armée, assiéger Faënza, le 27 avril de la même année, et s'en empara le 2 mai. (*Voyez Sigismond Marchesi, Storia di Forli*) Ayant épousé, vers l'an 1306, le ressentiment de François d'Est contre son frère Azzon VIII, il enlève à ce seigneur Melara, Fighuarola et le fort de la Stellata. Profitant ensuite du trouble arrivé à la mort d'Azzon en 1308, Salinguerra Torelli se ménagea, par ses amis et ses richesses, un parti dans Ferrare, où il s'introduisit, et s'en fit proclamer souverain par le peuple. Mais le cardinal Pelagrù, légat du saint siége, et les marquis François Renaud et Obizzon d'Est ayant réuni, l'an 1310, leurs efforts, ne lui permirent pas de s'y maintenir. En se retirant, Ramberto Ramberti et François Menalvi, qui avaient suivi et secondé Salinguerra, ravagèrent Ferrare, son territoire, livrèrent au pillage et aux flammes les palais du marquis. (Muratori, *Annal. d'Ital.*, tom. VIII; Pigna, *ibid. lib. IV.*) Salinguerra fit de nouveau diverses tentatives pour rentrer dans les anciens états de ses pères; mais elles furent infructueuses, et il fut obligé d'y renoncer entièrement. Depuis ce tems, la seigneurie de Ferrare resta à la maison d'Est seule.

Salinguerra Torelli recueillit l'héritage des biens de Pierre Traversaria, seigneur de Ravenne, du chef d'Hingilda, femme de Ludolphe de Saxe, sa cinquième aïeule. Il avait épousé, en 1284, JEANNE, fille du fameux Albert Pallavicini, seigneur de Milan, Brescia, Crémone, Plaisance, Tortone et Alexandrie (*Voyez* Sansovino, *Famigl. illust. d'Ital.*, pag. 385), et eut de cette union deux filles, Marguerite et Amia. On voit qu'il donna, en 1304, sa procuration pour les marier à Renaud et Obizzon d'Est, tous deux fils du marquis Aldovrandin. De son épouse, Salinguerra eut aussi deux enfants mâles, Giacomo, qui se retira à Forli, où il fut la souche des marquis Torelli qui existent encore aujourd'hui (1785) dans cette ville; et Botacino, marié à Béatrix Malespina. Ce dernier fut trisaïeul de Guido II Torelli, dit *le Grand*, premier comte de Guastalle. (Voyez la suite des descendants de cette maison à l'article des *comtes de Guastalle et de Montechiarugolo*.)

SEIGNEURS DE LA MAISON D'EST.

AZZON VI.

1196. ATTO, AZZO, ou AZZOLINO, marquis d'Est, sixième du nom de cette maison, sans contredit l'une des plus anciennes et des plus illustres de l'Europe, était déjà podestat de Ferrare en 1196. Il y acquit une grande autorité, et il obtint aussi la même dignité à Padoue, l'an 1199. Azzon tirait son origine, ainsi que les Malespina et les Pallavicini, en ligne directe, comme le prouve Muratori, d'Obert I (1),

---

(1) Ascendants d'Azzo VI, d'après les tables généalogiques, 1, 2 et 8 de Muratori. (Voy. *Antichità Estensi ed Italiane*, part. I.)

BONIFACE I, comte de Lucques et duc de la Toscane, fleurissait dans l'année 811. Il laissa deux fils, Berald, autrement Berchard ou Bérenger, qui vivait en 829, et Boniface, qui suit.

BONIFACE II. comte, ou duc de la Toscane, et préfet de la Corse, vivait en 829; il laissa un fils, qui suit.

ADALBERT I, marquis et duc de la Toscane, fleurissait dans les années 847 et 875. Il laissa deux fils, Boniface, comte en 884, et Adalbert II, qui suit.

ADALBERT II, surnommé LE RICHE, marquis et duc de Toscane,

seigneur de Canossa, que l'empereur Otton I fit comte du sacré palais, en 962. Après avoir perdu Léonore, fille de Thomas, comte de Savoie, sa première femme, il épousa, le 22 février 1204, Alausie, ou Adélaïde, fille de Renaud de Châtillon, prince d'Antioche. En 1205, Azzon chasse Salinguerra de Ferrare, et détruit son château de la

---

mourut en 917, laissant deux fils, Lambert, marquis et duc de Toscane vers l'an 931, et Gui, qui suit.

Gui, marquis et duc de Toscane, finit ses jours vers l'an 930. Plusieurs conjectures donnent lieu de croire que de cette famille, et nommément de celle du marquis Gui, naquit

Adalbert III, marquis d'Italie, vivant en l'année 940. Il laissa un fils, qui suit.

Obert I. ou Albert, fut, dit Muratori, non-seulement marquis d'Italie, mais aussi comte du sacré palais ; dignité la première du royaume d'Italie, qui rendait celui qui la possédait vicaire du souverain, et lui assujétissait un grand nombre des villes de cet état. Indigné de la tyrannie du roi Bérenger II, et de la persécution qu'il faisait à la reine Adélaïde, veuve du roi Lothaire, pour la contraindre à épouser Adalbert, son fils, il alla trouver, en Allemagne, le roi Otton I pour l'engager à venir délivrer cette princesse ; ce qu'il obtint, comme on l'a vu ci-devant. Le premier monument dans lequel on voit Obert qualifié marquis, est de l'an 931, et le dernier de l'an 971. (Voy. *Antichità Estensi*, part. 1, pp. 134-152.) Mais il y a bien de l'apparence qu'il prolongea beaucoup plus loin sa carrière. Il jouissait en bénéfice de l'abbaye de San-Colomban de Bobio. Il eut pour successeur son fils,

Obert II, marquis d'Italie, qui fleurissait depuis l'an 994 jusqu'à l'an 1014. Il laissa au moins trois fils, savoir Azzon I, qui suit ; Hugues I, marquis et comte depuis l'an 1014 jusqu'à l'an 1038 ; Adalbert, marquis, fondateur de l'abbaye de Castiglione en l'année 1033 ; et peut-être Gui, marquis en 1029.

Albert-Azzo I, marquis d'Italie et comte, fleurissait depuis l'an 1014 jusqu'à l'an 1029. Il laissa un fils, qui suit.

Albert-Azzo II, né vers l'an 996, marquis d'Italie, comte de Lunigiana, seigneur d'Est (en latin *A teste*), et de Rovigo (en latin *Rodigium*), mourut en 1097. Il est la tige des familles régnantes de Brunswick et de Modène. De Cunégonde, princesse de la maison des Guelfes, il laissa Guelfe IV, duc de Bavière, de qui descendent les princes de la maison ducale, électorale et royale de Brunswick ; et de Gersende, fille d'Herbert *Eveille-Chien*, comte du Maine, sa deuxième femme, il eut Foulques I, qui suit ; et Hugues II, marquis d'Italie et comte du Maine, vivant l'an 1100. Ce dernier laissa trois fils, Azzo III, marquis, mort en 1142 ; Tancrède, marquis, mort en 1145 ; et Robert, marquis, vivant encore en 1121. Le marquis Tan-

Fratta; mais il y rentre bientôt. Allié, en 1207, avec les San-Bonifacio et les Mantouans, il défait. à Vérone, Ezzelin *le Moine*, repousse les ennemis jusqu'au lac de Garde, et revient ensuite attaquer Salinguerra, qui était allé au secours d'Ezzelin. En 1209, Azzon va au-devant d'Otton, roi d'Allemagne, qui se rendait à Rome, pour y recevoir la couronne impériale. Ce fut à cette occasion qu'il eut le chagrin de voir que ce prince, quoique son parent, portait à Ezzelin et à Salinguerra, une affection particulière. Avant cette époque, le pape Innocent III avait nommé Azzon marquis d'Ancône; Marche sur laquelle les papes avaient des prétentions, comme faisant partie du fameux héritage de la comtesse Mathilde. L'empereur Otton IV, pour conserver ses droits, lui conféra, de son côté, la même dignité, au mépris du serment qu'il avait fait à son couronnement impérial, de restituer au saint siége les terres allodiales de Mathilde. Le pape ayant frappé d'anathême, l'an 1210, Otton, et l'ayant déclaré déchu de l'empire, Azzolin abandonna son parti pour embrasser celui de Frédéric II, son rival, qu'Innocent protégeait alors. Azzolin mourut au mois de novembre 1212, laissant du premier lit, Aldovrandin ou Aldobrandin, qui suit; et du second, Azzon, qui fut le septième de son nom; Agnès, mariée à Ezzelin *le Moine*; et Béatrix, fondatrice du monastère de Gemola, morte l'an 1226.

ALDOVRANDIN I.

1212. ALDOVRANDIN I, fils d'Azzolin, lui succéda dans le marquisat d'Est et la Marche d'Ancône, dite aussi la

---

crède eut un fils de même nom que lui, qui mourut l'an 1164, sans postérité mâle. Hugues laissa ses enfants en Italie, pour aller prendre possession du Maine, où il était appelé par les seigneurs du pays. (Voyez *les comtes du Maine.*)

FOULQUES I, marquis d'Italie, seigneur d'Est, Rovigo, etc., meurt vers l'an 1136. De ce prince descend la famille des marquis d'Est, ducs de Ferrare et de Modène. Il laissa cinq fils, Boniface I, marquis d'Est, mort en 1163; Obizzon I, qui suit; Foulques II, marquis d'Est, mort en 1178; Albert, marquis d'Est, mort en 1184; et Azzo IV, aussi marquis d'Est.

OBIZZON I, marquis d'Est, meurt vers l'an 1194. Il eut deux fils, Boniface III, marquis, vivant l'an 1212; et Azzon V, mort avant son père, l'an 1193, laissant un fils de même nom que lui, qui suit.

Azzo VI, ou AZZOLIN, marquis d'Est et d'Ancône, seigneur de Ferrare, dont il est question ci-dessus.

Marche de Warnier; mais il n'eut pas la même autorité que lui dans Ferrare. Salinguerra, qu'Azzolin en avait fait bannir, n'a pas plutôt appris sa mort, qu'il y rentre avec les siens. L'an 1213, il oblige Aldovrandrin, le 29 mai, à faire avec lui un traité par lequel il était dit qu'ils éliraient en commun le podestat, et qu'ils gouverneraient la ville ensemble; mais Aldovrandin ne tint pas sa promesse. Il fit une ligue avec les Parmesans, les Mantouans et les Modénois contre Salinguerra. Ces derniers étaient animés contre lui, parce qu'il s'était emparé de la personne de Balduino Vis-Domini, leur podestat, et lui avait fait arracher la langue. Aldovrandin assiégea pour la seconde fois, en 1213, le château de Ponte-Duce, et obligea Salinguerra à le lui abandonner pour le raser entièrement. (Voyez *Tiraboschi*, tom. I, pag. 286.) L'an 1214, pressé par les sollicitations du pape Innocent III, Aldovrandrin prit les armes pour recouvrer la Marche d'Ancône, dont les marquis de Célano, partisans d'Otton IV, avaient envahi la plus grande partie. Aldovrandin mourut empoisonné l'an 1215, ne laissant qu'une fille, Béatrix, que son oncle, Azzon VII, maria, l'an 1234, à André II, roi de Hongrie.

AZZON VII.

1215. AZZON VII, dit NOVELLO, ou LE JEUNE, successeur d'Aldovrandin, son frère, dans un âge encore tendre, fut obligé, dans le commencement, de céder presque toute l'autorité à Salinguerra dans Ferrare. Ayant repris le dessus en 1221, il chassa ce rival, qui, bientôt après, rentra dans la ville, au moyen d'un accommodement. L'année suivante, chassé à son tour par Salinguerra, il vint mettre le siège devant Ferrare; mais Salinguerra, l'ayant attiré dans la ville avec cent des siens, sous prétexte de traiter de la paix, excita contre lui une sédition, dont il n'échappa que par la fuite. L'an 1240, s'étant ligué par les intrigues de Grégoire de Montelongo, légat du pape, avec les Vénitiens, les Bolonais et les Mantouans, il vint à leur tête faire le siège de Ferrare, au commencement de février. Salinguerra ayant été fait prisonnier, le marquis Azzon se vit délivré d'un dangereux ennemi, et Ferrare, où il avait des intelligences, lui ouvrit ses portes. L'an 1249, le fameux Ecelin V (1), podestat de

---

(1) On a souvent confondu ensemble les différents Ezzelins; et il nous paraît indispensable de faire ici connaître ces hommes célèbres, sidéfigurés par les erreurs des historiens.

Padoue, et le plus redoutable tyran d'Italie, enlève au marquis Azzon, les armes à la main, une partie de ses terres. Azzon, l'an 1256, entre dans la croisade publiée par le pape contre Ecelin. Il marche avec les croisés au siége de Padoue. Cette

Ecelo, ou Ezilone, fils d'Arpon, était un des barons allemands qui accompagnèrent, vers 1036, l'empereur Conrad II en Italie. Il lui donna les fiefs d'Onora et de Romano, dont ses descendants portèrent le nom. Gisla, sa femme, qui vivait sous la loi lombarde, est nommée dans une donation faite, par son mari, au monastère de Saint-Félix, en 1074. Un diplôme de l'empereur Henri IV, de 1091, en faveur des religieuses de Saint-Pierre de Padoue, est le dernier acte où l'on voit paraître Ecelo I. Il semble qu'il mourut peu après, alors âgé de plus de quatre-vingts ans, et laissant deux enfants, Ecelo II et Albérico. Ghérard Maurice fait un grand éloge de la probité et des vertus d'Ecelo I.

Ecelo II et Alberico I, son frère, firent, à divers monastères, de riches donations, qui leur méritèrent la réputation de personnages pieux et respectables. Au passage de l'empereur Henri V, en Italie, l'an 1116, ils étaient assis à ses côtés quand il rendait la justice. La femme d'Ecelo II s'appelait Aica; celle d'Albérico, Cunizza ou Cunéconde, dont il laissa un seul fils, Ecelo III. Albéric mourut avant 1154.

Ecelo III, aussi appelé, par un diminutif, Ecelino, suivant l'usage de ce tems-là, que nous avons déjà expliqué, fut encore surnommé *il Balbo*, ou *le Bègue*, à cause de la difficulté qu'il éprouvait en parlant. Imitateur de la générosité de ses pères envers l'église, il passa à la Terre-Sainte en 1147, lors de la croisade prêchée par saint Bernard, et mérita l'honneur d'être choisi pour chef par tous les aventuriers lombards qui s'y étaient rendus. Il y acquit beaucoup de gloire, et la soutint le reste de sa vie. Ce seigneur habitait ordinairement Vicence, ou Trevigi. A sa mort, arrivée vers l'an 1183, il laissa, de son épouse Auria da Baone, deux fils, Giovanni, marié à Béatrix da Baone, et Ecelin IV, dit *le Moine*; il en obtint aussi deux filles, Cunizza, mariée à Tisolino da Campo Sampiero, et Gisla.

Ecelino IV, dit *il Monaco*, ou *le Moine*, fut ainsi surnommé parce que, vers la fin de sa vie, il se retira dans un monastère de Bénédictins, pour se préparer à la mort : action fréquemment usitée dans le moyen âge. Il naquit vers 1150. Ayant épousé, d'abord fort jeune, Agnès, fille d'Azzon VI, marquis d'Est, qui mourut en couche; il se remaria à Speronella Dalesmannini, qui abandonna son époux pour s'enfuir avec Olderico di Fontana, et mourut, en 1199, âgée de cinquante ans, après avoir eu successivement cinq maris. Ecelin épousa ensuite Cecilia da Abano, fille de Mainfroi, comte de Badone, qu'il répudia parce qu'elle avait été violée par Gérard da Campo Sampiero : ce fut la cause des guerres cruelles qui ravagèrent ensuite la Marche de Trevigi. Ecelin prit enfin, en quatrièmes noces,

ville ayant été prise le 20 juin, Azzon recouvre les terres que le tyran avait usupées sur lui. L'an 1259, il forma une ligue, le 11 juin, avec les Milanais, les Bolonais, les Crémonais et les Padouans, contre ce même Ecelin, qui continuait de dé-

---

Adélaïde, des comtes de *Mangone*, qui passait pour être très-versée dans l'astrologie judiciaire. Ecelin donna, comme ses prédécesseurs, des exemples de religion et de dévouement à l'église. Il fonda à Vicence, en 1208, l'église de Saint-Donat, et à Oliero, six milles au-dessus de Bassano, une église et un monastère de Bénédictins, qui fut le lieu de sa retraite. Il y vécut jusqu'après l'an 1233, et laissa deux fils et six filles ; savoir, du premier lit, Palma, mariée à Valpertino da Cavazo ; du troisième, Agnès, mariée à Giacomo Guidotti ; du quatrième enfin, Palma Novella, née vers 1186, mariée, en 1207, à Albert da Baone ; Emilie, née vers 1188, mariée à Albert, comte de Vicence ; Sophie, née vers 1190, mariée à Henri d'Egna, dont elle devint veuve, puis en secondes noces, vers 1222, à Salinguerra II, souverain de Ferrare ; enfin Cunizza, née vers 1198, mariée aussi, vers 1222, à Richard, comte Saint-Bonifacio ; mais bientôt après Sordello Visconti l'enleva.

Des deux fils d'Ecelin *le Moine*, issus d'Adélaïde, Ecelino l'aîné naquit le 26 avril 1194. L'histoire de sa naissance fut sujette à mille fables, comme celle de sa vie. Les écrivains guelfes nous présentent ce guerrier sous les plus noires couleurs, parce qu'il fut l'ennemi le plus formidable du saint siége. Cependant on peut observer que ce prince semble avoir eu deux caractères. Voici le portait qu'en fait le moine de Padoue : *Dum enim, sicut civis, in statu degeret militari, acer quidem erat in hostes : ergà tamen amicos lenis et tractabilis videbatur. In promissis quoque satis erat fidelis, in proposito stabilis, in verbis maturus, in consilio providus, et in omnibus factis suis miles egregius apparebat.* (Voyez *Script. Rer. Ital.*, tome VIII, page 708.)

Ecelino disait souvent qu'il voulait faire des choses plus grandes que Charlemagne n'en avait exécutées pendant son règne. En effet, s'il eût réussi dans son entreprise sur Milan, il faisait de la Lombardie le royaume le plus florissant de l'Europe. Depuis l'an 1237, le caractère d'Ecelino changea. Le même écrivain nous le peint alors ainsi : *Sed postquàm Marchiæ dominium est adeptus, staturá corporis, quæ mediocris fuit, eâdem permanente, repentè in virum alterum est mutatus. Nam in facie austerus est effectus. Talis namque apparebat in vultu, qualis erat in actu. In modo loquendi terribilis, in incessu superbus, solo intuitu homines deterrebat. Ab amore satis abstinuit mulierum : sed viros ab uxoribus separabat, et eos cum aliis de facto comtrahere compellebat. Latrones odio habuit et prædones, sed illorum supplebat officium, omnes indifferenter spoliando pariter et mactando. Valdè suspiciosus fuit : semper namque in deteriorem partem facta et verba indifferentia exponebat. Omninò fuit immisericors ; crudelitate namque superavit sævitiem omnium tyrannorum.* (Ibid.)

Plusieurs historiens l'accusent d'avoir fait périr près de cinquante

soler la Lombardie par ses brigandages et ses cruautés. Azzon, à la tête des confédérés, l'arrête, le 26 septembre, au pont de Cassano qu'il voulait passer pour entrer dans le Milanez. Ecelin, blessé dans le choc, se retire, et va tenter un autre passage sur l'Adda; mais le lendemain, attaqué de nouveau, il est pris et conduit à Soncino, où il meurt, le 27 du même mois, des blessures qu'il avait reçues. (Voyez *Storia dei Eccellini*, tom. II, pag. 391.) L'an 1264, la nuit du 16 au 17 février (*die decimâ-tertiâ exeunte februario, nocte dominicæ diei*, comme porte un mémorial de ce tems-là), Azzon, âgé

---

mille hommes par ses ordres. Ses cruautés sont souvent exagérées; mais il en commit beaucoup. Les séditions élevées contre lui, à Vicence, à Padoue et à Vérone, l'obligèrent, il est vrai, à des châtiments sévères qu'il outra, et qui servirent de prétexte au pape pour prêcher une croisade contre lui. Ecelin da Romano épousa, en premières noces, Gilia, sœur du comte San-Bonifacio. L'ayant répudiée, l'an 1238, il prit, en secondes noces, Selvagia, fille naturelle de l'empereur Frédéric II; et en troisièmes, l'an 1244, Isotta, parente, par sa mère, du roi Mainfroi; enfin il prit, en quatrièmes noces, l'an 1249, Béatrix de Castel-Nuovo; mais il n'eut aucun enfant de ces alliances. Il mourut, comme on le voit ci-dessus, en 1259, à l'âge de soixante-cinq ans et six mois. Ce seigneur croyait à l'astrologie judiciaire, et consultait souvent, sur ses opérations, un crémonais nommé Gérard de Sabionetta, grand astrologue de ces tems-là. Il en avait beaucoup à sa cour, ainsi que des histrions, des bouffons, des conteurs, des poëtes et des hommes de lettres; ce qui n'annonce pas un caractère si porté à la barbarie et à la férocité.

Alberico, frère d'Ecelin V, né vers 1196, vécut en bonne intelligence avec les papes jusqu'en 1255, et fut fort aimé de ses sujets. Mais lorsque, rapproché de son frère, il eut abandonné le parti guelfe, il éprouva toutes les vengeances de la cour de Rome, qui l'excommunia en 1258 : et, dès cet instant, l'histoire le peignit comme un monstre. De Béatrix, sa femme, qu'il avait épousée à Vicence, en 1220, il eut six fils et trois filles; dont Adélaïde, l'aînée, mariée à Renaud d'Est, fut exilée par Frédéric, avec son mari dans la Pouille, où elle mourut. Une fin bien plus cruelle attendait sa malheureuse famille. En un même jour, Albéric, attaché, par les Trévisans, à la queue d'un cheval furieux, fut traîné dans la ville et mis en pièces, ses six enfants massacrés, et Marguerite, sa seconde femme, brûlée vive avec Griseide et Amabilie, ses filles. C'est ainsi que s'éteignit totalement, l'an 1260, la célèbre maison des Ecelin da Onara et da Romano.

Nous avons cru cette note nécessaire pour l'intelligence de cette partie de l'histoire du moyen âge, et nous l'avons puisée dans *la Storia dei Eccelini di Giam-Battista Verci*; 3 vol. in-8°. Bassano 1779 : ouvrage plein d'érudition.

de cinquante ans, meurt à Ferrare, qu'il gouvernait avec beaucoup de sagesse depuis vingt-quatre ans (1).

OBIZZON II.

1264. OBIZZON, second du nom, de la maison d'Est, petit-fils d'Azzon VII, par Rénaud, son père, mort en 1251, succéda dans le marquisat d'Est et les autres biens de cette maison, à son aïeul, et fut proclamé, d'un consentement unanime, par les habitants, seigneur de Ferrare. Il marcha, l'an 1265,

---

(1) Les républiques d'Italie ne se bornaient pas à défendre leur liberté contre les tyrans; elles n'étaient guère moins occupées des moyens de s'agrandir aux dépens de leurs voisins. Les villes de Nonantola et de San-Cesareo étaient de tems immémorial du domaine des Modénois. Les Bolonais, s'en étant rendus maîtres les premiers, leur en firent demander la restitution par leurs députés. La réponse des Bolonais fut que Nonantola s'était donnée volontairement à eux, et que San-Cesareo leur était demeuré pour les frais des guerres passées ; que cependant, pour ne pas leur céder en générosité, ils consentaient à les rendre. Ce discours, tout modéré qu'il était, blessa l'orgueil des Modénois, et devint le signal de la guerre. On prend les armes de part et d'autre. Entius, ou Enzio, roi de Sardaigne, et fils naturel de l'empereur Frédéric II, vient au secours des Modénois, et se met à la tête de leur armée. Ayant rencontré celle des Bolonais, près de Fossalte, il lui livre une bataille sanglante, et la perd, avec la liberté, le jour de Saint-Barthélemi 1249. Conduit prisonnier à Bologne, il est réclamé, avec menaces, par l'empereur, son père, qu'on n'écoute qu'avec mépris. Frédéric, changeant de ton, offre, pour la rançon de son fils, d'entourer la ville avec un fil d'or. Il ne réussit pas mieux. Enzio mourut à Bologne, après vingt-trois ans de captivité, pendant lesquels il fut traité, d'ailleurs, avec tous les honneurs dus à son rang et à sa naissance. On lui fit des funérailles magnifiques et vraiment royales. Quant à la guerre qui avait occasioné sa détention, elle fut terminée par la médiation du pape Innocent IV, irréconciliable ennemi de Frédéric et de sa race. Qui s'imaginerait que cette guerre, dont nous traçons un fidèle précis d'après Camponaccio, qui en a donné une histoire particulière, a fourni au Tassoni la matière de son poëme héroï-comique de la *Secchia rapita*, ou du *Sceau enlevé*? Le marquis Azzon ne fut que spectateur des querelles de Modène et de Bologne, attendu que ni l'une ni l'autre de ces villes n'était de sa dépendance; et nous ne rapportons ces faits que parce qu'ils intéressent une république qui tomba sous la puissance de ses successeurs.

Les lettres ont l'obligation à monseigneur François-Marie d'Est, évêque de Reggio et abbé de Nonantola, d'avoir une histoire diplomatique très-intéressante de cette abbaye célèbre. Le savant chevalier Tiraboschi l'a publiée en deux volumes in-folio, imprimés à Modène en 1784.

au secours de Charles d'Anjou contre Mainfroi, roi de Sicile, en vertu d'une ligue conclue entre eux le 5 août de cette année. Le 30 mars de l'an 1276, il reçoit, des commissaires de l'empereur Rodolphe I, l'investiture de ses états, situés dans la mouvance de l'empire. Les Modénois, qui, depuis qu'ils s'étaient mis en liberté, étaient gouvernés par un podestat, las des désordres causés par les factions qui les déchiraient, députent, le 15 décembre 1288, Philippe Boschetti, leur évêque, Lanfranco Rangone et Guido Guidone, au marquis Obizzon pour se donner à lui. Obizzon accepte leurs offres, et envoie le comte Cinello, son parent, pour prendre possession de la seigneurie de Modène en son nom. Il y fait lui-même en personne son entrée solennelle au mois de janvier suivant. (Voyez *Chronica di Bolog. Muratori Rer. Ital.*, t. XVIII, p. 295.) Pareillement élu, le 15 janvier 1290, seigneur de Reggio, pour mieux attacher à son parti les Rangone (1), famille illustre

---

(1) Cette maison illustre tire son origine de la Westphalie, ou de la Saxe, ainsi que nous l'apprend Muratori (*Dissertat. dell' orig. de cognomi.*) GHERARD RANGONE la transplanta en Italie vers la fin du onzième siècle. Un second GHERARD, son petit-fils, était podestat de Bologne en 1156. On le voit ensuite investi par Guelfe, duc de Spolette et marquis de Toscane en 1166, *della Corte di Gavassa*. (Voy. *Antichit. Est.*, part. I, cap. 30; *Savioli Annali Bolog.*, tome I, part I, pag. 309 et 312.) Un troisième GHERARD fut podestat de Bologne en 1226, de Vérone en 1230, de Sienne en 1232, de Mantoue en 1241, et tué la même année dans une bataille. Un quatrième GHERARD fut podestat de Bologne en 1240, de Mantoue en 1251 : c'est le même que le Tassoni a chanté dans sa *Secchia rapita*, cant I, stanz. 13. Il fut commandant des Modénois, et fait prisonnier avec le roi Entius. Enfin un cinquième GHERARD, qui était préteur de Bologne en 1226 (voyez Sigonius, *de Regn. Ital.*, lib. XVII), de Milan en 1251, finit pieusement sa carrière dans l'ordre de Saint-François, et fut depuis béatifié. (Voyez *Tiraboschi della letterat. Ital.*, tome IV, lib. 2., *Corio, Stor. di Milano*, part. 2.) On remarque encore, parmi les grands hommes de cette maison, GIACOBINO, célèbre dans les armes; un autre GIACOBINO, podestat de Bologne et de Crémone, qu'il gouverna avec sagesse; GUILIELMO, podestat d'Orvietto en 1253; GUI, général des Florentins et des Siennois, qui chassa les Français du comté de Sienne, reprit, avec le secours du duc d'Urbain, Lodi et Crémone, et servit depuis le roi François Ier. en Piémont. (Voy. *Muratori Antich. Est.*, p. II, cap. XI et XII; *Sansovino Ritratti di cento Capitani illustri.*) Entr'autres prélats distingués, les Rangone ont donné à l'église le cardinal GABRIEL, qui vivait en 1477; HERCULE, successivement évêque d'Adria, de Cave, de Mazara et enfin de Modène, cardinal en juillet 1517, pris avec le pape Clément VII par les Impériaux, et mis en prison avec ce pontife dans le château Saint-Ange, où peu après il

et puissante, qui jouissait alors d'un grand crédit sur les Modénois, et les avait déterminés à se donner à la maison d'Est, le marquis Obizzon marie Aldobrandin, son second fils, à Alda, fille de Tobie Rangone. (Voy. *Vedriani Stor. di Modena*, part. II, lib. XIV.) Il fait, l'année suivante, son testament, daté *die tertio exeunte Junio*, c'est-à-dire le 28 juin, et finit ses jours le 13 février 1293, laissant de Jacqueline de Fiesque, sa première femme, morte en 1287, trois fils, Azzon, qui suit; François et Aldovrandin, avec une fille, Béatrix, mariée, 1°. à René Scotto, juge, ou seigneur de Gallure, en Sardaigne; 2°. à Galéas Visconti, seigneur de Milan. Constance de l'Escale, sa seconde femme, ne paraît pas lui avoir donné d'enfants.

AZZON VIII.

1293. Azzon d'Est, huitième du nom, fils aîné d'Obizzon II, lui succède, le 11 février, dans ses états. Le 3 mars suivant, la ville de Modène l'élit pour son seigneur perpétuel. Celle de Reggio lui défère le même honneur, peu de jours après. Les deux frères d'Azzon, François et Aldovrandin, excités par des brouillons, prétendent, l'un à la seigneurie de Modène, l'autre à celle de Reggio. Aldovrandin, appuyé par

---

mourut en 1527 (voyez *Auberi, hist. des Cardinaux*); Claude, légat du saint siége, en Pologne, où il remplit une mission difficile; il était l'ami particulier du fameux comte Pomponio Torelli; enfin Hugues, évêque de Reggio le 18 octobre 1510, pareillement légat du saint siége auprès de Charles-Quint, et mort à Modène le 28 août 1540.

On compte, parmi les femmes célèbres issues de cette maison, Constance, mariée à César Fregose, qu'elle suivit dans les combats: Jules-César Scaliger lui dédia plusieurs de ses poésies latines (*voyez* Sansovino, *Origin. delle Case illust.*, pag. 907); Geneviève, sœur de Gui Rangone, que le même Scaliger a aussi célébrée; Clodia, épouse de Gibert Correggio, très-versée dans la philosophie, la grammaire, la théologie, l'amie de Pie V, et qu'Annibal Caro appelait la muse de son siècle. Le pape Pie IV disait *qu'il n'y a point de prince chrétien qui ne pût être honoré de l'alliance de cette maison*. Elle a pour chef aujourd'hui (1785) le marquis Gherardo Rangone, chambellan de S. M. I. et R., conseiller et ancien ministre d'état de monseigneur le duc de Modène, et subsiste, avec lustre, dans la ville de ce nom, où elle est divisée en deux branches. Le comte François-Nicolas Rangone, chevalier de Malte, frère puîné du marquis Gherardo, est, par son mariage avec Vittoria Torelli (voy. ci-devant *la branche d'Italie sortie des comtes de Montechiarugola*), souche d'une troisième branche, établie à Reggio.

les Rangone, surprend, le 29 mars de la même année, la ville de Modène, d'où il est chassé, presque aussitôt, par le peuple. Les Padouans épousèrent ensuite les intérêts d'Aldovrandin, et, s'étant armés en sa faveur, prirent et ruinèrent les châteaux d'Est, de Cotto et de Calaone. La concorde est rétablie, l'an 1294, par un traité de paix entre les trois frères. Azzon eut la guerre, les deux années suivantes, avec les Bolonais et les Parmesans, et s'en tira avec avantage. Les Modénois, excités par deux capitaines qu'Azzon leur avait donnés, se révoltent contre lui, le 26 janvier 1306, chassent ses partisans et se mettent en liberté. Ceux de Reggio imitent le lendemain cet exemple. Au mois de février suivant, ces deux villes firent une ligue avec celles de Padoue, Vérone, Brescia, Mantoue et Parme, pour chasser encore de Ferrare le marquis; mais leurs efforts furent inutiles. Azzon meurt dans son château d'Est, le 31 janvier 1308, sans laisser d'enfants de ses deux femmes, JEANNE DES URSINS, et BÉATRIX, fille de Charles II, roi de Naples, qu'il avait épousée au mois d'avril 1305. En mourant, il nomma pour son héritier Folcon, ou Foulques, fils de Fresque, son bâtard, au préjudice de ses deux frères, François et Aldovrandin, et des fils de ce dernier.

FOULQUES.

1308. FOULQUES, fils de Fresque, ou Fresco, bâtard d'Azzon VIII, fut mis en possession de la seigneurie de Ferrare, par son père, avec le secours des Bolonais. Mais François et Aldovrandin, frères d'Azzon, s'emparèrent d'Est et de plusieurs autres terres de leur maison. Alors commença la guerre entre Foulques et les princes légitimes d'Est. Ceux-ci recoururent au pape pour implorer son appui. Mais la cour de Rome exigea qu'ils reconnussent Ferrare pour une ville dépendante de l'église romaine. Ce point accordé, le pape fait partir des officiers et des troupes, pour aller prendre possession de Ferrare, sous les ordres du marquis François d'Est. Foulques, alors, fait proposer aux Vénitiens de leur céder cette ville à certaines conditions. La proposition acceptée, les Vénitiens envoient des troupes qui forcent les Ferrarais, après quelques combats, à demander la paix, et à recevoir le podestat qu'il plut aux vainqueurs de leur donner. Le pape Clément V, irrité de l'entreprise des Vénitiens, publia contre eux, le 27 mars 1309, pour s'être emparé de Ferrare, une bulle, dit Muratori, la plus terrible et la plus injuste. Pour joindre ensuite les armes temporelles aux spirituelles, il fit prêcher contre eux la croisade; ce qui lui procura, en peu de tems, une armée considérable. Les Vénitiens se défendirent vaillamment; mais, le 28 août de la même année, les Ferrarais remportèrent sur eux une victoire complète qui décida la querelle. Le pape, étant devenu par là maître de Ferrare, en donna le vicariat à Robert, roi de Naples, sans penser à François d'Est, qui s'était donné tant de peines pour rentrer en possession de cette ville. Les Ferrarais, excédés par les mauvais traitements des officiers et des troupes que le roi de Naples leur envoyait, se soulèvent contre eux, le 4 août 1317, et les ayant obligés à se retirer dans le Château-Thédalde, il les y forcent, avec le secours des marquis d'Est et des Bolonais, les massacrent tous, et livrent aux flammes cette forteresse.

RENAUD et OBIZZON III.

L'an 1317, le 15 août, RENAUD et OBIZZON III, fils du marquis Aldovrandin et d'Alde Rangone, sont rétablis dans la seigneurie de Ferrare, et s'associent NICOLAS, premier du nom, leur troisième frère. Le pape Jean XXII n'apprit pas ce rétablissement avec indifférence. Il somma les trois marquis d'abandonner Ferrare; et, sur leur refus, aussi respectueux que raisonnable, il mit la ville en interdit, les excommunia, l'an 1320, et les fit poursuivre comme hérétiques par l'inquisition. Les trois marquis, l'an 1329, se rapprochent du pape, et abandonnent l'empereur Louis de Bavière, son ennemi, dont ils avaient suivi le parti jusqu'alors; mais la réconciliation ne fut consommée que l'an 1332. Les marquis d'Est, s'étant soumis à reconnaître le pape pour souverain de Ferrare, obtinrent de lui une bulle qui leur conférait le vicariat de cette ville et de son district, à l'exception d'Argenta, que le pape se réservait, et qui fut remise à son légat. Les trois marquis, l'an 1335, viennent assiéger la ville de Modène, alors possédée par les Pii. Renaud tombe malade à ce siége, et, étant retourné à Ferrare, il y meurt le 31 décembre de la même année. L'an 1336, Gui et Mainfroi des Pii, voyant la ville de Modène serrée par les marquis d'Est, qui s'étaient rendus maîtres de toutes les villes de son district, leur remettent, le 17 avril, cette place, dont les marquis prirent possession le 13 mai suivant. Obizzon, l'an 1346, vend à Luchin Visconti, seigneur de Milan, la ville de Parme, qu'il avait acquise, l'an 1344, d'Azzon de Correggio. Le marquis Nicolas meurt le premier mai de cette année, laissant un fils, Renaud, qui mourut en 1369. Obizzon, le 27 mai 1350, fait lever l'interdit jeté, dès la fin de 1313, sur Modène, par le pape Clément V, à cause du meurtre de Raymond d'Aspel, marquis d'Ancône, son parent, que les Modénois avaient massacré et pillé avec sa suite, comme il passait sur leur territoire pour aller dans son marquisat. L'an 1352, Obizzon meurt le 19 ou le 20 mai, laissant de RIPPA ARIOSTA, sa concubine, puis sa femme, morte le 27 novembre 1347, cinq fils, Aldovrandin, qui suit; Nicolas; Foulques; Hugues et Albert, avec quatre filles, Alde, femme de Louis II de Gonzague, capitaine de Mantoue; Béatrix, femme de Waldemar, prince d'Anhalt-Dessau; Alix, mariée, le 12 juillet 1349, avec Gui, fils de Bernardin de Polenta, seigneur de Ravenne ; et Constance, qui épousa, le 2 mai 1362, N..... Malatesta, seigneur de Rimini.

ALDOVRANDIN III.

1352. ALDOVRANDIN, fils aîné d'Obizzon III et son successeur, gouverna ses états, quoique fort jeune, avec beaucoup de vigilance et de vigueur. L'empereur Charles IV étant venu, l'an 1354, en Italie, connut son mérite et l'honora d'une singulière estime. Aldovrandin termina, par un traité de paix, les démêlés qu'il avait avec le duc de Mantoue et celui de Milan ; mais il ne jouit pas long-tems de cet avantage, étant mort le 3 septembre 1361, à l'âge de vingt six ans. De BÉATRIX DE CAMINO, sa femme, il laissa Obizzon, mort peu de tems après lui, et Verde, mariée à Conrad, duc de Teck.

NICOLAS II.

1361. NICOLAS, IIe. du nom, frère d'Aldovrandin, lui succède au préjudice d'Obizzon, son neveu. Le 19 décembre 1361, il fut investi, avec ses deux frères, Hugues et Albert, de Rovigo, d'Adria, de Comachio et d'autres places par l'empereur Charles IV, qui leur confirma en même tems le vicariat qu'il avait donné, l'an 1354, à Aldovrandin II. Nicolas eut avec les Visconti de longs démêlés, qui furent terminés par un traité de paix au mois de février 1369. (Voy. *aux ducs de Milan.*) Il enlève, vers la mi-mai 1371, la ville de Reggio à Feltrin de Gonzague, qui en était seigneur. Mais Feltrin la vend dans le même tems, par traité du 17 mai, à Bernabo Visconti, seigneur de Milan, qui en chassa les troupes du marquis d'Est. Nicolas meurt le 26 mars 1388, laissant de VERDE, fille de Mastin II de l'Escale, qu'il avait épousée le 19 mai 1362, une fille, nommée Taddée, mariée, le 31 mai 1377, à François II de Carrara, seigneur de Padoue.

ALBERT D'EST.

1388. ALBERT D'EST, frère de Nicolas, devient son successeur dans la seigneurie de Ferrare. Peu de tems après, il se forme une conjuration, tramée par les seigneurs de Padoue et les Florentins, pour l'assassiner, et mettre à sa place Obizzon, son neveu, fils du marquis Aldovrandin. Le complot est découvert, et les conjurés sont sévèrement punis. Albert fut d'abord étroitement uni avec Jean-Galéas Visconti, qu'on nommait alors le comte de Vertus. Il entra dans la ligue de ce prince et de François de Gonzague, marquis de Mantoue, contre les Bolonais; mais le duc de Bavière, qui était passé en Italie, avec une forte armée, pour secourir les Bolonais, étant arrivé, le 3 octobre 1390, à Ferrare, réussit à détacher Albert de cette ligue, et à lui en faire contracter, le 7 novembre, une nouvelle avec ceux dont il s'était déclaré l'ennemi. Albert mourut le 30 juillet 1393, fort regretté de ses sujets, laissant de JEANNE, fille de Gabrino Roberti, qu'il avait épousée le 8 septembre 1388, Nicolas, qui suit.

NICOLAS III.

1393. NICOLAS III, fils du marquis Albert, lui succède à l'âge de neuf ans, sous la tutelle de plusieurs nobles, que son père avait désignés, et la protection de la république de Venise, qu'Albert lui avait ménagée. L'an 1394, Azzon, marquis d'Est, fils du marquis François II, qui, ayant été chassé de Ferrare, était devenu général des armées de Galéas Visconti, prend occasion de la jeunesse de Nicolas pour travailler à lui enlever ses états. Ayant pratiqué des intelligences avec plusieurs nobles ferrarais et des vassaux de la maison d'Est, il entre dans l'état de Ferrare, où il s'empare de quelques places; mais les Vénitiens, les Bolonais et les Florentins, étant venus au secours de Nicolas, obligent le marquis Azzon de se retirer. Azzon, étant revenu l'année suivante, fut battu le 16 avril et fait prisonnier par Astor de Manfredi, seigneur de Faënza, qui le fit conduire dans les prisons de cette ville. L'an 1397, le marquis Nicolas, âgé de treize ans, épouse, au mois de juin, JULIE DE CARRARA, fille de François II, seigneur de Padoue. Nicolas, l'an 1403, entre dans la ligue formée contre le duc de Milan, par le pape Boniface IX, qui le déclare capitaine-général de l'armée de l'église. S'étant concerté avec les habitants de Reggio, il enlève cette ville au duc de Milan; mais il en est chassé par Ottoboni, qui, feignant de venir au secours du duc, garde la ville pour lui, après s'en être rendu maître. Nicolas, le 13 mai

1408, conclut une ligue avec Jean-Visconti, duc de Milan, et d'autres princes, pour arrêter les brigandages qu'Ottoboni ne cessait d'exercer en Lombardie. Ottoboni est tué, le 27 mai 1409, par Sforce Cotignola, général des troupes de Nicolas, dans un pourparler qu'il avait demandé à ce marquis pour traiter de la paix avec lui. (Voy. *aux ducs de Parme, et aux comtes de Guastalle.*) Le 27 juillet suivant, Nicolas entre dans Parme, dont il est proclamé seigneur, et se rend maître, dans le même mois, de Reggio. L'an 1414, dans un voyage qu'il entreprend à Saint-Jacques, en Galice, il est fait prisonnier par le châtelain d'un château, nommé Saint-Michel, appartenant au marquis de Caretto; et cela uniquement, suivant la coutume du tems, pour en obtenir une rançon que le marquis paya effectivement. L'an 1425, après la mi-mars, Nicolas fait trancher la tête à PARISINA-MALATESTA, sa seconde femme, et à Hugues, son fils naturel, convaincus d'un commerce criminel. (Murat. *Antich. Est.*, tom. II, pag. 190.) Aldovrandin Rangone et deux demoiselles, complices de cet adultère, subirent la même peine. Nicolas entre, le 9 janvier 1426, dans la ligue des Florentins et des Vénitiens contre le duc de Milan, et se met à la tête de leurs troupes. (*Ibid.* pag. 193.) L'an 1431, le roi de France, Charles VII, par lettres datées de Chinon, le 1er. janvier, permet au marquis Nicolas de joindre à l'aigle blanc de ses armoiries, celles des rois de France, c'est-à-dire trois fleurs de lis d'or au champ d'azur. (Murat. *ibid*, tom. I, pag. 195.) Ces lettres étant datées de la dixième année du règne de Charles, sont de l'an 1432, selon le nouveau style. L'an 1433, Nicolas, reconcilié avec le duc de Milan, se porta pour médiateur dans la guerre que les Vénitiens, les Florentins et leurs confédérés faisaient à ce prince, et réussit à leur faire conclure un traité de paix le 26 avril de cette année. Le duc de Milan l'ayant invité, l'an 1441, à se rendre à Milan, il y vint; mais il y trouva la mort, qui l'emporta le 26 décembre, non sans soupçon de poison donné par ceux qui avaient intérêt de craindre que le duc ne le fît son héritier. De RISARDE, ou RICHARDE, sa troisième épouse, fille du marquis de Saluces, il laissa deux fils en bas âge, Hercule et Sigismond. Il eut de plus cinq enfants naturels, Lionel, qui suit, Borso, Renaud et Albert; avec une fille, Blanche, mariée, l'an 1468, à Galeotto Pic de la Mirandole. Les historiens milanais mettent la mort de Nicolas III en 1442, parce que l'année commençait alors le jour de Noël à Milan.

LIONEL.

1441. LIONEL, fils naturel de Nicolas III, lui succéda, par

la disposition de son père et celle du pape, dans les seigneuries de Ferrare, Modène, Rovigo et Comachio, etc., au préjudice des enfants légitimes de Nicolas. Il avait épousé, au mois de janvier 1435, MARGUERITE, fille de Jean-François I de Gonzague, marquis de Mantoue. L'an 1444, après la mort de Marguerite, arrivée au mois de juillet 1439, il donna sa main, dans le mois d'avril, à MARIE, fille naturelle d'Alfonse V, roi d'Aragon : mais cette princesse mourut le 9 décembre 1449. L'année suivante, Lionel fut médiateur de la paix, qui se conclut le 2 juillet, à Ferrare, entre les Vénitiens et Alfonse, roi de Sicile. Ce prince termina ses jours le premier octobre de cette année, laissant, du second lit, un fils nommé Nicolas. Lionel, dit Muratori, n'eut pas son égal en piété envers Dieu, en équité et en douceur envers ses sujets. Il fut le protecteur des gens de lettres, et écrivait très-bien lui-même en latin.

DUCS DE FERRARE, MODÈNE ET REGGIO.

BORSO.

1450. BORSO, frère naturel de Lionel, fut préféré à ses frères légitimes, Hercule et Sigismond, pour lui succéder. Il alla, l'an 1452, au-devant de l'empereur Frédéric III, qui venait en Italie, et entra dans Ferrare avec lui, le 17 janvier. L'empereur y revint le 10 mai suivant, à son retour de Rome; et, pour témoigner au marquis Borso la satisfaction qu'il avait de sa bonne réception, il le créa duc de Modène et de Reggio, le 18 du même mois : mais il en exigea, pour cette faveur, un cens annuel de quatre mille florins d'or. Borso eut encore l'honneur, en 1459, de recevoir, le 18 mai, le pape Pie II dans Ferrare. Ce prince vint avec un cortége magnifique, l'an 1471, à Rome, et fut créé duc de Ferrare, le 14 avril, dans la basilique du Vatican, par le pape Paul II. Il ne jouit pas long-tems de cet honneur; car étant retourné dans cette ville, il y mourut le 20 août de la même année, sans avoir été marié. Ce fut un prince des plus accomplis de son siècle. Protecteur des lettres, il appela l'imprimerie naissante dans ses états, et Andréas Gallus fut le premier, suivant Maittaire, qui exerça cet art à Ferrare.

HERCULE I.

1471. HERCULE I, frère légitime de Borso, né l'an 1433, se mit en possession de ses états après sa mort, et par là frustra l'espérance de Nicolas d'Est, fils de Lionel, qui comptait succéder à Borso. L'an 1476, Nicolas, pendant l'absence d'Hercule, surprend Ferrare, le premier septembre, par la trahison d'un prêtre; mais il en est chassé le même jour par les frères du duc; et, étant poursuivi par Louis Trotti, il est ramené prisonnier à Ferrare, où, trois jours après, on lui fait trancher la tête. Hercule est choisi, l'an 1478, par les Florentins pour commander leurs troupes contre l'armée du pape et du roi de Naples. Les Vénitiens, ligués avec le pape Sixte IV, déclarent la guerre, en 1482, au duc de Ferrare. Ce prince, après avoir fait ses efforts pour l'éviter, fait une ligue, de son côté, avec Ferdinand, roi de Naples, son beau-père; Louis le More, gouverneur de Milan; Frédéric, marquis de Mantoue; les Florentins et les Bentivoglio. Les hostilités commencèrent au mois de mai; et, le 21 août, Alfonse, duc de Calabre, fut battu par le comte Jérôme Riario, neveu du pape, joint à Robert Malatesta, capitaine vénitien, à Campomorto, près de Velletri. Le 12 décembre suivant, le pape, s'étant détaché des Vénitiens, fait la paix avec le roi Ferdinand, le duc de Ferrare et leurs alliés. Toutes les puissances d'Italie se déclarent alors contre les Vénitiens. Sixte veut s'établir arbitre de la paix; et trouvant les Vénitiens opposés à ses désirs, il les excommunie le 25 mai 1483, et met toutes leurs terres en interdit. Les Vénitiens appellent de la bulle et continuent la guerre. Après deux ans d'hostilités, le duc de Ferrare, abandonné de ses alliés, fait la paix, le 7 août 1484, avec ces republicains, auxquels il cède Rovigo et tout le Polésin, dont ils s'étaient emparés. Le duc Hercule meurt le 25 janvier de l'an 1505, laissant de LÉONORE, fille de Ferdinand I, roi de Naples, qu'il avait épousée le 3 juillet 1473 (morte le 11 octobre 1493), trois fils, Alfonse, Ferdinand, et Hippolyte, depuis cardinal; avec deux filles, Béatrix, femme de Ludovic Sforce, duc de Milan, et Isabelle, mariée, l'an 1490, à Jean-François II de Gonzague, marquis de Mantoue.

ALFONSE I.

1505. ALFONSE D'EST I, fils aîné d'Hercule, né le 21 juillet 1476, succède à son père dans ses duchés. Il était marié en secondes noces, depuis 1502, avec la fameuse LUCRÈCE BORGIA, fille du pape Alexandre VI. Lucrèce était alors à son quatrième mari. Ses deux premiers mariages avaient été cassés par son père: et Alfonse d'Aragon, son troisième époux, avait été étranglé, le 18 août 1500, par ordre de César Borgia, frère de Lucrèce. L'an 1506, le duc Alfonse fait condamner à mort Ferdinand, son frère légitime, et Jules, son frère naturel, pour avoir conspiré contre lui; mais, à l'instant de l'exécution, il leur fait grâce et commue la peine en une prison perpétuelle. Le premier y demeura jusqu'en 1540, et l'autre jusqu'en 1559, qu'il obtint sa liberté. Alfonse, étant entré dans la ligue de Cambrai, fut créé, le 19 avril 1509, gonfalonier de l'église, par le pape Jules II; mais ce pontife, l'année suivante, s'étant retiré de la ligue, veut en détacher aussi le duc de Ferrare; et ne pouvant y réussir, il publie contre lui, le 9 août, une bulle par laquelle il l'excommunie, et le prive de Ferrare, ainsi que de toutes les terres qu'il a dans la mouvance du saint siége. Dix jours après, les troupes du pape s'emparent de Modène à la faveur des intelligences que Jules avait pratiquées dans la ville. Elles font ensuite diverses conquêtes dans le Ferrarais, tandis que les Vénitiens, de leur côté, se rendent maîtres de Polésin, qu'Alfonse avait recouvré. La valeur d'Alfonse sauva la ville de Ferrare, dont les troupes du pape, commandées par le duc d'Urbin, son neveu, s'étaient approchées. Ce général enlève, dans la même année, au duc Alfonse, Reggio et Brecello. Alfonse fut plus heureux, l'an 1512, à la bataille de Ravenne, donnée, à trois milles de cette place, le jour de Pâques, 11 avril. Ce fut par l'effet de son artillerie, qu'il rendit les Français victorieux cette journée. Comptant, après un succès si éclatant, trouver le pape plus traitable, il lui fait demander un sauf-conduit, qui lui est accordé pour se rendre à Rome. Y étant arrivé dans le mois de juin, il est absous des censures par le pape, et admis à lui baiser les pieds. Mais tandis qu'il est dans cette ville, le duc d'Urbin lui enlève plusieurs places dans la Romagne, et force Reggio même, qu'Alfonse avait repris, à se rendre. Le pape voulut encore obliger Alfonse à lui céder le duché de Ferrare; et, ne pouvant obtenir de lui ce sacrifice, il se dispose à le retenir prisonnier. Mais le duc ayant pénétré son dessein, s'échappe, avec le secours des Colonnes, et retourne à Ferrare, où il apprit, sans regret, la mort de Jules, arrivée le 21 février de l'année suivante. L'an 1514, le pape Léon X achète de l'empereur, pour quarante mille ducats d'or, la ville de Modène, que le pape Jules II avait mise en dépôt entre les mains de ce prince. Léon avait promis au duc Alfonse, en présence du roi François I, de lui rendre cette ville, ainsi que celle de Reggio; mais, loin de tenir sa parole, il charge, l'an 1519, l'évêque de Vintimiglia, qui se trouvait à Bologne, de s'emparer, par surprise, de Ferrare, pendant une grande maladie qui tenait le duc dans l'inaction. Heureusement le marquis de Mantoue, neveu d'Alfonse, ayant aperçu les troupes du pape qui s'approchaient de Ferrare, les oblige à se retirer. Léon, qui avait conclu une ligue secrète, le 8 mai 1521, avec l'empereur et les Florentins, fait une nouvelle tentative sur Ferrare et y échoue comme la première fois. Alors, furieux de se voir frustré de son espérance, il ne rougit point de fulminer un monitoire contre le duc Alfonse, et de mettre sa ville de Ferrare en interdit, pour s'être emparé, disait-il, des terres de Final et de Saint-Félix, appartenantes au saint siége. Mais, le premier décembre suivant, Léon alla rendre compte à Dieu de ses actions, et délivra, par sa mort, le duc Alfonse d'un redoutable ennemi. Ce prince, ne pouvant contenir la joie que lui causait cet événement, fit frapper une monnaie, sur le revers de laquelle on voyait un homme qui tirait un agneau de la griffe d'un lion, avec ces mots au-dessous : *De manu leonis*. Il recouvre une partie de ses terres en 1522; et l'année suivante, après avoir fait une tentative sur la ville de Modène, défendue par Guichardin, gouverneur pour le pape, qu'il somme inutilement de rentrer sous son obéissance, il va se présenter, le 29 septembre, devant Reggio, qui lui ouvre ses portes sans faire de résistance. L'an 1527, il oblige les Rangoni, qui commandaient alors à Modène, de lui rendre la place, et y fait son entrée, le lendemain 6 juin, aux acclamations de tout le peuple. Le 15 novembre suivant, il entre, malgré lui, dans la ligue formée par le sacré collège, les rois de France et d'Angleterre, le duc de Milan, les républiques de Venise et de Florence, contre l'empereur Charles-Quint, pour la délivrance du pape Clément VII. Ce pontife fut si peu reconnaissant de ce service, que, l'année d'après, il tendit au duc diverses embûches pour lui enlever ses états, et même le priver de la vie. L'empereur étant à Bologne, en 1530, avec le pape, l'engage à permettre au duc de Ferrare de s'y rendre pour les réconcilier. Le duc, arrivé, signe, le 21 mars, avec le pape, un compromis, entre les mains de l'empereur, pour juger leurs différents. Charles, après un mûr examen de la contestation, décide que Reggio et Modène appartiennent de droit au duc Alfonse, et que, moyennant une somme de cent mille ducats, le pape lui donnera une nouvelle investiture de Ferrare. *Ce laud* ou jugement fut rendu, le 21 décembre 1530, à Cologne; mais il ne fut publié que le 21 avril suivant. Clément VII refusa de s'y soumettre et attendait l'occasion de se venger et de l'empereur et du duc; mais avant que d'avoir pu la rencontrer, il mourut le 25 septembre 1534. Alfonse le suivit de près au tombeau, étant décédé le 31 octobre de la même année, à l'âge de cinquante-neuf ans : prince, dit Muratori, *qui, en bon sens et en valeur, eut peu d'égaux de son tems ; et il eut grand besoin*, ajoute-t-il, *de ces qualités pour se soutenir contre trois papes très-*

puissants, qui, pleins de passions mondaines, désiraient ardemment de dépouiller de ses domaines la très-noble maison d'Est. Alfonse, dans l'entrevue qu'il eut, en 1530, avec l'empereur à Bologne, avait obtenu de lui, à force de prières et moyennant une somme de cent mille ducats, la principauté de Carpi, dont la maison Pic fut dépossédée après en avoir joui depuis l'an 1319. Ce prince avait été marié trois fois : 1°. le 23 janvier 1491, avec ANNE, fille de Galéas-Marie Sforce, morte enceinte le 30 novembre 1497; 2°. l'an 1502, comme on l'a dit, le 2 février, avec LUCRÈCE BORGIA, morte en 1520, dont il laissa Hercule, qui suit; François, marquis de Massa; et Hippolyte, qui devint célèbre dans l'état ecclésiastique, et fut nommé cardinal par Paul III, à la demande du roi de France. Sur la fin de ses jours, Alfonse épousa LAURE EUSTOCHIE DES DIANTI, fille de basse naissance, après en avoir eu deux fils, Alfonse et Alfonsin, qu'il fit légitimer par l'empereur, mais que la cour de Rome ne voulut point reconnaître. Leur mère termina ses jours le 27 juin 1573. (Murat. *Antich. Est.*)

HERCULE II.

1534. HERCULE II, fils aîné du duc Alfonse et de Lucrèce, né le 4 avril 1508, succède, le 31 octobre, à son père, avec RENÉE de France, qu'il avait épousée à Paris le 28 juin 1528. Cette princesse lui apporta en dot le duché de Chartres que le roi venait d'ériger en sa faveur. Après avoir pris possession de ses états, un des premiers soins d'Hercule fut de travailler à faire approuver à Paul III, nouveau pape, le jugement rendu par Charles-Quint en faveur de sa maison. Dans ce dessein, après lui avoir envoyé un ambassadeur, il se rendit lui-même, le 9 octobre 1535, à Rome; et, n'ayant reçu du pape que des paroles équivoques, il fut de là trouver, à Naples, l'empereur, qui revenait triomphant de son expédition d'Afrique. Charles-Quint, en passant à Rome, l'an 1536, pressa le pape sur le même article, et n'en put rien obtenir. Enfin, le 23 février 1539, François d'Est, frère du duc, termina cette grande affaire à Rome, d'où il revint avec le renouvellement de l'investiture de Ferrare, donnée par Alexandre VI à la maison d'Est. Hercule, l'an 1543, reçoit Paul III à Modène le 3 avril, et le 21 du même mois à Ferrare. L'an 1556, cédant aux menaces du nouveau pape Paul IV, et aux sollicitations du duc de Guise, son gendre, Hercule signe, malgré lui, le 13 novembre, la ligue formée par le premier et par la France contre l'Espagne. Le pape le nomma général de l'armée de l'église, et le roi de France le créa son lieutenant-général en Italie.

Mais les armes d'Espagne ayant pris le dessus en Italie, et le pape s'étant accommodé, le 11 septembre 1557, avec le roi Philippe II, le duc de Ferrare, après avoir emporté quelques places dans le duché de Parme, songea sérieusement à faire sa paix, et y réussit par un traité signé le 18 mars 1558, entre les mains de Côme I, duc de Florence. Il mourut le 3 octobre 1559, laissant de RENÉE DE FRANCE, seconde fille du roi Louis XII et d'Anne de Bretagne, deux fils, Alfonse, qui suit, et Louis, depuis cardinal et archevêque d'Auch, prélat qui mérita, dit M. de Thou, d'être appelé le trésor des pauvres, la gloire du sacré collége et l'ornement de la cour de Rome. Hercule laissa encore trois filles : Anne, qui épousa, 1°. le 19 janvier 1548, François de Lorraine, duc d'Aumale, puis duc de Guise ; 2°. l'an 1566, Jacques de Savoie, duc de Nemours ; Lucrèce, mariée, le 19 janvier 1570, à François-Marie de la Rovère, duc d'Urbin ; et Éléonore, qui vécut dans le célibat, et mourut le 19 février 1581. Après la mort d'Hercule, la duchesse, sa veuve, princesse savante et protectrice des gens de lettres, revint en France. Elle y mourut à l'âge de soixante-cinq ans, dans le château de Montargis, le 12 juin 1575, infectée des erreurs du Calvinisme, qu'elle avait embrassé pendant son séjour au-delà des monts. La maison de cette princesse, lorsqu'elle demeurait en Italie, était l'asyle de tous les Français qui s'y rencontraient, et sa générosité s'épuisait pour les bien traiter et les assister. Ses intendants lui faisant quelquefois des remontrances à ce sujet ; elle leur répondait : *Que voulez-vous que je fasse ? ce sont des pauvres françois de ma nation, lesquels, si Dieu m'eût donné barbe au menton et que je fusse homme, seroient maintenant tous mes sujets, voire même seroient-ils tels, si cette méchante loi salique ne me tenoit trop de rigueur.* La ville de Modène fut augmentée par le duc, son époux, d'un bourg qui fut appelé, de son nom, *la Citta Herculea*.

ALFONSE II.

1559. ALFONSE II, né, le 22 novembre 1533, du duc Hercule et de la duchesse Renée, était en France au service de cette couronne lorsque son père mourut. A la nouvelle de cet événement, il prend congé du roi François II, retourne en Italie, et fait, le 26 novembre, son entrée solennelle à Ferrare avec sa femme, LUCRÈCE DE MÉDICIS, fille de Côme I, duc de Toscane, qu'il avait épousée au mois de juin 1558. Lucrèce étant morte le 21 avril 1561, Alfonse épouse, en secondes noces, le 5 décembre 1565, l'archiduchesse BARBE, fille de l'empereur Ferdinand I. L'an 1566, il part de Ferrare, le 13 août, avec un nombreux cortége, précédé d'une petite armée pour aller au secours de la Hongrie, attaquée par les Turcs. Mais Soliman II étant mort le 30 du même mois, et Sélim, son successeur, marquant des dispositions pour la paix, il y eut peu d'entreprises de part et d'autre; et toutes les opérations se réduisirent à la prise de Sigeth et de Giule dont les Turcs s'emparèrent. L'an 1572, la duchesse Barbe meurt le 19 septembre: le cardinal Hippolyte d'Est, nommé le cardinal de Ferrare, oncle du duc Alfonse, termina sa carrière le 2 décembre suivant. Il était en même tems archevêque de Milan, évêque de Ferrare, administrateur des archevêchés de Milan, de Ferrare, de Narbonne, de Lyon, des évêchés d'Orléans, d'Autun et de Maurienne, sans parler de plusieurs abbayes dont il jouissait. La légation qu'il avait exercée en France sous le pontificat de Pie IV, et le soin qu'il prit à Rome des affaires de cette couronne, dont il était protecteur, lui avaient procuré la plupart de ces bénéfices, qui passèrent au cardinal Louis d'Est, son neveu. Le duc Alfonse, veuf depuis sept ans, épouse en troisièmes noces, le 25 février 1579, MARGUERITE DE GONZAGUE, fille de Guillaume, duc de Mantoue. La même année, il fait enfermer, sous prétexte de folie, dans l'hôpital de Sainte-Anne de Ferrare, le célèbre poëte *Torquato Tasso*, dont les liaisons avec Léonore, sœur d'Alfonse, avaient donné de l'ombrage à ce prince. C'est ce qu'assurent la plupart des historiens; l'abbé Cérassi, dans la Vie de ce poëte, imprimée à Rome en 1785, détruit ces prétendues liaisons, et prouve que ce ne furent point ces amours avec Léonore, mais des excès de colère du Tasse contre le duc qui occasionèrent sa détention. Le Tasse ne sortit de cette captivité qu'au bout de sept ans, et mourut, le 26 avril 1595 (Muratori), en arrivant à Rome, où le pape Clément VIII l'avait appelé pour le couronner solennellement au Capitole. Le duc Alfonse meurt sans enfants, le 27 octobre 1597, à l'âge de cinquante-un ans, regretté de ses sujets, dont il avait fait le bonheur, des gens de lettres qu'il avait protégés, et des artistes, surtout des peintres, des sculpteurs, et des architectes, qu'il n'avait cessé d'employer à la décoration de ses palais et des édifices publics de Ferrare et de Modène.

CESAR D'EST, Ier. DU NOM, DUC DE MODÈNE ET DE REGGIO.

1597. CÉSAR I, fils d'Alfonse d'Est, marquis de Montechio, et de Julie de la Rovère, et petit-fils du duc Alfonse I et de Laure-Eustochie, né au mois d'octobre 1562, marié, dans le mois de février 1586, à Virginie de Médicis, fille de Côme I, grand-duc de Toscane, est proclamé duc de Ferrare, Modène, etc., le 29 octobre 1597, en vertu du testament du duc Alfonse II, qui l'avait déclaré son héritier universel. Aussitôt après son couronnement, il dépêcha un ambassadeur à Rome pour en faire part au pape Clément VIII. Mais la cour de Rome, dès qu'elle eut appris la mort d'Alfonse, prétendit que le duché de Ferrare était dévolu au saint siége, *ob lineam finitam, seu ob alias causas*. En conséquence, le pontife, loin de reconnaître César pour légitime successeur d'Alfonse II, fait publier, le 4 novembre, un monitoire par lequel il le cite à comparaître, sous quinzaine, à Rome, pour y déduire les raisons qui l'avaient porté à prendre le titre de duc de Ferrare. En même tems, il fait assembler les troupes de l'état ecclésiastique, avec ordre d'entrer dans le Ferrarais. César, effrayé, députe un nouvel ambassadeur au pape pour lui expliquer ses raisons. Elles sont examinées par le sacré collége, qu'elles embarrassent. On fait craindre d'ailleurs à Clément VIII que divers princes, même des hérétiques, ne viennent au secours de celui qu'il veut dépouiller. Un aventurier tire le pape d'intrigue en lui persuadant d'envoyer à Ferrare des personnes affidées pour séduire les habitants, et les engager, sous de magnifiques promesses, à se donner au saint siége. L'expédient réussit. Les Ferrarais enchantés, dit Muratori, par ces sirènes, oublient leur ancien attachement à la maison d'Est. Pour achever de les en détacher, Clément VIII publie, le 23 décembre, une sentence par laquelle il déclare César d'Est (qu'il regardait comme fils d'un bâtard, sans oser néanmoins le dire), incapable de succéder au duché de Ferrare, excommunie ce prince avec tous ceux qui l'aideront à s'y maintenir, et soumet cette ville à l'interdit. Cependant les troupes du pape, au nombre de vingt-cinq mille hommes, approchaient du Ferrarais. Le duc César, après s'être vainement adressé à différentes puissances pour en obtenir des secours, travaille à mettre ses places en état de défense. Mais, s'apercevant bientôt qu'il ne pourrait tenir seul contre une si forte partie, il se détermine à solliciter un accommodement et à demander une suspension d'armes dans l'intervalle des négociations. Elle lui est accordée à deux conditions, savoir : 1°. qu'il déposera en secret les ornements de la puissance ducale en présence du magistrat de Ferrare ; 2°. qu'il remettra en otage son fils, âgé de sept ans, entre les mains du cardinal Aldovrandin, neveu du pape et légat à Bologne. Ces conditions remplies, le cardinal neveu s'étant transporté à Faënza, lieu choisi pour les conférences, signe avec le ministre du duc, le 13 janvier 1598, une capitulation portant, entr'autres clauses, que César d'Est serait absous de toutes les censures en renonçant à la possession du duché de Ferrare et de ses dépendances, et en cédant au pape la moitié de l'artillerie et des armes qui étaient dans la ville. Le duc, après avoir ratifié cet acte, sortit de Ferrare le 28 du même mois de janvier, et alla établir sa cour à Modène. Au mois de février suivant, le pape donne une bulle par laquelle il réunit le duché de Ferrare au saint siége (1). Mais la cour de Rome, non contente de se mettre en possession de ce duché, s'empara aussi des biens allodiaux et de fiefs mouvants de l'empire que la maison d'Est y possédait, et cela contre la teneur de la capitulation du 13 janvier. Du nombre de ces usurpations fut Commacchio, ville de tout tems reconnue pour être dans la mouvance de l'empire. Le duc César donna ses soins à l'embellissement de sa nouvelle capitale, où quantité de Ferrarais, détrompés, par l'événement, des vaines promesses que les émissaires du pape leur avaient faites, se transportèrent avec leurs effets, et fixèrent leur demeure. L'an 1602, César eut avec les Lucquois, au sujet de la terre de Garfagnana, que sa maison possédait depuis 1429, une guerre qui fut terminée par l'empereur à l'avantage du duc. Elle se renouvela l'an 1613, et finit, la même année, sans aucun succès marqué. L'an 1628, le duc César meurt le 11 décembre, laissant de VIRGINIE, sa femme (morte le 15 janvier 1615, ou 1614, suivant le style de Florence), six fils, Alfonse qui suit; Louis; Hippolyte; Nicolas; Borso et Foresto; avec trois filles; Julie; Laure, femme d'Alexandre Pic, duc de la Mirandole; et Ange-Catherine, religieuse.

ALFONSE III, DUC DE MODÈNE.

1628. ALFONSE III, fils aîné du duc César et de la duchesse Virginie, né le 22 octobre 1591, succède à son père dans les duchés de Modène et de Reggio. Il avait été marié dans le

---

(1) Ferrare, qui n'a titre de ville que depuis le septième siècle de l'église, parvint à un haut degré de splendeur et de population sous le gouvernement de ses ducs, qui n'avaient rien négligé pour l'orner et la rendre une des villes les plus belles et les plus peuplées de l'Italie. Depuis qu'elle est tombée sous la puissance des papes, elle est devenue si déserte, qu'elle n'a presque plus qu'autant d'habitants que de maisons; quoique Clément VIII y eut fait construire une belle citadelle et établi la résidence d'un légat. Sa situation est sur la plus petite branche du Pô, à 10 lieues N. E. de Bologne, 15 N. O. de Ravenne, et 76 de Rome.

mois de février de l'an 1608, avec ISABELLE, fille de Charles-Emmanuel I, duc de Savoie, qu'il perdit au mois d'août 1626. Alfonse, l'an 1629, fait, le 24 juillet, son testament, par lequel il institue son héritier, François, son fils aîné, et assigne des biens suffisants à ses autres enfants, savoir : Obizzon, fait évêque de Modène le 19 octobre 1640, depuis cardinal; César, dont il sera parlé ci-après; Charles-Alexandre; Renaud, qui fut créé cardinal le 16 décembre 1641; Philibert, mort à vingt-deux ans en 1645; Marguerite, qui épousa Ferdinand, duc de Guastalle, Anne-Béatrix, devenue femme d'Alexandre Pic, duc de la Mirandole; et Catherine, qui embrassa la vie religieuse en Espagne. Le lendemain, Alfonse abdique solennellement la puissance ducale; après quoi, s'étant retiré chez les Capucins de Marano, dans le Tyrol, il y prend l'habit, le 8 septembre, sous le nom de frère Jean-Baptiste de Modène, à l'âge de trente-huit ans. Il persista dans sa vocation, et mourut dans le cours d'une mission qu'il faisait dans la province de Carfagnana, au pied de l'Apennin, le 14 mai 1644.

FRANÇOIS I.

1629. FRANÇOIS I, fils aîné d'Alfonse III et d'Isabelle de Savoie, né le 5 septembre 1610, succède à son père, au retour d'un voyage fait l'année précédente en France, en Flandre et en Allemagne. L'Italie fut désolée, l'an 1630, par la guerre occasionée pour la succession du duché de Mantoue, et par la peste répandue dans ce pays. François eut l'adresse d'écarter le premier fléau de ses états; mais il ne put les garantir du second. La peste ayant cessé, on pensa à le marier. Il épousa, l'an 1631, MARIE FARNÈSE, fille de Ranuce I, duc de Parme. La guerre du Mantouan lui donnant toujours de l'inquiétude, il pourvut à la sûreté de sa capitale par une citadelle qu'il y fit élever dans la partie occidentale. Ce fut cette même année qu'il reçut de l'empereur Ferdinand et du roi d'Espagne, auxquels il était attaché, l'investiture de la principauté de Correggio (1), qu'il avait acquise de cette dernière puis-

---

(1) Correggio, situé entre Reggio et Novellara, fut long-tems possédé par la maison de Siro, en faveur de laquelle l'empereur Mathias érigea Correggio en principauté, par un diplôme daté du 13 février 1616. Mais sept ans après, sous le règne de Ferdinand II, Jean Siro, nouveau prince de Correggio, ayant été accusé de falsifier les monnaies, fut sévèrement puni, et dépouillé de ses états en 1630. (Voy. *les comtes, puis ducs de Guastalle*.)

sance, pour deux cent trente mille florins d'or. S'étant ligué, l'an 1636, avec les Espagnols, il entre, au commencement de février, sur les terres du duc de Parme (Odoard Farnèse, son beau-frère): Il est d'abord battu par le marquis de Ville, à San-Lazaro; mais le marquis de Léganez lui ayant envoyé un renfort considérable, il prend diverses places dans le Parmesan, oblige les Français à se retirer sous le canon de Parme, et fait de grands dégâts dans ce pays. La paix s'étant faite, la même année, par la médiation du pape et du grand-duc de Toscane, le duc François retourna dans ses états. Il en partit de nouveau, le 12 août 1638, avec un cortége superbe, pour se rendre à Madrid, faisant conduire à sa suite de magnifiques présents destinés à Philippe IV, roi d'Espagne, dont il tint sur les fonts de baptême, pendant son séjour, la fille, Marie-Thérèse, la même princesse qui épousa depuis, en 1660, le roi Louis XIV. Modène revit son souverain, le 25 novembre de la même année, comblé des honneurs et enrichi des gratifications qu'il avait reçus à la cour de Madrid. Il devint veuf, l'an 1646, de la duchesse Marie Farnèse, morte en couches, le 25 juin. Mécontent alors de la cour d'Espagne, qui refusait persévéramment de retirer de Correggio la garnison qu'elle y tenait depuis la vente de cette principauté, le duc François se tourne, l'an 1647, du côté de la France, et accepte le commandement de ses armées en Italie. Il acquit peu de gloire dans ce poste, parce que ses desseins furent toujours croisés par les généraux français dont il était dépendant, quoique revêtu du titre de généralissime. Enfin, l'an 1649, le marquis de Caracéna, gouverneur de Milan, étant entré, avec les troupes espagnoles dans le Modénois, obligea le duc à demander la paix, qui fut signée le 27 février de cette année. François avait épousé, le 12 février de l'année précédente, par dispense du pape Innocent X, VICTOIRE FARNÈSE, sœur de sa première femme. Cette princesse mourut le 10 février de l'année suivante. Le duc François, l'an 1654, épouse en troisièmes noces, le 23 avril, LUCRÈCE BARBERINI, petite-nièce du pape Urbain VIII. Au commencement de mars 1655, le marquis Caracéna, voulant forcer le duc de Modène à faire quitter au cardinal Renaud, son frère, le titre de protecteur de la France, se met en marche pour entrer une seconde fois dans les états de ce prince. Le duc, à cette nouvelle, envoie promptement demander du secours à la cour de France et au duc de Savoie. En l'attendant, il met ses places en état de défense, et fait si bonne contenance, que le marquis, après avoir inutilement assiégé Reggio, est contraint de reprendre la route du Milanez. Ayant joint ensuite ses troupes à celles de France et de Savoie, commandées par le prince Thomas, le duc alla faire le siége de Pavie, qui fut ouvert le 24 juillet ; mais il y reçut dans l'épaule un coup de feu qui l'obligea de se faire transporter à Asti, où il passa trois mois à se faire panser. Le siége de Pavie fut levé le 15 septembre suivant, et le prince Thomas, étant revenu malade à Turin, y mourut le 22 janvier 1656. Au commencement de juin, le duc François, au retour d'un voyage fait à Paris, forme, avec ses troupes et celles de Savoie, le siége de Valence, qui se rend le 7 septembre suivant. Il n'eut pas le même bonheur, l'an 1657, au siége d'Alexandrie, qu'il avait commencé le 17 juillet, et que divers contre-tems l'obligèrent à lever le 19 août. Le jeune marquis de Ville, envoyé par le duc de Modène, surprend, au mois de juillet 1658, la ville de Trin, occupée par les Espagnols. Le duc se rend maître de Mortare, le 15 août suivant. Ce fut sa dernière expédition : il en revint malade, et alla mourir à Santia, ou Sainte-Agathe, en Piémont, le 14 octobre de la même année, laissant, de sa première femme, Alfonse, qui suit ; Aymeri ; et trois filles, Isabelle, née l'an 1635, mariée, l'an 1664, à Ranuce II, duc de Parme ; Léonore, née l'an 1642, religieuse à Modène ; Marie, née l'an 1644, troisième femme de Ranuce II, duc de Parme ; et de sa troisième femme (morte en 1699), Renaud, qui devint duc de Modène. Le duc François joignait à la science militaire le goût des belles-lettres et l'amour des beaux arts, qui fleurirent à Modène sous son règne. Ce fut lui qui commença le palais ducal sur les desseins de l'Avanzzini. Plein de respect pour les choses sacrées et les lieux saints, il eut soin, dans les guerres qu'il fit, de les mettre à l'abri de la licence de ses troupes. On raconte, à ce sujet, qu'un proche parent du maréchal de Gassion, ayant commis quelque profanation dans une église, il le fit fusiller, sans se laisser fléchir par les prières des chefs de l'armée, qui demandaient sa grâce : *Je lui pardonnerais*, dit-il, *s'il m'eût fait perdre une bataille ; mais je ne puis lui pardonner d'avoir traité sans respect la maison de Dieu.*

ALFONSE IV.

1658. ALFONSE IV, fils aîné du duc François I et de Marie Farnèse, né au mois de février 1634, marié, le 27 mai 1655, avec LAURE MARTINOZZI, nièce du cardinal Mazarin, succède à son père dans ses états et dans le titre de généralissime des armées de France en Italie, dont la patente lui fut expédiée au mois de décembre de la même année. Voyant, l'an 1659, la France disposée à faire la paix avec l'Espagne, il travaille, par le conseil de Mazarin, à faire son accommodement avec cette dernière puissance, et y réussit en renonçant à la ligue que son père avait contractée avec la première. Par la paix des Pyrénées, conclue, entre la France et l'Espagne, le 7 novembre de la même année, il fut dit, art. 97, que l'Espagne retirerait la garnison qu'elle tenait à Correggio, et engagerait l'empereur à en donner l'investiture au duc de Modène. Le duc Alfonse, tourmenté de la goutte depuis quelques années, y succomba le 16 juillet 1662, à l'âge de vingt-huit ans, laissant, de son épouse, deux enfants, François, qui suit, et Marie-Béatrix, qui épousa Jacques II, roi d'Angleterre.

FRANÇOIS II.

1662. FRANÇOIS II, fils d'Alfonse IV et de Laure Martinozzi, né le 6 mars 1660, succéda à son père, sous la tutelle de sa mère, qui gouverna l'état de Modène avec une sagesse admirable durant la minorité de son fils. L'an 1664, traité de Pise, conclu le 12 février entre le pape Alexandre VII et le roi de France, dont le second article porte que le pape dédommagera le duc de Modène des prétentions qu'il a sur la ville et les vallées de Commacchio; mais cet article n'eut point d'exécution. François, au mois de mars 1674, ayant atteint l'âge de quatorze ans, prend en main les rênes du gouvernement. Le prince César d'Est, fils d'Alfonse III, acquiert un si grand ascendant sur son esprit, que la duchesse Laure, ne pouvant souffrir un tel concurrent, prend le parti de se retirer à Rome; ce qu'elle exécuta, malgré les prières de son fils, au mois d'avril 1676. Elle mourut en cette ville, le 19 juillet 1687, avec la réputation d'une héroïne et d'une princesse vertueuse. L'an 1692, le duc François épouse, le 14 juillet, MARGUERITE FARNÈSE, fille de Ranuce II, et meurt de la goutte, à Sassuolo, le 6 septembre 1694, sans laisser de postérité. Ce prince aimait extrêmement les lettres et les arts. Il fonda la riche bibliothèque d'Est, l'académie des *Dissonanti*, l'université de Modène, et fit faire une belle façade de marbre à l'église de Saint-Georges, qui avait été bâtie sur les desseins du célèbre Vigerini.

RENAUD.

1694. RENAUD, fils du duc François I et de Lucrèce Barberini, né le 25 avril 1655, créé cardinal le 2 septembre 1686, succède à son neveu le duc François II. S'étant rendu, l'an 1695, à Rome, il en ramène, au mois de mai, la duchesse, sa mère, qui s'y était retirée au mois d'octobre 1683, pour s'enfermer dans un couvent. Mais l'arrivée de cette princesse occasione le départ de la duchesse Marguerite, veuve de François II, qui, le 20 novembre suivant, quitte Modène, et s'en retourne à Parme, où elle mourut au mois de juin 1699. Huit jours après le départ de Marguerite, le duc Renaud épouse, par procureur, dans le château d'Hanovre, la princesse CHARLOTTE-FÉLICITÉ, fille aînée de Jean-Frédéric, duc de Brunswick-Hanovre, sœur de Guillelmine-Amélie, qui épousa depuis l'empereur Joseph I. Les deux époux tiraient leur origine commune d'Albert-Azzon II, marquis d'Est. Cet Azzon eut deux femmes ; Cunégonde, la première, lui donna Welphe, ou Guelfe, quatrième du nom de sa maison, lequel, étant passé en Allemagne, y fut créé duc de Bavière, en 1071, par l'empereur Henri IV, et devint le chef de la branche d'Est-Brunswick ; Gersende, la seconde femme d'Albert-Azzon, le fit père de Foulques et de Hugues qui continuèrent la maison d'Est, en Italie. (*Voyez* Welphe, *aux ducs de Bavière.*) Le duc Renaud obtient enfin, l'an 1698, de l'empereur, un diplôme, daté du 7 mai, qui le confirme dans la possession de Correggio, qui lui était disputée par Gilbert, descendant des anciens souverains de cette principauté. L'an 1702, le 6 janvier, il livre sa forteresse de Brescello aux Impériaux, qui étaient aussi entrés dans la Mirandole. Voyant ensuite les troupes françaises prêtes à inonder son pays, il sortit de Modène avec sa famille et sa cour, le 30 juillet, et alla s'établir à Bologne, en attendant que l'orage fut passé. Les Français établis à Modène, saisissent et confisquent, le 8 décembre 1703, tous les revenus du duc Renaud, sous ce prétexte, dit Muratori, que son ministre à Vienne, étant dans l'antichambre de la reine des Romains, avait salué l'archiduc Charles, alors déclaré roi d'Espagne, et lui en avait fait son compliment. Le malheureux duc ne fut pas mieux traité des Impériaux, que leurs mauvais procédés l'avaient ensuite obligé d'abandonner. La nuit du 19 au 20 novembre 1706, ils emportèrent d'assaut la ville de Modène. Les Français, qui, après la brèche forcée, ne furent pas diligents pour gagner le château, furent massacrés dans la chaleur de la prise. L'année suivante, tandis que les Impériaux pressaient le siége de la citadelle de Modène, le duc Renaud arrive de Bologne le 31 janvier, et, le 7 février suivant, il engage le gouverneur à rendre la place malgré l'ordre qu'il avait reçu de se défendre jusqu'à la dernière extrémité, malgré les menaces que lui fit avec emportement, s'il avait la lâcheté de se rendre, le chevalier Folard, l'un des principaux officiers, malgré le refus de tous les autres officiers, de signer aucune capitulation, et malgré l'indignation de la garnison. Les Français devaient sortir par la brèche; mais comme il n'y en avait point, on en fit une. Quand ce travail fut fini, mille assiégés défilèrent en présence de six cents assiégeants; car il n'y en avait pas davantage. Cette singulière aventure finit par une pension de six mille livres qu'on accorda au gouverneur. L'an 1708, un événement, auquel on ne s'attendait guère, sembla ouvrir au duc de Modène une voie pour rentrer dans un autre héritage enlevé à ses ancêtres. Au mois de mai de cette année, mécontent du pape Clément XI, l'empereur Joseph envoya des troupes dans le Ferrarais, pour s'emparer de Commacchio et de son district, comme d'un fief impérial usurpé sous le pontificat de Clément VIII; il étendit même ses prétentions sur tout le Ferrarois. Clément XI, sans s'effrayer, fait partir vingt mille hommes, sous les ordres du comte Marsigli, pour aller s'opposer aux Impériaux, qui s'étaient déjà rendus maîtres de Commacchio et d'autres places. Mais, le 15 janvier de l'année suivante, il fait, avec l'empereur, un traité de paix, dont un des articles porte que le différent entre le pape et le duc de Modène serait mis en arbitrage, que Commacchio resterait entre les mains de l'empereur jusqu'à ce qu'on en fût autrement convenu, et qu'on nommerait, de part et d'autre, des commissaires pour régler les prétentions de sa majesté impériale sur ce fief. « Le duc de Modène, dit M. l'abbé » de Mably, ne pouvant se déguiser, malgré ce qu'on semblait » avoir stipulé en sa faveur, que ses intérêts étaient sacrifiés » à l'avidité de Joseph, et que ce prince ne cherchait qu'à » cacher son usurpation, sous le nom honnête d'un séquestre, » protesta contre le traité de 1709 ». Le pape Benoît XIII obtint de l'empereur Charles VI, au commencement de 1725, la restitution de Commacchio. L'empereur, l'an 1710, pour punir le duc François-Marie Pic d'avoir pris le parti de la France et de l'Espagne, confisque, sans avoir égard aux prétentions bien fondées de la maison Torelli, le duché de la Mirandole, le marquisat de Concordia, et les met, pour ainsi dire, à l'encan. Le duc de Modène en fait l'acquisition, au mois de mai pour deux cent mille pistoles. Il perd, le 28 septembre de la même année année, la duchesse CHARLOTTE-FÉLICITÉ, son épouse, morte à Modène. L'an 1734, il est encore obligé de se retirer à Bologne, après que les Français et les Espagnols se furent emparés de ses états dans la guerre qu'ils faisaient à l'empereur. Les ennemis ayant évacué le duché de Modène au mois de mai 1736, le duc y rentre sur la fin du même mois. Le 12 octobre de l'année suivante, il reçoit, de l'empereur Charles VI, l'investiture du comté de Novellara, vacant par la mort du dernier comte, Philippe de Gonzague, décédé sans enfants. Le duc Renaud était malade alors, et mourut le 26 du même mois, laissant, de son épouse, un fils, qui suit; et trois princesses, Bénédicte-Erneste (morte dans le célibat le 19 septembre 1777); Amélie-Joséphine; et Henriette-Marie, alliée, 1°. le 5 février 1728, à Antoine, duc de Parme, dont elle n'a point eu d'enfants; 2°. l'an 1740, à Léopold, prince de Hesse-Darmstadt, dont elle est demeurée veuve en 1764, morte le 29 janvier 1777.

FRANÇOIS III.

1737. FRANÇOIS-MARIE III, fils du duc Renaud, et de Charlotte-Félicité, né le 2 juillet 1698, marié, le 21 juin 1720, à Charlotte-Aglaé, fille de Philippe, duc d'Orléans et régent de France, succéda, le 26 octobre, à son père. Il était alors en Hongrie, occupé à combattre dans l'armée de l'empereur contre les Turcs. La campagne finie, il se rend, le 1er. novembre, à Vienne, où l'empereur le nomme général de son artillerie. Le 4 décembre suivant, il arrive dans sa capitale, où il reçoit magnifiquement, l'an 1739, le grand-duc François de Lorraine et son épouse, Marie-Thérèse, qui se rendaient dans leurs états de Toscane. L'an 1742, pressé d'un côté par les Autrichiens, et de l'autre, par les Espagnols, dans la guerre qui s'était renouvelée entre la maison d'Autriche et celle de Bourbon, le duc de Modène prend d'abord le parti de la neutralité; mais les Autrichiens veulent qu'il se déclare pour eux. Sur son refus, le roi de Sardaigne, allié de la reine de Hongrie, entre, à la tête d'une armée, dans les états de Modène. Le duc quitte alors son palais de Sassuolo, où il était avec sa cour, et se retire, le 6 juin, à Ferrare, d'où il passe ensuite à Venise. La ville de Modène se rend aux alliés, sans résistance; mais la citadelle se défend avec vigueur, sous les ordres du général Paludi, et ne capitule que le 28 du même mois. Ces hostilités des alliés obligent le duc à se déclarer pour la maison de Bourbon. L'an 1743, le roi d'Espagne le nomme généralissime de ses troupes en Italie. Le duc s'étant rendu à Rimini, où était l'armée du comte de Gages, prend possession, le 9 mai, de sa charge. Au mois de novembre suivant, il décampe de Rimini, devant l'armée du prince Lobkowitz, et se replie du côté du royaume de Naples. Un détachement des Autrichiens, le 11 août de l'année suivante, surprend le roi de Sicile et le duc de Modène à Vélétri. Mais ces princes ayant rallié leurs troupes qui avaient pris la fuite, tombent sur l'ennemi, qui ne s'occupait qu'à piller la ville, et mettent en fuite les troupes qui échappèrent à la première fureur du soldat.

Le 29 décembre de la même année, Marie-Thérèse-Félicité, fille du duc et de la duchesse de Modène, née le 6 octobre 1726, épouse, à Versailles, Louis-Jean-Marie de Bourbon, duc de Penthièvre. Le duc de Modène, ayant passé le Panaro, entre dans la Garfagnana, province de ses états, occupée par les alliés, et se rend maître, le 24 avril 1745, de Castel-Nuovo, puis du fort Mont-Alfonso. La prise de ces deux places lui facilite la réunion de son armée avec celle de l'infant don Philippe, qu'il rejoint, en effet, dans l'état de Gênes, au mois de mai suivant. La nuit du 7 au 8 août, le duc de Modène fait ouvrir la tranchée devant Tortone, qu'il oblige à capituler, le 3 septembre, après une vigoureuse défense. Dans le même mois, la nuit du 21 au 22, il entre, par un aqueduc, avec un détachement, dans Pavie, dont il se rend maître. Le marquis de Las-Minas étant venu, l'an 1746, en Italie, avec la patente de général, expédiée de la part de Ferdinand, nouveau roi d'Espagne, l'infant don Philippe et le duc de Modène, voyant qu'il ne reconnaissait leur autorité qu'en apparence, et agissait despotiquement, suivant les ordres secrets dont il était muni, prennent le parti de se retirer en Provence. Le duc de Modène est rétabli, l'an 1748, dans ses états, par la paix d'Aix-la-Chapelle. L'année d'après, il fait un voyage en Angleterre, et arrive, le 19 avril, à Londres. Il en part le 1er. juin suivant, et se rend à Cologne, d'où, ayant pris, le lendemain, sa route par Francfort et le Tyrol, il fait son entrée à Venise, le 31 août; enfin, après une absence de sept ans, il rentre à Modène, le 28 septembre 1752, et y est reçu avec les marques de joie les plus éclatantes.

L'impératrice-reine ayant nommé, au mois de décembre 1753, l'archiduc Pierre-Léopold, son second fils, gouverneur de tous les pays qu'elle possède en Lombardie, envoie au duc de Modène la patente de vice-gouverneur de ces pays. Ce prince, en conséquence, arrive à Milan le 9 janvier 1754, et le lendemain, prend possession du gouvernement au nom de l'archiduc. Etant parti de cette ville le 4 février, il y revient le 22 août suivant, pour reprendre l'administration du duché de Milan. CHARLOTTE-AGLAÉ D'ORLÉANS, femme du duc François-Marie, qui l'avait épousée le 21 juin 1720, meurt le 19 janvier 1761, âgée de soixante ans: son époux lui survécut l'espace de dix-neuf ans, et finit sa carrière à Varèse, le 23 février 1780, à l'âge de quatre-vingt-deux ans, laissant, de son mariage, un fils, qui suit; Mathilde, existante aujourd'hui (1785), née le 7 février 1729; et Marie-Fortunée, née le 24 novembre 1731, mariée, le 27 février 1759, à Louis-François-Joseph de Bourbon, comte de la Marche, depuis prince de Conti.

HERCULE-RENAUD.

1780. HERCULE - RENAUD, fils et héritier de François-Marie, né le 22 novembre 1727, lui a succédé dans ses états de Modène, de Reggio et de la Mirandole. Il épousa, le 29 septembre 1741, MARIE - THÉRÈSE, fille d'Albéric II Cibo-Malespina, duc de Massa, prince de Carrara, et dernier rejeton de la branche masculine de cette ancienne famille; elle décéda à Reggio, en Lombardie, la nuit du 25 au 26 décembre 1790, et fut enterrée dans l'église de la Sainte-Vierge, dite *Della Ghiaja*.

En 1796, les victoires remportées dans le Piémont par les armées françaises, sous les ordres du général Napoléon Buonaparte, forcèrent le duc Hercule III à se déterminer de quitter ses états, qui étaient menacés d'une irruption de la part des ennemis.

Il partit de Modène avec la princesse Mathilde, sa sœur, le soir du 7 mai 1796, au grand regret de ses sujets, et se retira à Venise, après avoir nommé, avant son départ, une régence, à laquelle présidait le marquis Girard Rangone, homme très-éclairé. C'est à cette régence que le duc confia pour lors le gouvernement de ses domaines. Peu après, on dépêcha une députation au général en chef, qui se trouvait déjà à Plaisance, et il fallut s'obliger de payer une très-grande contribution à l'armée française, et de dépêcher une ambassade au directoire de la république, à Paris, pour traiter de la paix entre elle et le duc de Modène.

Le comte de San-Romano, nommé à cette difficile mission, partit bientôt accompagné de M. le professeur Jean - Baptiste Venturi, et de deux secrétaires. Mais toutes ces démarches n'aboutirent à rien; et les troupes françaises occupèrent hostilement Modène, le soir du 6 octobre 1796.

Dans cette même année, on assembla, par ordre de Buonaparte, un congrès composé d'Italiens-Cispadants, à Reggio de Lombardie; et le 27 décembre, on arrêta l'unité et l'indivisibilité de la république Cispadane, à laquelle ces provinces furent jointes, mais pour peu de tems; car Buonaparte, par son décret du 23 mai 1797, les détacha de la Cispadane, et les unit à la nouvelle république Cisalpine, qui eut pour ville capitale Milan.

Peu de tems après le traité de Léoben, la guerre s'étant rallumée, le sort des armes changea tout-à-fait en Italie, et les corps francs allemands pénétrèrent, le 30 avril 1799, du côté de Parme. Le 4 mai de la même année, les troupes autrichiennes occupèrent Modène, où l'on établit provisoirement une régence, qui publia, le 13 du même mois, un nouveau règlement d'administration pour les états de la maison d'Est.

Mais l'armée française, qui séjournait dans le royaume de Naples, commandée par le général Macdonald, approchait à grandes journées de Modène, pour aller au secours de la grande armée campée sur le Pô. Un corps d'autrichiens, sous les ordres du général Ott, s'opposa à son passage par ces états, dans la seule vue d'en retarder la marche. En effet, les Français ayant donné, le soir du 11 juin 1799, le signal de l'attaque sous les remparts de Modène, ils l'entreprirent le jour après, et les Autrichiens la soutinrent faiblement pendant quelque tems, après quoi ils abandonnèrent la ville aux Français, qui y entrèrent à main armée, et y causèrent beaucoup de dommages, sans toutefois la piller.

Le corps allemand se retira vers Plaisance, où il rejoignit l'armée du général en chef Mélas, et celle du général russe Suwarow, qui y attendaient les Français. Ces derniers furent battus à la Trebia, le 19 juin, obligés de se replier, le 24, réduits en mauvais état, sur Reggio et Modène. Ils se retirèrent en Toscane, toujours poursuivis de près par le général autrichien Klenau, qui, le 25, occupa Modène. Ces provinces retournèrent dès-lors sous la domination d'Hercule, et on nomma une régence, à laquelle présida le commissaire impérial, comte Querrieri de Mantoue; mais le duc continua de résider à Trévise, car il ne voyait pas encore les affaires d'Italie entièrement raffermies. En effet, la bataille de Marengo, gagnée au mois de juin 1800 par les Français, les rendit de nouveau maîtres de toute la Lombardie et des provinces contiguës. Les vainqueurs rétablirent le gouvernement de la république Cisalpine à Modène ainsi qu'à Reggio, gouvernement qui y subsista jusqu'à l'époque de la fondation du royaume d'Italie, dont ces états formèrent deux départements, l'un nommé du Panaro, ayant pour chef-lieu Modène; l'autre du Crostolo, ayant pour chef-lieu Reggio.

Lorsque la ville de Venise fut menacée et ensuite occupée par les armées françaises, le duc Hercule se retira à Trévise avec la princesse Mathilde; il y vécut, exilé de ses états, jusqu'en 1803, où, après une pénible maladie, soutenue avec toute la résignation chrétienne, il mourut la nuit du 13 au 14 octobre, et fut enseveli dans l'église des pères Capucins de cette ville, d'où ensuite son corps a été transporté, l'an 1816, à Modène, et déposé, dans un tombeau fait exprès, dans l'église cathédrale, comme il l'avait ordonné par son testament. Dans le même mois, décéda aussi la princesse Mathilde, à Trévise; et le mois suivant, sa sœur, la princesse Fortunée, veuve du prince de Bourbon-Conti, termina ses jours à Venise.

MARIE-BÉATRIX D'EST, ET FERDINAND Ier. D'AUTRICHE.

1803. MARIE-BÉATRIX D'EST, fille d'Hercule-Renaud, duc de Modène, et de Marie-Thérèse de Cibo-Malespina, succéda, le 26 décembre 1790, à sa mère, dans les principautés de Massa et Carrara. Cette princesse avait épousé, dès le 15 octobre 1771, l'archiduc FERDINAND D'AUTRICHE, fils de l'empereur François Ier. et de Marie-Thérèse; elle lui porta ses droits sur les états de Modène, de Reggio et de la Mirandole, du chef de son père. On connaît l'esprit, les talents et les vertus de cette princesse. Les événements de la guerre dont nous venons de donner quelques détails, avaient forcé l'échange des états de Modène contre le Brisgaw et l'Ortenaw, par suite de la paix de Lunéville en 1801; mais le duc Hercule de Modène, n'ayant pas voulu prendre possession de ces nouvelles provinces, en fit la cession à l'archiduc Ferdinand, son gendre, qui n'en conserva la souveraineté que jusqu'en 1805, qu'elles passèrent au grand-duc de Bade. L'archiduc mourut le 24 décembre 1806, laissant de son mariage :

1°. Marie-Thérèse, née le 1er. novembre 1773, mariée, le 23 avril 1789, à Victor-Emmanuel IV, roi de Sardaigne;

2°. Marie-Léopoldine, née le 10 décembre 1776, mariée à l'électeur palatin, Charles-Théodore, mort en 1799;

3°. François IV, dont l'article suivra;

4°. Ferdinand, archiduc d'Autriche, prince de Modène, né le 25 avril 1781, général de cavalerie au service d'Autriche;

5°. Maximilien, archiduc d'Autriche, né le 14 juillet 1782, feld-maréchal-lieutenant au service d'Autriche;

6°. Charles-Ambroise, né le 2 novembre 1785, mort en 1809;

7°. Marie-Louise-Béatrix, née le 14 décembre 1787, mariée à l'empereur d'Autriche François Ier., morte le 7 avril 1816.

FRANÇOIS IV D'AUTRICHE.

1806. FRANÇOIS IV, fils de l'archiduc Ferdinand, et de Marie-Béatrix d'Est, né le 6 octobre 1779, fut rappelé au duché de Modène en 1814. Les affaires de l'Europe changèrent de face à cette époque, et des troupes napolitaines, sous les ordres de Murat, alors roi de Naples, parurent, le 21 janvier, à Modène, sans pourtant faire paraître un caractère hostile. Mais peu de jours après, il arriva un petit corps autrichien, et un autre anglais, commandés par le général Nugent. Ils se joignirent à l'armée napolitaine, et commencèrent, dans ces pays, les hostilités contre l'armée du royaume d'Italie. Le 7 février, on publia une proclamation du général Nugent, par laquelle on rendait ces états au successeur légitime, François IV, archiduc d'Autriche, fils aîné de Ferdinand, archiduc d'Autriche, déjà mort, et de l'archiduchesse Marie-Béatrix d'Est, seul rejeton survivant de l'ancienne famille d'Est.

Les troupes de Naples occupant toujours la ville de Modène, on y accueillit, le 27 mars, le saint père Pie VII, qui revenait triomphant de son esclavage, et qui logea au palais de l'évêché pendant les quatre jours qu'il y demeura.

Le nouveau souverain François IV entra solennellement à Modène, le 14 juillet 1814, accompagné de son épouse, Marie-Béatrix-Victoire, fille de S. M. le roi de Sardaigne, et suivi du prince Maximilien d'Est, archiduc d'Autriche, son frère. Cela répandit la plus grande joie parmi tous les ordres des citoyens, qui voyaient enfin leurs vœux accomplis.

La tranquillité dont on commençait à jouir en Italie, fut, l'année suivante 1815, troublée de nouveau, et Modène fut aussi enveloppée dans les malheurs communs, dont cependant elle fut bientôt délivrée par l'activité et la grande part que son souverain prit aux affaires militaires. Le 4 avril 1815, l'armée de Murat se présenta sous les remparts de Modène, gardée seulement par un corps d'infanterie allemande et de peu de cavalerie, sous les ordres du général autrichien Bianchi. Les forces napolitaines étant beaucoup plus considérables, quoiqu'assez mal commandées, le duc de Modène jugea à propos de s'éloigner, pour quelque tems, de la capitale, et partit vers Mantoue, où il avait été précédé de quelques jours par l'archiduc Maximilien, qui alla promptement en Autriche pour y accélérer les secours destinés à l'armée allemande, en Italie. L'archiduchesse, épouse du duc, était déjà partie, quelques jours auparavant, pour Mantoue, tandis que toute la famille se transporta à Venise. Mais les troupes autrichiennes étant déjà en chemin, elles arrivèrent bientôt, après quelques combats partiels qu'elles soutinrent contre les ennemis, et dans lesquels ces derniers furent toujours battus. La nuit du 11 au 12 avril, la division napolitaine, précédée du roi Murat, quitta la ville, qui fut entièrement soulagée, voyant arriver, le matin même, le duc François IV, à la tête d'un corps de cavalerie hongroise. Cette seconde entrée du prince fut, pour ses sujets, une époque que l'on peut dire plus joyeuse que la première, puisqu'ils se voyaient délivrés, par son entremise, du danger imminent de retomber sous une domination étrangère. Aussi, tout le monde se hâta de lui témoigner les plus purs sentiments d'allégresse sur un retour aussi prompt que désiré.

Les victoires remportées par les Allemands contre l'armée de Naples, qui dans peu de jours fut contrainte à quitter les états du souverain pontife, poursuivie toujours de près par les Autrichiens, firent résoudre le saint père à se rendre de nouveau à Rome, d'où il était parti la seconde fois, lorsque les troupes napolitaines approchèrent de sa capitale. Alors, il prit la route de Toscane et de Gênes; mais en retournant à son siége, il honora, pour la quatrième fois, la ville de Modène de sa présence, et y arriva le 24 du mois de mai de ladite année 1815. Il fut reçu aux portes de la ville par le duc régnant, et y demeura jusqu'au 27 du même mois.

Le duc de Modène, François IV, a épousé, le 20 juin 1812, Marie-Béatrix-Victoire-Joséphine, fille de Victor-Emmanuel, roi de Sardaigne, née le 6 décembre 1792. De ce mariage est issue :

Marie-Thérèse-Béatrix-Cajetane, née le 14 juillet 1817.

CHRONOLOGIE HISTORIQUE

DES SEIGNEURS,

PUIS DUCS DE LA MIRANDOLE (*).

Mirandole, ville épiscopale, située entre Mantoue et Modène, est la capitale d'un très-petit état, possédé, dès le commencement du XIIe. siècle, par la maison de Pico ou de Piso, dont l'origine remonte à Hugues, fils de Mainfroi ou Manfredi, qui fut aussi l'auteur de celle des Pii, depuis prince de Carpi. Le Contelori et le Fiorentini, chacun dans la vie qu'ils ont séparément écrite de la fameuse comtesse Mathilde, ont publié une charte, dans laquelle cette princesse déclare que le marquis Boniface, son père, avait eu de Rodolfe, abbé de Nonantola, la cour de Quarentola, avec le château de la Mirandole et deux églises construites dans cette cour : *Totam Curtem Quarentulæ, cum castro Mirandulæ et cum duabus Ecclesiis in dictâ curiâ constructis ;* à quoi elle ajoute que, voulant montrer sa reconnaissance envers Hugues, fils de Mainfroi, vaillant capitaine, qui l'a fidèlement servie en paix et en guerre, elle lui fait don de cette même cour avec ses dépendances, y compris le château qu'elle avait fait élever à la Mirandole ; le tout à la charge d'acquitter envers l'abbaye de Nonantola, les redevances que le marquis Boniface avait coutume de lui payer. Hugues, en mourant, laissa un fils nommé Ubald, qui décéda sans postérité. La succession d'Ubald fut recueillie par ses héritiers collatéraux, qui possédèrent, en commun, la terre de Qua-

---

(*) Extraite, en partie, des Mémoires du chevalier Tiraboschi, bibliothécaire du duc de Modène.

rentola. Nous voyons, en effet, que les descendants de Mainfroi, par un acte de l'an 1174, promirent à la commune de Reggio de lui assurer le chemin qui conduisait de Quarentola à Ferrare. Les noms de leurs représentants sont *Manfredinus, filius Bernardi, et Bernardus, frater Roberti, consules Domûs filiorum Manfredorum*. (Alfonso Loschi, *Compend. Histor.*) La cour de Quarentola tomba depuis sous la puissance de cette même commune; mais ce ne fut pas pour long-tems; car on voit, en 1198, les descendants de Mainfroi rétablis à Quarentola. Ce fut cette année que le pape Innocent III nomma le prévôt de la cathédrale de Modène avec l'archiprêtre de Carpi, et un nommé Jacques de Casal-Otton, pour connaître d'une certaine cause déférée au saint siége. Le prévôt écrivit à ses deux collègues, qu'ils eussent à procéder sans lui au jugement, parce que les descendants de Mainfroi l'empêchaient de sortir de Modène, attendu qu'ils en avaient enlevé tous les chevaux pour aller au secours de Quarentola : *Maximè quià non potui habere equos, quoniàm filii Manfredorum acquisierunt omnes equos ut succurrant Quarentulam.* (*Archiv. Parmense.*) Pour affermir leur domaine et leur autorité à Quarentola, ces mêmes descendants de Mainfroi eurent recours, l'an 1221, au pape Honoré III, en lui représentant que, tenant cette terre de la comtesse Mathilde, ils la regardaient comme un fief de l'église, dont ils lui demandaient, en conséquence, une nouvelle investiture; ce qui fut exécuté par un décret du cardinal légat, évêque d'Ostie et de Vélétri, en date du 15 avril, et confirmé, le 13 juin suivant, par un bref de ce pontife. (*Histor. Nonantulæ.*) Malgré le partage que les descendants de Mainfroi firent entre eux des biens qui leur venaient de sa succession, le domaine de Quarentola avec les droits et honneurs y attachés, restèrent indivis dans leur famille jusqu'au commencement du XIVe. siècle. Parmi les branches de cette famille, la plus distinguée était celle des Pico ou Pisons, dont nous avons déjà parlé. Le premier d'entre eux qui soit venu à notre connaissance, *Pisus de Manfredis*, était podestat de Reggio, en 1154. (Murat. *Rerum Ital.*, tom. VIII, pag. 1073.) Le nom de Pic devint ensuite patronymique dans sa postérité. Nous voyons Henri Pic, nommé dans deux chartes de l'an 1188. Il avait trois frères, Uberlin, Lanfranc et Jean, qui ajoutèrent à leurs noms particuliers celui de Pic. Ce n'est qu'au XIVe. siècle, qu'on voit les Pics qualifiés seigneurs de la Mirandole, parce que cette terre n'entra que vers ce tems-là dans leur maison. Elle appartenait auparavant aux Modénois, qui, l'an 1267, en firent l'acquisition, avec celle de la Motte Papazoni, pour la somme de vingt mille livres, et en rasèrent ensuite les fortifications, qui leurs fesaient ombrage.

L'empereur Henri VII étant venu, l'an 1311, en Italie, François Pic, fils de Barthelemi, fut un des ambassadeurs que la commune de Modène députa à Brescia pour lui faire hommage. Il sut tellement captiver la bienveillance du prince, qu'il en obtint le titre de vicaire de l'empire dans le Modénois. Henri, dans le même tems, lui accorda pour lui et ses cousins, Zappin, fils de Nicolas, et un autre Nicolas, surnommé *le Grand*, fils de Jean, l'investiture de Quarantola avec ses dépendances, au nombre desquelles était la Mirandole. Le diplôme expédié à ce sujet est du 25 janvier 1311. (*Archiv. Extense.*) François étant revenu à Modène pour exercer sa nouvelle charge, donna, peu de tems après, une de ses filles en mariage à un des fils de Jean Boschetti. (*Chron. Ms. di Carpi.*) Ce degré d'honneur et de pouvoir excita l'envie contre lui. Elle alla si loin que, le 27 novembre 1321, François Bonacossi, fils de Passerin, ayant pris en trahison François Pic, avec ses deux fils, Prendiparte et Thomas, les fit jeter dans le fond d'une tour, où ils moururent de faim, après s'être mutuellement dévorés. (Murat, *Rerum Ital.*, tom. XI, col. 105, et tom. XV, col 583.) Le lieu de cette horible scène, appelé *Castellarium*, est placé dans le Modénois par l'auteur des Annales de Modène, et dans le Mantouan, par Jean Bazzano, dans sa chronique. La justice divine ne laissa pas impunie dans ce monde une telle atrocité. Ce fut Louis de Gonzague qui se rendit l'exécuteur de sa vengeance. Après avoir tué Passerin dans Mantoue, il se saisit des fils de celui-ci, François et l'abbé de Saint-André, ensemble de ses petits-fils, Gui et Pinnamonte, puis les remit entre les mains des Pics, qui, les ayant conduits dans la prison où François Pic était mort avec ses fils, les firent expirer dans les supplices. (*Murat. ibid.*, tom. XI, col. 116, et tom. XIII, col. 662.) Villani, auteur contemporain, parlant de ce fait dit que les fils de Passerin *furono consegnati al figliuolo di M. Francesco della Mirandola*. Ce fils, dont il parle sans le nommer, était petit-fils de Nicolas, surnommé *le Grand*. Ce fut par lui, et par Paul, fils unique du malheureux Prendiparte, que se propagea la lignée des Pics. Paul n'eut pas un meilleur sort que son père, ayant été tué, l'an 1355, dans une sédition qui s'était élevée à Vérone, dont il était podestat.

La même année, l'empereur Charles IV étant descendu en Italie, François, Prendiparte, Thomassin et Spineta, fils de Paul, avec Jean, Francesquin et Prendiparte, fils de Nicolas, vinrent se présenter à lui dans Mantoue, et en obtinrent une nouvelle investiture de Quarantola et de la Mirandole ; mais quoique cette investiture fût commune à tous, la propriété de la Mirandole resta aux seuls descendants de Paul. L'an 1432 (et non 1414, comme le marque Chazot), Jean et François, fils de Paul, obtinrent de l'empereur Sigismond un diplôme par lequel il érigeait en comté la terre de Concordia, qui leur appartenait. François épousa Pierrette, fille de Marc Pio, dont il eut Taddée, qui fut mariée au marquis Jacques Malespina, et deux fils qui moururent sans postérité ; ce qui rendit Jean, son frère, qui lui survécut, seul maître de Concordia. Jean Pic épousa, l'an 1416, Catherine, fille de Guillaume Bevilacqua, dont il eut Jean-François, qui suit, et Nicolas, mort dans l'état ecclésiastique en 1448.

JEAN-FRANÇOIS PIC.

JEAN-FRANÇOIS PIC, successeur de Jean, son père, épousa JULIE, fille de Feltrin Bojardo, qui le fit père de Galeotto Pic, d'Antoine-Marie et de Jean, dont il sera parlé ci-après ; plus, de deux filles, Catherine, femme, 1°. de Lionel Pio, 2°. de Rodolfe Gonzague ; et Constance, mariée à Pino des Ordelaffi, seigneur de Forli, puis au comte de Montegnana. L'aîné de ces enfants avait déjà quatorze ans, lorsqu'en 1452, il vint avec son père à Ferrare pour rendre hommage à l'empereur Frédéric III, qui l'arma solennellement chevalier. Jean-François, suivant Manfredi, termina ses jours le 8 novembre 1467.

GALEOTTO PIC.

GALEOTTO PIC, successeur de Jean-François son père, épousa, l'an 1468, BLANCHE, fille légitime de Nicolas III, marquis d'Est. Fier de cette alliance, il prétendit avoir seul toute la succession paternelle, et pour l'envahir, il prit prétexte de l'accusation d'un crime de lèse-majesté impériale, qu'on n'explique pas, formée contre Antoine-Marie, son frère. L'ayant en conséquence fait arrêter, il l'enferma chargé de fers au fond d'une tour. Il fit à-peu-près le même traitement à Julie, leur mère commune, qu'il retint prisonnière dans sa chambre, parce qu'elle avait pris le parti d'Antoine-Marie. Celui-ci, remis en liberté au bout de deux ans, vécut quelque tems en paix avec son frère ; et pendant cet intervalle, il épousa Constance, fille de Sante-Bentivoglio. (Murat. *Rer. ital.* tom. XXIII, col. 900.) La guerre s'étant renouvelée entr'eux, il n'y eut plus moyen de les amener à aucun accommodement.

Jean Pic, leur frère, cependant éloigné de sa patrie, cultivait tranquillement les lettres avec une ardeur incroyable. Les progrès qu'il y fit surpassent toute croyance, s'il est vrai qu'à l'âge de dix-huit ans il savait vingt-deux langues; ce qui serait encore difficile à croire, en ne l'entendant que des élémens de chacune de ces langues. Quoi qu'il en soit, à l'âge de vingt-quatre ans, il osa faire afficher à Rome et soutenir publiquement des thèses sur tous les objets des sciences, sans en excepter aucune, *de re omni scibili*, comprises en quatorze cents conclusions, lesquelles, à l'exception d'une légère teinture de géométrie qu'on y voit répandue, prouvent mieux le mauvais goût de son siècle que l'étendue des connaissances utiles qu'il avait acquises. Ces thèses furent déférées par les envieux de la gloire de l'auteur, au pape Innocent VIII, qui ne put s'empêcher d'en censurer plusieurs articles. Pic se défendit par une apologie, et à la fin se soumit au pape Alexandre VI, qui lui accorda, l'an 1493, son absolution (1). Il mourut à l'âge de trente-trois ans, le 24 février 1495, le même jour que le roi Charles VIII fit son entrée dans Naples.

Galeotto Pic termina sa vie le 7 avril 1499, laissant de son mariage avec Blanche-Marie, fille naturelle de Scipion d'Est, trois fils, Jean-François, Louis et Frédéric, avec une fille, Madeleine, qui se fit religieuse à Florence.

JEAN-FRANÇOIS PIC.

JEAN-FRANÇOIS PIC, fils aîné de Galeotto, loin de s'appliquer à éteindre le feu de la discorde que l'ambition de son père avait allumé dans sa famille, l'entretint en marchant sur ses traces. Le refus persévérant qu'il fit de partager la succession paternelle avec ses frères, Louis et Frédéric, le mit continuellement aux prises avec eux. Louis, appuyé des forces

---

(1) « Je ne sais, dit l'abbé de Longuerue, si Pic de la Mirandole
» fit autant de bruit dans son siècle qu'on le dit; mais il ne le mérita
» guère. Ce que nous avons de lui est peu de chose. C'était un homme
» à qui la lecture des Scholastiques, et peut-être aussi les louanges des
» flatteurs qui ne manquent jamais aux grands, avaient gâté l'esprit. Il
» croyait savoir et pouvoir répondre *de omni re scibili*. Il ne faut point
» d'autre titre pour avoir droit d'être logé aux Petites-Maisons. Il
» voulait réfuter l'Alcoran sans savoir l'arabe; et vraisemblablement il
» ne le connaissait que par la très-misérable traduction qui est dans
» Pierre le Vénérable. Cet homme-là voulait accorder Platon et
» Aristote, saint Thomas et Scot; réfuter toutes les sectes, toutes les
» religions, concilier tous les théologiens et tous les philosophes;
» enfin il finit par vouloir se faire moine. » (*Longueruana*, p. 60.)

d'Hercule d'Est, et de son beau-père Jacques Trivulce, marquis de Vigevano, dépouilla, l'an 1503, son aîné de la Mirandole et de Concordia. S'étant donné ensuite au service du pape Jules II, il fut tué, l'an 1509, en combattant à la tête de ses troupes contre les Vénitiens. Deux ans après, Jules II, dont personne n'ignore la haine qu'il portait aux Français et à leurs alliés, étant venu faire en personne le siége de la Mirandole dont ils s'étaient emparés, l'emporta d'assaut, et y entra par la brèche. Mais il ne la garda point, et la rendit à Jean-François, moyennant vingt mille ducats qu'il exigea de lui, avec son serment de fidélité. La bataille de Ravenne, gagnée le 11 avril 1512 par les Français, les remit en possession de la Mirandole, et contraignit de nouveau Jean-François d'en sortir. L'empereur Maximilien l'y rétablit quelque tems après. Il jouissait paisiblement de ses états depuis environ vingt ans, uniquement appliqué à l'étude des belles-lettres et des sciences, à l'imitation de Jean, son oncle, lorsqu'en 1533, Galeotto Pic, second du nom, son neveu, fils de Louis, étant entré de nuit dans la ville avec quarante hommes armés, le poignarda ainsi qu'Albert son fils, comme ils étaient prosternés devant un crucifix. L'assassin fit en même tems enfermer Jeanne Caraffa, femme de Jean-François, et Charlotte des Ursins avec son mari Jean-Thomas Pic, et Paul, le dernier de leurs fils. (*Thuan. hist.*, liv. 8.) On ignore ce que devinrent leurs autres enfants, à l'exception de Béatrix, mariée à Paul Torelli, comte de Montechiarugolo, et qui fut mère du comte Pomponio, littérateur célèbre. (Voy. *aux comtes de Guastalle.*) Galeotto jouit paisiblement du fruit de ses crimes, jusqu'en 1556. Son cousin, Jean-Thomas, s'étant échappé de sa prison, fit des efforts pour rentrer dans les domaines de son père. Quoiqu'insuffisants pour son rétablissement, ils déterminèrent Galeotto, l'an 1542, à remettre son état au roi François I, qui lui donna en compensation des terres en France. Il mourut en 1371, laissant de sa femme HIPPOLYTE DE GONZAGUE, fille de Louis de Gonzague, comte de Sabionetta, Louis, qui suit, avec deux filles, Silvie, femme de François, comte de la Rochefoucauld, et Fulvie, mariée à Charles de la Rochefoucauld.

LOUIS.

Louis, fils de Galeotto, ne lui survécut que trois ans, étant mort en 1574. De FULVIE, son épouse, fille d'Hippolyte de Correggio, il eut, outre Galeotto, qui fut commandeur de Malte, Frédéric, son successeur, mort, en 1602, sans enfants; Alexandre, qui, par un diplôme impérial de l'an 1619, fut créé duc de la Mirandole, et mourut en 1637, après avoir perdu, la même année, Galeotto III, son fils, qu'il avait eu de LAURE, fille de César d'Est, duc de Ferrare.

GALEOTTO III.

GALEOTTO III, en mourant, laissa de MARIE CIBO, sa femme, un fils en bas âge, nommé ALEXANDRE, qui, de son épouse Anne-Béatrix d'Est, fille d'Alfonse III, duc de Ferrare, eut plusieurs enfants, savoir : François, mort avant son père, le 19 avril 1689 ; Galeotto ; Jean ; Louis, cardinal ; Marie-Elisabeth ; Laure, mariée à Ferdinand de Gonzague, prince de Castiglione ; et Fulvie, femme de Thomas, prince d'Aquino. Alexandre, étant mort l'an 1691, eut pour successeur son petit-fils FRANÇOIS-MARIE, né le 30 septembre 1688, de François Pic et de Camille Borghèse. Ce fut Brigitte, grand'-tante de François-Marie, qui prit soin de sa tutelle. Pendant la guerre que se faisaient en Italie le roi Philippe V et l'empereur, elle fit entrer des troupes allemandes dans la Mirandole, et obligea la Chetardie, commandant de la garnison française, de se retirer. Devenu majeur en 1704, François-Marie embrassa le parti de la France et de l'Espagne. L'empereur, qu'il irrita par là, confisqua son état, et le vendit, pour cent soixante mille pistoles, au duc de Modène, qui en reçut l'investiture le 12 mars 1711, et voulut bien assurer à François-Marie, duc dépouillé, une pension annuelle de trois mille pistoles. Celui-ci mourut en Espagne sans enfants de sa femme MARIE-THÉRÈSE, fille de Philippe-Antoine Spinola, marquis de Los-Balbazes, qui fut noyé, le 15 septembre 1723, dans le jardin d'Ognato à Madrid, par un orage qui inonda son jardin et sa maison.

CHRONOLOGIE HISTORIQUE

DES

DOGES DE VENISE.

La république de Venise doit son origine aux Venètes, anciens peuples d'Italie, que les uns font venir des Venètes de l'Armorique, les autres des Hénètes de la Paphlagonie. L'an 452, à l'arrivée des Huns en Italie, sous la conduite d'Attila, les peuples de la Vénétie, se trouvant hors d'état de leur résister, se réfugièrent dans les petites îles formées le long de la mer Adriatique, dont la principale était Rialto. La réunion de ces îlots, au nombre de soixante-douze, a fait depuis la ville de Venise, dont le gouvernement, quoique toujours autonomique, a souffert quelque variation. D'abord chaque île fut gouvernée par un tribun particulier. Ces tribuns, au nombre de douze (1), furent remplacés, vers la fin du septième siècle, par un magistrat suprême et perpétuel, nommé DOGE ou DUC, dont l'au-

---

(1) Voici les noms des familles qui sortent de ces douze tribuns, et qui, par une espèce de miracle, se sont conservés jusqu'à nos jours. Ce sont les Contarini, les Morosini, les Gradenighi, les Baduari, les Tiépoli, les Micheli, les Sanudi, les Mémmi, les Falieri, les Dandoli, les Polani et les Barozzi. Il y a quatre autres familles presque aussi anciennes que celles-ci, et qui signèrent avec elles la fondation de l'église de Saint-Georges en 800 : ce sont les Justiniani, les Cornari, les Bragadini et les Bembi. Ces seize familles composent la première classe de la noblesse vénitienne. La seconde classe est composée de ceux dont les noms se trouvent dans le livre d'or, écrit en 1297. On met dans la troisième classe ceux qui, depuis ce tems-là, ont acheté leurs titres de noblesse ; et dans la quatrième, ceux qui ont été agrégés par le sénat, tels que les Bentivoglio, etc.

torité, limitée par les lois, s'étendit sur toutes les îles confédérées de la mer Adriatique. Des doges, la république de Venise passa l'an 737, sous un magistrat annuel, appelé MAÎTRE DE LA MILICE; mais quatre ans après, les doges furent rétablis; et cet état subsiste encore de nos jours (1787), avec cette différence néanmoins que le gouvernement de Venise est aujourd'hui purement aristocratique, au lieu qu'il était autrefois presque monarchique.

Les historiens modernes ont prétendu que Venise avait été indépendante dès son origine. Mais cette prétention est réfutée par M. de Saint-Marc, qui prouve, par des exemples multipliés, que Venise a été non-seulement soumise aux empereurs grecs, mais qu'elle a été aussi sous la dépendance des rois Goths, et donne même lieu de soupçonner qu'elle ne fut pas absolument étrangère à l'empire d'Occident.

PAUL ANAFESTO, DIT PAOLUCCIO.

PAUL ANAFESTO, dit PAOLUCCIO, est élu le premier doge perpétuel de Venise dans une assemblée tenue, l'an 697, à Héraclée, par Christophe, patriarche de Grado, les évêques suffragants, ou du moins ceux dont les siéges avaient été transférés dans les îles, le clergé, la noblesse et le peuple de ces îles. Les dissensions qui régnaient depuis plusieurs années entre leurs tribuns furent le motif qui porta les Vénitiens à les supprimer et à leur substituer cette nouvelle magistrature. Le doge avait le pouvoir d'assembler le conseil, de nommer les tribuns des troupes et les juges civils, en un mot, de présider à toutes les affaires du gouvernement. L'an 715, le doge Paoluccio fait un traité avec Liutprand, roi des Lombards, par lequel on règle les limites des deux états. Les Vénitiens dès-lors possédaient en terre ferme ce qui était renfermé entre les rivières dites la grande et la petite Piave. Ces possessions, ainsi que tout l'état de Venise, étaient indépendantes du royaume des Lombards. L'an 717, le doge Paoluccio termine ses jours, après avoir gouverné pendant vingt ans avec honneur.

MARCEL TEGAGLIANO.

717. MARCEL TEGAGLIANO, de la ville d'Héraclée, l'une de celles qui composaient l'état de Venise, est élu IIe. doge après la mort de Paoluccio, sous lequel il exerçait la charge de général de la milice. On fait l'éloge de sa prudence et de sa bonté. Son gouvernement fut très-paisible. Il mourut l'an 726.

ORSO, IIIe. DOGE.

726. ORSO, IIIe. doge, successeur de Tegagliano, et natif comme lui d'Héraclée, reçut à Venise, l'an 727, l'exarque Eutychius, à qui le roi Liutprand avait enlevé Ravenne, et le rétablit l'année suivante, à la prière du pape Grégoire II. L'église de Grado étant inquiétée par Calixte, patriarche d'Aquilée, qui voulait la soumettre à son obéissance, Orso prit sa défense, et obligea le prélat à laisser cette église en paix. Orso fut tué, l'an 737, dans Héraclée, en voulant apaiser une sédition qui s'y était élevée.

Après sa mort, les factions n'ayant pu se réunir pour le choix d'un nouveau doge, on prit le parti de supprimer ce magistrat perpétuel, et de lui substituer un magistrat annuel, sous le nom de *maître de la milice*.

MAÎTRES DE LA MILICE.

DOMINIQUE LÉON.

DOMINIQUE LÉON fut élu maître de la milice en 737. Il eut pour successeur, en 738, FÉLIX CORNICOLA, qui fut remplacé, l'an 739, par DEUSDEDIT, fils du doge Orso.

JOVIEN ou JULIEN.

JOVIEN ou JULIEN, élu l'an 740, joignit au titre de maître de la milice celui de consul, qu'il obtint de l'empereur. Ce dernier titre, dont plusieurs ducs en Italie furent honorés en ce tems-là, faisait jouir des plus grands honneurs ceux auxquels on le donnait; et comme il était à vie, il leur conservait, lorsqu'ils n'étaient point en place, la préséance sur leurs successeurs. (Saint-Marc.)

GIOVANNI FABRICIACO.

GIOVANI FABRICIACO, fait maître de la milice en 741, n'acheva pas son année. Les Vénitiens s'étant soulevés contre lui, le déposèrent et lui crevèrent les yeux. Il fut le dernier maître de la milice. Les Vénitiens, s'apercevant alors des inconvéniens de cette magistrature annuelle, résolurent, dans une assemblée tenue à Malamocco, de rétablir l'autorité ducale.

DOGES RÉTABLIS.

DEUSDEDIT, ou THÉODAT.

742. DEUSDEDIT, ou THÉODAT, fils du doge Orso, et le même

qui avait été maître de la milice, est élu le IVe. doge de Venise. Il fixa sa résidence à Malamocco, ne voulant point demeurer à Héraclée, qui avait été le théâtre de l'assassinat de son père. L'empereur lui donna le titre de consul impérial. Par un traité qu'il fit avec Astolphe, roi des Lombards, il étendit le territoire de l'état de Venise. Les doges, ses prédécesseurs, avaient fait construire des forts à l'embouchure de la plupart des fleuves qui se jettent dans les lagunes. Pour rendre cette chaîne plus exacte, Théodat fit élever une grande tour sur une des rives du port de la Brente. Mais tandis qu'il pressait l'ouvrage, un séditieux, nommé Galla, excita contre lui une émeute, dans laquelle il fut tué l'an 755. (*Danduli Chron.*; tom. XII, *rer. Ital.*)

GALLA.

755. GALLA trouva moyen, après avoir fait périr Théodat, de se faire élire à sa place. Il fut le Ve. doge; mais il le fut peu de tems. Des citoyens zélés, voyant l'abus qu'il faisait de son autorité, se saisirent de lui l'an 756, lui crevèrent les yeux, et l'envoyèrent en exil.

DOMINIQUE MONÉGARIO.

756. DOMINIQUE MONÉGARIO fut choisi pour succéder à Galla; mais dans la crainte qu'il n'abusât du pouvoir suprême, on lui donna pour adjoints deux tribuns, qui devaient changer tous les ans. Ces liens ne furent pas capables de contenir le caractère altier et féroce de Monégario. Il compta pour rien les tribuns, méprisa leurs conseils, et ne suivit d'autres lois que celles de son caprice et de ses passions. Les Vénitiens supportèrent ce gouvernement tyranique pendant huit ans. Enfin, l'an 764, leur patience étant épuisée, ils eurent recours au remède déjà usité. On aveugla le doge, et on le chassa. (*Danduli Chron.*)

MAURICE GALBAIO.

764. MAURICE GALBAIO, d'une famille noble d'Héraclée, suivit une conduite toute opposée à celle de Monégario, qu'il remplaça. Il se fit tellement aimer du peuple, qu'on lui donna, l'an 777, JEAN, son fils, pour collègue. C'est la première fois que les Vénitiens eurent deux doges à la fois; exemple, dit Muratori, qui, dans la suite, produisit de pernicieux effets. L'an 777, suivant Dandolo, le doge Maurice Galbaio meurt fort regretté des Vénitiens. Il avait fait ériger, la onzième année de son gouvernement, ou l'an 775, un évêché dans la petite île d'Olivolo, qui fait aujourd'hui partie de la ville de Venise, et y

avait fait nommer Obéléto, qui fut sacré par le patriarche de Grado.

JEAN GALBAIO.

787. JEAN GALBAIO, fils de Maurice, continua de gouverner l'état de Venise après la mort de son père, qu'il n'imita qu'en un point ; ce fut en se faisant associer au dogat MAURICE, son fils. Du reste, le gouvernement de ces deux magistrats fut une vraie tyrannie. L'an 801, après la mort d'Obélérto, évêque d'Olivolo, Jean, à la recommandation de l'empereur Nicéphore, ayant fait élire en sa place un grec, nommé Christophe, les tribuns de Venise, qui vivaient mal avec le doge, engagèrent le patriarche de Grado à refuser la consécration à l'élu. Furieux de ce refus, le doge et son fils passent avec des troupes à Grado, et précipitent le patriarche du haut d'une tour où il s'était réfugié. Ce prélat se nommait Jean, comme le doge. Baronius, d'après Sabellicus et Pierre Giustiniani, dit que Paulin, patriarche d'Aquilée, tint dans Altino, l'an 802, un concile, où il excommunia les auteurs de ce meurtre et leurs complices. Mais la mort de Paulin, arrivée le 11 janvier 802, a vraisemblablement précédé cet événement, ou du moins n'a pas laissé à Paulin le tems d'assembler ses collégues pour en tirer vengeance par la voie des censures. (Voy. *dans la Chronol. des conciles celui d'Altino, de l'an* 799.) L'an 803, Fortunat, qui avait succédé au patriarche Jean, dont il était parent, se concerte avec plusieurs nobles vénitiens pour faire déposer le doge. La conjuration ayant été découverte, le patriarche se sauve en France, et les autres conjurés se retirent à Trévise. Ceux-ci, l'an 804, par les intelligences qu'ils entretenaient avec les nobles restés à Venise, font élire subitement pour doge le tribun Obélério ; ce que Jean et Maurice, son fils, ayant appris, ils prennent aussitôt la fuite. Ils firent dans la suite divers efforts pour rentrer à Venise ; mais toujours rejetés, ils finirent leurs jours dans l'exil. (*Danduli Chron.*)

OBÉLÉRIO.

804. OBÉLÉRIO, appelé par les auteurs français WILLÈRE ou WILLERIN, tribun d'Héraclée, est placé sur le trône ducal, avec grande solennité, à Malamocco, où les doges avaient fixé leur résidence. Bientôt après, il obtint pour collègue BÉAT, son frère. L'an 806, au mois de janvier, l'un et l'autre, accompagnés de Paul, duc de Zara, et de Donat, évêque de cette ville, députés de Dalmatie, viennent trouver, avec des pré-

sents, l'empereur Charlemagne à Thionville. « On ne sait pas
» bien, dit Muratori, quel fut l'objet de cette ambassade, ni
» ce qui fut traité dans les conférences qu'elle occasiona. Les
» historiens nous apprennent seulement que l'empereur fit,
» avec les doges et les députés, quelques réglements concernant
» les doges et les peuples, tant de Venise que de la Dalmatie ».
Ces deux peuples étaient en dissension depuis quelques années ;
et Pepin, roi d'Italie, dans le dessein de s'agrandir, attisait le
feu que son père voulait éteindre. L'empereur grec, qui péné-
trait les vues de Pepin, envoie le patrice Nicétas avec une flotte
dans la mer Adriatique. Nicétas fait une trêve, jusqu'au mois
d'août, avec Pepin, après quoi il s'en retourne à Constantinople avec le doge Béat, qui rapporta de son voyage le titre de
consul, dont l'empereur Nicéphore l'avait honoré. La même
année, les deux doges obtinrent du peuple que VALENTIN, leur
troisième frère, leur fût associé. L'an 809, une armée navale,
envoyée sous le commandement de Paul, arrive sur les côtes
de Dalmatie, et de là se rend à Venise, d'où elle part après y
avoir hiverné, pour aller s'emparer de l'île et de la ville de
Comachio, situées sur le bord de la mer, au-delà de ce qu'on
appelait alors le Grand-Pô; mais elle est mise en déroute par
la garnison de Pepin, et obligée de retourner à Venise. Cet
échec détermine le commandant à traiter avec Pepin, comme
s'il n'eût été envoyé que pour cela par son maître. Mais s'étant
aperçu que les doges traversèrent la négociation, et qu'ils lui
tendaient même des embûches, il fait voile pour Constantinople. L'an 810, le roi se rend maître de toutes les îles des
Vénitiens, à l'exception de Rialto. Sigonius dit que Pepin,
ayant voulu poursuivre les Vénitiens dans cette retraite, ses
vaisseaux, qui tiraient beaucoup d'eau, s'embourbèrent dans
les lagunes, et donnèrent par-là un grand avantage sur eux aux
bâtiments ennemis, qui, plus légers et voguant librement, défirent sans peine cette lourde flotte, et remportèrent une victoire complète. La même année, après la mort de Pepin, arrivée
à Milan le 8 juillet, Charlemagne reçoit, au mois d'octobre, un
ambassadeur de l'empereur grec, avec lequel il fait un traité de
paix, en vertu duquel il rendit la Vénétie l'an 812, suivant
Eghinart. Cette Vénétie, au reste, ne consistait que dans ce qui
représente aujourd'hui le degado ou le duché : Venise, Chiozza,
Malamocco, Torcello, au milieu des lagunes, faisaient les
places de cet état. L'an 811, Charlemagne congédie l'ambassadeur grec; et ayant appris que les Vénitiens avaient déposé le
doge Obélério et ses deux frères, à cause de leur perfidie, il
ordonne que le premier soit envoyé à l'empereur Nicéphore,
son seigneur.

ANGÉLO PARTICIACO, ou PARTICIPIATIO.

811. ANGÉLO PARTICIACO, ou PARTICIPIATIO, natif d'Héraclée, fut élu doge après la déposition d'Obélério et de ses frères. Quelque bonne opinion qu'on eût de la sagesse et des talents d'Angélo, on lui donna deux tribuns pour adjoints. Il transféra le siège ducal de Malamocco à Rialto, où il bâtit le palais des doges, qui existait encore du tems d'André Dandolo, doge lui-même et historien de Venise, c'est-à-dire vers le milieu du quatorzième siècle. C'est vers l'an 815 qu'on croit à Venise que les Vénitiens trouvèrent le secret d'enlever les reliques de l'évangéliste saint Marc, et de les transporter chez eux d'Alexandrie où elles étaient honorées d'un culte public de tems immémorial. Les Vénitiens croient encore les avoir aujourd'hui, et assurent qu'elles sont placées dans la chapelle ducale, mais qu'ils ne savent pas précisément l'endroit ; c'est un secret réservé au doge et aux procurateurs *di Sopra*. Ce qu'il y a de certain, c'est que l'enlèvement de ces reliques a donné lieu à la république de l'adopter pour patron, au lieu de saint Théodore, martyr, qui l'était anciennement. Quant au secret sur l'endroit où elles sont placées, ce peut être l'effet de la religion et de la politique des anciens souverains de l'état, qui vraisemblablement se persuadaient que la durée de la république était attachée à la conservation de ce précieux dépôt. Le doge Angélo Particiaco avait deux fils, Giustiniani et Jean. L'an 819, il envoya l'aîné à la cour de Constantinople, où l'empereur Léon l'Arménien le fit hypate ou consul impérial. Pendant ce voyage, Angélo se fit donner JEAN, son deuxième fils, pour collègue. Mais Giustiniani, à son retour de Constantinople, trouva fort mauvais qu'on eût, à son préjudice, élevé son frère à cette dignité. Il refusa d'entrer dans le palais, et alla se loger, avec Félicité, sa femme, dans une maison particulière de Venise. Le père, qui l'aimait tendrement, se repentit de lui avoir causé ce déplaisir. Pour l'apaiser, il déposa son fils Jean, l'envoya en exil, et peu de tems après se fit associer dans le dogat, nonseulement GIUSTINIANI, mais encore le fils de celui-ci, nommé Angélo. Tout ce procédé mit Jean de fort mauvaise humeur. Il alla trouver l'empereur Louis le Débonnaire pour lui en porter ses plaintes. Ce prince, l'ayant reçu avec bonté, interposa ses soins pour le réconcilier avec son père, en le renvoyant à Venise. Le doge Angélo, pour ôter toute occasion de discorde entre les deux frères, crut ne pouvoir mieux faire que d'envoyer Jean, avec sa femme, demeurer à Constantinople. L'an 821, Angélo, fils du doge Giustiniani, et neveu de Jean, meurt

dans cette même ville, où il était venu pour saluer Michel le Bègue, nouvellement élevé à l'empire. L'an 827, le doge Angélo Particiaco termine le cours de sa vie à Venise.

GIUSTINIANI PARTICIACO.

827. GIUSTINIANI PARTICIACO continua de gouverner la république de Venise après la mort de son père. Il rappela de Constantinople Jean, son frère, et l'associa au dogat avec le consentement du peuple. Il mourut l'an 829, laissant plusieurs legs pieux, et surtout un fonds considérable pour bâtir une église à l'honneur de saint Marc.

JEAN PARTICIACO.

829. JEAN PARTICIACO, après avoir été le collègue de Giustiniani, son frère, devient son successeur. L'an 830 ou environ, il marche contre Obélério, doge déposé, qui, étant revenu de son exil, s'était fortifié dans l'île de Vigilia. Il assiége cette île; mais les habitants de Malamocco, qui étaient dans son armée, l'abandonnèrent pour passer au service d'Obélério, parce qu'il était leur compatriote. Le doge Jean laisse, alors, Vigilia, et va se jeter sur Malamocco, qu'il prend et livre aux flammes, après quoi, étant revenu devant Vigilia, il se rend maître de l'île et de la personne d'Obélério, qu'il fait décapiter. L'an 835, quelques nobles vénitiens, mécontents du gouvernement de Jean, se soulèvent, le chassent et mettent à sa place un certain Caroso, fils du tribun Boniface, et tribun lui-même. Mais au bout de six mois, le plus grand nombre, indigné de cette usurpation, se saisit de Caroso, lui creva les yeux et l'envoya en exil. Jean, qui s'était réfugié auprès de Louis le Débonnaire, fut alors rétabli, mais ce ne fut pas pour long-tems. L'an 837, une nouvelle conjuration s'étant formée contre lui, il fut arrêté dans l'église de Saint-Pierre, le jour de la fête du saint, 29 juin, et, après qu'on lui eût coupé la barbe et les cheveux, on le força de se faire ordonner clerc dans l'église de Grado, où il termina ses jours.

PIERRE TRADONICO.

837. PIERRE TRADONICO, natif de Pole, et domicilié à Rialto, est élu pour succéder à Jean dans le dogat. Bientôt après, il obtient du peuple qu'on lui donne JEAN, son fils pour collègue. L'an 839 ou environ, étant passé avec une flotte en Dalmatie, il fait, avec les Sclaves qui habitaient cette province, un traité par lequel ils s'engagent à ne plus exercer la piraterie

sur la mer Adriatique. De là ayant fait voile vers les îles de Narenta, il conclut un semblable traité avec Drosorico, duc de ces îles. A son retour, il reçoit le patrice Théodose, qui, après lui avoir conféré, de la part de l'empereur Théophile, le titre de protospathaire impérial, l'engagea à faire un armement considérable sur mer, contre les Sarrasins. La flotte vénitienne, composée de soixante vaisseaux, alla débarquer à Tarente, où l'on en vint aux mains avec les Infidèles, qui, étant bien supérieurs en nombre, taillèrent en pièces, ou firent prisonniers tous les Vénitiens. Fiers de cette victoire, les Sarrasins montent sur leurs vaisseaux pour aller ravager les côtes de la mer Adriatique. Le deuxième jour de Pâques, ils prennent et brûlent Ausera, dans la Dalmatie; Ancône éprouve ensuite le même traitement. Le doge Pierre obtient, l'an 842, de l'empereur Lothaire, la confirmation de la franchise des domaines, dont la république jouissait dans le royaume d'Italie. L'an 856, il reçoit à Venise l'empereur Louis II et sa femme Angelberge, au-devant desquels il avait été avec son fils et un superbe cortége jusqu'à Bondolo. L'an 864, plusieurs nobles ayant conspiré contre lui, le mettent à mort, le 15 mars, dans le monastère de Saint-Zacharie, où il s'était rendu pour célébrer la fête de ce saint. Il avait perdu, quelque tems auparavant, le doge Jean, son fils.

ORSO PARTICIACO, ou PARTICIPIATIO.

864. ORSO PARTICIACO, ou PARTICIPIATIO, est élu doge après la mort de Pierre Tradonico. L'empereur Basile l'honore du titre de protospathaire, et en reconnaissance, Orso lui envoie douze grosses cloches. (Ce furent les premières, si l'on en croit André Dandolo, dont les Grecs se servirent.) Léon Allatius convient aussi qu'anciennement les cloches n'étaient point en usage parmi eux. C'est aux Italiens, dit Muratori, qu'on en rapporte communément l'invention, quoiqu'il soit vrai que les petites cloches ou sonnettes aient été d'usage dans l'antiquité païenne. L'an 877, les Sarrasins étant venus assiéger la ville de Grado, sont obligés de se retirer par la vigoureuse défense des habitants et sur la nouvelle de l'arrivée d'une flotte vénitienne, commandée par Jean, fils du doge. Ils vont de là saccager Comachio. Peu de tems après, JEAN fut donné pour collégue à son père. De l'aveu de l'historien Dandolo, les marchands vénitiens étaient alors dans l'usage de vendre les Chrétiens pauvres aux corsaires sarrasins, ou esclavons. Le doge et le sénat de Venise s'étant concertés, défendirent un commerce si honteux, sous les peines les plus rigoureuses. L'an 881, le

doge Orso cesse de vivre, prince recommandable, dit Muratori, par sa sagesse, sa piété et son amour pour la paix. La ville de Venise s'agrandit sous son gouvernement, par l'addition d'une autre île, nommée Dorso-Duro. Ce fut par ses soins que furent terminées, pour un tems, les longues querelles des patriarches d'Aquilée et de Grado.

JEAN PARTICIACO II, ou PARTICIPIATIO.

881. JEAN PARTICIACO II, ou PARTICIPIATIO, devient le successeur d'Orso, son père, dont il était le collègue. Peu de tems après, il envoie Badoër à Rome, pour demander au pape Jean VIII le comté ou gouvernement de Comachio. Mais Marin, de cette ville, instruit de ce dessein, attend Badoër sur la route; et, l'ayant blessé à la cuisse, le prend et le met en prison. Badoër n'obtient son élargissement qu'en promettant de ne point tirer vengeance de cette insulte ni du mal qu'on lui ayait fait. Il n'eut pas le tems de violer sa promesse, s'il en eut l'envie, étant mort de sa blessure peu de jours après son retour à Venise. Cet événement fut un motif pour le doge de conduire une armée à Comachio, qu'il mit au pillage après s'en être rendu maître, et où il mit des juges pour y rendre la justice en son nom, comme dans un pays de conquête. (Cette ville ne resta pas long-tems à la seigneurie.) De là étant passé sur le territoire de Ravenne pour se venger des Ravennates, qui étaient complices de l'emprisonnement de Badoër, il y commit de grands ravages. L'an 887, étant devenu infirme, il se démit du gouvernement comme d'un poids qu'il ne pouvait plus soutenir; et quoiqu'il eût pour collègue Orso, son frère, il laissa au peuple la liberté d'élire un nouveau doge.

PIERRE CANDIANO.

887. PIERRE CANDIANO, homme d'un grand sens et d'une égale valeur, est élu, le 17 avril, pour succéder dans le dogat à Jean Particiaco. Il périt, au mois de septembre suivant, dans un combat naval contre les Esclavons.

JEAN PARTICIACO.

887. JEAN PARTICIACO fut contraint par le peuple de reprendre le dogat après la mort de Candiano. Cette seconde administration ne dura que six mois et treize jours, Jean étant mort vers la fin d'avril 888.

PIERRE TRIBUNO.

888. PIERRE TRIBUNO, personnage de toute bonté, dit

Muratori, est élu doge au mois de mai, et reçoit, quelque tems après, de l'empereur Léon le Philosophe, le titre de protospathaire. L'empereur Gui, l'an 891, lui fit expédier un diplôme de renouvellement des priviléges et exemptions accordés aux Vénitiens par les rois d'Italie et les empereurs d'Occident. L'an 906, il donna la chasse aux Hongrois, qui, après avoir ravagé l'Italie et saccagé plusieurs villes dans les Lagunes, étaient venus, le 28 juin, jusqu'à Malamocco, et même jusqu'à Rialto, c'est-à-dire à Venise. Pierre mourut vers la fin de mai 912, après avoir gouverné sagement l'état pendant vingt-trois ans et vingt-trois jours.

ORSO PARTICIACO II.

912. ORSO PARTICIACO II, surnommé PAURETA, devenu successeur du doge Pierre Tribuno, par l'élection du peuple, envoie Pierre, son fils, à la cour de Constantinople, pour y faire part de sa promotion. L'empereur grec devait être alors le jeune Constantin Porphyrogénète, parce que son oncle Alexandre mourut le 6 juin de cette année. Pierre fut comblé, dans cette cour, de caresses et de présents, outre le titre de protospathaire dont il fut décoré; mais en retournant à Venise, il fut pris, sur les frontières de la Croatie, par Michel, duc de Sclavonie, qui, après l'avoir dépouillé, le remit entre les mains de Siméon, roi de Bulgarie. Pour le ravoir, le doge son père fut obligé d'envoyer au roi bulgare, Dominique, archidiacre de Malamocco, avec de riches présents, au moyen desquels il le racheta. Ce service valut, dans la suite, à Dominique l'évêché de Malamocco, que le doge lui fit conférer. L'an 932, Orso Particiaco, se voyant avancé en âge, abdique le dogat et se retire dans un monastère où il finit ses jours.

PIERRE CANDIANO II.

932. PIERRE CANDIANO II est élu doge, et envoie presque aussitôt Pierre, son fils, à la cour de Constantinople, d'où il rapporta le titre de protospathaire. L'état de Venise s'étendit beaucoup par les conquêtes que ce doge fit sur les peuples voisins, et par les alliances qu'il contracta avec diverses puissances. L'an 935, les habitants de Comachio ayant mis en prison quelques vénitiens, le doge Pierre envoya contre eux une armée qui prit la ville, y mit le feu, massacra plusieurs citoyens, et emmena prisonniers les autres, qui n'obtinrent leur liberté, qu'en promettant d'être, désormais, soumis à la seigneurie de Venise. Pierre Candiano mourut l'an 939.

PIERRE BADOER.

939. PIERRE BADOER est donné pour successeur au doge Candiano. Quelques-uns prétendent qu'il était fils du doge Orso Particiaco II, d'où il s'ensuivrait que les Particiaco et les Badoër seraient la même famille. Pierre Badoër mourut l'an 942.

PIERRE CANDIANO III.

942. PIERRE CANDIANO III, dont la famille croissait en lustre à Venise, parvient à la dignité ducale par les suffrages du peuple. L'an 955, il se fait associer PIERRE, un de ses fils ; mais ce jeune homme, bientôt méprisant les avis de son père, se révolte ouvertement contre lui. Les factions du père et du fils en viennent à un combat dans la place de Rialto. Celle du premier eut l'avantage, et le fils était près de succomber, si le père ne lui eût obtenu la vie par grâce. Mais, pour satisfaire à la justice et à la demande du peuple, il l'envoya en exil. Tous les ordres de l'état firent alors un décret par lequel ils s'engagèrent avec serment à ne jamais l'admettre pour doge, soit du vivant de son père, soit après sa mort. Le doge Pierre Candiano finit ses jours l'an 959.

PIERRE CANDIANO IV.

959. PIERRE CANDIANO IV, le même que les Vénitiens avaient exclu du gouvernement à perpétuité, devient, par leur choix, le successeur de son père. Il était retiré à Ravenne, d'où il avait fait quelquefois des courses sur les vaisseaux de ses compatriotes, pour se venger de son exil. Le clergé, la noblesse et le peuple, montés sur trois cents barques, allèrent le trouver dans sa retraite, et l'ayant amené en pompe à Venise, ils lui conférèrent de nouveau la dignité de doge. Durant plusieurs années, il la remplit avec honneur ; mais sa conduite se démentit dans la suite, et lui attira une catastrophe sanglante, dont voici quelle fut l'occasion. S'étant dégoûté de sa femme, et l'ayant obligée, sous divers prétextes, à se faire religieuse, il épousa Gualdrane, ou Waldrade, sœur de Hugues, marquis de Toscane, et petite-fille, non du roi Bérenger, comme le dit M. l'abbé Laugier, mais du roi Hugues. Ce mariage lui procura des biens considérables, que Gualdrade lui apporta en dot ; et comme ses biens étaient hors de l'état de Venise, il soudoya un grand nombre de soldats italiens pour les défendre. Mais sa hardiesse s'étant accrue avec son opulence, il commença à traiter le peuple de Venise avec une rigueur qui

tenait de la tyrannie. Pour se mettre à l'abri des soulèvements, il introduisit une garde dans son palais, et prit toutes les précautions odieuses que la méfiance inspire aux tyrans. Les sentiments alors changèrent à son égard. Il se forma contre lui une conjuration qui éclata l'an 976. Les Vénitiens l'assiégèrent dans son palais; mais ne pouvant l'y forcer à cause de la vigoureuse résistance de ses gardes, ils y mirent le feu par le conseil de Pierre Orséolo. Les flammes consumèrent non-seulement cet édifice, mais encore l'église de Saint-Marc, avec deux autres églises et plus de trois cents maisons. Le doge fut pris en fuyant et mis à mort avec son fils du second lit, encore enfant. Il avait eu, du premier lit, un autre fils, nommé Vital, qu'il fit patriarche de Grado, après l'avoir contraint d'embrasser la cléricature.

PIERRE ORSÉOLO I.

976. PIERRE ORSÉOLO I, personnage, dit Muratori, d'une rare piété et de mœurs vraiment chrétiennes, est élu doge le 12 août. Son premier soin fut de réparer le palais ducal et l'église de Saint-Marc, dont il avait occasioné la ruine par ses conseils. Le patriarche Vital, fils du doge défunt, était cependant à la cour de l'empereur Otton II, où il sollicitait le secours de ce prince pour venger la mort de son père. Gualdrade, veuve de Candiano, faisait les mêmes instances auprès de l'impératrice Adélaïde. Mais Orséolo sut mettre Adélaïde dans ses intérêts, et rendit inutiles, par son adresse, les mouvements de Vital et de Gualdrade. La sagesse de son gouvernement ne put cependant lui concilier tous les esprits de ses concitoyens. Il s'aperçut qu'il avait des ennemis secrets, et d'ailleurs touché de repentir d'avoir contribué à la mort de son prédécesseur, il pensa sérieusement à abdiquer. Il était dans ces dispositions lorsque Guerin, abbé de St.-Michel de Cuxa, en Roussillon, étant venu à Venise, acheva de le déterminer. Ils partirent secrètement ensemble, à l'insu de Félicie, femme du doge, et de Pierre, son fils, la nuit du 1er. septembre 978, accompagnés de saint Romuald et de trois autres personnes, et se rendirent à Saint-Michel de Cuxa, où l'abbé donna l'habit monastique à Pierre Orséolo; il passa neuf ans dans ce monastère, et y mourut en odeur de sainteté l'an 987, et non pas 997, comme le prouve D. Vaissète. (*Hist. de Lang.*, tom. II, p. 597.)

VITAL CANDIANO.

978. VITAL CANDIANO, frère de Pierre Candiano IV, est donné pour successeur à Pierre Orséolo. Il ne tint le dogat que

quatorze mois, pendant lesquels il fut toujours infirme: sa mort arriva sur la fin de 979.

TRIBUNO MEMMO.

979. TRIBUNO MEMMO, homme d'un esprit médiocre, remplace le doge Vital. Son administration fut des plus orageuses par la dissension de deux familles puissantes de Venise, les Caloprini et les Morosini. Les premiers, appuyés par le doge, prirent les armes contre les seconds, qui hors d'état de résister, eurent le bonheur de se sauver, à l'exception de Dominique Morosini, qui resta victime de la fureur de ses ennemis. Les vainqueurs, enorgueillis de cet avantage, excitèrent de nouveaux troubles, qui déterminèrent le doge à exiler Etienne Caloprini, leur chef. Celui-ci s'étant retiré auprès de l'empereur Otton II, gagna si bien l'esprit de ce prince, qu'il défendit tout commerce à ses sujets avec la seigneurie, jusqu'à ce que Caloprini fût satisfait et rétabli. La disette que cette défense occasiona parmi les Vénitiens, les anima contre les Caloprini, dont ils ruinèrent les maisons après les avoir chassés. La mort de l'empereur, arrivée l'an 983, apporta du changement aux affaires des Vénitiens. L'impératrice Adélaïde, toujours portée à la douceur, ménagea un accommodement, au moyen duquel la seigneurie se réconcilia avec l'empire en rappelant les Caloprini. Mais, bientôt après, les querelles se renouvelèrent entre cette famille et les Morosini. Les batailles et les massacres recommencèrent. Le doge fit de vains efforts pour éteindre ce feu: il était trop peu considéré pour imposer à l'un ou à l'autre des deux partis. Enfin, l'an 991, étant tombé malade, il se fit porter au monastère de Saint-Zacharie, où il mourut six jours après avoir pris l'habit monastique.

PIERRE ORSÉOLO II.

991. PIERRE ORSÉOLO II, fils du doge Pierre Orséolo I, est élevé au dogat après la mort de Tribuno Memmo. C'était un homme de grand sens, qui éleva la république à un haut point de prospérité. L'an 993, il rebâtit et fortifia la ville de Grado. L'an 997, après la mort de Tirpimir, roi de Croatie, apprenant que les villes maritimes de Dalmatie étaient disposées à se mettre sous la domination de Venise, qui ne possédait sur ces côtes que la ville de Zara, il équipa une flotte avec laquelle il se rendit sur les lieux, où il n'eut qu'à recevoir les soumissions de Pola, de Spalatro, de Raguse et des autres villes et îles de cette contrée. Il n'y eut que Corsola et Lésinia qui refusèrent

de se soumettre : mais le doge les ayant attaquées et prises d'assaut, les contraignit de subir la loi. Il entra ensuite dans le pays de Narenta, dont les habitants exerçaient impunément la piraterie dans la mer Adriatique; et ayant forcé leurs places, il y mit tout à feu et à sang. A son retour à Venise, il commença à s'intituler duc de Dalmatie. L'an 998, il reçoit l'empereur Otton III, que la curiosité avait engagé à visiter *incognito* la ville de Venise. L'an 999, Basile, empereur de Constantinople, donne en mariage à Jean, fils du doge, sa nièce Marie, fille de sa sœur et d'Argyre, père de Romain Argyre, qui parvint depuis à l'empire. L'an 1005, Jean et son épouse meurent de la peste, occasionée par une famine qui régna dans toute l'Europe. Pierre Orséolo paie lui même le tribut à la nature vers le mois de mars 1009, pleuré du peuple qu'il avait gouverné avec beaucoup de sagesse et de douceur. Il laissa deux fils, Otton, qui suit, et Orso, patriarche de Grado.

OTTON ORSEOLO.

1009. OTTON ORSÉOLO, fils aîné du doge Pierre Orséolo, lui succède après avoir été peut-être son collègue. Il était marié pour lors à Gisèle, sœur d'Étienne, premier roi de Hongrie. Il est chassé, l'an 1023, par une faction, et se retire en Istrie avec son frère Orso, patriarche de Grado. Poppon, patriarche d'Aquilée, profite de l'absence de ce dernier pour s'emparer de son église. Mais, l'année suivante, le doge ayant été rétabli, procure aussi le rétablissement de son frère. L'an 1026, Otton ayant refusé d'investir Dominique Gradenigo le jeune, évêque de Venise, les partisans de ce prélat, à la tête desquels était Dominique Flabanico, l'un des plus nobles Vénitiens, saisissent le doge, le déposent, lui coupent la barbe, et l'envoyent en exil à Constantinople. On élit à sa place PIERRE BARBOLANO, ou CENTRANICO. Mais les fréquentes séditions qu'il eut à essuyer ne lui permirent pas de jouir tranquillement de ce poste. L'an 1031, le parti d'Otton ayant prévalu dans Venise, se saisit de la personne du doge Barbolano, lui coupe la barbe et les cheveux, le revet de l'habit monastique, et le relègue en cet état à Constantinople. Quelque tems après, les Vénitiens envoyent une ambassade à Otton pour le ramener. Cependant ils confient le gouvernement ducal au patriarche de Grado, son frère, qui exerça pendant quatorze mois, avec beaucoup de sagesse, les fonctions de vice-doge. Mais les ambassadeurs étant revenus en 1032, apportèrent la nouvelle qu'Otton était mort avant d'avoir pu se mettre en route. Le patriarche, son frère, se démit alors du vice-dogat. Otton Orséolo eut un fils, Pierre, surnommé l'Allemand, qui fut roi de Hongrie.

DOMINIQUE ORSEOLO.

1032. DOMINIQUE ORSÉOLO s'empare du trône ducal avec la faveur du peuple ; mais ce fut pour son malheur. Car les nobles s'étant bientôt soulevés contre lui, il eut bien de la peine à se sauver à Ravenne, où il mourut peu de tems après. Girolamo Rossi met sa fuite et sa mort en 1024. Mais André Dandolo, historien exact de sa patrie, mérite en ceci plus de croyance qu'un moderne et un étranger. (Murat. *Ann. d'Ital.*, tom. VI, p. 98.)

DOMINIQUE FLABANICO.

DOMINIQUE FLABANICO, qui était alors en exil, où le patriarche Orso Orséolo l'avait envoyé, fut créé doge après la fuite de Dominique. Il porta sur le trône ducal sa haine et ses ressentiments contre la famille des Orséoli, qu'il fit bannir à perpétuité par un décret de l'assemblée générale. Quelque tems après, il fit rendre une loi qui défendait l'association des enfants des doges. Dandolo met sa mort en 1043.

DOMINIQUE CONTARENO.

1043. DOMINIQUE CONTARENO, successeur de Flabanico, fut honoré par l'empereur grec, Constantin Monomaque, du titre de maître de la milice, comme les ducs de Naples, c'est-à-dire général d'armée. Poppon, partriarche d'Aquilée, toujours jaloux de soumettre l'église de Grado à la sienne, obtint, l'an 1044, un décret du pape Benoît IX conforme à ses désirs. En conséquence, il se rend, à la tête de gens armés, à Grado, où il fait main-basse sur ceux qui lui résistent, et met le feu aux églises dont on lui avait fermé les portes. Le doge écrit à Rome pour se plaindre de cette violence, et vient à bout de faire révoquer le décret du pape dans un concile. L'année suivante, selon Dandolo, Salomon, roi de Hongrie, ayant séduit les habitants de Zara, les engage à se soumettre à lui. Mais Salomon n'étant monté sur le trône qu'en 1063, cet événement doit être reculé de plusieurs années. Zara ne demeura pas long-tems entre les mains de Salomon. Les démêlés de ce prince avec ses frères fournirent au doge une occasion dont il profita pour faire rentrer cette place sous l'obéissance de ses premiers maîtres. Dominique Contareno mourut l'an 1071.

DOMINIQUE SILVIO.

1071. DOMINIQUE SILVIO monte sur le trône ducal, par une élection libre et régulière. L'an 1084, il envoie une flotte pour se joindre à celle des Grecs, qui étaient en guerre avec Robert Guiscard, duc de la Pouille. Les deux flottes sont battues au mois de novembre, par ce prince. Anne Commène dit que cet échec avait été précédé de deux victoires des Vénitiens, remportées, dans cette même année, sur Guiscard; mais il n'en est fait nulle mention dans les autres historiens. Quoi qu'il en soit, le peuple de Venise, inconsolable de la perte qu'il venait de faire, s'en prit au doge Silvio, et le déposa. Ce doge avait épousé THÉODORA, fille de l'empereur Constantin Ducas.

VITAL FALÉDRO, ou FALIERI.

1084. VITAL FALÉDRO, ou FALIERI, qui avait soulevé le peuple contre Dominique Silvio, fut mis à sa place. Il obtient de l'empereur Alexis Comnène, le titre de *Protosébaste*, qu'il ajouta à ceux de duc de Dalmatie et de Croatie. L'an 1094, on découvre à Venise, suivant André Dandolo, le corps de saint Marc, dont le lieu de la sépulture était oublié depuis longtems, et on le place en l'église de son nom, dans un autre endroit qui est de nouveau retombé dans l'oubli. (*Voy.* ci-dessus l'art. du *doge Angelo Particiaco*.) L'an 1096 le doge Vital Falédro finit ses jours.

VITAL MICHÉLI.

1096. VITAL MICHÉLI succède à Vital Falédro, dans le dogat. L'an 1096, les Vénitiens, pleins d'ardeur pour la croisade, équipent une flotte de deux cents vaisseaux qui, ayant mis à la voile dans l'été de 1098, va hiverner dans le port de Rhodes. La flotte des Pisans, qui faisait route pour la même expédition, ayant paru à la vue de ce port, et faisant mine de vouloir y entrer, celle des Vénitiens, plus forte des trois quarts, va au-devant d'elle, lui livre un rude combat et la met en déroute. L'an 1099, les Vénitiens abordent à Jaffa ou Joppé, dont les croisés s'étaient déjà rendus maîtres. L'année suivante, ils remirent à la voile pour s'en retourner, sans avoir fait aucun exploit dont l'histoire nous ait conservé le souvenir. L'an 1102, Vital Michéli termine ses jours.

ORDELAFO FALÉDRO.

1102. ORDELAFO FALÉDRO succède au doge Vital Michéli,

L'an 1115, il reprend Zara, dont Coloman, roi de Hongrie, s'était emparé quelques années auparavant. L'an 1116, au mois de mars, il reçoit, à Venise, l'empereur Henri V, que la curiosité y avait attiré. Les Hongrois, l'an 1117, sous la conduite du roi Etienne II, étant entrés en Dalmatie, dans la vue d'assiéger Zara, le doge se met en mer promptement pour les repousser; mais la même année, il perd la vie dans un combat qu'il leur livre. Son corps rapporté à Venise, fut enterré pompeusement à Saint-Marc, près de celui de Vital Falédro, avec une épitaphe qui lui donne toutes les vertus d'un héros chrétien.

DOMINIQUE MICHÉLI.

1117. DOMINIQUE MICHÉLI parvient au dogat dans un âge avancé. C'était un homme plein de religion, de valeur et de prudence. L'an 1123, à la sollicitation de Baudouin II, roi de Jérusalem, il conduit en Palestine, une flotte considérable, avec laquelle il bat, à la hauteur de Jaffa, celle du sultan d'Egypte. L'année suivante, il forme le siége de Tyr avec les autres croisés; et, après divers assauts, il force les Infidèles à rendre la place. Cette expédition valut aux Vénitiens le tiers de Tyr, avec la confirmation de plusieurs priviléges qui leur avaient été accordés par le roi Baudouin I, dans la Terre-Sainte. L'an 1125, le doge, en s'en retournant, ravage les îles de l'Archipel, pour se venger de l'empereur Jean Comnène, qui, jaloux des succès que les Vénitiens avaient procurés aux croisés, avait donné ordre de courir sur leurs vaisseaux. L'an 1130, et non 1128, comme le marque M. l'abbé Laugier, le doge meurt à Venise, fort regretté de tous les ordres de l'état. (Murat.)

PIERRE POLANO.

1130. PIERRE POLANO fut élu pour succéder à Dominique Michéli, son beau-père. Les Padouans ayant détourné le cours de la Brenta, pour empêcher les vaisseaux vénitiens d'y entrer, le doge leur envoie, l'an 1143, des ambassadeurs, pour les prier de rétablir ce fleuve dans son lit. Ces représentations ayant été sans effet, le doge vient ravager le territoire de Padoue, et oblige les Padouans à demander grâce. L'an 1148, il fait un armement considérable sur mer, pour aider l'empereur Manuel à recouvrer les places que Roger, roi de Sicile, avait enlevées aux Grecs. Il monte lui-même sur sa flotte; mais une maladie qui lui survint dans la navigation, oblige de le ramener à Venise. Il y mourut la même année, tandis que sa flotte faisait, avec celle des Grecs, le siége de Corfou.

DOMINIQUE MOROSINI.

1148. Dominique Morosini devient, dans un âge avancé, doge de Venise. L'an 1149, les flottes combinées des Grecs et des Vénitiens, forcent enfin l'île de Corfou à se rendre. Le doge, l'année suivante, ayant fait armer cinquantes galères, en donne le commandement à Dominique, son fils, et à Marin Gradenigo, pour aller reprendre plusieurs villes d'Istrie, dont les corsaires s'étaient emparés. Cette expédition fut heureuse. Les corsaires furent chassés de Pole et des autres villes où ils s'étaient établis, après quoi l'on alla réduire Parenzo, Rovigno, Urmago et Emonia (aujourd'hui Citta-Nuova), qui avaient secoué le joug de la seigneurie. L'an 1152, le doge conclut une alliance défensive avec Guillaume, roi de Sicile, à des conditions très favorables au commerce de la seigneurie dans les ports de cette île. L'an 1156 fut le terme des jours du doge Morosini.

VITAL MICHÉLI II.

1156. Vital Michéli II parvient au trône ducal, et, peu de tems après, fait la paix avec les Pisans, qui, sous le règne précédent, sans être en guerre ouverte avec Venise, insultaient son pavillon dans leurs courses maritimes toutes les fois qu'ils le rencontraient. L'an 1163, Ulric, nouveau patriarche d'Aquilée, ayant fait une invasion dans l'île de Grado, les Vénitiens y accourrent avec une flotte de galères, font prisonnier le patriarche avec plusieurs nobles du Frioul, le *jeudi de carnaval* (31 janvier) et les envoient dans les prisons de Venise. Le prélat, pour recouvrer sa liberté, s'obligea d'envoyer tous les ans à Venise, le dernier mercredi-gras avant le carême, un taureau, douze porcs gras et douze gros pains, en mémoire de cette victoire et de sa délivrance. Alors on fit à Venise un statut, portant qu'à l'avenir tous les ans, le jour du jeudi-gras, on couperait la tête, dans la place publique, à un taureau et à douze porcs, usage qui subsiste encore, pour le taureau, dans cette ville. *Le peuple s'imagine*, dit Muratori, *que cela fut établi pour marquer qu'on avait coupé la tête au patriarche et à douze de ses chanoines; mais les gens instruits savent le contraire.* L'an 1164, les Vénitiens, étant entrés dans la ligue des villes de Lombardie contre l'empereur Frédéric I, obligent ce prince à reprendre la route d'Allemagne. Le doge, l'an 1171, reprend Zara, qu'Etienne III, roi de Hongrie, avait enlevée à la seigneurie. Les cités commerçantes d'Italie, Gênes, Pise, Florence et Venise, avaient alors des comptoirs à Constantinople; mais la dernière était la plus favorisée. Depuis la guerre de l'empereur Alexis contre Robert Guiscard, les Vénitiens jouissaient de grands priviléges dans tout l'empire. Ils possédaient dans Constantinople une rue entière qui leur avait été donnée pour habitation; et seuls de tous les négociants étrangers, ils étaient exempts de péages, soit pour l'entrée, soit pour la sortie de leurs marchandises. Tant de faveurs les ayant extrêmement enrichis, ils en devinrent orgueilleux jusqu'à mépriser les plus grands seigneurs et à ne tenir aucun compte des édits ni des menaces de l'empereur. Leurs querelles avec les Lombards, qu'ils haïssaient mortellement pour avoir quitté leur parti dans les guerres d'Italie, étaient fréquentes et remplissaient la ville de trouble. Il arriva qu'un jour, plus échauffés qu'à l'ordinaire, ils eurent la hardiesse, après les avoir maltraités dans leurs personnes, de piller leurs magasins et d'abattre leurs maisons. L'empereur, les ayant condamnés à rebâtir celles qu'ils avaient détruites et à restituer ce qu'ils avaient pris, ils ne répondirent à cet arrêt que par des mépris et des menaces. Une pareille révolte ne pouvait rester impunie sans compromettre la majesté impériale. Sur un ordre secret de l'empereur, envoyé à chaque gouverneur, tous les Vénitiens, tant à Constantinople que dans le reste de l'empire, se trouvèrent arrêtés en un même jour. Alors, déposant leur fierté, ils promirent de satisfaire, et furent remis en liberté à cette condition. Mais, au lieu de remplir leurs engagements, ils s'évadèrent précipitamment et retournèrent en leur patrie se plaindre d'avoir été injustement pillés et emprisonnés. Tel est, suivant les historiens grecs, la cause de la guerre que les Vénitiens déclarèrent alors à l'empereur Manuel. L'historien Dandolo raconte les choses autrement. L'empereur grec, s'il faut l'en croire, après avoir invité les Vénitiens à venir commercer dans les ports de sa domination, avait expédié, le 22 mars 1171, des ordres pour faire saisir tous leurs vaisseaux. Quoi qu'il en soit, au mois de septembre suivant, le doge se remet en mer avec une flotte de cent galées et de vingt vaisseaux de transport. Après avoir recouvré Trau et Raguse, dont les Hongrois s'étaient emparés, il fait voile vers l'île de Négrepont, dont il assiége la capitale. Les Grecs alors font des propositions de paix; mais, en attendant le retour des députés qu'on avait envoyés de part et d'autre à Constantinople, le doge va se rendre maître de l'île de Scio, où il passe l'hiver avec sa flotte. La peste se met parmi ses troupes, et le doge, sans avoir pu rien conclure avec l'empereur Manuel, prend le parti de retourner à Venise. Sa flotte y apporte le mal dont elle était infectée; ce qui ayant causé une grande mortalité dans la ville, le peuple s'en prend au doge; il est frappé dans une sédition, et meurt de sa blessure, le

27 mai de l'an 1173. Après sa mort, on fit des changements considérables dans la forme du gouvernement. Il fut réglé que douze électeurs, tirés de six quartiers, choisiraient quatre cent soixante-dix conseillers, pour en former un corps qui déciderait des affaires qu'on avait portées jusqu'alors aux assemblées générales. On arrêta, de plus, que le grand conseil nommerait tous les ans six conseillers, sans l'avis desquels le doge ne pourrait rien entreprendre.

SÉBASTIANO ZIANI.

1173. SÉBASTIANO ZIANI succède au doge Vital Michéli, à l'âge de soixante-dix ans, sur le refus d'Orio Malipiéri, qui avait eu la pluralité des suffrages. Témoin du tumulte qui s'était élevé dans plusieurs élections, il se concerta avec les principaux citoyens pour exclure le peuple du droit dont il abusait, d'élire son chef, et établir un conseil indépendant et souverain, duquel se tireraient à l'avenir les électeurs du doge. Mais ce conseil, composé de deux cent cinquante personnes tirées indifféremment de tous les états, ne remédia point à l'abus que l'on voulait éviter. Les factions continuèrent dans les élections par la jalousie réciproque et la diversité des intérêts qui animaient les électeurs, suivant la différence de leurs conditions. La rupture continua sous le gouvernement de Ziani, entre les Vénitiens et les Grecs. Ancône et quelques villes du voisinage ne reconnaissaient point encore l'autorité de l'empereur d'Occident, et se maintenaient en liberté sous la protection de l'empereur grec. Venise, qui aspirait dès-lors au domaine de la mer Adriatique, avait déjà fait plusieurs efforts, mais inutiles, pour subjuguer Ancône. L'an 1174, le doge s'étant concerté avec l'archevêque de Mayence, général des troupes de l'empereur Frédéric I, en Italie, envoie une flotte pour faire le siége de cette ville, tandis que l'archevêque, avec ses troupes, vient la bloquer par terre. Le siége dura depuis le 1er. avril jusqu'à la mi-octobre. Mais lorsque les assiégés, pressés par la famine, étaient disposés à se rendre, Guillaume des Adélardi et Aldrude des Frangipani de Rome, comtesse de Bertinoro, s'étant joints ensemble, arrivent au secours de la place, à la tête d'une bonne armée, et obligent l'archevêque à lever le siége avec précipitation. L'an 1177, le 24 mars, le doge reçoit à Venise le pape Alexandre III, qui venait y chercher un asile contre la persécution de l'empereur Frédéric. Ce dernier l'ayant appris, fait sommer, dit-on, les Vénitiens de remettre le pontife entre ses mains; et, sur leur refus, il fait armer soixante-quinze galères qu'il envoie contre eux, sous le commandement de son fils Otton. Ziani, s'étant embarqué, rencontre la flotte impériale à la hauteur de Pirano, lui livre bataille, remporte sur elle une victoire complète, et amène prisonnier le prince Otton au port de Venise, où le pape, étant venu au-devant du vainqueur sur le rivage, lui met au doigt, en l'embrassant, un anneau d'or, et lui dit : « Servez-vous de « cet anneau comme d'une chaîne pour retenir sous le joug la » mer Adriatique, et comme d'un symbole d'union conjugale » pour l'épouser, afin qu'elle vous soit soumise de même » qu'une épouse à son époux ». Telle est, suivant la plupart des modernes, l'origine du mariage du doge et de la mer ; cérémonie qui se renouvelle avec pompe chaque année le jour de l'Ascension. Mais Sigonius, Baronius et Muratori, et plus récemment M. de Saint-Marc, traitent cette histoire de fable, et prouvent que jamais il n'y eut de rupture, moins encore de bataille, à l'occasion du pape Alexandre, entre l'empereur et les Vénitiens ; que le doge n'employa que ses bons offices pour rétablir la paix entre le sacerdoce et l'empire, et qu'il eut enfin le bonheur d'y réussir. Nous savons, en effet, par les historiens du tems, que l'empereur, étant arrivé à Venise le 24 juillet 1177, trois cardinaux, accompagnés du doge et du sénat, vinrent le recevoir au Lido, et l'amenèrent solennellement au portail de l'église de Saint-Marc, où la réconciliation se fit entre lui et le pape Alexandre, dont il embrassa l'obédience, après avoir renoncé au schisme ; que cette réconciliation fut cimentée, le 1er. août suivant, par un traité de paix, dans lequel furent compris les villes et les seigneurs qui avaient pris les armes contre Frédéric, et que le doge et la seigneurie n'entrèrent que comme médiateurs dans cet accommodement. Nous ne voudrions cependant pas nier absolument qu'Alexandre, aussi plein que ses prédécesseurs des vaines prétentions de son siége, n'ait accordé la propriété de la mer Adriatique aux Vénitiens, comme il accorda la propriété de l'Irlande au roi d'Angleterre. Mais il ne reste aucun monument de cette concession, et l'on sait la réponse que fit l'ambassadeur de Venise au pape Jules II, qui lui demandait le titre du domaine que la république s'attribuait sur cette mer. « Saint père, dit-il, il est au dos de la donation de Cons- » tantin. » L'an 1179, Sébastiano Ziani meurt le 13 avril. Il est le premier doge qui ait scellé ses diplômes en plomb. Ce fut lui qui fit élever, vers l'an 1175, les deux grandes et belles colonnes de granit, qu'on voit sur le bord de la mer, à l'extrémité de la partie de la place de Saint-Marc qu'on nomme Piazzetta. Sur l'une est un lion ailé de bronze, et sur l'autre, la statue de saint Théodore, ancien patron de la seigneurie, tenant de la main droite un bouclier et de la gauche une lance. C'est entre ces deux colonnes que se font les exécutions; et de là le proverbe à Venise : *Guarda-ti dall' intercolumnio*. L'abbaye de Saint-Georges de Venise reconnaît aussi le doge Ziani pour son fondateur. (*Dandoli Chr.*)

ORIO MASTROPETRO.

1179. ORIO MASTROPETRO est élu doge par deux cent cinquante électeurs, pris dans les trois ordres, suivant la nouvelle forme d'élection établie par son prédécesseur. L'an 1188, les Vénitiens envoient une flotte nombreuse au secours de la Terre-Sainte. L'an 1191, le doge Orio renonce à sa dignité et au siècle pour se retirer dans un monastère.

HENRI DANDOLO.

1192. HENRI DANDOLO est élevé, dans un âge avancé, sur le trône ducal, le 1er. janvier. Il était à Constantinople en qualité d'ambassadeur, l'an 1171, lorsque l'empereur Manuel fit arrêter tous les Vénitiens qui étaient dans ses états, et fut du nombre des prisonniers. On prétend même que Manuel lui fit alors passer un fer chaud sur les yeux; ce qui le priva presque entièrement de la vue. Ce qui est certain, c'est qu'il s'en revint avec cet organe très-affaibli. Malgré cette infirmité, jointe au poids des années, sa régence fut des plus glorieuses et des plus utiles à la république. La première occasion qu'il eut de se signaler, fut contre une entreprise des Pisans qui, ayant pénétré jusqu'au fond du golfe, s'étaient rendus maîtres de la ville de Pole, en Istrie. Une flotte qu'il fit partir, sous le commandement de Jean Bascio et de Thomas Faliéri, remit la seigneurie en possession de cette place. Les Pisans n'en furent pas quittes pour l'avoir rendue. Poursuivis par les vainqueurs jusqu'à la hauteur de Modon, en Morée, ils couraient risque d'essuyer de plus grands revers, si le pape Célestin III n'eût interposé ses bons offices pour prévenir toute autre guerre entre les deux peuples; en quoi il réussit par un traité de paix qu'il les engagea de conclure. L'an 1202 (Muratori), les députés des chefs de la nouvelle croisade étant venus demander du secours aux Vénitiens, la seigneurie fait avec eux un traité par lequel elle s'engage à fournir une flotte pour quatre mille cinq cents cavaliers, neuf mille écuyers et vingt mille fantassins, avec des vivres pour neuf mois, moyennant une somme de quatre-vingt-quinze mille marcs d'argent. Les croisés, s'étant rendus à Venise, trouvèrent la flotte prête; mais la difficulté était de trouver l'argent promis aux Vénitiens. Les croisés n'étant pas en état de fournir cette somme, on imagina un expédient; ce fut que les Français et les Flamands, pour indemniser les Vénitiens, les aideraient à recouvrer la ville de Zara, que le roi de Hongrie avait reprise sur eux depuis quelques années. En conséquence, le doge, quoique vieux et presque aveugle, s'embarque à la tête de l'armée navale, et, ayant mis à la voile le 8 octobre, arrive devant Zara le 10 novembre suivant. Les habitants étaient disposés à se rendre; mais faute de s'entendre, la ville fut prise de force, le 24 novembre, et saccagée; après quoi, l'on en détruisit les murs, pour prévenir une nouvelle révolte. La saison étant trop avancée pour entreprendre le voyage du Levant, l'armée prit le parti de passer l'hiver en Dalmatie. Le pape Innocent III fut très-mécontent de cette première expédition des croisés, parce qu'elle était faite contre Éméric, roi de Hongrie, qui avait lui-même pris la croix, et que les Zarétins s'en étaient rapportés à la décision du saint siége. Il écrivit à l'armée des croisés une lettre pleine de reproches, dans laquelle il les traitait d'excommuniés, et leur ordonnait de restituer Zara au roi de Hongrie. Les plaintes et les ordres du pontife furent sans effet.

L'an 1203, Alexis, fils de l'empereur grec Isaac l'Ange, étant venu trouver les croisés en Dalmatie, les engage à se rendre à Constantinople, pour rétablir son père, qu'Alexis Comnène avait détrôné. Les croisés arrivent devant cette ville le 23 juin, l'attaquent aussitôt, et l'emportent d'assaut le 18 juillet suivant. Isaac est replacé sur le trône, et son fils Alexis lui est donné pour collègue. La flotte des croisés reste au port de Constantinople, en attendant le salaire qu'Alexis leur avait promis. Tandis que ce prince est occupé à le lever, les Grecs, irrités des contraintes qu'il employait à cet effet et de la licence des Latins, se soulèvent contre lui, le déposent et élisent à sa place Murtzuphle, qui le fait étrangler le 8 février 1204. Ces événements firent alors prendre aux croisés la résolution, si même ils ne l'avaient pas conçue dès leur arrivée, de s'emparer de Constantinople, et d'y établir leur domination. Ce qui ayant été exécuté au mois de mars, les Vénitiens, dans le partage qu'on fit de l'empire grec, en eurent, pour leur part, la quatrième partie, consistant en diverses provinces, îles et cités, et rapportées dans la chronique d'André Dandolo, avec la faculté d'élire le patriarche latin de Constantinople. Le doge Henri Dandolo mourut au mois de juin 1205, en cette ville où il tenait le premier rang après l'empereur Baudouin. (Voyez *les empereurs d'Orient*.) Il était âgé de quatre-vingt-dix ans. C'était le plus grand homme que la république eût eu jusqu'alors, et peu de ses successeurs l'ont égalé.

PIERRE ZIANI.

1205. PIERRE ZIANI, fils du doge Sébastien Ziani, est élu, le 5 août, pour remplacer Henri Dandolo. Peu de tems après, le sénat nomme un podestat avec quatre provéditeurs pour aller gouverner le quartier de Constantinople qui appartenait à la seigneurie. Les habitants de la portion de l'empire grec qui avait été cédée aux Vénitiens n'étant pas disposés à se soumettre à ces nouveaux maîtres, le doge, de concert avec le sénat, fait publier une proclamation par laquelle on abandonne aux citoyens de Venise, moyennant l'hommage, toutes les îles de l'Archipel dont ils pourront s'emparer. Plusieurs riches Vénitiens armèrent en mer, pour mettre à profit cette occasion de s'agrandir. L'an 1206, le doge envoie Renier Dandolo pour donner la chasse à un corsaire génois, nommé Léon Vétrano, qui faisait des courses avec neuf galères sur les vaisseaux des Vénitiens. Le corsaire est pris et pendu; ce qui occasione une rupture avec les Génois. Ceux-ci engagent Henri, dit le Pêcheur, comte de Malte, à faire une invasion dans l'île de Candie, qui appartenait aux Vénitiens. Renier, l'an 1207, conduit une flotte à Candie, dont il reprend la capitale, après avoir chassé le maltais et lui avoir enlevé quatre vaisseaux. Renier meurt, la même année, d'une blessure qu'il avait reçue à l'œil dans une sédition. L'an 1217, André, roi de Hongrie, étant arrivé à Venise avec l'armée qu'il conduisait à la Terre-Sainte, obtient du sénat des vaisseaux pour son expédition. L'an 1229, le doge Pierre Ziani termine ses jours, après un gouvernement de vingt-quatre ans. Il avait épousé, en secondes noces, CONSTANCE, fille de Tancrède, roi de Sicile. Ce fut de son tems qu'on apporta de Constantinople à Venise les quatre chevaux de bronze qui ont été placés au-dessus du portail de l'église de Saint-Marc. Ces chevaux, chef-d'œuvre du fameux Lisippe, furent donnés par Tiridate à Néron, qui les fit mettre sur l'arc-de-triomphe qui lui fut consacré à Rome, d'où ils furent transportés, sous Constantin le Grand, à Constantinople. Ce fut aussi du tems de ce doge que l'on établit le tribunal de la Quarantie civile, qui juge de tous les appels en matière civile. Celui de la Quarantie criminelle est plus ancien. Pierre Ziani est fondateur d'une abbaye de filles à Venise, nommée *Monistero delle Vergini*, pour des gentilles-donnes. Cette abbaye n'a point d'autre supérieur que le doge, qui en gouverne souverainement le spirituel et le temporel. C'est lui qui nomme l'abbesse, et il l'épouse, en grande cérémonie, le jour qu'elle prend possession. (Laugier.)

JACQUES TIÉPOLO.

1229. JACQUES TIÉPOLO est élu doge par le sort, à cause du partage des voix, pendant la dernière maladie de Pierre Ziani. Il avait été duc de Candie, où les Grecs rebelles lui avaient donné beaucoup d'exercice. Les Vénitiens avertis, l'an 1233, par Théophile Zéno, leur podestat à Constantinople, d'un grand armement que préparait Jean Vatace, empereur de Nicée, pour attaquer cette ville, envoient une flotte au secours de la place. Elle rencontre celle des Grecs à la hauteur de Gallipoli, lui livre bataille, la met en déroute, et continue de faire voile vers Constantinople, dont Jean Vatace faisait pour lors le siége. Elle arrive au port dans le tems que Jean de Brienne, empereur des Latins, venait de faire lever le siége, après une sortie où il avait battu, à plate couture, l'empereur de Nicée. L'an 1237, Pierre Tiépolo, fils du doge, s'étant mis à la tête de l'armée des Milanais, qui l'avaient élu pour leur podestat, marche contre l'empereur Frédéric II, qui voulait soumettre la ville de Milan à ses lois. Le 27 novembre, il est battu par Frédéric, et fait prisonnier avec plusieurs nobles de Milan, de Novarre et de Verceil, à Citta-Nuova. Le vainqueur les fit conduire en Pouille, où, par son ordre, Pierre Tiépolo fut pendu sur le bord de la mer. La seigneurie de Venise fut tellement irritée de l'insulte qui lui était faite en la personne du fils de son doge, qu'à la fin elle se déclara ouvertement contre Frédéric. (Murat., *Annal. d'Ital.*, t. VIII, p. 238.) L'an 1238, le doge envoie des ambassadeurs en cour de Rome, pour y conclure une ligue avec le pape et les Génois contre Frédéric; ce qui ne souffrit aucune difficulté. Frédéric, l'an 1239, enlève aux Vénitiens, dans le golfe Adriatique, un grand convoi de blé qu'ils faisaient venir de la Pouille. L'an 1240, les Vénitiens, leur doge à la tête, aident Azzon Novello, marquis d'Est, à recouvrer Ferrare, dont Salinguerra s'était emparé. L'an 1247, les Vénitiens reprennent, le 12 décembre, après un siége des plus animés, la ville de Zara (1). Le doge Jacques Tiépolo termine ses jours le 9 juillet 1249, après avoir abdiqué

---

(1) On a supprimé en cet endroit un passage relatif à la révolte et à la prise de Zara. Ce passage, où il est question de Louis le Grand, roi de Hongrie, se rapporte évidemment aux événements du règne d'André Dandolo, rapportés plus loin.

quelque tems auparavant, à cause de son grand âge. Sous son règne, il y eut, à Candie, une grande révolte des Grecs, dont le chef, nommé Alexis Calerge, tint tête, durant dix-huit ans, aux Vénitiens, et les contraignit à la fin de lui demander la paix. Ce doge fit le code des lois de Venise: en quoi il fut aidé par Pantaléon Justiniani, alors curé de Venise, depuis patriarche latin de Constantinople.

MARIN MOROSINI.

1249. MARIN MOROSINI, qui avait été duc de Candie, est élu doge par quarante-un électeurs, qu'on avait nommés pour mettre en défaut les partis et rompre les brigues. Il mourut l'an 1252, sans avoir rien fait de mémorable.

RENIER ZENO.

1252. RENIER ZÉNO, podestat de Fermo, succède au doge Morosini. Le pape Alexandre IV ayant publié, l'an 1254, une espèce de croisade contre Ecelin, ou Ezzelin, qui, depuis trente ans, exerçait, en Lombardie, les plus grands ravages, la seigneurie se ligue avec les états voisins pour abattre cet ennemi public. Pendant qu'il est occupé au siége de Mantoue, les confédérés, ayant le légat Philippe, archevêque de Ravenne, à leur tête, viennent faire celui de Padoue, capitale d'Ezzelin, où son neveu Ansédin s'était renfermé. La place, après divers assauts, est obligée de se rendre le 20 juin 1256. Cette perte et les réjouissances que les Padouans firent après s'être vus délivrés de la puissance du tyran, mirent la rage dans le cœur d'Ezzelin; douze mille padouans servaient dans son armée: il poussa la barbarie jusqu'à les faire tous égorger. Son courage, toutefois, ne l'abandonna point; il fallut encore trois ans de guerre pour l'attérer. L'an 1258, il gagne, le 28 ou le 30 août, une grande bataille, à Corticella, sur les croisés, fait le légat prisonnier, et l'envoie dans les prisons de Brescia. Enfin, l'an 1259, il est battu et fait prisonnier, au passage de l'Adda, par Azzon Novello, seigneur de Ferrare. Il mourut, onze jours après, des coups qu'un soldat lui avait donnés lorsqu'il fut pris.

L'an 1258, les Vénitiens et les Génois se font la guerre à outrance en Palestine. Le pape les oblige à faire la paix. (*Voyez* Gênes.) La seigneurie envoie, l'an 1262, une flotte dans l'Archipel, sous la conduite de Michéli, pour faire la guerre aux Grecs qui avaient recouvré Constantinople. Les Génois viennent au secours des Grecs. Leur flotte se rend dans le port de Constantinople, où ils sont mis en possession du faubourg de Péra, suivant le traité fait avec l'empereur Michel Paléologue. Le général Michéli, étant revenu à Venise sans avoir rien fait, est destitué de son emploi. Gilbert Dandolo, son successeur, remporte, l'an 1263, quelques avantages sur les Génois. L'année suivante, Jacques Dandolo, qui avait remplacé Gilbert, rencontre la flotte génoise à la hauteur de Trapani, près du canal de Malte, où il avait établi sa croisière; la bataille s'engage aussitôt : on combat de part et d'autre avec toute la fureur qu'une haine mortelle peut inspirer. A la fin, la victoire se déclare pour les Vénitiens, et les Génois se retirent après avoir perdu vingt-cinq galères. L'empereur Michel Paléologue, n'espérant plus rien alors des Génois, demande la paix aux Vénitiens, et n'obtient qu'une trêve de cinq ans. L'an 1265, les Génois ayant fait un nouvel armement, s'emparent de la Canée, dans l'île de Candie, pillent la place et la détruisent presque de fond en comble. Les deux nations se livrent, en 1266, plusieurs combats dans l'Archipel et sur les côtes de Syrie. L'an 1268, le doge Renier Zéno meurt vers le mois de juin. Sous sa régence, le pont Rialto fut rebâti en entier. Après sa mort, on établit une nouvelle forme d'élection, qui a paru si sage qu'on n'y a plus fait de changement.

LAURENT TIÉPOLO.

1268. LAURENT TIÉPOLO, fils du doge Jacques Tiépolo, est élevé à la même dignité, suivant la nouvelle forme d'élection, le 23 juillet. Le sénat porte, l'an 1270, une loi qui établit un droit de péage sur tous les navires et les marchandises qui entreront dans la mer Adriatique, et cela pour se venger du refus que les villes de Lombardie avaient fait, de fournir du blé à la seigneurie dans un tems où elle en avait grand besoin. Bologne, qui dominait alors sur une grande partie de la Romagne, se plaint à la seigneurie de cette loi, et n'est point écoutée. On se prépare à la guerre de part et d'autre. L'an 1271, le 1er. septembre, bataille des Bolonais et des Vénitiens sur les bords du Pô. Les premiers sont vainqueurs, et les Vénitiens, de l'aveu d'André Dandolo, abandonnent aux ennemis leurs tentes et leurs bagages. Mais de nouvelles troupes leur étant survenues, ils eurent bientôt leur revanche, et tuèrent beaucoup de monde aux Bolonais. L'an 1272, Marc Gradénigo, fameux général vénitien, force les Bolonais à demander la paix : ils l'obtinrent, et le péage subsista, mais avec quelque modification. L'an 1275 (et non 1274, comme le marque un moderne), le doge Laurent Tiépolo meurt le 16 août. Il avait épousé la fille du ban de Servie, et avait marié Jacques, son fils, avec une princesse esclavone. Mais à peine eut-il les yeux fermés, que le sénat fit une loi pour défendre au doge, et à ses enfants, d'épouser des femmes étrangères.

JACQUES CONTARENO.

1275. JACQUES CONTARENO, descendant en ligne directe du doge Dominique Contareno, succède à Laurent Tiépolo dans cette dignité, à l'âge de quatre-vingt-deux ans. La ville de Capo d'Istria s'étant révoltée, la seigneurie envoie, pour la réduire, André Bascio. Le patriarche d'Aquilée encourage les habitants à se défendre, et tâche de leur faire passer du secours. Ils soutiennent un siége; et s'étant à la fin rendus, la seigneurie leur fait grâce. L'an 1279, le doge abdique à raison de sa caducité, et meurt peu de tems après.

JEAN DANDOLO.

1279. JEAN DANDOLO, gouverneur de l'île de Cherso, en Dalmatie, est élu doge, au mois de mars, à la place de Contareno. L'an 1283 (Murat.), le patriarche d'Aquilée, Raymond Torriani, voulant soumettre l'Istrie à sa juridiction, entame une guerre contre les Vénitiens, qui dura l'espace de onze ans. Trop faible par lui-même pour mesurer ses forces avec celles de la seigneurie, il se ligue avec le comte de Goritz, et leurs troupes réunies s'emparent de Trieste. Cette même année, le pape Martin IV lance un interdit sur la seigneurie, pour avoir refusé de se déclarer contre Pierre d'Aragon, usurpateur de la Sicile. Cet anathème surprenant fut levé, l'année suivante, par Honorius IV, successeur de Martin. Les Vénitiens étant venus, l'an 1289, faire le siége de Trieste, le patriarche d'Aquilée et le comte de Goritz accourent, avec six mille chevaux et trente mille fantassins, au secours de la place. Les assiégeants, sur le bruit de leur arrivée, prennent la fuite avec tant de précipitation, qu'ils abandonnent tentes, machines et équipages. Les Triestins étant montés ensuite sur leurs vaisseaux, vont ravager Malamocco, Caproli et d'autres places de la seigneurie. Le 28 août de la même année, bulle du pape Nicolas IV pour l'établissement du tribunal de l'inquisition à Venise. Elle fut donnée sur la délibération du grand conseil de la seigneurie, et l'*à-parte* de ce conseil y est inséré avec toutes ses clauses, dont l'une porte que *la seigneurie assignera un fonds pour les dépenses qu'il faudra faire au saint office, et touchera pareillement tous les droits qui en proviendront par amendes ou autrement, nommant pour cela un administrateur qui lui en rendra compte.* Ce qui est bien différent de l'usage des inquisitions des autres états, où tout l'argent va au profit des inquisiteurs. Outre cela, celle de Venise est mixte, composée d'ecclésiastiques et de sénateurs. Les premiers sont juges, les seconds assistants. Le doge Jean Dandalo meurt au mois de novembre suivant. (Murat.) Ce fut sous sa régence qu'on commença à fabriquer une nouvelle monnaie d'or, dont les pièces furent nommées ducats.

PIERRE GRADENIGO.

1289. PIERRE GRADÉNIGO, podestat de Capot d'Istria, charge dans l'exercice de laquelle il avait montré beaucoup de valeur et de capacité, parvient au dogat, le 25 novembre, à l'âge de trente-huit ans. Ayant appris, l'année suivante, que la ville d'Acre était assiégée par Kalil-Ascraf, sultan d'Egypte, il envoie vingt galères au secours de la place; ce qui ne l'empêcha pas d'être emportée d'assaut, le 18 mars 1291. L'an 1293, la trêve établie, trois ans auparavant, entre Venise et Gênes, est rompue à l'occasion de quatre galéaces vénitiennes, dont sept galères de marchands génois s'étaient emparées, au mois de juillet, dans la mer de Chypre. Nicolas Spinola, chef de la flotte génoise, bat, l'année suivante, la flotte vénitienne à la hauteur d'Ajaccio, lui enlève vingt-cinq galères avec les marchands et leurs effets, et ne laisse échapper que trois bâtiments; qui vont porter la nouvelle de ce désastre à Venise. La seigneurie, sans se déconcerter, fait équiper une nouvelle flotte de soixante galères, dont elle donne le commandement à Nicolas Quérini, avec ordre d'aller chercher la flotte ennemie dans la mer de Grèce. Mais les Génois ayant su l'esquiver, vont tomber sur la Canée, dans l'île de Candie, la prennent, la pillent et l'abandonnent après y avoir mis le feu. L'an 1297 (Sanuto), le doge Gradénigo vient à bout d'ôter au peuple le droit d'élire les membres du grand conseil, en rendant héréditaire l'entrée dans cette compagnie, pour les familles qui, depuis quatre ans, y étaient admises. Ce fut alors qu'on forma le *Livre d'or*, qui est le registre de la noblesse vénitienne, et que l'aristocratie commença de s'établir à Venise : mais les citadins, sans avoir part au gouvernement, firent une classe distinguée du peuple. Les ecclésiastiques furent exclus de toutes les charges ainsi que de l'entrée aux conseils publics, où l'évêque et les curés de la ville avaient été admis jusqu'alors. On a même, dans la suite, donné l'exclusion de toutes les délibérations concernant les ecclésiastiques aux nobles qui ont un frère, un oncle ou un neveu cardinal ; ce qui faisait dire au cardinal Zapata, que la condition du clergé, à Venise, est pire que celle des Israélites sous Pharaon.

L'an 1298, Lamba Doria, amiral des Génois, étant parti de Gênes avec une flotte de quatre-vingt-six galères, entre dans le golfe Adriatique, et livre bataille, le 8 septembre, à quatre-vingt-dix-sept galères vénitiennes, commandées par André Dandolo. Après un long et furieux combat, la victoire se déclare pour les Génois, qui prennent aux Vénitiens quatre-vingt-cinq galères, dont ils brûlent soixante-sept, et emmènent les dix-huit autres en triomphe à Gênes. La chronique d'Est et celle de Césène comptent près de neuf mille quatre cents vénitiens qui périrent dans le choc, et sept mille quatre cents qui furent faits prisonniers avec l'amiral Dandolo, que le chagrin emporta de ce monde quelques jours après. On ne fut pas plutôt informé de ce revers à Venise, que la seigneurie ordonna de construire et d'équiper en diligence cent nouvelles galères ; mais ou cet armement n'eut pas lieu, dit Muratori, ou il ne servit de rien. La paix est conclue, l'an 1299, entre Venise et Gênes, par la médiation de Mathieu Visconti, seigneur de Milan. Les prisonniers furent rendus de part et d'autre; mais les Vénitiens s'obligèrent à ne point voyager de treize ans, avec des galères armées en guerre, dans la mer Noire ni dans celle de Syrie.

L'an 1307, conjuration de Marin Bocconio, et d'un grand nombre de plébéiens, dont la plupart étaient de la lie du peuple, pour rétablir le gouvernement démocratique. Elle est découverte par l'habileté du doge ; Bocconio et les principaux de ses complices sont arrêtés, condamnés à mort le même jour sur leur propre confession, et le lendemain exécutés. L'an 1308, les Vénitiens s'emparent de Ferrare, sur les princes légitimes de la maison d'Est. Le pape Clément V met à cette occasion, la seigneurie en interdit. Les Vénitiens ne tiennent pas compte de cet anathème. Le pape fait prêcher contre eux la croisade, et envoie en Italie le cardinal de Pelignio, son parent, pour commander l'armée, en qualité de légat. Il le fit avec succès, gagna une sanglante bataille à Francolin, près du Pô, et reprit Ferrare, le 28 août. (*Voy.* Foulques, *seigneur de Ferrare.*) L'an 1310, on vit éclater à Venise, le 15 juin, une nouvelle conjuration, à la tête de laquelle était Baiamont Tiépolo, chef de la faction Guelfe, contre le doge Gradénigo. Après un grand combat, où plusieurs, de part et d'autre, restèrent sur la place, le parti du doge resta vainqueur, et Baiamont fut contraint de prendre la fuite. Gradénigo fit nommer des inquisiteurs d'état pour informer contre tous les complices de la conjuration. Cette commission, qui ne devait être que passagère, devint ordinaire et perpétuelle pour tous les crimes d'état. Telle est l'origine du conseil des dix, à l'inspection duquel le doge, lui-même, fut soumis; ce qui mit le dernier sceau à l'aristocratie ou gouvernement des nobles. L'an 1311, Pierre Gradénigo meurt, le 13 août, à l'âge d'environ soixante ans.

MARIN GIORGI.

1311. MARIN GIORGI succède au doge Pierre Gradénigo, le 12 août (Murat.), dans un âge fort avancé. Il n'occupa cette place qu'un peu plus de dix mois, étant mort sur la fin de juin 1312. On fait l'éloge de sa piété et de sa charité.

JEAN SORANZO.

1311. JEAN SORANZO, homme de haute naissance, brave, quoique d'un caractère doux et modéré, fut élu doge le 13 juillet. Il avait commandé à la prise de Ferrare en 1308, et était nommément compris dans la bulle qui excommuniait, à ce sujet, tous les Vénitiens. Cet anathème n'était pas encore levé. L'an 1323, les Vénitiens, après bien des prières et des soumissions, obtiennent enfin, le 14 janvier, l'absolution des censures: mais elle leur coûta cher; car le pape Clément V exigea, pour l'accorder, cent mille florins d'or. Les formalités de cette absolution furent aussi humiliantes que le prix en fut excessif. Il fallut que la seigneurie envoyât un ambassadeur à Avignon où était le pape, pour la recevoir. Cet ambassadeur fut N.... Dandolo. Avant de commencer la cérémonie, on l'obligea de mettre à son cou un collier comme celui des chiens, et les grands pénitenciers le menèrent par une corde attachée à la boucle de ce collier jusqu'aux pieds du pape, à qui il demanda pardon. La maison de Dandolo subsiste encore à Venise, et la branche de cet ambassadeur y est encore désignée par le surnom de *Dandolo del Cane*, Dandolo du Chien. L'an 1327, le doge Jean Soranzo meurt sur la fin de décembre.

FRANÇOIS DANDOLO.

1328. FRANÇOIS DANDOLO, surnommé CANE, succède, le 8 janvier, au doge Soranzo. Mastin de l'Escale, seigneur de Vérone, que Cane, son père, avait enlevée aux Carrara de Brescia, de Vicence, etc., se brouille, l'an 1336, avec les Vénitiens, au sujet des salines qu'il avait établies à Bovolenta, près des lagunes. Il députe au sénat, pour traiter de la paix, Marsile Carrara, son homme de confiance, qui le trahit. La guerre est déclarée à Mastin. Sur la fin d'octobre, Pierre Rossi, véronais, entre à la tête de l'armée vénitienne dans le Padouan, y prend diverses petites places et détruit les salines de Bovolenta. Mastin remporte, le 26 juin 1337, une grande victoire dans le Véronez sur Luchin Visconti, général de l'armée des Vénitiens et des Florentins, ligués ensemble. Le 3 août suivant, Pierre Rossi entre, par la trahison de Marsile Carrara, dans Padoue, où il prend Albert, frère de Mastin, qu'il envoie prisonnier à Venise. Marsile Carrara, trois jours après, est reconnu seigneur de Padoue. Le 8 octobre suivant, la ville de Brescia est enlevée à Mastin par Azzon Visconti, qui, le 13, se rend maître du château. Mastin conclut, le 24 janvier 1339, un traité de paix avec les Vénitiens, auxquels il cède les villes de Trévise, de Castrombaldo, de Bassano et toute la Marche Trévisane. Le 31 octobre de la même année, le doge François Dandolo termine sa carrière.

BARTHELEMI GRADENIGO.

1339. BARTHELEMI GRADÉNIGO est élu doge le 9 novembre. Il soumit les Candiots révoltés, et mourut le 28 décembre 1342, peu regretté, parce que la disette avait toujours régné à Venise pendant son gouvernement.

ANDRÉ DANDOLO.

1343. ANDRÉ DANDOLO, procurateur de Saint-Marc dès l'âge de vingt-quatre ans, est élevé au dogat, le 4 janvier, à l'âge de trente-sept ans. (Sanut met son élection en 1342, selon le style florentin suivi à Venise.) A peine fut il monté sur le trône, que la seigneurie, sollicitée par le pape Clément VI, fit une ligue avec le roi de Chypre et les Rhodiens contre les Turcs. Au mois de novembre, la flotte vénitienne, sous les ordres de Pierre Zéno, paraît devant l'île de Négrepont, assiégée par les Turcs, qui se retirent promptement à l'approche de l'ennemi. Ayant fait voile vers Smyrne, au mois de septembre 1344, avec les galères du pape, elle emporte cette place le 28 octobre. Morbassan, général des Turcs, bientôt après, fait des efforts pour la reprendre; il est battu devant Smyrne le 17 janvier 1345. Mais tandis que les vainqueurs pillent son camp, dont ils s'étaient emparés, il revient à la charge, tue beaucoup de monde et en fait prisonniers un plus grand nombre. Parmi les morts se trouvèrent le légat, qui avait pris le casque et l'épée, Pierre Zéno et Martin Zacharie, général des troupes du pape, avec plusieurs chevaliers de Rhodes, qui tous avaient vendu chèrement leur vie. Le reste de l'armée se sauva en désordre à Smyrne, qui rentra, l'année suivante, sous la puissance des Turcs.

L'an 1347, les Vénitiens font avec Hassan Nazer, sultan d'Egypte, un traité de commerce, en vertu duquel ils obtiennent la liberté de faire entrer leurs vaisseaux dans tous les ports d'Egypte et de Syrie, et d'y établir des comptoirs. Ce fut alors que Venise commença ce riche commerce qui a versé, durant tant d'années, tout l'argent de l'Europe dans son sein. L'an 1347, au mois de janvier, les Vénitiens font rentrer dans le devoir, après un long siége, la ville de Zara, qui s'était révoltée de nouveau dans le mois d'août 1345. Louis, roi de Hongrie, était venu à son secours au mois de juin 1346; mais ayant été battu par les Vénitiens le 1er. et le 2 juillet suivant, il s'en était retourné. Les Zarétins, après sa retraite, continuèrent à se défendre pendant l'espace de six mois; mais à la fin, se voyant sans ressources, ils implorèrent la clémence de la seigneurie, et obtinrent le pardon après s'être rendus à discrétion. La rivalité de commerce excite, l'an 1350, une nouvelle guerre entre les Vénitiens et les Génois. Ces derniers, étant maîtres de Caffa dans la Crimée, où ils avaient un riche comptoir, prétendaient empêcher les premiers de naviguer sur la mer Noire. En conséquence, ils arrêtèrent les bâtimens vénitiens qu'ils y rencontrèrent et confisquèrent leurs marchandises. La seigneurie les ayant inutilement invités à restituer ces prises, il fallut décider la querelle par la voie des armes. Les hostilités durèrent cinq ans avec des succès variés, et finirent, l'an 1355, par un traité de paix, dont on fut redevable à la médiation des Visconti, seigneurs de Milan. (*Voy.* Gênes.) Le doge André Dandolo ne vit point la fin de cette guerre, étant mort le 7 octobre de l'an 1354; prince qui joignait à un savoir étendu, pour le tems, toutes les vertus civiles, politiques et chrétiennes. C'est lui qui nous a laissé la première histoire de Venise. Il fut le dernier doge qu'on enterra dans l'église de Saint-Marc. Le sénat, pour des raisons qu'on ignore, ordonna que les doges choisiraient ailleurs leur sépulture.

MARIN FALIERI.

1354. MARIN FALIERI est élu le 11 octobre pour remplir le trône ducal, à l'âge de quatre-vingts ans. Le 4 novembre suivant, Paganin Doria surprend à Porto-Longo, dans l'île de Sapienza, la flotte vénitienne, commandée par Nicolas Pisani, et forte de soixante-une galères, (d'autres disent trente-cinq); qu'il emmène avec les équipages à Gênes. L'an 1335, le doge, irrité contre la noblesse pour une insulte qu'un de ses membres, nommé Michel Sténo, lui avait faite, trame une conspiration avec des personnes du peuple pour massacrer tous les nobles et se faire proclamer souverain de Venise. Le mystère est découvert, et, le 17 avril, le doge, jugé par le conseil des dix, a la tête tranchée sur le grand escalier du palais ducal.

JEAN GRADÉNIGO.

1355. JEAN GRADÉNIGO est élu doge, le 21 avril, à l'âge de soixante-seize ans. Le 1er. juin suivant, la paix est conclue entre Venise et Gênes, par la médiation des Visconti, seigneurs de Milan. L'an 1356, Louis, roi de Hongrie, rompt la trève qui était entre lui et les Vénitiens, sur le refus que la seigneurie fait de lui fournir des hommes et des vaisseaux pour faire la guerre à Jeanne Ire., reine de Naples. Il envoie une armée en Dalmatie, et vient avec une autre en Italie, dans le mois de juin. Le doge Gradénigo meurt le 8 août de la même année.

JEAN DELFINO.

1356. JEAN DELFINO, provéditeur, parvient au dogat, le 14 août. Il était alors enfermé dans Trévise, et occupé à défendre cette place contre Louis, roi de Hongrie, qui l'assiégeait. La seigneurie fait demander un passe-port pour le nouveau doge à ce monarque, qui le refuse, suivant les uns, qui l'accorde, selon les autres. Quoi qu'il en soit, Jean Delfino trouva moyen de sortir de la place, et d'arriver à Venise, où il fut solennellement intronisé. Au mois de novembre suivant, Louis, rebuté de la résistance des Trévisans, convertit le siége en blocus, et s'en retourne avec la meilleure partie de ses troupes. L'an 1357, au mois de septembre, la ville de Zara, par la trahison de l'abbé de Saint-Michel, tombe au pouvoir des Hongrois, qui, trois mois après, se rendent maîtres du château. Vers le même tems, les villes de Trau et de Spalatro, se donnent elles-mêmes au roi de Hongrie, sur l'avis qu'elles avaient eu que les Vénitiens étaient disposés à les céder à ce prince pour obtenir la paix. L'an 1358, les progrès rapides des armes hongroises déterminent la seigneurie à céder, au roi Louis, l'Istrie et la Dalmatie, par un traité de paix, signé le 18 février. Le doge Jean Delfino meurt le 12 juillet 1361. Sous son règne, on établit, pour réformer le luxe, trois magistrats, qui furent nommés *les surintendants des pompes*.

LAURENT CELSO.

1361. LAURENT CELSO, jeune d'âge, dit Muratori, mais vieux du côté de la sagesse et de la prudence, est élu doge, le 16 juillet, sur la nouvelle d'une victoire qu'il venait de gagner contre les Génois, dans le golfe Adriatique, où il commandait la flotte vénitienne. Il arrive à Venise, le 20 août, et le lendemain, il reçoit en pompe la corne ducale, qui est le bonnet du doge. Peu de tems après, les colons vénitiens de l'île de Candie se révoltent, sur ce que le sénat, ou prégadi, négligeait de les admettre aux magistratures de Venise. Ils soutiennent trois ans de guerre, et ne rentrent dans l'obéissance qu'après la réduction de la ville de Candie, que Luchin del Verme, général de la seigneurie, força de se rendre le 10 mai 1364. L'année suivante, Laurent Celso meurt le 18 juillet.

MARC CORNARO.

1365. MARC CORNARO, personnage d'un grand savoir et d'une rare prudence, mais plus qu'octogénaire, est élu doge, le 25 août. (Murat.) Nouvelle révolte, l'an 1366, dans l'île de Candie, excitée par les Grecs, et soutenue par les Vénitiens, rétablis dans le pays. On envoie trois provéditeurs, pour les soumettre, et ils y réussissent dans la même année, après avoir enlevé, aux rebelles, toutes les places où ils s'étaient fortifiés. L'an 1367, le doge Marc Cornaro termine ses jours le 13 janvier.

ANDRÉ CONTARÉNO.

1367. ANDRÉ CONTARÉNO est élu doge, malgré lui, le 20 janvier, à l'âge de soixante ans. La ville de Trieste s'étant révoltée, le sénat envoie une flotte, au mois de juillet 1368, pour la réduire. Les rebelles soutinrent un siége de 15 mois, pendant lesquels Léopold, duc d'Autriche, qu'ils avaient appelé à leurs secours, fit de vains efforts pour obliger les Vénitiens à se retirer. Enfin la place, manquant absolument de vivres, se rendit, à discrétion, au mois de novembre 1369. Le sénat de Venise, l'an 1372, déclare la guerre à François Carrara I, seigneur de Padoue, pour arrêter les entreprises qu'il faisait sur le territoire de la république. Renier Vaseh, florentin, est mis à la tête de l'armée vénitienne; il entre, au mois d'avril, dans le Padouan, et y répand la désolation. Les Hongrois étant venus, l'an 1373, au secours des Padouans, défont, le 9 mai, Taddée Giustiniani, général vénitien, sur les bords de la Piave, et l'envoient prisonnier à Padoue. Le 1er juillet suivant, Gibert de Corregio, qui avait remplacé Giustiniani, fait à son tour prisonnier le général hongrois dans une grande bataille qu'il gagne sur l'armée ennemie. Cette victoire et l'ordre que le roi de Hongrie, peu de tems après, donne à ses troupes de revenir, déterminent le seigneur de Padoue à demander la paix. Il l'obtient à des conditions dures, énoncées dans le traité: signé le 11 septembre, par les deux parties belligérantes. Cette paix ne rendit pas Carrara plus ami des Vénitiens. L'an 1376, il engage le duc d'Autriche à faire une descente dans la Marche Trévisane. L'armée vénitienne bat ce prince, près de Guero, dans le Feltrin, dont elle fait ensuite le siége. La place, attaquée avec du canon, machine inconnue jusqu'alors, ne tarde pas à capituler. (Laugier.) On fit une trève, l'an 1377, qui fut convertie en paix l'année suivante. Une ligue terrible éclate, l'an 1378, contre les Vénitiens. Elle était composée des Génois, du roi de Hongrie, du seigneur de Padoue et du patriarche d'Aquilée. Voici quelle fut l'étincelle qui causa cet incendie. Au mois d'août 1376, les Génois ayant pris le parti d'Andronic Paléologue, fils de l'empereur Jean I, dit Calo-Jean, l'avaient mis sur le trône, après avoir déposé son père, ami des Vénitiens. Pour récompense de ce criminel service, Andronic leur avait promis l'île de Ténédos. Mais le gouverneur, fidèle à Calo-Jean, refusa de la consigner aux Génois; depuis même, il la remit aux Vénitiens, ce qui mit en fureur, contre ceux-ci, les Génois, qui, dès lors, ne s'occupèrent qu'à leur susciter des ennemis. Le roi de Chypre et les Visconti se déclarèrent pour les Vénitiens: mais il ne leur fournirent presque aucun secours. Cependant la campagne de 1378 fut très-favorable aux armes de la seigneurie. Victor Pisani, qu'elle avait nommé général, battit, entr'autres exploits, la flotte génoise, commandée par Louis de Fiesque, et lui enleva cinq galères. L'année suivante, les Génois eurent leur revanche, et remportèrent de si grands avantages sur les Vénitiens, que ceux-ci, désespérés de leurs pertes, s'en prirent au général Pisani, et le mirent en prison à son retour. Il fallut bien, néanmoins, l'en tirer peu après, et lui rendre le commandement, après qu'on eut vainement demandé la paix aux Génois. La guerre continua encore deux ans, et presque toujours au désavantage des Vénitiens. Enfin la médiation d'Amédée, comte de Savoie, rétablit la concorde entre les deux républiques et leurs alliés, par un *laud*, ou jugement, qu'il rendit comme arbitre, le 8 août 1381, à Turin. Le château de Ténédos fut mis en dépôt entre les mains d'Amédée, pour le garder deux ans, et le faire ensuite démolir: toutes les prises faites de part et d'autre, furent rendues; mais la Marche Trévisane resta au duc d'Autriche, à qui les Vénitiens l'avaient cédée, le 2 mai précédent, ne pouvant plus la défendre contre le seigneur de Padoue. Après la publication de la paix, le sénat anoblit, le 4 septembre, trente des familles citadines, pour récompense des services qu'elles avaient rendus à la patrie durant la guerre, et cela en exécution d'un décret qu'il avait fait le 1er. décembre 1319. Le doge Contaréno meurt, le 5 juin 1382, épuisé des fatigues qu'il avait essuyées au siége de Chioza, où il avait commandé en personne. Un noble fut chargé de prononcer son oraison funèbre; distinction qui n'avait été accordée à aucun de ses prédécesseurs, et que l'usage a depuis rendu commune à tous ceux qui l'ont suivi. Ce fut sous son règne qu'on vit, pour la première fois, un cardinal vénitien, dans la personne de Louis Donato, le même qu'Urbain VI, fit depuis mourir en prison, pour avoir conspiré contre lui.

MICHEL MOROSINI.

1382. MICHEL MOROSINI est élu doge le 10 juin. Il ne fit que paraître sur le trône, étant mort le 16 octobre suivant.

ANTOINE VERNIERI.

1382. ANTOINE VERNIERI, capitaine d'armée à Candie, est donné pour successeur, en son absence, le 22 octobre, au doge Morosini. Il fit son entrée à Venise, le 13 janvier suivant, monté sur le vaisseau nommé le Bucentaure, et le lendemain, il fut couronné à l'ordinaire avec le bonnet appelé *la corne ducale*. L'an 1383, François Carrara I acquiert du duc d'Autriche la Marche Trévisane. La seigneurie qui regardait toujours Carrara comme son plus dangereux ennemi, prend ombrage de cette acquisition. Les habitants d'Udine refusent, l'an 1385, de se soumettre au cardinal d'Alençon, à qui le pape Urbain VI avait donné l'administration du patriarchat d'Aquilée. Les Vénitiens se déclarent pour eux, et François Carrara, par haine pour les Vénitiens, prend le parti du cardinal. Ceux-ci lui opposent Antoine de l'Escale, seigneur de Vérone, qu'ils engagent à lui faire la guerre, moyennant quinze mille florins de solde par mois. Après deux années d'hostilités, Antoine se vit dépouillé de tous ses états par Jean Galéas Visconti, seigneur de Milan, qui, n'ayant pu le déterminer à faire la paix, s'était ligué contre lui avec le seigneur de Padoue. Mais ce dernier ne tarda pas d'avoir son tour. Il prétendait que Vicence, qui faisait partie de la conquête, devait lui revenir. Sur le refus que Jean Galéas lui en fit, ils se brouillèrent avec éclat. L'an 1388, ligue de Jean Galéas avec les Vénitiens, le marquis de Ferrare et le seigneur de Mantoue, contre François Carrara, conclue, non le 29 mars, comme le marque M. Laugier, mais le 19 mai. (Murat.) Padoue est enlevée à Carrara dans les premiers jours de novembre; lui-même, au mois de décembre, est pris dans Trévise par Jacques del Verme, général des Milanais, et envoyé prisonnier à Côme. Jean-Galéas réunit à son domaine la seigneurie de Padoue, et cède aux Vénitiens la Marche Trévisane, conformément au traité fait avec eux. L'an 1390, les Vénitiens, jaloux des progrès de Jean-Galéas, favorisent sous main les efforts de François Carrara le jeune, pour recouvrer Padoue, où en effet il rentra. L'an 1400, le doge Antoine Vernieri meurt le 23 novembre. « Le » dogat de ce prince fut très-glorieux, dit M. Laugier: il » répara les pertes que la république avait faites sous le règne » de ses prédécesseurs. Il rétablit son commerce; il étendit son » empire, il la rendit comme l'arbitre souverain de toutes les » puissances voisines. »

MICHEL STENO.

1400. MICHEL STÉNO est élu doge le 1er. décembre, à l'âge de soixante-neuf ans. L'empereur Robert, dans son expédition d'Italie, s'étant acheminé de Padoue pour aller voir la ville de Venise, le doge, accompagné de tout le sénat, monte le Bucentaure, vient au-devant de lui et l'amène, le 10 décembre 1401, dans la ville, d'où il ne partit avec sa femme et ses fils, qui l'y étaient venus joindre, que le 10 avril suivant. Le but de ce voyage était d'engager la république à se joindre à lui contre le duc de Milan. On lui donna de belles espérances qui furent sans effet, parce qu'on craignait que, vainqueur en Italie, il ne fît la recherche des droits impériaux que la plupart des puissances de ce pays avaient usurpés. (*Gattarus apud Murat. Script. Ital.*, t. XVII, pag. 841; *S. Antonin. Chron.* part. 3, p. 841.) L'an 1403, les Génois, sous la conduite du maréchal de Boucicaut, ayant pillé les effets des marchands vénitiens, dans le sac de Baruth, le sénat donne ordre à Carlo Zéno, fameux amiral de la seigneurie, de tirer vengeance de cette insulte. Il attaque la flotte génoise à son retour, le 7 octobre, près de l'île de Sapienza, lui enlève trois galères, et met le reste en fuite. Arrivé à Gênes, le maréchal déclare la guerre aux Vénitiens. Cette rupture n'eut point de suite, et la paix se fit au commencement de l'année suivante. (*V.* Gênes.) L'an 1404, Catherine, duchesse de Milan, se voyant hors d'état de conserver Vicence, assiégée par François Carrara II, prend le parti de la vendre aux Vénitiens. Ce fut Jacques del Verme, son général, qui conclut le marché. Jacques de Thiène ayant trouvé moyen d'entrer dans la place avec deux cent cinquante arbalétriers, malgré le siége, y arbora l'étendard de Saint-Marc, le 25 avril ; après quoi, la seigneurie ayant fait sommer Carrara de se retirer, il obéit malgré lui. Mais s'étant fait proclamer seigneur de Vérone, sur la fin de mai suivant, il excita, par cet accroissement de domaine, la jalousie des Vénitiens, qui lui déclarèrent la guerre. François I, seigneur de Mantoue, se joint aux Vénitiens, et Nicolas, marquis de Ferrare, se ligue avec Carrara, son beau-père. La première opération du marquis de Ferrare fut la conquête de Rovigo ; mais il le rendit l'année suivante, aux Vénitiens, par le traité de paix qu'il fit, le 27 mars, avec eux. (Murat.) L'an 1405, le seigneur de Mantoue et Jacques del Verme, se rendent maîtres de Vérone, le 22 juin, après un long siège. Paul Savelli, général vénitien, fait dans le même tems des progrès rapides dans le Padouan. Au mois de juillet, il assiége Padoue, qui, après avoir perdu vingt-huit mille âmes par la famine et la peste, ouvre ses portes, le 17 novembre, à Galéas de Mantoue, successeur de Savelli, mort le 3 octobre précédent. Les troupes de la république prennent possession de la ville, le 21 du même mois. Le seigneur de Padoue se transporte, le 30, avec François III, son fils aîné, à Venise, pour implorer la miséricorde du sénat ; mais l'un et l'autre sont mis dans la prison où était déjà Jacques, deuxième fils de François II. L'année suivante, le conseil des dix les condamne tous trois à mort ; le père est étranglé le 17 novembre, et deux jours après, ses deux fils subissent le même sort. Il restait encore à François Carrara II, deux fils, Ubertin et Marsile, qu'il avait envoyés à Florence. Le premier y mourut le 7 décembre 1407 ; le deuxième, après avoir fait divers efforts pour rentrer dans l'héritage de ses pères, fut pris à Padoue le 17 mars 1445, et conduit à Venise, où il eut la tête tranchée, le 28 du même mois. Ainsi fut dépouillée la maison de Carrara, qui avait tenu la seigneurie de Padoue l'espace d'environ cent-vingt ans.

L'an 1407, la ville de Lépante se donne aux Vénitiens, avec le consentement du prince de Morée, qui reçut de la seigneurie quinze mille ducats en dédommagement. La seigneurie fit, l'année suivante, l'acquisition de Patras, dans la Morée, et celle de Zara, que Ladislas, roi de Naples, qui en avait fait la conquête, lui céda pour cent mille ducats. L'an 1411, Sigismond, roi de Hongrie, revendique cette place ; la seigneurie ayant refusé de la rendre, il envoie dans le Frioul, au mois de décembre, une armée qui désole ce pays, et oblige le patriarche d'Aquilée à se retirer à Venise. L'an 1412, Charles Malatesta, général de l'armée vénitienne, livre bataille, le 9 août, à l'armée hongroise, près de Morta, et demeure vainqueur, après un combat long et sanglant. La guerre continue jusqu'en 1413, qu'elle fut terminée, ou suspendue par une trève, conclue le 18 avril pour cinq ans. L'an 1413, le doge Michel Sténo meurt le 26 décembre. Il était fort appliqué aux affaires, et également attentif à maintenir les droits de sa place.

THOMAS MOCÉNIGO.

1414. THOMAS MOCÉNIGO est élu doge, en son absence, le 7 janvier (Il était alors en qualité d'ambassadeur auprès du pape et de l'empereur, à Crémone.) Après son élection, on demanda, suivant l'usage, l'approbation du peuple; mais ce fut pour la dernière fois qu'on observa cette formalité. Dans la suite, on se contenta de faire proclamer le nouveau doge par le plus ancien des électeurs. L'an 1416, Pierre Lorédano, général de la flotte vénitienne, attaqué par les Turcs, le 1er. juin, près de Gallipoli, sans déclaration de guerre, remporte sur eux une victoire complète. La paix se fit dans le mois suivant avec le sultan Mahomet I.

L'an 1420, les Vénitiens, sous la conduite du brave Philippe des Arcelli, leur général, achèvent la conquête du Frioul, commencée l'an 1417. Louis, patriarche d'Aquilée, avait attiré leurs armes dans ce pays, en se liguant avec l'empereur Sigismond. Se voyant dépouillé de cette principauté, il eut recours au pape Martin V, qui envoya des légats à la seigneurie pour l'engager à rendre au patriarche ce qu'on lui avait enlevé. Mais ce qu'il put obtenir fut une rente de trois mille ducats pour ce prélat, avec une juridiction subordonnée à celle de la seigneurie, dans Aquilée et quelques autres lieux. Les armes vénitiennes ne firent pas de moindres progrès dans la Dalmatie. L'an 1423, le doge Thomas Mocénigo termine ses jours, le 15 avril, à l'âge de quatre-vingts ans. Sous son dogat fut commencée la bibliothèque de Saint-Marc. Le commerce de Venise était alors si florissant, que le seul fret de ses vaisseaux lui rapportait six cent mille ducats.

FRANÇOIS FOSCARI.

1423. FRANÇOIS FOSCARI, procurateur de Saint-Marc, est élu doge à l'âge de cinquante ans. Marin Sanuto met son élection au 15 avril, qui est le jour même où il place la mort de Thomas Mocénigo; ce qui ne peut être, attendu que les électeurs ne durent s'assembler qu'après les obsèques du doge défunt. L'an 1425, François Carmagnole, général de Philippe-Marie, duc de Milan, quitte le service de ce prince, et se retire, le 23 février, à Venise. Ayant engagé les Vénitiens à se liguer avec les Florentins contre le duc, il est déclaré, le 11 février 1426, général de leurs troupes. Le 17 mars suivant, il enlève par surprise, au duc de Milan, la ville de Brescia; il assiége ensuite la citadelle, qui ne se rendit que le 20 décembre. L'an 1427, Carmagnole remporte plusieurs victoires sur le duc de Milan, et soumet plus de quatre-vingts terres aux Vénitiens dans le Bergamasc, le Crémonais et le Bressan. Le duc, l'an 1428, obtient la paix des Vénitiens, par la médiation du pape Martin V, le 18 avril, en leur cédant le Bressan, le Bergamasc et ce qu'ils avaient conquis dans le Crémonais. La guerre se rallume, l'an 1431, entre le duc et la seigneurie. Le 17 mai, Carmagnole est battu devant Soncino par François Sforce, qui l'avait trompé. Six jours après, la flotte vénitienne est entièrement défaite par celle des Milanais sur le Pô, à trois milles de Crémone. La seigneurie avait, dans le même tems, une flotte sur la Méditerranée, sous les ordres de Pierre Lorédano, pour s'opposer aux Génois, soumis alors au duc de Milan. Le 27 août, Lorédano attaque, près de Porto-Fino, la flotte génoise, commandée par François Spinola, lui prend huit galères, et fait l'amiral prisonnier. (*Voy.* Gênes.) L'an 1432, Carmagnole, soupçonné de trahison, est rappelé à Venise, mis en prison, et, sur les aveux qu'il fit à la torture, décapité le 5 mai. Le 26 avril de l'année suivante, la paix est conclue entre le duc de Milan, les Vénitiens et les Florentins, leurs alliés.

L'an 1438, nouvelle rupture entre la seigneurie et le duc de Milan. Nicolas Piccinino, général de ce dernier, bat, le 20 mars, l'armée vénitienne près de l'Adda. L'an 1438, il remporte d'autres avantages considérables sur le marquis de Mantoue, général des Vénitiens, qui, le 3 juillet, quitte le service de la seigneurie pour se mettre à celui du duc de Milan. Les Vénitiens, craignant que le marquis de Ferrare ne se déclare aussi contre eux, lui cèdent Rovigo et tout le Polésin. Piccinino entre dans le Padouan et dans le Vicentin, où il fait de grands progrès. L'an 1439, François Sforce, s'étant détaché du duc de Milan, transporte chez les Vénitiens, en passant à leur service, la fortune qui le suivait partout. Le 9 novembre de la même année, attaqué par Piccinino au port de Riva, dans le Bressan, il met son armée en déroute, fait prisonnier Charles de Gonzague, fils du marquis de Mantoue, et laisse à peine le tems à Piccinino de se sauver. Celui-ci lava cet affront, le 16 du même mois, par la prise de Vérone; mais cinq jours après, Sforce l'en délogea. L'année suivante, ce dernier chasse les Milanais du Bressan, après avoir dégagé la capitale, qu'ils tenaient bloquée depuis un an. Les Vénitiens, l'an 1441, font l'acquisition de Ravenne par une voie qui ne leur fait point honneur. Apprenant qu'Ostasio de Polenta, seigneur de cette ville, était mal avec ses sujets, ils l'attirent à Venise avec sa femme et son fils, lui faisant espérer d'y être traité avec honneur. Mais pendant son absence, les Ravennates, excités par les émissaires de la seigneurie, prennent les armes, le 24 février, chassent leur gouverneur et se soumettent à Venise. Le sénat, à cette nouvelle, envoie des députés pour prendre possession de la ville. Ostasio, pour n'être pas à portée de remuer, est envoyé avec son fils à Candie, où, avec le tems, ils trouvèrent la mort. Le 20 novembre suivant, la paix est publiée entre le duc de Milan, les Vénitiens et leurs alliés.

L'an 1445, au mois de janvier, Jacques Foscari, fils du doge, est dénoncé au conseil des dix comme ayant reçu des présents de plusieurs princes, ministres et généraux étrangers, contre la loi qui le défend à tout noble vénitien, et spécialement aux enfants du doge. Il est mis en prison, et le 20 février, il est condamné au bannissement perpétuel.

L'an 1447, après la mort de Philippe-Marie, duc de Milan, Michel Cotignola, général des Vénitiens, engage Lodi, Plaisance et d'autres villes du Milanez à se donner à la seigneurie. Mais François Sforce, alors duc de Milan, reprend, le 16 novembre, Plaisance, après un rude combat contre les Vénitiens sur le Pô. Sforce, ayant recouvré les autres places usurpées par les Vénitiens sur le duché de Milan, et fait plusieurs conquêtes sur leur territoire, les obligea à faire la paix, dont le traité fut signé le 19 octobre 1448.

L'an 1451, mort de Dominique Michéli, patriarche de Grado. Cette ville étant presque déserte, le pape Nicolas V, à la prière du sénat, transfère à perpétuité, par une bulle du 8 octobre, le titre patriarchal au siége de Venise. Laurent Giustiniani, célèbre par son savoir et sa piété, fut le premier patriarche de cette ville.

Les Vénitiens, ligués avec le roi d'Aragon, le marquis de Montferrat et le duc de Savoie, publient, le 19 avril 1452, une nouvelle déclaration de guerre contre le duc de Milan. Ce prince, ayant de son côté fait alliance avec les Florentins, les Génois et le marquis de Mantoue, fit repentir les agresseurs de cette levée de bouclier. L'avantage dans cette guerre fut presque toujours pour lui.

L'an 1453, Constantinople étant assiégée par Mahomet II, la seigneurie fait partir une escadre, sous les ordres de Jacques Lorédano, pour aller au secours de cette ville; mais elle arrive trop tard. Mahomet, après la prise de Constantinople, fait trancher la tête, en sa présence, à Jérôme Minotto, baile de la seigneurie, et fait mettre aux fers dix-neuf nobles vénitiens, avec un grand nombre de citadins qui exerçaient le commerce dans cette capitale, persuadé que leur bravoure avait causé la perte de ses meilleurs soldats pendant le siége.

Le pape Nicolas V, voulant tourner les forces de l'Italie contre les Turcs, ménage la paix entre le duc de Milan et les Vénitiens. Elle fut signée à Lodi, le 9 avril 1454, et le roi d'Aragon y accéda le 17 juillet suivant. Mais pendant qu'on faisait des réjouissances de cette paix, le baile de la seigneurie conclut, le 18 avril, un traité d'alliance avec Mahomet II; traité qu'on tint secret jusqu'à ce que le projet de croisade fût évanoui.

Le doge François Foscari est déposé, le 23 octobre 1457, par le conseil des dix, après avoir rempli le dogat pendant trente-quatre ans et demi avec distinction. On prétexta son grand âge et ses infirmités, qui ne lui permettaient plus de vaquer aux devoirs de sa dignité. Il mourut le 1er novembre suivant, en apprenant l'élection de son successeur.

PASCAL MALIPIERO.

1457. PASCAL MALIPIERO, procurateur de Saint-Marc, est élu doge le 31 octobre. Sous son gouvernement, qui fut de quatre ans et demi, l'état de Vénise jouit d'une grande tranquillité. L'an 1461, il reçut une lettre d'Abousaïd-Khoskadam, nouveau sultan d'Egypte, qui accordait une pleine liberté aux Vénitiens de commercer dans ses ports. Il mourut le 5 mai de l'année suivante. Dans son portrait, qui est à la salle du grand conseil, dit Sanut, on le voit tenant un papier sur lequel est écrit ce vers ;

Me Duce pax patriæ, data sunt et tempora fausta.

CHRISTOPHE MORO.

1462. CRISTOPHE MORO, procurateur de Saint-Marc, est élu doge le 12 mai. Saint Bernardin de Sienne, mort l'an 1444, lui avait prophétisé, dit Sanut, qu'il parviendrait à cette dignité. L'an 1463, les conquêtes rapides de Mahomet II en Hongrie, dans la Grèce et dans l'Archipel, alarment la seigneurie, et la déterminent à lui faire la guerre. Le 25 janvier, Louis Lorédano s'embarque, à la tête d'une flotte de vingt galères, pour la Morée, dont la moitié appartenait aux Vénitiens, et l'autre était possédée par les Turcs. On fit le siège d'Argos et celui de Corinthe, qui ne réunissirent point. L'an 1470, au mois de juin, Mahomet étant descendu dans l'île de Négrepont, assiége la capitale; il prend la ville d'assaut, le 12 juillet, à la vue de la flotte vénitienne, commandée par Nicolas Canale, qui n'osa mettre à terre pour la défendre. Le château, défendu par Paul Erizzo, se rendit quelques jours après, sur la promesse que Mahomet fit au commandant de ne point lui faire couper la tête. Mais à peine Erizzo fut-il sorti, que le barbare vainqueur le fit scier par le milieu du corps, disant qu'il s'était engagé à sauver la tête et non le corps. Presque toute la garnison fut massacrée en sa présence. Les Vénitiens font d'inutiles efforts pour reconquérir l'île de Négrepont. Alors tous les états d'Italie se réunissent, et concluent une ligue générale pour arrêter les conquêtes de Mahomet.

Le doge Christophe Moro termine sa carrière le 9 novembre 1471, peu regretté, parce qu'il n'avait rien fait qui lui eût mérité de l'être.

NICOLAS TRONO.

1471. NICOLAS TRONO succède au dogat, le 13 novembre, à l'âge de soixante-quatorze ans. L'an 1472, la flotte vénitienne, fortifiée des galères de Rome et de Naples, va faire le dégât dans les Cyclades et sur les côtes de Natolie. Pierre Mocénigo, qui la commandait, entreprend le siége de Satalie, et l'abandonne. L'an 1473, mort du doge Nicolas Trono, arrivée le 28 juillet.

NICOLAS MARCELLO.

1473. NICOLAS MARCELLO, procurateur de Saint-Marc, parvient au dogat le 13 août (et non le 4), à l'âge de soixante-seize ans. L'an 1474, au printems, le sultan Mahomet II fait entrer en Albanie une armée de trente mille hommes, sous les ordres de Soliman, pacha, qui met le siége devant Scutari. La place se défend avec tant de vigueur, que les Turcs sont obligés de se retirer au mois d'août suivant. Nicolas Marcello meurt le 1er décembre de la même année.

PIERRE MOCÉNIGO.

1474. PIERRE MOCÉNIGO, qui avai fait lever aux Turcs le siége de Scutari, est élu doge le 16 décembre. L'an 1475, Catherine Cornaro, fille de Marc Cornaro, sénateur vénitien, et veuve de Jacques II, roi de Chypre, ayant perdu le roi Jacques III, son fils unique, se met sous la protection de la seigneurie de Vénise, pour se défendre contre Charlotte, fille du roi Jean III, qui lui disputait le royaume de Chypre. Le sénat l'adopte pour fille de Saint-Marc, et en vertu de cette adoption, s'empare du gouvernement de Chypre, ne laissant presque à Catherine que le titre et les honneurs de la royauté. (Voy. *les rois de Chypre.*) L'an 1476, Pierre Mocénigo meurt le 23 février.

ANDRÉ VANDRAMINO.

1476. ANDRÉ VENDRAMINO, procurateur de Saint-Marc, est élevé à la dignité ducale, le 5 mars, à l'âge de soixante-seize ans. (Sanuto.) Les Turcs, l'an 1477, font une irruption dans le Frioul, où, pendant près d'un an, ils mettent tout à feu et à sang. André Vendramino meurt le 6 mai de l'année suivante.

JEAN MOCÉNIGO.

1478. JEAN MOCÉNIGO, frère de l'avant-dernier doge, parvient à cette dignité le 18 mai, à l'âge de soixante-dix ans. Le sultan Mahomet II prend la ville de Croie en personne, après un long siége, et en fait égorger les habitants, malgré la capitulation qui leur assurait la vie et la liberté. Il assiège ensuite Scutari; mais il échoue devant cette place, et se retire avec fureur le 28 juillet. La paix est signée, le 26 janvier 1479, entre les Turcs et les Vénitiens, qui rendent aux premiers la ville de Scutari. La même année, les Vénitiens se liguent avec les ducs de Ferrare et de Milan, en faveur des Florentins, contre Ferdinand, roi de Naples, qui voulait les opprimer. (Voy. *Florence.*) L'an 1480, ils engagent Mahomet II à déclarer la guerre à ce prince. (Voy. Naples.) Hercule I, duc de Ferrare, entreprend, l'an 1482, d'établir des salines à Comachio, pour se dispenser de prendre du sel dans les greniers de Venise. La seigneurie lui fait à ce sujet des représentations auxquelles il n'a aucun égard. En conséquence, déclaration de guerre, publiée à Venise, le 2 mai, contre ce prince. (V. Hercule I, *duc de Ferrare.*) L'an 1484, Bajazet II, à l'instigation du roi de Naples, redemande aux Vénitiens l'île de Céphalonie, qu'ils sont obligés de lui abandonner. Le 7 août de la même année, la paix est signée à San-Zéno entre les Vénitiens et le duc de Ferrare, qui leur cède le Polésin de Rovigo. Le pape Sixte IV, qui s'était déclaré contre les Vénitiens et les avait excommuniés, apprenant cette nouvelle, en meurt de chagrin. Innocent VIII, successeur de Sixte, lève, au mois de janvier 1485, l'interdit de Venise, à la demande des ambassadeurs de la seigneurie. Le 4 (ou le 5) novembre suivant, le doge Jean Moncénigo meurt de la peste qui, depuis plusieurs années, faisait de grands ravages à Venise et dans les états voisins.

MARC BARBARIGO.

1485. MARC BARBARIGO, procurateur de Saint-Marc, est élu doge le 19 novembre. Il n'occupa celte place qu'environ huit mois, et mourut le 14 août 1486. (Sanuto.)

AUGUSTIN BARBARIGO.

1486. AUGUSTIN BARBARIGO, procurateur de Saint-Marc, est proclamé doge le 28 août. Le conseil des dix envoie, l'an 1488, Georges Cornaro en Chypre, pour amener la reine Catherine, sa sœur, à Venise, et s'emparer de son royaume au nom de la seigneurie. François Priuli part des côtes d'Istrie avec une flotte pour aller à la suite de Cornaro, et l'appuyer en cas de résistance de la part de la reine. Catherine, après avoir beaucoup hésité, prend le parti de se soumettre aux volontés de la seigneurie. En conséquence de son abdication, le général Priuli prend possession de l'île, le 26 février 1489, et fait arborer l'étendard de Saint-Marc dans Famagouste. Le 14 mai suivant, Catherine s'embarque avec son frère sur la galère de Priuli, et arrive le 6 juin à Venise, où elle est reçue avec de grands honneurs. On lui assigna, pour sa résidence, le château d'Azolo, dans le Trévisan, où elle vécut en reine jusqu'à la fin de ses jours. L'an 1490, Ascraf-Kaïtbai, sultan d'Égypte, dont le royaume de Chypre était tributaire, accorde, le 2 mars, à l'ambassadeur de Venise, l'acte authentique par lequel il admet la seigneurie dans la légitime possession de la couronne de Chypre, et lui en donne l'investiture moyennant le tribut ordinaire de huit mille ducats. C'est ainsi que, par une usurpation manifeste, Venise demeura maîtresse d'un royaume qui appartenait à Charlotte, fille et héritière de Jean III, roi de Chypre. (Voy. *les rois de Chypre.*)

L'an 1494, Charles VIII, roi de France, étant sur le point d'entrer en Italie, envoie Philippe de Comine à Venise, pour disposer la seigneurie à favoriser ses desseins sur le royaume de Naples. Le sénat se tire de cette ambassade par une réponse courte et sage, qui ne concluait rien. Mais l'année suivante, les succès rapides de Charles donnant lieu aux Vénitiens de craindre pour la liberté de l'Italie, ils concluent, le 31 mars, dans Venise même, une ligue offensive et défensive contre ce prince, avec le pape Alexandre VI et le duc de Milan. Le marquis de Gonzague est déclaré général de l'armée vénitienne, et le comte de Cajazze l'est de l'armée milanaise. Le 6 juillet, ces deux généraux attaquent le roi de France à Fornoue, et sont battus par une armée beaucoup inférieure à la leur. On rejette cet échec sur Bernardin Contaréno, commandant de la cavalerie légère des Vénitiens, qui, dans le moment le plus critique de l'action, laissa sa troupe s'amuser au pillage. L'an 1496, les Vénitiens fournissent à Ferdinand, roi de Naples, une bonne flotte, un corps de troupes considérable, sous les ordres du marquis de Mantoue, et une somme d'argent; toutes choses dont il avait grand besoin pour être en état de chasser les Français du royaume de Naples. Ils envoient, dans le même tems, un puissant secours aux Pisans, pour se défendre contre les Florentins, qui voulaient de nouveau les assujettir.

L'an 1499, Louis XII, successeur de Charles VIII, tout occupé à s'aplanir les voies pour la conquête du Milanez et pour celle du royaume de Naples, dont il se prétendait héritier, pratique une ligue avec les Vénitiens, qui fut publiée le 25 mars. Le monarque leur avait promis, pour récompense de leurs services, la Chiara-d'Adda et Crémone, dont Ludovic Sforce, duc de Milan, s'était emparé. Il tint parole pour Crémone, après la conquête du Milanez; mais on ne voit pas qu'il leur ait cédé la Chiara-d'Adda. La seigneurie soutenait, dans le même tems, une guerre très-rude contre le sultan Bajazet, non-seulement dans le Levant, mais dans le Frioul, où les Turcs avaient pénétré et commettaient d'horribles ravages. Les derniers mois de la même année 1499, virent éclore une nouvelle guerre dans la Romagne et la Marche d'Ancône, dont les différentes villes étaient occupées par différents seigneurs qui les tenaient du saint siége, en vertu des bulles des souverains pontifes. Alexandre VI, comptant pour rien ces titres, avait résolu de recouvrer ces deux provinces, pour en faire un état à César de Borgia, son fils. Déterminé par ce motif, il entre dans la ligue des Vénitiens avec le roi de France, et leur promet une partie des places qu'ils l'aideront à conquérir.

L'an 1501, le doge Augustin Barbarigo termine sa carrière, à l'âge de quatre-vingt-deux ans. Après sa mort, le grand conseil, assemblé pour élire son successeur, établit le tribunal des *inquisiteurs d'état*, composé de trois magistrats, revêtus d'un pouvoir absolu sur tous les citoyens, pour veiller à la conservation de la république.

LEONARD LOREDANO.

1501. LÉONARD LORÉDANO est élu, le 3 octobre, pour succéder au doge Augustin Barbarigo. La guerre durait toujours entre les Vénitiens et les Turcs. Ceux-ci, après avoir battu la flotte commandée par le procureur Grimani, s'étaient rendus maîtres de Modon dans la Morée, de Corfou, de Durazzo, et menaçaient de plus grandes pertes, les Vénitiens, si Gonsalve de Cordoue, dit *le Grand Capitaine*, envoyé par le roi d'Espagne, ne fût venu à leur secours. A l'aide de ce général, ils enlevèrent, aux Turcs, les îles d'Egine et de Céphalonie. Pesaro, leur généralissime, fit, de son côté, la conquête de l'île de Sainte-Maure. Ces avantages compensèrent les pertes qu'ils avaient faites, et engagèrent Bajazet II a conclure la paix en 1501. Les Vénitiens rendirent Sainte-Maure, et gardèrent Céphalonie. Ce fut alors qu'on établit un consul de la seigneurie à Constantinople. L'an 1503, après la mort d'Alexandre VI, les Vénitiens enlèvent à César Borgia la ville de Faënza, et acquièrent ensuite de Pandolfe Malatesta celle de Rimini, dont ils l'avaient remis en possession.

L'an 1504, Jules II, nouveau pape, jaloux de recouvrer les domaines de l'église que ses prédécesseurs avaient aliénés, redemande, avec menaces, aux Vénitiens, les Villes de Ravenne, de Faënza et de Rimini. Sur leur refus, il signe, à Blois, par ses nonces, le 22 septembre, une ligue avec l'empereur Maximilien et le roi de France, mécontents, l'un et l'autre, des Vénitiens. Avertis de l'orage qui les menaçait, ceux-ci le détournent, en cédant au pape un certain nombre de villes de la Romagne.

L'an 1508, ligue de Cambrai, conclue par les intrigues du pape, et signée, le 10 décembre, par l'empereur, le roi de France et le roi d'Aragon et de Naples, puis, l'année suivante, par les ducs de Savoie et de Ferrare, et par le marquis de Mantoue. Le but des confédérés était de dépouiller Venise de ses états de terre ferme, pour les partager entre eux. Les Vénitiens, dit M. Robertson, auraient pu détourner cet orage, ou du moins en briser la violence; mais, animés par une présomption téméraire, dont il n'y a pas d'exemple dans le reste de leur histoire, ils ne firent rien pour l'éviter. L'an 1509, l'armée française ayant devancé l'arrivée du roi en Italie, le maréchal de Chaumont reçoit ordre, le 15 avril, de commencer les hostilités. Son premier exploit, après avoir passé l'Adda, fut la prise de Trévise, où il fit grand nombre de prisonniers. D'un autre côté, le marquis de Mantoue se rend maître de Casal-Maggiore. Le pape alors publie, sous le titre de *monitoire*, une bulle par laquelle il somme les Vénitiens de lui restituer, dans vingt-quatre jours, toutes les usurpations qu'ils avaient faites sur le saint siége, sous peine d'encourir les censures ecclésiastiques. Le 8 mai, l'Alviane, général de la seigneurie, reprend Trévise. De là, il fait marcher son armée vers Crémone et Crême, pour prévenir le roi de France, qui voulait lui couper la communication avec ces deux villes. d'où il tirait ses vivres. Le 14 mai, les deux armées se trouvent en présence, à Agnadel, dans la Ghiara-d'Adda, et le combat s'engage presque aussitôt. Les Vénitiens, après avoir fait des prodiges de valeur, sont battus, et l'Alviane, leur général, est du nombre des prisonniers. Cette victoire fut suivie de la conquête de presque toutes les villes que la seigneurie possédait entre la Piave et l'Adige. Le roi de France en fit le partage avec les ambassadeurs de l'empereur qui l'accompagnaient, conformément au traité de la ligue. Le pape, de son côté, se rendit maître de toute la Romagne, à l'exception du château de Ravenne. Le duc de Ferrare reprit le Polésin de Rovigo; le marquis de Mantoue rentra dans Asola et Lunato, que les Vénitiens avaient enlevés à son bisaïeul. Le roi Ferdinand ayant reconquis, par ses généraux, les villes que Venise possédait sur la côte de la mer Adriatique, dans le royaume de Naples, borna là ses conquêtes et ne se mêla plus des affaires de la ligue. Les Vénitiens, accablés de tant de pertes, travaillent à leur réconciliation avec le pape. Tandis qu'on négocie à Rome, André Gritti, détaché avec cinq cents chevau-légers, par le comte de Pétigliano, général des Vénitiens, s'approche secrètement de Padoue, occupée par les Impériaux, surprend la garnison, qu'il oblige à se sauver dans la citadelle, et se rend maître de la ville. (L'historien de la ligue de Cambrai met cet événement au 18 juin. Mais il est certain, dit Muratori, qu'il arriva le 17 juillet, un mardi, jour de la translation de sainte Marine, qu'on solennise encore aujourd'hui à Venise, en mémoire de ce commencement de résurrection de la république.) La citadelle de Padoue fut attaquée après la prise de la ville, et ne tarda pas à se rendre à discrétion. Louis XII, après avoir mis ses places en état de défense, reprend la route de France, au mois de juillet, laissant son armée sous les ordres du maréchal de Chaumont. L'empereur était toujours attendu en Italie : il arrive enfin dans les derniers jours d'août, avec une armée considérable. Au commencement de septembre, il ouvre la tranchée devant Padoue; mais dans les premiers jours du mois suivant, il est obligé de lever le siège. Les Vénitiens reprennent Vicence et d'autres places dont les Allemands s'étaient rendus maîtres.

L'an 1510, la république ayant fait sa paix avec le pape, obtient, le 24 février, l'absolution des censures. Jules fait plus, il conclut une ligue avec les Vénitiens, et veut y faire entrer l'empereur, le roi d'Angleterre et les Suisses. Les deux premiers le refusent : les Suisses, plus dociles, font une irruption dans le Milanez, qui oblige le maréchal de Chaumont à se replier sur ce duché. Après les avoir repoussés, il vole au secours du duc de Ferrare, que le pape voulait contraindre par les armes spirituelles et les matérielles à se détacher des intérêts de la France.

L'an 1511, les Allemands, sous la conduite du duc de Brunswick, entrent dans le Frioul, où ils font de rapides conquêtes. Battus ensuite par l'armée vénitienne, ils se retirent, et tout le Frioul, à l'exception de Gradisca, retourne sous les lois de la république. Le 22 mai, les Bentivoglio, qui combattaient dans l'armée française, sont reçus dans Bologne, dont Jules les avait dépouillés en 1506. Cette perte fut une grande mortification pour ce pontife : mais ce qui mit le comble à sa fureur, ce fut d'apprendre que l'empereur et le monarque français travaillaient à faire assembler un concile à Pise pour le déposer. Il sollicite, avec une nouvelle ardeur, toutes les puissances de l'Europe à se réunir contre la France, et vient à bout de gagner le roi d'Aragon. Le 5 octobre, il fait publier à Rome la ligue qu'il avait conclue avec ce prince. Henri VIII, roi d'Angleterre, s'y laissa entraîner quelque tems après, comme il paraît par le traité d'union qu'il signa, le 20 décembre, avec le roi d'Aragon, *pro suscipienda sanctæ romanæ ecclesiæ, matris nostræ, defensione pernecessaria.*

L'an 1512, l'armée pontificale, commandée par le cardinal-légat, Jean de Médicis, et l'armée espagnole, sous les ordres de Raymond de Cardonne, vice-roi de Naples, se réunissent devant Bologne, dont elles commencent le siège le 26 janvier. Mais Gaston de Foix, général français, s'étant jeté dans la place, oblige les confédérés à se retirer dans les premiers jours du mois suivant. Les Français perdent cependant la ville de Brescia, qu'André Gritti leur enlève, par escalade, le 3 février. La ville de Bergame, peu de jours après, arbore l'étendard de Saint-Marc. Le 19 du même mois, la ville de Brescia est reprise par la garnison française de la citadelle, après un sanglant combat, où l'on fit prisonnier le commandant André Gritti et plusieurs officiers de marque. Le 9 avril, jour du vendredi-saint, le duc de Ferrare fait une tentative sur la ville de Ravenne, défendue par Marc-Antoine Colonne. Le cardinal-légat et le général espagnol volent au secours de la place. L'armée française vient à l'appui du duc. Bataille de Ravenne, donnée le jour de Pâques : les Français la gagnent après avoir perdu Gaston de Foix, leur général, et font prisonnier le cardinal-légat. Ce fut le dernier avantage qu'ils remportèrent en Italie dans le cours de cette guerre. Leurs affaires, depuis ce tems, allèrent toujours en décadence. La défection de l'empereur acheva de les ruiner. Jules, ayant trouvé moyen de regagner ce prince, obligea les Vénitiens à conclure avec lui une trève de dix mois, à des conditions onéreuses pour eux. Les Français, trahis, abandonnés, poursuivis partout, se retirent en Piémont, au mois de juillet. Ils emmenaient avec eux le cardinal-légat et André Gritti, général vénitien. Mais le premier leur fut enlevé au passage du Pô. La *Ligue sainte*, (c'est ainsi qu'on appelait la nouvelle ligue) se désunit bientôt après leur retraite. Tandis que les Vénitiens assiégent Brescia, qui était encore au pouvoir des Français, Raymond de Cardonne survient avec son armée, et prétend que non-seulement cette place, mais Crême et Bergame, que les Vénitiens avaient déjà recouvrées, doivent retourner au roi, son maître. Il l'emporta pour Brescia, que d'Aubigni, commandant de la place, lui remit le 13 novembre par capitulation. D'autres usurpations, que les Espagnols firent sur la république, déterminèrent le sénat à traiter de la paix avec l'évêque de Gurck, ministre de l'empereur en Italie. Le pape voulut qu'elle se négociât à Rome, et, en ayant dicté lui-même les conditions, il commanda impérieusement aux Vénitiens de les accepter. Ceux-ci, les trouvant trop dures, refusèrent, malgré les cris et les menaces du pape, de s'y soumettre. Ce fut alors qu'ils pensèrent à se tourner du côté de ce même roi de France qui les avait accablés.

L'an 1513, ligue conclue, le 13 mars (d'autres disent le 24), entre Louis XII et les Vénitiens. Jules II n'était plus au monde; le cardinal Jean de Médicis l'avait remplacé, le 11 de ce mois, sous le nom de Léon X. Le nouveau pape, résolu de maintenir la ligue formée par son prédécesseur, travaille, mais inutilement, à rompre l'alliance des Vénitiens avec la France, et à faire leur paix avec l'empereur. L'Alviane, à qui Louis XII avait rendu la liberté, reprend le commandement des troupes de la république. Il agit de concert avec les Français, qui étaient entrés dans le Milanez, prend Crémone, s'avance jusqu'à Lodi, et abandonne ensuite ses conquêtes, après la défaite des Français à la bataille de Novarre, donnée le 6 juin. L'armée des Espagnols le poursuit, et l'oblige à se replier au-delà de l'Adige. Elle passe elle-même ce fleuve, prend Brescia, Bergame, avec toutes les villes du Polésin et du Vicentin sans coup férir, et, ayant été jointe par l'armée impériale, elles forment ensemble le siége de Padoue; mais, le 16 août, elles sont contraintes, après vingt jours d'attaque, de le lever. Le 7 (et non le 9) octobre, bataille de la Morta, à trois milles de Vicence, gagnée sur les Vénitiens par les alliés. L'Alviane, après cet échec, reçoit ordre du sénat de concentrer toutes les forces de la république dans Padoue et Trévise. Le comte de Frangipani, général des Allemands, fait la conquête d'une partie du Frioul. L'an 1514, ce général est pris dans une embuscade et conduit prisonnier à Venise. Louis XII étant mort le premier janvier 1515, François I, son successeur, renouvelle l'alliance avec les Vénitiens. Le 13 septembre, l'Alviane aide ce prince à gagner la bataille de Marignan. Le 7 octobre, ce général meurt après s'être rendu maître de Bergame.

Traité de paix conclu, le 15 août 1516, à Bruxelles, entre l'empereur et le roi de France, et ratifié le 4 décembre. Maximilien, par ce traité, cède à François I la ville de Vérone, moyennant deux cent mille écus d'or, payables moitié par ce prince et moitié par les Vénitiens. C'était pour le compte de ces derniers que le roi faisait cette acquisition; la place ayant été remise, le 16 janvier suivant, au maréchal de Lautrec, celui-ci la consigna, trois jours après, entre les mains d'André Gritti, qui en prit possession au nom de la seigneurie. Telle fut la fin de la ligue de Cambrai et de la longue et cruelle guerre qu'elle occasiona.

L'an 1521, le doge Lorédano finit ses jours, le 22 juin, à l'âge de quatre-vingt-trois ans.

ANTOINE GRIMANI.

L'an 1521, ANTOINE GRIMANI parvient, le 7 juillet, au dogat, à l'âge de quatre-vingt-cinq ans. Il mourut, suivant Jean Palatio, le 7 mai de l'an 1523, âgé de quatre-vingt-sept ans.

ANDRÉ GRITTI.

1523. ANDRÉ GRITTI, célèbre par ses exploits militaires, est élu doge le 20 mai. Le 28 juin suivant, les Vénitiens, jusqu'alors attachés au roi François I, quittent le parti de ce prince et signent un traité d'alliance avec l'empereur Charles-Quint. L'an 1526, ils retournent à la France, et concluent à Cognac, le 22 mai, une ligue avec le pape Clément VII, le roi de France, les Florentins et François Sforce II, pour s'opposer aux progrès de l'empereur, rétablir Sforce dans le duché de Milan et faire la conquête du royaume de Naples. L'an 1527, voyant le pape assiégé dans le château Saint-Ange, par les troupes de l'empereur, ils profitent de cette conjoncture pour se mettre en possession de la ville de Ravenne, qui leur avait appartenu avant la ligue de Cambrai; ils se rendent maîtres ensuite de la forteresse, après en avoir fait mourir le gouverneur, et peu de tems après, ils s'emparent de Cervia; le tout sous prétexte de défendre ces places au nom de l'église. L'an 1528, Clément VII fait redemander aux Vénitiens ce qu'ils lui avaient enlevé pendant sa captivité. Le sénat élude la demande, conserve les places réclamées, et envoie une flotte pour reconquérir celles que la ligue de Cambrai lui avait fait perdre dans le royaume de Naples. La même année, les Vénitiens, par le traité de paix, conclu dans le mois de décembre à Bologne, rendent au pape les villes de Ravenne et de Cervia avec leurs dépendances, et à l'empereur les places du royaume de Naples qu'ils avaient reprises.

L'an 1538, ligue conclue au mois de février, à Rome, entre le pape Paul III, l'empereur Charles-Quint, Ferdinand, roi de Hongrie, son frère, et les Vénitiens, contre Soliman II, dont les progrès rapides alarmaient toute la chrétienté. André Doria est déclaré capitaine-général de la flotte des alliés, et le duc d'Urbin nommé pour commander les troupes de débarquement. Le premier s'acquitta fort mal de son devoir. Deux fois il se trouva en présence de l'ennemi avec des forces supérieures, et deux fois il refusa le combat, laissant à la seconde (le 28 septembre) l'escadre vénitienne exposée à tout le feu de l'artillerie des Turcs, qui lui causa un dommage considérable. Le 28 décembre 1538, le doge André Gritti meurt à l'âge de quatre-vingt-quatre ans. La république, dit M. Laugier, n'eut jamais un chef plus digne de sa confiance, plus estimé au-dedans, plus considéré au-dehors Il avait pris pour devise, suivant Paul Jove, un ciel soutenu par un atlas, avec ces mots: *Sustinet, nec fatiscit.*

PIERRE LANDO.

1539. PIERRE LANDO est élu doge le 20 janvier, à l'âge de soixante-dix-huit ans. Jean Palatio met son élection en 1538, suivant le calcul florentin. L'an 1540, la paix est conclue le 20 octobre, entre les Vénitiens et les Turcs. (Dumont.) L'an 1545, Pierre Lando finit ses jours, le 8 novembre, dans sa quatre-vingt-quatrième année.

FRANÇOIS DONATO.

1545. FRANÇOIS DONATO est proclamé doge le 22 novembre.

Les arts fleurirent sous son règne à Venise. Il mourut le 23 mai 1553.

MARC-ANTOINE TRÉVISANI.

1553. Marc-Antoine Trévisani parvient au dogat le 3 juin. Ce fut un prince doué d'une piété sincère. Les austérités de la pénitence abrégèrent ses jours. Il mourut le 31 mai 1554.

FRANÇOIS VENIERI.

1554. François Venieri, élu doge le 11 juin 1554, mourut le 2 juin 1556.

LAURENT PRIULI.

1556. Laurent Priuli succède, le 14 juin, au doge François Venieri. Le 17 août 1559 fut le terme de ses jours. (Muratori.)

JÉROME PRIULI.

1559. Jérôme Priuli, frère de Laurent, lui est substitué, le premier septembre, dans la dignité ducale. Après en avoir joui huit ans deux mois et quatre jours, il mourut le 4 novembre 1567. (Muratori.) Pendant son règne, le sénat sévit contre Marc-Antoine Amulio, son ambassadeur à Rome, pour avoir reçu du pape, en 1560, le chapeau de cardinal contre la loi de l'état qui défend à tout ministre de recevoir aucune dignité étrangère. Il fut banni, et sa famille eut défense de porter la robe sénatoriale.

PIERRE LORÉDANO.

1567. Pierre Lorédano est élevé au dogat, le 26 novembre, à l'âge de quatre-vingt-six ans. L'an 1568, le pape Pie V ayant publié la fameuse bulle *in coenâ domini*, le sénat défend, sous les peines les plus sévères, à tous les sujets de la république de la recevoir et d'y obéir. L'an 1570, mort du doge Lorédano, arrivée le 3 mai. (Muratori.)

LOUIS MOCENIGO.

1570. Louis Mocenigo, personnage de grande valeur, est élu doge le 11 mai. Le sultan Sélim II, oubliant le traité de paix qu'il avait renouvelé depuis deux ans avec la république, méditait alors la conquête de l'île de Chypre. Les Vénitiens, instruits de son dessein, implorèrent le secours de toutes les puissances chrétiennes. Le pape Pie V joint ses instances à celles du sénat, et fournit pour sa part douze ou treize galères, sous les ordres de Marc-Antoine Colonne. Du côté de l'Espagne, il en vint cinquante-deux, commandées par Jean-André Doria. La flotte particulière des Vénitiens était de cent soixante voiles, ayant pour capitaine-général Jérôme Zéno. Toutes ces forces se réunirent à la Soude, dans l'île de Candie ; mais elles devinrent inutiles par la mésintelligence des chefs, et ne servirent de rien pour la défense de l'île de Chypre. Il n'en fut pas de même de la puissante flotte des Turcs, composée de trois cents voiles. Ses troupes de terre, ayant débarqué sans obstacle dans l'île, commencèrent, le 25 juillet, le siége de Nicosie, qu'elles emportèrent d'assaut, le 9 septembre suivant. Chérines et les autres places, effrayées par le saccagement de Nicosie, envoyèrent leurs clefs aux Barbares. Famagouste fut la seule qui refusa de se rendre. Bientôt assiégée par Mustapha, général de l'armée ottomane, elle fit une si vigoureuse résistance, que le siége, à l'entrée de l'hiver, fut converti en blocus. Il fut repris dans le printems de l'année suivante, et dura jusqu'au 2 août. Ce jour là, Marc-Antoine Bragadin, gouverneur de la place, demande, faute de poudre, à capituler. Ayant obtenu les conditions qu'il désirait, il remet les clefs de la ville au vainqueur, le 18 du même mois. Mais le perfide Mustapha, sans égard pour la capitulation, fait couper la tête à tous les nobles de Famagouste, passer au fil de l'épée la garnison, écorcher vif le gouverneur, et mettre à la chaîne toute la bourgeoisie. C'est ainsi que l'île de Chypre, après avoir été possédée quatre-vingts ans par les Vénitiens, passa sous la domination des Turcs. Le 7 octobre suivant, bataille de Lépante, gagnée par don Juan d'Autriche, généralissime des flottes combinées des princes chrétiens contre les Turcs. Les Vénitiens contribuèrent à cette victoire, plus que tous les autres confédérés, du moins par le nombre de leurs vaisseaux et de leurs soldats : mais voyant dans la suite qu'elle n'avait produit aucune conquête, ils se déterminèrent à faire la paix avec le sultan, et la conclurent au mois de mars 1573. (Muratori.)

L'an 1574, Henri III, roi de France, arrive à Venise le 19 juillet, à son retour de Pologne, et en part le 27 du même mois, après y avoir reçu le plus magnifique accueil qu'on eût jamais fait à aucun des princes qui avaient honoré cette capitale de leur présence. La peste, l'an 1576, désole Venise, et ne cesse que l'année suivante. Le 4 juin de celle-ci fut le terme des jours du doge Louis Mocénigo.

SÉBASTIEN VÉNIERI.

1577. SÉBASTIEN VÉNIERI, qui avait commandé la flotte vénitienne à la bataille de Lépante, est élu doge le 11 juin. Le pape Grégoire XIII lui envoie la rose d'or, honneur qu'Alexandre III avait fait quatre cents ans auparavant, à un autre Sébastien Vénieri, l'un des ancêtres de celui-ci, et qui occupait lui-même le trône ducal. Ce prince meurt le 3 mars 1578, laissant de grands regrets au peuple de Venise.

NICOLAS DA PONTÉ.

1578. NICOLAS DA PONTÉ parvient au dogat, le 18 mars, à l'âge de quatre-vingt-six ans. Il mourut accablé de vieillesse, le 30 juillet 1585.

PASCAL CICOGNA.

1585. PASCAL CICOGNA est proclamé doge le 18 août. L'an 1592, on achève à Venise les bâtiments de la place de Saint-Marc. On commence la même année, sur le grand canal, un nouveau pont, nommé le pont Rialto, dont on vante beaucoup la hardiesse. Son ouverture, qui est de quatre-vingt-neuf pieds, n'est cependant guère que la moitié de celle du pont de Brioude, qui en a cent soixante-douze. Le sénat, l'an 1593, fait construire la forteresse de Palma-Nuova, dans le Frioul, à dix milles d'Udine et à huit de Marano, pour arrêter les incursions des Turcs dans cette province. Le doge Cicogna termine ses jours le 2 avril 1595.

MARIN GRIMANI.

1595. MARIN GRIMANI est élu doge le 26 avril. Henri IV, roi de France, l'an 1600, est inscrit, à la demande de son ambassadeur, dans le *livre d'or*, et déclaré noble vénitien, avec le droit de transmettre cette prérogative à toute sa postérité. L'an 1605 commença le fameux démêlé du pape Paul V avec la république de Venise. Trois choses y avaient donné lieu : 1°. l'emprisonnement d'un chanoine de Vicence et de l'abbé de Nervesa, fait par l'ordre du conseil des dix, pour crimes; 2°. le renouvellement d'un décret que le sénat avait porté autrefois pour défendre aux ecclé-

siastiques d'acquérir des biens fonds ; 3°. la défense qu'il avait
faite, en 1603, de bâtir de nouvelles églises sans sa permission
expresse. Paul, fortement attaché aux préjugés de la cour romaine sur les priviléges et exemptions ecclésiastiques, écrivit,
le 10 décembre, deux brefs au doge Grimani; l'un pour obliger
le sénat à révoquer les deux lois dont on vient de parler, l'autre
pour lui enjoindre de remettre les deux ecclésiastiques détenus
entre les mains de Mattei, son nonce à Venise, le tout accompagné de menaces d'excommunication. Les brefs furent présentés le jour de Noël, par le nonce, aux conseillers de la seigneurie, en l'absence du doge, qui était à l'extrémité, et
mourut le lendemain. On renvoya, suivant l'usage, à les ouvrir
après l'élection du nouveau doge. Marin Grimani avait épousé
Morosina Morosini, qui fut couronnée en 1595. Ce fut la
dernière dogesse à qui l'on fit cet honneur. Celles qui lui ont
succédé n'ont plus été que les premières gentilles-donnes de
l'état, et n'ont plus participé ni aux honneurs ni aux émoluments du dogat.

LÉONARD DONATO.

1606. LÉONARD DONATO, qui était pour lors ambassadeur
à Rome, est élu doge le 10 janvier. Le sénat, après cette opération, prend communication des brefs dont on vient de parler ;
il refuse de s'y conformer, et envoie Pierre Duedo en ambassade à Rome, pour expliquer au pape les motifs de son refus.
Nullement convaincu par les représentations de l'ambassadeur,
et irrité de la fermeté du sénat, Paul publie, le 17 avril, en
plein consistoire, une sentence monitoriale, par laquelle il déclare le doge et tout le sénat excommuniés, et met la seigneurie
en interdit, si dans vingt-quatre jours les deux lois en question
ne sont révoquées, et les deux ecclésiastiques consignés entre
les mains de son nonce. Le sénat, déjà préparé à ces foudres,
n'en fut point effrayé. Pour prévenir l'inconvénient qui pouvait
en résulter, il fit défense à tous les prélats de publier et à tous
les magistrats de laisser afficher aucune bulle, bref, ou autre
écrit de Rome qui leur serait envoyé. Ensuite, les vingt-quatre
jours de délai, marqués dans le monitoire étant expirés, il
ordonna de continuer, comme auparavant, la célébration du
service divin. De tous les corps ecclésiastiques, il n'y eut que
les Jésuites, les Théatins et les Capucins qui prirent le parti
d'observer l'interdit ; encore, parmi ces derniers, ceux de Bergame et de Brescia jugèrent-ils à propos de se conformer aux
volontés du sénat. Tous les réfractaires eurent ordre de vider

les terres de la république. Les Jésuites de Venise sortirent processionnellement, le 9 mai, sur les neuf heures du soir, portant chacun, pendue au cou dans une boîte, la sainte eucharistie. Alors commença une guerre de plume, dans laquelle se distinguèrent, pour le pape, les cardinaux Bellarmin et Baronius, et pour le sénat, Paul Sarpi, Servite, plus connu sous le nom de Fra-Paolo. Le pape voyant que les armes spirituelles n'étaient pas aussi efficaces qu'il le désirait, fit mine de vouloir y joindre les temporelles. Il assembla des troupes, et eut quelque promesse d'être secouru de l'Espagne. La seigneurie, de son côté, fit un armement considérable pour se tenir prête à tout événement. Cependant, plusieurs puissances, et surtout la France, s'entremirent pour mettre fin à ce scandaleux litige qui pouvait troubler la paix de toute l'Italie. L'an 1607, le cardinal de Joyeuse, envoyé par le roi Henri IV en Italie, arrive à Venise le 15 février, confère avec le sénat, et, après s'être bien assuré de ses dispositions, se rend à Rome le 22 mars. Les remontrances qu'il fit au pape, sur les suites fâcheuses que son obstination pourrait avoir, produisirent leur effet. Paul, après avoir concerté avec ce prélat les moyens de mettre son honneur à couvert, lui donne pouvoir par écrit de conclure l'accommodement et de lever l'interdit. Le cardinal de retour à Venise, le 9 avril, expose le lendemain au sénat sa commission et les conditions de la paix. Elles furent acceptées, à l'exception de celle du rétablissement des Jésuites auquel le sénat ne voulut jamais entendre. Cette difficulté n'empêcha pas que l'accommodement ne se fît. En conséquence, le 21 avril, les deux ecclésiastiques prisonniers furent consignés, par le secrétaire de la république, entre les mains de l'ambassadeur de France, qui les remit au commissaire du pape, envoyé pour cet effet. Ce préliminaire exécuté, le cardinal entra dans le conseil où étaient le doge avec les sages-grands, et là, de vive voix, à portes closes, furent levés les censures et l'interdit, le sénat ayant de son côté révoqué tout ce qu'il avait fait pour s'y opposer. Le doge Donato, qui s'était acquis un haut degré d'estime par la noblesse et la fermeté qu'il avait montrée dans cette affaire, mourut, suivant Palatio, le 17 juillet 1612, dans un âge très-avancé.

MARC-ANTOINE MEMMO.

1612. MARC-ANTOINE MEMMO, vieillard d'une rare prudence, est élu doge le 27 juillet, à l'âge de soixante-seize ans. (Murat.) Pendant son règne, la seigneurie fut presque toujours en guerre avec les Uscoques, espèce de pirates dont la demeure était au fond du golfe Adriatique, entre l'Istrie et la Dalmatie. Cette guerre en produisit une autre, l'an 1615, avec Ferdinand, archiduc d'Autriche, dont les ministres favorisaient secrètement les brigandages des Uscoques. Memmo finit sa carrière, non le 31 janvier 1615, comme le marque Palatio, mais sur la fin d'octobre de cette année. (Murat.)

JEAN BEMBO.

1615. JEAN BEMBO, procurateur de Saint-Marc, parvient à la dignité ducale dans le mois de novembre. La guerre continue entre l'archiduc Ferdinand et la seigneurie. L'Espagne vient au secours du premier. Venise se ligue avec le duc de Savoie : les hostilités durent jusqu'en 1617. La paix signée à Paris le 6 septembre de cette année, entre la maison d'Autriche et les Vénitiens, par la médiation du roi Louis XIII, est ratifiée le 26 du même mois à Madrid. Le doge Bembo meurt le 18 mars 1618.

NICOLAS DONATO.

1618. NICOLAS DONATO, élu doge au mois de mars, meurt le 26 du mois suivant.

ANTOINE PRIULI.

1618. ANTOINE PRIULI est proclamé doge au mois de mai. Peu de tems après, on découvre à Venise une terrible conjuration, dont l'opinion commune fait auteur le duc d'Ossone, vice-roi de Naples, personnage capable des plus étranges desseins, dit Muratori, et l'ennemi capital des Vénitiens. L'objet des conjurés était de mettre le feu à l'arsenal et à différents quartiers de la ville, de piller l'hôtel de la monnaie et le trésor de Saint-Marc, de massacrer les chefs de la république, et de se rendre maîtres des meilleurs postes de l'état. A cette fin, quantité d'Espagnols et de Français, soudoyés par l'inventeur de l'horrible trame, s'étaient introduits, sous divers prétextes, à Venise, et le marquis de Bedmar, ambassadeur d'Espagne auprès de la république, s'était chargé de diriger leurs opérations. On attendait, pour se mettre en mouvement, l'arrivée de plusieurs vaisseaux, qui devaient venir de Naples pour s'emparer des ports et des lagunes. Mais ces bâtiments eurent le sort d'être ou pris par les corsaires ou jetés au loin par la tempête, et le coup par-là fut manqué. Tels étaient les bruits et les relations qui coururent alors sur cette barbare entreprise, détaillée au long par l'abbé de Saint-Réal, avec tout le brillant de son imagination, mais sans beaucoup d'égards pour la vérité. Plusieurs, néanmoins, regardent comme une fiction cette prétendue conspiration, sur laquelle jamais le conseil de Venise n'a voulu s'expliquer. Mais une chose certaine, dit Muratori, c'est qu'un grand nombre de Français et d'Espagnols ayant été arrêtés à cette occasion, furent, les uns pendus et les autres noyés par ordre du sénat. Le 12 août 1623, le doge Antoine Priuli paie le tribut à la nature.

FRANÇOIS CONTARÉNO.

1623. FRANÇOIS CONTARÉNO est élu doge le 8 septembre, après avoir rempli dix ambassades avec honneur. Il mourut le 6 décembre de l'année suivante.

JEAN CORNARO.

1624. JEAN CORNARO succède, le 16 décembre, au doge Contaréno. Il mourut le 23 décembre 1629.

NICOLAS CONTARÉNO.

1630. NICOLAS CONTARÉNO, élu doge au mois de janvier, termine ses jours le 2 avril 1631, suivant Palatio et le sénateur Diedo. Muratori met sa mort en 1630.

FRANÇOIS ERIZZO.

1631. FRANÇOIS ERIZZO, qui avait commandé les armées de la république dans la dernière guerre, est élu doge. L'an 1645, le sultan Ibrahim forme le dessein d'envahir l'île de Candie. Il avait alors la paix avec la république de Venise. Mais il trouva un prétexte pour la rompre, sur ce qu'une escadre maltaise ayant enlevé, le 28 septembre de la même année, une riche caravane, qui allait de Constantinople au Caire, avait mouillé dans quelques ports de l'île de Céphalonie, appartenante aux Vénitiens. Il équipe en diligence une flotte considérable ; elle met à la voile au mois de mai, paraît le 23 juin à la hauteur de Candie, et débarque cinquante mille hommes à deux milles de la Canée. Les Turcs, à leur descente, donnèrent l'assaut au fort Saint-Théodore, dont le commandant, Blaise Juliani, se voyant sur le point d'être emporté d'assaut, mit le feu aux mines, et sauta en l'air avec ceux qui l'attaquaient.

Les Infidèles allèrent de là se présenter devant la Canée, dont le siège fut aussitôt commencé. Le pape, la France, l'Espagne, la Toscane envoyèrent aux Vénitiens quelques secours, mais trop faibles pour délivrer la place, qui fut obligée de capituler le 5 août, suivant les Turcs, le 18, selon Muratori, le 22, suivant le P. d'Avrigni. Le sénat se préparant à faire partir une nouvelle flotte pour Candie, nomme le doge lui-même pour commander. Ce prince, quoique septuagénaire, accepte généreusement la commission; mais il succombe aux premières fatigues de l'embarquement, et meurt, au moment qu'on allait mettre à la voile, le 3 janvier 1646.

FRANÇOIS MOLINO.

1646. FRANÇOIS MOLINO succède, le 20 janvier, dans le dogat à François Erizzo. La flotte vénitienne, forte de plus de cent trente voiles, et commandée par Jean Capello, ne remporta presque aucun avantage sur les Turcs. Ceux-ci, le 19 octobre, battirent les Vénitiens près de Rétimo, et leur tuèrent environ cinq mille hommes, tant dans le combat que dans la ville, dont ils s'emparèrent. L'an 1647, les Turcs et les Vénitiens se livrent différents petits combats, dans l'île et sur mer, qui ne décident rien. L'an 1648, le Bassa Cussein entreprend, au mois de mai, le siége de la ville de Candie, qu'il pousse avec toute la vivacité imaginable. Mais il éprouve une résistance égale de la part des assiégés, commandés par le capitaine-général Louis-Léonard Mocénigo. Cussein, après avoir perdu vingt mille hommes devant cette place, lève le siége à l'entrée de l'hiver. L'an 1649, il reprend le siége au mois d'août, et se retire, le 9 octobre, dans son camp. Les Turcs s'avisèrent alors de construire, vis-à-vis de la place, une forteresse régulière, qu'ils nommèrent la nouvelle Candie. L'an 1651, la flotte vénitienne remporte une grande victoire sur celle des Turcs, le 23 juin, entre les îles de Santorino et de Scio. (Murat. Diedo.) L'an 1655, le doge François Molino finit ses jours le 28 février.

CHARLES CONTARÉNO.

1655. CHARLES CONTARÉNO est élu doge le 25 mars. Le 21 juin, grande victoire remportée par la flotte vénitienne, sur celle des Turcs, au détroit des Dardanelles. Le 11 mai de l'année suivante, selon Palatio, mourut le doge Contaréno.

FRANÇOIS CORNARO.

1656. FRANÇOIS CORNARO, successeur de Contanéro, fut élu le 16 mai, et mourut le 5 juin suivant.

BERNUCCE VALIERI.

1656. BERNUCCE VALIERI est élevé au dogat le 15 juin. Onze jours après (26 juin), Laurent Marcello, capitaine-général des flottes de la république, remporta dans le canal de Constantinople, une grande victoire sur les Turcs; mais il périt dans l'action. Les vainqueurs demeurèrent maîtres de quatre-vingt-quatre navires, et emmenèrent plus de cinq mille prisonniers. L'an 1657, les Jésuites, à la demande du pape Alexandre VII, auquel se joignit l'ambassadeur de France, et par les soins du nonce Charles Carraffe, obtiennent leur rappel à Venise. Le besoin que la seigneurie avait pour lors de Rome et de la France, pour terminer heureusement la guerre de Candie, fut le motif qui détermina ce rappel; encore ne fut-il décidé, dans le sénat, qu'à la pluralité de cent seize voix contre cinquante-cinq. L'an 1658, le doge Bernucce Valieri descend au tombeau le 30 mars, à l'âge de soixante-douze ans.

JEAN PÉSARO.

1658. JEAN PÉSARO est proclamé doge le 8 mai. Il mourut, le premier octobre de l'année suivante, à l'âge de soixante-douze ans.

DOMINIQUE CONTARÉNO.

1659. DOMINIQUE CONTARÉNO parvient au dogat le 5 octobre. L'an 1667, le grand-visir Achmet-Kiuprili arrive avec une armée de trente-six mille hommes dans l'île de Candie, dont la capitale était toujours bloquée par les Turcs. Le 22 mai, il ouvre la tranchée devant cette place. La France et d'autres puissances de l'Europe envoient du secours aux assiégés. Le 18 novembre, après avoir donné trente-deux assauts et perdu vingt mille hommes, le visir se retire dans son camp, sans néanmoins lever le siège. Il le reprend à la fin de l'hiver avec une nouvelle ardeur. Le 22 juin 1668, le marquis de Montbrun-Saint-André, l'un des meilleurs capitaines de son tems, arrive à Candie avec une troupe de volontaires français. Au commencement de novembre, les assiégés reçoivent de France un nouveau renfort, composé de six cents gentilshommes, ayant à leur tête le duc de la Feuillade, qui avait donné les plus grandes preuves de valeur dans la dernière guerre de Hongrie. Mais après avoir signalé leur bravoure par quelques exploits plus brillants qu'utiles, se voyant réduits à la moitié de leur troupe, ils ne pensèrent qu'à se rembarquer et à regagner la France.

L'an 1669, troisième renfort amené de France à Candie, le 16 juin, par le duc de Beaufort, grand-amiral de France, et le duc de Navailles. Il était composé de cinq mille hommes. Leur arrivée ranime l'espérance des assiégés : ils trouvent la place dans un état déplorable, toutes ses fortifications extérieures enlevés par les Turcs, et de grandes brèches faites à ses murs. Dans une situation aussi critique, la défense ne demandait pas moins de prudence que de valeur. La précipitation des Français gâta tout. Le 25 juin, contre l'avis du capitaine-général Morosini et du marquis de Montbrun, ils font une sortie contre l'ennemi. Leur impétuosité répand une si grande terreur parmi les Turcs, que rien ne leur résiste. Ils parviennent jusqu'au parc de l'artillerie; mais le feu ayant pris à deux barils de poudre et fait sauter trente d'entre eux, cet accident, qu'ils prirent pour l'effet commencé d'une mine, les remplit d'épouvante à leur tour. Ils fuient en désordre vers la place, sans que les officiers puissent les retenir. Les Turcs ayant repris courage, les poursuivent jusqu'aux portes de Candie. Le duc de Beaufort périt dans cette malheureuse affaire, sans qu'on ait su de quelle manière ni ce que son corps était devenu. M. Laugier prétend que sa tête fut du nombre de celles que les Janissaires présentèrent au visir comme un monument de sa victoire. Quoi qu'il en soit, le duc de Navailles, au désespoir de cet humiliant échec, se détermine à retourner en France. Le 20 août, malgré les prières de Morosini, il se rembarque avec sa troupe. Après sa retraite, les assiégés, se voyant sans ressource, ne songèrent plus qu'à capituler. Le 4 septembre, le capitaine-général fit arborer le drapeau blanc, et envoya deux officiers au grand-visir pour entrer en négociation. Les articles de la capitulation furent signés le 6, et la place fut évacuée le 16. Ainsi se termina, après avoir duré 29 mois, le plus meurtrier de tous les siéges. Il coûta la vie à trente mille chrétiens et à cent huit mille infidèles. Il ne resta plus aux Vénitiens, dans l'île de Candie, que les deux places de la Soude et de Spinalonga.

L'an 1575, le doge Dominique Contaréno termine sa carrière le 26 janvier, à l'âge de quatre-vingt-dix ans. M. Laugier met sa mort en 1674, d'après les auteurs qui suivent le calcul florentin.

NICOLAS SAGRÉDO.

1675. NICOLAS SAGRÉDO, procurateur de Saint-Marc, est élu doge le 6 février. (Murat.) Il mourut après un règne de dix-neuf mois, commencé le 15 août de l'an 1676, et non 1675, comme le marque Jean Graziani.

LOUIS CONTARÉNO.

1676. LOUIS CONTARÉNO succéde, le 26 août, au doge Nicolas Sagrédo. Jean Sagrédo, frère de ce dernier, avait d'abord eu les suffrages des électeurs pour le dogat; mais lorsqu'on l'annonça, du balcon, au peuple rassemblé dans la place, plusieurs de la populace crièrent : Nous n'en voulons point, *nol volemo*. Le tumulte ayant augmenté à l'excès, le grand conseil, pour en prévenir les suites, prit le parti de regarder l'élection comme non avenue, et en fit une seconde qui tomba sur Louis Contaréno. Il mourut le 15 janvier 1684. (Murat.)

MARC-ANTOINE GIUSTINIANI.

1684. MARC-ANTOINE GIUSTINIANI est substitué, le 25 janvier, au doge Contaréno. La même année, ligue de la république avec l'empereur et la Pologne, contre les Turcs. François Morosini, qui avait été la terreur des Musulmans au siège de Candie, chargé du commandement de la flotte vénitienne, va faire une descente dans l'île de Sainte-Maure, dont il s'empare le 6 août. Cette conquête fut suivie de celles de la province de Carnia, dans le continent voisin, et du château de Prévesa sur la côte d'Albanie. L'an 1685, Morosini prend d'assaut Modon, l'une des meilleures places de la Morée, après une victoire gagnée le 6 août sur l'armée des Turcs. L'an 1686, nouveaux succès des Vénitiens : le comte de Konigsmarck, à qui la république avait donné le commandement de son armée de terre, s'approche, le jour de la Pentecôte, du vieux Navarrin, qui se rend sans résistance. Il passe ensuite au nouveau Navarrin, qu'il est obligé d'assiéger dans les formes. Le seraskier de la province vient au secours de la place, à la tête de douze mille hommes; il est mis en fuite, et Navarrin ne tarde pas à capituler. Les vainqueurs, de là, marchent à Modon, qui ne tint que sept jours de tranchée ouverte. Leurs armes se tournent ensuite contre Naples de Sacanie, capitale de la Morée, ville très-forte et défendue par une garnison nombreuse sous les ordres du bacha Mustapha. Le serakier tente encore le secours de la place. Il est battu, comme à Navarrin, et laisse, en fuyant, son bagage et ses munitions. Morosini, avec sa flotte, avait beaucoup contribué au succès de ces expéditions. Pour sa récompense, la république rendit héréditaire dans sa famille le titre de chevalier dont il était décoré; privilége unique à Venise. En Dalmatie, le général Cornaro, dans le mois d'octobre, emporte d'assaut l'importante forteresse de Sing. L'an 1687, les Vénitiens avancent la conquête de la Morée, et font de nouveaux progrès en Dalmatie. Le doge Giustiniani meurt le 24 mars 1688.

FRANÇOIS MOROSINI.

1688. FRANÇOIS MOROSINI, tandis qu'il était avec la flotte vénitienne dans le golfe d'Egine, est élevé à la dignité ducale. Il reçut la nouvelle de sa promotion le premier juin, qui fut pour l'armée un jour de fête. Le nouveau doge entreprend, de concert avec le comte de Konigsmarck, le siége de la capitale de Négrepont. Le comte meurt dans cette expédition, qui réussit mal, et le siége est levé vers la fin de l'automne. Le provéditeur Jérôme Cornaro fut plus heureux en Dalmatie, où il s'empara de plusieurs places. L'an 1689, le doge entreprend le siége de Malvoisie, la seule place qui restait aux Turcs, en Morée. Une maladie qui lui survient l'oblige de remettre le commandement à Jérôme Cornaro, pour s'en retourner à Venise. L'an 1690, Malvoisie, réduite aux abois, demande à capituler, et les Véntiens en prennent possession le 12 août. Après cette conquête, Jérôme Cornaro fit celle de la Vollonne, sur les confins de l'Albanie, et du fort voisin de Canina. Mais il fut emporté par une maladie dans cette dernière place.

L'an 1694, le doge Morosini, qui avait repris le commandement de l'armée, meurt épuisé de fatigues, le 6 janvier, à Naples de Romanie. (Muratori.) Ses concitoyens lui avaient fait dresser une statue, avant qu'il fût doge, avec cette inscription: FRANCISCO MAUROCENO PELOPONESIACO ADHUC VIVENTI.

SILVESTRE VALIERI.

1694. SILVESTRE VALIERI, fils de Bernucce, qu'on a vu ci-devant doge, succède dans la même dignité à François Morosini, et en même tems est remplacé dans celle de capitaine-général par Antoine Zéno. Traité de paix, signé le 26 janvier 1699, à Carlowitz par les plénipotentiaires de la Porte et ceux des différentes puissances liguées contre elle. L'article qui concerne les Vénitiens leur assure la possession de la Morée, des îles d'Egine et de Sainte-Maure, et de plusieurs places qu'ils avaient conquises en Dalmatie. Ce traité fut ratifié, le 7 février, par le sénat. L'année suivante, le doge Valieri termina ses jours le 5 juillet, et non sur la fin de l'année, comme le marque un moderne.

LOUIS MOCÉNIGO.

1700. LOUIS MOCÉNIGO succède au doge Valieri. L'Italie étant devenue l'un des théâtres de la guerre qui s'éleva pour la succession au trône d'Espagne, les Vénitiens prirent le parti de garder une exacte neutralité; et rien ne fut capable de les faire changer de disposition. Le froid fut si vif à Venise, l'an 1709, que toutes les lagunes furent gelées à plusieurs pouces d'épaisseur; phénomène dont on n'avait point encore d'exemple, dit M. Laugier; mais la même chose était déjà arrivée en 896, suivant les annales de Fulde. Le doge Mocénigo finit ses jours le 6 mai de la même année 1709.

JEAN CORNARO.

1709. JEAN CORNARO monte sur le siége ducal dans le mois de mai. L'an 1711, le comte de Schullembourg, après avoir servi glorieusement en Pologne, passe au service de Venise, où il est reçu avec les marques d'estime que ses grands talents méritaient. La seigneurie lui donne dix mille sequins par an et le commandement de ses forces de terre. Les Turcs, l'an 1714, déclarent la guerre aux Vénitiens, dans le dessein de reprendre la Morée. Le 20 juin, le grand-visir arrive avec une flotte formidable dans l'isthme de Corinthe. Il attaque la ville et la force de capituler après cinq jours de tranchée ouverte. Malgré la capitulation, les soldats de la garnison et presque tous les habitants sont massacrés. Naples de Romanie tombe, dans le mois suivant, au pouvoir des Ottomans. L'an 1715, les Turcs font dans la Morée des progrès si rapides, qu'on a peine à les concevoir. Dans l'espace d'un mois, ils achèvent le recouvrement de ce royaume qui avait coûté aux Vénitiens tant de peines et de dépenses à conquérir. La plupart des places se rendirent à la première sommation.

L'an 1716, descente des Turcs, au nombre de quarante mille hommes, dans l'île de Corfou, dont ils assiégent aussitôt la capitale, secondés par une flotte nombreuse. Le pape, le roi de Portugal, le grand-duc de Toscane et le grand-maître de Malte envoient du secours aux assiégés. L'empereur, craignant pour ses états de Naples, dont l'île de Corfou est comme l'avant-mur, conclut une ligue offensive et défensive avec les Vénitiens, le 25 mai, et ne tarde pas à déclarer la guerre aux Turcs. Cependant le siége de Corfou se poussait avec vivacité. Le comte de Schullembourg, qui commandait dans la place, et la garnison, sous ses ordres, faisaient, à la vérité, la plus belle défense : mais il était aisé de prévoir que, privée de secours (l'armée navale des Vénitiens et de leurs alliés étant trop faible pour attaquer celle des Turcs), tôt ou tard la place serait obligée de se rendre. La main du Tout-Puissant fit ce qu'on n'osait espérer. Les Turcs ayant été battus, le 5 août, en Hongrie, par le prince Eugène, la nouvelle de cette victoire répandit une si grande terreur dans l'armée qui assiégeait Corfou, qu'elle leva le siége aussitôt, abandonnant artillerie, chevaux, bagages et munitions pour regagner ses vaisseaux, comme si elle eût eu l'armée autrichienne à ses trousses. Les Vénitiens, après la retraite des Turcs, reconquirent Sainte-Maure et Butintro.

Les Vénitiens, l'an 1717, reprennent Vonizza, Prévesa et d'autres places que les Turcs leur avaient enlevées.

L'an 1718, la paix est signée, le 21 juillet (Muratori dit le 27 juin), à Passarowitz, entre l'empereur, les Vénitiens et les Turcs. Ceux-ci abandonnent aux Vénitiens Vonizza, Butintro, Prévesa, les îles de Cerigo, et gardent la Morée. L'article vingt-troisième de ce traité porte littéralement : « Si les na- » vires de ce sublime empire (de la Porte) abordaient en tems » de guerre avec d'autres puissances des côtes du Golfe, non » appartenantes aux Vénitiens, les flottes vénitiennes se tien- » draient dans les limites du repos et de l'amitié, s'abstenant » de tout mouvement ou secours qui pussent être nuisibles » aux flottes du grand-seigneur. Beaucoup moins encore les » Vénitiens recevront-ils dans leurs ports les vaisseaux d'une » puissance ennemie de ce sublime empire. » Cet article suffit pour réfuter les écrivains qui ont avancé qu'il n'existe qu'une trêve entre la Porte ottomane et la république de Venise, et que celle-ci est sans liaison avec les Turcs. L'an 1722, le doge Cornaro meurt le 12 août, âgé de soixante-quinze ans.

SÉBASTIEN MOCÉNIGO.

1722. SÉBASTIEN MOCÉNIGO est élu doge le 28 août. Il mourut le 21 mai 1732.

CHARLES RUZZINI.

1732. CHARLES RUZZINI, personnage qui s'était fait une haute réputation de capacité dans diverses ambassades et dans plusieurs négociations importantes, né le 25 décembre 1653, est élevé, le 2 juin, à la dignité ducale. Le 6 janvier 1735 fut le terme de sa vie.

LOUIS PISANI.

1735. LOUIS PISANI succède au doge Ruzzini, le 17 janvier. L'empereur ayant accordé la franchise au port de Trieste, et le pape en ayant fait de même pour celui d'Ancône, le sénat, à la demande des marchands vénitiens, rend un décret, l'an 1736, qui établit aussi la franchise du port de Venise. L'an 1737, l'empereur sollicite en vain les Vénitiens de se joindre à lui contre les Turcs. Ils gardent constamment la neutralité dans la guerre que ces deux puissances se font. L'an 1740, le pape Clément XII ayant excité la jalousie des Vénitiens par l'établissement d'une foire franche à Sinigaglia, le sénat rend un décret, portant défense aux sujets de la république, d'aller à cette foire. Clément XII, par représailles, interdit tout commerce aux sujets de l'église avec les Vénitiens. Cette affaire, qui pouvait avoir des suites, demeura suspendue par la mort de ce pontife, et fut entièrement assoupie sous Benoît XIV, successeur de Clément XII. L'an 1741, le doge Louis Pisani meurt, le 17 juin, dans la soixante-dix-huitième année de son âge.

PIERRE GRIMANI.

1741. PIERRE GRIMANI est élu doge le 29 juin. L'Italie étant devenue l'un des théâtres de la guerre, occasionée pour la succession de la maison d'Autriche, le sénat, après avoir embrassé le parti de la neutralité, prit des mesures pour se mettre à l'abri des hostilités des deux partis. Il envoya sur les bords de l'Adige une armée de vingt-quatre mille hommes, dont on distribua quelques détachements dans les principaux postes sur la frontière du Mantouan, depuis Valeggio jusqu'à Ponté-Molino. Cette précaution n'empêcha pas néanmoins que l'état de Venise n'éprouvât, comme les autres états neutres d'Italie, l'incommodité du passage des troupes. Mais elle eut l'effet de les contenir dans les bornes de la modération. L'an 1745, le sénat résiste aux sollicitations que lui faisait le comte d'Holderness, pour se déclarer en faveur de la reine de Hongrie. L'an 1749, le sénat termine amiablement les contestations qu'il avait depuis long-tems avec le saint siége, touchant les limites du duché de Ferrare. La même année, ligue conclue entre le pape, les Vénitiens, le roi des Deux-Siciles et la république de Gênes, contre les corsaires d'Alger et de Tunis, qui infestaient toutes les côtes de la Méditerranée.

Le sénat, l'an 1750, se brouille avec le saint siége, à l'occasion du patriarcat d'Aquilée. Par une ancienne convention entre les archiducs d'Autriche et les Vénitiens, il avait été réglé que les deux puissances jouiraient alternativement du droit de nommer à ce patriarcat. Mais les archiducs n'avaient jamais joui de ce droit, par le soin que les patriarches d'Aquilée vénitiens avaient toujours eu depuis ce tems-là, de se choisir des coadjuteurs, agréés par le sénat, et munis de bulle du saint siége, pour leur succéder. L'impératrice-reine réclama contre cet usage. Le pape Benoît XIV, choisi pour arbitre de la contestation, rendit un jugement en forme de bref, le 19 novembre 1749, par lequel, en maintenant le sénat dans la possession où il était de nommer seul le patriarche d'Aquilée, il établissait en même tems, dans la partie autrichienne de ce patriarcat, un vicaire apostolique, pour soustraire les sujets de l'impératrice-reine à la juridiction d'une puissance étrangère. Ce tempérament déplut au sénat, qui en témoigna son mécontentement au saint père. Mais, sans égard pour ses plaintes, Benoît XIV, par un autre bref du 27 juin 1750, créa évêque *in partibus*, et vicaire apostolique d'Aquilée, le comte d'Artimis, chanoine de Bâle. Le sénat fit alors éclater son ressentiment : il rappela de Rome son ambassadeur, signifia au nonce, qui résidait à Venise, de sortir des terres de la république; et, résolu de soutenir sa prétention, il fit armer ses vaisseaux et ses galères, recruta et augmenta ses troupes de terre. A cet appareil menaçant, Benoît XIV n'opposa qu'une déclaration pleine de modération et de sagesse, qui mit le saint siége hors de cause, et laissa le différent à vider entre l'impératrice-reine et la république. Les rois de France et de Sardaigne employèrent leur médiation pour terminer cette affaire, qui fut enfin accommodée, l'an 1751, de la manière suivante. On éteignit le patriarcat d'Aquilée, dont on partagea le diocèse en deux archevêchés; l'un à la nomination du sénat, pour la partie du Frioul vénitien; l'autre pour le Frioul autrichien, à la nomination des archiducs. Udine fut le siège du premier, et Gorice le fut du second. L'an 1752, le doge Grimani descend au tombeau dans les premiers jours de mars.

FRANÇOIS LOREDANO.

1752. FRANÇOIS LORÉDANO est élu doge le 18 mars, et termine sa carrière la nuit du 19 au 20 mai 1762.

MARC FOSCARINI.

1762. MARC FOSCARINI, chevalier de l'Etole d'or et procurateur de Saint-Marc, proclamé doge le 31 mai, finit ses jours le 30 mars 1763, à l'âge de soixante-sept ans.

ALVISIO MOCENIGO.

1763. ALVISIO MOCÉNIGO, chevalier de l'Etole d'or, procurateur de Saint-Marc, et ci-devant ambassadeur en plusieurs cours, né le 19 mai 1701, est élevé au dogat le 19 avril 1763.

Réglement du grand conseil, en date du 10 octobre 1767, portant défense d'aliéner aucun fonds en faveur des corps ecclésiastiques. Le 20 novembre suivant, décret du sénat, par lequel il est défendu à toutes les communautés régulières de l'état de recevoir des novices jusqu'à nouvel ordre.

L'an 1768, ordonnance par laquelle, entr'autres articles, 1°. l'on soustrait les réguliers à la juridiction de leurs supérieurs généraux, pour les soumettre à celle des évêques diocésains; 2°. l'on confirme la suspension des prises d'habits à l'égard des religieux mendiants; 3°. par rapport aux autres religieux, l'on statue que personne ne pourra être admis à prendre l'habit parmi eux avant l'âge de vingt et un ans accomplis. Le 8 octobre suivant, le pape adresse au sénat un bref, pour se plaindre de cette ordonnance ou décret, comme d'une entreprise sur les droits de la puissance spirituelle. Sa sainteté, dans le même tems, écrit des lettres circulaires aux patriarches et évêques de la république, pour leur défendre de se conformer à ce décret. Quelques prélats défèrent à la défense du saint père. Néanmoins, les réguliers prennent le parti de reconnaître le patriarche pour leur supérieur. Le 19 novembre suivant, réponse du sénat au pape, pour justifier son ordonnance du 7 septembre dernier. Le 17 décembre suivant, nouveau bref du pape au sénat, pour soutenir celui du 8 octobre. Réponse du sénat pour appuyer celle du 19 novembre. Le patriarche de Venise commence ses visites dans les monastères. D'autres prélats de la république imitent son exemple.

Le 18 août 1769, le tonnerre tombe sur le magasin à poudre

de Brescia, ville dépendante de la république, ce qui occasione une explosion si violente, que toute la ville en est ébranlée, et la sixième partie de ses édifices renversée de fond en comble. Plus de deux mille personnes périssent de cet accident. L'an 1778, le doge Mocénigo meurt, le 31 décembre, à l'âge de soixante-dix-sept ans et un mois.

PAUL RENIER.

PAUL RENIER, né à Venise le 21 novembre 1710, est élu doge le 14 janvier 1779, et couronné le lendemain. Il meurt la nuit du 14 février 1789, et a eu pour successeur :

>   LOUIS MARINI, né à Venise le 13 juillet 1726, élu doge le 9 mars 1789, et couronné le lendemain. (Voyez pour les événements postérieurs, la chronologie qui se trouve à la fin de cet ouvrage.)

TABLE DES MATIÈRES

CONTENUS

DANS CE VOLUME.

~~~~~~~~~~~~~~~~

Évêques et archevêques de Riga. 1
Margraves, ducs et archiducs d'Autriche. . . 19
Ducs de Carinthie. 50, 63
Comtes de Tyrol 54
Comtes de Goritz 58
Comtes d'Andechs et ducs de Méranie. . . . 76
Des Suisses et de leurs alliés 84
Évêques et princes de Genève et comtes de Genevois 118
Comtes de Maurienne, ensuite comtes, puis ducs de Savoie, et enfin rois de Sardaigne. . . 157
Princes, puis ducs de Savoie-Carignan. . . . 200
Marquis, puis ducs de Montferrat 211
Seigneurs, puis ducs de Milan 243
Ducs de Parme et de Plaisance. 278
Rois d'Étrurie. 301
Capitaines, marquis, et ensuite ducs de Mantoue. 302

Comtes, puis ducs de Guastalle et de Monte-
chiarugolo. 326, 361
Seigneurs, puis ducs de Ferrare, de Modène et
de Reggio 381, 404
Seigneurs, puis ducs de la Mirandole 426
Doges de Venise 433

FIN DE LA TABLE DES MATIÈRES.

www.ingramcontent.com/pod-product-compliance
Lightning Source LLC
Chambersburg PA
CBHW071719230426
43670CB00008B/1062